國語學叢書 79

19세기 전기 국어의 음운사 연구
-〈의성김씨 학봉 종가 언간〉을 중심으로-

김한별 저

태학사

서문

이 책은 2016년 초에 서강대학교 박사 학위 논문으로 제출한 졸고를 깁고 다듬은 것이다. 졸업을 한 지 4년이 지나서야 학위 논문을 '국어학 총서'로 간행하게 되었으니 이 책의 간행 시기는 꽤 늦은 편이라 하겠다. 총서 간행까지 이처럼 긴 시간이 걸린 것은, 물론 저자가 게으른 탓이 가장 크겠지만, 그 기간 동안 선결해야 할 과제가 있었기 때문이다. 그 '과제'란 바로 졸고의 주요 연구 대상 자료인 〈의성김씨 학봉 종가 언간〉에 대한 역주를 말한다. 그 역주 작업을 하면서 적지 않은 수량의 편지를 재판독하고 여러 상황 정보를 수정하게 되었기에, 이 언간 자료에 기반을 두고 있는 졸고로서는 그 작업이 끝나기 전에는 결코 단행본으로 나올 수 없는 운명이었던 것이다.

이제 역주서도 출간됨에 따라 마침내 저자의 국어학총서도 간행되게 되었다. 그러나 4년이라는 시간이 흐르고 나서 다시 원고를 살펴보니 문제가 되는 점이 한둘이 아니었다. 그중 가장 큰 문제는 그동안 언간 자료를 대상으로 한 음운사 논문들이 많이 발표되었다는 점이다. 졸고의 연구사와 연구 의의는 4년 전의 시계에 맞추어져 있는 것이라 수정이 불가피하게 된 것이다. 또 다른 문제로는 그사이 저자가 이 언간 자료와 직·간접적으로 관련된 문헌·방언 자료를 발굴하고 연구함으로써 경북 방언사에 대한 정보가 더 늘어났다는 점을 들 수 있다. 그것들을 모두 이 책에 반영하고 싶은 마음도 컸으나 그러한 과욕은 버리기로 하였다. 그 외 부끄러운 서술도 여기저기서 발견되었지만, 약간의 표현을 가다듬는 것을 제외하고는 모두 그대로 두었다.

다만, 부록은 많이 수정하였다. 본래의 부록은 '발신자별 방언적 배경'과 '언간 목록', '미공개 자료 판독문' 등 세 부분으로 이루어져 있었다. 그러나 뒤의 둘은 역주서가 나오게 된 이상 굳이 이 책에 실을 필요가 없게 되어 빼 버렸다. 그 대신 꽤 공을 들여 만든 '등장인물의 가계도'(10개)를 새로 추가하였으며, '발신자별 방언적 배경'도 역주서의 내용 변경에 맞추어 보완하였다. 결과적으로, 자료 자체의 수정 사항을 본문 곳곳에 반영한 것을 제외하고는 사실상 제1장과 [부록]만을 대대적으로 고치게 된 것이다.

이 책은 여러 고마운 분들의 가르침과 도움으로 탄생할 수 있었다. 먼저, 항상 준엄한 태도로 학문에 임해야 함을 강조하시고 또한 그것을 몸소 보여 주심으로써 제자에게 훌륭한 귀감이 되어 주신 곽충구 선생님께 감사드린다. 또한, 학문의 엄밀성과 다양성을 깨우쳐 주신 서정목 선생님과 이정훈 선생님, 황화상 선생님께도 감사의 말씀을 드린다. 논문 심사 과정에서 최명옥, 백두현, 황문환 세 분 선생님께서 해 주신 유익한 조언과 날카로운 비판, 따뜻한 격려의 말씀도 결코 잊을 수 없다. 음운론 전공 선후배님들과 함께 한, 늘 긴장은 되었지만 대개는 따뜻하고도 뜨거웠던 음운론 세미나는 저자에게 평생의 자산이 되리라 믿는다.

자료와 관련하여서도 특별히 깊은 사의(謝意)를 표할 분들이 계신다. 학봉 종가의 어르신들인 김종길, 김종성, 김용수 선생님께서는, 지금도 저자의 연구를 힘닿는 데까지 도와주시고 있는 고마우신 분들이다. 그리고 당신께서 오랫동안 연구해 오신 학봉 종가의 여러 자료를 흔쾌히 내어 주셨을 뿐만 아니라, 저자의 수많은 질문에 항상 상세하게 답변해 주신 이종덕 선생님의 은혜는 실로 다 갚기 어렵다. 최근까지 함께 역주 작업을 하신 이승희, 이병기 두 분 선생님의 고견도 이 책을 다듬는 데 큰 도움이 되었다.

가족에 대한 고마움은 이루 형언할 수 없을 것이다. 먼저, 저자를 늘 응원해 주고 헌신적으로 뒷바라지해 준 아내 희재에게 고맙다는 말과 사랑한다는 말을 해 주고 싶다. 아들이 국어학자의 길을 갈 수 있게 이끌어 주신 아버지 어머니께도, 사위를 믿고 지지해 주신 장인 장모님께도, 아우를 격려해 줄 뿐만 아니라 국어사적 지식까지 전수해 준 형에게도 평소에는 쑥스러워 표현하지 못했던 감사의 말씀을 이 자리를 통해 드린다.

끝으로, 졸고를 국어학총서로 선정해 주신 국어학회 편집위원회 선생님들과, 이 책의 출판을 맡아 주시는 ㈜태학사 여러 분들께도 진심으로 감사드린다.

2020년 4월 18일
온온사(穩穩舍)의 정취(靜趣)가 느껴지는 서재에서
저자 씀

❖ 일러두기 ❖

1. 본서에서 사용하는 언어학적 기호의 용법은 아래와 같다.

:	장음(長音)	예 으:른[長]
´	고조(高調)[음성 기호 전사에서]	예 másido[飮]
'	고조(高調)[한글 전사에서]	예 기지'개[伸]
L	저조(低調, Low); 평성(平聲)	예 변소[HL](便所); 혜아룜과(RLHH)[數]
H	고조(高調, High); 거성(去聲)	
R	상승조(上昇調, Rising); 상성(上聲)	예 속[R][內]; 졸-(R/L)[縮]
F	하강조(下降調, Falling)	예 말유-[LF][乾]
~	비모음화(鼻母音化)	
{ }	형태소	
/ /	음소	
[ ]	음성	
~	자유 변이; 혼기(混記)	예 더고내[尤]~더구나; ·~ㅏ
/	조건 변이	예 듣/드르-[聞], 졸-(R/L)[縮]
+	형태소 경계	
#	단어 경계	
), 〈	변화의 방향	
→, ←	변동의 방향; 표기 변화의 방향	예 masi-[飮]+-ato → másido; ·→ㅏ
↛	표기 변화가 일어나지 않음	예 ·↛ㅏ
*	재구형; 비문증형(非文證形)	예 *히-[爲]; 잡스와`잡소와〉잡슈와
C	자음(consonant)	
V	모음(vowel)	
G	활음(glide)	
X, Y	변항(variable)	예 -아X/어X, X+VY
st.	어간(stem)	
V st.	동사 어간(verb stem)	
ADJ st.	형용사 어간(adjective stem)	
MK	중세 국어(Middle Korean)	
EMK	근대 국어(Early Modern Korean)	

2. 언간 자료의 출전을 나타내는 방법은 아래와 같다.

   ○ ≪조선시대 한글편지 판독자료집≫(황문환 외 2013a, 2013b, 2013c)의 방식에 의거하여 '〈언간 약칭-번호, 시기, 발신자(관계) → 수신자(관계)〉'의 형식으로 제시하는 것을 원칙으로 하였다.
      예 〈鶴峰宗家-019, 1841년, 김진화(아버지) → 의성김씨②(딸)〉

   ○ 단, 번거로움을 피하고자 이러한 형식의 일부 요소는 생략하기도 하였다. 다른 언간 자료와의 구별을 위해 꼭 필요한 경우가 아니라면 기본적으로 '언간 약칭'은 생략하였으며, 경우에 따라 '시기', '발신자(관계)', '수신자(관계)' 중 일부 혹은 전부를 생략하기도 하였다. 또한, 필요시 '발신자' 뒤에 '세대' 정보를 추가하기도 하였다.
      • '언간 약칭'・'수신자(관계)' 생략:　　　　　　　예 〈019, 1841년, 김진화〉
      • '언간 약칭'・'시기'・'수신자(관계)' 생략:　　　예 〈019, 김진화〉
      • '언간 약칭'・'시기'・'수신자(관계)' 생략, '세대' 추가:　예 〈019, 김진화(G₄)〉
      • '언간 약칭'・'시기'・'발신자(관계)'・'수신자(관계)' 생략:　예 〈019〉

   ○ 친필 언간이 아닌 경우는 '〈언간 약칭-번호, 시기, 원발신자(관계)[작성자] → 수신자(관계)〉'의 형식으로 출전을 밝혔다.
      • 한문 간찰을 한글로 국역한 경우:
         예 〈鶴峰宗家-001, 1765년, 김광찬(남편)[김주국 역] → 진성이씨D(아내)〉
      • 대필 언간 중 대필자가 누구인지 알 수 있는 경우:
         예 〈鶴峰宗家-151, 1831년, 의성김씨①(딸)[인천채씨] → 김진화(아버지)〉
      • 대필 언간 중 대필자가 누구인지 알 수 없는 경우:
         예 〈鶴峰宗家-009, 1848년, 의성김씨A(장모)[대필자①] → 김진화(사위)〉

   ○ 발신자나 수신자, 수수관계 등을 특정할 수 없는 경우는 해당 후보를 모두 제시하고 각각을 '/'으로 구분하였다. 여기서 'X/Y'는 'X 혹은 Y'를 의미한다.
      예 〈鶴峰宗家-200, 1830년, 의성김씨②/③(딸) → 김진화(아버지)〉
      〈鶴峰宗家-254, 1879년, 미상(질부/당질부) → 김흥락(시백부/시당백부)〉

차례

제1장 서론 ·· 11
  1.1. 연구 목적과 배경 ··· 11
  1.2. 연구 대상과 범위 ··· 16
  1.3. 연구 방법 ··· 17
  1.4. 연구 자료 ··· 20
      1.4.1. 주요 자료 ··· 20
          1.4.1.1. 서지 사항 ·· 20
          1.4.1.2. 표기법 ·· 28
          1.4.1.3. 반영된 방언 ·· 34
      1.4.2. 보조 자료 ··· 35
  1.5. 논의의 구성 ··· 43

제2장 언간 자료를 통한 음운사 연구 방법론 ······················· 45
  2.1. 연구의 의의와 한계 ·· 45
      2.1.1. 연구의 의의 ··· 45
      2.1.2. 연구의 한계 ··· 47
  2.2. 연구를 위한 전제 ··· 51
      2.2.1. 서간문의 투식성 ·· 51
      2.2.2. 서간문의 방언 ·· 70

2.3. 연구의 절차 ··· 82
  2.3.1. 자료 선정 ··· 82
  2.3.2. 자료 분류 ··· 92
    2.3.2.1. 1차 분류 ·· 92
    2.3.2.2. 2차 분류 ·· 93
  2.3.3. 자료 분석 ··· 103

제3장 모음의 변이와 변화 ··· 109
  3.1. /ㆍ/의 비음운화와 그 반사체 ···························· 110
  3.2. 하향 이중모음의 변화 ·· 142
    3.2.1. /ㅔ/와 /ㅐ/의 변화 ······································ 142
    3.2.2. /ㅟ/와 /ㅚ/의 변화 ······································ 157
    3.2.3. /ㅢ/의 변화 ··· 171
  3.3. 모음 상승과 합류 ·· 176
    3.3.1. 전설 모음의 상승과 합류 ···························· 178
      3.3.1.1. /ㅔ/와 /ㅣ/ ·· 179
      3.3.1.2. /ㅔ/와 /ㅐ/ ·· 183
    3.3.2. 후설 모음의 상승과 합류 ···························· 188
      3.3.2.1. /ㅗ/와 /ㅜ/ ·· 188
      3.3.2.2. /ㅓ/와 /ㅡ/ ·· 199
  3.4. 움라우트 ··· 207
  3.5. 전설 모음화 ··· 215
  3.6. '-아X)-어X' 변화 ··· 225
  3.7. 기타 음운 현상과 모음 체계의 변화 ···················· 253

제4장 자음의 변이와 변화 ··· 256
  4.1. 구개음화 및 그와 관련된 변화 ···························· 256

9

    4.1.1. 구개음화 ·· 256
    4.1.2. 치찰음 뒤 /y/ 탈락 ··· 267
    4.1.3. 어두 및 비어두 /ㄴ/ 탈락 ··· 290
  4.2. [ㅆ]의 음운화와 'ㅅ~ㅆ' 변이 ·· 306
  4.3. 어중 /ㅎ/ 탈락 ·· 327
  4.4. 어간말 자음군 단순화 ·· 346

제5장 결론 ·· 356
  5.1. 요약 ·· 356
  5.2. 남은 문제 ·· 365

  참고 문헌 ·· 367

[부록 1] 〈의성김씨 학봉 종가 언간〉의 등장인물 가계도 ············ 401
[부록 2] 〈의성김씨 학봉 종가 언간〉의 발신자별 방언적 배경 ····· 412

  색인 ·· 449

제1장 서론

1.1. 연구 목적과 배경

본서의 목적은, 19세기 전기 경북 지역 양반 계층의 방언을 반영한 〈의성김씨 학봉 종가 언간(義城金氏 鶴峰宗家諺簡)〉을 주요 대상 자료로 삼아 언간 자료에 적합한 음운사 연구 방법론을 마련하고, 그것을 통하여 19세기 국어의 음운사를 정밀하게 기술하고 설명하는 것이다.[1] 19세기 전기 안동을 중심으로 한 경북 지역 양반들이 주고받은 언간에는 당시 해당 언어 공동체 화자들의 다양한 언어 변이(linguistic variation)가 나타나며, 그것을 시간의 흐름과 세대별로 관찰하면 흥미로운 언어 변화(linguistic change)가 드러난다. 저자는 그중에서도 음운론적 측면에 중점을 두고 그러한 변이와 변화를 유기적으로 관련지어 기술하고 해석하고자 한다. 그리고 이를 위하여 언간 자료를 체계적으로 분석하는 데 필요한 연구 방법론도 함께 수립하고자 한다.

19세기 전기 문헌인 〈의성김씨 학봉 종가 언간〉을(이하에서는 '〈鶴峰宗家〉'로 약칭한다) 대상으로 한 국어 음운사 연구는 '연구 대상 시기', '연구 방법론', '연구 대상 자료의 활용'이라는 세 가지 측면에서 그 의의를 찾을 수 있다.

---

[1] 국어사 연구란, 국어의 각 하위 방언에 대한 역사적 연구의 총체라고 할 수 있다. 따라서 국어사를 온전하게 기술하기 위해서는 국어의 각 하위 방언사 연구가 선행되어야 한다. 본서에서 19세기 전기 경북 방언이 반영된 자료를 통하여 '19세기 국어의 음운사를 정밀하게 기술하고 설명한다'는 것도 바로 이러한 의미에서 이해될 수 있다.

첫째, 국어사에서 19세기 전기는 음운사적으로 중요한 위치를 차지하고 있지만, 그 중요성에 비해 아직까지 충분한 연구가 이루어지지 못하였다. 19세기 국어는 근대 국어에서 현대 국어로 넘어오는 "橋梁的 時期"의 언어라는 점에서(李秉根 1970b: 376) 현대 국어적 요소들의 맹아(萌芽)를 엿볼 수 있으며, 이는 음운론적 측면에서도 마찬가지이다. 그런데 그러한 변화들의 시초는 이미 19세기 전기 문헌에서부터 관찰된다. 가령, /ㆍ/의 비음운화(Dephonologisierung)나 파찰음의 재음운화(Rephonologisierung)의 완성이라든가 단모음 /ㅔ/와 /ㅐ/의 음운화(Phonologisierung)의 진행 과정은 이 시기의 국어를 살펴보아야만 각 변화에 대한 정확한 이해에 도달할 수 있게 되는 것이다. 따라서 19세기 전기 국어에 대한 음운사적 연구는 결국 현대 국어의 음운 체계와 음운 현상을 이해하는 밑거름이 된다고 할 수 있다.

그러나 이 시기의 국어에 대한 연구는 여전히 매우 영성(零星)한 실정이다. 이는 물론 자료상의 제약에 기인한다. 그동안 19세기 국어를 반영하고 있는 다양한 문헌이 소개되었지만, 그들은 대부분 후기의 것에 편중되어 있는 것이다. 그리하여 19세기 국어에 대한 음운론적 연구도 대부분 후기 자료만을 대상으로 이루어질 수밖에 없었다[김영배(1983), 崔林植(1984), 崔明玉(1985a, 1985b, 1986, 1992b, 1994b), 崔銓承(1986, 2002), 郭忠求(1989), 白斗鉉(1990/1992) 등]. 그런데 〈鶴峰宗家〉는 주로 19세기 전기 국어를 반영하고 있다는 점에서 이와 같은 공백을 상당 부분 메워 줄 수 있다.

게다가 이 자료에는 당시의 경북 방언이 노출되어 있는데, 이 사실은 현대 국어의 지역적 분화 양상을 체계적으로 연구할 수 있는 시기를 좀 더 앞당겨 주기도 한다. 그동안 문헌 자료를 통하여 국어의 각 지역 방언의 분화 양상을 포괄적으로 파악할 수 있는 시대적 상한선은 대체로 19세기 후기로 여겨져 왔다[崔明玉(1994b: 344), 최전승(2007: 56) 참조]. 그 까닭은 당연히, 전술한 '자료상의 편중' 문제 때문이다. 그러나 〈鶴

峰宗家)는 이와 같은 시기적 한계를 어느 정도 극복할 수 있게 해 준다. 요컨대 이 연구는 후기 근대 국어에 전개된 음운 변화(phonological change) 과정을 통시적으로 연속성 있게 살펴보게 함으로써 현대 국어를 온전하게 이해할 수 있게 해 주는 것이다.

둘째, 언간 자료를 이용하여 국어 음운사를 연구하기 위해서는 그에 적합한 방법론이 필요하다. 최근 다양한 언간 자료가 발굴되고 학계에 소개되면서 그것을 대상으로 한 국어사 연구가 활발히 전개되고 있다. 이에 따라, 언간을 직·간접적 자료로 이용하는 음운사 연구자들도 점차 증가하고 있는 추세이다. 하지만 아직까지 언간 자료에 적합한 체계적인 연구 방법론은 마련되지 않았다.

지금까지 통시 음운론의 영역에서 언간 자료를 다룬 연구는 크게 두 부류로 나뉜다.[2] 하나는 전통적인 음운사적 관점에서 수행된 연구로, 이 부류에 속하는 초기의 업적으로는 金周弼(1993), 장영길(1999), 백두현(2000a), 이준환(2007a, 2007b), 강희숙(2010) 등이 있으며, 근래의 성과로는 김한별(2014), 배영환(2015), 안주현(2018), 유소연(2018, 2020) 등을 들 수 있다. 이들 논문에서 언간 자료를 주목한 이유는, 그것이 간본 중심의 문헌 자료와 구별되는 여러 가지 특징이 있기 때문이거나, 기존의 자료에서 관찰되던 것과 다른 음운 현상이 언간 자료에서 나타나기 때문이었다(이러한 내용은 대부분 이들 논문의 서론 부분에 명시적으로 언급되어 있다). 그러나 이상의 연구에서는 비록 언간 자료만의 특징을 인정하기는 하였으나, 발신자의 출신지별로 자료를 분류한 배영환(2015)을 제외하면, 정작 연구 방법론에 있어서는 종래의 문헌 자료를 다루는 것과 별다른 차이를 보이지 않았다는 한계를 지닌다.[3]

---

2) 이하에서 언급하는 논문들은 모두 (특정한, 혹은 다양한) 언간 자료를 주요 대상 자료로 삼아 통시 음운론의 주제를 본격적으로 다룬 것들로 한정한다. 따라서 그 외 개별 언간 자료에 대한 국어학적 연구에서 특정 음운 현상을 부분적으로 다룬 논저는 별도로 인용하지 않는다.

다른 하나는 역사 사회 언어학적(historical sociolinguistic) 관점에서 수행된 비교적 최근의 연구이다. 김주필(2011b), 최전승(2012: 320~341), 신성철(2014), 이재림(2016), 윤희선(2017, 2018), 박부자(2018: 56~60) 등이 여기에 해당한다. 이들은 언간 자료에 나타나는 다양한 사회적 변인에 주목하여 그것을 음운 변화의 전개 과정과 관련지어 해석함으로써, 언간 자료의 장점을 최대한 부각시켰다고 평가할 수 있다. 하지만 그러한 사회적 변인 중 발신자의 '연령'이나 '세대'를 제외한 나머지는 음운 변화와의 뚜렷한 상관관계가 잘 드러나지 않는다는 점에서(2.3.1 참조), 그것들이 과연 음운론적 해석에서 얼마나 유의미한지는 여전히 의문으로 남는다.

언간 자료는 간본(刊本)이나 다른 필사본(筆寫本) 자료와는 분명히 구별되는 특징이 있는 만큼,[4] 전자를 통해 국어 음운사를 연구하기 위해서는 후이자(後二者)를 다룰 때와는 다른 독립된 연구 방법론이 필요하다. 특히, 표기의 이면에 가려진 음운 변화를 추적해 나가야 하는 음운사 연구자는, 표기상의 변이에 다양한 사회적 변인이 개입할 수 있는 언간 자료를 이용할 때 더욱 각별히 주의해야 한다. 본서에서 체계적인 연구 방법론을 수립하려는 이유도 바로 여기에 있다.

셋째, 〈鶴峰宗家〉는 국어사 자료로서 상당히 중요한 가치를 지닌다. 이 언간 자료는 그 수량이나 밀집도의 측면에서 볼 때 한 집안을 구성

---

3) 하지만 일부 기술과 해석에서는 언간 자료의 특징을 부각시키기도 하였다. 가령, 백두현(2000a: 115)은 〈현풍곽씨 언간(玄風郭氏 諺簡)〉(=〈진주하씨묘 출토 언간(晉州河氏墓 出土 諺簡)〉)에서 'ㄱ' 구개음화형은 곽주(郭澍)의 시집간 딸이 쓴 편지에서 나타나는 데 반해, 그 과도 교정형은 곽주의 편지에서 나타난다는 사실을 바탕으로 'ㄱ' 구개음화가 연령층에 따른 차이가 있었던 것으로 해석한 바 있다. 이준환(2007a: 311, 각주 22)은 언간 자료에 나타나는 예를 제시할 때 발신자 정보를 함께 표시하였는데, 그 이유는 그 정보가 "발신자들의 다양한 변이 양상을 드러내는 데 필요하다고 보았기 때문"이다.
4) 국어사 자료로서의 언간 자료의 특징에 대해서는 백두현(2000a: 97~98), 황문환(2002: 138~144, 2010: 89~105, 2015: 179~221), 이승희(2005: 253~254), 김주필(2011a: 232~251), 이래호(2015: 98~112, 2017), 배영환(2017), 신성철(2017) 참조.

하는 여러 세대에 걸쳐 일어나는 언어 변화를 관찰하기에 매우 좋은 조건을 갖추고 있다. 그럼에도 〈鶴峯宗家〉는 아직 학계에서 전면적으로 연구되지 못한 실정이다. 이 언간이 그동안 몇 종(種)의 개별적인 자료로 흩어져 소개된 데다가, 원문 사진도 일부만 공개되었으며 판독문도 전문(全文)이 체계적으로 정리・간행되지 못하였기 때문이다(1.4.1 참조). 그러나 최근에 이종덕 외(2019)에서 〈鶴峯宗家〉의 전문을 재판독・역주하고 지금까지 공개되지 않았던 원문 사진도 영인함으로써 비로소 이 언간을 전면적・체계적으로 연구할 수 있게 되었다.

본서는, 이종덕 외(2019)를 바탕으로 하여 〈鶴峯宗家〉 전체를 대상 자료로 삼은 최초의 연구 결과라는 점에서 의의를 지닌다. 언어 내적으로는 〈鶴峯宗家〉의 음운론적 사실을 중심으로 한 국어학적 특징을 밝히고, 언어 외적으로는 이종덕 외(2019)의 성과를 충실히 반영하면서도 거기에 미처 포함되지 않은 정보까지 제공함으로써, 향후 국어사 연구자들이 이 언간을 적극적으로 이용할 수 있도록 한 것이다.[5] 그렇다면 본서는 학봉 종가 언간을 주요 대상 자료로 이용한 선행 연구 결과를 [최전승(2012), 신성철(2014), 조정아(2014), 이재림(2016), 윤희선(2017, 2018) 등] 보완해 줄 수 있을 뿐만 아니라 향후 새로운 연구도 가능하게 해 줄 것이다. 따라서 이 연구는 〈鶴峯宗家〉를 적극적으로 활용할 수 있게 해 준다는 측면에서 중요한 의미를 띤다고 하겠다.

---

5) 본서에는 [부록]을 통하여 〈鶴峯宗家〉의 '등장인물 가계도'를 제시하고, '발신자별 방언적 배경'을 밝혀 두었는데, 이들은 앞으로 다른 연구를 위한 기초 자료가 될 것이라 믿는다.

1.2. 연구 대상과 범위

본서는 역사 사회 언어학의 연구 방법은 원용하되 기본적으로 전통적인 음운사 연구, 즉 역사 음운론(historical phonology)에 대한 것이다. 따라서 사회적 변인에 따른 음운론적 변이와 변화를 관찰하는 작업은 본서의 직접적인 연구 대상이 되지 않는다. 그 대신 사회적 변인을 적절히 통제하는 방법이나 그것의 가변성을 용인할 수 있는 전제를 확립한 후, '연령'과 '세대'를 중심으로 음운 변화 과정을 살펴보고자 한다(2.3.1 참조). 이러한 관점에서 본서의 연구 대상과 범위를 좀 더 구체적으로 제시하면 다음과 같다.

첫째, 지역적인 측면에서 본서는 경북 방언에서 전개된 음운 변화를 다룬다. 경북 방언에서 전개된 음운 변화란, 이 지역 방언사의 개별적인 음운 변화뿐만 아니라 국어사의 보편적인 음운 변화까지 포괄할 수 있다.[6] 이 지역 방언에서 관찰되는 통시적 음운 현상 중에는 타 지역 방언에서 공통적으로 발견되는 것들도 존재하기 때문이다. 국어사란 결국 각 지역 방언사의 총체라고 할 수 있으므로, 본서에서 다루는 대상은 좁게는 개별 방언의 음운사적 사실이 되겠지만, 넓게는 국어 음운사를 구성하는 한 부분인 것이다.

둘째, 사회적인 측면에서 본서는 양반 계층의 방언에서 전개된 음운 변화를 다룬다. 비록 언간 자료는 서간문(書簡文)이라는 장르적 틀에 한정되어 있기는 하지만, 그것만큼 조선 시대 양반들의 방언을 직접적으로 반영하고 있는 자료도 드물다. 종래의 국어사 문헌 자료 중에도

---

[6] 여기서 말하는 '보편적'이라는 개념은 물론 상대적인 것이다. 국어의 각 하위 방언의 역사가 아직 구체적으로 밝혀져 있지 않은 상태에서 '국어사의 보편적인 음운 변화'라는 표현을 사용하는 것은 조심스럽다. 하지만 지금까지 밝혀진 국어 음운사적 지식에 의하면, 비교적 다양한 방언에서 공통적으로 수행된 변화를 찾을 수는 있을 것이다. 본서에서 말하는 '보편적인 변화'란 바로 이러한 부류의 변화를 가리키는 것이다.

양반 계층에 의해 간행되거나 작성된 것은 많이 있으나, 언간은 양반들 간에 대화를 전제하고 작성된 것이라는 점에서 거기에는 그 어떠한 자료보다도 그들의 방언이 가장 적극적으로 반영되어 있을 가능성이 높은 것이다.

그런데 우리의 연구 대상을 이 두 가지로 상정할 경우 다음과 같은 문제점이 제기될 수 있다. 바로 본서의 연구 자료에 나타나는 모든 음운 현상이 이와 같은 지역적·사회적 범위로 제한되지만은 않는다는 사실이다. 따라서 전술한 연구 대상을 정밀하게 고찰하기 위해서는 동시대 다른 지역 방언이나 다른 계층의 방언에서 관찰되는 음운 현상도 본서의 연구 범위에 포함시킬 필요가 있다. 물론, 타 지역·계층 방언의 자료가 본서의 주요 연구 대상은 아닌 만큼, 이들은 어디까지나 보조적인 자료로만 참고할 것이다.

1.3. 연구 방법

본서에서는 언어 변화를 기술하고 설명하는 연구 방법론을 크게 두 가지 차원으로 나누어 소개한다. 하나는 통상적인 자료를 대상으로 한 보편적 차원의 문제이고, 다른 하나는 언간 자료를 대상으로 한 개별적 차원의 문제이다. 물론 이 둘은 사실상 별개의 것이 아니므로 구분의 대상으로 삼는 것은 적절하지 않다. 그러나 그중 후자는 본서의 핵심 내용 중의 하나인 만큼 그 내용이 방대하여 서론에서 함께 다루기에는 무리가 있다. 따라서 후자는 제2장 전체를 할애하여 구체적으로 논의해 보기로 하고, 본절에서는 전자에 대해서만 살펴보고자 한다.

그렇다면 이제 본서에서 언어 변화에 대하여 취하는 이론적 배경과 그에 따른 연구 방법을 소개하기로 한다. 저자는 이에 대하여 기본적으로 두 가지 관점을 취하고 있다. 첫째, 언어 변화는 세대 간의 언어 전승(transmission) 과정에서 이루어진다는 관점을 취한다. 이러한 관점은 생성 역사 언어학(generative historical linguistics)의 이론 중 Halle(1962: 64), King(1969: 79~87) 등의 공통된 견해에 바탕을 둔다. 따라서 본서에서는 언어 변화가 이루어지는 기본 단위를 '세대'로 규정하고, 세대 간의 언어 차이에 주목하고자 한다. 이는 바꾸어 말해서 동일한 세대로 묶이는 화자들 간의 언어 상태를 공시태(synchrony)로 가정하고, 각 세대 간의 언어 변화를 통시태(diachrony)로 규정한다는 것이다.

이에 따라, 언어학적 분석의 최종 단위는 기본적으로 '세대'를 중심으로 한 '언어 공동체(speech community)'로[7] 상정하되, 특수한 경우에 한하여 '개인(individual)'과 같은 미시적인 단위로 분석의 범위를 확대한다. 이는 언어 연구의 일차적인 대상이 '개인'이 아니라 '언어 공동체'라는, 사회 언어학적 연구의 기본 입장(Labov 2001: 33~34)을 원용한 것이다. 그러므로 본서에서는, 좁게는 '학봉 종가'라고 하는, 넓게는 '경북 지역 양반 계층'이라고 하는 언어 공동체의 음운 현상을 고찰하여, 궁극적으로는 그 언어 공동체의 음운 변화를 '세대'를 기준으로 살펴보고자 한다. 다만, 특정 개인의 언어가 해당 언어 공동체의 일반적인 특징에서 크게 벗어나는 경우, 개인어적(idiolectal) 차원의 접근도 시도할 것이다.

둘째, 음변화(sound change)는 어휘에 따라 점진적으로 확산된다는 입장을 받아들인다. 이러한 어휘 확산(lexical diffusion) 가설은 Schuchardt(1885: 25)에서 그 핵심 내용이 언급된 이후 Wang(1969, 1979), Chen & Hsieh(1971), Wang & Lien(1993) 등을 거치며 정립되었으며, 국어 음운사 연구에서도 이미 오래 전부터 수용되어 다양한 음운 변화를 기술하고 설명하는 데 쓰였다. 그런데 음변화의 어휘 확산에 영향을 미치는

---

[7] '언어 공동체'로 번역되는 'speech community'라는 용어는 'linguistic community'라는 용어로도 사용된다. '언어 공동체'의 다양한 개념에 대한 정리와 비판은 Hudson(1980: 25~30)에서 이루어져 있다.

요인은 언어 내적·외적으로 다양할 뿐만 아니라,[8] 개별 변화에 따라서도 제각각이므로 그것을 명확히 밝혀내기는 쉽지 않다. 본서에서는 이처럼 다양한 요인 가운데 주로 언어 내적 요인의 하나인 음운론적 측면에 초점을 두고자 한다.

음운 변화의 어휘적 확산 과정을 파악하기 위해서는 계량적(quantitative) 연구 방법이 필수적이다. 특정 변화의 전개 양상을 알아보는 방법 중 하나는 그 변화의 개신율을 조사하는 것인데, 그것은 해당 변화의 개신형(改新形)[신형(新形)]과 보수형(保守形)[구형(舊形)]의 출현 빈도를 통해 드러나기 때문이다. 그런데 문헌 자료를 통한 언어 변화 연구에서는 균질적인 계량화 결과를 얻기 어렵다는 문제가 있다. 서로 다른 두 시기의 문헌에 나타나는 특정 변화의 개신율은 기본적으로 두 문헌에 공통적으로, 그리고 비교적 고빈도로 출현하는 어사의 신·구형을 조사할 때에만 그 균질성이 확보된다. 하지만 이러한 이상적인 조건을 갖춘 어사는 그리 많지 않다. 따라서 본서에서 시도하는 계량화의 범위는, 특별한 경우가 아니면 각 시기별, 혹은 각 세대별 언간에서 비교적 높은 빈도로 출현하는 어사에 한정할 것이다.

하지만 그렇다고 해서 저빈도 어사의 존재를 경시한다는 것은 결코 아니다. 본서에서는 진행 중인 음변화에 대하여 소규모 말뭉치에서 나타나는 소수의 예도 중시한다. 서사어(書寫語)의 보수성과 격식성을 '뚫고' 문헌상에 산발적으로나마 출현하는 개신형의 존재는, 해당 음변화가 당시 구어에서 이미 상당히 확산된 상태임을 의미할 수도 있다는 점에서 그 가치는 결코 낮지 않기 때문이다. 본서에서는, 신중하게 선택된 적은 수의 예들을 정밀하게 검토하는 것이야말로 언어 변이와 변화

---

8) 어휘 확산에 영향을 미치는 언어 외적 요인으로 가장 많이 언급된 것은 단어 출현 빈도(word frequency of occurrence)이다. 이에 대한 국외 연구로는 Zipf(1929), Leslau(1969: 180~181), Hooper(1976/Bybee 2007: 23), Fidelholtz(1975), Phillips(1984) 등이, 국내 연구로는 蘇信愛(2002: 96~103), 곽충구(2011), 김한별(2012: 67~82) 등이 있다.

연구에서의 난제(難題)를 다루는 적합한 방법이라는 사실(Mair 2013: 182)을 항상 염두에 두고 언어학적 분석을 시도할 것이다.

1.4. 연구 자료

1.4.1. 주요 자료

1.4.1.1. 서지 사항

본서의 주요 대상 자료인 〈鶴峰宗家〉는 의성김씨(義城金氏) 천전파(川前派)의 한 분파인 학봉파(鶴峰派)의 종가 구성원들이 주고받은 언간 묶음을 가리킨다.[9] 이 언간 자료는 현재 경상북도 안동시(安東市) 서후면(西後面) 금계리(金溪里)에 위치한 학봉 종택(鶴峰宗宅, 경상북도 기념물 제112호)의 운장각(雲章閣)에 소장되어 있다.

수량 명칭	기존 수량 (건)	새 수량 (건)
A 의성김씨 학봉 김성일가 언간	171	170
B 의성김씨 천전파 언간	41	37
C 그 외 언간	75+?	66
합계	287+?	273

[표 1.1] 〈鶴峰宗家〉의 수량

학봉 종가의 언간은 지금까지 단일한 자료로 취급되지 못한 채 [표 1.1]의 A~C와 같이 몇 종(種)으로 나뉘어 학계에 소개되었다.[10] 따라

---

9) 이하에서 다루는 내용은 김한별(2015: 198~203)을 바탕으로 하되, 이종덕 외(2019: 7~28)에서 최신화한 정보를 거기에 반영한 것이다. 이들 논저 이전에 〈鶴峰宗家〉(일부)의 서지적 내용을 다룬 연구 업적으로는 한국학중앙연구원(2009a: 27~32; 2009b: 23~29), 황문환 외(2013b: 470~472), 조정아(2014: 138~139) 등이 있다.
10) '새 수량(건)'은 이종덕 외(2019)에 의거한 것이다.

서 독자의 혼란을 막기 위하여 먼저 이 언간 자료의 명칭과 수량을 명확하게 정리할 필요가 있다.

Ⓐ는 한국학중앙연구원(2009a)에서 〈의성김씨 김성일파 종택 한글 간찰〉이라는 이름으로 소개한 171건을 가리킨다.11) 이후 황문환 외(2013b: 470)에서 그 명칭을 〈의성김씨 학봉 김성일가 언간〉으로 조정하고, '김성일가'라고 하는 약칭을 부여하였다. Ⓐ는 그동안 학봉 종가의 언간 중 연구자들이 가장 많이 이용한 자료이기도 하다.

Ⓑ는 한국학중앙연구원(2009b)에서 〈의성김씨 천전파 한글 간찰〉로 명명한 76건 중 '학봉파'의 것으로 소개한 41건이다.12) 저자가 확인한 바로는, 지금까지 Ⓑ를 대상 자료로 삼은 연구는 조정아(2014), 김한별(2015), 이승희(2018)뿐이다.

Ⓐ·Ⓑ에 포함되지 않은 편지들인 Ⓒ는, 한국학중앙연구원 어문생활사연구소의 조선시대 한글편지 DB구축팀에 의해 그 존재가 처음 알려졌다[황문환 외(2013b: 470, 각주), 조정아(2014: 138, 각주 1)]. 저자도 2014년 12월 개별적으로 학봉 종택을 방문하여 이 가문에 전해지는 언간 자료를 실사하는 과정에서 한국학중앙연구원 조사팀이 발견한 것과 동일한 사실을 알게 되었다. Ⓒ의 수량은 아직 정확하게 파악하기 어려운데, 그중 이종덕 선생이 Ⓐ·Ⓑ와 동시대 인물들이 쓴 것으로 추정하여 분류해 놓은 언간은 총 76건이다.13) 저자는 김한별(2015)에서 그 가

---

11) 언간 일련번호는 한국학중앙연구원(2009a)과 황문환 외(2013b: 469~742)에서 모두 167번까지 부여되어 있다. 그러나 〈김성일가-001〉이 김주국이 발신한 2건과 김광찬이 발신한 1건으로 다시 세분되고(황문환 외 2013b: 474~476), 또한 〈김성일가-123〉은 서로 다른 시기의 언간 3건으로 새롭게 나뉜다(이종덕 외 2019: 8). 따라서 Ⓐ의 총량은 사실상 171건이 된다.
12) 김한별(2015: 199)에서는 Ⓑ의 총 수량을 '40건'으로 잘못 소개하였는데, 이종덕 외(2019: 7)에서 이를 '41건'으로 바로잡았다(본장의 각주 14 참조).
13) 이종덕 선생은 저자에게 Ⓒ에는 일제 강점기와 광복 이후의 언간도 포함되어 있다는 사실을 알려 주었다. 황문환 외(2013b: 470, 각주)와 조정아(2014: 138, 각주 1)에도 비슷한 내용이 언급되어 있다. 실제로 저자는 학봉 종택에 소장된 언간 묶음에서 파란색 볼펜으로 흘려 쓴 서신뿐만 아니라 밑줄이 그어진 현대 편지지에 작성된 서신도 발견할

운데 61건을 선별하여 '미공개'라는 가칭(假稱)을 부여한 후 연구 대상으로 삼은 바 있다.14)

전술한 A~C 중 상당수가 학봉 종가 인물들에 의해 서로 비슷한 시기에 작성된 언간이라면, 이들은 마땅히 동질적인 자료로 취급해야 할 것이다. 그리하여 이종덕 외(2019)에서는 19세기를 전후하여 발신자를 학봉 종가나 그와 관련된 인물로 확정할 수 있는 언간 273건(A 170건, B 37건, C 66건)을 선별하여 '발신자(세대 기준) - 발신 시기' 순으로 새롭게 정렬한 후, 거기에 〈의성김씨 학봉 종가 언간〉이라는 새로운 명칭을 부여하였다. 그렇게 종합한 〈鶴峰宗家〉는 그 분량이 총 47,862어절에 이르며, 이는 단일 문헌 자료 말뭉치로서는 매우 방대한 규모이다.15) 본서는 바로 이 273건을 연구 대상 자료로 삼았다.

저자가 현지 조사를 하였을 때 이 언간 묶음은 총 5개의 서류 봉투에 나뉘어 보관되어 있었다. 이는 학봉 종가에서 이 자료를 한국학중앙연구원 조사팀이 분류해 놓은 상태 그대로 보관해 왔기 때문이다. 한국학중앙연구원에서는 이 언간 묶음을 대여해 가서 개별 편지에 일련번호를 부여한 후 그 순서에 따라 서류 봉투 5개에 나누어 담아 반환하였던 것이다. 모두 별다른 보존 처리가 되어 있지는 않았지만, 편지가 낱장

수 있었다. 이종덕 선생에 의하면, 현 종손 김종길 선생의 모친인 한양조씨(漢陽趙氏)가 쓴 언간 300여 건도 별도로 전한다고 한다. 만일 이들 자료에 대한 판독이 모두 이루어진다면, 아직 본격적으로 이루어지지 않은 20세기 언간 자료 연구가 더욱 활발히 전개될 수 있을 뿐만 아니라, 학봉 종가라는 특정 가문 사람들의 언어 변화 양상도 매우 긴 시간 선상에서 살펴볼 수 있게 될 것이다.

14) 저자는 김한별(2015: 200)에서 연구 대상 자료에 포함된 이 '미공개' 언간을 '62건'으로 기술하였다. 그런데 그중 1건(〈미공개-075〉)은 한국학중앙연구원(2009b)의 〈의성김씨 천전파 한글 간찰〉의 22번 편지였음을 뒤늦게 알게 되었다(본장의 각주 12에서 B의 총 수량을 '40건'에서 '41건'으로 정정한 이유가 바로 여기에 있다). 따라서 저자가 김한별(2015)에서 이용한 '미공개' 언간은 사실 '61건'이었다.

15) 신성철(2013: 42)에 의하면 ≪東國新續三綱行實圖≫의 언해문은 58,786어절이며, ≪小學諺解≫는 29,838어절이라고 한다. 두 문헌과 비교해 볼 때 우리는 〈鶴峰宗家〉가 상당한 규모를 자랑함을 알 수 있다.

이나 묶음으로 둘둘 말려 있다는 점만 제외하고는 보존 상태가 매우 양호한 편이었다. 대부분 편지는 별봉(別封)을 갖지 않으며, 별봉이 있는 것은 해당 편지와 함께 나란히 클립으로 고정되어 있다. 편지 크기는 Ⓐ는 24×13㎝인 것에서부터 28×130㎝인 것까지 제각각이며, Ⓑ 역시 20×9㎝에서 18×69㎝에 이르기까지 그 크기가 다양하다. Ⓒ에 해당하는 편지 크기는 저자가 별도로 조사하지 못하였으나, 대체로 이와 같은 범위 내에 있으면서 역시 일정한 크기를 말하기 어렵다.

〈鶴峰宗家〉의 발신자는 학봉의 10대 종손 김진화(金鎭華, 1793~1850)를 중심으로 그의 증조부 김주국(金柱國, 1710~1771)과 아내 여강이씨(驪江李氏, 1792~1862), 네 딸, 며느리 진성이씨B(眞城李氏, 1825~1888) 등 그 집안사람들이 주축을 이룬다(학봉 종가의 가계도는 [그림 1.1] 참조).16) 그 외 학봉 종가 인물들과 교류한 중인(中人)들의 언간과 학봉 종가의 하인 등 아랫사람들이 쓴 언간도 소수 전한다. 수신자 역시 대동소이하다. 저자가 연구 대상 자료로 삼은 언간의 발신자별 정보와 수량을 정리하여 나타내면 [표 1.2](양반 계층), [표 1.3](비양반 계층)과 같다.

---

16) 가계도 최상단의 세수(世數)는 학봉 김성일(金誠一, 1538~1593)을 기준으로 한 것이다. 학봉은 의성군(義城君) 석(錫)[경순왕(敬順王)의 넷째 아들]의 20세손이다. 세수 아래 '제n세대'(n=1~6)로 나타낸 것은 아래 [표 1.2]에 따른 세대 수를 가리킨다. 〈鶴峰宗家〉의 발신자는 명암으로 짙게 표시해 두었다.

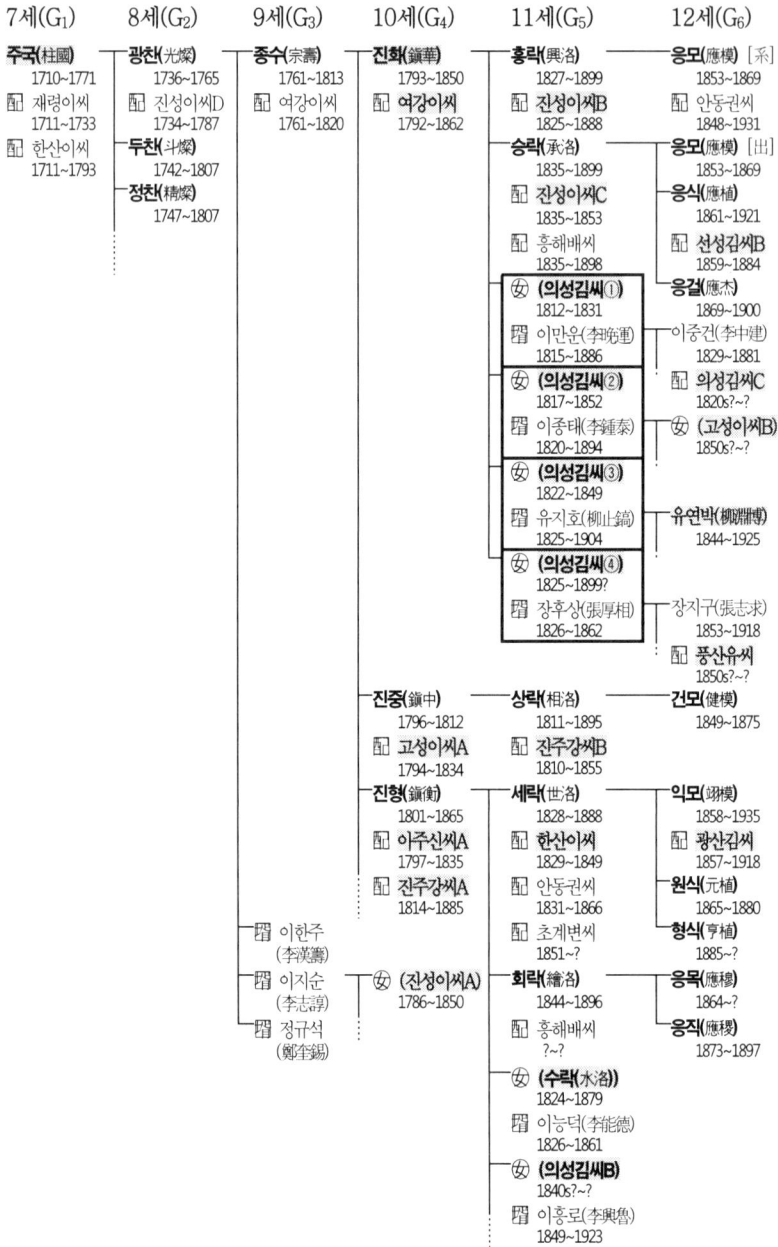

[그림 1.1] 학봉 종가 가계도

세대		발신자		성별	생년	건수	어절 수
제1세대	G₁	김주국	김진화의 증조부	남	1710	4	648
제3세대	G₃	유치명	의성김씨③의 시부	남	1777	1	73
		의성김씨A	김진화의 처모	여	1775	6	1,149
	G₃.₅	진성이씨A	김진화의 고종사촌 누나	여	1786	2	349
		전주최씨A	김진화의 이종사촌 누나	여	1789	1	148
제4세대	G₄	고성이씨A	김진중의 처	여	1794	4	620
		김진화	학봉의 10대 종손	남	1793	18	2,385
		아주신씨A	김진형의 처(초취)	여	1797	3	353
		여강이씨	김진화의 처	여	1792	96	20,523
	G₄?	아주신씨B	김흥락의 처모	여	1800s?	13	1,639
제5세대	G₅	김수락	김진형의 첫째 딸	여	1824	1	115
		선성김씨A	김응모의 처모	여	1824	1	163
		이중검	진성이씨B의 족제	남	1829	1	122
		의성김씨①	김진화의 첫째 딸	여	1812	3	598
		의성김씨②	김진화의 둘째 딸	여	1817	19	2,317
		의성김씨③	김진화의 셋째 딸	여	1822	6	697
		의성김씨④	김진화의 넷째 딸	여	1825	23	4,274
		의성김씨②/③	김진화의 둘째/셋째 딸	여	-	2	158
		진성이씨B	김흥락의 처	여	1825	18	3,741
		진주강씨A	김진형의 처(재취)	여	1814	8	1,242
		진주강씨B	김상락의 처	여	1810	5	694
		한산이씨	김세락의 처(초취)	여	1821	3	401
	G₅?	의성김씨C	의성김씨①의 맏며느리	여	1820s?	5	515
		전주유씨	김진화의 내종질녀	여	1820s?	1	233
	G₅.₅	진성이씨C	김승락의 처(초취)	여	1835	1	81
제6세대	G₆	선성김씨B	김응식의 처	여	1859	4	302
		유연박	의성김씨③의 아들	남	1844	1	88
	G₆?	고성이씨B	의성김씨②의 첫째 딸	여	1850s?	1	147
		의성김씨B	김진형의 둘째 딸	여	1840s?	1	117
		풍산유씨	의성김씨④의 며느리	여	1850s?	1	84
	G₆.₅	'질부A'	(김익모의 처?)	여	(1863)	3	298
제5/6세대		전주최씨B	김진화의 생질녀	여	?	1	153
합 계						257	44,427

[표 1.2] 〈鶴峰宗家〉의 발신자별 정보와 언간 수량(양반 계층)[17]

---

17) 발신자별 세대, 즉 'Gₙ'은 다음과 같은 두 가지 기준에 따라 구분하여 n값(n=1~6)을 부여하였다. 하나는 20년 단위로 나눈 발신자의 생년이며, 다른 하나는 그가 가계도 내에

세대	발신자		성별	생년	건수	어절 수
$G_{3(.5)}$	구원(九元/九原)	학봉 종가의 사내종	남	1778?	1	75
G_5	순임(順任)	학봉 종가의 계집종	여	1821?	1	127
?	서울집의 언니	김진화 측실의 언니	여	?	1	310
?	안영록(安永祿)	경초관(京哨官)	남	?	7	2,026
?	전중경(全--)	김진화의 아랫사람	남	?	1	113
?	정 주부(鄭主簿)	의원(醫員)	남	?	3	651
?	?	학봉 종가의 건축 담당자	남	?	1	50
?	?	학봉 종가의 산지기	남	?	1	83
합 계					16	3,435

[표 1.3] 〈鶴峯宗家〉의 발신자별 정보와 언간 수량(비양반 계층)

원문 사진은 현재 273건 모두 천연색으로 디지털 서비스되거나 영인·출판되어 있다. [표 1.1]의 A 170건은 한국학중앙연구원에서 운영하는 〈한국학자료센터〉의 〈조선시대 한글편지〉 웹사이트에서 디지털 사진으로 제공하고 있으며,18) 나머지 B·C 103건은 이종덕 외(2019:

서 차지하는 위치이다. 여성 발신자 중 생년을 알 수 없는 인물은 후자만을 고려하여 n값을 부여한 후 '?'를 첨가하였는데, 이때 특히 남편의 생년을 참조하였다. 학봉 종가의 여성들은 대개 남편보다 몇 살 연상인 경우가 많기 때문이다. '$G_{n.5}$'는 위 두 가지 기준의 차이에 따라 G_n과 G_{n+1} 사이에 위치하는 인물들을 가리키는데, 이러한 $G_{n.5}$는 G_n과 동일한 세대로 취급하였다. G_n의 분류를 생년별로 나타내면 아래와 같다.

제1세대: G_1 = 1710~1729년생.
제3세대: G_3 = 1760~1779년생. $G_{3.5}$ = 1780~1789년생.
제4세대: G_4 = 1790~1809년생.
제5세대: G_5 = 1810~1829년생. $G_{5.5}$ = 1830~1839년생.
제6세대: G_6 = 1840~1859년생. $G_{6.5}$ = 1860~1869년생.

이와 같은 분류에서 문제가 되는 것은, $G_{n.5}$가 실제 연령상으로는 G_{n+1}에 더 가까우나 G_n과 함께 '제n세대'에 포함되는 경우이다. 예를 들어, 1789년생인 전주최씨A($G_{3.5}$)는 1793년생인 김진화(G_4)와 4살 차이밖에 나지 않고 1775년생인 의성김씨A(G_3)와는 14살 차이나 나지만, 의성김씨A와 함께 '제3세대'로 분류되는 것이다. 그러나 $G_{n.5}$에 해당하는 인물들의 언간 수량이 얼마 되지 않으므로, 이러한 문제는 본서의 논지에 별다른 영향을 끼치지 않는다. 한편, 발신자명이 'X/Y'로 표시된 것은 발신자가 X나 Y 중 어느 한 사람으로 추정되는 언간을 의미한다. 따라서 이 항목에 대해서는 '생년' 정보를 제시하지 않았다. 그리고 제6세대의 '질부A'는 김익모의 아내 광산김씨(光山金氏, 1857~1918)로 추정되기도 하므로 그 생년을 괄호 속에 나타내었다. 생년에 '18X0s?'로 나타낸 것은 해당 인물의 생년이 18X0년대로 추정된다는 것을 의미한다. 마지막으로, 명암으로 짙게 표시된 발신자는 [그림 1.1]에 제시되어 있는 인물임을 나타낸다.

927~1071)에 영인되어 있다. 이들 사진은 촬영 상태가 매우 좋고, 편지 뒷면이나 별봉의 사진도 모두 포함하고 있어 정밀한 연구를 가능하게 한다. 저자가 이용한 사진은 이들과 동일한 것이며, 경우에 따라서는 저자가 학봉 종택에서 직접 촬영한 사진을 이용하기도 하였다.

한편, Ⓐ와 Ⓑ는 마이크로필름 형태로도 한국학중앙연구원에 보관되어 있으며(청구기호: MF 35-3715, 3716), 일찍이 Ⓐ만 한국학중앙연구원(2009c)으로 영인되기도 하였다. 그러나 한국학중앙연구원(2009c)의 영인본은 흑백으로 되어 있을 뿐만 아니라 영인 상태도 그리 좋지 않으며, 뒷면이나 별봉의 사진이 누락된 것도 있다는 점에서 연구 자료로 삼기는 어렵다. Ⓒ는 국어사학회(2016)에서 16건만을 선별하여 흑백으로 영인한 바 있다.

〈鶴峰宗家〉의 전문(全文)에 대한 (재)판독문은 이종덕 외(2019)에 실려 있다. 그보다 앞서 이루어진 판독 사항을 간략히 정리하면 다음과 같다. Ⓐ와 Ⓑ는 각각 한국학중앙연구원(2009a, 2009b)에서 최초로 판독하였고, Ⓐ는 황문환 외(2013b: 474~742)에서 재판독하였다. Ⓒ 중에서 61건의 판독문은 저자의 박사학위논문([부록 3])에서 처음 공개하였으며,[19] 그중 16건은 일부를 수정하여 김한별·이종덕(2016a, 2016b)에 나누어 실었다. 본서에서는 이상의 업적들을 전면적으로 재검토한 이종덕 외(2019)의 (재)판독문을 연구 대상 자료로 삼았다.

---

[18] 다만, 〈조선시대 한글편지〉 웹사이트에는 아직 이종덕 외(2019)의 성과가 반영되어 있지 않다는 점에 유의할 필요가 있다(2020.06.30. 현재). 그리하여 이종덕 외(2019)에서 역주 대상으로 제외한 1건(〈김성일가-119〉)까지 포함하여 총 171건의 사진을 제공하고 있으며, '발·수신자'나 '발신 시기', '판독 사항' 등도 황문환 외(2013b: 474~742)에 의거하고 있다. 또한, Ⓐ의 명칭이 "의성김씨학봉김성일종가언간"으로 되어 있다는 점도 지적해 두고자 한다.

[19] 그 논문에서는 '62건'으로 제시하였는데, 이에 대한 내용은 본장의 각주 14 참조.

1.4.1.2. 표기법

문헌 자료를 통한 음운사 연구에서는 무엇보다도 연구 대상 문헌의 표기법에 대한 정확한 이해가 선행되어야 한다. 따라서 본론에 들어가기에 앞서 본서의 주요 대상 자료의 표기법적 특징을 소개할 필요가 있다. 그런데 〈鶴峰宗家〉의 표기법은 후기 근대 국어 문헌에서 발견되는 일반적인 경향에서 벗어나는 것이 거의 없으므로, 여기서는 몇 가지 특기할 사항만을 개략적으로 논의하고자 한다.

먼저, 초성 표기에 대하여 언급할 내용은 경음과 유기음 표기이다. 그중 경음 표기로는 'ㅅ'계 합용병서(合用竝書)가 일반적으로 쓰이며, 'ㅂ'계 합용병서는 지극히 예외적인 경우에만 사용되었다.

(1) 가. **깍글**[削] 〈068. 여강이씨〉, **보낼쌔**[送] 〈021. 김진화〉

나. **쭈드리니**[叩] 〈041. 여강이씨〉, **ᄒ엿습쎠니**[爲] 〈139. 아주신씨B〉

다. **쎄치읍셔**[癱] 〈154. 의성김씨②〉, **굿쁀**[悲] 〈177. 의성김씨④〉

라. **쓰뎐**[用] 〈206. 진성이씨B〉, **업쓰미오**[無] 〈001. 김광찬[김주국 역]〉

마. **쫏논**[啄] 〈028. 김진화〉, 두 **번쩌**[次] 〈026. 김진화〉

(2) 내 죽으무로 **뻐** ᄒ 말고 능히 내 ᄯᅳᆺ을 니어 일괴육 귀륭이를 보전ᄒᆞ야 **뻐** 내 슈쇄 못 ᄒ 나문 업을 니으면 내 죽어도 눈을 ᄀᆞ무리라 〈001. 김광찬[김주국 역]〉

(1)에서 'ㅅ'계 합용병서가[20] 다양한 어사에서 나타나는 것과는 대조적으로, 'ㅂ'계 합용병서는 (2)에서와 같이 한문의 '以' 자를 축자역한 '뻐'에서만 2회 출현할 뿐이다. 이 예가 나타난 〈001〉은 김주국(G_1)이 자신의 아들 김광찬의 한문 간찰을 며느리를 위하여 국역한 편지라는 점에

---

[20] 'ㅆ'은 《圓覺經諺解》(1465) 이전의 문헌에서는 각자병서(各字竝書)였지만, 16세기 문헌에서는 그 성격이 'ㅺ, ㅼ, ㅽ' 등과 같이 합용병서로 볼 수 있다(李基文 1972/ 1977: 49). 본서에서 'ㅆ'을 합용병서에 포함시킨 것은 이러한 관점을 반영한 것이다.

서, 거기에 사용된 'ᄡᅥ'는 언해문의 전통적인 쓰임이 언간에 그대로 실현된 것으로 볼 수 있다. 따라서 이는 자연스러운 용법이라고 볼 수 없다. 결국 〈鶴峰宗家〉에서의 경음 표기에는 사실상 'ㅅ'계 합용병서만이 사용된 것이다.

이처럼 경음 표기를 전담한 'ㅅ'계 합용병서에는 (1)에서 볼 수 있듯이 'ㅅㄱ, ㅅㄷ, ㅅㅂ, ㅆ, ㅼ' 등 5개가 있다. 그 외 (3)과 같이 'ㅅㅁ'자가 1회 사용된 예도 있으나, 이는 오기(誤記)로 처리함이 타당하다.

(3)   모도 그 년놈으로 ᄒᆞ여 제 몸이 죽고 小人이 부젼의 아비 놈과 츈근의 **몹쓸** 놈으로 ᄒᆞ여 여러 달을 두고 누덕이 되어 … 그 **ᄉᆷ을** 두 놈의게 속은 거시 참아 통분ᄒᆞ여 죽ᄉᆞ온들 엇지 잇ᄉᆞ올잇가 〈268. 안영록〉

(3)에 제시한 예문은 발신자 안영록이 매우 격정적인 감정 상태에서 작성한 부분인 만큼, 거기에 등장하는 'ᄉᆷ을'은 그의 실수로 보인다. 그에 앞서 등장하는 '몹쓸'의 존재가 이를 뒷받침해 준다.

유기음 표기는 일반적으로 'ㅋ, ㅌ, ㅍ, ㅊ'이 담당하였으나, 어두 'ㅅㄱ'에 대하여 'ㅋ'이 대신 쓰인 예가 2회 발견된다.

(4)   가. **쇄돌** 젓 못 먹고 푸려ᄒᆞ고 〈033. 여강이씨〉, **쇄돌** 감긔 미류ᄒᆞ여 〈135. 아주신씨A〉, **쇄돌** 무양ᄒᆞ니 〈201. 의성김씨②/③〉
      나. **쾌돌** 감긔로 잔샹 알흐나 〈132. 고성이씨A〉, **쾌돌**은 지금도 잇고 〈179. 의성김씨④〉

'쇄돌'은 김진형의 아들 김세락의 아명인데, (4가)와 같이 대부분 '쇄돌'로 나타나지만 (4나)에서처럼 '쾌돌'로 실현되기도 한다.21) 이와 같은

---

21) 의성김씨④의 언간에 '쾌돌'이 1회 쓰이기도 하였다(例 져근집도 무고치 못 **쾌돌** 양일학 민망 〃 ᄒᆞ옵고 산모 그만흔가 시부오니 〈177〉).

예는 〈秋史家〉의 김노경이 '快'의 두음을 'ㅋ'으로 표기하는 것과는 달리, 그의 아들 김정희는 〈秋史〉에서 그것을 일관되게 'ㅅㄱ'으로 표기한다는 사실(황문환 2004b: 364~365; 2010: 101~102)을 떠올리게 한다. 그러나 김흥락의 한문 간찰에 '쇄돌'이 '卦㐏'로 적혀 있다는 점에서 (4가)의 'ㅅㄱ'은 경음 [k͈]를, (4나)의 'ㅋ'은 [k]가 우발적으로 유기음으로 실현된 [kʰ]를 각각 나타내는 표기로 보는 것이 합리적이다.

종성의 'ㄷ'과 'ㅅ' 표기는 이 시기 일반적인 표기법과 마찬가지로 'ㅅ'으로 완전히 통일되어 있다. (5)가 그것을 잘 보여 준다.

(5) 가. 이곳도[此所](MK: '곧') 〈076. 여강이씨〉, 이곳은 〈048. 여강이씨〉, 의곳지 〈076. 여강이씨〉 / 밋고[信](MK: '믿-') 〈185. 의성김씨④〉, 밋을 〈013. 진성이씨A〉, 밋어셔는 〈115. 여강이씨〉

나. 졋[乳](MK: '졎') 〈033. 여강이씨〉, 졋을 〈039. 여강이씨〉, 졋졔 〈054. 여강이씨〉 / 찻는[索](MK: '츳-') 〈034. 여강이씨〉, 츠즈니 〈224. 진주강씨A〉, 츠자 〈055. 여강이씨〉

다. 옷도[衣](MK: '옷') 〈091. 여강이씨〉, 옷슨 〈034. 여강이씨〉, 창옷시나[氅-] 〈037. 여강이씨〉 / 싯는[洗](MK: '씻-') 〈193. 의성김씨④〉, 씨스니 〈246. 선성김씨A〉, 시셔 〈080. 여강이씨〉

상승조나 하강조에 동반된 장음이 간헐적으로 표기상에 반영된 예도 있다. 이 경우 해당 음절의 중성(中聲)을 구성하는 마지막 소리와 동일한 소리가 음절화하여 그 중성자 뒤에 표기되었다.

(6) 가. 외인쪽으로[左向] 〈094. 여강이씨〉, 외인즉으로 〈158. 의성김씨②〉, 외인팔에[左腕][22] 〈098. 여강이씨〉

---

[22] 이 시기 'ㅚ'는 하향 이중모음으로 실현되었는데, '외인'[22]은 그 핵심 근거가 되는 예이다. 이에 대해서는 3.2.2에서 상론한다.

나. **쇼옥이**[內] ⟨024, 김진화⟩, **쇼옥이** ⟨138, 아주신씨B⟩, **소옥을** ⟨177, 의성김씨④⟩, **싸소옥의**[重陰] ⟨076, 여강이씨⟩, cf. **싸속의**[重陰] ⟨204, 진성이씨B⟩

다. **말유운**[乾] 것 ⟨075, 여강이씨⟩, cf. **말유치**[乾] 아엿다 ⟨097, 여강이씨⟩

(6가, 나, 다)는 모두 현대 경북 방언에서 각각 '왼(R)', '속(R)', '말유-(LF)' 와 같이 실현되는 어사들이다.

근대 국어의 표기법에서 대체로 연철 표기는 활용에서, 분철 표기는 곡용에 사용되었는데, 활용에서도 분철 표기가 주로 이루어진 시기는 18세기 중기부터이다(홍윤표 1994: 272). 그런데 ⟨鶴峰宗家⟩에서 활용에서의 분철 표기는 파열음으로 끝나는 어간 말음 중 변자음 'ㄱ, ㅂ'인 경우에 집중된다.

(7) 가. **젹어**[書] ⟨013, 진성이씨A⟩ / **젹어**[小, 少] ⟨066, 여강이씨⟩ / **죽으니**[死] ⟨148, 아주신씨B⟩, **죽어** ⟨034, 여강이씨⟩ / **먹으니**[食] ⟨119, 여강이씨⟩, **먹어** ⟨190, 의성김씨④⟩, **닉여**[溲, 泥] ⟨265, 정 주부⟩ // **먹예**[食] ⟨064, 여강이씨⟩

나. **입으실**[着] ⟨208, 진성이씨B⟩, **입어라** ⟨026, 김진화⟩ / **잡아다가**[執] ⟨083, 여강이씨⟩, **잡아가려**[逮捕] ⟨217, 진성이씨B⟩ / **좁아**[狹] ⟨265, 정 주부⟩

(8) 가. **어들**[得] ⟨207, 진성이씨B⟩, **어더** ⟨066, 여강이씨⟩ / **미들**[信] ⟨001, 김광찬[김주국 역]⟩, **미드리**(믿-+-을#이) ⟨076, 여강이씨⟩ / **바든**[受] ⟨080, 여강이씨⟩, **바다** ⟨194, 의성김씨④⟩

cf. **밋음**[信] ⟨013, 진성이씨A⟩ / **밋어셔논** ⟨115, 여강이씨⟩ / **밧아**[受] ⟨183, 의성김씨④⟩

나. **소사**[涌] ⟨265, 정 주부⟩

다. **초자**[索] ⟨055, 여강이씨⟩ / **이져**[忘] ⟨029, 김진화⟩

라. **두래**[懸] 〈076, 여강이씨〉 / **믿드래**[作] 〈024, 김진화〉 / **밍그래**[作] 〈050, 여강이씨〉

바. **여허도**[入] 〈037, 여강이씨〉 / **노하**[放] 〈076, 여강이씨〉

사. **안재**[坐] 〈034, 여강이씨〉 / **살마**[烹] 〈031, 김진화〉

(7가, 나)는 각각 /ㄱ/과 /ㅂ/ 말음 용언 어간이 모음 어미와 결합하여 분철 표기된 예이다. (8가~바)는 그 외의 자음으로 끝나는 어간이, (8사)는 자음군 말음 어간이 모음 어미와 결합하여 연철 표기된 예이다. 물론, 각각에 대한 반례도 소수 존재하지만, 이와 같은 경향성을 위반할 정도는 아니다. 동일한 파열음 중에서도 중자음인 /ㄷ/을 말음으로 가진 용언 어간은 (8가)와 같이 연철 표기되는 것이 일반적이다. 이는 종성 'ㄷ'과 'ㅅ' 표기가 'ㅅ'으로 통일됨에 따라 /ㄷ/과 /ㅅ/ 말음 어간을 구분하여 나타내기 위한 조치로 보인다.

　중철 표기는 활용보다는 곡용이나 형태소 내부에서, 무성 자음보다는 유성 자음에 대하여, 그리고 양반 계층보다 비양반 계층의 언간에서 더 빈번하게 출현한다.

(9)　가. **닷시**[復] 거론홀 〈258, 구원〉 // **봄붓터**[春] 〈214, 진성이씨B〉 / **압푸시다**[痛] 〈169, 의성김씨②〉 / **붓쳐**[寄] 〈029, 김진화〉

　　　나. **복게**[福] 계워 〈273, 서울집의 언니〉 / 과호신 **탓슬로** 〈271, 안영록〉 / **옷슨** 〈034, 여강이씨〉 / **의곳지** 〈076, 여강이씨〉

　　　다. 너여**놋키도**[出] 〈269, 안영록〉

(10)　가. **호나흔**[一] 〈016, 김진화〉 / 엇지 **안니**[不] 원통 지원 〈273, 서울집의 언니〉 / 세샹을 **발리고**[棄] 〈273, 서울집의 언니〉 / **날려가던이**[下向] 〈273, 서울집의 언니〉 / **먹을려**[食] 〈214, 진성이씨B〉 / 무안호기 **일랄**[謂] 슈 업사오이다 〈248, 유연박〉 / **얼렵스와**[難] 〈270, 안영록〉

　　　나. **손니**[手] 쩔녀 〈184, 의성김씨④〉 / **원혼니**[冤魂] 되여 〈273, 서울집의

언니〉 / **집안니**[家] 소요ᄒᆞ오며 〈269, 안영록〉 / **날리**[日] 가고 〈273, 서울집의 언니〉 / **달니**[月] 넘도록 〈267, 안영록〉

다. 엇더ᄒᆞ**오신니**잇개[何] 〈135, 아주신씨A〉 / 엇지ᄒᆞ오식가 **보온닛**가 〈273, 서울집의 언니〉 / 달나 ᄒᆞ**온니**[謂] 〈270, 안영록〉 / 엇지 무ᄉᆞ타 ᄒᆞ**올니**잇개[謂] 〈258, 구원〉 / 무엇셰 **쓸려**[用] 〈271, 안영록〉 // **일러 발리시괴**[失] 〈273, 서울집의 언니〉 / **들러**[入] 〈269, 안영록〉 / **빌러먹 게**[乞食] 〈269, 안영록〉

(9)와 (10)은 무성 자음과 유성 자음을 중철 표기한 예를 각각 나타낸 것이며, (9)와 (10)의 '가'는 형태소 내부, '나'는 곡용, '다'는 활용에서 중철 표기된 예를 각각 제시한 것이다. 그런데 위와 같이 분류한 환경에 따라 중철 표기의 양상이 동일하지 않음을 발견할 수 있다. (9나) 및 (10나)와 같은 곡용 환경에서는 선행 음절말 자음이 후행 음절초에 중복되는 이른바 '순행적' 중철 표기만이 나타난다. 반면에, (9가, 다)와 (10가, 다)처럼 형태소 내부나 활용 환경에서는 대부분 후행 음절초 자음에 의해 선행 음절말에 자음이 첨가되는 이른바 '역행적' 중철 표기가 관찰된다.[23] 다만, (10다)에서는 '일러(잃-[失]+-어)', '들러(들-[入]+-어)', '빌러(빌-[乞]+-어)'와 같이 순행적 중철 표기의 예도 보인다.

중철 표기에 대한 종래의 국어학적 해석은 白斗鉉(1990/1992: 316~318)과 홍윤표(1994: 241~273)에서 종합적으로 검토한 바 있다. 두 논저에서는 중철 표기가 음성학적·음운론적·형태론적 요인이 복합적으로 작용하여 발생·확산된 것으로 보았다. 그렇다면 (9)와 (10)에서 관찰되는 순행적 중철 표기에 대해서는 음운론적·형태론적 요인이, 역행적 중철 표기에 대해서는 음성학적 요인에 각각 크게 작용한 것으로

---

[23] 이러한 역행적 중철 표기는 18세기 문헌에서부터 급격하게 증가한다(白斗鉉 1990/1992: 315).

해석할 수 있을 것이다. 특히, 역행적 중철 표기는 대부분 비양반 계층 언간에서 발견되는데, 이 사실은 이 표기가 당시 발신자의 실제 발화형을 반영하고 있을 가능성이 높다는 것을 말해 준다.

1.4.1.3. 반영된 방언[24]

〈鶴峰宗家〉에는 그 발신자들의 출신 지역과 사회적 신분을 고려할 때, 지역적으로는 경북 방언, 사회적으로는 양반 계층 방언이 반영되어 있다. 그중에서 지역 방언은 좀 더 미시적으로 살펴볼 수 있다. 그들의 출신지를 조사해 보면 〈鶴峰宗家〉에 반영된 지역 방언을 경상북도 내에서도 군(郡) 내지 면(面) 단위로까지 밝혀 낼 수 있기 때문이다. 〈鶴峰宗家〉의 양반 계층 발신자는 총 31명인데,[25] 그들의 출신지를 일단 군 단위로 나열하면 '안동(19명), 봉화(3명), 상주(3명), 의성(2명), 구미(2명), 경주(1명), 영주(1명)' 등 7개 지역이 된다(2.2.2 및 [부록 2] 참조). 즉, 이 언간 자료의 발신자들은 대부분 안동을 중심으로 한 경북 서북부 지역 출신이며, 이를 지도로 나타내면 [그림 1.2]와 같다.

[그림 1.2]는 일견하여 이 언간 자료에 경북 서북부 지역어가[26] 가장 많이 반영되어 있을 것으로 추측하게 한다. 그러나 유일한 경주 출신인 여강이씨는 〈鶴峰宗家〉의 최다(最多) 발신자이기도 하다. 그가 작성한 언간 분량(20,523어절)은 〈鶴峰宗家〉 전체(47,862어절)의 절반에 가까운 42.9%를 차지하기 때문이다. 발신자의 수적(數的)인 측면에서는 경북

---

24) 여기서 말하는 '방언'이란, '지역 방언(regional dialect)'과 '사회 방언(social dialect)'을 포괄하는 개념이다. 모든 화자는 지역적 배경뿐만 아니라 사회적 배경도 아울러 지니고 있으므로, 모든 방언은 지역적이면서 동시에 사회적이라고 할 수 있다(Chambers & Trudgill 1980: 54).
25) 이 수치는 한문 간찰을 쓴 김광찬 1명을 제외한 것이다. 앞서 언급한 대로 〈001〉은 김광찬의 한문 간찰을 김주국이 언해한 편지이기 때문이다.
26) 崔明玉(1994a: 890)에서 시도된 동남 방언의 하위 구획에 따르면, [그림 1.2]에 표시된 상주·구미(선산) 지역어는 '경북 서부 방언'에, 그 외 지역어는 '경북 중동동부 방언'에 해당한다.

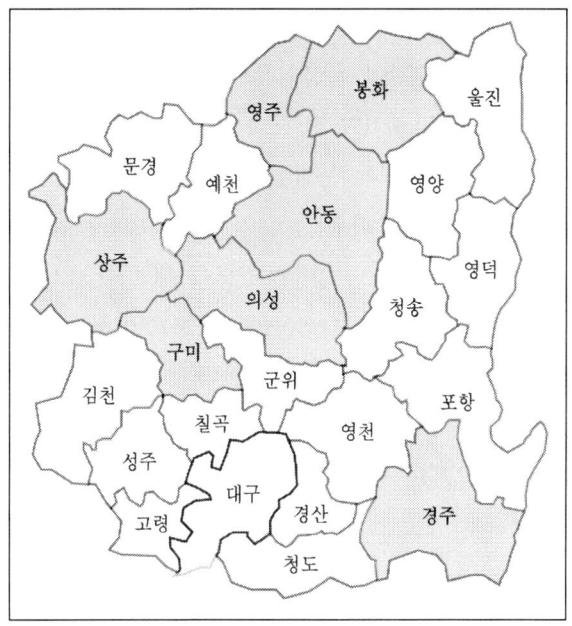

[그림 1.2] 〈鶴峰宗家〉 발신자의 출신 지역 분포

서북부 지역어의 비율이 압도적이지만, 언간의 양적(量的)인 측면에서는 경주 지역어의 비율도 그에 못지않은 것이다. 따라서 이 언간 자료에는, 전체적으로는 경북 방언이, 세부적으로는 경북 서북부 지역어와 경주 지역어가 골고루 반영되어 있다고 규정할 수 있겠다.

1.4.2. 보조 자료

주요 연구 자료인 〈鶴峰宗家〉에 나타나는 다양한 음운 현상을 더욱 면밀하게 해석하기 위하여 본서에서는 여러 문헌 자료와 현대 방언 자료를[27] 보조 연구 자료로 이용한다. 본서에서 이용하는 보조 자료는

---

27) '현대 방언 자료'란, 현대 국어를 구성하고 있는 각 하위 지역·사회 방언을 말한다. 현대 국어의 출발점은 국어사학계의 관용에 따라 편의상 '20세기 초 개화기 이후'로 상정한다. 따라서 '현대 방언 자료'의 시간적 범위는 개화기 이후부터 오늘날에 이르는 1세기

'시간'과 '공간'이라는 두 축에 의해 크게 두 부류로 나뉜다.

첫 번째 부류는 〈鶴峰宗家〉를 중심으로 그 이전과 이후 시기의 동남 방언을 반영하고 있는 자료이다. 여기에는 문헌 자료와 현대 방언 자료(특히 경북 방언 자료)가 모두 포함된다. 이 부류는 동일한 공간 내에서 전개된 다양한 음운 변화를 전망적(prospective) 방법과 회고적(retrospective) 방법을 통해 고찰할 수 있도록 해 준다. 그중 동남 방언이 반영된 문헌 자료란, 白斗鉉(1990/1992: 12~19)에서 이 지역 방언사 연구에 적합한 것으로 분류된 것들을 말한다. 그 범주에는 영남에서 최초로 간행된 것과["1・2部類"], 타 지역에서 최초로 간행된 후 영남에서도 중간(重刊)된 것["3部類"] 중 초간본과 중간본 간에 차이를 보이는 부분이 포함된다.

본서에서 이용할 현대 동남 방언 자료에 대해서는 약간의 부연 설명이 필요하다. 본서의 주요 대상 자료가 '경북 지역'의 '양반 계층'의 방언을 반영하고 있는 만큼, 우리에게 적합한 현대 방언 자료는 지역적 동질성뿐만 아니라 사회적 동질성까지 함께 보장해야 하기 때문이다.[28] 이에 따라 지역적・사회적 요인을 고려하여 본서의 연구 목적에 적합한 현대 동남 방언 자료를 개략적으로 분류해 보면 [표 1.4]와 같이 나타낼 수 있다.[29]

가량이 된다.

[28] 河野六郎(1945: 174, 각주 6)[이진호 역(2012: 106, 각주 90)]은 경성제국대학에 재학 중이던 경북 영천 출신 학생의 말을 인용하여 당시 경상도에는 양반과 민중 사이에 어휘 사용에서의 차이가 있다는 사실을 지적하였다. 그리하여 경북 북부에서 '죽통(粥桶)'이 '구시'를 압도하는 것도 안동을 중심으로 하는 양반들의 한자어가 하층으로 스며들어간 결과로 보았다. 고노(河野) 선생의 이와 같은 기술은 20세기 중기 경북 지역의 반촌어와 민촌어 간의 차이로도 해석할 수 있는 것이어서 주목할 만하다.

[29] 〈안/반〉, 〈경/반〉, 〈동/반〉 및 〈안/민〉, 〈경/민〉, 〈동/민〉으로 분류한 자료 등급은, 지역 방언 정보와['안'(안동 지역어), '경'(경북 방언), '동'(동남 방언)] 사회 방언 정보를['반'(반촌어), '민'(민촌어)] 나타내는 약칭을 각각 조합하여 나타낸 것이다. 이들 각 자료 등급이 해당 범주에 포함되면 '○'로, 그렇지 않으면 '×'로 나타내었다. 명암으로 짙게 표시해 둔 영역은 해당 정보가 잉여적임을 의미한다.

요인 등급	지역 방언			사회 방언	
	안동	경북	동남	반촌	민촌
〈안/반〉	○			○	×
〈경/반〉	×	○		○	×
〈동/반〉	×	×	○	○	×
〈안/민〉	○			×	○
〈경/민〉	×	○		×	○
〈동/민〉	×	×	○	×	○

[표 1.4] 지역적·사회적 요인에 따른 현대 동남 방언 자료 분류

[표 1.4]의 '지역 방언' 요인은 '동남 방언'이라고 하는 대방언권의 하위 영역을 나타낸 것이다. 〈鶴峰宗家〉에 반영된 지역 방언은 넓게 보면 '동남 방언'에 속하며 그중에서도 '경북 방언'이라고 할 수 있는데, 그 범위를 가장 좁히면 '안동 지역어'가[30] 될 것이다. '사회 방언' 요인은 해당 지역의 조사 대상이 '반촌어(班村語)'인지 '민촌어(民村語)'인지를 구분한 것이다. 〈鶴峰宗家〉에 반영된 사회 방언은 반촌어에 해당한다.

[표 1.4]에서 분류한 여섯 가지 등급 중 본서에서 가장 중시해야 하는 것은 물론 경북 안동 지역 반촌어를 대상으로 한 〈안/반〉이다. 엄밀한 의미에서의 전망적 방법과 회고적 방법이란, 비교 대상이 되는 서로 다른 두 시기의 언어가 지역적·사회적으로 동일한 조건을 갖추고 있어야 하기 때문이다. 그러나 지금까지의 방언 음운론 논저 중에는 이 등급에 해당하는 것이 매우 드물다. 저자가 찾아낸 논문으로는 안동·봉화·영해 지역 반촌어와 민촌어 간의 이중 언어생활을 고찰한 姜信沆(1976: 39~41, 42)과, 당시 안동군 풍산읍 상·하리동과 월성군 양좌동의 반촌어를 대상으로 활음화 현상을 연구한 李時震(1991)이 전부이다.[31] 하지만 두 논문에서는 특정 음운 현상만을 논의한 까닭에 우리의

---

30) '지역어(地域語)'란, 방언 구획이나 언어 체계를 고려하지 않은 상태에서 어느 한 지역의 언어를 가리킬 때 사용하는 용어이다(《方言學 事典》의 '방언' 항목 참조).

입장에서는 충분한 비교 대상 자료가 되지 못한다는 한계가 있다.

그렇다면 그 다음 대안은 〈경/반〉이나 〈동/반〉을 참조하는 것이다. 〈경/반〉에 속하는 연구로는 崔明玉(1980), 이동화(1992), 전혜숙(2007: 107~114)을 들 수 있다. 먼저, 崔明玉(1980)은 경북 영덕군(盈德郡) 영해면(寧海面)에서 반촌을 이루고 있는 괴시(槐市)1·2동과 민촌을 이루고 있는 대진(大津)2·3동의 두 방언의 문법을 음운·형태·통사·어휘 등 각 층위별로 종합적으로 연구한 논저이다. 그중에서 제5장 '음운' (154~214면)에 나와 있는 공시적 음운 현상에 대한 기술과 제4장 '어휘' (124~153면)에 수록된 총 933개의 어휘 자료는 경북 지역의 반촌어와 민촌어 간의 음운론적 차이를 살펴보는 데 큰 도움이 된다. 다음으로, 이동화(1992)는 경주시 강동면(江東面) 양동(良洞)의 반촌어의 음운론적 특징을 조사하여 그와 인접한 인동(仁洞)의 민촌어와 대비한 논문이다. 그런데 경주 강동면의 양동 마을은 〈鶴峰宗家〉의 최다 발신자인 여강이씨(G₄)의 친정이기도 하다는 점에서 그 논문은 본서에서 상당히 중요한 위치를 갖는다. 본서에서는 그 논문의 자료를 여강이씨의 언어에 대해서는 직접적인 비교 대상으로 이용할 것이고, 그 외 다른 인물의 언어에 대해서는 간접적인 비교 대상으로 다룰 것이다. 마지막으로, 전혜숙(2007: 107~114)은 영덕군 영해면 괴시리(槐市里)·원구리(元邱里)와 창수면(蒼水面) 인량리(仁良里) 반촌어에서의 경음화, 움라우트, 'ㄱ'·'ㅎ' 구개음화의 세대별 양상을 살펴본 것으로, 崔明玉(1980)의 조사 지역과 일부 중복된다는 점에서 본서의 보조 자료로 이용하기에 적합하다. 한편, 〈동/반〉에 해당하는 연구 성과는 저자가 아직 찾아내지 못하였다.

〈안/민〉은 비록 안동 지역어를 직접적으로 다루기는 하였지만, 민촌

---

31) 그 외 최근 김한별(2017b)에서 저자는 〈鶴峰宗家〉와 ≪녀ᄌ쵸혹≫(1797)의 문헌어와 현대 안동 검제 마을 반촌어의 음운 현상을 실재 시간(real time)의 관점에서 통시적으로 고찰해 보기도 하였다.

어를 대상으로 한 연구라는 점에서 본서의 주요 대상 자료와 동등한 비교 대상이 될 수 없다. 그러나 반촌어를 대상으로 한 연구(〈안/반〉이나 〈경/반〉)가 매우 부족한 현 상황에서는 〈안/민〉의 가치도 결코 간과할 수만은 없을 것이다. 이 범주에 해당하는 논문으로는 崔秀貞(1970),[32] 李在五(1971), 李東華(1984), 趙信愛(1985), 박종덕(2000a, 2000b) 등이 있다. 그 외 현대 안동 지역어를 음운론적으로 연구한 대표적인 업적으로는 徐輔月(1984, 1997a, 1997b)도 들 수 있으나,[33] 그 논문들에는 조사 지점과 방법, 제보자 등에 대한 정보가 전혀 제공되어 있지 않아 그들이 〈안/반〉과 〈안/민〉 중 어느 범주에 속하는지 알 길이 없다. 다만, 거기에 제시된 다양한 음운 현상들과 당시의 일반적인 방언 조사 방법 등을 고려할 때, 서보월 선생의 일련의 논문은 〈안/민〉에 포함시키는 것이 타당할 것이다. 본서에서는 이들 〈안/민〉을 모두 간접적인 비교 대상으로 삼을 것이다.

〈경/민〉과 〈동/민〉은 각각 안동을 제외한 경북 방언권과 경남 방언권 내의 각 지역 방언을 조사한 자료들이다. 이들 범주에 해당하는 논저는 그 수가 매우 많기에 여기에 일일이 열거하지 않고, 논의의 전개 과정에서 필요할 때마다 개별적으로 언급할 것이다.

한편, 전국이나 동남 방언권 전역을 대상으로 한 논저는 [표 1.4]의 분류에 해당하지 않는다. 전자에 대해서는 小倉進平(1944a)과 河野六郎(1945)을, 후자에 대해서는 韓國精神文化研究院(1989~1995)의 ≪韓國方

---

32) 崔秀貞(1970: 119)에는 語文學研究會(1965: 243)의 "客觀的 調査方法"을 따랐다고 기술되어 있는데, 語文學研究會(1965: 243)에 언급된 "客觀的 調査方法"이란, 조사자가 청취력에 전적으로 의존하는 "主觀的 調査方法"과는 달리 녹음 기재(錄音機才)를 이용하여 자료를 수집하는 방법을 말한다. 따라서 이 사실은 조사 방법이나 제보자에 대해 알려 주는 바가 전혀 없다. 다만, 語文學研究會(1965: 244)에 제보자를 대할 때의 유의 사항 중 "資料提供者가 學識이 있을 때는 恪別히 注意하여야 한다."는 언급이 있는 것으로 보아, 崔秀貞(1970)의 조사는 반촌어를 대상으로 한 것은 아닌 듯하다.
33) 서보월(1997a, 1997b) 두 논문은 사실상 동일한 것이므로, 이하 본서에서는 그중 서보월(1997a)만을 인용하기로 한다.

言資料集≫과 국립국어원(2010a, 2010b)의 ≪지역어 조사 보고서≫를 들 수 있는데, 이들도 본서의 보조 자료에 포함된다. 또한, 21세기 세종 계획 〈2007 한민족 언어 정보화 통합 검색 프로그램〉도 부분적으로 참조할 수 있다.

두 번째 부류는 〈鶴峰宗家〉가 교신된 19세기의 다양한 지역 방언을 반영하고 있는 문헌 자료이다. 이 부류는 〈鶴峰宗家〉에서 관찰되는 음운 현상의 개별성과 보편성을 확인하는 데 필요하다. 이 범주에 해당하는 문헌에 대해서는 번잡함을 피하기 위하여 여기에 별도로 소개하는 대신, 본서에서 직접 인용한 것만을 [표 1.5]에 포함하여 제시한다. 다만, 그중에서 중부 방언 자료인 〈추사 언간(秋史諺簡)〉과 〈추사가 언간(秋史家諺簡)〉은 〈鶴峰宗家〉와 동일한 성격의 문헌일 뿐만 아니라, 시기적으로도 맞물려 있다는 점에서 특히 좋은 비교 자료가 되므로 아래에 간략히 소개해 두기로 한다.

〈추사 언간〉은 추사(秋史) 김정희(金正喜, 1786~1856)가 직접 쓴 언간 40건(1818~1842)을 말하며, 〈추사가 언간〉은 추사를 중심으로 상하 5대의 집안사람들이 작성한 언간 45건(1754~1897)을 가리킨다(이하에서는 각각 '〈秋史〉'와 '〈秋史家〉'로 약칭한다).[34] 〈秋史〉와 〈秋史家〉의 발신자 중 가장 윗세대인 혜경궁 홍씨(惠慶宮洪氏, 1735~1815)의 언간 1건과 가장 아랫세대인 김관제(金寬濟, 1870~1912)[추사의 서종손(庶從孫)]의 언간 1건, 그리고 발신 연도를 알기 어려운 한산이씨(韓山李氏, ?~1807)[추사의 외조모(外祖母)]의 언간 2건을 제외하면, 두 언간 자료의 전반적인 작성 시기는 18세기 중기에서 19세기 중기에 이르는 것으로 볼 수 있다(황문환 외 2013b: 415). 본서에서는 이 81건을 주요 비교 대상 자료로

---

34) 〈秋史〉와 〈秋史家〉에 대한 서지학적 사항은 이미 선행 연구에서 밝혀진 바 있으므로 여기서는 생략한다. 전자는 金一根(1986/1998, 2004: 4~6), 황문환 외(2013c: 16~18)에서, 후자는 金一根(1982a, 1982b), 이병기(2013: 228~230), 황문환 외(2013b: 414~416)에서 각각 다루어졌다.

이용할 것이다. 아래 [표 1.5]는 그 발신자별 정보와 언간 수량을 나타낸 것이다.35)

세대	발신자		성별	생년	건수
G₁	해평윤씨(海平尹氏)	김정희의 조모(祖母)	여	1729	13건
G₃	김노경(金魯敬)	김정희의 생부(生父)	남	1766	23건
	기계유씨(杞溪兪氏)	김정희의 모(母)	여	1767	3건
G₃.₅	김정희(金正喜)		남	1786	40건
G₄	김상희(金相喜)	김정희의 계제(季弟)	남	1794	2건
합계					81건

[표 1.5] 〈秋史〉와 〈秋史家〉의 발신자별 정보와 언간 수량

마지막으로, 본서에서 직접적으로 인용한 문헌의 목록을 종합하여 약호(略號) 순으로 제시하면 다음 면의 [표 1.6]과 같다.

약호	자료명	시기	비고
簡辟	簡易辟瘟方[重刊本]	1525[1578]	
郭氏	현풍곽씨 언간 (=진주하씨묘 출토 언간)	17세기 전기	
郭海龍傳	郭海龍傳	?	≪活字本古典小說全集 1≫, 亞細亞文化社, 1976
敎科書	Азбука для Корейцевь (韓國人을 위한 綴字敎科書)	1902	
救方	救急方諺解[重刊本]	1466[16세기]	
國漢	國漢會語	1895	
權龍仙傳	權龍仙傳	?	≪活字本古典小說全集 1≫, 亞細亞文化社, 1976
閨閤	閨閤叢	1869	가람문고본
金仁香傳	金仁香傳	?	≪活字本古典小說全集 2≫, 亞細亞文化社, 1976

---

35) [표 1.5]의 '세대(Gₙ)'는 단순히 생년만을 기준으로 학봉 종가 인물들의 세대에 기계적으로 대응시킨 것이다. 따라서 여기서의 n값은 실제 추사 가문의 인물 관계와 차이가 난다. 가령, 김노경과 김정희는 부자간임에도 불구하고 각각 G₃과 G₃.₅로 분류되어 마치 동일한 제3세대 화자인 것처럼 여겨지는 것이다. 이와 같은 분류는 〈鶴峰宗家〉와의 비교를 위한 불가피한 것이다.

內訓	內訓[重刊本]	1475[1573]	蓬左文庫本
論語	論語諺解	1590	
누가	누가복음	1882	
楞嚴	楞嚴經諺解	1461	
同文	同文類解	1748	
東新	東國新續三綱行實圖	1617	
杜詩	杜詩諺解[原刊本]	1481	
杜重	杜詩諺解[重刊本]	1632	
孟子	孟子諺解	1590	
明星經	關聖帝君明聖經諺解	1883	
牧牛子	牧牛子修心訣諺解	1467	小倉文庫本
朴通	朴通事諺解	1677	
法華	法華經諺解	1463	
事類	事類博解	1855	
辭典	Опытъ Краткаго Руссо-Корейскаго Словаря(試編 露韓小辭典)	1904	
三綱(런던)	三綱行實圖	1481	런던 대영도서관본
三譯	三譯總解	1703	
釋詳	釋譜詳節	1447	
셩경	셩경직히	1892	
小諺	小學諺解	1588	
睡雲亭	睡雲亭悲懷遺錄	1826	
純元封書	순원왕후어필봉서 언간	1840s~1850s	
順天金氏墓	순천김씨묘 출토 언간	1550s~1592	
時文	漢日鮮時文新讀本	1927	
新類	新增類合	1576	
十九	十九史略諺解[嶺營版]	1832	
스쇼졀	스쇼졀	1870	
養正	養正編	1929	
女士	女士須知	1907	
譯語	譯語類解	1690	
念龍	念佛普勸文[龍門寺本]	1704	
念海(계명)	念佛普勸文[海印寺本]	1776	啓明大本
念海(일사)	念佛普勸文[海印寺本]	1776	一蓑文庫本
嶺三	嶺南三綱錄	1939	

예수	예수셩교젼셔	1887	
月釋	月印釋譜	1459	
二倫(규장)	二倫行實圖[慶尙監營 重刊本]	1730	奎章閣本
二倫(옥산)	二倫行實圖	1518	玉山書院本
二倫(학봉)	二倫行實圖[校書館 開刊本]	1579	鶴峰內賜本
李鳳彬傳	李鳳彬傳	?	≪活字本古典小說全集 7≫, 亞細亞文化社, 1976
易言	易言諺解	1883	
隣語	隣語大方	1790	
臨終	臨終正念訣	1741	
正蒙	正蒙類語	1884	
朝漢	朝漢四禮	1925	
捷解	捷解新語[原刊本]	1676	
七大	七大萬法	1569	
太上	太上感應篇圖說諺解	1852	
通重	通學徑編[重刊本]	1921	
閑中	閑中錄	18세기	
漢清	漢清文鑑	1779	小倉文庫本
玄氏兩雄	玄氏兩雄雙驎記	?	≪活字本古典小說全集 12≫, 亞細亞文化社, 1976
訓蒙(동중)	訓蒙字會	1592 이전	東京大 中央圖書館本
訓蒙(예산)	訓蒙字會	1527	叡山文庫本
訓解	訓民正音(解例本)	1446	

[표 1.6] 본서에서 인용한 문헌 목록

1.5. 논의의 구성

본서의 논의는 다음과 같은 순서로 전개된다.

먼저, 제2장에서는 언간 자료를 이용하여 국어 음운사를 연구하는 데 필요한 방법론을 수립한다. 거기서 우리는 언간 자료를 통한 음운사 연구가 어떠한 의의와 한계를 지니는지를 살펴본 후, 연구를 위한 논리적 전제를 마련한다. 그리고 대상 언간 자료를 가지고 어떠한 절차에 따라 음운사 연구를 해야 하는지에 대해서도 상세하게 살펴볼 것이다.

제3·4장은 제2장에서 수립한 연구 방법론을 통해 본서의 주요 대상 자료를 실제로 정밀하게 기술하고 분석하는 장이다. 그중 제3장에서는 모음의 변이와 변화를 다룬다. /·/의 비음운화, 하향 이중모음의 변화, 모음 상승과 합류, 움라우트, 전설 모음화, 모음 조화 등 19세기 전기의 모음사(母音史)와 관련된 주요 변화가 그 논의 대상이 된다.

다음으로, 제4장에서는 이 시기 자음사(子音史)와 관련된 변이와 변화를 고찰한다. 구개음화 및 그와 관련된 변화(치찰음 뒤 /y/ 탈락, 어두 및 비어두 /ㄴ/ 탈락)에 대한 쟁점들을 먼저 살펴본 후, [ㅆ]의 음운화와 '/ㅅ/~/ㅆ/'의 공존 문제, 어중 /ㅎ/ 탈락, 그리고 어간말 자음군의 단순화 문제를 차례대로 논의할 것이다.

마지막으로, 제5장에서는 본론의 내용을 요약하고 남은 문제를 제시하며 본서를 마무리 짓는다.

제2장 언간 자료를 통한 음운사 연구 방법론

　언간 자료를 이용하여 국어 음운사를 연구하기 위해서는 그 자료적 특성에 적합한 연구 방법론이 필요하다. 국어사 자료로서의 언간 자료는 기존의 문헌 자료와 구별되는 여러 가지 특징을 보유하고 있는데, 그중에는 음운사 연구에 장점뿐만 아니라 단점으로 작용하는 것들도 존재하기 때문이다. 따라서 본장(本章)에서 우리는 언간 자료의 장점은 최대한 살리되 그 단점은 적절히 보완할 수 있는 방법론을 모색하고자 한다.[1]

2.1. 연구의 의의와 한계

2.1.1. 연구의 의의

　우리는 왜 하필이면 언간 자료를 이용하여 국어 음운사를 연구하려 하는가. 이 질문에 대하여 납득할 만한 답변을 내놓을 수 있다면, 그것은 곧 언간 자료를 통한 음운사 연구의 의의가 될 수 있을 것이다. 언간 자료를 대상으로 음운사 연구를 수행하려는 까닭은, 음운사 연구에서 그 자료만이 지니고 있는 장점이 있기 때문이다. 그것은 크게 네 가지

---

[1] 본장은 저자가 김한별(2015)에서 제안한 시론적(試論的) 연구 방법론에 일부 내용을 추가하고, 대상 자료와 관련된 내용은 이종덕 외(2019)에 따라 최신화하여 재구성한 것이다.

로 나누어 살펴볼 수 있다.

첫째, 언간은 필사 자료라는 점에서 간본 자료 연구에서 늘 염두에 두어야 하는 오각(誤刻)이나 오식(誤植), 탈획(脫劃) 등의 가능성을 염려할 필요가 없다. 음운사 연구는 기사자의 표기에 대한 정확한 이해에서 출발한다. 그런데 간본 자료, 그중에서도 특히 중간본의 표기를 살펴볼 때는 앞서 언급한 그러한 요인들이 때로는 결정적인 방해 요소로 작용하기도 한다. 하지만 언간 자료는 간행(刊行)되지 않는다는 점에서 그러한 염려가 없다. 물론 필사본 자료인 언간에서도 오기(誤記)가 발생하며, 그 발생률은 편지 작성자의 문장 작성 능력이나 한글 표기법 이해 수준 차이에 따라 큰 편차를 보이기도 한다.[2] 그러나 간본의 제작 과정에 비해 훨씬 단순한 절차를 거쳐 작성되는 언간에서는 이와 같은 비언어적 요인의 개입 가능성은 매우 낮아진다.

둘째, 언간에 반영된 언어는 간본이나 다른 필사 자료에 비해 그 시기 추정의 범위가 훨씬 좁다. 간본 자료는 중간(重刊)되는 경우가 있으며, 다른 필사 자료도 후대에 다시 필사되는 경우가 있는데, 그러한 문헌에 반영된 언어는 특정 시기의 것이라고 분명하게 말하기 어렵다. 이에 반해, 언간은 후대에 새롭게 필사되는 법이 없다는 점에서, 거기에 반영된 언어는 적어도 '당대'의 것이라는 사실만큼은 분명히 해 준다.[3]

셋째, 언간은 표기법의 혼란에서 발생하는 해석상의 문제점을 어느 정도 극복할 수 있게 해 준다. 표기의 변화는 실제 음운 변화의 속도를

---

[2] 필사본 자료의 오기의 유형과 발생 원인에 대해서는 백두현·이미향(2010)에서 심도 있게 다루어진 바 있다. 그 논문은 비록 한글 음식 조리서를 대상으로 한 것이기는 하나, 거기서 다루고 있는 내용은 언간을 비롯한 다른 필사본 자료에도 그대로 적용될 수 있다.

[3] 그러나 언간이 대필(代筆)되는 경우가 종종 있으므로 해당 언어가 당대의 '발신자 자신의 것'이라는 확신은 주지 못한다. 또한, 대필 언간의 경우라도 거기 반영된 언어가 순수하게 '기사자(대필자) 자신의 것'이라는 보장도 없다. 대필자의 언어가 원(原)발신자의 언어로부터 받는 간섭도 고려해야 하기 때문이다. 이 문제에 대해서는 2.3.2.2에서 상론한다.

따라가지 못하므로, 17세기 이후 국어 표기법은 "긴 *漂流의 過程*"(李基文 1963: 147)을 거치게 된다. 언간 자료에서도 표기법의 혼란이 관찰되는 것은 마찬가지이다. 그렇지만 언간은 '발신자 내 혼기'와 '발신자 간 혼기'를 구분할 수 있게 해 준다는 점에서 다른 문헌 자료와 구별된다. 이 두 가지 유형의 혼기를 면밀히 분석한다면 우리는 음운 변화 과정과 밀접하게 관련되는, "음운론적으로 의미 있는 혼기"(김주필 1998: 61)를 추출해 낼 수 있을 것이다.[4]

넷째, 언간 자료를 통해서는 다른 문헌 자료에 비해 진행 중인 음운 변화의 중간 단계를 더욱 미시적으로 살펴볼 수 있다. 개별 자료에 따라 다소 편차가 있기는 하지만, 현전하는 언간 자료는 대개 일정한 기간 동안 특정 사대부 가문 구성원들 사이에 오고 간 것들이다. 거기에는 세대 간의 언어 변이가 나타나게 마련이다. 따라서 만일 특정 언간 자료에서 어떤 음운 변화의 확산 과정을 살펴보기에 충분한 시간 폭과 자료의 양이 확보된다면, 우리는 그 자료를 통하여 진행 중인 음운 변화를 더욱 정밀하게 관찰할 수 있을 것이다.

이처럼 언간은 음운사 연구 자료로서 여러 가지 장점을 갖추고 있다. 이는 곧 언간 자료를 통한 음운사 연구의 의의라고 할 수 있다. 그러나 모든 문헌 자료가 그러하듯이, 언간 자료 역시 장점과 함께 단점을 아울러 지니고 있는데, 그것에 대해서는 절(節)을 달리하여 논의해 보도록 하겠다.

2.1.2. 연구의 한계

언간 자료를 대상으로 한 음운사 연구의 한계는 크게 다섯 가지 측면

---

4) 저자는 김한별(2014: 340~354)에서 이러한 방법을 통해 〈秋史〉와 〈秋史家〉의 'ㅅyV~ㅅV' 혼기와 'ㅈyV~ㅈV' 혼기에 각각 반영된 음운 현상을 서로 다른 동인에 의한 것으로 해석한 바 있다.

에서 논의할 수 있다. 먼저 각각의 한계점을 살펴본 후, 그것을 극복할 수 있는 방안도 간략하게 언급해 보기로 한다.

첫째, 언간 특유의 투식성(套式性)은 서간문과 구어 간의 괴리를 증대시킨다. 대개 서간문에는 일상적이고 자연스러운 구어가 비교적 많이 반영되어 있는 것으로 알려져 있다. 하지만 그러한 구어적 요소는 오히려 언간의 투식 표현에 의해 실제 구어의 질서에서 벗어나거나 불완전하게 실현되는 경우가 많다. 이 사실은 곧 '서간문을 대상으로 한 음운사 연구가 과연 유의미한가' 하는 회의로 이어지기도 한다. 이와 같은 회의를 불식하기 위해서는 무엇보다도 먼저 언간의 투식성이 음운사 연구에서 어떠한 의미를 지니는지 논의해 볼 필요가 있다. 우리는 그것을 2.2.1에서 상론할 것이다.

둘째, 지금까지 소개된 언간의 절대 다수가 체면과 격식을 중시하는 양반 계층이 작성한 것인 까닭에 거기에는 해당 지역 방언형이 적극적으로 반영되어 있지 않다. 특정 지역 방언에서 전개된 음변화 과정을 파악할 때 문제가 되는 것 중의 하나는, 규칙성 가설(the regularity hypothesis)에 위배되는 예외적 어사의 존재를 어떻게 설명하느냐 하는 것이다. 그 예외가 방언 간 차용(borrowing)의 결과인지, 아니면 음변화의 어휘적 확산의 중간 단계를 반영하는 것인지 등을 판단하는 문제는 결코 쉬운 일이 아니다. 그런데 언간에는 사회적 위신(social prestige)이 있는 이른바 '중앙어'나5) 중부 방언적 요소가 많이 나타난다. 따라서 지

---

5) '중앙어'라는 용어는 국어사 연구나 방언학에서 흔히 사용되고 있지만, 그 개념은 명확히 정의되어 있지 않다. 신승용(2001/2003: 22, 각주 10)은 그것을 "지방에서 간행된 문헌 자료를 제외한, 중앙에서 간행된 (또는 간행되었을 것으로 추정되는) 자료에 나타난 언어"로 규정하였으며, 신성철(2013: 41, 각주 1)은 그 개념을 규정할 때 자연 언어와 대비되는 '인공 언어'의 성격과 '중앙 관청'에서 편찬된 문헌에 반영된다는 점을 중시하였다. 최전승(2020: 587, 각주 31)은 ≪方言學 事典≫에서의 용례를 검토하여 '중앙어'가 "대체로 서울과 경기도 지역의 말이거나, 표준어 또는 문헌어 등에 적용되는 개념을 보유"하고 있는 것으로 보고, 지역 방언과 대립하여 사용하는 경우에는 그 개념이 '표준말' 또는 '규범어' 정도에 대응하는 것으로 파악하였다. 본서에서는 기본적으로 신승용(2001

역 방언사의 관점에서 과연 언간 자료를 통한 음운사 연구 자체가 가능한 것인지에 대한 의구심이 들 수도 있다. 우리는 이 문제를 해결할 수 있는 방안을 2.2.2에서 모색해 볼 것이다.

셋째, 언간의 상황적 정보, 즉 작성자나 작성 시기 등이 항상 분명하게 밝혀져 있는 것은 아니다. 이 문제점은 비단 음운사 연구에만 국한되는 것이 아니며, 그동안 언간 자료가 국어사 연구자들에게 외면받았던 가장 큰 이유이기도 하였다. 그러나 대상 언간 자료에 대한 언어 외적 사실은 다양한 분야에서의 연구를 통해 어느 정도 밝혀 낼 수 있다. 또한, 대상 자료가 양적으로 충분하다면 이러한 한계점은 자료 내적 분류를 통해서도 어느 정도 극복할 수 있다. 대상 언간 자료의 상황적 정보를 구성하는 변인들 간에 등급을 설정하여 높은 등급에 해당하는 언간을 주 자료로 삼고, 낮은 등급에 속하는 것은 보조 자료로 이용하는 것이다. 이 문제는 2.3.2에서 자세히 논의하기로 한다.

넷째, 언간은 주로 친족 간에 교신된 자료라는 점에서 관찰 가능한 어휘의 종류가 제한적이다. 음운 현상은 결국 다양한 어휘에서 보수형과 개신형 간의 차이를 통해 살펴볼 수밖에 없다. 그런데 친족 간에 주고받는 사연의 내용은 대개 서로 비슷하기 때문에 거기에 쓰이는 어휘의 종류도 일정한 범위 내로 국한되며, 따라서 관찰 가능한 음운 현상의 범위도 함께 좁아지게 마련이다. 실제로 〈鶴峰宗家〉의 경우 김진화와 안영록이 상호 주고받은 언간이나 정 주부가 김진화에게 보낸 언간 등 발·수신자가 '비친족(非親族) 간'인 경우,[6] 정치·행정·군사·의학 등 다양한 분야의 어휘가 많이 등장하는데, 그러한 어휘는 친족 간

/2003: 22, 각주 10)의 '중앙어' 개념을 수용하면서 그것이 상대적으로 규범적인 성격을 지니고 있었을 것이라는 점을 강조하기로 한다.

[6] 안영록의 누이('셔울집')가 김진화의 측실로 추정된다는 점에서 김진화와 안영록은 친족 관계라고도 볼 수 있다(부록 2) 참조). 그러나 둘 사이에 교신된 언간의 내용은 어디까지나 상·하급관의 관계 속에서 이해해야 한다.

의 언간에서는 일반적으로 잘 나타나지 않는 것들이다. 이와 같은 한계는 대상 자료의 장르적 특징에 기인하는 것으로, 다른 문헌 자료나 방언 자료와의 비교 고찰이 반드시 병행되어야만 극복할 수 있을 것이다.

마지막으로, 언간의 연구자는 판독의 난해함으로 인하여 실제 언어 사실을 잘못 파악할 위험이 크다. 한글 필사본 자료 연구에서는 언제나 판독상의 오류를 염두에 둘 수밖에 없는데, 그것은 특히 표기에 대한 정밀한 고찰이 선행되어야 하는 음운사 연구에서 치명적인 약점으로 작용한다. 이 약점은 단순히 특정 어사의 형태를 파악하는 문제에 그치지 않고, 음운사 연구의 범위마저 한정시키기에 이른다. 예를 들어, 언간에 쓰인 흘림체를 통해서는 중성자 'ㆍ, ㅡ, ㅗ, ㅜ'라든가 초성자 'ㄴ'과 'ㅇ'자를 서로 구분해 내기가 곤란한 경우가 많다. 따라서 /ㆍ/의 제1단계 변화나 원순 모음화, 어두 /ㄴ/ 탈락에 대한 연구에서는 언간에서 발견되는 예를 적극적인 근거로 사용하지 않는 것이 바람직하다.[7] 이상의 음운 현상들은 판독상의 이견이 제기되지 않는 정자(正字)로 쓰인 예들을 중심으로 연구를 수행할 수밖에 없을 것이다.[8] 물론 상당한 시간이 소요되더라도 각 발신자의 서체를 자모별·음절별·어절별로 정밀하게 비교·분석하는 내적 고찰을 통해 어느 정도 소극적인 근거를 확보할 수는 있을 것이다.[9] 그러나 판독의 난해함이 언간 자료를 통한 음운사 연구에서 극복하기 어려운 현실적인 제약임은 부정할 수 없는 사실이다.

이상에서 우리는 언간 자료가 음운사 연구에 제약으로 작용하는 것

---

[7] 지금까지 이루어진 언간의 음운사 연구에서 구개음화나 유음화 등과 같이 판독상의 이견이 비교적 크지 않는 현상이 주로 다루어진 까닭도 이 문제와 무관하지 않을 것이다.
[8] 예컨대 〈鶴峰宗家〉의 경우 김주국(G₁)과 김진화(G₄)의 언간은 다른 발신자들의 것에 비해 비교적 글씨가 또박또박하게 쓰여 있어 판독상의 문제가 거의 제기되지 않는다.
[9] 언간의 서체 비교 작업의 실례로는 이종덕(2005: 32~40), 박병천·정복동·황문환(2012a, 2012b), 김경순(2013: 29~97) 등을 들 수 있다. 또한, 언간의 판독과 문장 분절의 원리에 대한 고민은 任洪彬(1996)에 제시되어 있다.

들을 다섯 가지 측면에서 살펴보았다. 요컨대 언간 자료는 음운사 연구에서 다른 문헌에 비해 절대적으로 더 나은 위치에 있는 것은 결코 아닌 것이다. 따라서 언간 자료만을 통한 음운사 연구는 바람직하지 않으며, 이와 같은 한계를 극복하기 위해서는 간행·필사 연대나 기사자가 분명하게 밝혀진 타 문헌 자료는 물론, 현대 방언 자료까지 두루 참조해야 할 것이다.

2.2. 연구를 위한 전제

본절은 언간 자료를 통하여 음운사를 연구하는 데 필요한 논리적 전제를 수립하기 위해 마련된 것이다. 2.1.2에서 우리는 음운사 연구자의 입장에서 언간 자료가 갖는 다섯 가지 한계점에 대해 논의해 보았다. 본절에서는 그중 첫 번째와 두 번째, 즉 서간문의 투식성 및 방언과 관련된 문제를 집중적으로 다루고자 한다. 이 두 가지 문제는 연구자가 취하는 입장의 변화만으로도 상당 부분 극복할 수 있기 때문이다. 즉, 이들은 연구자가 어떠한 입장을 취하느냐에 따라 각각의 경중(輕重)이 달라질 수 있다는 것이다.

2.2.1. 서간문의 투식성

언간은 조선 시대 사적(私的)인 영역에서 일상의 생활 감정을 전달하는 가장 보편적인 수단이었으므로(황문환 2002: 135) 언간의 언어, 즉 서간문은 일반적인 서사어에 비해 대개 일상적(日常的)이고 구어적(口語的)인 것으로 알려져 있다.[10] 그러나 서간문 특유의 투식화된 표현들

---

[10] 여기서 말하는 '일상적'이라는 용어는 '해당 서사어가 개인의 일상생활을 잘 반영하고 있

은 서간문의 스타일(style)을[11] 이처럼 단순하게만 규정할 수 없게 만든다. 이 문제는 특히 19세기 언간 자료에서 두드러진다. 서간문의 투식성은 언간의 규식화(規式化)와도 어느 정도 관련을 맺고 있는데(후술), 주지하다시피 19세기부터 등장하는 방각본(坊刻本) ≪언간독(諺簡牘)≫이나 19세기 후기에 광범위하게 유통된 ≪징보언간독(增補諺簡牘)≫의 존재는 언간의 규식화의 정도를 잘 보여 주기 때문이다[홍은진(1999: 136~138), 金奉佐(2004: 14~25, 61~71), 허재영(2005b: 269~271) 참조]. 그리하여 19세기 초기부터 20세기 초기의 국어를 검토한 李賢熙(2007: 3~4)는 당시의 언간에 투식어가 많이 나타남에도 불구하고 종래의 연구자들이 그것을 구어에 가까운 자료로 취급해 온 사실을 비판하기도 하였다.

그렇다면 언간 자료를 다루는 음운사 연구자는 서간문의 이러한 투식성에 대하여 어떠한 입장을 취해야 할까. 이 문제를 본격적으로 논의하기 위해서는 우선 서간문의 '투식성(套式性)'의 개념과, 그와 관련된

다는 것'을 의미하고, '구어적'이라는 용어는 '해당 서사어가 개인의 자연 발화를 잘 반영하고 있다는 것'을 의미한다. 언간 자료의 일상성에 대한 상세한 논의는 황문환(2002: 135~140, 2010a: 89~94, 2015: 182~192)과 이상규(2011: 903~914)를 참조하기 바란다. 그리고 서사어의 구어성과 문어성 문제는 Koch & Oesterreicher(1985, 1994)와 Oesterreicher(1997)에서 심도 있게 논의된 바 있다. 사적 편지(私的便紙, private letters)의 구어성과 문어성에 대한 국외 역사 (사회) 언어학자들의 연구로는 Montgomery(1995: 30~32), Biber(1988: 128), Schneider(2002: 75~77), Nevalainen & Raumolin-Brunberg(2003: 29), Elspass(2012: 158~159) 등이 있으며, 언간을 대상으로 그 문제를 다룬 국어사 연구자들의 논의로는 金一根(1969: 26), 宋基中(1993: 274), 安貴男(1996: 12~25), 백두현(2000a: 98), 황문환(2002: 141~142, 2010: 97~100, 2015: 198~204), 김주필(2011a) 등이 있다.

11) 본래 '스타일'이란 '사회적인 역할을 달리하는 각각의 화자들이 말을 하는 상황이나 문맥(context)에 따라 선택적으로 사용하는 언어 변종(linguistic variety)'을 말한다[≪方言學事典≫의 '말투' 항목 참조]. 방언학이나 사회 언어학에서 주로 사용되는 이 용어는 본래 발화를 전제한 개념, 즉 '화체(話體)[말투]'를 의미한다. 본서에서는 이러한 '스타일'의 외연을 확장하여 이 용어를 서사어에도 원용하고자 한다. 즉, 본서에서의 '스타일'이란, '서사어에서 기사자가 해당 문헌의 성격이나 글을 쓰는 상황에 따라 선택적으로 사용하는 언어 변종'을 의미한다.

'규식성(規式性)'의 개념을 명확하게 정의할 필요가 있다. 먼저 서간문의 '투식'이란, '서간문의 작성자가 특정한 언어적 기능을 수행하기 위하여 관습적으로 사용하는 언어 형식'을 의미하며, '투식성'은 바로 그러한 언어 형식에 부합하는 속성을 가리킨다. 이에 반해, 서간문의 '규식'은 '서간문의 작성자가 각각의 상황에서 알맞게 따라야 하는 언어 형식'을 의미하며,[12] '규식성'은 바로 그러한 언어 형식에 부합하는 속성을 말한다.

아래의 예를 통하여 두 개념의 차이점과 상호 관련성을 살펴보도록 하자.

(1) 가. 시로이 답〃 굼겁ᄉ온 <u>복모 ᄀ졀 부리ᄋᆸ지 못ᄒ올소이다</u> 〈232, 1833년, 진주강씨B(질부) → 김진화(시백부)〉

　　나. 침슈 소진이 여일ᄒᆞᆸ신가 <u>복모 부리ᄋᆸ지 못ᄒ올소이다</u> 〈172, 1846년, 의성김씨③(딸) → 김진화(아버지)〉

　　다. 하졍의 우러와 답〃 깁ᄉ온 <u>복모 일시도 부리ᄋᆸ지 못ᄒ와</u> ᄒ오며 〈203, 1845년, 진성이씨B(며느리) → 김진화(시아버지)〉

　　라. 하졍의 우러와 깁ᄉ온 <u>복모 부리ᄋᆸ지 못ᄒ와</u> ᄒᆞ올 ᄎ 〈257, 1879년, 풍산유씨(생질부) → 김흥락(시외숙부)〉

(2) 가. 아모도 미음 ᄒᆞᆫ 그릇 드리〃가 업ᄉ오니 답〃 념녀 <u>츈빙을 듸듸온 듯 두립ᄉ고</u> 〈084, 1847년, 여강이씨(아내) → 김진화(남편)〉

　　나. 고이〃ᄒᆞᆫ 음식의 비위가 잔득 샹ᄒ여 더 못 ᄌ시ᄂ 듯 급〃 <u>두립ᄉ온 용녀 츈빙을 듸듸온 듯</u> 〈093, 1848년, 여강이씨(아내) → 김진화(남편)〉

---

12) 金奉佐(2004: 61)는 발신자와 수신자의 관계[수신자의 존비(尊卑)・노소(老少)・귀천(貴賤)] 상황 등에 따라서 편지의 문체(文體)와 용어(用語)가 달라진다는 사실을 지적하고, 그와 같은 여러 가지 상황에 따라 알맞게 정해져 있는 편지 형식을 '편지 규식'이라고 명명하였다. 본서에서 사용하는 '규식'의 개념은 좀 더 언어적 측면에 초점을 맞춘 것이다.

다. 써나신 지 수슌이 넘ᄉ오나 쇼식을 아올 길 업ᄉ오니 쥬야 울〃
　　 두립ᄉ온 용녀 츈빙을 듸듸온 ᄃᆺ 〈122, 1850년, 여강이씨(아내) → 김
　　 진화(남편)〉

(3)　가. 알외올 말슴 하감ᄒᆞᆸ심 지리 이만 알외오며 내〃 긔후 쾌복 여
　　　 샹ᄒᆞᆸ신 문안 복츅〃 ᄒᆞᆸᄂᆞ이다 〈166, 1849년, 의성김씨②(딸) → 김
　　　 진화(아버지)〉

　　 가'. 말슴 ᄀᆞ득 남ᄉ오나 지리 이만이오며 아모려나 긱듕 긔운 쳠샹
　　　 업ᄉ와 만안ᄒᆞᆸ신 긔별 고딕〃 ᄒᆞᆸᄂᆞ이다 〈086, 1848년, 여강이
　　　 씨(아내) → 김진화(남편)〉

　　 나. 아모것도 못 섭〃 ᄒᆞ오이오이다 〈166, 1849년, 의성김씨②(딸) → 김진
　　　 화(아버지)〉

　　 나'. 죵딜도 무ᄉ하온지 편지 못 섭〃 ᄒᆞᆸ 〈138, 1848년, 아주신씨B(장모)
　　　 → 김흥락(사위)〉

　　 cf. 말슴 ᄀᆞ득 남ᄉ오나 지리ᄒ와 이만이오며 내〃 긱듕 긔후 만강ᄒ
　　　 ᆞᆸ심 츅슈〃 ᄒᆞᆸᄂᆞ이다 아모것도 못 보내오니 답〃 ᄒᆞᆸ 〈118,
　　　 1850년, 여강이씨(아내) → 김진화(남편)〉

(1)의 '복모(伏慕) 부리ᄋᆞᆸ지 못ᄒ-'는 서로 다른 네 발신자가 모두 손위의 상대방에 대한 그리움을 공손하게 나타내기 위하여 공통적으로 사용한 표현이다. 이는 ≪징보언간독≫에서 손위 수신자에 대한 문안 규식으로 제시해 놓은 대표적인 투식 표현으로, 서간문의 규식성과 투식성이 서로 밀접한 관련을 맺고 있음을 잘 보여주는 예이다. 그런데 방각본으로 간행된 언간 규식서들이 한문 간찰 규식서의 영향을 많이 받았다는 사실(金奉佐 2004: 16~25)을 감안한다면, (1)은 자연스러운 구어와는 꽤 동떨어진 표현이라고 하겠다.

이와는 달리 (2)와 (3)은 언간 규식서의 영향을 받았다는 근거는 찾을 수 없는 예들이다. 그중 (2)에 사용된 투식 표현은 '츈빙(春氷)을 듸

딕온 둣 두립-' 정도로 나타낼 수 있다. 발신자가 자신의 두렵고 염려스러운 심정을 더욱 효과적으로 드러내기 위하여 '봄철의 얼음을 딛고 있는 듯하다'는 비유적 표현을 사용한 것이다. 〈鶴峰宗家〉에서는 여강이씨만이 이 표현을 여러 차례 사용한다. 이러한 수사법(修辭法)이 다른 문헌에서도 보편적으로 쓰였을 가능성은 있으나,13) 적어도 〈鶴峰宗家〉에 한해서는 이를 여강이씨만의 개인어적(idiolectal) 특성으로 여겨야 할 것이다.

(3가, 나)는 황문환(2015: 202~203)에 제시된 예이다. 황문환 선생은 (3)의 'cf.'와의 비교를 통해 (3가, 가)의 '지리'와 (3나, 나)의 '못'이 각각 '지리ᄒ와', '못 보내오니' 정도에서 일부 형태가 생략된 것으로 추정하였다. 그리고 이러한 생략은 언간 외에서는 쉽게 찾아보기 어려워 일반적인 언어(구어) 질서에 따른 것이라고는 하기 어려우며, "언간마다 으레 반복되기 쉬운 표현이므로 반복을 줄이기 위한 투식 표현"으로 등장하였다고 보는 것이 타당함을 밝혔다[203면].

그런데 (1)~(3)에 제시한 투식 표현들이 모두 동일한 성격을 띠는 것은 아니다. 다시 말해서, 서간문의 투식은 다시 몇 가지 기준에 의해 세분할 수 있다는 것이다. 여러 가지 분류 방법을 상정할 수 있겠지만, 본서에서는 아래 A, B와 같은 두 가지 기준에 의해 서간문의 투식을 분류하고자 한다.

---

13) 예컨대 삼전도비(三田渡碑)의 만주문(滿洲文)에도 이와 유사한 표현이 발견된다. 成百仁(1970: 124, 140)에 제시된 의석(義釋)과 로마자 전사문을 그대로 인용하면 다음과 같다[밑줄은 저자가 추가함]. "… 그때에 우리의 寡君은 南漢에 자리를 定하고 두렵고 겁이 나서 春氷을 밟고 날 밝기를 기다리는 것처럼 지내기 五十日째에 … [tere fonde meni sitahūn ejen nan han de tomofi geleme olhome niyengniyeri juhe de fehufi gerendere be aliyara gese susai ci inenggi:]."

A. 투식의 '형성 요인'에 따른 분류:
  ① 서간문의 규식화에 의한 투식
  ② 기타 요인에 의한 투식
B. 투식의 '사용 주체'에 따른 분류:
  ① 개인적 투식
  ② 집단적 투식

A는 해당 투식 표현이 서간문의 규식화에 기인하는 것인지(①), 아니면 그 외 다른 요인에 의한 것인지(②)를 중시한 분류이다. 반면에, B는 해당 투식 표현이 특정 개인의 언간에서만 사용되는 것인지(①), 아니면 복수의 발신자들의 언간에서 공통적으로 나타나는 것인지(②)에 초점을 맞춘 분류이다. 이 두 가지 기준에 따르면, 언간 규식서에 충실하며 그에 따라 다양한 발신자들의 언간에서 자주 출현하는 (1)은 A-①과 B-②에 포함될 것이다. 규식성의 근거를 찾을 수 없으면서 여강이씨만이 사용하는 (2)는 A-②와 B-①에, 그리고 역시 규식화된 것은 아니되 여러 발신자들이 사용하는 (3)은 A-②와 B-②에 각각 대응할 것이다. A-①이면서 동시에 B-①이 되는 경우는 논리적으로 상정하기 어렵다.

이제 지금까지 우리가 규정하고 분류한 개념들을 바탕으로 투식성의 측면에서 언간의 스타일에 대해 본격적으로 논의하기로 하겠다. 가장 먼저 논의할 사항은 '서간문의 투식성은 과연 어느 정도인가' 하는 것이다. 이를 위하여 우선 〈鶴峰宗家〉 중 내지(內紙)의 전형적인 구성을 잘 보여 주는 편지 1건을 제시하여 분석해 보기로 한다.

아래 편지는 시사촌 누이가 같은 세대이자 비슷한 나이인 사촌 올케에게 보낸 것으로, 발신자와 수신자의 관계는 어느 정도 격식은 차려야 하되 상하 관계가 분명한 사이는 아니라고 할 수 있다. 이 편지는 〈鶴峰宗家〉 총 분량의 평균(175.3어절)에는 미치지 못하는 짧은 분량(115어절)이다.

(4) 〈229, 1841~1848년, 김수락(시사촌 누이) → 진성이씨B(사촌 올케)〉

❶[a] 아즈미 젼 답셔

[b] 이 동안 하인 올가 기다리던 ᄎ 다치니 싀훤ᄒᆞᆸ고 이어 젹소오심 탐〃 신긔〃 반갑습고 즈시 슬피오니 극한의 년일 큰아바님 톄후 쳠결 업ᄉᆞ오시고 아즈미도 평안ᄒᆞ신 줄 든〃 깃부기 츙냥업습 [c] 예ᄂᆞᆫ 아바님 감환 미류ᄒᆞ시니 답〃ᄒᆞᆸ고 큰어마님 감환으로 듸단히 아르시고 그만ᄒᆞ시니 든〃ᄒᆞ오며 그 밧 듸도 그만 아희들 각〃 무양ᄒᆞᆸ ❷[d] 거번 편지예 갈마 조곰 달나 ᄒᆞ엿더니 와시니 든〃ᄒᆞ 둥 돈 달나 말은 아니ᄒᆞ엿더니 와시니 스기스 스졔마난 아즈미 글념 불안〃 ᄒᆞ고 갈마가 업거든 닷 돈어치만 ᄉᆞ셔 달나 ᄒᆞ엿더니 돈 오고 갈마 와시니 아마 아즈미 기 편지를 그릇 본 듯 이리 웃습 갈마치마가 아무리 원인들 엇지 큰아바님긔 그 말ᄉᆞᆷ ᄒᆞ리 무가내로 원을 못 씩일 듯 이리 탄식ᄒᆞᆸ [e] 신힝도 졍월노 ᄒᆞ려 ᄒᆞ나 빅ᄉᆞ 아득〃 ᄒᆞᆸ ❸ 말ᄉᆞᆷ 남으나 이만 내〃 틱평 쇼식 츅슈ᄒᆞᆸ

❶은 전문(前文), ❷는 본문(本文), ❸은 후문(後文)에 각각 대응한다.[14] ❶에서는 먼저 수신자에 대한 칭호가 제시되고([a]), 시후와 상대방 측 안부와 관련된 내용과([b]) 자기 측 안부에 대한 내용이 이어진다([c]). 본격적인 사연이 나타나는 ❷는 다시 두 부분으로 나뉜다. 첫 번째 사연([d])은 지난번 상대방에게 요청하여 이번에 도착한 '갈마(갈맷빛 물을 들인 옷감)'에 대한 내용이다. 여기서 발신자는 '갈맷빛 옷감이 없으면 닷 돈어치만 사서 달라고 했는데 돈과 갈마가 모두 왔다'며 '이는 아마 수신자인 사촌 올케(진성이씨B)가 이전 편지글을 잘못 이해했기 때문인 것 같아 이렇게 웃는다'는 소소한 일상 이야기를 담고 있다. 그리

---

14) 언간 내지의 구성에 대한 용어는 황문환(2015: 74)에 따른 것이다. 이들 용어는 그 저서에서 한문 간찰의 구성을 다룬 심경호(2006: 337)를 참조하였다고 밝히고 있다.

고 '갈맷빛 치마를 아무리 원한다고 해도 어찌 백부님(김진화)께15) 그 말씀을 드리겠냐'고 하며 '달리 어찌할 수 없이 소원을 못 꺼낼 듯하여 이리 탄식한다'는 솔직한 심정을 사촌 올케에게 덧붙이고 있다. 두 번째 사연([e])은 신행(新行)과 관련된 짧은 내용이다. 마지막으로 ❸은 편지를 끝맺는 말과 기원의 말로 이루어져 있으며 월일은 생략되어 있다.

  (4)에서 음영으로 표시한 ❶과 ❸은 매우 형식적인 부분으로, 규식화에 의한 전형적인 투식 문장(A-①)으로 이루어져 있다. 이와 대조적으로 ❷의 [d] 부분에서는 지극히 일상적이고 개인적인 감정이 가감 없이 노출되어 있다. 다시 말해서, 적어도 A-①의 측면에서는 서간문의 투식성을 일률적으로 규정할 수 없으며, 투식적인 스타일과 그렇지 않은 스타일은 개별 언간 내에서 서로 공존하고 있는 것이다.16)

  이처럼 동일한 언간 내에서도 투식성의 정도가 다를 수 있음을 확인하고 나면, 이제 다음과 같은 문제가 새롭게 제기된다. 그것은 '실제 자연 발화(spontaneous speech)에서 자주 사용하는 형식, 즉 구어형(colloquial form)의 출현 빈도는 서간문의 투식성 정도와 어떠한 상관관계를 맺고 있는가' 하는 의문이다. 이 문제에 대한 답을 찾기 위해서는 우선 조사 대상이 될 특정 구어형을 선정할 필요가 있다.

  이에 따라, 저자는 〈鶴峰宗家〉에 높은 빈도(98회)로 출현하는, 중세 국어 부사 '仔細히'(혹은 '子細히')의 반사형에 주목해 보았다. 이 부사는 〈鶴峰宗家〉에서 'ᄌ셰이(1회)~ᄌ셔이(5회)~ᄌ세(15회)~ᄌ시(77회)'와 같

---

15) 이종덕 외(2019: 766, 각주 2)에서는 위 편지에 사용된 '큰아바님'을 '백부님(김진화)'으로 파악하였다. 편지 내용과 관련된 여러 정황이 그러하고, '큰아버지'가 '불천위 종손인 백부'의 의미로도 사용될 수 있기 때문이라는 것이다. 후자에 대한 내용을 직접 인용하면 다음과 같다. "의성김씨 학봉 김성일의 후손인 김종성 씨에 따르면, 의성김씨 집안에서는 오늘날에도 '할머니'를 '큰어머니', '할아버지'를 '큰아버지'라고도 하는데, '큰아버지'는 '불천위 종손인 백부'를 지칭하거나 호칭할 때에도 사용한다고 한다."
16) ≪징보언간독≫에 수록된 언간 규식들은 주로 전문과 후문에 대한 것이며, 구체적인 사연이 나타나는 본문에 대한 내용은 생략되어 있다(金奉佐 2004: 65). 규식화에 의한 투식 표현(A-①)이 언간 본문에 잘 나타나지 않는 것은 이러한 관점에서 이해할 수 있다.

이 총 네 가지 형태로 등장한다.17) 그중 앞의 셋, 즉 'ᄌᆞ셰이, ᄌᆞ셔이, ᄌᆞ셰'는(이하에서는 편의상 이들을 「ᄌᆞ셰」형으로 통칭하기로 한다) 선대형으로부터의 변화 과정이 투명하게 드러나는 데 비해, 마지막 'ᄌᆞ시'는 그렇지 않다.18) 저자는 이러한 'ᄌᆞ시'가 바로 '仔細히'의 실제 구어형일 것으로 판단하는데, 이는 다음과 같은 세 가지 근거에 바탕을 둔 것이다.

첫 번째 근거는 'ᄌᆞ시'와 'ᄌᆞ셰'형 간의 형태론적 유사성과 의미론적 동일성이다. 비록 'ᄌᆞ시'라는 형태는 '仔細히'로부터 투명하게 이끌어내기 어려운 것은 사실이나, '仔細히' 및 그 나머지 세 후대형들과의 형태상의 유사성이 있다는 것도 분명한 사실이다. 또한, 'ᄌᆞ시'는 'ᄌᆞ셰'형과 완전히 동일한 의미로 사용된다(후술). 그런데 언간 자료에서는 '잠간'과 '오죽ᄒᆞ-'가 각각 '잠'과 '죽ᄒᆞ-'로 나타나는 것과 같이 특정 어휘 형태의 일부가 줄어든 생략형이 사용되는 경우가 있으며, 이 생략형은 '잠덕-', '-면 죽ᄒᆞ랴'와 같이 독특한 구성을 이루기도 한다(황문환 2015: 199~200). 이처럼 생략형 '잠'과 '죽ᄒᆞ-'가 원형인 '잠간'과 '오죽ᄒᆞ-'와는 구별되는 구성을 이룬다는 것은 생략형이 독자적인 의미를 획득한 것으로 볼 수 있으므로, 이들 생략형을 단순한 구어형으로만 볼 수 없게 만든다. 하지만 'ᄌᆞ시'의 경우는 'ᄌᆞ셰'형과 구별되는 독특한 구성을 이루지도 않으므로, 의미론적 동일성을 부정할 근거로 찾기 어렵다.

두 번째 근거는 'ᄌᆞ시'와 'ᄌᆞ셰'형 간에 발견되는 음운론적 특징이다.

---

17) 그 외 제2음절 이하가 누락된 오기 'ᄌᆞ'도 1회 출현한다(예 보내신 것 ᄌᆞ 왓습 〈066, 1847년, 여강이씨(아내) → 김진화(남편)〉). 이 예는 아래 [표 2.1]의 유형 ②에 해당할 것이나 빈도 산정에서는 제외하였다.

18) 조항범(1998: 193)은 'ᄌᆞ셔히'가 'ᄌᆞ셔ᄒᆞ-'에서 파생된 부사이며, 'ᄌᆞ셰히'는 'ᄌᆞ셔히'에 'ㅣ' 모음이 첨가된 형태이거나 '仔細+히'의 결합체로 분석하고, 'ᄌᆞ셔히'에서 'ᄌᆞ셔이'로 변한 뒤 축약된 어형이 'ᄌᆞ셰'라고 설명하였다. 하지만 거기서도 'ᄌᆞ시'의 어원은 알기 어렵다고 하였다. 'ᄌᆞ시'의 형태를 설명하기 위해 하향 이중모음의 단모음화와 'ㅖ〉ㅣ' 모음 상승을 상정하는 방안도 생각해 볼 수는 있으나, 이 형태가 최초로 출현하는 문헌이 16세기 〈순천김씨묘 출토 언간〉이라는 점에서 그러한 설명은 불가능하다.

현대 국어에서 사용되는 대표적인 문어형과 구어형의 짝인 '그것은{그거슨}/그건', '그런데/근데', '그러니까/그니까', '조금/좀', '잠깐만/잠만', '훨씬/훨' 등은 양자 간의 형태론적 유사성과 의미론적 동일성은 포착되나, 그 관계를 일반적인 음운 현상으로 설명하기는 어렵다.[19] 이들 구어형은 모두 각 원형에서 특정 CV 연쇄나 음절 전체가 탈락함으로써 원형에 비해 줄어든 형태를 갖추고 있다. 이러한 현대 국어적 사실은 'ᄌᆞ시'에도 그대로 적용해 볼 수 있을 것이다. 'ᄌᆞ시[tsʌʃi]' 역시 공시적으로 볼 때 [tsʌʃyəy]에서 GV 연쇄인 [yə]가 탈락함으로써 발화에 편리하게 줄어든 형태를 갖추고 있는 것이다.

세 번째 근거는 'ᄌᆞ시'와 'ᄌᆞ셰'형 사이에서 발견되는 사용역(register)의 차이이다. 'ᄌᆞ시'는 'ᄌᆞ셰'형과는 달리 16세기 〈순천김씨묘 출토 언간〉 이래로 언간 자료를 비롯하여 ≪閑中錄≫이나 ≪을병연힝녹≫, 고소설과 같은 필사본 자료에서 주로 나타난다. 이러한 사실은 'ᄌᆞ시'가 '仔細히'의 다른 후대형들과는 상이한 사용역을 지녔을 가능성이 매우 높았을 것임을 시사해 준다.

이상과 같은 세 가지 근거를 바탕으로 본서에서는 'ᄌᆞ시'를 '仔細히'의 후대형 중 실제 구어에서 사용되던 형태로 파악한다. 그리고 이러한 사실을 바탕으로 저자는 구어형인 'ᄌᆞ시'가 투식적인 스타일과 그렇지 않은 스타일 중 어디서 더 많이 출현하는지를 조사해 보았다. 이에 따라 저자는 우선 {ᄌᆞ셰이}가[20] 사용된 문장을 모두 추출하여 통사

---

[19] '새바기[曉]〉 새배', '(-올/을) 저긔[時]〉 제', '나조히[夕]〉 나죄', '이어긔[此所]〉 이에', '여긔[此所]〉 예', '말+-익#아지[駒]〉 미아지~미야지~ᄆᆞ야지' 등과 같이 '어말 C+·ㅣ/ㅡ'에서 'C+·/ㅡ'가 탈락함으로써 음절 축약이 일어나는 현상은 국어사에서 종종 관찰된다(박진호·황선엽·이승희 2001). 이때 '·ㅣ/ㅡ'의 하향성 활음(off-glide) /y/는 음절 말음(coda)적 요소로 볼 수 있으므로, 이러한 축약은 결국 폐음절 구조에서 음절 두음(onset)과 핵(nuclear)이 탈락하는 현상인 것이다. 그렇다면 박진호·황선엽·이승희(2001: 238)에 간략히 언급된 바와 같이, '그것은{그거슨}〉 그건', '그런데〉 근데', '조금〉 좀' 등은 이와 동궤의 현상으로 설명할 수도 있다.
[20] 'ᄌᆞ셰이~ᄌᆞ셔이~ᄌᆞ셰~ᄌᆞ시'를 편의상 {ᄌᆞ셰이}라는 대표형으로 통칭하기로 한다.

· 의미적 기준에 따라 특정 구문을 형성하는 것들의 유형을 분류하고 빈도를 측정해 보았다. 그리하여 출현 빈도가 높은 유형의 구문일수록 투식성의 정도가 높은 것으로 규정하였다. 그 결과 총 98개의 예 중에서 75개가 4종의 구문으로 유형화가 가능하였는데, 그 유형과 빈도는 [표 2.1]과 같이 나타낼 수 있으며, 각 유형에 대한 예문을 제시하면 (5)와 같다.

유형	구문		빈도
①	슈셔, 슈츌, 하셔, 덕수오심, 젹수오신 것, ø, …	슬피오니, 보오니, 듯주오니, 아오니, …	45회
②	보내신 것, 보낸 것, 온 거순, [물명], …	와수오나, 와습, 밧주와, 밧다수오나, 보내고, …	11회
③	ADJ_{st.} + -니잇가, -ㄴ가, …	알고져, 아옵고져, 알고 져워	10회
④	총망, 급″, 희황, 어득 밧바, 인편은 급하니, …	젹디 못ᄒ다, 못 ᄒ오며, 못 이만이오며, 못 ᄒ다, …	9회

[표 2.1] {주셰이} 구문의 유형과 출현 빈도

(5) ① 문안 알외옵고 틱봉이 도라오기 고디ᄒ옵 츠 드러오″며 하셔 밧주와 주시 슬피오니 긔톄후 만타 못 슈죡 간죠ᄒ옵신 증환 복발ᄒ옵심 듯주와 놀납ᄉ옴 측냥 못 ᄒ옵 〈152, 1832년, 의셩김씨②(딸) → 김진화(아버지)〉

② 급″ 이만이옵 아모려나 헌듸 수이 나으시기 츅슈ᄒ옵 보내신 것 주시 와습 〈097, 1848년, 여강이씨(아내) → 김진화(남편)〉

③ 그ᄉ이 날포 되오니 미류ᄒ오신 긔후 쾌츠 안녕ᄒ옵시니잇가 주셰 아옵고져 알외오며 〈226, 1849년, 진주강씨A(제수) → 김진화(아주버니)〉

④ 각 곳의 간 하인 도라갈 씌 보내오려 ᄒ옵 희황 주시 못 이만이오

면 내〃 긱둥 긔후 쳠졀이나 업스와 졍초의 써나오옵시기 고되ᄒ
옵ᄂ이다 〈083, 1847년, 여강이씨(아내) → 김진화(남편)〉

유형 ②에 쓰인 {ᄌ셰이}는 부사 '잘'의 하위 의미 중 하나인 '아무 탈 없이 편하고 순조롭게'에 매우 가까운 의미로 사용된 것이다('보내신 것 잘 왔습니다'). 나머지는 모두 현대 국어 '자세히'의 의미와 동일하다. [표 2.1]에 의하면 유형 ①의 출현 빈도가 가장 높다. 이 유형이 언간의 전문(前文)에서 상투적으로 쓰이는 구문인 까닭이다. 따라서 {ᄌ셰이}가 사용된 문장 중 유형 ①의 투식성이 제일 심하고, [표 2.1]에서 별도로 분류되지 않은 나머지 23개 개별 문장은 투식성이 거의 없다고 볼 수 있다.

하지만 'ᄌ시'의 출현 빈도가 위와 같은 스타일상의 차이와 관련되는지의 여부는 분명하게 드러나지 않는다. 대부분의 발신자가 어떠한 환경에서든 'ᄌ시'만을 사용하기 때문이다. 비록 소수의 발신자개의성김씨A(G_3), 아주신씨B(G_4?), 진성이씨B(G_5), 진주강씨A(G_5), 전주최씨B(G_5?), 안영록(G?) 등 6명] 'ᄌ셰'형을 사용하기는 하지만, 그들의 편지에서도 'ᄌ시' 및 'ᄌ셰'형의 출현과 스타일 간의 관련성이 뚜렷하게 포착되지 않는 것은 마찬가지이다. (6)~(9)는 'ᄌ셰'형이 실현된 소수의 예문을 유형별로 모두 제시한 것이다.

(6) 유형 ①

- 이어 다졍 슈출 밧ᄌ와 탐흔 반기오며 **ᄌ셰** 슬피오니 디리 댱마 더 위예 년ᄒ와 거ᄂ리오셔 긔운 평안ᄒ옵시고 슬하 관듕ᄒ온 츠돌 무양 츙실ᄒ온 일 긔특 어엿부옵 〈006, 1839년, 의성김씨A(장모) → 김진화(사위)〉
- 하인 오오며 명답ᄉ오신 슈셔 밧ᄌ와 황홀 반갑습기 샹뎌 말슴이온 듯 무진 반겨옵고 **ᄌ셰** 슬피오니 츈일이 젹이 화챵ᄒ온뒤 〈143,

1853~1862년, 아주신씨B(장모)[대필자] → 김흥락(사위)〉

- 하인 닷치오며 하셔 밧드와 황공 반갑습고 **주셔** 뵈옵스오니 긔톄후 식〃 영일이 업습고 〈204, 1847년, 진성이씨B(며느리) → 김진화(시아버지)〉

- 하인들 오오며 하셔 밧드와 황공 탐〃 반갑습기 뫼와 하교을 듯줍는 듯 한업시 반기읍고 **주셔** 뵈옵스오니 긔톄후 하르 여샹ᄒ오실 젹 업습고 〈206, 1847년, 진성이씨B(며느리) → 김진화(시아버지)〉

- 하인 닷치오며 하셔 밧ᄌ와 황공 못내 뵈옵습고 **주셔** 슬피오니 〈210, 1848년, 진성이씨B(며느리) → 김진화(시아버지)〉

- 하인 편 **주셔** 드라오니 긔톄후 식〃 평열이 업습고 엇지ᄒ오실고 〈212, 1848년, 진성이씨B(며느리) → 김진화(시아버지)〉

- 하인 오며 **주셔** 듯ᄌ오니 아바님 긔후 식〃 평안치 못ᄒ옵심 답〃 내권이 업습고 〈213, 1848년, 진성이씨B(아내) → 김흥락(남편)〉

- 하인 오오며 쏘 **주셔** 듯ᄌ오니 환후 종시 감셰 업습고 졈〃 더 못 잡습고 슐도 아조 못 자시면 허긔는 더구나 더 지실 듯 〈215, 1849년, 진성이씨B(며느리) → 김진화(시아버지)〉

- 지극ᄒ옵신 하셔 밧ᄌ와 신긔 황홀 반기읍고 **주셔** 뵈오니 츄량의 년ᄒ와 긔톄후 안녕ᄒ옵시고 〈239, 1848년, 전주최씨B(생질녀) → 김진화(외숙부)〉

(7) 유형 ②

- 보ᄂ|오신 것 **주셔** 밧ᄌ와 싱광 측양업습ᄂ이다 〈006, 1839년, 의성김씨A(장모) → 김진화(사위)〉

(8) 유형 ③

- 그ᄉ이 날포 되오니 미류ᄒ오신 긔후 쾌츠 안녕ᄒ옵시니잇가 **주셔** 아옵고져 알외오며 〈226, 1849년, 진주강씨A(제수) → 김진화(아주버니)〉

(9) 그 외

- [추신] 산춍이 ᄒ나 **주셔** 보시옵 〈141, 1850~1862년, 아주신씨B(장모) → 김흥락(사위)〉

- [추신] 담비 소〃ᄒᆞ오나 **조셰** 보시옵 〈145, 1857년, 아주신씨B(장모) → 김흥락(사위)〉
- 음식 발긔는 **조셰이** 젹어 보ᄂᆡ오나 〈214, 1849년, 진성이씨B(며느리) → 김진화(시아버지)〉
- 각 곳 쇼식 **조셰** 모라오나 ᄃᆡ탈은 업ᄉᆞ온 듯 두로 다힝ᄒᆞ오이다 〈223, 1848년, 진주강씨A(제수) → 김진화(아주버니)〉
- 각 ᄃᆡ 무고ᄒᆞ오나 ᄒᆡ회 아ᄌᆞ바님 샹환 가이업ᄉᆞ오며 각 곳 쇼식 **조셰** 모라오니 답〃숩고 〈225, 1848년, 진주강씨A(제수) → 김진화(아주버니)〉
- ᄒᆞ송ᄒᆞ옵신 셰찬 등물은 **조셔이** 복슈ᄒᆞ엿습고 〈267, 1841년, 안영록(경초관) → 김진화(지방관)〉
- ᄒᆞ송ᄒᆞ옵신 젼복 오 기 포 일 졉 셕어 두 뭇 **조셔이** 복슈ᄒᆞ여슴ᄂᆡ이다 〈269, 1848년, 안영록(경초관) → 김진화(지방관)〉
- 엇지 듯ᄉᆞ오니 젼관 金基陽이가 죽엇단 말이 잇ᄉᆞ오니 만일 죽엇ᄉᆞ오면 희유 닐 일이 업슬 듯ᄒᆞ오니 **조셔이** 알라보옵소셔 〈267, 1841년, 안영록(경초관) → 김진화(지방관)〉
- 영응산은 무슨 증환의 쓰시난지 지여 상명ᄒᆞ오니 **조셔이** 츄심ᄒᆞ옵시고 〈268, 1848년, 안영록(경초관) → 김진화(지방관)〉
- 흑달영 관ᄃᆡ난 경쥬인과 상의ᄒᆞ여 은조ᄉᆞ 비단으로 지어냐 쓰기ᄉᆞ오니 쏘 미심ᄒᆞ신 거시 잇습거든 훈인편의 **조셔이** 긔별ᄒᆞ옵소셔 〈268, 1848년, 안영록(경초관) → 김진화(지방관)〉

그리고 아래 [표 2.2]는 {조셰이}의 각 실현 환경에 따른 '조시'의 실현율을 나타낸 것이다.[21] [표 2.2]에서 확인할 수 있듯이, {조셰이}가 특정한 구문을 형성하는 경우('구문')에는 유형 ②~④에 비해 투식성이 가장

---

[21] 'X/Y'는 해당 항목의 실현 비율을 분수로 나타낸 것이다. 여기서 'X'는 '해당 항목의 실현형의 출현 빈도'를, 'Y'는 '해당 항목의 비실현형의 출현 빈도'를 각각 의미한다. 이와 같은 표기 방법은 이하에서도 동일하다.

강한 유형 ①에서 '즈시'의 실현율이 상대적으로 낮게 나타난다. 그러나 특정한 구문을 이루지 않아 투식성이 매우 약한 환경('그 외')과 비교해 보면, 오히려 '그 외' 환경에서 '즈시'가 더 낮은 비율로 실현됨을 알 수 있다. 요컨대, {즈세이}의 구어형인 '즈시'는 해당 문장의 투식성 정도에 구애받지 않고 나타난다고 하겠다. 이를 좀 더 일반화하면, 특정 어사의 구어형의 출현 빈도와 서간문의 투식성 간에는 별다른 상관관계가 드러나지 않는다는 결론에 이르게 된다.

투식성	실현 환경		'즈시'의 실현율	
강 ↑↓ 약	구문	유형 ①	36/45	(80.0%)
		유형 ②	10/11	(90.9%)
		유형 ③	9/10	(90.0%)
		유형 ④	9/9	(100.0%)
		소계	64/75	(85.3%)
	그 외		14/23	(60.9%)
	총계		78/98	(79.6%)

[표 2.2] {즈세이}의 각 실현 환경에 따른 '즈시'의 실현율

서간문의 투식성과 관련하여 음운사 연구자가 검토해 보아야 할 또 하나의 문제는, '진행 중인 음운 변화가 반영된 형식, 즉 개신형(innovative form)은 과연 투식적인 스타일에도 출현하는가'에 대한 것이다. 이 물음에 대한 답변은 진행 중인 음운 변화의 개신형이 A-①(서간문의 규식화에 의한 투식)에 출현하는 예를 보이는 것만으로도 충분하리라 생각한다. A-①은 언간 규식서의 예문에 충실한 것인 만큼 A-②(기타 요인에 의한 투식)에 비해 일단 더 규범적이고 보수적일 것으로 예상되기 때문이다.

하지만 이러한 예상과는 달리 규식화에 의한 투식적 스타일에서도 진행 중인 음운 변화는 쉽게 관찰된다. (10)과 (11)이 그것을 잘 보여 준다.

(10) 가. 젹수옴 쳡〃ᄒ오나 혼모 졍신 슬 길 업수와 이만 굿치옵ᄂᆡ〃 긱 듕 허다 심여 듕 쳡졀이나 업소온 **쇼식 디원이옵** 〈007, 1840년, 의셩김씨A(장모) → 김진화(사위)〉

가. ᄀ득ᄒ오나 급〃 이만 ᄂᆡ〃 긱듕 **신샹 틱평**〃ᄒ신 **쇼식** 브라옵 ᄂᆞ이다 〈037, 1832년, 여강이씨(아내) → 김진화(남편)〉

나. 말솜 다쳡ᄒ나 싀어득 산난 겨요 이만 ᄂᆡ〃 뫼옵셔 **신샹 쾌소 여 샹ᄒ시고 ᄯᆞᆯ의 질양 감셰 잇ᄂᆞᆫ 소식 디망이옵** 〈137, 1846년, 아주신 씨B(장모) → 김흥락(사위)〉

나. 말솜 남으나 이만 ᄂᆡ〃 **틱평 소식 츅슈**ᄒ옵 〈229, 1841~1848년, 김수락(시사촌 누이) → 진셩이씨B(사촌 올케)〉

(11) 가. 아모려나 **평안히** 회환ᄒ옵심 브라옵 〈045, 1834년, 여강이씨(아내) →김진화(남편)〉

가. 아모려나 병환 쳠샹 업수오셔 길히 **평안히** 득달ᄒ옵심 브ᄅᆞ옵ᄂᆞ 이다 〈060, 1846년, 여강이씨(아내) → 김진화(남편)〉

나. 아모려나 **평안이** 지ᄂᆡ옵심 복망이올소이다 〈205, 1847년, 진셩이씨 B(며느리) → 김진화(시아버지)〉

나. 과셰 **평안이** ᄒ기 브라옵 〈198, 1875~1877년, 의셩김씨④(누나) → 김 흥락(동생)〉

(10)과 (11)은 발신자의 소망(所望)을 드러내는 전형적인 투식 표현들로 후문(後文)에서 흔히 사용되는 것들이다. (10)은 'ADJ$_{st.}$+-은 쇼식(消息) {디원(至願)이-, 브라-, 디망(至望)이-, 츅슈(祝手)ᄒ-}'를, (11)은 '평안(平 安)히 V$_{st.}$+{-음, -기} {브라-, 복망(伏望)이-}'를 각각 나타낸다. 여기서 우 리는 당시 진행 중이던 /ㅅ/ 뒤 /y/ 탈락과 어중 /ㅎ/ 탈락이라는 두 음 운 변화의 보수형과 개신형이 공존하고 있음을 확인할 수 있다.[22] (10

---

[22] /ㅅ/ 뒤 /y/ 탈락과 어중 /ㅎ/ 탈락에 대해서는 4.1.2와 4.3을 각각 참조하기 바란다.

나, 나')의 '소식'과 (11나, 나')의 '평안이'는 각각 (10가, 가')의 '쇼식'과 (11가, 가')의 '평안히'에 대한 개신형인 것이다. 이와 같은 유형의 예는 언간 자료에서 흔히 발견되는 것들이다. 요컨대 음운 변화의 개신형은 해당 환경을 갖춘 분절음 혹은 그 연쇄만 주어진다면 서간문의 투식성과 관계없이 얼마든지 출현할 수 있는 것이다.

마지막으로 논의할 사항은, '서간문의 투식성은 음운사 연구에서 어떠한 의미를 지니는가'에 대한 것이다. 지금까지의 논의를 통해 우리는 서간문의 스타일이 투식적이라고 해서 실제 구어형이나 음운 변화의 개신형의 출현이 특별히 저지되지는 않는다는 사실을 알게 되었다. 이 사실은 마치 서간문의 투식성이 음운사 연구에 별다른 의미를 갖지 않는다는 것을 말해 주는 듯하다. 그러나 실상은 그렇지 않다. 투식적 스타일의 비율이 낮아질수록 고정된 틀에서 벗어난 문법·어휘 형태의 종류도 다양해지므로, 그만큼 관찰 가능한 음운 변화의 범위도 넓어지기 때문이다. 저자는 이 점을 중시한다. 다시 말해서, 투식성이 낮은 언간은 문법사와 어휘사 연구에 일차적으로 이바지하면서 음운사 연구에는 이차적으로 기여하는 셈인 것이다.

저자가 관찰한 바에 따르면, 대체로 개별 언간의 분량이 길어질수록 투식적 스타일의 상대적 비율은 감소하는 경향이 있다. 그리하여 장문의 편지에서는 그 사연의 전개에 따라 발신자의 몰입도가 끊임없이 변하는 역동성이 나타나기도 한다. 이를 실증하기 위하여 상당히 긴 분량(391어절)에 해당하는 언간 하나를 분석해 보도록 하겠다. 아래에 제시한 것은 안영록이 김진화에게 쓴 편지의 본문 일부이다.

한편, (11)의 '평안히~평안이'는 음운 변화의 결과로 해석하기보다는 부사 파생 접미사 '-히'와 '-이'의 차이로 설명할 가능성도 있다. 그러나 〈鶴峰宗家〉에서는 형태소 경계에서 일어나는 /ㅎ/ 탈락의 예를 관찰할 수 있으며, 아랫세대로 내려올수록 부사 'X히'형보다 'X이'형을 더 많이 사용한다는 사실을 고려할 때, '평안히~평안이'의 변이는 음운론적으로 설명하는 것이 자연스럽다.

(12) 〈268, 1848년, 안영록(경초관) → 김진화(지방관)〉 본문 일부

   [a] … 의셩 셔방님은 이번의 일것 초시난 ᄒ시고 회시의 못ᄒ여 가ᄒ난 만흐신되 돈만 히비시고 심여만 되시오니 답々ᄒ오며 나려가실되 뵈옵도 못ᄒᄋᆸ고 쥬인의도 간다 말 업시 나려가 계시니 셥々ᄒ오며 엇지 듯스오니 명쳘이 놈이 올나와셔 분호조 집의 가셔 의셩 셔방님 모시라 왓다 ᄒ고 [b] 쏘 ᄒ난 말이 츈근이 놈이 부젼이을 ᄲᅦ여 달이고 늬월즘 도망ᄒ여 올나오난이라 ᄒ들라 ᄒ오니 진뎡인지 모도 다 허망ᄒ 놈들이온즉 쪽 알 슈난 업스오되 바이 아니ᄒ 말은 날 기이 업스오니 본되 인편의 셔방님의게 긔별ᄒᄋᆸ셔 <u>그 년놈을 쥭이든 못ᄒ시나 달니쎠을 블으질너 늬여쪼츠시면 小人과 져 쥭은 혼빅이라도 분분이 풀일 듯ᄒ오니 셜치을 ᄒ여 쥬ᄋᆸ소셔 모도 그 년놈으로 ᄒ여 졔 몸이 쥭고 小人이 부젼의 아비 놈과 츈근의 **몹쓸** 놈으로 ᄒ여 여러 달을 두고 누덕이 되여 쥬냐 의셕ᄒ여 싱병 낫스와 지어 토혈가지 ᄒ여스오니 엇지 아니 지원통분ᄒ올이가 그 **몹슬** 두 놈의게 속은 거시 참아 통분ᄒ여 쥭스온들 엇지 잇스올잇가</u> [c] 이번의도 폄졔을 어더 보오니 미오 좃스오되 이 도목의 목부스 과궐이 업스와 못 올무시니 셥々ᄒ오나 그되로 셜치ᄒ시면 좃스와 츅슈々 ᄒᄋᆸ닉이다 …

발신자는 [a]에서 '의성 서방님'이라고 지칭되는 인물이 과거를 보기 위해 상경하였으나 초시(初試)에만 합격하고 회시(會試)에는 낙방하여 돈만 낭비하게 된 일에 안타까움을 표하고, 그가 아무 말도 없이 귀향한 사실에 섭섭함을 드러내고 있다. 그러다가 [b]에서는 '춘근'이라는 사내종과 '부전'이라는 계집종, 그리고 부전의 아비가 저지른 잘못으로 인하여 그들에게 몹시 분개하고 있음을 표출한다. 그런데 [c]에서는 갑자기 완전히 별개의 화제로 넘어가 이번 폄제(貶題)의[23] 결과가 좋지

---

23) '폄제(貶題)'란, '고려・조선 시대에, 관찰사가 각 고을 수령의 치적을 상・중・하로 매겨

만 이번 도목(都目)에24) 목사(牧使)와 부사(府使) 자리에 결원[窠闕]이 없어 수신자 김진화가 그리로 옮기지 못하게 되어 섭섭하다는 마음을 전하고 있다.

위 (12)에서 우리가 주목해야 할 것은 발신자 자신의 원통하고 분한 심정이 노골적으로 드러난 [b] 부분이다. 특히 밑줄 친 부분에서는 수신자에게 그들의 다리뼈를 분질러 설치(雪恥)를 해 달라고 부탁할 정도로 그의 분노가 최고조에 이르렀음이 잘 드러난다. 이 부분은 마치 Labov(1966: 101~108)가 사회 언어학적 면담을 할 때 제보자로부터 일상적 발화(casual speech)를 얻기 위해 고안한 여러 문맥(context) 가운데 '문맥 A₅: 죽을 뻔한 경험(the danger of death)'에서 나타나는 제보자의 자기 몰입적 반응과 유사하다.25) 발신자가 [b]에서 자신의 이야기에 얼마나 몰입하였는지는 '뽑슬'과 같은 오기(誤記)의 존재에서 잘 드러난다. [b]에서 '뽑슬'은 '몹쓸'과 함께 출현하는데, 'ㅅ'계 합용병서 표기 중 'ㅺ'이 쓰인 예는 〈鶴峰宗家〉 전체를 통틀어 이 예가 유일한 것이다(1.4.1.2 참조).

이와 같이 투식성이 낮은 사연이 길어짐으로써 발신자의 몰입도가 높아질수록 거기서 추출되는 음운사 자료도 더욱 풍부해진다. (12)의 [b]는 상투적인 안부 인사 등에서는 쉽게 찾아볼 수 없는 어사들을 제공해 주며, 결과적으로 그 어사들에 실현된 다양한 음운 변화의 한 단면까지 보여 준다. 가령, '쎄여[拔] 달이고'를 통해 우리는 부사형 어미 '-아/어'의 교체가 동사 어간 '쎄-[拔](〈쌔-, cf. 쌔혀-~쌔혀-)' 뒤에서는 어떻게 실현되는지 알 수 있으며, '흣들래[云] 흐오니'를 통해 /ㅓ/와 /ㅡ/

서 중앙에 보고할 때, 하등으로 보고하던 일'을 말한다(이종덕 외 2019: 897, 각주 19).
24) '도목(都目)'은 '도목정사(都目政事)', 즉 '고려·조선 시대에, 이조·병조에서 벼슬아치의 치적을 심사하여 면직하거나 승진시키던 일'을 가리킨다(이종덕 외 2019: 898, 각주 20).
25) Labov(1966: 107~108)에 의하면, 그의 면담에서 소극적이었던 제보자도 '죽을 뻔한 경험'을 이야기 하는 상황에서는, 숨소리가 거칠어지고 목소리가 떨렸으며 이마에 땀도 맺혔을 뿐만 아니라 신경질적인 웃음까지 동반하며 자신의 이야기에 빠져들었다고 한다.

의 혼동이 연결 어미 '-더라'에서도 일어났음을 알 수 있고, '죽이든[殺]'과 '늬여쏘츠시면[䎱]'을 통해 /ㅈ/의 재음운화에 따른 'Vy~V' 혼기가 '쫓-'보다 '죽이-'에 먼저 나타남을 파악할 수 있는 것이다. 이와 같은 음운론적 정보는 어찌 보면 사소한 것으로 여겨질 수도 있으나, 이처럼 다양한 정보가 조금씩 축적되어야만 비로소 해석상의 일반화를 가능하게 해 주는 방대한 자료가 구축되는 것이다.

이상의 논의 내용을 바탕으로 우리는 다음과 같은 [전제 1]을 수립할 수 있다.

> **[전제 1]** 언간의 언어(서간문)에 부분적으로 반영되어 있는 투식적 스타일은 구어형이나 개신형의 출현을 저지하지는 않으나, 투식성이 낮아질수록 관찰 가능한 음운 변화의 범위는 넓어진다.

[전제 1]은 서간문의 투식성이 언간 자료를 통한 음운사 연구에 직접적인 장애 요인이 되지 않는다고 여기자는 것이다. [전제 1]을 수용하게 되면 적어도 투식성의 측면에서는 언간 자료가 다른 문헌 자료에 비해 특별히 더 불리한 위치에 놓여 있지 않다는 기반 위에서 음운사 연구를 시작할 수 있게 해 준다.

2.2.2. 서간문의 방언

국어사 연구에서 특정 문헌1에 반영된 방언적 성격을 규명해 내는 작업은 결코 쉬운 일이 아니다. 국어사 연구에서 방언에 대한 문제는 아래와 같이 두 가지 차원으로 나누어 생각해 볼 수 있다.

(13) 가. 중앙어   對   지역 방언
         [규범]   **[실재]**

나. 지역 방언　　對　　지역 방언
　　　[실재 A]　　　　　　[실재 B]

(13가)는 특정 문헌에서의 언어 변이가 중앙어와 지역 방언의 대립에 의해, (13나)는 그것이 서로 다른 지역 방언 간의 접촉에 의해 발생한 것을 각각 나타낸다. (13가)는 지역 방언 화자에 의해 편찬된 문헌에서 흔히 일어나는 경우인데, 그 문헌에도 중앙어가 틈입할 가능성은 얼마든지 있다.[26] (13나)는 특정 문헌의 편찬 과정에 이질적인 지역 방언 화자들이 동시에 관여하였을 때 상정할 수 있는 경우이다. 어느 경우이든 언어학자는 동일 문헌에 공존하는 이질적인 두 요소('[규범] : [실재]' 혹은 '[실재 A] : [실재 B]')를 구분해 내어야 하는 임무를 띤다.

언간 자료 연구에서는 반드시 (13가, 나)를 모두 염두에 두어야 한다. 우선 언간의 작성자(남성과 여성 모두)가 대부분 양반 계층이라는 점,[27] 그리고 남성의 경우 서울 등지에서 관직 생활을 하기도 한다는 점 등은 (13가)와 관련된다.[28] 한편, 여성의 경우 타 방언권에서 시집오

---

[26] 그 대표적인 실례가 ≪新增類合≫(1576)의 편찬 과정에서 잘 드러난다. 미암(眉巖) 유희춘(柳希春, 1513~1577)이 편찬한 그 책의 석(釋)에 그의 전남 방언이 많이 반영되어 있지 않은 까닭은, 중부 방언 화자에 의해 방언형이 대거 중앙어형으로 수정되었기 때문이다[安秉禧(1984: 221) 참조. 郭忠求(1992: 299)에서 재인용].

[27] '한글 필사본의 특성과 가치'라는 기획 주제로 열린 〈2014년 겨울 국어사학회 전국학술대회〉(2015.01.17. 국립한글박물관)에서 홍윤표 선생과 백두현 선생은 '언간에는 방언이 거의 반영되어 있지 않다.'는 입장을 공통적으로 밝힌 바 있다. 두 분의 이러한 견해는 현전하는 언간 자료 대부분이 양반 계층의 것이라는 사실을 중시하였기 때문인 것으로 보인다. "언간에 나타난 방언의 양상을 고찰하는 본고의 출발은 역설적이게도 언간 자료에는 방언적 요소가 왜 나타나지 않는 것인가에 대한 의문에서 비롯되었다."는 배영환(2015: 173, 각주 2)의 언급도 이 문제와 관련하여 시사하는 바가 크다.

[28] 존재(存齋) 위백규(魏伯珪, 1727~1798)의 저서 ≪存齋集≫(1875) 제13권, 〈格物說〉에서는 "오늘날 경음(京音)을 가지고 향음(鄕音)을 업신여겨 비웃는 까닭에 경성에 다녀간 시골 사람들은 기필코 경음을 본받으려고 하니 모두 고루한 짓이다. [今以京音而譏笑鄕音。鄕人遊京者必欲效京音。皆固陋者也。]"라는 언급을 발견할 수 있다. 정승철(2011: 66)은 이 기록이 "당시에 서울말이, 본받아야 할 대상어 즉 중앙어로서 자신의 지위를 확고히 하고 있었음을 시사"해 주는 것으로 파악하였다. 이 사실은 지역 방언 화자가 언간을

는 경우가 있다는 점, 남성의 경우 타지 생활을 하는 경우가 있다는 점 등은 (13나)와 관련된다. 이러한 사항들이 실제로 언간의 언어를 규정하는 문제와 어떻게 직결되는지 아래 두 가지 예를 통해 간략히 살펴보기로 한다.

첫 번째 예는, 관직 생활 등의 이유로 오랜 세월 타지에서 지내 온 남성 발신자의 경우이다. 〈鶴峰宗家〉의 김진화(G_4)가 이에 대한 좋은 예가 된다. 그는 여러 지방에서의 관력(官歷)을 지닌 만큼([부록 2] 참조) 중앙어나 타 방언에 가장 많이 노출되었을 것으로 여겨지기 때문이다. 그런데 실제로 그의 언어에서는 학봉 종가의 다른 인물들과 구별되는 표기법적・음운론적 특징들이 나타나기도 한다.[29] 김진화의 이러한 개인어적 특징을 다른 발신자들의 언어와 관련하여 올바르게 이해하기 위해서는 그의 일생 동안 이루어진 무수한 방언 접촉 과정을 전제해야만 할 것이다.

두 번째 예는, 친정과 시집이 서로 다른 대방언권에 속해 있는 여성 발신자의 경우이다. 이에 대한 대표적인 예로는 〈순천김씨묘 출토 언간〉의 최다 발신자인 신천강씨(信川姜氏, 1510s/1520s?~?)를 들 수 있다. 그의 방언적 배경을 밝히려는 시도는 조항범(1998: 15~19)에서 정밀하게 이루어진 바 있는데, 거기서는 자료 내적・외적 증거를 통해 신천강씨가 경북 선산에서 태어나 그곳에서 성장한 뒤 서울로 시집와 살다가 말년에 시골로 내려간 것으로 추정하였다. 하지만 그럼에도 조항범(1998: 18)은 신천강씨가 쓴 편지의 언어가 "어떤 방언을 반영하고 있는지 분명하게 언급하기란 쉽지 않다."고 결론 내렸다.

이상에서 살펴본 두 가지 예를 통해 우리는 언간 발신자의 방언적

작성할 때에도 사회적 위신(social prestige)이 있는 서울말이나 '중앙어'의 간섭에서 자유로울 수 없었을 것임을 시사해 준다.
[29] 다른 발신자들과 구분되는 김진화만의 표기법적 특징은 4.1.2를, 음운론적 특징은 3.3.2.1과 3.6을 각각 참조하기 바란다.

배경을 밝히는 것이 지난(至難)한 작업이지만, 동시에 그것이 매우 중요한 선결 과제임을 깨닫게 된다. 그러나 종래의 언간 연구에서는 이 작업에 소홀하였던 것이 사실이다.[30] 특히, 여성 발신자의 경우 그들의 방언적 배경에 대한 정밀한 조사 결과가 뒷받침되지 않은 채 그들의 언어를 국어사 자료로 이용해 온 경향이 높다. 하지만 더욱 엄밀한 수준의 국어학적 연구가 되기 위해서는 이러한 작업이 반드시 먼저 해결되어야 할 것이다.

그렇다면 대상 언간 자료에 '어떤' 방언이 반영되어 있는지는 어떻게 밝힐 수 있을까. 그것을 최대한 밝혀 보는 작업은 현실적으로 발신자들의 통혼권과 출신지(여성의 경우 '본가') 및 생활 근거지(여성의 경우 '시가')를 확인하는 수준에 머무를 것이다. 그러나 그러한 정보도 대상 자료를 해석하는 데 필수적인 단서가 될 것임은 자명하다.

이에 따라, 먼저 〈鶴峰宗家〉 인물들의 통혼권을 살펴보기로 한다. 결론부터 말하자면, 안동과 그 인근에서 동성촌락(同姓村落)을 이루고 살던 양반들은 씨족(氏族)이 분포하는 동심원적 지역 내 혹은 그 인접 지역의 타성(他姓)의 동성촌락 중에서 자신들과 대등한 가격(家格)을 갖추고 있는 씨족 성원과 혼인 관계를 유지해 왔다(慶尙北道史編纂委員會 1983: 716). 이러한 사실은 아래와 같은 몇 가지 실증적인 연구 결과에 의해 뒷받침된다.

金宅圭(1964: 114~123)에는 현 안동시 예천면 하회1동에 세거해 온 풍산유씨 서애파(西厓派)의 통혼권 조사 결과가 보고되어 있다. 그 보고에 의하면 조사 당시 제보자들과 그 전후(前後) 1세대의 입가(入嫁)와 출가(出嫁) 범위가 모두 안동과 인근 4군(예천·의성·상주·문경)에 가장 높은 비율로 집중되어 있으며, 통혼 범위가 경상북도를 벗어나는

---

[30] 발신자, 그중에서도 특히 여성 발신자의 출신지와 생활 근거지를 정밀하게 추적해 보려는 시도는 조항범(1998: 15~21)이나 백두현(2002a: 22~26)을 제외한 다른 연구에서는 찾아보기 어렵다.

경우는 매우 드물다. 이와 같은 경향성은 김택규 선생이 1979년 동일 지역에서 풍산유씨의 연령대별 통혼권을 조사한 것에도 동일하게 유지되어 있다(慶尙北道史編纂委員會 1983: 714~718). 한편, 16~19세기 의성 김씨 천전파의 통혼권에 대한 연구는 韓相祐(2009: 61~70)에서 이루어진 바 있다. 그 연구에서는 가계 기록이 많을 것으로 예상되는 유력 가문의 종부(宗婦) 88명을 대상으로 그들의 혼전 거주지를 조사해 보았는데, 그 결과 혼전 거주지 비율이 '안동(20명), 예안(13명), 예천(9명), 봉화(6명), 영해(5명), 영주·선산·경주(각 3명), 의성·영천·영양·상주(각 2명), 청송·울산·성주·문경·고령(각 1명)' 순으로 나타났다 (13명은 미확인). 이 결과는 앞선 두 조사 결과와 근본적으로 다르지 않은 것이다.

이상의 연구 업적을 통해, 우리는 학봉 종가의 남성들은 물론, 그 가문에 시집온 타성의 여성들이나 다른 가문으로 시집간 의성김씨 여성들이 모두 경북 방언권 출신으로 한정할 수 있는 상당한 근거를 확보하게 된다. 그러나 위에서 언급한 조사 결과는 이러한 추정에 대하여 어디까지나 높은 개연성만을 보장해 줄 뿐, 결코 직접적인 근거가 되지는 못한다. 따라서 구체적인 근거를 통해 〈鶴峰宗家〉 각 발신자들의 출신지와 거주지를 개별적으로 밝혀내는 작업도 병행해야 한다. 그 작업은 다음과 같이 구성된다.

(14)   가. 자료 내적 조사
        나. 자료 외적 조사
            a. 기타 사료(史料)[방목(榜目)이나 문집(文集) 등] 조사
            b. 해당 인물 및 그와 관련된 인물의 후손에게 문의

(14가)나 (14나a)를 통해 획득한 정보가 대개 가장 적극적인 증거가 되지만, 때로는 (14나b)를 통해서도 결정적인 정보를 얻게 되는 경우도

적지 않다.31) 〈鶴峰宗家〉에 (14)를 적용해 본 결과, 양반 계층 발신자 31명은 (현재의 행정 구역 명칭으로) 안동(19명), 봉화(3명), 상주(3명), 의성(2명), 구미(2명), 경주(1명), 영주(1명) 출신으로 확인되었다. 또한, 양반 계층 여성 발신자 26명 중 2명을 제외한 나머지 24명의 출가(出嫁) 범위도 모두 이들 지역과 중복되었다.32) 즉, 〈鶴峰宗家〉의 발신자들 대부분은 안동을 중심으로 한 경북 서북부 지역에서 나고 자랐으며, 모두 경북 출신으로 확정할 수 있는 것이다([부록 2] 참조).

대상 언간 자료의 방언적 배경을 밝히고 나면 이제 다음과 같은 새로운 문제가 제기된다. 그것은 대상 언간 자료에 해당 방언이 '얼마나' 반영되어 있는가 하는 것이다. 〈鶴峰宗家〉를 예로 들자면, 경북 출신으로 한정되는 발신자들이 과연 그들의 서간문에서 전통적인 경북 방언을 얼마나 사용하였느냐를 밝혀야 한다는 것이다. 이 문제에 대해서는 이미 최전승(2012: 287~288)에서 상세하게 다루어진 바 있다. 그 논문에 따르면, 〈金誠一家〉([표 1.1]의 A)에는 음운・형태・통사・어휘론적 관점에서 19세기 전기 경북 지역 방언의 전형적인 성격이 그대로 반영되어 있지는 않으나, 적절한 상황에 따라 유표적인 방언 특성도 드러난다고 한다[288면].

이러한 판단은 〈鶴峰宗家〉 전체로 확대 적용할 수 있다. 그 구체적인 예는 최전승(2012)에 충분히 제시되어 있으므로, 여기서는 그와 중복을 피하기 위하여 몇 가지 예만을 소개하는 것에 그치고자 한다.

(15)　가.　• 십 년 넘은 후 친졍 단니ᄂᆞ니 무수ᄒᆞ오ᄃᆡ 게ᄂᆞᆫ 그런 쇽긔(俗忌)

---

31) 실제로 저자는 현 학봉 종손의 아우 김종성 선생으로부터 큰 도움을 받았다. 김종성 선생은 보학에 매우 밝은 분으로서 저자에게 학봉 종가뿐만 아니라 영남의 다른 양반 가문의 인물들에 대한 정보도 많이 제공해 주었다. 그 외 각 씨족의 종친회원들의 도움도 컸다.
32) 그 2명 중 1명은 경북 영양으로 시집간 고성이씨B(G_6?)이며, 나머지 1명은 충북 충주로 시집간 진성이씨A($G_{3,5}$)이다. 후자는 통혼권이 경북 지역을 벗어난 유일한 인물이다.

- 룰 어부는[㪍] 둣 〈007, 1840년, 의성김씨A(장모) → 김진화(사위)〉

- 우벼[霻] 주려 ᄒᆞ는 과거를 못 보게 혜방을 치고 못 보게 날 뒤여 못 보고 온 일 졀통 〃 분코 〈091, 1848년, 여강이씨(아내) → 김진화(남편)〉

가. • 혼ᄉᆞ를 여러 번 지내니 오즉 어려울가[難] 무익ᄒᆞᆫ 염녀샏일쇠 〈029, 1850년, 김진화(지방관) → 안영록(경초관)〉

- 만녜는 아모리 어려워도[難] 데려올 싱의을 엇지ᄒᆞ오리 〈215, 1849년, 진성이씨B(며느리) → 김진화(시아버지)〉

나. • 남희는 초팔일 오려 ᄒᆞ더니 날이 죠찬타 ᄒᆞ오니 나소아[癒] 오려 ᄒᆞ여숩 〈051, 1840년, 여강이씨(아내) → 김진화(남편)〉

나'. • 약이나 ᄒᆞ여 주시고 병환이 나아[癒] 계셔야 견듸실 거슬 〈074, 1847년, 여강이씨(아내) → 김진화(남편)〉

- 예도 ᄎᆞ돌 무양ᄒᆞ고 아ᄌᆞ바님 병환 ᄎᆞ 〃 나으시니[癒] 다힝 〃 〈043, 1833년, 여강이씨(아내) → 김진화(남편)〉

(16) 가. • 봉쥰은 ᄯᅥ나려 급 〃 히 인마를 기두리오나 아니 드러오니 믈에 치피를 ᄒᆞ온지 하인이 병이 드러 그런둥 모르니 〈064, 1847년, 여강이씨(아내) → 김진화(남편)〉

나. • 약 먹이기로 심여 걱졍을 도으는 일 불안 〃 걸니고 못 니치나 밋덥기는 늬 다음 늬니 엇지ᄒᆞ뇨[何] 〈192, 1864년, 의성김씨④(누나) → 김흥락(동생)〉

- 너는 언제 수이 오려 ᄒᆞ뇨 〈222, 1848년, 진주강씨A(숙모)[대필자?] → 김흥락(조카)〉

나'. • 몃 히를 그짝 길을 아니ᄒᆞ니 졀박 〃 두루 의탁ᄒᆞᆫ 말을 엇지ᄒᆞ리[何] 〈197, 1875~1877년, 의성김씨④(누나) → 김흥락(동생)〉

- 나는 헌데 낫지 아니ᄒᆞ고 오른쟉 발이 붓고 덧날 샹부르니

　　　　　엇지홀고[何] 〈018, 1838년, 김진화(아버지) → 의성김씨②(딸)〉

　다. ● 인돌은 오고[尙] 져워 못 견듼다 ᄒ오니 〈070, 1847년, 여강이
　　　　씨(아내) → 김진화(남편)〉

　다'. ● 돈〃이나 어더 보내고[送] 시부나 아직 업서 못 보내옵
　　　　〈039, 1832년, 여강이씨(아내) → 김진화(남편)〉

　라. ● 일근 오라바님을 밋고 그리ᄒ여습더니 그놈을 우예[何] 수
　　　　편이 노하 겨시옵 〈학봉종가-230, 1882년, 의성김씨B(사촌 동생)
　　　　→ 김흥락(사촌 오빠)〉

　라'. ● 경물츄셩의 허우럭 늣겁ᄉ온 셜움 엇지[何] 다 측냥ᄒ오리
　　　　잇가 〈학봉종가-257, 1879년, 풍산유씨(생질부) → 김흥락(시외숙부)〉

　마. ● 여름옷 모도 보내오나 모슈[苧] ᄒ삼 두 거리ᄂ 게 잇ᄂ가
　　　　일흔가 〈037, 1832년, 여강이씨(아내) → 김진화(남편)〉

　마'. ● 여긔 모시[苧] 쳥포 ᄒ나히 잇ᄉ오니 〈037, 1832년, 여강이씨
　　　　(아내) → 김진화(남편)〉

(17)　가. ● 열합[紅蛤] 내고기 이 열합은 마시 죠흐니 보내옵 〈100, 1848
　　　　년, 여강이씨(아내) → 김진화(남편)〉

　나. ● 제 몸이 죠곰 오글 듯ᄒ거든 건져 쎄져 초지령의[醋醬] 즙ᄉ
　　　　오시옵 〈080, 1847년, 여강이씨(아내) → 김진화(남편)〉

　다. ● 져 보션 벗거든 셔답(洗踏) 싯ᄂ 년 쥬시옵 〈193, 1864년, 의
　　　　성김씨④(누나·시누이) → 김흥락(동생)·진성이씨B(올케)〉

(15), (16), (17)은 각각 음운·형태·어휘적 차원의 예를 나타낸다. (15)는 중세 국어의 /ㅸ/과 /ㅿ/이 이 지역 양반들의 방언에 어떻게 반사되어 있는지를 보이기 위한 것이다. 이 두 음소는 동남 방언에서 일반적으로 /ㅂ/과 /ㅅ/으로 각각 반사되어 있지만, 학봉 종가 인물들의 언간에서는 이들이 거의 예외 없이 각각 /w/(혹은 ø)와 ø로 실현된다. 어

중 /ㅂ/이나 /ㅅ/을 유지하고 있는 어사는 (15가)의 '어불-[拼], 우비-[輝]'와 (15나)의 '나소-[癒]', 그리고 본문에는 제시하지 않은 강세 첨사 '-수(〈-사)'가 전부일 뿐이다.33) 따라서 현대 안동 지역어에서 'ㅂ' 규칙 활용을 하는 '어렵-[難]'이나, 현대 경주 지역어에서 어중 /ㅅ/을 유지하고 있는 '나사-[癒]' 혹은 '나서-'는 (15가')의 안동 출신 발신자와 (15나')의 경주 출신 발신자의 언간에서 각각 'ㅂ'과 'ㅅ' 불규칙 활용 어간으로 실현되는 것이다.

(16가)는 연결 어미 '-은지'가 이 지역 방언형 '-은동'과 동일한 문장 내에 사용된 것을 나타낸다. (16나)는 동남 방언의 대표적인 해라체 의문형 종결 어미 '-노'가 총 2회 사용된 것을 모두 보인 것이다. 이 등급의 의문형 종결 어미는 (16나')과 같이 대개 '-으리'나 '-을고'로 실현된다. (16다)는 [희망]을 나타내는 보조 동사 '시부-'에 대응하는 동남 방언형 '겹/져우-'의 예문인데, (16다')과 같이 '시부-'와 공존하고 있다. (16라)의 '우예'는 현대 동남 방언을 비롯한 여러 방언에서 쓰이는 의문사이지만, 단 1회만 발견될 뿐 그 외는 모두 (16라')와 같이 '엇디'(혹은 '엇지')로 나타난다. (16마, 마')은 남부 방언형으로 알려진 '모슈[苧]'가 규범형인 '모시'와 동일 발신자의 동일 편지 내에서 함께 사용되고 있는 모습을 보여 준다.34)

(17가, 나, 다)는 각각 '홍합, 초간장, 빨래'의 이 지역 방언형인 '열합, 초지령, 셔답'이 출현한 예이다.

비록 (15)~(17)에 제시한 것들은 단편적인 예에 불과하지만, 이들은 〈鶴峰宗家〉의 방언적 성격을 규정하는 작업에서 중요한 사실을 알려

---

33) 그 외 여강이씨 언간에서 'ㅂ' 규칙 활용형으로 보이는 '두립오니[찐]'가 1회 발견된다(例 놀납〈온 넘녀 츙냥 못 곱 〃 두립오니 언제나 쾌츠ᄒᆞ옵실고옵 〈050, 1840년, 여강이씨(아내) → 김진화(남편)〉). 그러나 배영환(2015: 195)은 그것을 "실제 발음형으로 보기보다는 어간 의식이 작용하여 'ㅂ'을 고정시켜 표기했다고 볼 수도 있다."고 하였다.
34) 방언형 '모수'와 규범형 '모시' 간의 공시적 대응과 거기에 관여한 과도 교정에 대해서는 최전승(2009a: 351~356, 2012: 344~345) 참조.

준다. 즉, 이 언간 자료에는 경북 방언적 요소가 분명히 나타나기는 하나, 그것이 전면적으로 반영되어 있지는 않다는 것이다.

언간에 해당 지역 방언이 온전하게 드러나지 않는 이유는, 무엇보다도 체면과 격식을 중시하는 양반들의 언어 의식이 그들의 언어 사용에 그대로 투영되었기 때문일 것이다. 학봉 종가 구성원들의 경우 그러한 언어 의식이 잘 드러나는 기록을 문헌상에서 발견할 수 있다. (18)은 학봉의 9대 종손이자 김진화의 부친인 청송(聽松) 김종수(金宗壽, 1761~1813)가 시집가는 그의 장녀에게 부녀(婦女)가 지켜야 할 행실에 대해 써 준 ≪녀ᄌᆞ초ᄒᆞᆨ(女子初學)≫(1797)의 일부 내용을 발췌한 것이다.[35]

(18) 가. 부녀의 소임은 의복이나 음식이나 셰간살이나 부즈런히 ᄒᆞᆯ 거시오 언문은 통졍ᄒᆞ면 죡ᄒᆞ니 셰샹의 흔히 부인이 녀공의 당ᄒᆞᆫ 일은 힘쓰지 아니ᄒᆞ고 허탄ᄒᆞᆫ 칙을 들고 이 집 가고 져 집 가며 놀기를 일삼고 말ᄉᆞᆷᄒᆞᆯ 제 좀 문ᄌᆞ 뼈 가며 쟝황히 말ᄒᆞ고 가ᄉᆞ를 보지 아니ᄒᆞ니 언문 잘ᄒᆞ기는 부졀업ᄂᆞ니라 ⟨13b⟩

나. 부졀업순 이야기칙 보노라 ᄒᆞ지 말 거시니 언문칙도 혹 션ᄉᆡᆼ 힝쟝이나 쇼혹 번역ᄒᆞᆫ 거시나 보면 죠ᄒᆞ니라 ⟨15b⟩

김종수는 기본적으로 여성은 남에게 자기의 의사를 표현할 정도로만 '통정(通情)'언문을 깨치면 되며 그 이상 알 필요가 없다는 입장을 보이고 있다. 그러면서 고소설과 같은 '이야기칙'을 '부졀업순' 것, 혹은

---

35) 김종수가 지은 ≪녀ᄌᆞ초ᄒᆞᆨ≫의 서지와 구성 및 내용은 成炳禧(1975), 金正和(1994)를, 정밀한 판독문과 국어학적 특징은 김한별(2017a)을 각각 참조하기 바란다. (18)에 인용한 원문 중 명암으로 짙게 표시한 부분은 고본(고본)에서 지워지거나 희미해진 글자 위에 후대인이 덧쓴 글자를 의미한다. 장차(張次)는 김한별(2017a: 51~73)의 [부록 2]에 따라 표시하였다.

'허탄(虛誕)혼' 것으로 깎아내리고 있으나, 언문책 중에서도 학봉 선생의 행장(行狀)이나 소학(小學) 번역본은 그나마 높이 평가하고 있다는 사실이 주목된다. (18)과 같은 기록은 당시 사대부 남성들이 격식적인 언어 태도를 지향하고 있었으며, 그들의 그러한 태도를 여성들에게도 요구하였다는 사실을 잘 보여 준다.

 언간에 지역 방언이 전면적으로 반영되지 않은 또 다른 이유는 언간 작성법의 학습 과정에서도 찾을 수 있다. 영남 사대부가의 여성들은 소싯적부터 어머니나 할머니 앞에서 언간을 필묵(筆墨)으로 모사(模寫)하고 쓰는 법을 연습하였으며, 성책(成册)까지 하여 명문장(名文章)을 수시로 익혔기 때문이다(成炳禧 1986: 32).36) 이와 같은 학습 과정은 여성들의 편지글에 해당 지역 방언형이 노출되는 것을 자연스럽게 걸러내었을 것이다.

 그렇다면 학봉 종가 구성원들의 이와 같은 언어 의식과 언어 사용을 고려할 때, 우리는 과연 그들의 서간문의 지역 방언적 성격을 어떻게 규정해야 할까. 전통적인 방언학의 관점에서는 언간의 언어가 해당 지역의 고유한 방언을 대표한다고 볼 수 없을 것이다. 왜냐하면 방언학에서 추구하는 이상적인 제보자(informant)와 언간의 발신자 사이에는 근본적인 차이가 있기 때문이다. 언간의 발신자는 양반 계층이라는 점에서 방언학의 '제보자 선정 요건'을 제대로 충족하지 못하는 것이다.37)

---

36) 영남 사대부가 여성들의 규방가사(閨房歌詞)의 전승 과정도 이와 크게 다르지 않았다. 權寧徹(1971: 20)에 의하면, 그들은 어릴 적부터 부모나 원근(遠近) 친척에게서 제반 교육을 받아 가사를 수사(手寫)하거나, 출가할 때 할머니나 어머니의 필사본 혹은 선대의 수택본(手澤本)을 가지고 가서 낭송하고 전파하였다고 한다.
37) 방언학에서 추구하는 제보자 선정 요건은 대체로 다음과 같이 정리할 수 있다(≪方言學事典≫의 '제보자' 항목, 이상규(2004: 135~139), 이익섭(2006: 85~97) 참조. ① 조사 지역에 3대 이상 거주해 온 토박이일 것, ② 제보자의 어머니도 같은 지역 출신일 것, ③ 가급적 외지 생활 경험이 없을 것, ④ 공직 생활 경험이 없을 것, ⑤ 노년층일 것, ⑥ 신체 조건(청력, 발음, 체력 등)이 좋을 것, ⑦ 무학자(無學者)이거나 학력이 낮을 것. 언간의 발신자는 그중 ③과 ④를 충족하지 못하는 경우가 많으며, ⑦은 아예 기대하기 어려운 요건이 된다.

따라서 언간의 발신자는 엄밀히 말해 '해당 지역 방언' 화자들을 대표한다고는 할 수 없다.

하지만 그렇다고 해서 그 대표성이 완전히 사라지는 것은 결코 아니다. 언간의 발신자가 적어도 '해당 지역' 내 '양반 계층 방언' 화자들을 대표하는 것은 엄연한 사실이기 때문이다. 그러므로 언간 자료를 대상으로 한 음운사 연구에서는 해당 자료의 발신자가 특정 '지역 방언'과 더불어 특정 '계층 방언'(주로 양반 계층 방언)을 구사하고 있다는 사실을 언제나 염두에 두어야 한다.

이상의 논의 내용을 바탕으로 우리는 다음과 같은 [전제 2]를 수립할 수 있다.

[전제 2] 언간의 언어(서간문)는 일정한 지역에 세거하는 양반 계층의 방언을 반영한 것이며, 거기에는 중앙어형을 비롯한 타 지역 방언형과 해당 지역 방언형이 공존할 수 있다.

[전제 2]는 특정 지역 양반의 방언에 출현하는 타 지역 방언형과 해당 지역 방언형을 이원적으로 구분하기보다는, 그것들을 당시 국어의 다양한 변종이 반영된 해당 지역 양반 계층 방언의 참모습으로 인정하자는 것이다.[38] [전제 2]를 받아들이면 (15)~(17)과 같은 현상도 이제 경북 양반 계층 방언의 전형적인 특징의 하나로 설명할 수 있게 된다.

---

38) 저자의 이러한 견해는 문헌어에서 중앙어형이나 방언형으로 의심되는 어휘를 당시 역동적이고 이질적인 해당 방언의 모습으로 포괄하려는 신승용(2013: 85), 유경민(2013: 46), 최전승(2020: 586~592) 등의 견해와 근본적으로 같은 것이다.

2.3. 연구의 절차

2.3.1. 자료 선정

자신의 목적에 맞게 체계적으로 자료를 수집할 수 있는 현대의 언어 조사자와는 달리, 역사 언어학자는 그저 우연히 현전하는 문헌 자료를 대상으로 과거의 언어 상태를 밝혀 나가야 하는 불리한 조건에 놓여 있다(Milroy 1992: 45~46). 이처럼 자료 조사에 대한 통제가 원천적으로 불가능한 상황에서 역사 언어학자가 할 수 있는 최선의 대안은, 우선 자신의 연구 목적에 부합하는 최적의 자료를 선정하는 일일 것이다. 지금까지 다양한 언간 자료가 소개되었지만[39] 그들 모두가 음운사 연구에 적합한 자료일 수는 없을 것이다. 따라서 이 절에서는 먼저 음운사 연구를 위한 언간 자료 선정 방법에 대해 논의해 보고자 한다.

음운사 연구를 위한 언간 자료를 선정할 때는 다음과 같은 세 가지 기준을 고려해야 한다. 첫째 기준은 '대상 언간 자료의 수량이 충분한가' 하는 것이다. 대상 자료가 양적으로 방대할수록 발신자별 언어 변이를 정확하게 관찰하고 기술하기에 유리하며, 이는 곧 실제 언어 사실에 더 가까운 해석을 가능하게 해 주기 때문이다.

둘째 기준은 '대상 언간 자료의 각 세대별 발신자 수가 다양한가' 하는 것이다. 어떤 음운 현상을 해석할 때 각 세대별로 발신자 수가 많을수록 그 현상이 특정 발신자의 개별적 특징이 아니라 해당 세대의 전반적인 특징이라는 확신을 가질 수 있게 해 주기 때문이다. 그런데 이상과 같은 '다다익선(多多益善)'의 논리는 전혀 새로운 사실이 아니므로, 이 두 가지 기준에 대해서는 더 이상 부연하지 않기로 한다.

---

[39] 지금까지 소개된 언간 자료의 현황에 대해서는 이래호(2015: 70~84), 황문환(2015: 166~171), 배영환(2019: 76~78) 참조.

셋째 기준은 '대상 언간 자료의 변인이 적절히 통제되는가' 하는 것이다. 이는 자료 선정에서 매우 중요한 기준이지만 지금까지 구체적으로 논의된 적은 없다. 따라서 이 기준에 대해서는 상세하게 논의해 볼 필요가 있다. 언간 자료가 음운사 연구의 주요 대상 자료가 되기 위해서는 다양한 사회적 변인이 적절히 통제될 수 있어야 한다. 언간 자료에서 추출할 수 있는 사회적 변인으로는 발신자의 '계층', '성별', '연령', '세대', '수신자와의 관계', '출신지' 등을 들 수 있다.[40] 이러한 변인들은 다시 독립 변인(independent variable)과 통제 변인(control variable)으로 분류할 수 있다. 독립 변인은 연구자가 조작할 수 있는 가변적인 변인이며, 통제 변인은 일정하게 유지되어야 하는 고정적인 변인이다. '변인이 적절히 통제된다'는 것은 바로 이 두 부류의 변인이 제 역할을 충실히 수행하는 것을 의미한다.

그중에서 우리가 독립 변인으로 삼아야 하는 것은 '연령'과 '세대'이다. 음운사 연구의 목적이 음운 변화의 통시적 전개 양상을 기술하고 설명하는 것이라고 할 때, 화자의 '연령'이나 '세대'에 따른 변이와 변화를 관찰하는 것이야말로 그 목적에 가장 부합하는 일일 것이기 때문이다. '연령'과 '세대'는 서로 유사한 의미로 혼용되기도 하지만, 본서에서는 이 두 개념을 명확히 구분하여 사용한다. 즉, '연령'은 한 개인의 나이 변화와 관련된 변인인 반면, '세대'는 개인이나 집단 간의 생년 차이와 관련된 변인인 것이다. 따라서 '연령'은 작성 연도를 달리하는 동일 발신자의 언간을 살펴보는 데 사용되는 변인이라고 할 수 있다. 이에 반해, '세대'는 주로 동일 시기의 서로 다른 연령층 간의 언간이나, 상이

---

[40] 신성철(2014)은 언간의 표기와 음운 연구에서 '성씨'도 주요 변인으로 고려할 필요가 있다고 주장하였다. 그러나 저자는 적어도 음운론적 층위의 문제에서는 동일 지역 내 상이한 '성씨'가 과연 유의미한 변인으로 작용할지 다소 회의적이다(여기서 말하는 '지역'의 구분은 상대적인 개념이다). 만일 상이한 지역의 '성씨'가 유의미하게 작용한다면, 그것은 발신자의 '출신지' 변인으로 설명할 수 있을 것이다. 물론, 이 문제에 대해서는 좀 더 정밀한 고찰이 필요하다.

한 시기의 상이한 연령층 간의 언간을 연구할 때 필요한 변인이다.[41]

언간 자료를 대상으로 한 음운사 연구에서는 이 두 가지 변인의 가변성이 보장되어야 한다. 〈鶴峯宗家〉는 이 기준에 부합하는 측면이 있다. 우선 '연령'의 경우, 동일 발신자가 최대 30여 년의 간격을 두고 작성한 편지가 존재한다. 가령, 여강이씨(G_4) 언간은 32년(39~70세), 의성김씨④(G_5) 언간은 29년(22~51세),[42] 진주강씨A(G_5) 언간은 31년(35~65세)의 시간 차이를 각각 보이는 것이다.[43] 〈鶴峯宗家〉에서는 '세대'의 폭도 넓다. 1.4.1.1의 [표 1.2]에서 살펴본 바와 같이, 발신자들이 총 6대(代)에 걸쳐 분포해 있기 때문이다(단, 제2세대 자료는 없음). 그중 제3~5세대의 언어는 동일한 시기(1830·1840년대)의 언간에서 관찰할 수 있다. 그런데 만일 대상 언간 자료의 '연령' 및 '세대'가 독립 변인으로 작용하지 못할 경우, 그 자료 내적으로는 특정 시기, 특정 발신자의 음운 현상을 공시적으로만 관찰할 수 있을 뿐이다. 이러한 언간 자료는 다른 문헌 자료나 방언 자료와의 비교를 통해서만 통시 음운론의 대상이 될 수 있다.

독립 변인을 제외한 나머지 변인들, 즉 '계층', '성별', '수신자와의 관계', '출신지' 등은 원칙적으로 모두 통제 변인이 되어야 한다. 일단 '계층'은 통제 변인으로서 크게 문제가 되지 않는다. 〈鶴峯宗家〉를 비롯하여 현전하는 언간 자료의 절대 다수가 양반 계층 간에 주고받은 것이기 때문이다. 그렇다면 1.4.1.1의 [표 1.3]에서 우리가 '비양반 계층'으로 분

---

41) 두 변인과 관련된 구체적인 분석 방법은 2.3.3에서 상론한다.
42) 의성김씨④ 언간 중 가장 이른 것은 〈177〉(1842~1846년)[18~22세]이고, 가장 늦은 것은 〈198〉(1875~1877년)[51~53세] 혹은 〈199〉(1868~1882년)[44~58세]이어서 최대 연령 차를 특정하기는 어렵다. 본문에서 상정한 수치(22~51세)는 그 차이를 가장 짧게 잡은 것이다.
43) 물론 '연령'의 가변성이 큰 언간 자료라고 해서 거기서 실제 음운 변화가 적극적으로 반영되어 나온다는 보장은 없다. 이 문제에 대해서는 본장의 각주 67의 내용을 참조하기 바란다.

류한 발신자들의 언간은 [표 1.2]의 '양반 계층'의 언간과 동질적인 자료로 취급할 수 없으므로 연구 대상 자료에서 제외해야 한다. 다만, 비양반 계층의 언간은 양반 계층 방언의 보수적이고 격식적인 특성을 부각시키기 위한 보조 자료로는 이용할 수 있을 것이다.

반면에, '성별'과 '수신자와의 관계'는 특정 언간 자료 내에서도 매우 가변적이므로 대개 이들을 통제 변인으로 삼기란 쉽지 않다. 만일 두 변인을 너무 엄격하게 통제한다면, 우리가 관찰할 수 있는 자료의 양은 지극히 제한될 수밖에 없을 것이다. 따라서 우리는 이들의 가변성을 크게 문제 삼지 않는 방안을 택해야 한다. 이러한 입장은 기본적으로 다음과 같은 [전제 3]에 바탕을 둔 것이다.

[전제 3] 언간 자료의 음운 현상에 관여하는 변인 중 '성별'과 '수신자와의 관계'는 '세대'에 비해 그 위계가 더 낮다.

[전제 3]이 선험적으로 세워진 것이 아님은 실제 언간 자료에서 '성별'이나 '수신자와의 관계'가 음운론적 변인에 끼치는 영향력이 상대적으로 적다는 사실을 통해서 입증될 수 있다. 이 문제에 대해서는 이미 김주필(2011b)의 연구 결과가 있다. 그 논문에서는 〈은진송씨 동춘당 송준길가 언간(恩津宋氏 同春堂 宋浚吉家 諺簡)〉과 〈은진송씨 송준길가 ≪先世諺牘≫ 언간〉에 나타나는 구개음화의 양상과 특징을 '세대'와 '성별', '수신자와의 관계'를 중심으로 검토해 보았는데, 그 결과 구개음화의 확산 과정에서 '세대'가 '성별'이나 '수신자와의 관계'보다 주요 변인으로 작용한다는 것이다.

이와 동일한 결과는 〈鶴峰宗家〉의 다양한 음운 현상에서도 그대로 드러난다. 여기서는 1830·1840년대에 당시 진행 중인 변화였던 'ㅗ〉ㅜ' 모음 상승의 예만 제시하기로 한다.[44] 'ㅗ〉ㅜ'는 구개음화나 /·/의 비음운화 등과는 달리 이 시기에 (거의) 완료된 변화가 아닌 까닭에 우선 단순한 표기법상의 문제가 아니라는 확신을 주며, 판독상의 이견이 제기될 가능성이 낮은데다가, 여러 발신자들의 언간에서 다양한 예가 발견되기 때문에 [전제 3]에 대한 검증 수단으로서 상대적으로 좋은 조건을 갖추고 있기 때문이다.

먼저 '세대'에 따른 'ㅗ~ㅜ'의 변이 양상을 나타내면 [표 2.3]과 같은 결과가 도출된다.[45] 여기서 제4세대 발신자 중 김진화는 일단 논의 대상에서 제외하였는데, 이 문제에 대해서는 후술한다. [표 2.3]은 'ㅗ〉ㅜ' 변화가 세대에 따라 점진적인 어휘 확산(lexical diffusion) 과정을 밟고 있음을 잘 보여 준다. 이를 통해 우리는 '세대'가 이 변화의 확산에 관여하는 주요 변인임을 알 수 있다.

세대 어사	제3세대	제4세대 (김진화 제외)	제5세대
겨요[僅]	O	O~U	O
더고내[尤]	-	O~U	O~U
모도[皆]	-	O	O
아모[某]	O	O~U	O~U
아모리[雖]	-	O	O~U
아모려나	O	O	O
아죠[殊]	O	O	O~U

[표 2.3] '세대'에 따른 'ㅗ~ㅜ' 변이 양상

---

44) 이하에서는 '세대', '성별', '수신자와의 관계'를 각각 차례대로 독립 변인으로 설정하여 'ㅗ~ㅜ'와의 상관관계를 살펴볼 것이다. 이때 [전제 3]의 타당성이 더 확보되기 위해서는 나머지 변인들이 원칙적으로 모두 통제 변인이 되어야 하지만, 자료상의 제약으로 인하여 그것은 불가능하다. 따라서 일부 변인들의 가변성은 문제 삼지 않기로 한다. 여기서 저자는 [전제 3]이 단순히 본문에 제시하는 자료에만 근거한 것이 아니라, 저자가 여러 언간 자료를 검토하는 과정에서 얻게 된 경험적 사실에도 바탕을 두고 있다는 것을 덧붙여 둔다.
45) '어사'는 여러 세대에 걸쳐 출현하는 고빈도어를 제시한 것이다. 'O'는 구형(/ㅗ/ 유지형)을, 'U'는 신형(/ㅜ/ 개신형)을, '-'는 해당 어사가 출현하지 않음을 각각 의미한다. 판독상의 이견이 있을 법한 자료는 모두 논의 대상에서 제외하였으며, 이는 이하에서도 마찬가지이다.

이제 발신자의 '성별' 및 '수신자와의 관계'와 진행 중인 음운 변화와의 상관관계에 대해 논의해 볼 차례이다. 우선 '성별' 변인부터 살펴보기로 한다. 제4세대의 김진화·여강이씨 부부가 각각 자신보다 하위자에게 보낸 언간만을 대상으로 하여[46] 'ㅗ~ㅜ' 변이 양상을 조사해 보면 그 결과가 [표 2.4]와 같이 나타난다.

성별 어사	남 (김진화)	여 (여강이씨)
더고내[尤]	U	O
모도[皆]	O	O
아모[某]	U	O
아모려나	U	O
아조[殊]	U	O

[표 2.4] '성별'에 따른 'ㅗ~ㅜ' 변이 양상(양반 계층)

[표 2.4]에 의하면 김진화는 대체로 개신형을 사용하는 데 비해, 여강이씨는 비개신형을 사용한다. 이 사실은 일견 '성별' 역시 'ㅗ~ㅜ' 변이에 대한 주요 변인으로 작용하는 것처럼 여기게 한다. 그러나 관찰 범위를 좀 더 넓혀 보면 [표 2.4]의 결과가 '성별'에 의한 차이라기보다는 김진화의 개인어적(idiolectal) 특성에 기인하는 것임을 알 수 있다.[47] 왜냐하면 [표 2.5]에서 잘 드러나듯이, 김진화는 'ㅗ〉ㅜ'의 개신율에서 제5세대보다 오히려 훨씬 더 높은 수치를 보이기 때문이다.[48] 이 사실은 앞

---

46) 조사 대상이 된 김진화 언간의 수신자는 '진성이씨B(며느리), 안영록(경초관), 미상의 딸'이며, 여강이씨 언간의 수신자는 '김흥락(아들), 봉준(아들), 미상의 딸, 순임(하인)'이다. 여강이씨 언간의 절대 다수는 남편 김진화에게 보낸 것인데, 그것은 이 조사 대상에서 제외하였다.
47) 김진화 언간에서는 'ㅗ〉ㅜ' 모음 상승뿐만 아니라(3.3.2.1 참조), 치찰음 뒤 단모음과 이중모음의 표기(4.1.2 참조), 모음 조화(3.6 참조) 등에서 동일 세대나 이후 세대의 언간에 비해 이질적인 모습이 많이 나타난다. 이 사실은 그의 개인어가 해당 언어 공동체의 언어와 일정한 거리가 있었음을 의미한다.
48) 이 문제는 다른 남녀 발신자의 언간을 동일한 방법으로 조사해 보면 쉽게 해결할 수 있지만, 불행히도 〈鶴峰宗家〉에서는 김진화를 제외한 다른 남성 발신자의 언간 수량이

서 [표 2.3]에서 확인한, 'ㅗ〉ㅜ'의 점진적인 어휘 확산이 세대 간에 이루어지고 있다는 사실과 배치되는 것이다. 따라서 [표 2.4]의 결과가 '성별'이라는 변인이 작용한 결과로만 해석하기에는 무리가 따른다.

발신자 어사	제4세대 (김진화)	제5세대 (전원)
더고내[尤]	1/1	3/4
모도[皆]	0/5	0/12
아뫼[某]	3/3	1/18
아모리	2/2	2/6
아모려나	2/2	0/9
아죄[殊]	3/3	5/16
총계	11/16 (58.8%)	11/65 (16.9%)

[표 2.5] 김진화와 제5세대 발신자의 'ㅗ〉ㅜ' 개신율

하지만 〈鶴峰宗家〉의 제5세대 발신자들이 모두 여성이라는 점에서 [표 2.5]의 결과에도 '성별'이 관여하지 않았다는 보장은 없다. 그러므로 우리는 이 변인과 관련된 문제를 'ㅗ〉ㅜ'와는 다른 음운 현상을 통해 검증할 수밖에 없다. 이에 따라, 어두 /ㄴ/ 탈락에 대한 변이가 성별에 따라 어떻게 나타나는지를 조사해 보면 그 결과는 [표 2.6]과 같다.[49] 그러나 [표 2.6]에서도 '성별'과 관련지어 어떤 일반화된 결론은 도출해 내기 어렵다.

적어 그러한 비교가 불가능하다.

49) 'N'은 구형(/ㄴ/ 유지형)을, 'ø'는 신형(/ㄴ/ 탈락형)을, 'Z'는 그 외의 형태(/y/ 탈락형)를, '-'는 해당 어사가 출현하지 않음을 각각 의미한다. 자료량을 확보하기 위하여 조사 대상을 한 세대로만 한정하지 않았다. 조사 대상이 된 언간의 발·수신자 관계는 일정하지 않으나, 적어도 '아내 → 남편' 이상의 사회적 관계 차이(가령, '딸 → 아버지', '며느리 → 시아버지', '제수 → 아주버니')는 나지 않는다. 유치명 언간은 '의성김씨③(며느리)'에게, 김진화 언간은 '여강이씨(아내), 의성김씨②·③(딸), 진성이씨B(며느리), 안영록(경초관), 미상의 딸과 며느리'에게, 의성김씨A 언간은 '김진화(사위)'에게, 진성이씨A 언간은 '김진화(외사촌 동생)'에게, 여강이씨 언간은 '김진화(남편), 김흥락(아들), 서울집(측실)'에게 각각 보낸 것이다.

성별 어사	남		여		
	유치명 (제3세대)	김진화 (제4세대)	의성김씨A (제3세대)	진성이씨A (제3세대)	여강이씨 (제4세대)
녀름[夏]	-	Ø	-	-	Ø
녯[古]	-	Ø	-	-	Ø
녛-[入]	-	Z	-	-	Ø
닙-[着]	-	Ø	-	-	Ø
닛-[忘]	N	Ø	-	N	Ø
cf. 못#니치-[不忘]	N	-	Ø	Ø	Ø
념려(念慮)	-	Ø	-	N	N
녕감(令監)	-	Ø	-	-	Ø

[표 2.6] '성별'에 따른 어두 /ㄴ/ 탈락의 변이 양상

비록 양반 계층의 언간을 대상으로 한 것은 아니지만, '성별'이 이 변화에 직접적으로 관여하지 않는다는 사실은 중인(中人) 혹은 서자(庶子) 신분의 안영록과 그의 누이(='서울집의 언니')의 언간을 비교해 보아도 알 수 있다. [표 2.7]은 안영록과 그의 누이가 김진화에게 쓴 언간에서 나타나는 'ㅗ〉ㅜ'의 신·구형 변이 양상을 보인 것인데, 둘 사이에는 별다른 차이가 보이지 않는 것이다.

성별 어사	남 (안영록)	여 (서울집의 언니)
겨요[僅]	U	U
누고[某]	O	-
더고나[尤]	U	U
도모지[都統]	-	O
민외[大, 很]	O	-
아모[某]	O	O
아모리	O	O
아조[殊]	O	O

[표 2.7] '성별'에 따른 'ㅗ~ㅜ' 변이 양상(비양반 계층)

발·수신자 어사	의성김씨②		의성김씨④		진성이씨B	
	김진화 (아버지)	김흥락 (남동생)	김진화 (아버지)	김흥락 (남동생)	김진화 (시아버지)	김흥락 (남편)
믹오[大, 很]	-	-	-	U	U	-
겨요[僅]	-	-	O	O	O	-
더고내[尤]	-	-	O	O	U	-
얼골[形]	-	-	-	-	U	-
모도[皆]	-	O	-	O	O	-
아모[某]	O~U	O	O	O	O	O
아모리[雖]	O	-	-	O	O	O
아모려나	O	-	-	O	O	-
아조[殊]	-	U	-	-	O~U	-

[표 2.8] '수신자와의 관계'에 따른 'ㅗ~ㅜ' 변이 양상

다음으로, '수신자와의 관계' 변인을 살펴보기로 한다. 위 [표 2.8]은 동일 세대(G_5)의 세 발신자[의성김씨②, 의성김씨④; 진성이씨B]가 사회적 관계를 달리하는 두 대상[김진화(아버지; 시아버지), 김흥락(남동생; 남편)]에게 보낸 편지에서 드러나는 'ㅗ~ㅜ' 변이를 나타낸 것이다.[50] 그런데 앞의 [표 2.3]과는 달리, 이 변인과 'ㅗ~ㅜ' 간의 관련성은 뚜렷하게 드러나지 않는다. 즉, '수신자와의 관계' 역시 언간에 반영되는 음운 현상과 직접적인 상관관계를 맺지 않는 것이다. 요컨대, 통제 변인에 대해 앞서 우리가 세웠던 [전제 3]은 그 타당성이 충분히 확보된다고 할 수 있다.

마지막 통제 변인인 '출신지'는 지역 방언과 관련된 것이다. 여기서의 관건은 「'출신지' 변인을 어느 수준으로까지 통제해야 하는가」이다. 〈鶴峰宗家〉의 경우 '출신지'를 '경상(북)도'라는 넓은 단위로 상정하면 이 변인은 완전히 고정되지만, 그보다 더 좁은 단위로 통제하면 가변성을 띠게 된다. 그런데 저자가 관찰한 바에 따르면, 언간 자료에서 동일

---

[50] 의성김씨④의 경우 자료의 확보를 위해 1830·1840년대 이후의 언간도 일부 논의 대상에 포함시켰다.

한 대방언권 내 발신자들 간에는 '출신지'에 따른 언어 변이가 거의 나타나지 않는다. 이는 특히 음운론적 층위에서 더욱 그러하다.

다만, 어두 'ㅅ~ㅆ'의 변이와 같은 특정 음운 현상에 대해서는 이 변인을 군(郡) 단위로까지 통제해야 정확한 해석이 가능해지기도 한다. 가령, 경주 출신의 여강이씨는 무수한 예에서 어두 'ㅆ' 표기가 극도로 제한되는 데 비해, 안동에서 태어난 그의 둘째 딸(의성김씨②)은 비록 소수의 예이지만 'ㅆ' 표기만을 보여 준다. 아래 (19가)와 (19나)는 각각 여강이씨와 의성김씨②가 1830・1840년대에 김진화에게 쓴 편지에 출현하는 예를 제시한 것이다.

(19) 가. 제 약을 **스면**[用] ⟨064⟩, cf. 익**스옵심**[勞苦] ⟨033⟩ / 고기 **손**[包] 죠희는 ⟨041⟩ / 글시 **스노래**[書] ᄒᆞ오니 ⟨046⟩ / 가늘게 **스으래**[剉] ᄒᆞ여소 ⟨080⟩

나. 게셔 온 약은 아니 **쓰옵고**[用]51) 인삼은 다려 잡스오시고 ⟨164⟩ / 제슈는 **쓰옵지**[用] 못ᄒᆞ오니 이들ᄒᆞ오나 ⟨168⟩ / 익만 **쓰옵시는**[勞苦] 일 민망 〃 ⟨153⟩

두 모녀의 이와 같은 차이는 오늘날 경주 방언에서는 /ㅅ/과 /ㅆ/이 서로 변별되지 않는 데 비해, 안동 방언에서는 두 음소가 서로 시차적이라는 사실과 관련지어 해석해야 한다.

그러나 이처럼 '출신지'의 통제 범위를 좁게 상정해야 하는 경우는 그리 흔하지 않다. 따라서 대부분의 경우 동일한 대방언권 출신의 발신자들은 이 변인이 고정적인 것으로 취급해도 무방할 것이다.

---

51) 해당 예는 '苦'의 의미를 나타내는 것으로 해석할 수도 있다. 그러나 '用'이나 '苦'를 나타내는 중세 국어 용언 어간이 '쓰-'였음은 동일하다.

2.3.2. 자료 분류

2.3.2.1. 1차 분류

대상 자료를 선정하고 나면 이제 그것을 일정한 기준에 따라 분류하여 그 안에서 다시 최적의 자료를 선별해야 한다. 단일한 종(種)의 언간 자료 내에서도 개별 언간의 가치는 결코 서로 동일하지 않기 때문이다. 물론 그 가치는 개별 언간에서 추출할 수 있는 상황적 정보의 종류와 질에 따라 결정되는 것이다. 언간 자료에서는 다양한 상황적 정보를 얻을 수 있으나, 국어사 연구자에게 유의미한 상황적 정보는 '발신자', '수신자', '작성 시기'로 간추려 볼 수 있다.[52]

그중에서도 음운사 연구에서 가장 중요한 정보는 '발신자'와 '작성 시기'이다. 우리가 언간 자료에서 주목하려는 것은 일정한 시간 선상에서 관찰되는 발신자 간 변이와 발신자 내 변이이기 때문이다. 따라서 이 두 정보가 명확하게 드러나는 언간이 최상의 자료라고 하겠다. '발신자'와 '작성 시기' 간의 중요도는 전자가 후자를 우선한다. 위 두 가지 변이를 살펴보기에는 '발신자'가 명확하고 '작성 시기'가 불명확한 경우가 그 반대의 경우보다 더 유리하기 때문이다. 한편, '수신자와의 관계' 변인의 가변성을 고려하지 않는 우리의 관점에서 '수신자' 정보는 크게 중요하지 않다. 그것은 어디까지나 언어 내적 설명을 시도한 이후에 참고해야 하는 보조적인 정보만 될 수 있을 뿐이다.

이상의 기준에 따라 자료를 네 가지 등급으로 분류해 보면 [표 2.9]와 같다.[53]

---

[52] 여기서 말하는 '발신자' 정보는 기본적으로 해당 발신자의 언어적 특징을 파악할 수 있게 해 주는 일체의 정보를 말한다. 연구 대상으로 선정된 언간 자료의 '지역적 배경'도 국어사 연구자에게는 매우 중요한 정보가 되는데, 그것은 결국 발신자별 방언적 배경을 밝히는 작업을 통해 드러나는 것이다. 따라서 '발신자' 정보는 곧 해당 자료의 '지역적 배경'을 포괄하는 정보라고 할 수 있다.

[53] 'O'는 해당 정보가 있음을, '×'는 해당 정보가 없음을 각각 의미하며, 이는 이하에서도 마찬가지이다.

상황 정보 자료 등급	발신자	발신 시기
A	○	○
B	○	×
C	×	○
D	×	×

[표 2.9] 언간 자료의 1차 분류 결과
(이후 [표 2.11]에서 수정됨)

언간 자료를 통한 음운사 연구는 기본적으로 「A」를 중심으로 이루어지되, 「B」도 함께 중시해야 한다. 「B」가 나름대로의 가치가 있는 것은, 설령 '작성 시기'가 불명확하더라도 '발신자'만 파악된다면 그의 생몰년과 서신 내용을 통하여 해당 언간의 작성 시기를 어느 정도 추정할 수 있기 때문이다.54) 이에 반해, '작성 시기'만 분명한 「C」나 '발신자' 및 '작성 시기'에 대한 아무런 정보가 없는 「D」는 음운사 연구 자료로서의 가치가 매우 떨어지므로 연구 대상 자료에서 제외해야 한다.

2.3.2.2. 2차 분류

앞서 2.3.2.1에서는 동일한 언간 자료 내에서 개별 언간들을 '발신자'와 '작성 시기'를 기준으로 등급을 매기어 일차적으로 분류해 보았다. 그러나 이러한 1차 분류만으로는 정밀한 연구가 되기에 부족한 면이 있다. 비록 발신자를 정확히 알 수 없는 언간(「C」나 「D」)이라 하더라도 연구 대상 자료에 적합한 것이 있는가 하면, 반대로 발신자 정보가 알려진 언간(「A」나 「B」)이라 하더라도 연구 대상 자료에 부적합한 것이 있기 때문이다. 따라서 더욱 정밀한 연구를 위해서는 이들을 다시 가려내는 2차 분류 과정이 필요하다. 여기서는 이 작업을 두 과정으로 나누

---

54) 본서에서는 '작성 시기'가 특정 연도로 한정되지 않더라도 그 추정 폭이 5년을 넘지 않는 것은 '작성 시기'가 명확한 것으로 처리하였다.

어 살펴보기로 하겠다.

2차 분류의 첫 번째 과정은 「C」나 「D」 가운데 일부를 '살려 냄으로써' 우리의 주요 대상 자료에 포함시키는 것이다. 발신자 정보가 분명하지 않은 언간은 1차 분류에서 「C」나 「D」로 분류되었지만, 그렇게 분류된 언간들도 모두 동등한 가치를 지니는 것은 아니다. 발신자가 누구인지 추정해 내기가 완전히 불가능한 경우가 있는가 하면, 그 추정 범위가 매우 좁아 발신자 후보가 몇몇 인물들로 압축되는 경우도 있기 때문이다. 후자에 속하는 언간 중 발신자 후보들이 동일 세대 내 인물로 한정되는 것은 음운사 연구 대상 자료에 다시 포함할 수 있다. 음운사 연구자의 기술과 설명의 범위는 일반적으로 발신자 '세대'의 차원에 머무르는 것이지, 발신자 '개인어'와 같은 미시적은 차원으로까지 확대되지는 않기 때문이다.[55]

〈鶴峰宗家〉에서 이 범주에 속하는 것을 제시해 보면 [표 2.10]과 같다.

언간 번호	발신자	발신 시기	1차 분류 등급
200	의성김씨②/③	1830년	C
201	의성김씨②/③	1832년	C

[표 2.10] 발신자 후보가 특정 세대로 한정되는 언간 목록

[표 2.10]에 제시한 편지의 발신자는 김진화의 둘째·셋째 딸 중 어느 한 사람으로 압축된다. 이 2건의 언간은 비록 발신자를 특정 인물로 확정할 수는 없지만, 후보가 되는 발신자가 모두 같은 세대(G_5)일 뿐만 아니라 자매 관계에 있는 인물들로 한정된다. 이들 두 사람은 표기법의 측면에서는 어느 정도의 변이가 관찰되지만, 음운 현상에 대해서는 아무도 제5세대의 일반적인 경향을 벗어나지 않는다. 다시 말해서, [표

---

55) 이러한 주장은 1.3의 내용에 바탕을 둔 것이다. 즉, 언간 자료를 이용한 음운사 연구에서 관찰의 대상은 '발신자 개인어적 특징'이 되겠지만, 기술과 설명의 대상은 어디까지나 '세대'를 기준으로 한 '해당 언어 공동체의 음운 변화'인 것이다.

2.10]에 제시된 언간 2건은 학봉 종가의 제5세대의 음운론적 특징을 규정하는 데 아무런 문제가 없는 자료인 것이다.

따라서 우리는 1차 분류 결과를 다음과 같이 새롭게 조정할 필요가 있다. 1차 분류에서 「A」나 「B」로 규정하였던 것, 즉 발신자를 정확히(exactly) 알 수 있는 것은 각각 「A$_E$」, 「B$_E$」로 고치고, 「C」나 「D」 중 발신자를 특정 세대(generation) 인물들로 한정할 수 있는 것은 각각 「A$_G$」, 「B$_G$」로 재분류('승급')하여 연구 대상 자료에 포함할 것이다. 이를 정리하면 [표 2.11]과 같이 나타낼 수 있다.[56]

자료 등급	상황 정보	발신자(E)	세대(G)	작성 시기
A	A$_E$	○		○
	A$_G$	×	○	○
B	B$_E$	○		×
	B$_G$	×	○	×
C		×	×	○
D		×	×	×

[표 2.11] 언간 자료의 2차 분류 결과
(이후 [표 2.14]에서 수정됨)

2차 분류의 두 번째 과정은 「A」나 「B」 가운데 일부를 '버림으로써' 우리의 주요 대상 자료에서 제외하는 것이다. 발신자 정보가 분명한 언간인 「A$_E$」와 「B$_E$」는 대부분 발신자가 직접 쓴 것들이다('발신자=필사자'). 그러나 비록 소수이기는 하지만 그렇지 않은 경우도 있다('발신자≠필사자'). 여기서 문제가 되는 것은 바로 후자이다. 이렇게 발신자와 필사자가 서로 다른 경우는 다시 [표 2.12]와 같이 하위분류해 볼 수 있다.

---

[56] 명암으로 짙게 표시해 둔 영역은 해당 정보가 잉여적임을 의미한다. 이는 이하에서도 마찬가지이다.

필사자 정보 유무 유형	필사자 정보 有	필사자 정보 無
'한문 → 국어'(번역)	①	②
'국어 → 국어'(대필)	③	④

[표 2.12] 언간의 발신자와 필사자가 상이한 경우

①과 ②는 한문 간찰의 내용을 한글을 사용하여 국역한 경우이다. 〈鶴峰宗家〉 중에서는 ①에 해당하는 편지가 1건 있다. 학봉의 제8대 종손 김광찬이 죽기 전 아내 진성이씨D에게 유언 형식으로 쓴 한문 간찰을 그의 부친 김주국(G_1)이 며느리를 위해 국역한 〈001〉이 바로 그것이다. ②도 논리적으로는 충분히 상정할 수 있는 경우이나, 아직 여기에 해당하는 예는 발견하지 못하였다. ③과 ④는 이른바 '대필(代筆)' 혹은 '대서(代書)'로 불리는 경우이다.57) 〈鶴峰宗家〉에는 대필된 것으로 의심되는 편지가 일부 있으며, 대필된 것으로 '확신'할 수 있는 편지도 1건 있다. 그중에서 대필자가 누구인지 분명히 알 수 있는 경우가 바로 ③에 해당하는 것이고, 그렇지 않은 경우는 ④로 분류된다.

언간 자료 연구에서 ①~④와 같이 발신자와 필사자가 상이한 편지를 다룰 때에는 각별히 주의해야 한다. 해당 언간에 반영된 언어가 원(原) 발신자의 것인지, 아니면 필사자의 것인지를 먼저 가려내어야 하기 때문이다. 하지만 그러한 작업은 현실적으로 매우 어렵다. 따라서 발신자와 필사자가 상이한 언간은 발신자가 직접 작성한 언간에 비해 국어사 자료로서의 가치가 다소 떨어지는 것이 사실이다. 그러나 그렇다고 해서 ①~④ 모두가 무가치한 것은 결코 아니다. 연구 분야에 따라 이들은 각기 서로 다른 가치를 지니기 때문이다.

---

57) 대필이 어떠한 과정으로 이루어졌는지는 정확히 알 수 없으나, 아마도 편지를 보내려는 사람이 자신의 사연을 구두(口頭)로 전개해 나가면 그것을 누군가가 받아 적는 과정으로 진행되지 않았을까 한다.

우선 타인의 한문 간찰의 내용을 국역한 편지인 ①과 ②는 국어 통사론 연구 자료로서는 다소 한계점을 지니고 있지만, 음운론 연구 자료로서는 별다른 문제가 없다. 왜냐하면 국역문의 통사 구조는 한문의 영향력에서 자유로울 수 없는 데 반해, 표기법이나 발음은 한문의 문법에 거의 영향을 받지 않기 때문이다. 실제로 김주국이 국역한 〈001〉에서는 (20)과 같이 한문의 '以'자를 축자역한 '뼈'의 쓰임을 발견할 수 있다.

(20) 내 죽으무로 **뼈** 흔 말고 능히 내 뜻을 니어 일괴육 귀륭이를 보젼ᄒ야 **뼈** 내 슈쇄 못 흔 나문 업을 니으면 내 죽어도 눈을 ᄀ무리라 〈001, 1765년, 김광찬(남편)[김주국 역] → 진셩이씨D(아내)〉

주지하다시피 이러한 용법의 '뼈'는 언해문에서 흔히 볼 수 있는 것으로, 언간에서는 좀처럼 보기 힘든 어사이다. 반면에, 이 언간과 그가 직접 작성한 다른 언간 사이에는 표기·음운상의 변이가 거의 나타나지 않는다. 따라서 ①과 ②에 반영되어 있는 음운론적 특징은 원발신자의 것이라기보다는 번역자, 즉 필사자의 것으로 볼 수 있다. 그중 번역자가 누구인지 알 수 없는 ②는 당연히 음운사 자료가 될 수 없지만, 번역자가 분명히 알려진 ①은 음운사 자료가 되기에 충분하며, 발신자가 직접 쓴 다른 언간과 동질적으로 취급해도 무방하다.

타인의 사연을 대필한 편지인 ③과 ④는 국어사 자료로서 또 다른 특징을 지니고 있다. 대필의 특성상 그 서사어의 어휘적·문체적 특징은 발신자의 것일 가능성이 높지만, 음운론적 특징은 대필자의 것일 가능성이 높기 때문이다. 저자의 이러한 추정은 실제 자료를 통해 어느 정도 그 타당성을 입증할 수 있다.

〈鶴峰宗家〉에서 대필 여부를 확실히 알 수 있는 언간으로는 1848년 의성김씨A(G_3)가 사위 김진화(G_4)에게 보낸 〈009〉 1건이 유일하다. 이 언간은 필체와 표기법적 차원에서도 의성김씨A가 쓴 다른 편지와 쉽게 구별되지만, 무엇보다도 편지글 말미에 '젹수옴 남수오나 정신 간딕업셔 딕셔(代書) 샹(常)업서 이만'이라고 적혀 있는 내용은 이 편지가 대서된 것임을 명시적으로 밝혀 준다. 그 외 의성김씨A의 언간 중에는 대필된 것으로 추정되는 것이 1건 더 있는데, 비슷한 시기(1849년)에 김진화에게 보낸 〈010〉이 그것이다. 이 편지는 앞선 편지와는 달리 대필 여부가 분명하게 드러나지는 않지만, 역시 필체와 표기법으로 미루어 의성김씨A가 직접 작성하지 않고 또 다른 대필자가 작성하였을 가능성이 농후하다. 그리하여 저자는 〈009〉와 〈010〉의 필사자를 각각 '대필자①'과 '대필자②'로 명명하고 그 둘의 언어적 특징을 의성김씨A의 것과 대조해 보았다.58) 그 결과 먼저 아래와 같은 어휘적 공통점을 발견할 수 있었다.

(21) 가. 희포 셩식이 낙〃ᄒ오니 반싱반ᄉ(半生半死) 듕(中)이오나 〈008, 1847년, 의성김씨A〉

나. 그곳 괴별은 하 낙〃 요원ᄒ오니 이 반싱반ᄉ(半生半死) 즁(中) 지나는 심경이오나 〈009, 1848년, 대필자①〉

(22) 가. 그러도 완명(頑命)이 되와 슉식이 여구ᄒ오니 〈008, 1847년, 의성김씨A〉

나. 이곳 쳐모는 지리한 완명(頑命)이 근〃 추싱ᄒ여 노병이 각식으로 침노ᄒ여 〈009, 1848년, 대필자①〉

(23) 가. 원악 익미한 원일(元日)이 지격ᄒ니 아자〃 앗갑고 〈009, 1848년, 대필자①〉

나. 어ᄂ덧 원통 불샹ᄒ온 원일(元日)도 박두ᄒ오니 〈010, 1849년, 대필자②〉

---

58) 의성김씨A의 언간은 대필된 것을 포함하여 총 6건이 전하는데, 그 수신자는 모두 사위 김진화이다. 따라서 이하에서는 수신자 정보를 생략한다.

(24) 가. 앗갑고 원통〃 블샹〃 일〃 촉亽(觸事)의 심댱이 촌〃 긋눈 둣 〈008, 1847년, 의성김씨A〉

나. 아자〃 앗갑고 원앙〃 골〃 촉亽(觸事)의 흉장이 구빅〃 터지고 녹아질 둣 〈009, 1848년, 대필자①〉

(21)~(24)의 밑줄 친 단어들은 〈鶴峰宗家〉에서 의성김씨A의 언간이 아니면 아예 혹은 거의 나타나지 않는 것들이다. 그러한 점에서 이 단어들의 사용은 의성김씨A의 개인어적 특성으로 볼 수 있다.

물론 이러한 공통점을 단순히 우연한 일로 여길 수도 있으나, 아래와 같은 수사적(修辭的) 차원의 공통점까지는 결코 우연의 일치로 치부할 수는 없을 것이다.

(25) 가. 히포 셩식이 낙〃ᄒ오니 반싱반亽 듕이오나 시〃(時時) 싱각곳 도라오오면 아으라니 그립고 아득ᄒ온 원념 무궁ᄒ옵던 추 〈008, 1847년, 의성김씨A〉

나. 풍편도 드룰 슈 업亽오니 감〃ᄒ온 정신이오나 시〃(時時) 싱각곳 도라오〃면 슬드리 그립고 굼겁亽온 향념 일시도 부리옵디 못ᄒ오며 〈010, 1849년, 대필자②〉

(26) 가. 쳐모눈 노혼 근녁(筋力)이 날노 못ᄒ온 둣 셰샹(世上) 싀틋 귀롭디 아니ᄒ고 샹듀의 동긔눈 일양 혼가디라 완합디경의 망연ᄒ니 갈亽록 익탁 심여 녹을 둣ᄒ오며 〈007, 1840년, 의성김씨A〉

나. 쳐모눈 고통은 업亽오나 근녁(筋力) 경신(精神) 날노 못ᄒ온 둣 셰샹(世上) 싀틋 괴롭습고 슬하도 면〃 신식 슈쳑 죵시 절박 두립습고 〈010, 1849년, 대필자②〉

(27) 가. 이번의나 졔 긔별 드룰가 타국(他國) ᄀᆞᆺ트니 〈009, 1848년, 대필자①〉

나. 그곳 소식은 타국(他國)이나 다르디 아니와 〈010, 1849년, 대필자②〉

(28) 가. 젹수옴 쳡〃ᄒ오나 감〃 졍신(精神) 슬 길 업수와 이만 긋치옵ᄂ
이다 〈006, 1839년, 의셩김씨A〉

나. 풍편도 드롤 슈 업ᄉ오니 감〃ᄒ온 졍신(精神)이오나 〈010, 1849
년, 대필자②〉

(25)~(28)에서 밑줄 친 부분을 정리하면 '시시 싱각곳 도라오오면 {아으라니, 슬드러} 그립-', '근녁 날노 못ᄒ온 ᄃᆞᆺ 셰샹 싀틋 괴롭-', '(소식이) 타국과 {갓-, 다르디 않-}', '졍신이 감감ᄒ-' 등과 같이 나타낼 수 있다. 이와 같은 표현들은 적어도 〈鶴峰宗家〉의 다른 발신자의 편지에서는 나타나지 않는다는 점에서 개인적 투식(B-①), 즉 의성김씨A만의 고유한 문체적인 특징으로 보아야 한다.[59] 요컨대 대필된 편지글에는 원발신자의 어휘적·문체적 특징이 잘 반영되어 있을 것이라는 우리의 추측은 상당한 설득력을 지닌다고 하겠다.

반면에 대필된 편지의 표기상의 특징은 원발신자의 것이라고 기대하기 어렵다. 대필자①·②의 언간 분량이 적은 까닭에 많은 예를 제시할 수는 없지만, 아래 [표 2.13]에 제시된 'ᄃᆞᆺX'와[60] 'Xᄒ-'의 'ㆍ' 표기만을 살펴보아도 이러한 가설의 개연성은 충분히 보장되리라 믿는다. 이 시기에는 'ㆍ'의 표기가 상당한 혼란을 보이기는 하나, 'ᄃᆞᆺX'과 'Xᄒ-'는 높은 출현 빈도에도 비교적 정연하게 표기되며, 관찰되는 혼기는 대부분 개인별, 혹은 세대별 특징으로 기술할 수 있는 어사이기 때문이다.

---

59) (27)에 제시된 '(소식이) 타국과 {갓-, 다르디 않-}'은 우리의 상식으로 볼 때 지극히 일반적이고 상투적인 수사법이지만, 〈鶴峰宗家〉의 발신자들에게는 그렇지 않았다. 이 언간 자료에서는 '타국'이라는 단어 자체가 (27)을 제외하고는 아예 쓰이지 않는다. 다만, 고성이씨B의 언간에 '그곳 소식은 이국(異國) 갓ᄌ오니 〈249〉'와 같은 표현이 1회 등장하기는 한다.

60) 'ᄃᆞᆺX'는 의존 명사 'ᄃᆞᆺ'과 보조 형용사 어간 'ᄃᆞᆺᄒ-'를 포괄하는 용어이다.

필사자\어사	의성김씨A(G₃)	대필자①(G₅₋₆?)	대필자②(G?)
듯X	듯X(12회)	듯X(2회)	**듯X**(3회)
X흐-	X흐-(88회)	X흐-(18회)~**X하**-(8회)	X흐-(18회)

[표 2.13] 원발신자와 대필자 간의 표기법 차이

〈鶴峰宗家〉에서는 '듯X' 표기가 절대적이므로 '듯X'는 유표적인 표기라고 할 수 있다. 또한, 'X흐-'가 'X하-'로 표기되는 것도 주로 제5세대 이하에서 관찰된다(3.1 참조). 이 같은 사실을 염두에 두고 [표 2.13]을 살펴보면, 대필자①과 ② 각 개인의 표기법적 특성이 의성김씨A의 언간에 노출되어 있음을 확인할 수 있다.

그렇다면 단순한 표기의 층위가 아닌, 실제 음운론적 층위의 현상은 ③과 ④에 어떻게 반영될까. 안타깝게도 이 문제는 자료상의 제약으로 인하여 상세하게 논의하기 어려운 실정이다. 하지만 표기법과 가장 밀접하게 관련된 층위가 바로 음운론적 층위라는 점을 상기할 때, ③과 ④에는 대필자의 문법적·어휘적 특징보다는 음운론적 특징이 더 적극적으로 반영될 가능성이 높다.[61] 물론, 이러한 가정은 차후 다량의 대필 언간들을 충분히 검토해 봄으로써 실증되어야 할 것이다.[62] 따라서 이 문제가 구체적으로 논증되기 전까지는 ③과 ④를 음운사 연구를 위한 적극적인 자료 삼지 않는 것이 바람직하다. 다만, 대필자를 분명히

---

[61] 구개음화와 그 과도 교정의 예가 송규렴 아내가 직접 쓴 언간에서는 나타나지 않고 누군가가 대필한 편지에서만 나타난다는 사실(김주필 2011a: 245)도 저자의 이러한 가정에 대한 방증이 된다. 물론, 대필자가 자신과 발신자의 언어 간의 음운론적 차이점을 인식하여 오히려 발신자의 음운론적 특징을 살려 편지글을 쓸 가능성도 있다. 저자의 가정은 어디까지나 음운·문법·어휘적 층위 가운데 상대적인 반영 비율을 말한 것이다.

[62] 이 문제에 대하여 이종덕 선생은, 명성황후(明成皇后, 1851~1895)의 언간에는 동일한 수신자인 민영소(閔泳韶, 1852~1917)에게 보낸 명성황후의 친필 100여 건과 궁녀의 대필 10건이 공존하는데, 전자와 후자 간에는 '-드니 : -더니', '-게다 : -깃다', '알푸-[痛] : 아푸-' 등과 같은 표기 차이가 보인다는 사실을 저자에게 알려 주었다. 친필과 대필 언간 간의 언어적 차이가 문법의 각 층위와 어떠한 상관관계를 맺고 있는지에 대해서는 앞으로 정밀하게 고찰해 보아야 할 것이다.

알 수 있는 ③은 그렇지 않은 ④에 비해 음운사 자료로서의 가치가 더 높으므로, ③을 보조 자료로서는 이용할 수 있을 것이다.

지금까지 논의한 내용을 종합하여 언간 자료의 2차 분류 결과를 정리하여 나타내면 아래 [표 2.14]와 같다.

상황 정보 자료 등급		발신자			세대(G)	작성 시기
		'발신자=필사자' 친필자(D)	'발신자≠필사자'			
			번역자(T)	대필자(I)		
A	A_D	○				○
	A_T		○			○
	A_I			○		○
	A_G	×			○	○
B	B_D	○				×
	B_T		○			×
	B_I			○		×
	B_G	×			○	×
C			×			○
D			×			×

[표 2.14] 언간 자료의 2차 분류 결과(최종)

앞서 [표 2.11]에서 「A_E」, 「B_E」로 분류하였던 부류는 이제 [표 2.14]에서 발신자와 필사자의 일치 여부에 따라 둘로 나뉜다. 발신자와 필사자가 일치하면서, 즉 친필(direct) 언간이면서 그가 누구인지 분명한 것은 「A_D」와 「B_D」가 된다. 발신자와 필사자가 불일치하는 경우는 번역된 (translated) 경우와 대필된(indirect) 경우로 다시 세분하여 전자는 「A_T」와 「B_T」로, 후자는 「A_I」와 「B_I」로 각각 하위분류하였다. [표 2.14]에서 음운사 연구의 주요 대상 자료로 삼아야 하는 것은 고딕체로 표기한 등급, 즉 「A_D」・「A_T」・「A_G」와 「B_D」・「B_T」・「B_G」 등 6개 등급이며, 보조 자료로만 이용할 수 있는 등급은 「A_I」와 「B_I」이다. 그 외 나머지 「C」와 「D」는 음운사 연구의 대상 자료에서 배제해야 한다.

2.3.3. 자료 분석

음운사 연구에서 언간 자료가 갖는 최대의 장점은 실재 시간 연구(real time study)와 현장 시간 연구(apparent time study)가 모두 가능하다는 것이다. 실재 시간 연구는 '일정한 시간상의 거리를 두고 과거의 자료와 현재의 자료를 비교하여 언어의 변이나 변화를 관찰하는 조사 방법'을 말하고, 현장 시간 연구는 '특정 언어 공동체에서 상이한 연령 집단이 보이는 언어 행위의 차이를 언어 변화의 결과로 추정하는 조사 방법'을 의미한다(≪方言學 事典≫의 '실재 시간'과 '현장 시간' 항목 참조]. 이 두 가지 조사 방법을 조합할 때 우리는 언어 변화가 언중들에게 확산되는 양상에 대한 흥미로운 정보를 제공받을 수 있다(Nevalainen & Raumolin-Brunberg 2003: 85).

실재 시간 연구는 문헌 자료를 통한 언어 변화 연구에서 쉽게 이용되는 방법론이다. 그중에서도 언간 자료는 사회적 변인만 적절히 통제될 수 있다면 실재 시간 연구에 매우 적합한 균질적인 자료가 된다. 가령 〈鶴峰宗家〉의 경우, 최대 6대(제1~6세대. 단, 제2세대의 언어는 제외) 120여 년에 걸친 언어 변화를 관찰할 수 있다.

반면에, 현장 시간 연구는 문헌 자료를 대상으로 한 연구에서는 잘 사용되지 않는 방법론이다. 왜냐하면 일반적인 문헌 자료를 통해서는 특정한 언어 공동체 내의 세대별 언어적 특징을 살펴보기 어렵기 때문이다. 그러나 언간 자료에서는 공시태로 간주할 수 있는 비교적 짧은 시간 동안 다양한 세대의 언어가 나타나는 경우가 흔히 있다. 예컨대 〈鶴峰宗家〉에서는 제2장에서 언급한 바와 같이 1830년대와 1840년대에 가장 많은 편지가 분포해 있는데, 한 세대에 해당하는 이 기간 동안 총 3대(제3~5세대)에 걸친 21명의 편지가 전하고 있는 것이다.[63] 그러므로

---

[63] '시간과 같은 연속적인 대상을 분절하여 다룰 때 제기되는 가장 큰 문제는, 인위적으로

우리는 이 시기에 관찰되는 세대별 공시적 언어 변이를 통시적 언어 변화의 결과로 해석할 수 있게 된다.

이상에서 살펴본 실재 시간과 현장 시간 연구의 원리를 〈鶴峯宗家〉에 맞추어 간략히 도식화하면 [그림 2.1]과 같다.[64]

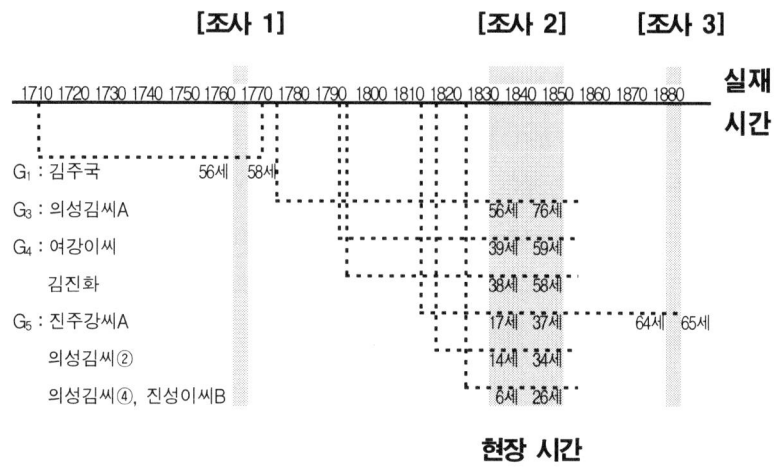

[그림 2.1] 실재 시간과 현장 시간 연구의 원리

그렇다면 이제 〈鶴峯宗家〉에 적용해 본 이 두 가지 조사 방법의 실례를 각각 검토해 보기로 한다. 먼저, 서로 70·80여 년의 간격을 두고 있는 김주국(G_1) 언간과([조사 1]) 김진화(G_4) 언간([조사 2]) 사이에서 발견되는 'ㅅyV~ㅅV' 혼기 양상의 차이(김한별 2014: 348)는, 서로 다른 시간

혹은 기계적으로 그어진 경계 안팎으로 인접한 두 분절체(分節體) 간의 관계이다. 가령, 〈鶴峯宗家〉의 1830·1840년대 언간을 대상으로 현장 시간 연구를 수행한다고 할 때 만일 그 대상 연도를 '1830~1849년'으로 한정한다면, '1829년과 1850년에 작성된 언간은 과연 연구 대상에서 제외되어야 하는가' 하는 문제가 제기될 수 있는 것이다. 그런데 〈鶴峯宗家〉에서는 1829년 언간 이전으로는 1767년까지 상당한 공백이 있으며, 1850년 언간 이후로는 3년간의 공백을 두고 1853년에 작성된 것이 바로 그 뒤를 잇는다. 이러한 이유로 본서에서는 '1830·1840년대'라고 하는 현장 시간 연구 대상 시기를 '1829~1850년'으로 상정한다. 이는 정확히 말해 '22년'에 해당하는 기간이다.

64) [그림 2.1]은 Downes(1998: 238)에 제시된 그림을 우리의 자료에 맞게 조정한 것이다.

대의 비교 가능한 발신자들을 대상으로 한 실재 시간 연구, 즉 추이 연구(trend study)의 대표적인 예이다.

(29) 가. **셜계**[哀] ⟨003⟩ / 우리 언마 **살며**[生] **사다**[生] **셰샹**(世上) 닐 열 히 밧 더 알냐 ⟨003⟩ / **ᄉᆡᆼ이**(死生) ⟨003⟩ / **볼셔**[旣] ⟨003⟩ / **초샹**(初喪) ⟨004⟩ / **써**[書](쓰-+-어) 준다 ⟨002⟩

나. **샤셔**[買](⟨'사'⟩) 보내 ⟨029⟩ / **소쥬를**(燒酒)(⟨'쇼'⟩) ⟨031⟩ / **샤싱**(死生)(⟨'ᄉᆡ'⟩) ⟨029⟩ / **다셧**[五](⟨'ᄉᆞᆺ'⟩) 쟌만 ⟨030⟩ / **쵸샹**(初喪)(⟨'샹'⟩) ⟨016⟩ / 인편 **업셔**[無](없-+-어) ⟨016⟩

'ㅅyV~ㅅV' 혼기는 (29가)에서와 같이 김주국의 언간에서는 전혀 출현하지 않지만,[65] (29나)에서 볼 수 있듯이 김진화의 언간에서는 빈번하게 발견된다. 비록 김진화는 동일 세대 다른 발신자들에 비해 'ㅅyV~ㅅV' 혼기율이 훨씬 더 높다는 특이성이 있기는 하나(4.1.2 참조), (29가)와 (29나) 사이의 확연한 차이는 적어도 [조사 1] 시기와 [조사 2] 시기 사이에 이 혼기와 관련된 모종의 음운 변화가 발생하였다는 사실만큼은 부정할 수 없게 해 준다.

이와는 달리, 작성 연도를 달리하는 동일 발신자의 언간을 통한 실재

---

[65] 저자는 김한별(2014: 348)에서 김주국의 언간에서도 'ㅅyV~ㅅV' 혼기례 하나가 예외적으로 등장한다고 기술해 놓았으나 이는 잘못이다. 거기서 제시한 그 예외적인 혼기례는 아래와 같은데,
　[예] 무듀공당에 **빅만신** 허여진듸 위혈 업슨 셔넛 언 빙아리 ᄀᆞᆺ튼 게 위혈 업시 서의 셔름만 픔고 셩당을 흔들 ⟨003, 1765년, 김주국(시아버지) → 진성이씨D(며느리)⟩
여기서 밑줄 친 어사는 '빅만ᄉᆡ(百萬事)+-ㅣ'로 분석되므로 혼기의 예가 될 수 없는 것이다. 한편, 저자는 그 논문에서 김주국의 언간에 'ㅈyV~ㅈV' 혼기례도 아래 예와 같이 1회 출현한다고 하였으나, 그 역시 잘못된 분석이다.
　[예] 흔갓 죽은 날만 **부로지져** 가ᄉᆞ를 도라보지 아닌즉 ⟨001, 1765년, 김광찬(남편)[김주국 역] → 진성이씨D(아내)⟩
이 예에서 밑줄 친 어사는 '부로지지-[때](⟨브르지지-⟩)+-어'로 분석되기 때문이다. 그렇다면 김주국은 두 혼기를 전혀 보이지 않는 것이 된다.

시간 연구, 즉 패널 연구(panel study)도 가능하다. 〈鶴峰宗家〉에는 진주강씨A(G_5)의 친필 언간은 총 7건이 있는데,[66] 그중 1840년대 후반의 것이 5건이고([조사 2]) 1870년대 후반의 것이 2건이다([조사 3]). 약 30년의 시간차를 두고 작성된 두 시기의 편지에서는 비어두 음절에서의 'ㄴ' 탈락과 관련하여 흥미로운 예들이 발견된다.

(30) 가. <u>단녀오" 니</u>[行] 〈221〉 / <u>그만ᄒᆞ니</u>[無頉] 〈223〉 / 그만ᄒᆞ온가 <u>시부오니</u> 〈226〉 / <u>아득ᄒᆞ오니</u>[漢] 〈226〉 / 심녀 적지 <u>아니ᄒᆞ며</u>[不] 〈224〉

나. 예ᄂᆞᆫ 아즉 혼 <u>모양니고</u>(模樣) 형님 일양ᄒᆞ시니 즐겁다 〈224〉

(31) 가. 졔ᄂᆞᆫ 블안타 ᄒᆞ고 낙"히 막고 <u>지ᄂᆞ이</u>[經] 슘마의 념녀 잇칠 적니 업슬 ᄎᆞ 〈228〉 / 아히 오며 구견 듸강 <u>드로이</u>[聞] 그리 괴로이 지ᄂᆞ난 쥴 쳡"혼 심여도 부죡지 아니혼지 며ᄂᆞ리거지 보ᄂᆡ고 ᄂᆡ외 엇디" 견딜고 〈228〉 / 안부ᄂᆞᆫ <u>드로이</u>[聞] ᄆᆞᄋᆞᆷ이 노으나 〈227〉 / 긱외 심여 졀박고 <u>뉘롭지 아인</u>[不] 박셰 지격ᄒᆞ니 감구지 회 금치 못ᄒᆞ외 〈227〉 / 오죽 수쳑 구미 여승치 <u>아일</u>[不] 듯 〈228〉 / 쵹쳐ᄂᆞᆫ 감수 희미치 <u>아여</u>[不] ᄒᆞ니 〈228〉

나. <u>수니</u>[易] ᄎᆞ복ᄒᆞ오면 졔나 <u>수이</u>[易] 올 듯 〈228〉 / 졔ᄂᆞᆫ 블안타 ᄒᆞ고 낙"히 막고 지ᄂᆞ이 슘마의 념녀 잇칠 <u>젹니</u>[時] 업슬 ᄎᆞ 〈228〉 / 통악 <u>심쟝니</u>(心腸) 긋칠 둣ᄒᆞᄂᆡ 〈228〉

1840년대 후반, 30대 중반이었던 진주강씨A가 쓴 언간에서는 (30가)와 같이 비어두 음절에서의 /ㄴ/ 탈락 예가 단 한 차례도 발견되지 않는다. 하지만 이 시기에도 (30나)처럼 과도 교정형은 등장한다. (30)을 통해

---

66) 진주강씨A의 언간은 총 8건이 전하는데, 그중 1848년에 조카 김흥락에게 보낸 〈222〉 1건은 대필된 것일 가능성이 높다.

우리는 당시 진주강씨A의 언어에 이 음운 현상이 어느 정도 존재하고 있었음을 추측할 수 있다. 그런데 (31가)는 1870년대 후반에 60대 중반이 된 그가 /ㄴ/ 탈락형을 빈번하게, 그리고 더 다양한 환경에서 사용하였음을 보여 준다. 또한, 그와 동시에 (31나)와 같은 과도 교정의 예도 대폭 증가한다. 이 패널 연구를 통해 우리는 19세기 중기 전후에 비어두 음절에서의 /ㄴ/ 탈락이 경북 양반 계층의 방언에서 확산되고 있었음을 알게 된다.[67]

어사 세대/발신자		디내- (지내-)	디너- (지너-)	보내-	보너-
제3세대	의성김씨A	0	1	0	6
	진성이씨A	2	0	5	0
	전주최씨	2	0	-	-
제4세대	여강이씨	46	0	351	0
	김진화	11	0	53	1
	아주신씨B	2	0	6	0
	고성이씨A	1	2	0	4
제5세대	의성김씨①	-	-	0	4
	진주강씨A	0	3	0	2
	의성김씨②	0	6	0	13
	의성김씨③	0	2	0	1
	의성김씨④	0	5	8	3
	진성이씨B	0	10	0	20

[표 2.15] 현장 시간 연구의 실례(1830·1840년대의 'ㅐ~ㅓ' 혼기)

현장 시간 연구의 실례는 이미 2.3.1에서 'ㅗ>ㅜ'와 관련하여 제시한 [표 2.3]만으로도 충분하다고 생각한다. 따라서 여기서는 현장 시간 연

---

[67] 그러나 언간 자료를 통한 패널 연구가 항상 유의미한 결과를 도출해 내는 것은 아니다. 2.3.1에서 저자는 여강이씨(G₄)와 의성김씨④(G₅)도 '연령' 변인의 폭이 매우 넓다는 사실을 언급한 바 있는데, 이 두 인물의 언간에서는 이와 같은 언어 변화가 적극적으로 관찰되지 않기 때문이다. 이는 패널 연구의 활용도가 언간 자료 연구에서 제한적임을 말해 준다.

구를 통해 기존에 표기상의 문제로만 여겨졌던 현상을 음운론적으로 재접근할 수 있게 된 사례를 소개하고자 한다. 그 대표적인 예는 /ㆍ/의 비음운화에 따라 본래의 /ㅏ/를 'ㆍ'로 표기하는 현상이다. 이와 관련하여 〈鶴峰宗家〉에는 /ㅐ/([ay]~[ɛ])를[68] 'ㆍㅣ'로 표기하는 예도 빈번하게 등장한다. 예컨대, 중세 국어형 '디내-[經]'와 '보내-[送]'는 〈鶴峰宗家〉에서 각각 '디내~디ㆍㅣ-'(혹은 '지내~지ㆍㅣ-')와 '보내~보ㆍㅣ-'와 같은 혼기를 보이는 것이다. 이러한 사실은 표기의 보수성에 기인하는 것이며 당시 /ㆍ/가 이미 소실된 결과로만 단순히 해석할 수도 있다. 하지만 이들 혼기형의 실현 양상을 1830·1840년대의 현장 시간에 입각하여 관찰해 보면([조사 2]), [표 2.15]에서와 같이 /ㆍ/ 소실 과정의 한 단면을 좀 더 미시적으로 살펴볼 수 있게 된다.[69]

[표 2.15]에서 우리는 대체로 제4세대와 제5세대를 경계로 '디ㆍㅣ-(지ㆍㅣ-)'와 '보ㆍㅣ-'의 출현 빈도가 크게 증가함을 확인할 수 있다. 즉, 1790년대에 언어 형성기를 보낸 제4세대에 비해 1810년대나 1820년대에 언어를 습득한 제5세대의 언간에서 'ㅐ→ㆍㅣ'의 표기례가 많아지는 것이다. 이러한 표기 경향은 단지 이 두 어사에서만 관찰되는 것이 아니라, 'ㅐ'를 지니고 있던 대부분의 어사에서 나타난다. 이 언간 자료에서는 하향 이중모음의 단모음화가 진행 중인 상태로 나타나는데, 그렇다면 [표 2.15]는 당시 경북 지역 양반들의 방언에서 음소 /ㆍ/가 1800년대 전후에 이르러서 완전히 비음운화하였다고 결론지을 수 있게 해 준다.

---

[68] 〈鶴峰宗家〉의 1830·1840년대 언간에서는 /ㅔ/와 /ㅐ/(혹은 /ㆍㅣ/)가 하향 이중모음이라는 증거와 단모음이라는 증거가 모두 발견된다(3.2 참조). 이는 당시 하향 이중모음의 단모음화가 진행 중인 상태였음을 반영하는 것이다.
[69] 출현 빈도가 높게 나타나는 칸은 명암으로 짙게 표시해 두었다.

제3장 모음의 변이와 변화

　본장(本章)에서는 〈鶴峰宗家〉를 대상으로 19세기 전기 경북 지역 양반 계층의 방언에서 모음의 변이와 변화가 어떠한 양상으로 나타나는지를 살펴본다. 그리하여 궁극적으로는 그 결과를 경북 방언사의 모음 체계의 변화와 관련지어 해석한다. 그동안의 각 지역 방언 음운사적 연구 결과는 19세기 후기 국어의 모음 체계가 자음 체계에 비해 상당히 역동적인 면을 띠고 있음을 잘 보여 주었다.[1] 19세기는 /ㆍ/의 비음운화(Dephonologisierung) 이후 전설 비원순 단모음이 확립되고 후설 모음 간에 새로운 대립 관계도 정립되며, 전설 원순 단모음이 체계 내에 자리를 잡아 가는 시기이기 때문이다. 그런데 현대 동남 방언의 일반적인 모음 체계가 6모음으로 구성된 가장 단순한 체계임을 감안할 때, 이 방언은 19세기에 들어 다른 방언보다 더욱 역동적인 변화를 겪었을 가능성이 높다. 그러므로 〈鶴峰宗家〉를 통하여 19세기 전기에는 그러한 체계상의 변화가 어떻게 이루어지고 있었는지 살펴보는 작업은 중요한 의미를 지닌다고 할 수 있다.

---

1) 19세기 후기 국어의 모음 체계 가운데 중앙어에 대한 논의는 李秉根(1970b) 및 李基文(1972/1977: 123~124)을, 서북 방언은 崔林植(1984)과 崔明玉(1986, 1987)을, 서남 방언은 崔銓承(1985, 1986)을 각각 참조할 수 있다. 20세기 초 동북 방언의 모음 체계에 대해서는 郭忠求(1991/1994a: 94~102)를, 동남 방언의 모음 체계의 변화에 대해서는 白斗鉉(1990/ 1992: 275~279)을 각각 참조하기 바란다.

3.1. /·/의 비음운화와 그 반사체

/·/의 비음운화의 원인과 전개 양상, 시기 등에 대해서는 이미 수많은 연구를 통해 그 전모(全貌)가 밝혀졌다고 해도 과언이 아니다. 그리하여 우리는, 白斗鉉(1990/1992: 62)에 언급된 바와 같이, 이미 오래 전에 이 음소의 "여러 가지 점에 대한 상당한 이해에 도달하게 되었다." 게다가 19세기는 일반적으로 /·/가 국어의 모음 체계에서 사라진 이후의 시기로 여겨지는 까닭에, 이 시기의 자료에서 /·/에 대한 연구가 음운론적으로 과연 어떠한 의미를 지니는지 의구심이 들 수도 있다. 그러나 19세기 전기 국어의 공시태 내에는 18세기에 출생한 화자들의 언어도 공존하고 있으므로, 이 시기 자료를 통해 /·/를 연구하는 것이 음운론적으로 결코 무의미한 것은 아니다. 또한, 이 음소가 비음운화한 이후에 나타나는 표기상의 변화 과정도 문헌 자료의 표기법에 의존해야 하는 음운사 연구자들에게 중요한 의미를 지닐 수 있다. 따라서 19세기 전기 자료를 통한 /·/의 비음운화에 대한 연구는 여전히 의미 있는 작업이라고 할 수 있다.

먼저, 〈鶴峰宗家〉를 통해 /·/의 비음운화의 전개 양상과 그것으로부터 추출할 수 있는 비음운화 시기에 대해 논의해 보기로 한다. 1760년대 김주국의 언간에서 발견되는, /·/ 혼기와 관련된 예를 제시하면 아래와 같다.

(1) 1760년대 [제1세대(김주국)]

    가. '·→ㅏ'

    (해당 예 없음)

    가'. '·↛ㅏ'

        a. **[어두: 고유어]** 잘 길너 **ᄀᄅ치면**[敎] 〈003〉 / 흔 병이 **ᄇᆞ람**[望] 거시 업서 〈001〉 / 다시 **초자**[索] 보고 〈004〉 / **ᄒᆞ물며**[況] 〈003〉

b. **[어두: 한자어]** 스싱이(死生) 경듕이 현〃ㅎ니 ⟨003⟩ / 주녀들의(子女) ⟨003⟩ / 흔업순(限) 통원이 엇더만 ㅎ며 ⟨003⟩

c. **[비어두: 고유어]** 구룸ㄱ치[雲] 헷거스로 도라가니 ⟨001⟩ / 날드려[我] 이로ᄃᆡ ⟨002⟩ / 다룬[異] 거시 ⟨004⟩

d. **[비어두: 한자어]** 가스룰(家事) 도라보지 아닌즉 ⟨001⟩ / 후ᄉ룰(後嗣) 니어 ⟨003⟩ / 쇽졀업순 심ᄉ만(心思) 샹희와 ⟨003⟩

나. 'ㅏ→ㆍ'

(해당 예 없음)[2]

(1)은 18세기 후기 김주국의 언간에서 'ㆍ〉ㅏ' 변화는 물론 그에 따른 'ㅏ→ㆍ' 역표기의 예도 전혀 관찰되지 않는다는 사실을 보여 준다.[3] 하지만 (1)만을 통해서는 당시 이 지역 양반들의 방언에서 /ㆍ/의 제2단계 변화가 아직 일어나지 않았다고 단정할 수는 없다. 만일 현전하는 김주국 언간의 분량이 더 많았다면 이 변화가 관찰되었을 수도 있기 때문이다. 여기서는 일단 (1가)과 같이 주어진 자료에서 /ㆍ/가 'ㅏ'로 표기되지 않고 본래의 모습을 그대로 유지하고 있었다는 사실만을 강조해 두기로 한다.

이제 (1)의 자료로부터 70·80년의 시간적 거리를 두고 작성된 언간의 예를 제시해 보기로 한다.

---

2) 김주국 언간에는 '만히[多]'에서 /ㅎ/ 탈락과 /ㄴ/ 탈락을 차례로 겪은 형태로 여길 수 있는 'ᄆᆡ'가 1회 등장한다(例 당초의 내 ᄆᆡ 공드려 댱만ᄒ엿더니 ⟨004⟩). 만일 이 부사를 '만히'의 후대형으로 인정할 수 있다면, 이것은 /ㅏ/가 'ㆍ'로 표기된 좋은 예가 될 것이다. 그러나 'ᄆᆡ'의 형태와 해당 문맥을 보건대 이 단어는 부사 'ᄆᆡ비'[大]의 후대형일 가능성도 배제할 수 없다(例 劉韐이 하늘 울워러 ᄆᆡ비 닐오ᄃᆡ [韐仰天大呼曰] ⟨三綱(런던)忠19⟩). 따라서 본서에서는 이 예를 적극적인 근거로 제시하지 않는다. 김주국 언간에 1회 출현하는 '마니[多]'의 존재도 이러한 견해를 간접적으로 뒷받침해 준다(例 일만 가지 일이 모도 마니 녕위ᄒᆞ야 ⟨001⟩).

3) 물론, 김주국 언간에서는 이른바 '/ㆍ/의 제1단계 변화'로 불리는 'ㆍ〉ㅡ'의 예는 관찰된다. 例 열나흔날[十四日] ⟨004⟩ / 마은[四十] ⟨004⟩ / 올흐니래可 ⟨004⟩

(2) 1830・1840년대 [제3세대]

가. 'ㆍ→ㅏ'

　　a. **[어두: 고유어]** 바람이[風] 〈005. 의성김씨A〉 / 갓츼[具] 〈008. 의성김씨A〉 / 함부로[亂] 〈013. 진성이씨A〉 // 단니노니[行] 〈007. 의성김씨A〉 / 달[月] 〈005. 의성김씨A〉 / 당그이니[引] 〈011. 유치명〉 / 낫츼[面] 헌듸 〈011. 유치명〉 / 참지[忍] 못 〈011. 유치명〉 / 찻지[索] 아니오니 〈014. 전주최씨A〉

　　b. **[어두: 한자어]** 간졀(懇切) 〈006. 의성김씨A〉 // 차돌의(次乭)[4] 〈014. 전주최씨A〉

　　c. **[비어두: 한자어]** 므한(無限) 〈005. 의성김씨A〉 // 인삼(人蔘) 〈013. 진성이씨A〉

나. 'ㅏ→ㆍ'

　　a. **[어두: 고유어]** ᄀᆞ즉이[近] 〈005. 의성김씨A〉 // ᄌᆞ고[眠] 나니 〈011. 유치명〉

　　b. **[어두: 한자어]** 수삼 슥(數三朔) 〈006. 의성김씨A〉 / ᄌᆞ최[跡] 〈006. 의성김씨A〉

　　c. **[비어두: 고유어]** 아ᄌᆞ바님[叔] 〈013. 진성이씨A〉 // {문법 형태} 경쥬 긔별 셰말의ᄉᆞ(歲末) 드르니 〈005. 의성김씨A〉

　　d. **[비어두: 한자어]** 슈ᄎᆞᆯ(手札) 〈006. 의성김씨A〉

(3) 1830・1840년대 [제4세대]

가. 'ㆍ→ㅏ'

　　a. **[어두: 고유어]** 바르대[塗] 〈030. 김진화〉 / 바롤싀[望] 〈028. 김진화〉 / 발셔[旣] 〈130. 고성이씨A〉 / 마듸맨[節] 〈022. 김진화〉 / 마른

---

4) '차돌'은 김흥락(金興洛, 1827~1899)의 아명이다. 〈鶴峰宗家〉에서는 대체로 'ᄎᆞ돌'로 표기되나, 소수의 예에서 '차돌'로도 나타난다.

[乾]〈038, 여강이씨〉 / **가ᄂᆞᆫ**[細]〈015, 김진화〉 / **가르치면**[敎]〈037, 여강이씨〉 / **하마**[旣]〈131, 고성이씨A〉 / **한번**[一]〈136, 아주신씨B〉 // **다마시ᄂᆡ**[漬]〈054, 여강이씨〉 / **다라나니**[逃]〈057, 여강이씨〉 / **ᄃᆞ니시더니**[行]〈129, 고성이씨A〉 / **당긔이긔**[引]]〈021, 김진화〉 / **나려ᄀᆞᆺ습고**[降]〈134, 아주신씨A〉 / **낫치**[面]〈040, 여강이씨〉 / **살지든**[肥]〈079, 여강이씨〉 / **잘게**[細]〈080, 여강이씨〉 / **잠을**[眠]〈080, 여강이씨〉 / **찻ᄂᆞᆫ**[索]〈034, 여강이씨〉 / 노ᄉᆡ를 **타고**[乘]〈064, 여강이씨〉

b. **[어두: 한자어]** **샤싱**(死生)〈029, 김진화〉 / **자쥬**(紫紬)〈055, 여강이씨〉 / **차**〃(次次)〈017, 김진화〉

c. **[비어두: 고유어]** **다라오니**[異]〈131, 고성이씨A〉 / **모라니**[不知]〈033, 여강이씨〉 / **모자를**[乏] 듯〈037, 여강이씨〉 / **못핳**[不爲] 말이 업ᄉᆞ오니〈033, 여강이씨(아내)〉 / 그 **흉한**[凶] 병을〈137, 아주신씨B〉 // {문법 형태} **오산**(衣)(옷+-ᄋᆞᆫ)〈133, 아주신씨A〉

d. **[비어두: 한자어]** **무한**〃(無限無限)〈064, 여강이씨〉

e. **[어두/비어두: 고유어]** 쓸 **닷**ᄒᆞ고〈018, 김진화〉, 이잔 **다시** 지내옵ᄂᆞᆫ 거ᄉᆞᆯ〈139, 아주신씨B〉

나. 'ㅏ→ㆍ'

a. **[어두: 고유어]** **ᄑᆞ려ᄒᆞ오니**[憔]〈033, 여강이씨〉 / 념녀 **ᄆᆞ라시옵**[勿]〈042, 여강이씨〉 / **ᄀᆞᆺ습ᄂᆞ가**[去]〈133, 아주신씨A〉 / **ᄀᆞᄉᆡ**[棘]〈041, 여강이씨〉 / **ᄀᆞ즉ᄒᆞ면**[近]〈072, 여강이씨〉 / **ᄒᆞ**[大] 답〃ᄒᆞ여〈050, 여강이씨〉 // **ᄃᆞ라오니**[異]〈054, 여강이씨〉 / 두 **ᄃᆞ리로**[脚]〈040, 여강이씨〉 / **ᄉᆞ**[買] 보ᄂᆡ라〈132, 고성이씨A〉 / **ᄉᆞ름이ᄂᆡ**[人]〈022, 김진화〉 / 가늘게 **ᄉᆞ으라**[剉]〈080, 여강이씨〉 / 잠 못 **ᄌᆞ고**[眠] 음식 못 **ᄌᆞ시기**[食] 일양이시라 ᄒᆞ오니〈076, 여강이씨〉 / **잡ᄉᆞ오시기**[食]〈077, 여강이씨〉

b. **[어두: 한자어]** **ᄑᆞ묘ᄂᆞᆫ**(破墓)〈084, 여강이씨〉 / **ᄀᆞ련ᄒᆞ오이다**

제3장 모음의 변이와 변화 113

(可憐)〈135. 아주신씨A〉 / 하인(下人)〈016. 김진화〉 / 모슈 호삼(汗衫)〈037. 여강이씨〉 // 스향을(麝香)〈037. 여강이씨〉 / 술난호읍(散亂)〈038. 여강이씨〉 / 술년〃이오니(殺年殺年)〈082. 여강이씨〉 / 좀간(暫間)〈080. 여강이씨〉 / 좀시(暫時)〈034. 여강이씨〉

c. **[비어두: 고유어]** 혼ᄌ[獨]〈026. 김진화〉 / 아ᄌ바님[叔]〈133. 아주신씨A〉 // {문법 형태} 엇지혼돗[何] 말이냐〈024. 김진화〉, 의러톤 말 아니ᄒ엿다〈080. 여강이씨〉 / 한들 굿던 힝ᄎ 오늘ᄉ[今日] 와ᄉ오니〈051. 여강이씨〉 / 그만이 두ᄌ[置] ᄒ여도〈083. 여강이씨〉 / 입 박긔 내지 마ᄅ래[勿]〈029. 김진화〉 / 돈을 쎄아ᄉ[奪] 두엇다가〈067. 여강이씨〉, 쥬착 업시 안ᄌ[坐]〈079. 여강이씨〉, ᄎᄌ다가[索]〈040. 여강이씨〉

d. **[비어두: 한자어]** 비ᄋ환(肥兒丸)〈038. 여강이씨〉 // 완흡이(完合)〈024. 김진화〉 // 쟉눈이(作亂)〈023. 김진화〉 / 발ᄌᄒᄂᆞᆫ(發作)〈033. 여강이씨〉 / 시죽ᄒ여(始作)〈037. 여강이씨〉 / 쾌ᄎᄒ오시읍(快差)〈139. 아주신씨B〉

e. **[어두/비어두: 한자어]** 몟 ᄌ[尺]〈026. 김진화〉

(4) 1830・1840년대 [제5세대]

가. 'ㆍ→ㅏ'

a. **[어두: 고유어]** 바릭래[望]〈178. 의성김씨④〉 / 바리고[棄]〈156. 의성김씨②〉 / 실쳡을 믿드라 판다[賣]〈208. 진성이씨B〉 / 마른신[乾鞋]〈165. 의성김씨②〉 / 마음이내[心]〈183. 의성김씨④〉 / 가을[秋]〈169. 의성김씨②〉 / 북두 갓흔[如] 은이룰〈179. 의성김씨④〉 / 갑〃ᄒ읍더니〈223. 진주강씨A〉 / 할[爲] 가망 업ᄉ와〈207. 진성이씨B〉 / 하나[一]〈208. 진성이씨B〉 / 하매[旣]〈154. 의성김씨②〉 // 다려오니[帶]〈154. 의성김씨②〉 / 단니며[行]〈207. 진성이씨B〉 / 달이[月]〈217. 진성이씨B〉 / 나려오시려[降]〈169. 의성김씨②〉 / 사

랑도[愛] 〈179, 의성김씨④〉 / 솔피오니[省] 〈182, 의성김씨④〉 / 잠[眠] 〈212, 진성이씨B〉 / 참기[忍] 어렵습 〈211, 진성이씨B〉

b. [어두: 한자어] 간절(懇切) 〈152, 의성김씨②〉 / 한읍(恨) 〈179, 의성김씨④〉 / 한업시(限) 〈206, 진성이씨B〉 // 사촌(四寸) 〈184, 의성김씨④〉

c. [비어두: 고유어] 모라오니[不知] 〈221, 진주강씨A〉 / 년하와(連) 〈182, 의성김씨④〉, 풍두로 대단하야 〈177, 의성김씨④〉 // {문법 형태} 장스까지[葬事] 〈161, 의성김씨②〉, 담스가지(禫祀) 〈220, 진성이씨C〉 / 스기스 스졔마난[用] 〈229, 김수락〉 / 굿치읍나이다[望] 〈200, 의성김씨②/③〉, 의샹ᄒᆞᆸ나다(異常) 〈200, 의성김씨②/③〉, 아니 일노나니[謂] 업습고 〈204, 진성이씨B〉 / 잇잡지[忘] 못ᄒᆞ오며 〈179, 의성김씨④〉

d. [비어두: 한자어] 무한〃이(無限無限) 〈182, 의성김씨④〉 / 인삼은(人蔘) 〈164, 의성김씨②〉

나. 'ㅏ→ㆍ'

a. [어두: 고유어] ᄇᆞ어루신늬[外主人] 〈179, 의성김씨④〉 / ᄀᆞᆯ스록[去] 〈216, 진성이씨B〉 / ᄀᆞ즉ᄒᆞ오니[近] 〈218, 진성이씨B〉 / 만히 ᄆᆞ지고[取] 와 〈208, 진성이씨B〉 / 과거 견 ᄒᆞ[大] 조여 〈207, 진성이씨B〉 // 돕〃ᄒᆞ오이다[悶] 〈152, 의성김씨②〉 / 혈담이 또 ᄂᆞ다[出] 〈224, 진주강씨A〉 / ᄉᆞ셔[買] 달나 〈229, 김수락〉 / ᄉᆞ나흘식[三四日] 〈170, 의성김씨②〉 / 못 ᄉᆞᆯ[生] 곳지라고 〈212, 진성이씨B〉 / ᄌᆞ늬[汝] 〈178, 의성김씨④〉 / ᄌᆞ최[跡] 〈180, 의성김씨④〉 / 치료릴 즐ᄒᆞ여[善] 〈182, 의성김씨④〉 / 잡스오시더래[食] 〈153, 의성김씨②〉

b. [어두: 한자어] 곱창(疳瘡) 〈173, 의성김씨③〉 / ᄒᆞ셔(下書) 〈220, 진성이씨C〉 / ᄒᆞ복(夏服) 〈221, 진주강씨A〉 / ᄒᆞ회(河回) 〈225, 진주강씨A〉 // ᄉᆞ장(査丈) 〈173, 의성김씨③〉 / ᄉᆞᆷ듸의(三代) 〈167, 의성

김씨②〉 / <u>죤상</u>(尊傷) 〈223. 진주강씨A〉 / <u>줌간</u>(暫間) 〈173. 의성김씨③〉 / <u>초亽</u>(茶祀) 〈207. 진성이씨B〉

c. **[비어두: 고유어]** <u>아즈바님</u>[叔] 〈152. 의성김씨②〉 / <u>혼즈</u>[獨] 〈209. 진성이씨B〉 // {문법 형태} <u>무샹ᄒ</u>(無狀) ᄒ오니 〈183. 의성김씨④〉 / 감셰 <u>계시오</u>[在] 엄 〃 두립ᄉ고 〈221. 진주강씨A〉 / <u>ᄌ식이스</u>(子息) 쳔이 잇ᄉ들 무엇ᄒ고 〈182. 의성김씨④〉 / <u>초ᄌ</u>[索] 〈211. 진성이씨B〉, <u>안즈</u>[坐] 〈207. 진성이씨B〉, <u>마ᄎ</u>[終] 〈161. 의성김씨②〉

d. **[비어두: 한자어]** <u>슬ᄒ의</u>(膝下) 〈225. 진주강씨A〉 / <u>도ᄒᄒ여</u>(渡河) 〈213. 진성이씨B〉 // <u>셜亽</u>(泄瀉) 〈206. 진성이씨B〉 / <u>슌ᄉ</u>(順産) 〈225. 진주강씨A〉 / <u>발쟉ᄒ온</u>(發作) 〈225. 진주강씨A〉 / <u>시즉ᄒ오니</u>(始作) 〈154. 의성김씨②〉 / <u>관ᄎ가</u>(官差) 〈217. 진성이씨B〉 / <u>쾌ᄎ</u>(快差) 〈225. 진주강씨A〉 / <u>도쵹ᄒ오나</u>(到着) 〈225. 진주강씨A〉

(1)과 (2)~(4)를 실재 시간상에서 서로 대조해 보면 18세기 후기에서 19세기 전기 사이에 '·〉ㅏ' 변화가 매우 광범위하게 확산되었다는 사실을 알 수 있다. 19세기 30·40년대의 현장 시간 자료를 살펴보면 당시 노년층(제3세대) 화자들은 거의 모든 환경에서 '·〉ㅏ'에 대한 역표기('ㅏ→·')를 보여 주며, 이러한 상태는 중년층(제4세대)과 청년층(제5세대)으로 그대로 이어짐을 확인할 수 있다. 이는 1760년대와 1830·1840년대 사이 어느 시기에 /·/가 완전히 비음운화하였음을 의미한다. /·/의 비음운화 시기에 대해서는 지금까지 다양한 견해가 제시된 바 있는데, 그 제설(諸說)을 간략히 정리해 보면 아래와 같이 나타낼 수 있다.

① 17세기설:　　　　　李崇寧(1940: 496), 劉昌惇(1964: 28)
② 17·18세기 교체기설:　田光鉉(1967: 113, 122~123)[5]
③ 18세기설:　　　　　최현배(1940: 577~582), 金完鎭(1963: 487)[6]

④ 18세기 중엽설:　　　　　田光鉉(1971: 55), 李基文(1972/1977: 121, 1998: 211), 郭忠求(1980: 81), 白斗鉉(1990/1992: 79)
⑤ 18세기 중·말엽설:　　　許雄(1957: 206), 宋敏(1975: 7~8)[7]
⑥ 18세기 후반기설:　　　李基文(1961: 164)
⑦ 18·19세기 교체기설:　　장향실(2000: 52), 백두현(2011: 83)[8]

이처럼 다양한 견해가 존재하는 것은 대상 자료의 차이보다는 자료에 대한 해석의 차이에 기인하는 바가 크다. 저자는 이상과 같은 선행 연구 결과를 염두에 두고 이 지역 양반들의 방언에서 /·/가 체계상에서 사라진 시기를 세대 간의 언어 전승(transmission)의 측면에서 새롭게 살펴보고자 한다.

이를 위해서는 현장 시간 자료에서 추출되는 '·〉ㅏ'의 개신율을 조사해 볼 필요가 있다. 이 변화가 가장 활발하게 전개된 환경인 고유어 어두 위치에서의 개신율을 보이면 [표 3.1]과 같다.[9] [그림 3.1]은 이를

---

5) 그러나 田光鉉(1971: 55)에서는 /·/의 보수적인 표기를 고려한다면 비음운화의 완성 시기를 적어도 18세기 중엽(④)으로 추측할 수 있다고 하였다.
6) 최현배(1940: 582)는 /·/가 선조조(宣祖朝)부터 그 음가가 없어지기 시작하여 영조(英祖) 시대에 이르러서 전연(全然)히 그 음가를 잃어버리게 되었다고 하였다.
7) 宋敏(1975: 7~8)은 /·/의 비음운화가 적어도 18세기 말엽 이전에 완성되었음이 분명하다고 하였다.
8) 백두현(2011: 83)의 ⑦은 /·/의 비음운화가 1780~1820년대 사이에 완성된 것으로 보는 견해로, 그 시기를 좀 더 융통성 있게 표현하면 1800년을 중심으로 앞뒤의 30·40년 사이가 된다는 것이다. 이 견해는 白斗鉉(1990/1992: 79)의 ④를 수정한 것이다. 사역원(司譯院) 역학서 자료를 대상으로 한 장향실(2000: 52)에서는 /·/의 비음운화 시기를 명시적으로 밝히지는 않았다. 그러나 "적어도 18세기 자료에 ·의 비어두 위치에서의 변화는 생산적이지 못하다"라든가, "·의 비음운화를 18세기로 보기 어렵게 만든다."와 같은 서술로 미루어 장향실 선생의 견해는 ⑦의 범주에 포함할 수 있을 것이다.
9) 해당 어사는 선행 자음의 [grave] 자질 값에 따라 두 부류로 나누어 제시하였다. 연구자에 따라 [grave] 자질 대신 [coronal] 자질을 사용하는 경우도 있으나, 후음 /ㅎ/을 포괄하기 위해서는 [coronal]보다 [grave]가 더 적절하다고 본다. 한편, 빈도 산정에서 '브리-[棄]'는 본용언만을 대상으로 하고 보조 용언은 배제하였고, '둘[月]'의 경우 '이둘[此月]'을 제외하였다. 'ᄀ졀X(懇切)'는 'ᄀ졀'과 'ᄀ졀이'를 포괄한다.

그래프로 나타낸 것이다.

세대 어사		제3세대	제4세대	제5세대
[+grave] 자음 뒤	ᄇᄅᆞ-[望]	0/2	1/20	3/16
	ᄇᄅᆞ-[棄]	1/1	1/10	2/4
	ᄇᆞᆯ셔[旣]	-	2/4	0/1
	ᄆᆞᅀᆞᆷ[心]	0/3	2/30	4/10
	ᄀᆞ득ᄒᆞ-[滿]	0/2	0/13	0/2
	ᄀᆞᆮᄒᆞ-[如]	-	2/30	1/9
	ᄀᆞᆸᄀᆞᆸᄒᆞ-	-	0/80	3/6
	ᄀᆞᆺ없-[無疆]	0/1	2/19	10/20
	ᄒᆞᆫ낳[一]	-	0/38	1/8
	ᄒᆞ마[旣, 將]	-	2/22	6/6
	ᄒᆞᆫ[一]	0/1	13/130	10/26
	소계	1/10 (10.0%)	25/396 (6.3%)	40/108 (37.0%)
[-grave] 자음 뒤	ᄃᆞ리-[帶], ᄃᆞ려오-, ᄃᆞ려가-	0/3	2/57	2/7
	ᄃᆞ니-[行], ᄃᆞ녀오-, ᄃᆞ녀가-	1/1	9/9	4/4
	ᄃᆞᆯ[月, 個月]	1/2	3/16	8/8
	ᄃᆞᆯ-[戀]	-	12/13	1/1
	ᄃᆞ포[朔餘]	0/1	0/15	3/8
	ᄯᆞᆯ[女]	0/3	0/10	-
	ᄂᆞ려오-, ᄂᆞ려가-	0/2	2/10	2/3
	ᄂᆞᆾ[面]	2/2	3/3	1/1
	ᄉᆞᅀᅵ[間]	0/1	0/13	0/10
	슬피-[省]	0/4	0/9	1/14
	ᄌᆞᆷ[眠]	-	13/13	2/3
	ᄎᆞ마[不忍]	0/2	0/7	0/19
	ᄎᆞᆽ-[索]	1/1	1/11	0/4
	소계	5/22 (22.7%)	45/186 (24.2%)	24/82 (29.3%)
전체(총계)		6/32 (18.8%)	70/582 (12.0%)	64/190 (33.7%)

[표 3.1] 24개 고빈도 어사의 'ㆍ〉ㅏ' 개신율(고유어 어두)

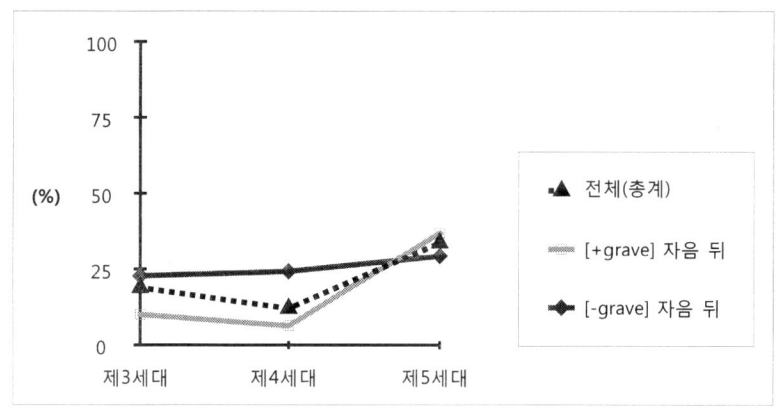

[그림 3.1] 24개 고빈도 어사의 'ㆍ〉ㅏ' 개신율(고유어 어두)

[표 3.1]과 [그림 3.1]을 통해 우리는 다음과 같은 두 가지 사실을 알 수 있다.

첫째, 'ㆍ〉ㅏ'의 개신율은 제5세대에서부터 급격하게 높아진다. 비록 제3세대의 경우 출현하는 예가 상대적으로 적어 다른 세대와의 동등한 비교가 어렵기는 하나, 만일 이 세대의 언간에서 충분한 예가 확보되었다면 아마 그 개신율은 제4세대에 더 근접한 수준에 이르렀을 것이다. 두 세대 간의 개신율 차이가 현재로서도 그리 크지 않기 때문이다. 제5세대에서 개신의 비율이 본격적으로 높아진다는 것은 주목할 만한 사실이다. 왜냐하면 이 사실은 제5세대의 언어 습득기 이전에 /ㆍ/가 모음 체계 내에서 완전히 사라졌음을 시사하기 때문이다. 제4세대 인물 5명 중 생년을 알 수 없는 아주신씨A를 제외한 나머지 4명은 모두 1790년대에 태어난 화자들이며, 제5세대는 주로 1810년대와 1820년대에 태어난 화자들이다. 따라서 경북 양반 계층 방언에서 /ㆍ/는 1800년대 무렵 음소로서의 지위를 완전히 상실하였다고 볼 수 있다.[10]

둘째, 'ㆍ〉ㅏ' 개신율은 선행 자음의 자질과 어떤 유의미한 관련성을

---

10) 이와 같은 우리의 결론은, /ㆍ/의 비음운화 완성 시기를 1800년대를 중심으로 전후 30~40년 사이로 판단한 백두현(2011: 83)의 견해와 사실상 동일한 것이다.

보이지 않는다. 제3·4세대는 [-grave] 자음 뒤에서의 개신율이 높으나, 제5세대는 오히려 [+grave] 자음 뒤에서 더 높은 개신율을 보이기 때문이다. (2)~(4)에 제시한 'ㆍ→ㅏ' 표기례만 보더라도 선행 자음의 자질이 [-grave]인 경우와 [+grave]인 경우가 별다른 차이를 보이지 않는다. 이러한 사실은 'ㅏ→ㆍ' 역표기례에서도 마찬가지이다.[11] 白斗鉉(1990/1992: 79)은 /ㅡ/를 'ㆍ'로 역표기한 예가 [-grave] 자음 뒤에[12] 집중되어 있는 데 반해, /ㅏ/를 'ㆍ'로 역표기한 경우에서는 그 차이가 뚜렷하지 않음을 지적하고, 그 원인을 /ㆍ/의 음운론적 지위가 그 음소의 비음운화 시기에 따라 달랐기 때문인 것으로 파악하였다. 즉, /ㆍ/에 대한 인식이 사라진 18세기 후기에 이르러서는 특정 자음이 /ㆍ/의 인식에 영향을 미칠 수 없게 되었다는 것이다.

그런데 이 시기 'ㆍ'와 'ㅏ' 간의 표기에 있어서는 선행 자음의 [grave] 자질 값보다 [sibilant] 자질 값에 더 큰 영향력이 있었던 것으로 보인다. [표 3.1]에서 /ㆍ/의 선행 자음이 /ㅅ, ㅈ/과[13] 같은 치찰음인 경우 대체로 'ㆍ' 표기가 유지되는 비율이 높기 때문이다. 물론, '즘[眠]'과 같이 'ㆍ→ㅏ' 표기로 거의 일관된 예외적인 어사가 있기는 하지만(예 잠 못 즈고 〈076, 1847년, 여강이씨〉, 잡 젼 잇잡지 못ᄒ오며 〈179, 1847년, 의성김씨④〉), 나머지 'ᄉᆡ[間], 슬피-[省], 츠매[不忍], 촛-[索]' 등의 어사는 제5세대 언간에서도 'ㆍ' 표기를 고수하고 있다. 치찰음 뒤에서 'ㆍ' 표기가 선호되는 경향성은 /ㅏ/를 'ㆍ'로 역표기한 경우에서도 잘 드러난다. [표 3.2]는 1830·1840년대 언간을 대상으로 고유어 어두 음절에서 'ㅏ→ㆍ' 표기를 단 1회라도 보이는 어사 가운데 총 출현 빈도가 5회 이상인 것만을 추출한 후 그 역표기 비율을 조사하여 나타낸 것이다.[14] 여기

---

11) 'ㆍ〉ㅏ'를 반영한 표기례와 그 역표기례의 유형 빈도는 [-grave] 자음 뒤보다는 [+grave] 자음 뒤에서 조금 더 높은 것은 사실이다. 그러나 그 차이는 유의미하지 않다.
12) 그 저서에서 언급한 자질은 '[+cor]'이다.
13) 여기서 /ㅅ/과 /ㅈ/은 각각 모든 마찰음 계열과 파찰음 계열을 포괄한다.

서 우리는 선행 자음이 치찰음([-grave] [+sibilant])일 때의 역표기 비율 (57.9%)이 그렇지 않은 경우(7.6%, 1.6%)보다 월등히 높음을 확인할 수 있다.

[+grave] 자음 뒤		{ [-grave] [-sibilant] } 자음 뒤		{ [-grave] [+sibilant] } 자음 뒤	
어사	표기율	어사	표기율	어사	표기율
밧ㆍ[外]	1/9 (11.1%)	다ㄹ-[異]	1/25 (4.0%)	사-[買]	90/111 (81.1%)
파려ㅎ-[憊, 毁]	9/16 (56.3%)	다리[脚]	5/9 (55.6%)	사룸[人]	4/48 (8.3%)
말-[勿]	1/70 (1.4%)	답답ㅎ-[悶]	1/394 (0.3%)	자-[眠]	17/20 (85.0%)
가-[去]	5/371 (1.3%)			자ㄴ[汝]	5/5 (100.0%)
가지-[取]	3/44 (6.8%)			자시-[食]	35/35 (100.0%)
가죽ㅎ-[近]	6/6 (100.0%)			잘ㆍ[善]	3/29 (10.3%)
해ㆍ[大]	16/24 (66.7%)			잡-[執]	4/10 (40.0%)
				잡습-[食]	43/89 (48.3%)
합계	41/540 (7.6%)	합계	7/428 (1.6%)	합계	

[표 3.2] 18개 고빈도 어사의 'ㅏ→ㆍ' 표기율(고유어 어두)

치찰음 뒤에서 'ㆍ→ㅏ'의 표기 비율은 낮은 데 반해 'ㅏ→ㆍ'의 역표기 비율은 높다는 사실은 /ㅅ, ㅈ/과 'ㆍ'의 표기 간에 모종의 관련성이 있음을 말해 준다. 李賢熙(1994: 69, 각주 24)는 19세기 국어에서 '사, 자' 따위 대신 '스, 즈' 등이 더 많이 출현하는 현상이 서법(書法)과 관련되어 있을 가능성을 제기한 바 있다. 즉, 필사를 할 때 'ㅅ, ㅈ' 아래에서는 연속적으로 점을 빼쳐 두기만 하는 것이 더 편리하였으며, 그러한 원고 상태의 것이 인쇄될 때에도 그대로 반영되어 나타나 목판본이나 활자

---

14) '밧ㆍ[外]' 항목은 접두사 '밧-(〈밝)'이 결합한 '밧사돈(-査頓), 밧어루신(外主人)'을 포괄하며, '잘ㆍ[善]' 항목은 부사 '잘'과 동사 '잘ㅎ-'를 포괄한다. '가-[去]' 항목의 빈도는 이 어간이 본동사로만 사용된 경우만 집계한 것이다.

본에서도 이 현상이 목격된다는 것이다. 저자는 이러한 언어 외적 해석이 타당하다고 여긴다. /ㆍ/와 /ㅏ/의 음가가 더 이상 변별되지 않는 이 시기에 'ㆍ'와 'ㅏ' 두 문자가 치찰음과 비치찰음이라는 선행 자음의 조건에 따라 각기 다른 분포 경향을 보인다는 것은 음운론적으로 설명할 수 없기 때문이다.

세대 어사		제3세대	제4세대	제5세대
[+grave] 자음 뒤	곤졀X(懇切)	1/2	0/1	2/5
	흔업시(限)	-	-	2/2
	소계	1/2 (50.0%)	0/1 (0.0%)	4/7 (57.1%)
[-grave] 자음 뒤	亽연(辭緣)	0/2	0/6	0/3
	亽월(四月)	-	0/13	0/10
	亽촌(四寸)	0/4	0/1	1/1
	즈식(子息)	0/1	0/12	0/20
	즈셰X(仔細/子細)	0/5	0/32	0/28
	소계	0/12 (0.0%)	0/64 (0.0%)	1/62 (1.6%)
전체(총계)		1/14 (7.1%)	0/65 (0.0%)	5/69 (7.2%)

[표 3.3] 7개 고빈도 어사의 'ㆍ〉ㅏ' 개신율(한자어 어두)

이번에는 현장 시간 자료를 대상으로 한자어 어두 음절에서 일어난 'ㆍ〉ㅏ'의 개신율을 살펴보기로 한다. 그런데 한자어의 경우는 여러 세대에 걸쳐 출현하면서 다양한 환경을 갖춘 관련 어사를 찾기 어렵다. 이는 선행 자음이 치찰음인 경우를 제외하면 단모음으로서의 /ㆍ/를 지니고 있는 한자의 수가 애초에 적었기 때문이다. 이러한 제약 속에서 관련된 예를 조사해 보면 그 결과가 [표 3.3]과 같다.[15]

[표 3.3]에서는 선행 자음의 자질에 따른 분류가 별다른 의미를 갖지 못한다. 그러나 [표 3.3]을 통해 분명히 알 수 있는 것은 한자어의 'ㆍ〉

---

[15] 명암으로 짙게 표시해 둔 칸의 수치는 통계적으로 유의미하지 않은 것을 가리킨다. '즈셰X(仔細/子細)' 항목은 '즈셰이, 즈셰, 즈시'를 포괄한다.

ㅏ' 개신율이 제5세대에서조차도 10%를 넘지 못한다는 사실이다. 이는 물론 한자음에서는 /·/의 음가가 유지되었다는 것이 아니라, /·/의 비음운화에도 불구하고 한자어에서는 '·'의 표기가 여전히 지켜졌음을 의미한다. 양반들의 방언에서 한자어 표기의 보수성이 매우 강하였음을 단적으로 보여 주는 예라 하겠다.

한편, (2)~(4)는 문법 형태에서의 '·~ㅏ' 혼기도 아랫세대로 내려올수록 더 심해지는 경향을 보여 준다. 편의상 앞의 (2)~(4)에 제시하였던 문법 형태의 예만 선별하여 여기에 다시 가져오기로 한다. 관련된 예를 조금 더 보충하여 제시하면 (5)~(7)과 같다. 비록 문법 형태는 아니지만 그와 유사한 혼기 양상을 보이는 'X호-'의 예도 함께 제시하였다.

(5) 1830·1840년대 [제3세대]

    가. 문법 형태

        o. 경쥬 긔별 셰말의스(歲末)('-사') 드르니 〈005. 의성김씨A〉

            cf. 장가드리려 호난[爲]('-ᄂ-') 일 〈009. 의성김씨A[대필자①]〉, 이 비락을 가쵸 보난[見] 일 〈009. 의성김씨A[대필자①]〉

    나. 'X호-'

      (해당 예 없음)

            cf. 셩치 못한[不] 〈009. 의성김씨A[대필자①]〉 / 신고하는(辛苦) 〈009. 의성김씨A[대필자①]〉 / 의미한(曖昧) 〈009. 의성김씨A[대필자①]〉

(6) 1830·1840년대 [제4세대]

    가. 문법 형태

        a. 헌듸난[瘡]('-ᄂ') 팔 아릿마듸 ᄂ려와 콩낫막곰 흔 거시 도다 〈096. 1848년, 여강이씨〉

　　　　b. 오샨[衣]('-은') 〈133. 아주신씨A〉

　　　　c. 낫난대[瘉]('-ᄂ-') 〈084. 여강이씨〉

　　　　d. 칩삽ᄂ이다[寒]('-습-') 〈022. 김진화〉

　　　　e. 돈을 쎈아ᄉ[奪]('-아') 두엇다가 〈067. 여강이씨〉 / 쥬착 업시 안
　　　　　　쥬[坐] 〈079. 여강이씨〉 / 믈이 만흐[多] 〈122. 여강이씨〉

　　　　f. 추주다가[索]('-아다가') 〈040. 여강이씨〉

　　　　g. 가고 져오나 엇지흔돗[何]('-다') 말이냐 〈024. 김진화〉 / 이거슬
　　　　　　엇지흔돗[何] 말이냐 〈026. 김진화〉 / 이러툰 말 아니ᄒ엿다
　　　　　　〈080. 여강이씨〉

　　　　h. 입 박긔 내지 마ᄅ라[勿]('-아라') 〈029. 김진화〉

　　　　i. 그만이 두쟈[置]('-쟈') ᄒ여도 〈083. 여강이씨〉

　　　　j. 한들 ᄀ던 힝츠 오늘ᄉ[今日]('-사') 와ᄉ오니 〈051. 여강이씨〉

　　나. 'Xᄒ-'

　　　　o. 못 핟[不] 말이 업ᄉ오니 〈033. 여강이씨(아내)〉 / 그 흉핟[凶] 병
　　　　　　을 〈137. 아주신씨B〉

(7) 1830・1840년대 [제5세대]

　　가. 문법 형태

　　　　a. 쟝ᄉ까지(葬事)('-ᄭ지') 〈161. 의성김씨②〉 / 담ᄉ가지(禫祀) 〈220.
　　　　　　진성이씨C〉

　　　　b. 스기ᄉ 스졔마난[用]('-마ᄂ') 〈229. 김수락〉

　　　　c. 긋치읍나이대[望]('-ᄂ-') 〈200. 의성김씨②/③〉 / 의샹ᄒ읍나다(異
　　　　　　常) 〈200. 의성김씨②/③〉 / 아니 일노나니[謂] 업습고 〈204. 진성
　　　　　　이씨B〉

　　　　d. 잠 젼 잇잡지[忘]('-줍-') 못ᄒ오며 〈179. 의성김씨④〉 / 일념의 잇
　　　　　　잡지[忘] 못ᄒ오며 〈179. 의성김씨④〉

　　　　e. 추젹[索]('-아') 〈211. 진성이씨B〉 / 안젹[坐] 〈207. 진성이씨B〉 / 마츠

[終] 〈161, 의성김씨②〉

  f. 감셰 **계시오**ᄂ[在]('-으나') 엄〃 두립습고 〈221, 진주강씨A〉 / 그리 **부치오**ᄂ[寄] 〈221, 진주강씨A〉 / 듸환은 아니 **계습시**ᄂ[在] 〈220, 진성이씨C〉

  g. 너를 **보치**ᄌ[惱]('-자') ᄒ엿더니 〈165, 의성김씨②〉

  h. **무상ᄒ**ᄃ(無狀)('-다') ᄒ오니 〈183, 의성김씨④〉 / 평안치 **못ᄒ시**ᄃ[不] ᄒ오니 〈183, 의성김씨④〉

  i. **싀훤춘**ᄒ오니('-잖-') 〈177, 의성김씨④〉

  j. **ᄌ식이**ᄉ(子息)('-사') 쳔이 잇슨들 무엇홀고 〈182, 의성김씨④〉

나. 'Xᄒ-'

  o. **할** 말 〈184, 의성김씨④〉 / **하**ᄂ 말이 〈214, 진성이씨B〉 / 알슙노라 **할** 가망 업슨와 〈207, 진성이씨B〉 / **년하와**(連) 〈182, 의성김씨④〉 / 풍두로 **대단하야** 〈177, 의성김씨④〉 / 공부도 셩실치 못 걱정 ᄒ니 **졀박하에**(切迫) 〈183, 의성김씨④〉

(5)~(7)은 저자가 수집한 예 대부분을 제시한 것이다. 이 시기 /·/와 /ㅏ/가 사실상 동일한 소리로 인식되고 있음에도 불구하고 문법 형태와 'Xᄒ-'는 (다른) 어휘 형태에 비해 '·'와 'ㅏ' 간의 구별이 비교적 정연하게 지켜지고 있으므로, (5)~(7)은 소수의 일탈형인 셈이다. 그중 문법 형태의 경우 제3세대 언간에서는 이른바 강세 첨사 '-사(〈-ᄉᆞ)'가 '-ᄉ'로 나타난 예가 하나만 발견될 뿐이며[(5가)], 'Xᄒ-'가 'X하-'로 나타나는 예는 출현하지 않는다[(5나)]. 하지만 이들의 혼기례는 제4세대와 제5세대로 갈수록 더 다양해지고 많아진다. 이러한 점에서 문법 형태와 'Xᄒ-'에서의 '·~ㅏ' 혼기례는 표기상의 측면에서 세대를 구분 짓는 표지(marker) 역할을 수행한다고 볼 수 있다.

저자의 이러한 주장은 다음과 같은 두 가지 추가적인 근거를 통해서도 뒷받침된다. 하나는 (5가, 나)의 'cf.'와 같이 의성김씨A(G₃)의 언간 중 누군가에 의해 대필된 〈009〉에서만 문법 형태와 'X ᄒᆞ-'의 혼기례가 보인다는 점이다. 당시 의성김씨A는 74세라는 고령의 나이였으므로 대필자는 그보다 어린 사람이었을 가능성이 농후한 것이다.[16] 다른 하나는 실재 시간상으로 더 이후인 1860~1880년대의 제5·6세대 언간에서 두 부류의 혼기가 (8)과 같이 더욱 많이 등장한다는 점이다. 이 시기에 해당하는 언간 수량이 1830·1840년대의 것에 한참 못 미친다는 사실을 감안한다면, (8)의 예는 사실상 매우 높은 빈도로 출현하는 것으로 볼 수 있다.

(8) 1860~1880년대 [제5·6세대]
　가. 문법 형태
　　a. 져넌[自己]('-는') 졀곡 슈쳑ᄒᆞ니 〈246, 1867년, 선성김씨A (G5)〉
　　b. 복츅〃ᄒᆞᆸ나이다(伏祝)('-ᄂᆞ-') 〈254, 1879년, '질부A'(G6?)〉 / 괴로이 지ᄂᆞ낸[經] 쥴 〈228, 1878년, 진주강씨A(G5)〉 / 츈파 즁낭 가난[去] 인편의 빈 편디 부치오니 〈248, 1877년, 유연박(G6)〉
　　c. 업사오이다[無]('-ᄉᆞᆸ/ᄉᆞ오/ᄌᆞᆸ/ᄌᆞ오-') 〈248, 1877년, 유연박(G6)〉
　　d. 촌념이ᄂᆞ(村染)('-이나') 편수와 싼 심녀ᄂᆞ(心慮) 업ᄉᆞ시이잇가 ᄌᆞ시 아ᄋᆞᆸ고져 알외ᄋᆞᆸᄂᆞ이다 〈250, 1878년, 선성김씨B (G6)〉
　　e. 듸첨은 업스오시ᄂᆞ[無]('-으나') 엄〃 환탈 염식 졀박 〈246, 1867년, 선성김씨A(G5)〉 / 슴ᄉᆞ 삭이 거의 되ᄂᆞ[化] 풍편도 듯지 못ᄒᆞ니 〈227, 1877년, 진주강씨A(G5)〉 / 딜부도 무ᄉᆞᄒᆞ오ᄂᆞ(無事) 어버니 두 분 소〃 여상 시 업시니 사졍의 초민ᄒᆞ오니다 〈255, 1883년, '질부A'(G6?)〉
　　f. 츄슈도 한낫 먹ᄌᆞ[食]('-자') ᄒᆞᆯ 것 업고 〈197, 1875~1877년, 의성김씨④(G5)〉

---

[16] 의성김씨A 언간의 대필에 대한 내용은 2.3.2.2 참조.

g. 온졍 가릭[去]('-으라') 호소 〈228, 1878년, 진주강씨A(G₅)〉
　　h. 딕쳠 업시니잇マ[無]('-니잇가') 〈252, 1883년, 션성김씨(G₆)〉 / 강
　　　녕호옵시니잇マ(康寧) 〈253, 1875~1885년, 션성김씨B(G₆)〉 / 업
　　　ᄉ오시니잇マ[無] 〈251, 1882년, 션성김씨B(G₆)〉
　　i. 경쥬 쇼식은 그ᄉ이 드러실 듯 엇더ᄂ[何]('-냐') 호며 〈227, 1877
　　　년, 진주강씨A(G₅)〉
　　j. 쳔이 막〃 호기 흔 쳔지릭(天地)('-라') 홀 수가 업셔 탄호여 슬
　　　푸고 〈227, 1877년, 진주강씨A(G₅)〉 / 범예로 엇디 슉딜이릭(叔姪)
　　　호고 〈227, 1877년, 진주강씨A(G₅)〉 / 엇디 수지릭(休紙) 호오리오
　　　〈227, 1877년, 진주강씨A(G₅)〉 / 셰상 스람이 뉘릭[誰] 숨촌 슉딜이
　　　업ᄉ리마는 〈227, 1877년, 진주강씨A(G₅)〉
나. 'X호-'
　　o. 늬 팔즈를 흔핞(恨) 붓 다시 업고 〈227, 1877년, 진주강씨A (G₅)〉
　　　/ 계츈의 연하와(連) 〈255, 1883년, '질부A'(G₆?)〉 / 계하의 연하
　　　와(連) 〈256, 1883년, '질부A'(G₆?)〉

　/·/의 비음운화와 관련하여 다루어져야 할 또 다른 문제는 /·l/와 /ㅐ/의 관계이다. 郭忠求(1980: 87~89)는 18세기 문헌에서부터 제2음절 아래에서의 '·l~ㅐ~ㅔ' 간의 혼기가 적지 않게 등장하는데, 특히 /ㅐ/를 '·l'로 표기한 것은 매거(枚擧)할 수 없을 정도로 많다고 하였다. 그리하여 그러한 혼기는 /·l, ㅐ, ㅔ/가 단모음이며 제2음절 이하에서 /e/와 /ɛ/가 명확히 인식되지 못한 데서 오는 표기상의 오류로 추정하였다[87면]. 白斗鉉(1990/1992: 79)도 영영본(嶺營本) ≪十九史略諺解≫에서 비어두는 물론 어두에서도 '·l'와 'ㅐ'가 혼기된 예들이 빈번하게 나타난다는 사실이 /·/와 /ㅏ/가 구별되지 않았다는 것과 ʌy와 ay가 ɛ로 통합되었다는 것을 동시에 의미한다고 해석하였다.
　그렇다면 〈鶴峰宗家〉에서는 이들의 혼기가 어떻게 나타날까. 먼저

18세기 후기 자료부터 살펴보기로 한다.

 (9) 1760년대 [제1세대(김주국)]
   가. 'ㆎ→ㅐ'
    (해당 예 없음)
   가'. 'ㆎ↛ㅐ'
    a. [고유어] 싱각ᄒᆞᄂᆞᆫ대[思] 〈003〉 / 아ᄒᆡ로[兒] 〈003〉 // {문법 형태} 이로ᄃᆡ[謂] 〈002〉 / 오삼 논은 제 산 거시ᄃᆡ 〈004〉
    b. [한자어] 믹득ᄒᆞᆫ(買得) 〈001〉 / 빅지예(白地) 〈003〉 / 싱젼(生前) 〈004〉 / 틱장(台庄) 〈001〉 / 긔닉셔(寄內書) 〈001〉 / 빅디라도(百代) 〈004〉 / 일싱(一生) 〈003〉 / 통지라(痛哉) 〈002〉 / 봉ᄒᆡᆼ치(奉行) 아니리오 〈001〉
   나. 'ㅐ→ㆎ'
    (해당 예 없음)
    cf. 죽지 못흔 아비ᄂᆞᆫ 피눈물 쏫고 긋희[末] 스노라 〈002〉

김주국의 언간에서는 /ㆎ/와 /ㅐ/는 전혀 혼란을 보이지 않고[(9가, 나)], 서로 정연하게 구분되어 있다[(9가')]. 그 대신 (9나)의 'cf.'에 제시한 '긋희'와 같이 /ㅢ/를 'ㆎ'로 표기한 예만 하나 발견될 뿐이다. 이 시기는 /ㅢ/가 하향 이중모음으로 명백하게 존재하던 때이므로(3.2.3 참조), '긋희→긋희'는 비어두에서 /ㆍ/가 /ㅡ/로 합류된, 이른바 /ㆍ/의 제1단계 변화의 결과를 반영하는 것이다. 즉, (9)는 18세기 후기 이 지역 양반들의 방언에서 /ㆎ/와 /ㅐ/가 여전히 구분되고 있었음을 잘 보여 주는 예라고 하겠다.

 19세기 전기가 되면 'ㆎ'와 'ㅐ'의 표기에 다소간 혼란이 나타난다. 그 양상을 현장 시간상에서 살펴보면 아래와 같다.

(10) 1830・1840년대 [제3세대]

　가. 'ㆍ│→ㅐ'

　　(해당 예 없음)

　　　　cf. 아모 듸도[處] 싱각홀 듸[處] 업스니 〈013, 진성이씨A〉 / 므음
　　　　　 더 당그이니[引] 〈011, 유치명〉

　나. 'ㅐ→ㆍ│'

　　a. **[어두: 고유어]** 익을[腸] 스는 일 〈007, 의성김씨A〉

　　b. **[어두: 한자어]** 딕병(大病) 〈007, 의성김씨A〉 / 틱평흔가(太平)
　　　 〈011, 유치명〉

　　c. **[비어두: 고유어]** 디닉오니[經] 〈008, 의성김씨A〉 / 보닉신[送]
　　　 〈008, 의성김씨A〉 / 오릭[久] 〈005, 의성김씨A〉 / 셋직[三] 〈006, 의
　　　 성김씨A〉 // {문법 형태} 너는 환노의 분주ᄒ고 신병은 그러흔
　　　 딕[然] 날을 닛지 아니ᄒ고 〈013, 진성이씨A〉

　　d. **[비어두: 한자어]** 듕딕ᄒ오신(重大) 〈008, 의성김씨A〉

　　e. **[어두/비어두: 고유어]** 어느 찍나[時] 〈014, 전주최씨A〉

(11) 1830・1840년대 [제4세대]

　가. 'ㆍ│→ㅐ'

　　a. **[어두: 한자어]** 내아의(內衙) 〈030, 김진화〉 / 내외분(內外)
　　　 〈026, 김진화〉 / 내일(來日) 〈016, 김진화〉

　　　　cf. 닉외(內外) 〈074, 여강이씨〉 / 닉일(來日) 〈040, 여강이씨〉

　　b. **[비어두: 고유어]** 견대기[耐] 어렵다 〈026, 김진화〉, 견뎉[耐] 체
　　　 업습고 〈139, 아주신씨B〉 / 부대 이번의 샤셔 보내여라 〈029, 김
　　　 진화〉, 부대 개바리나 메기읍 〈016, 김진화〉 / 본대(本-) 먹지 못
　　　 ᄒ던 거술 〈024, 김진화〉 // {문법 형태} 내 쥬던 약을 시〃로
　　　 바르대[塗] 쾌이 낫거던 그 약을 바르기를 긋치대[止] 〈030, 김
　　　 진화〉

cf. 견딕실고[耐] 〈042. 여강이씨〉 / 부딕 그리ᄒᆞ시옵 〈079. 여강이씨〉 / 본딕(本-) 관청 음식을 못 주시던 거시 오니 〈067. 여강이씨〉 / 씀즉잔은 나물을 싱각ᄒᆞ시딕 [思] 그걸 못 어더 줍ᄉᆞ오시니 답〃 〈037. 여강이씨〉

c. **[비어두: 한자어]** 관대를(冠帶) 〈015. 김진화〉 / 편대와(片帶) 〈029. 김진화〉 / 고대ᄒᆞ옵ᄂᆞ이다(苦待) 〈138. 아주신씨B〉

cf. 관딕룰(冠帶) 〈036. 여강이씨〉 / 편딕와(片帶) 〈029. 김진화〉

d. **[어두/비어두: 고유어]** ᄌᆞ즐〃ᄒᆞᆫ 대(處) 죠ᄒᆞ니라 〈020. 김진화〉

나. 'ㅐ→ㅣ'

a. **[어두: 고유어]** 원ᄀᆞ를 모도 씰[拔] 거시니 〈018. 김진화〉 / 닉여 ᄉᆞ오니[出] 〈076. 여강이씨〉 / 싀[新] 동싱을 〈139. 아주신씨B〉 / 의 스ᄂᆞᆫ[勞苦] 모양 〈074. 여강이씨〉 / 익들습[哀] 〈129. 고성이씨A〉 / 통대구 치직만ᄒᆞ[鞭] 것 〈054. 여강이씨〉

b. **[어두: 한자어]** 딕강(大綱) 〈131. 고성이씨A〉 / 딕샹이오니(大祥) 〈070. 여강이씨〉 / 딕쇼가(大小家) 〈135. 아주신씨B〉 / 틱평〃ᄒᆞᆫ(太平太平) 〈055. 여강이씨〉 / 틱산(泰山) 〈074. 여강이씨〉 / 빈ᄌᆞᄒᆞ고 (〈牌子) 〈023. 김진화〉 / 히로옴(害) ᄃᆞᆺ 〈137. 아주신씨B〉

c. **[비어두: 고유어]** 겨으닉[冬] 〈040. 여강이씨〉 / 지닉옵[經] 〈130. 고성이씨A〉 / 보닉래[送] 〈132. 고성이씨A〉 / 아ᄒᆞᄅᆡᆺ날[九日] 〈018. 김진화〉 / 오릭오니[久] 〈064. 여강이씨〉 // {문법 형태} 그딕로 지내니 〈026. 김진화〉, ᄆᆞ음딕로[心] 〈083. 여강이씨〉

d. **[비어두: 한자어, 외래어]** 무간닉라(無可奈) 〈037. 여강이씨〉 / 진픽ᄒᆞ(盡敗) 〈079. 여강이씨〉 / 만픽블청이오니(萬覇不聽) 〈076. 여강이씨〉 / 노식룰[騾] 〈064. 여강이씨〉

e. **[어두/비어두: 고유어]** ᄂᆞ려오실 쩍[時] 〈034. 여강이씨〉

(12) 1830・1840년대 [제5세대]

　가. 'ㆍㅣ→ㅐ'

　　a. **[어두: 한자어]** 내권이(內眷)〈213, 진성이씨B〉/ 내아의도(內衙)〈214, 진성이씨B〉/ 애탁(哀侘)〈237, 한산이씨〉

　　b. **[비어두: 고유어]** 소래[音]〈183, 의성김씨④〉

　　c. **[비어두: 한자어]** 고대ᄒᆞ옵[苦待]〈201, 의성김씨②/③〉

　　d. **[어두/비어두: 고유어]** 불평ᄒᆞ옵신 대[處] 쾌츠ᄒᆞ옵시며〈152, 의성김씨②〉

　나. 'ㅐ→ㆍㅣ'

　　a. **[어두: 고유어]** ᄭᆡ져ᄉᆞᆸ[破]〈213, 진성이씨B〉/ ᄂᆡ〃[總] 틱평〃ᄒᆞ옵시다가〈177, 의성김씨④〉/ 디그랫[竹器]〈213, 진성이씨B〉/ 싀ᄃᆡᆨ도[新婦]〈223, 진주강씨A〉/ ᄋᆡ스시지를[勞苦]〈177, 의성김씨④〉/ ᄋᆡ답고[哀]〈182, 의성김씨④〉

　　b. **[어두: 한자어]** ᄃᆡ악이(大惡)〈215, 진성이씨B〉/ ᄃᆡ병(大病)〈182, 의성김씨④〉/ 틱평(太平)〈229, 김수락〉/ 틱산지틱이(泰山之宅)〈179, 의성김씨④〉/ ᄒᆡ(害) 업시〈220, 진성이씨C〉

　　c. **[비어두: 고유어]** 여름ᄂᆡ[夏]〈161, 의성김씨②〉 // {문법 형태} 마음ᄃᆡ로[心]〈207, 진성이씨B〉/ 셜ᄃᆡ[竿竹]〈165, 의성김씨②〉/ 지ᄂᆡ시고[經]〈162, 의성김씨②〉/ 도ᄆᆡ돌[磨]〈177, 의성김씨④〉/ 보ᄂᆡ려[送]〈224, 진주강씨A〉/ 아ᄅᆡ[再昨日]〈157, 의성김씨②〉/ 오ᄅᆡ니[久]〈175, 의성김씨③〉/ 수일직ᄂᆡ[數日]〈174, 의성김씨③〉

　　e. **[어두/비어두: 고유어]** 올 ᄶᆡᄂᆞᆫ[時]〈165, 의성김씨②〉/ 빗즐 ᄂᆡ여[債]〈207, 진성이씨B〉/ 보ᄂᆡ신 ᄃᆡ로〈164, 의성김씨②〉

(10)~(12)를 차례대로 살펴보면 'ㆍㅣ~ㅐ' 혼기가 그저 무질서하게 이루어지는 것이 아니라, 그 안에서 일정한 경향성이 있음을 알 수 있다. 즉, /ㆍㅣ/를 'ㅐ'로 표기한 것이 /ㅐ/를 'ㆍㅣ'로 역표기한 것보다 환경이 제한적

이고 그 수도 훨씬 적은 것이다. 'ㆎ→ㅐ'는 이 시기 노년층(제3세대) 언간에서는 아예 나타나지 않으며[(10가)], 중년층(제4세대) 언간에서도 고유어 어두 환경의 예는 보여 주지 않는다[(11가)]. 청년층(제5세대) 언간에서는 비록 'ㆎ→ㅐ' 표기가 다양한 환경에서 출현하기는 하지만, 그 예는 'ㅐ→ㆎ' 표기에 비해 훨씬 적은 수로만 관찰될 뿐이다[(12)].

세대 어사	제3세대	제4세대	제5세대
쌔[時]	1/1	45/49	15/17
내-[出]	-	5/47	6/7
내내[總]	0/4	0/42	4/53
새[新]	-	9/9	4/4
대강(大綱)	-	4/8	5/6
태평(太平)	3/4	16/17	8/9
해(害)	-	19/19	7/7
디내-[經]	1/5	2/62	27/34
보내-[送]	6/11	5/415	42/51
오래[久]	2/2	12/20	5/14
-재[次](<-자히)	1/1	10/10	3/3
합계	14/28 (50.0%)	127/698 (18.2%)	126/205 (61.5%)

[표 3.4] 11개 고빈도 어사의 'ㅐ→ㆎ' 표기율

그런데 본래의 /ㅐ/를 'ㆎ'로 표기하는 비율을 조사해 보면, 제4세대와 제5세대 사이에서 급격한 상승이 있음을 확인할 수 있다. [표 3.4]에서 드러나는 '합계'만 보면, 3대에 걸쳐 /ㅐ/를 'ㆎ'로 표기하는 비율이 감소했다가 다시 증가한 것처럼 여기기 쉽다. 그러나 이와 같은 비율의 변화에 대해서는 다음과 같은 두 가지 사실을 고려해야 한다. 첫째, 제3세대 언간에서 나타나는 예가 충분하지 않아 세대 간 비교의 조건이 동등하지 않다. 둘째, 가장 높은 출현 빈도를 보이는 두 어사 '디내-'와 '보내-'가 제4세대의 최대 발신자인 여강이씨(G_4)의 언간에서 'ㅐ' 유지형으로만 출현한다. 그중 두 번째 사실은 이와 같은 세대 간의 차이가 나타나는 데 사실상 '디내-'와 '보내-' 두 어사의 'ㅐ→·ㅣ' 표기율이 결정적인 역할을 하였음을 알려 준다. 실제로 두 어사의 'ㅐ→·ㅣ' 표기율만 제3·4·5세대별로 조사해 보면 각각 43.8%(7/16회), 1.5%(7/477회). 81.2%(69/85회)로 나타나 [표 3.4]의 결과와 비슷한 변화 양상을 보인다. [그림 3.2]는 이를 그래프로 나타낸 것이다.

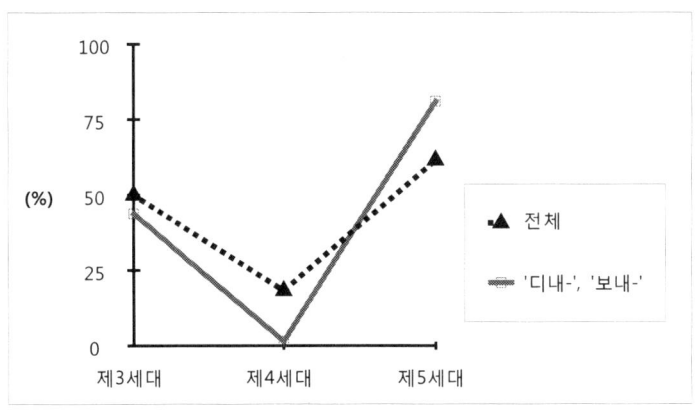

[그림 3.2] 11개 고빈도 어사의 'ㅐ→ㅓ' 표기율

결국 어찌되었든 제4세대와 제5세대를 경계로 /ㅐ/를 '·ㅣ'로 표기하는 비율이 급격히 늘어나는 것은 분명한 사실인 것이다. 이 결과는 앞서 [표 3.1]에서 '·〉ㅏ' 개신율이 제5세대에서 증가하였다는 사실과 일맥상통한다. 즉, /·/의 비음운화가 제4세대와 제5세대 사이에서 완성되었을 것이라는 우리의 견해가 타당함이 다시 한 번 입증된 셈이다.

마지막으로, '·〉ㅓ' 변화가 이 지역 양반들의 방언에서 어떻게 진행되었는지 살펴보기로 한다. '·〉ㅓ'는 /·/와 /ㅓ/가 서로 가까운 관계에 있음을 보이는 것으로 해석한 李崇寧(1940: 467~470) 이래로, 金完鎭(1978: 133)이 "음소로서의 'ㆍ' 소멸의 말기 증상과 관계 깊은 것"으로 보고 /ㅓ/의 후설화와 관련지어 해석함으로써[134면] 본격적으로 주목받은 바 있다. 최전승(2012: 336~341)은 〈金誠一家〉를 대상으로 이 문제를 다룬 바 있다. 그 논문에 의하면, 어두 음절에 /·/를 지니고 있던 '두리-[帶], 누리-[降]'는 19세기 전기 경북 사대부 집안의 화자들의 성별과 연령에 따라 공시적으로 세 가지 유형으로 사용되고 있다고 한다. 즉, 김진화(G₄, 남)는 '더리-, 너리-'형을, 여강이씨(G₄, 여)는 (실제 '다리-, 나리-'로 발음되었을) '두리-, 누리-'형을, 진성이씨B(G₅, 여)는 '데리-, 늬리-'형을 각각 사용한다는 것이다[336~339면]. 반면에, 비어두 음절에 /·/를 지니고 있던 '헌듸[瘡]'는 여강이씨 언간에서는 '헌듸'형이 일관되게 사용되나, 김진화와 그의 딸 의성김씨④의 언간에서는 '헌듸~헌데'의 변이를 보인다고 하였다[339~340면].

우선 18세기 후기의 제1세대 자료와 19세기 전기의 제3세대 자료를 실제 시간에 입각하여 제시해 보면 아래와 같다.

(13) 1760년대 [제1세대(김주국)]

 가. '·→ㅓ'

  (해당 예 없음)

 가'. '·↛ㅓ'

  a. **[어두]** 언 빙아리 ᄀᆞ튼[如] 게 ⟨003⟩, 천금 ᄀᆞ튼 귀륭이 ⟨003⟩ / 볼셔[旣] ⟨003⟩

  b. **[비어두]** 구롬ᄀᆞ치[雲] ⟨001⟩ / 날ᄃᆞ려[我] 최대를 주노라 ᄒᆞ던 말은 ⟨004, 1767년⟩, 날ᄃᆞ려 이로딕 ⟨002⟩

 나. 'ㅓ→·'

  (해당 예 없음)

(14) 1830·1840년대 [제3세대]

 가. '·→ㅓ'

  (해당 예 없음)

 가'. '·↛ㅓ'

a. **[어두]** 져 사룸들과 ᄀᆞ치[如] 〈013, 진성이씨A〉 / 누려가오니[下向] 〈014, 전주최씨A〉, 누려오신다 〈012, 진성이씨A〉 / 져 드려다가[帶] 〈008, 의성김씨A〉, 죵을 드리고 가시니 〈014, 전주최씨A〉, 드려와시되 〈012, 진성이씨A〉 / 브리고[棄] 〈012, 진성이씨A〉

　　b. **[비어두]** 삼상은 꿈ᄀᆞ치[夢] 맛고 〈006, 의성김씨A〉, 꿈ᄀᆞ치[夢] 보고 〈012, 진성이씨A〉 / 네 쳡드려(妾) 서너 말 구ᄒᆞ여 갑슬 긔별ᄒᆞ고 보내라 당부ᄒᆞ여 〈013, 진성이씨A〉 / 담스ᄀᆞ디(禫祀) 맛ᄎᆞ오니 〈006, 의성김씨A〉, 예ᄀᆞ지[此所] 평안이 오셔 〈014, 전주최씨A〉 / 져브리고[負] 〈008, 의성김씨A〉

　　c. **[어두/비어두]** 모르는 둧ᄒᆞ니 〈011, 유치명〉, 만날 둧 〈005, 의성김씨A〉, 극진ᄒᆞ실 둧 〈014, 전주최씨A〉, 어듸셔 보던 둧시 〈013, 진성이씨A〉

　나. 'ㅓ→ㆍ'

　　(해당 예 없음)

1760년대 김주국 언간에서는 'ㆍ〉ㅓ' 변화와 관련된 흔적이 전혀 관찰되지 않는대(13)]. 물론, 이는 자료상의 제약에 기인하는 것일 수도 있다. 그러나 저자는 이것을 실제 언어 사실의 반영으로 해석한다. 70·80년 후 제3세대의 언간에서도 여전히 이 변화의 증거가 나타나지 않기 때문이대(14)].

　이제 19세기 30·40년대의 자료를 현장 시간상에서 좀 더 면밀하게 조사해 보기로 한다. (15)와 (16)은 각각 이 시기 제4세대와 제5세대의 언간에 출현하는 'ㆍ〉ㅓ'의 예를 제시한 것이다.

(15) 1830·1840년대 [제4세대]

　가. 'ㆍ→ㅓ'

　　a. **[어두]** 송편 것흔[如] 걸 〈030, 김진화〉, 미음 것흔 거시라도

〈093. 여강이씨〉 / **녀려와야**[下向] 〈029. 김진화〉 / 내힝 **더려다가**
[帶] 〈016. 김진화〉, 아히들 **더리고** 〈016. 김진화〉, 김 승지를 **더리
고** 갓졔 〈023. 김진화〉 / **볼셔**[旣] 〈026. 김진화〉

  cf. 괴화 **ᄀᆞ흔**[如] 모양 〈132. 고성이씨A〉, 쳔금 **ᄀᆞ흔** 〈038.
  여강이씨〉 / **나려오며**[下向] 〈017. 김진화〉, **나려ᄀᆞ습고**
  〈134. 아주신씨A〉, **ᄂᆞ려와** 계셔 〈036. 여강이씨〉 / 아히들
  ᄃᆞ리고[帶] 〈132. 고성이씨A〉, 쳡을 **ᄃᆞ려다가** 〈070. 여강
  이씨〉 / **발셔**[旣] 〈130. 고성이씨A〉, **볼셔** 〈037. 여강이씨〉

b. **[비어두]** **다셧**[五] 〈030. 김진화〉, **열다셧**[十五] 〈080. 여강이씨〉 //
물닌 **ᄀᆞ거치**[如] 〈026. 김진화〉 / **너더러**[汝] 흥졍ᄒᆞ야 달나 홀
거시니 〈023. 김진화〉, **봉쥰이더러나** 그 말을 ᄒᆞ면 〈026. 김진화〉
/ **영문ᄶᅥ지**(營門) 득달ᄒᆞᅀᆞ시니잇가 〈046. 여강이씨〉, **권쇽거지**
(眷屬) 병드러 〈094. 여강이씨〉, **아직거지**ᄂᆞᆫ 〈074. 여강이씨〉 / **무
엇터로**[何] 쵸상 후의 즉시 아니 오ᄂᆞᆫ고 〈023. 김진화〉, **무엇터
러** 그리 한심히 지내게 ᄒᆞ여ᅀᆞᆸ 〈067. 여강이씨〉, 거번 돈은 **무엇
터러** 보내신고 〈042. 여강이씨〉 // **맛졋찬을**[不適](́ 맛ᄀᆞᆺ-[適])
듯 민망ᄒᆞᅀᆞᆸ 〈036. 여강이씨〉

  cf. **스물다ᄉᆞᆺ**[卄五] 〈040. 여강이씨〉 // **흐르ᄂᆞᆫ 젓갓치**[如]
  〈084. 여강이씨〉, **빈곳ᄀᆞ치**[梨花] 〈084. 여강이씨〉 / 사름
  ᄃᆞ려[人] ᄌᆞ랑을 ᄒᆞ오니 〈036. 여강이씨〉 / **언졔신지**[何
  時] 〈033. 여강이씨〉 / **못할**[不爲] 말이 업ᄉᆞ오니 〈033.
  여강이씨〉

나. 'ㅓ → ㆍ'
  a. **[어두]** 물닌 **ᄀᆞ거치**[如] 〈026. 김진화〉
  b. **[어두/비어두]** **져근닷**[時] 잇다가 오라 ᄒᆞ엿더니 〈054. 여강이씨〉
    cf. 쇄돌은 **져근덧**[時] 잇다가 오나 〈072. 여강이씨〉, **져근
    덧** 근친이나 시기려 ᄒᆞ오니 〈076. 여강이씨〉

(16) 1830・1840년대 [제5세대]

가. 'ㆍ→ㅓ'

　　a. **[어두]** 혼슈 물건 <u>것흔</u>[如] 것 〈207, 진성이씨B〉, 일 <u>것흔</u> 것도 〈212, 진성이씨B〉 / <u>데리고</u>[帶] 〈214, 진성이씨B〉, <u>데려올</u> 〈215, 진성이씨B〉 / <u>버리시고</u>[棄] 〈218, 진성이씨B〉 / <u>벌셔</u>[旣] 〈206, 진성이씨B〉

　　　　cf. 헌일 <u>ᄀᆞ스왜</u>[如] 〈207, 진성이씨B〉, 북두 <u>갓흔</u> 〈179, 의성김씨④〉 / 어린것 <u>ᄃᆞ리고</u>[帶] 〈169, 의성김씨②〉 / <u>바리시고</u>[棄] 〈207, 진성이씨B〉, <u>브리고</u> 〈156, 의성김씨②〉

　　b. **[비어두]** 둉들 <u>번거리</u>(番)(〈번글-) 알아 눕고 〈205, 진성이씨B〉 // 돈은 <u>물것치</u>[水] 쓰이여 〈208, 진성이씨B〉, <u>괴질것치</u>(怪疾) 〈217, 진성이씨B〉 / 어제<u>꺼지</u>[昨日] 〈158, 의성김씨②〉, 삭말<u>거지</u>[馬] 〈212, 진성이씨B〉, 원장<u>꺼지</u>(遠葬) 〈235, 진주강씨B〉, 쟝ᄉ<u>거지</u>(葬事) 〈236, 한산이씨〉 / 구완 <u>치료럴</u>(治療) 즐ᄒᆞ여 〈182, 의성김씨④〉, <u>치료럴</u>(治療) ᄒᆞ여 〈182, 의성김씨④〉

　　　　cf. 괴증<u>ᄀᆞ치</u>(壞症) 〈150, 의성김씨①〉, 봄꿈<u>가치</u>[春夢] 〈167, 의성김씨②〉 / 쟝ᄉ<u>까지</u>(葬事) 〈161, 의성김씨②〉, 요전<u>ᄭᆞ지</u>(楡錢?) 〈207, 진성이씨B〉 / 상ᄉ<u>를</u>(喪事) 당ᄒᆞ오니 〈179, 의성김씨④〉

　　c. **[어두/비어두]** 그 슈척 업더질 <u>덧흔</u> 모양 모양 <u>되흔 둣</u> 〈177, 의성김씨④〉 / 혼슈 물건 것흔 것 다 적게 오고 한 <u>벌</u>만 왓다 〈207, 진성이씨B〉, 의복을 한 <u>불</u>이나 가지고 오시면 집의 와 겨셔 입으실 옷 얄게 한 <u>벌</u> 짓ᄉᆞ오니 〈208, 진성이씨B〉

나. 'ㅓ→ㆍ'

　　(해당 예 없음)

이전 시기(1760년대), 혹은 같은 시기의 이전 세대(제3세대) 발신자들과는 달리, 1830·1840년대 제4·5세대 발신자들은 'ㆍ〉ㅓ'를 경험한 다양한 어사들을 노출시킨다. 이 변화를 가장 적극적으로 수용한 인물은 단연 김진화(G₄)이다. (15가)를 통해서도 잘 알 수 있듯이, 그는 이 변화를 겪은 어사에 대해서만큼은 'ㆍ~ㅓ' 변이를 거의 보여 주지 않고 주로 /ㅓ/형만을 실현시키기 때문이다. 가령, (15가a)에 제시한 '너려와야~나려오며'가 그의 언어에서 관찰되는 유일한 변이일 뿐,17) 총 2회 이상 실현된 어사인 'ᄃ러-[帶]'(7회), '-ᄃ려[보조사]'(5회), '다ᄉᆞᆺ[五]'(6회) 등은 모두 /ㅓ/형으로만 실현된 것이다. 김진화의 뒤를 이어서는 그의 부인 여강이씨(G₄)와 맏며느리 진성이씨B(G₅)가 'ㆍ〉ㅓ' 개신형들을 비교적 많이 사용하나, (15)와 (16)의 각 'cf.'에 제시한 예와 같이 이들은 비개신형들도 함께 사용한다. 'ㆍ〉ㅓ'의 실현 비율을 따지면 여강이씨보다 진성이씨B가 더 높다. (15), (16)은 (13), (14)와 대조해 볼 때 'ㆍ〉ㅓ'가 음소 /ㆍ/의 비음운화의 "말기 증상"이라고 '진단'한 金完鎭(1978: 133)의 해석에 잘 부합한다.

그런데 (15나)와 같이 /ㅓ/를 'ㆍ'로 과도 교정한 예는 김진화와 여강이씨 언간에서만 등장한다. 특히, (15나a)의 '물닌 ᄀᆞ거치'는 흥미로운 예이다. 본래 '물닌 것ᄀᆞ치'로 표기되었어야 하는 이 구성은, 보조사 '-ᄀᆞ치'가 'ㆍ〉ㅓ'에 따라 '-거치'로, 의존 명사 '것'이 이 변화에 대한 과도 교정으로 'ᄀᆞᆺ'으로 각각 표기되었기 때문이다. 이러한 과도 교정형이 이전 세대 언간에서는 발견되지 않다가 제4세대 언간에서 나타난다는 사실은, 학봉 종가의 화자들 사이에서 'ㆍ〉ㅓ'가 확산된 시점과 정확히 일치하므로 'ㆍ〉ㅓ'가 이 시기 제3·4세대 사이에 발생하였다는 것을 뒷받침해 준다.

---

17) 그 외 '호철이도 갓치[如] ᄒ 량으로 ᄒᆞ엿더니 〈019〉'와 (15가b)의 '물닌 ᄀᆞ거치'에서 각각 사용된 부사 '갓치'와 보조사 '-거치'도 들 수 있겠다. 그러나 현대 국어의 직관에 따르면 이들 간에는 범주상의 차이가 있으므로, 이 둘이 완전히 동일한 비교 대상이라고는 할 수 없다.

그리고 이 과도 교정의 예가 제4세대 언간에서만 등장하고 이후 세대 언간에서는 보이지 않는다는 사실은, 전술한 바와 같이 제4세대와 제5세대의 언어 형성기 사이에(즉, 1800년대 전후에) /·/의 비음운화가 완료되었다는 우리의 주장이 타당함을 다시 입증해 준다. 제5세대 화자의 모음 체계 내에는 /·/가 존재하지 않으므로 그들은 /ㅓ/를 '·'로 잘못 교정할 수 없었던 것이다. (16가)에 제시한 '·→ㅓ'의 개신형들은 제5세대 화자가 부모 세대로부터 물려받아 사용한 것이며, '·'를 그대로 유지하고 있는 보수형들은 전통적인 서사 규범에 따라 표기한 것이라고 할 수 있다.

'·〉ㅓ' 변화와 관련지어 빼놓을 수 없는 것은 '·ㅣ〉ㅔ' 변화이다. 만일 당시 /·ㅣ/와 /ㅔ/가 아직 단모음화하지 않은 상태였다고 한다면, 이 변화 역시 '·〉ㅓ'와 같은 범주로 다룰 수 있기 때문이다. 하지만 '·〉ㅓ'와는 달리 '·ㅣ〉ㅔ'에 대한 자료를 해석할 때는 다음과 같은 세 가지 측면에서 난점이 따른다. 첫째, 3.2에서 논의하게 되겠지만 이 시기는 하향 이중모음이 단모음화하고 있는 중간 단계이므로, '·ㅣ〉ㅔ'를 경험한 각 어사가 ① '[ʌy]〉[əy]'를 겪은 것인지, ② '[ɛ]〉[e]'를 겪은 것인지 구분하기 어렵다. 둘째, 설령 단모음화 이전에 '·ㅣ〉ㅔ'가 이루어진 어사라고 하더라도 그것이 ① '[ʌy]〉[ye]'에 의한 것인지, ③ '[ʌy]〉[ay]'에 의한 것인지 구분하기 어렵다. 셋째, 이 두 가지 가능성이 복합된 경우로 해당 어사가 ④ '[ʌy]〉[ay]'를 먼저 겪은 후 단모음화가 이루어져 다시 '[ɛ]〉[e]'를 겪었을 가능성도 상정할 수 있다.

이와 같은 문제점은 자료에 대한 정밀한 검토를 통해 어느 정도 해결할 수 있다. 우선 관련 예를 제시해 보면 (17), (18)과 같다. 참고로, '·ㅣ~ㅔ' 혼기례는 매우 소수로만 출현할 뿐이며 1760년대 제1세대 및 1830·1840년대 제3세대 언간에서는 발견되지 않는다.

(17) 1830・1840년대 [제4세대]

　가. 'ㆍㅣ→ㅔ'

　　(해당 예 없음)

　나. 'ㅔ→ㆍㅣ'

　　a. **[비어두]** 추돌이 무양키(無恙)('-게') 되여 〈036. 여강이씨〉, 답〃키 무던이 혼인을 등듸ᄒᆞ면 〈096. 여강이씨〉 / 자갸는 가고 눌을키[誰] 아기(雅期)를18) 치일고 〈118. 여강이씨〉 / 너모 익스키대[勞苦] 〈058. 여강이씨〉 / 익직새[今] 하인의 입으로 말이 나고 〈023. 김진화〉, 익직야 보니 한심〃ᄒᆞ고 〈023. 김진화〉 / 익싴ᄒᆞ나(哀惜)(익셕〈익셕) 〈041. 여강이씨〉

　　　cf. 가늘게[細] 스으라 〈080. 여강이씨〉 / 익져ᄂᆞᆫ[今] 〈023. 김진화〉, 익저ᄂᆞᆫ 〈070. 여강이씨〉, 익자야 와스오니 〈054. 여강이씨〉

　　b. **[어두/비어두]** 아무 듸[處] 흥졍ᄒᆞ야 달나 ᄒᆞ야도 〈023. 김진화〉, 아모 듸도 이실 듸 업스니 〈064. 여강이씨〉 / 슬듸업다고[冗] 〈098. 여강이씨〉

　　　cf. 아니 쓸 데[處] 써셔 〈026. 김진화〉 ~ 즈즐〃〃흔 대 〈020. 김진화〉 / 셔루 써낫다가 한데로[一處] 모히면 〈016. 김진화〉 / 한데[露天] 안즈니 〈030. 김진화〉 / 네 헌데[瘡] 더ᄒᆞ지 아니ᄒᆞ고 〈021. 김진화〉, 헌데 〈018. 김진화〉 ~ 헌듸 〈017. 김진화〉, 헌듸 〈054. 여강이씨〉

(18) 1830・1840년대 [제5세대]

　가. 'ㆍㅣ→ㅔ'

---

18) '아기(雅期)'는 '혼례(婚禮)'를 말하는데, 여기서는 '혼례를 치루기 위한 준비'를 뜻한다(한국학중앙연구원 2009a: 417).

(해당 예 없음)

나. 'ㅔ→ㆍㅣ'
  a. **[어두]** 무가내로 원을 못 **ᄶㆎ일**[分離] 듯 〈229, 김수락〉
  b. **[비어두]** 못 견**ᄃㆎ깃솝**[耐] 〈183, 의성김씨④〉 / 인돌은 **병ᄉㆎ**(病勢) 업ᄂᆞᆫ가 〈177, 의성김씨④〉 / **이져야**[今] 긔별을 듯ᄌᆞ오니 〈167, 의성김씨②〉

  cf. **이져ᄂᆞᆫ**[今] 〈162, 의성김씨②〉, **이쟈야** 〈177, 의성김씨④〉

  c. **[어두/비어두]** 조흔 **ᄃㆎ**[處] 〈180, 의성김씨④〉, 괴로오신 **ᄃㆎᄂᆞᆫ** 〈214, 진성이씨B〉 / **헌ᄃㆎ**[瘡] 엇더ᄒ오신고 〈157, 의성김씨②〉, **헌ᄃㆎ가** 그러ᄒᆞ시니 〈180, 의성김씨④〉 / **쓸ᄃㆎ업솝**[冗] 〈150, 의성김씨①〉

  cf. 불평ᄒᆞ옵신 **대**[處] 〈152, 의성김씨②〉 / **헌뎨가**[瘡] 슈이 낫지 아니시면 〈180, 의성김씨④〉

(17), (18)에서 우리가 주목해야 할 점은, 'ㆍㅣ~ㅔ' 혼기례가 모두 /ㅔ/를 'ㆍㅣ'로 표기한 것들이며 /ㆍㅣ/를 'ㅔ'로 표기한 예는 단 하나도 발견되지 않는다는 사실이다.[19] 이러한 사실은 (17나)와 (18나)의 'ㅔ→ㆍㅣ' 표기가 'ㆍㅣ〉ㅔ' 변화에 대한 과도 교정의 결과로 파악할 수 없게 만든다. 그렇다면 'ㅔ→ㆍㅣ'는 /ㅔ/가 어떠한 이유로 인하여 'ㆍㅣ'로 적힌 것으로 보아야 한다. 그런데 우리는 앞서 제5세대 언간에서 /ㆍㅣ/는 /ㅐ/와 동일한 소리를 나타내는 표기라는 사실을 밝힌 바 있다. 따라서 적어도 (18나)의 'ㅔ→ㆍㅣ'는 사실 /ㅔ/를 /ㅐ/로 나타낸 표기일 것이다. 제4세대 언간에서도 'ㆍㅣ→ㅔ'의 예가 전혀 나타나지 않으므로 (17나) 역시 (18나)의 경우와 동일하게 해석하는 것이 합리적이다.

여기서 발신자들이 /ㅔ/를 /ㅐ/로('ㅔ→ㆍㅣ') 나타낸 이유는 무엇일까.

---

[19] 19세기 동남 방언을 반영한 문헌 자료를 대상으로 모음 상승을 고찰한 정영호(2008: 286)도 제2음절 이하의 위치에서 'ㆍㅣ(ㅐ) → ㅔ'보다 'ㅔ → ㆍㅣ(ㅐ)'의 예가 더 많다는 사실을 지적한 바 있다.

우선 생각해 볼 수 있는 것은 'ㅔ〉ㅐ' 변화이다. 이는 '[əy]〉[ay]'일 수도 있고 '[e]〉[ɛ]'일 수도 있을 것이다(3.2.1 및 3.3.1.2 참조). 하지만 19세기 후기 자료에서 관찰되는 모음 체계 내 각 서열별 모음 상승을 염두에 둔다면, 'ㅔ〉ㅐ'를 어느 과정으로 파악하든 둘 다 모음 하강이라는 점에서 문제가 된다. 그러므로 본서에서는 'ㅔ〉ㅐ' 변화를 받아들이지 않는다.

달리 생각해 볼 수 있는 방안은, 당시 화자들이 /ㅔ/와 /ㅐ/의 음가를 혼동하여 그 소리를 어느 한 문자만으로 표기하였을 가능성이다. 즉, 음성적으로 유사한 /ㅔ/와 /ㅐ/를, (/ㅐ/를 나타내는) 'ㆎ'자로만 적었다는 것이다. 하지만 이와 같은 추측은 더 이상 논증하기 어렵다. 여기서는 일단 'ㆎ~ㅔ' 혼기(즉, 'ㅔ→ㆎ')가 /ㆍ/의 변화와 관련지어 논의할 대상이 아니라, /ㅔ/와 /ㅐ/의 혼동과 관련하여 논의할 대상이라는 사실을 지적하는 데에 만족하기로 한다.

3.2. 하향 이중모음의 변화

3.2.1. /ㅔ/와 /ㅐ/의 변화

/ㅔ/와 /ㅐ/의 변화란, 중세 국어에서 하향 이중모음이었던 /əy/와 /ay/가 각각 /e/와 /ɛ/로 단모음화하는 것을 말한다. 하향 이중모음 /ㅔ/와 /ㅐ/의 단모음화 시기에 대해서는 그동안 많은 논의가 있었는데, 연구자에 따라 그 시기를 조금씩 달리 상정한다. 종래의 견해를 정리하면, '17세기 말기'(許雄 1952: 8), '18세기'(李崇寧 1954a: 425, 金完鎭 1963: 495), '18세기 초'(김주원 1984: 53), '18세기 중기'(洪允杓 1986a: 136), '18세기 중엽 이후'(白斗鉉 1990/1992: 91~92),[20] '18세기 말엽'(李基文 1972: 202), '18세기

---

20) 다만, 白斗鉉(1990/1992: 92)은 18세기 중엽경에 단모음 e, ɛ가 존재하였음은 확실하지

말엽에서 19세기 초엽 사이'(李基文 1961: 165), '18세기 후기[제2음절 아래]와 18・19세기 교체기[어두]'(郭忠求 1980: 89), '19세기'(허웅 1965: 437) 등으로 열거할 수 있다.

〈鶴峰宗家〉에는 /ㅔ/와 /ㅐ/가 여전히 이중모음의 신분을 유지하고 있는 근거도 발견되지만, 두 모음이 이미 단모음화된 것으로 볼 수 있게 해 주는 근거도 함께 존재한다. 이제 각각의 근거들을 차례대로 제시해 보기로 한다.21)

/ㅔ/와 /ㅐ/가 이중모음이라는 사실을 입증하는 근거는 일단 세 가지를 생각해 볼 수 있다. 하지만 그들 모두가 동등한 가치를 지니는 것은 아니다. 논의의 전개 과정에서 곧 밝혀지게 되겠지만, 그중 하나는 결국 적절한 근거가 되지 못하며, 나머지 둘은 각각 소극적인 근거와 적극적인 근거로 나뉘기 때문이다.

우선 일견하여 /ㅔ/와 /ㅐ/가 이중모음임을 입증해 주는 것처럼 보이지만 종국에는 그 근거로 인정할 수 없는 현상부터 살펴보겠다. 주격 조사 '-이'나 계사 '-이-'가 개음절로 끝나는 선행 체언과 결합하여 그 음절 부음으로 표기되는 현상이 바로 그것이다.

(19) 1860년대 [제1세대(김주국)]

　가. 'ㅓ+ㅣ→ㅔ'

　　(해당 예 없음)

　나. 'ㅏ+ㅣ→ㅐ' 및 'ㆍ+ㅣ→ㆎ'

　　납돌고개 밧 서 마지기논 며느리 산 거시니 알 **배**(바所+

만 모든 어휘에서 이 변화가 완성된 것은 아닌 것으로 보았다. 즉, 단모음화된 e, ɛ와 여전히 이중모음으로 발음되는 əy, ay가 일정한 시기 동안 공존하였다는 것이다. 그런데 그 견해는 ≪十九史略諺解≫(1832)의 간년을 1772년으로 여긴 것에 크게 근거하고 있으므로, e, ɛ와 əy, ay의 공존 시기는 더 늦춰 잡을 수 있을 것이다.

21) 단모음화의 근거로 제시된 것들도 학자들마다 조금씩 차이가 있는데, 그 근거들은 김봉국(2010: 44~47)에 잘 정리되어 있다.

-ㅣ) 아니오 〈004〉, 궁골 논 닷 마지기는 제 산 거시니 내 알 배 아니나 〈004〉, 수싱이 경듕이 현〃ㅎ니 일편되이 싱각홀 배 아니라 〈003〉 / 흔번 앗자근 후는 만ᄉㅣ(萬事+-ㅣ) 다 헷거시라 〈003〉, 무듀공당에 빅만ᄉㅣ(百萬事+-ㅣ) 허여진디 위혈 업손 서넛 언 빙아리 ᄀᆞᆺ튼 게 위혈 업시 서의 셔름만 픔고 셩댱을 흔둘 〈003〉 / 날ᄃᆞ려 이로디 문ᄌㅣ(文字+-ㅣ) 이시니 휘의 보실나 ᄒᆞ고 〈002〉

(20) 1830・1840년대 [제3세대]

　가. 'ㅓ+ㅣ→ㅔ'

　(해당 예 없음)

　나. 'ㅏ+ㅣ→ㅐ' 및 '・+ㅣ→ㆍㅣ'

　금계 긔별은 일젼의 ᄃᆞᄅᆞ니 아직 금안ᄒᆞ다 ᄒᆞ오니 든〃 경ᄉㅣ(慶事+-ㅣ) 층양업ᄉᆞᆸ 〈006, 의성김씨A〉 / 앗ᄀᆞᆸ수온 ᄌᆞ최 속졀 업시 고ᄉㅣ(古事+-ㅣ) 되오니 원통ᄒᆞᆸᄂᆞ이다 〈006, 의성김씨A〉 / 날을 넛지 아니ᄒᆞ고 인편이 이시면 글시ᄅᆞᆯ 보이니 긔특 황홀 졍답기 여ᄉㅣ(例事+-ㅣ) 아닌 듯 〈013, 진성이씨A〉

(21) 1830・1840년대 [제4세대]

　가. 'ㅓ+ㅣ→ㅔ'

　(해당 예 없음)

　나. 'ㅏ+ㅣ→ㅐ' 및 '・+ㅣ→ㆍㅣ'

　a. 식〃 괴롭ᄉᆞ오신 증환 ᄎᆞ〃 감셰 계시다 ᄒᆞ오니 든〃 경ᄉㅣ(慶事+-ㅣ) 이밧 업스오나 〈038, 여강이씨〉 / 쇄돌이도 약 먹는다 ᄒᆞ오니 병이 잇ᄉᆞᆸ 가히 힝ᄉㅣ(行事+-ㅣ) 그리 미거ᄒᆞ니 졀박흔 일이옵 〈076, 여강이씨〉, 제 힝ᄉㅣ(行事+-ㅣ) 그러ᄒᆞ온들 제야 그리 조심될 거시 이셔 크게 일을 내지 못ᄒᆞ시고 〈083, 여강이씨〉

/ 이불도 며느리 밧바 홀 스이 업스오니 남을 시겨습더니 집이셔 아니코 남 시긴다 갑슬 줄 의시(意思+-ㅣ) 업스오니 답〃 〈082, 여강이씨〉

b. 아비흔테 편디ᄒ기로 조히 붓즐 주고 가르치면 스마 ᄒ오니 우습고 긔졀〃 경시오나(慶事+-ㅣ-)〈037, 여강이씨〉, 쳘 이 밧 계시나마 신샹이나 평안ᄒ옵시면 경시올(慶事+-ㅣ-) 둣〈067, 여강이씨〉, 우환이나 츠〃 나아 완인이 되오면 경시올(慶事+-ㅣ-) 둣ᄒ옵〈070, 여강이씨〉

(22) 1830·1840년대 [제5세대]
　가. 'ㅓ+ㅣ→ㅔ'
　　신힝도 졈〃 ᄀ즉ᄒ오나 두세(頭緒+-ㅣ) 업스온 모양 민망습고〈218, 진성이씨B〉, 수연 두세(頭緒+-ㅣ) 업스오나〈223, 진주강씨A〉

　나. 'ㅏ+ㅣ→ㅐ' 및 'ㆍ+ㅣ→ㅣ'
　　듸단 쳠졀은 아니 계신가 시부니 든〃 경시(慶事+-ㅣ) 그지 업습고〈174, 의성김씨③〉 / 원당도 쉬이 지닌다 ᄒ오니 원앙〃 쇽졀업시 고시(古事+-ㅣ) 되온 일 쳔니가 엇지 그덧ᄒ 온고 불샹〃 ᄒ오이다〈215, 진성이씨B〉, 쇼호듹 원장ᄭ지 지나와 고시(古事+-ㅣ) 되온 일 앗갑고 불샹〃 ᄒ오이다〈235, 진주강씨B〉 / 식도 모지(母子+-ㅣ) 병수는 업스오나 감긔 괴롭스오이다〈162, 의성김씨②〉

(19)~(22)는 해당 시기 자료에서 나타나는 예를 대부분 제시한 것이다. (21나b)는 계사가 결합형으로, 그 외 나머지 예는 모두 주격 조사 결합형으로 볼 수 있다. 이처럼 후행하는 /ㅣ/와 결합하여 'ㅣ 상합자(相合者)'를 이루는 체언은 '事'를 제2구성 요소로 하는 한자어[고스(古事), 경

亽(慶事), 만亽(萬事), 여亽(例事), 힝亽(行事)]가 주류를 이룬다. 만일 이러한 'ㅣ'를 주격 조사나 계사로 분석할 수 있다면, (19)~(22)는 모두 /ㅔ/와 /ㅐ/('·ㅣ')가 이중모음이라는 사실을 지지해 주는 좋은 근거가 될 수 있을 것이다.

그러나 이상에서 살펴본 'ㅣ'는 아래와 같은 예들의 존재로 인하여 반드시 주격 조사나 계사로만 해석할 수 있는 것은 아니다.

(23) 가. 샹가미눈[雙轎] 북곽 슉문의 집의 잇눈 계샹 거슬 비러 오고 독가마눈[獨轎] 계남 잇눈 거슬 둘을 다 비러다가 〈016, 1833년, 김진화(G4)〉

나. 셰간과 이녁 쓰던 것 완년이 버럿亽오나 임직눈[主] 흔적이 업亽오니 통악〃ᄒᆞ옵고 〈206, 1847년, 진성이씨B(G5)〉

다. 빅근이눈 가덧 마덧 댱긔드레[娶] 금슬이 그덧흔 거시 〈118, 1850년, 여강이씨(G4)〉

라. 이번은 돈 열 냥 셔울 갈 힝직(行資+ㅣ) 흔다 ᄒᆞ오나 그거시 계요 올나갈 힝직 되니 돈 흔 푼 업시 견딜 슈 업亽니 〈118, 1850년, 여강이씨(G4)〉

마. 셰샹이 엇지 그딕도록 늣거올 줄 쑴의나 싱각ᄒᆞ왓亽리 쳔되도(天道+ㅣ) 너모 편혹ᄒᆞ온 둣 통분〃ᄒᆞ오이다 〈214, 1849년, 진성이씨B(G5)〉

(24) 가. 과거 임박ᄒᆞ오니 초시나 ᄒᆞ오면 싁훤 경亽올(慶事) 둣 조이옵 〈102, 1848년, 여강이씨(G4)〉

나. 쇼쥬 네 가미면[鼎] 좀미 너 되예 송슌을 살마 그 물과 송슌을 함씌 교합ᄒᆞ고 … 한 가마면[鼎] 쌀 흔 말 두 되드리오 송슌 흔 되 〈031, 19세기 전반, 김진화(G4)〉

(23가~다)에 제시한 예는 〈金誠一家〉를 고찰한 최전승(2012: 316~320)이

[-격식성, +구어성, -존경성, +친숙성]과 같은 사회 언어학적 자질을 부여하는 파생 접미사 '-이'(崔銓承 1982: 176~177)가 결합한 단어로 분석한 단어이다. (23라, 마)는 저자가 새로 추가한 예이며, 그중 (23라)는 비록 /ㅚ/에 대한 것이기는 하나 동일한 다른 예들과 동일한 범주에 속하는 것이다. 이들 단어에 결합한 'ㅣ'는 보조사 '-는, -도'가 후행하거나 [(23가, 나, 마)], 대격을 요구하는 통사적 구성으로 인하여[(23다, 라)] 주격 조사로 볼 수 없다. 또한, (24)에서 볼 수 있듯이 개음절로 끝나는 체언 어간 뒤에서도 계사가 필수적으로 결합하는 것은 아니다. 따라서 (21나b)의 'ㅣ'를 반드시 계사로 볼 필요는 없을 것이다. 이러한 이유로 본서에서는 /ㅣ/가 선행 음절과 결합하여 음절 부음으로 표기되는 현상을 하향 이중모음의 단모음화에 대한 적절한 근거로 삼지 않기로 한다.

이와는 달리, 곡용과 활용에서 이루어지는 /y/ 첨가 현상은 /ㅔ/와 /ㅐ/가 하향 이중모음이라는 근거가 될 수 있다. 가령, 이 언간 자료에서 부사격 조사 '-에'는 /ㅔ/나 /ㅐ/('·ㅣ') 말음 체언과 결합할 때 항상 '-예'로만 나타나며(/ㅔ/ 말음 체언과 결합한 예는 1830·1840년대 편지에서 발견되지 않는다), 부사형 어미 '-아/어'는 /ㅔ/나 /ㅐ/('·ㅣ') 말음 용언 어간과 결합할 때 항상 '-야/여'로만 실현되는 것이다.

(25) 1830·1840년대 [제3~5세대]: 부사격 조사 '-에'

    가. 긱지예(客地) ⟨008, 의성김씨A(G₃)⟩ / 머리예[頭] ⟨024, 김진화(G₄)⟩ / 삼시예(三時) ⟨041, 여강이씨(G₄)⟩ / 편지예(便紙) ⟨229, 김수락(G₅)⟩ / 불시예(不時) ⟨167, 의성김씨②(G₅)⟩

    나. 수년 닋예(內) ⟨008, 의성김씨A(G₃)⟩, 내예[內] ⟨027, 김진화(G₄)⟩ / 제째예[適時] ⟨040, 여강이씨(G₄)⟩ / 긔셰예(氣勢) ⟨213, 진성이씨B(G₅)⟩

(26) 1830·1840년대 [제3~5세대]: 부사형 어미 '-아/어'

    가. 쇼옥이 비여[空] ⟨024, 김진화(G₄)⟩ / 걸니여[患] ⟨029, 김진화(G₄)⟩ /

졸이**여**[賴] 〈077. 여강이씨(G₄)〉

나. 쩨**여**[離] 〈057. 여강이씨(G₄)〉 / 내**야**[出] 〈024. 김진화(G₄)〉, 내**여**[出] 〈043. 여강이씨(G₄)〉 / 보내**여**[送] 〈070. 여강이씨(G₄)〉 / 틱**여**[乘] 〈043. 여강이씨(G₄)〉

(25가)는 모음 /ㅣ/로 끝나는 체언 뒤에서, (25나)는 /ㅖ/나 /ㅐ/(·ㅣ)로 끝나는 체언 뒤에서 부사격 조사가 '-예'로 실현된 것을 각각 나타낸다. (26가)는 모음 /ㅣ/로 끝나는 용언 어간 뒤에서, (26나)는 /ㅖ/나 /ㅐ/ (·ㅣ)로 끝나는 용언 어간 뒤에서 부사형 어미가 '-야'나 '-여'로 나타난 것을 각각 나타낸다. 위 예들을 통해 우리는 /ㅖ/나 /ㅖ/, /ㅐ/(·ㅣ)가 모두 하향 이중모음임을 알 수 있다.22)

그런데 이상에서 살펴본 /y/ 첨가 현상이 /ㅖ, ㅐ/를 하향 이중모음으로 판단할 수 있는 적극적인 근거가 되지 못한다는 주장도 있다. 19세기 후기 충북 보은 지역어를 반영한 ≪女小學≫의 'ㅟ, ㅚ' 표기와 현대 보은(회인) 지역어 간의 대비를 통하여 그 책이 필사되던 당시 두 모음의 음운론적 신분을 검토한 박경래(1995)가 그 대표적인 예이다.23) 그 논문에서는 현대 회인 방언에서 /ㅟ, ㅚ/가 단모음으로 실현되지만 처격 조사 '-에'가 '귀'나 '쇠, 되' 등과 결합할 때는 '-예'로 발음된다는 사실을 언급하고, 그것은 /ㅟ, ㅚ/가 이중모음으로 실현되던 시기의 발음 습관이 그대로 남아 있기 때문인 것으로 보았다. 그리하여 ≪女小學≫에 나타나는 '귀예[耳], 뛰여들어[꼿ㅈ], '쥬인 외예년(外), 되야도[化]'와 같은 표기는 /ㅟ, ㅚ/가 반드시 이중모음이라는 근거가 될 수 없다고 결론지

---

22) /y/ 첨가라는 용어는 사실 (25가)와 (26가)를 염두에 두고 사용한 것이다. (25나)와 (26나)의 체언 및 용언 어간의 말음을 하향성 활음 /y/로 볼 경우, 결국 (25나)와 (26나)는 뒤에서 언급할 /y/ 유동 현상의 하나가 된다.

23) 비록 박경래(1995)는 /ㅟ, ㅚ/를 다룬 논문이지만, 그 논지는 /ㅖ, ㅐ/에 그대로 적용될 수 있을 것이다.

은 것이다[98, 102~103면].[24]

저자는 박경래(1995)의 주장이 기본적으로 타당하다고 여긴다. 실제로 〈鶴峰宗家〉 중 /에/의 단모음화가 완료되었을 것으로 여겨지는 1879년에 작성된 편지(〈254〉)에서도 '금세예(今世)'와 같이 부사격 조사 '-에'가 '-예'로 실현된 예가 나타나기 때문이다(예 금세예(今世) 드무신 조난(尊顔)을 언제 뵈올고).[25] 물론 그 논문에서 다룬 ≪女小學≫과 본서의 〈鶴峰宗家〉에서 등장하는 해당 표기가 서로 동일한 조건에 놓여 있는 것은 아니다. 전자에는 '뒤에[後], 참최에도(斬衰)'와 같이 굴절 환경에서 /y/ 유동(첨가) 현상을 거부한 예도 함께 나타나는 데 반해, 후자에서는 그러한 예가 전혀 나타나지 않는 것이다.[26] 〈鶴峰宗家〉와 같이 방대한 분량의 (1830・1840년대) 자료에서 'X+VY'의 결과가 'XVY'로는 단 한 차례도 등장하지 않고 항상 'XyVY'로만 나타난다는

---

[24] 이와 같은 판단을 할 수 있었던 밑바탕에는 움라우트가 단모음 /ü/나 /ö/의 형성 이후에 출현할 수 있다는 전통적인 관점이 깔려 있다. ≪女小學≫에는 움라우트 실현형이 비실현형과 공존하고 있는데, 박경래(1995: 97~98)는 당시 생산적으로 출현하였던 움라우트형이 기사자에게 숙습(熟習)으로 인한 것으로 인식되어 의도적으로 비실현형으로 교정된 것으로 판단하였다. 그러나 여러 논의에서 밝혀졌듯이, 움라우트의 실현이 /ü/나 /ö/의 존재를 반드시 전제로 하는 것은 아니다(3.4 참조).
[25] 〈254〉는 신원을 정확히 알 수 없는 "딜부"('질부A')가 "맛아바님" 김홍락에게 보낸 언간이다. 만일 이 '질부A'가 김익모(金翊模, 1858~1935)의 아내 광산김씨(光山金氏, 1857~1918)라면, 그는 1850・1860년대에 언어 형성기를 보낸 것이 된다.
[26] 다만, 복합어 경계에서는 아래 예와 같이 /y/ 유동 현상이 실현되지 않기도 한다.
　　예 사룸이 될 둣 혜염(思慮) 든 일이 만ᄉ오니 긔특ᄒᆞ옵 〈098, 1848년, 여강이씨(아내) → 김진화(남편)〉
여기서 '혜염'은 중세 국어의 '혜-[數, 量]'로 소급하는 어간과 명사 파생 접미사 '-음'의 결합으로 분석되는데, 그 의미는 '철(사리를 분별할 수 있는 힘)' 정도이다. 그런데 이상신(1998: 31)에도 언급되어 있듯이, '혜'와 형태・의미론적으로 연관이 깊은 중세 국어 어간 '혜아리-'도 '혜야리-'로 실현되는 경우는 매우 드물다. '혜염'이 /y/ 유동 현상을 보이지 않는 이유는 이와 관련되어 있을지도 모른다. 한편, 활용에서도 '이어[連], 지어[作]'와 같이 표면상으로는 /y/ 유동 현상이 거부된 예들이 존재하기는 한다. 그러나 이들은 각각 '니서'와 '지서'의 후대형으로 본래 어중 자음('△')을 지니고 있던 어사라는 점에서 다른 예들과 구별된다. 〈鶴峰宗家〉에서는 일반적으로 모음 /ㅣ/로 끝나는 어간과 모음 어미와의 결합 시 /y/ 첨가가 반드시 표기상에 반영된다는 점에서, '이어, 지어'는 전통적인 표기법이 그래도 지켜진 것이 아닌가 한다.

사실은, 곧 'X'가 하향성 활음(off-glide) /y/를 지니고 있을 가능성이 높음을 말해 준다. 하지만 이 사실은 'X'가 하향 이중모음이라는 필요조건만 될 뿐 충분조건이 되지는 못한다. 따라서 본서에서는 굴절 환경에서의 /y/ 첨가 현상을 /ㅔ, ㅐ/가 이중모음이라는 주장에 대한 '소극적인' 근거로만 받아들인다.

반면에, /y/의 양음절성(ambisyllabicity)과 관련된 이른바 "interude"(金完鎭 1964: 53), 혹은 '[y] 유동 현상'(李賢熙 1991: 324~325)은[27] /ㅔ, ㅐ/가 하향 이중모음임을 알려 주는 적극적인 근거가 된다.

(27) 1760년대 [제1세대(김주국)]

뻐여[離] 내지 못홀 거시오 〈001〉, **뻐여** 내지 못홀 거니니 〈001〉

cf. 풀거나 **쎠거나**[離] 〈001〉, 논곳 **쎠면** 〈001〉, **쎠지** 말난 말이 〈004〉

(28) 1830 · 1840년대 [제3~5세대]

가. **[고유어 내부]** **계유**[僅](〈계오~계우〉 〈131. 고성이씨A(G₄)〉, **계요** 〈177. 의성김씨④(G₅)〉 ~ 우리도 **겨요** 지내오나 〈014. 전주최씨A(G₃.₅)〉, **겨요** 〈216. 진성이씨B(G₅)〉 / **에엿부읍괴**[非](〈어엿브-〉 〈232. 진주강씨B(G₅)〉 ~ **어엿부읍** 〈006. 의성김씨A(G₃)〉, **어엿분** 〈183. 의성김씨④

---

[27] 李賢熙(1991: 324-325)에서는 '[y] 유동 현상'과 함께 '[y] 개재 현상'이라는 용어도 함께 사용되었다. 그런데 '[y] 개재 현상'이라는 용어는 그 개념이 분명하나 '[y] 유동 현상'은 그렇지 않다. ①'[y] 개재 현상'는 '므의엽대[畏], 두외얘[化]'와 같이 '형태소 경계에서 선행 어간말의 [y]가 모음으로 시작하는 후행 요소에 영향을 주어 [y]를 하나 가지게 만드는 현상'을 말한다. ② 그리고 그 논문에서는 '슌비[易], 벼개[枕], 화예[蘂], 도야마늘[獨顆蒜]'을 예로 들면서 '형태소 경계나 단어 내부에서 선행 요소나 선행 음절의 하향성 활음 (off-glide) [y]가 후행 요소나 후행 음절의 [i]나 [y]의 영향으로 수의적으로 탈락하는 현상'도 언급하였지만, 그것을 지칭하는 용어는 명시적으로 제시하지 않았다. 해당 문맥을 고려하건대 '[y] 유동 현상'이란, ①과 ②를 포괄하거나 ②만을 가리키는 용어로 보인다. 본서에서는 사용하는 '/y/ 유동 현상'이라는 용어는 전자의 개념, 즉 ①과 ②를 포괄하는 개념이다.

⟨G₅⟩⟩

나. **[한자어 내부]** **나일**(來日)⟨037, 여강이씨(G₄)⟩ ~ **닉일** ⟨040, 여강이씨(G₄)⟩, **내일** ⟨069, 여강이씨(G₄)⟩ / **마일**(每日)⟨182, 의성김씨④(G₅)⟩ / **ᄆ양**(＜每常)⟨057, 여강이씨(G₄)⟩ ~ **밍양** ⟨225, 진주강씨A(G₅)⟩

다. **[형태소 경계]** 돈을 **듸여**[提供](⟨다혀⟩ 주이 ⟨119, 여강이씨(G₄)⟩ ~ 팔십 양을 **다여** 주려 ᄒ니 ⟨115, 여강이씨(G₄)⟩ / **이직얘[슈]** 보니 한심 〃 ᄒ고 ⟨023, 김진화(G₄)⟩, **이직야** 긔별을 듯ᄌ오니 ⟨167, 의성김씨②(G₅)⟩ ~ **이자야** 와ᄉ오니 ⟨054, 여강이씨(G₄)⟩, **이쟈야** ⟨177, 의성김씨④(G₅)⟩

cf. **이직새[슈]** ⟨023, 김진화(G₄)⟩, **이저는** ⟨162, 의성김씨②(G₅)⟩

(27)에 제시한 '쎠여'는 18세기 60년대까지는 /ㅔ/의 단모음화가 완성되지 않았음을 확실히 알게 해 준다. 그런데 김주국의 편지에서 '쎠면'과 '쎠지'도 함께 출현하여 '쎄-'가 '쎠-'로 재어휘화(relexicalization)하였을 가능성을 제기하기도 한다. 하지만 '쎄거냐'의 존재는 이러한 재어휘화가 아직 완료되지 않았으며, 패러다임 내에서의 평준화(paradigmatic leveling)에 의한 '쎄-〉쎠-'가 당시 진행 중이었음을 보여 준다. 이와 같은 평준화 과정은 결국 어간 '쎄-'와 모음 어미 간의 결합에서 이루어지는 /y/ 유동 현상을 전제해야만 합리적으로 설명할 수 있을 것이다.

(28)은 /y/ 유동 현상이 19세기 전기의 중년층과 청년층에서도 나타남을 보여 준다. 이 예들의 존재로 인하여 당시 /ㅔ/와 /ㅐ/가 이중모음으로 실현되는 어사가 여전히 존재하고 있었다는 것은 부정할 수 없는 사실이 된다.

한편, ⟨鶴峰宗家⟩의 /ㅔ/와 /ㅐ/를 단모음으로 상정할 수 있는 근거는 두 가지가 있다.[28] 첫 번째 근거는 자음 뒤의 /ㅕ/를 'ㅔ'로 표기한 현상

---

[28] 이하에서 /ㅔ/와 /ㅐ/가 단모음이라는 근거로 제시하는 자료는 모두 /ㅔ/만을 대상으로

제3장 모음의 변이와 변화 151

과 그 반대로 /ㅔ/를 'ㅕ'로 표기한 현상이다. 이 현상은 18세기 후기 자료에서는 관찰되지 않다가[29] 19세기 전기 자료에서 등장한다.

(29) 1830・1840년대 [제3~5세대]

　가. 'ㅕ→ㅔ'

　　a. **[어두: 고유어]** 메조[鼓] 〈215. 진성이씨B(G₅)〉 / **메츤날**[何日] 〈043. 여강이씨(G₄)〉, **메츨**[何日] 〈043. 여강이씨(G₄)〉 / **몓**[幾] 즈 〈026. 김진화(G₄)〉, **몓**[幾] 놈이 〈023. 김진화(G₄)〉, **몓** ″[幾] 달지 〈177. 의성김씨④(G₅)〉 / **볕**[陽] 〈043. 여강이씨(G₄)〉

　　　cf. **몃츤날**[何日] 〈045. 여강이씨(G₄)〉 / **몃**[幾] 즈 〈026. 김진화(G₄)〉, **몃**[幾] 히진 〈041. 여강이씨(G₄)〉

　　b. **[비어두: 고유어]** 관즈**쎄**가(貫子+**쎼**[骨]) 〈022. 김진화(G₃)〉

　　c. **[비어두: 한자어]** 이식**ᄒ**나(哀惜) 〈041. 여강이씨(G₄)〉

　나. 'ㅔ→ㅕ'

　　o. **[어두: 고유어]** 겨셔[거기서] 하인이 왓스오니 〈139. 아주신씨B(G₄?)〉

한 것이다. 그러나 그 근거는 /ㅐ/에까지 적용될 수 있을 것이다. /ㅔ/와 /ㅐ/는 음운론적으로 동일한 이중모음 구조로 이루어져 있으며, 기존의 논의에서도 두 모음의 변화가 비슷한 시기에 일어난 것으로 보고 있기 때문이다.

29) 김주국 언간에서는 현대 표준어형 '병아리[雛]'가 아래와 같이 '빙아리'로 1회 출현한다.
　[예] 무듀공당에 빅만시 허여진듸 위혈 업순 서넛 언 **빙아리** ᄀᆞᆺ튼 게 위혈 업시 서의 셔름만 품고 셩당을 흔들 〈003. 1765년. 김주국(시아버지)→진성이씨D(며느리)〉
《韓國方言資料集》에 따르면, '병아리'의 현대 경북 방언형은 '병아리[pyɛŋari], 벵아리[pɛŋari], 빙아리[piŋari], 비~아리[piᵑari], 비아리[piari], 삥아리[pʼiŋari], 삐~아리[pʼiŋari], 삐가리[pʼigari], 삐개~이[pʼigɛᵑi]' 등으로 조사되어 있다. 小倉進平(1944a: 278~279)에도 [ㅌ]와 [ㅋ]에 대한 전사만 제외하고는 대체로 이와 동일한 방언형이 수집되어 있다. 이러한 점에서 볼 때 김주국 언간의 '빙아리'는 '병아리〉벵아리〉빙아리'와 같은 변화를 겪은 형태로 상정할 수 있을지도 모른다. 하지만 문헌 자료에서 최초로 등장하는 형태가 《訓民正音》〈用字例〉의 '비육 爲鷄雛'이며, 그 이후 18세기 문헌에서부터는 현대 표준어형과 동일한 '병아리'가 출현한다는 점에서 '빙아리'의 형태사는 투명하게 밝히기 어렵다.

(29)는 /ㅕ/를 'ㅖ'로 표기한 예인데, 비어두 음절 위치에서의 예는 합성어의 제2구성 요소나 한자어밖에 없다[(29가b, 가c)]. 그러므로 'ㅕ〉ㅖ'는 어두 음절 위치에서 먼저 발생하였다고 보는 것이 합리적이다. (29가c)의 '익숙ㅎ나'의 어근은 '*익셕(〈익셕)' 정도로 표기되었어야 하는데 '익실'으로 적힌 것이다. (29나)의 '겨셔'는 처소를 나타내는 대명사 '게(〈거긔〈그어긔)'와 처격 조사가 결합한 어사가 'ㅕ〉ㅖ'에 대한 과도 교정을 겪은 어사이다.

기존의 많은 연구에서 논의된 바와 같이, 이 시기의 'ㅕ〉ㅖ'는 '[yə])[əy]'와 같은 음운 도치보다는 '[yə])[e]'와 같은 축약 과정으로 보는 것이 훨씬 자연스럽다. 그러므로 /ㅕ/가 'ㅖ'로 표기된 예는 /ㅖ/가 단모음임을 전제해야만 합리적으로 설명할 수 있는 것이다. 이러한 점에서 본래의 /ㅕ/에서 변화한 /ㅖ/가 'ㅣ'로 표기된 '익숙ㅎ나'의 존재는 '[əy]〉[e]'의 축약이 실재하였음을 명백하게 보여 주는 예인 동시에, 당시 /ㅖ/[e]와 /ㅣ/[i] 간의 혼동도 일어나고 있었음을 시사해 주는 귀중한 예라고 할 수 있다.30)

이처럼 자음 뒤에서 /ㅕ/가 /ㅖ/로 변화하는 현상은 CGV 연쇄를 회피하기 위한 것이다. CGV 연쇄를 회피하는 방안으로는 자음 뒤의 상향이중모음이 단모음화하는 것과 활음이 탈락하는 것 두 가지를 상정할 수 있는데, 둘 다 국어의 여러 방언에서 광범위하게 관찰되는 현상이다. (29)는 그중 전자에 해당하는 예이다. 그런데 (29)에 제시한 예들이 그 선행 자음으로 대부분 [+grave] 자질을 지닌 /ㅂ/과 /ㄱ/을 갖추고 있다는 점은 특기할 만하다. 이 문제는 곧 이어 논의할 'ㅖ~ㅞ' 혼기례에 대한 설명에서 다시 거론하기로 한다.

/ㅖ/를 단모음으로 볼 수 있는 두 번째 근거는 자음 뒤의 /ㅖ/를 'ㅞ'로 표기하거나 그 반대로 /ㅞ/를 'ㅖ'로 표기한 경우이다. 이 현상 역시

---

30) /ㅖ/와 /ㅐ/의 혼동에 대해서는 3.3.1.2. 참조.

1760년대 김주국의 언간에서는 발견되지 않는다.

(30) 1830・1840년대 [제3~5세대]
　　가. 'ㅖ→ㅔ'31)
　　　　계셔[거기서] 남의 인정을 최특ᄒᆞ옵셔 보내옵시니 〈136. 아주신씨B(G₄?)〉, 곳칠 것 계 보내엿다 ᄒᆞ오니 〈034. 여강이씨(G₄)〉
　　　　cf. 계셔[거기서] 인마 오면 〈043. 여강이씨(G₄)〉
　　나. 'ㅔ→ㅖ'
　　　　폐빅은(幣帛) 〈018. 김진화(G₄)〉 / 하계틱(下溪宅) 〈184. 의성김씨④(G₅)〉
　　　　cf. 하계ᄂᆞᆫ(下溪) 〈211. 진성이씨B(G₅)〉

(30)과 같이 'ㅔ'와 'ㅖ'는 당시 서로 혼기되기도 하였다. 이 사실을 통해 우리는 /ㅔ/와 /ㅖ/의 음가가 각각 [e]와 [ye]였다는 것을 알 수 있다.

자음 뒤에서 /ㅔ/와 /ㅖ/가 표기상의 혼용을 보이는 까닭은 이 환경에서 /ㅔ/와 /ㅖ/의 음가가 실제로 구분되지 않았기 때문이다. 그리고 그 동인은 (29)와 관련하여 언급한 바와 같이 CGV 연쇄를 회피하기 위함이다. 이번에는 활음을 탈락시킴으로써 그 제약을 극복한다는 점에서 (29)의 경우와 다소 차이가 있지만, (29)와 (30)을 지배하는 제약은 근본적으로 동일하다. 그런데 (30)에서도 'ㅔ~ㅖ' 혼기례가 모두 /ㅂ/과 /ㄱ/ 뒤에서 일어난 것들뿐이다. 선행 연구(김주원 1984: 53, 白斗鉉 1990/1992: 90~91)에 제시된 'ㅕ〉ㅔ' 및 'ㅖ〉ㅔ'와 각각의 역표기례들도 자세히 살펴보면 대부분 [+grave] 자음이 선행하는 경우이다.

---

31) 생몰년을 알 수 없어 '세대'를 특정할 수 없는 전주최씨B의 언간에서도 'ㅔ→ㅖ'의 예가 1회 출현한다(예) 정표를 정답계 ᄒᆞ옵시니 더욱 반갑습고 싱싴 그지업ᄉᆞ오이다 〈239. 1848년. 전주최씨B(생질녀) → 김진화(외숙부)〉).

(31) 가. 방볜문(方便文)〈念海(계명)49b〉, 제일볠(第一別)〈念海(계명)50a〉, 이에 소계 구슬을 가지니〈十九2:49b〉, 션븨룰 됴히 너게〈十九2:21a〉 / 벼풀 고[施]〈十九1:30a〉 / cf. 졔재[市]〈十九2:105a〉

나. 크게〈兵學右營2:3b〉, 슌의계 도라오거눌〈十九1:17b〉, 왕의 고이는 희계 비러〈十九2:74b〉, 명예[駕]〈十九2:75b〉 / 계집〈十九1:89a〉, 경게(警戒)〈十九1:82a〉, 미즈게(薇子啓)〈十九1:79a〉, 계우(季友)〈十九1:84〉, 계손(季孫)〈十九1:84b〉 / cf. 즉졔〈兵學右營2:6b〉, 이졔〈十九2:58b〉

이러한 분포상의 특징이 보이는 이유는, 자음 뒤 /y/ 탈락과 '[yə]〉[e]' 축약이라는 상호 경쟁적인 두 음운 변화의 상대적 연대기(relative chronology)에 기인한다. 두 변화 중 전자가 후자보다 시기적으로 앞서는데, 전자의 발달 과정은 [-grave] 자음 뒤에서부터 [+grave] 자음 뒤로 확산되는 길을 밟았다(白斗鉉 1990/1992: 191).[32] 따라서 후자, 즉 '[yə]〉[e]' 축약이 본격적으로 일어나는 시기에 이르러서는 본래 [-grave] 자음 뒤에 분포하던 /y/는 이미 탈락되었거나 기타 다른 변화(어두 /ㄴ, ㄹ/ 탈락, 'ㄷ' 구개음화)를 겪은 결과, [-grave] 자음과 /y/의 연쇄 자체가 대부분 사라져 버린 것이다. 실제로 〈鶴峰宗家〉에서는 이 환경을 갖춘 어사들 중 많은 수가 /y/ 탈락을 이미 겪었거나 겪고 있는 중이며, 그렇지 않은 경우 선행 자음을 탈락시켰다.[33] 그러므로 (29)와 (30)에 [+grave]

---

32) 白斗鉉(1990/1992: 184~189)은 영남 문헌어를 대상으로 한 조사 결과를 바탕으로 /y/ 탈락의 순서를 선행 자음의 종류에 따라 세 단계로 구분하였다. /y/ 탈락의 1단계는 15・16세기에 /ㅅ, ㅈ/ 뒤에서, 2단계는 17세기에 /ㄹ, ㄴ, ㄷ/ 뒤에서, 3단계는 18세기에 /ㄱ, ㅂ, ㅁ, ㅎ/ 뒤에서 각각 일어났다는 것이다. '[yə]〉[e]' 축약은 "e가 단모음으로 존재하지 않았다면 이러한 축약은 결코 일어날 수 없는 것"인 만큼(白斗鉉 1990/1992: 90~91), 그 시기는 /e/가 형성된 이후가 될 것이다. 한편, /ㅅ, ㅈ/ 뒤 /y/ 탈락은 결국 /ㅅ, ㅈ/의 구개음화와 직결된 문제이다. 이 문제와 관련하여 15・16세기 문헌 자료 표기를 더욱 정밀하게 살펴본 연구로는 안대현(2007)과 김한별(2014)이 있다.

33) 〈鶴峰宗家〉에서는 /ㅅ, ㅈ/ 뒤에서 /y/ 탈락이 진행되고 있으며(4.1.2 참조), 어두의 /ㄴ,

자음과 /y/ 연쇄를 갖춘 예들이 주로 제시되어 있는 이유도 결국 그러한 환경을 갖춘 어사의 수효 자체가 더 많았기 때문으로 볼 수 있다.

지금까지 우리는 /ㅔ/와 /ㅐ/가 19세기 30년대와 40년대 경북 양반들의 방언에서 어떠한 음가로 실현되었을지를 추정해 보았다. 그 결과 이 두 모음이 하향 이중모음이라는 증거와 단모음이라는 증거가 모두 존재함을 알게 되었다. 이 사실은 결국 당시 이 방언에서 /ㅔ/와 /ㅐ/가 각각 '[əy]~[e]' 및 '[ay]~[ɛ]' 간에 부단한 변이를 보였다는 결론에 이르게 한다. 이와 같은 역동적인 단계를 상정하는 우리의 결론은 다음과 같은 사실을 통해서도 그 타당성을 입증할 수 있다. 그것은 (30)과 같이 'ㅖ~ㅔ' 혼기가 일어나는 중에도 (32)와 같이 /ㅖ/가 'ㅕ'로 표기된 예가 함께 출현한다는 사실이다.

(32) 1830・1840년대 [제3~5세대]: 'ㅖ→ㅕ'

펴빅(幣帛) 〈018, 김진화(G₄)〉 / **겨**관(係關) 〈217, 진성이씨B(G₅)〉 / 관**겨**찬으신가(關係) 〈033, 여강이씨(G₄)〉, 관**겨**찬소오나(關係) 〈216, 진성이씨B(G₅)〉 / 규**려**(規例) 〈016, 김진화(G₄)〉 / 양일학 일시**여**(一時+-에) 시족ᄒ여 〈177, 의성김씨④(G₅)〉

(32)에 제시한 'ㅖ→ㅕ' 표기는 [yəy]의 하향성 활음 /y/ 탈락을 나타낸다. 그중 '펴빅'은 (30나)에 제시한 '페빅'와 좋은 대조를 이루기도 한다. 즉, 이 시기 /ㅖ/는 '[yəy]~[ye]~[yə]'와 같은 세 가지 음성형으로 실현되었으며, 이는 곧 하향 이중모음 /ㅔ/와 /ㅐ/의 진행 중인 단모음화 과정의 한 일면을 보여 주는 현상인 것이다.

ㄹ/이 /y/ 앞에서 탈락하는 변화가 고유어를 중심으로 진행되고 있다(4.1.3 참조). /ㄷ/과 /y/의 연쇄는 이전 시기에 이미 완료된 'ㄷ' 구개음화의 결과 실제로는 존재하지 않으나 표기상으로만 남아 있을 뿐이다. 그러나 /ㅎ/과 /y/의 연쇄는 /y/ 탈락을 겪은 극소수의 예를 제외하고는 대부분 그대로 유지되어 있다(4.1.1참조).

3.2.2. /ㅟ/와 /ㅚ/의 변화

본항(本項)에서는 19세기 전기 경북 양반들의 방언에서 /ㅟ/와 /ㅚ/가 각각 어떻게 실현되었는지를 밝히고 두 모음이 어떠한 변화를 겪었는지를 고찰하고자 한다. 이는 다음과 같은 두 가지를 의문에 대한 답을 찾는 과정으로 요약된다. 첫째, 〈鶴峰宗家〉에서 'ㅟ'와 'ㅚ'로 표기된 문자는 당시 어떠한 음가를 나타내고 있는가. 둘째, 〈鶴峰宗家〉에서 'ㅟ'나 'ㅚ'를 대신하여 사용된 문자가 있다면 이는 /ㅟ, ㅚ/의 변화와 관련지어 어떻게 해석해야 하는가.

/ㅟ/와 /ㅚ/의 변화는 그동안 음운사 연구에서 많은 관심을 받아 온 주제이다. /ㅟ, ㅚ/의 변화에 대한 주요 쟁점은, 한마디로 두 하향 이중모음이 각각 언제, 어떠한 발달 과정을 겪었느냐 하는 것이었다. 하지만 주지하다시피 문헌 자료의 표기를 통해서는 이 변화를 정확하게 이해하는 데에는 상당한 제약이 따른다. 저자 역시 이러한 제약에서 결코 벗어나지 못한다.

/ㅟ, ㅚ/의 단모음화 과정에 대해서는 지금까지 다양한 견해가 제기된 바 있는데,[34] 그중 어느 견해도 /ㅟ/와 /ㅚ/의 단모음화가 /ㅔ/와 /ㅐ/의 단모음화보다 시기적으로 먼저 이루어졌다고 보지는 않는다. 우리는 3.2.1에서 /ㅔ/와 /ㅐ/의 단모음화가 19세기 전기 경북 양반들의 방언에서 완전히 이루어지지 않았다는 사실을 확인한 바 있다. 그렇다면 이 방언에서 /ㅟ/와 /ㅚ/ 역시 단모음화하지 않았을 것으로 일단 기대해 볼 수 있다. 이와 같은 추측이 과연 타당한 것인지 /ㅟ/와 /ㅚ/를 구분하여 차례대로 살펴보기로 하겠다.[35]

---

[34] /ㅟ, ㅚ/의 단모음화 과정에 대한 제설(諸說)은 김봉국(2006: 178~181, 2010: 39~41)에 정리된 내용을 참조할 수 있다.

[35] /ㅟ, ㅚ/가 하향 이중모음이라는 근거로 아래 예와 같이 주격 조사 '-이'나 계사 '-아'가 /ㅜ/나 /ㅗ/로 끝나는 선행 체언과 결합하여 그 음절 부음으로 표기되는 현상을 제시할

먼저, /ㅟ/의 음가와 그 변화를 추적해 보도록 하겠다. 이를 위해서는 현대 이 지역 방언에서 이 모음이 어떻게 실현되는지를 우선 살펴볼 필요가 있다. 현대 안동 지역의 민촌어에서는 /ㅟ/의 음가가 선행 자음의 유무에 따라 상이하다. 선행 자음이 없는 경우에는 /ㅟ/가 [wi]로 나타난다는 것이 일반적인 견해이나,36) 선행 자음이 있는 경우에는 [i]로 실현되거나(徐輔月 1984: 22, 1997a: 488~489), [u]나 [i]로(趙信愛 1985: 10),37) 혹은 '[i]~[e](/E/)~[u]' 등으로(박종덕 2000a: 41) 실현된다고 한다.

비록 안동 지역어는 아니지만 경북 내 다른 지역의 반촌어와 민촌어에서 /ㅟ/가 각기 어떻게 반사되어 있는지 살펴보는 것도 의미 있을 것이다. 영덕 영해면 괴시1·2동의 반촌어와 대진2·3동의 민촌어에서는 자음이 선행하지 않는 경우 모두 [wi]로 실현되지만, 자음이 선행하는 경우 반촌어에서는 '[uy]~[wi]'로, 민촌어에서는 '[uy]~[wi]~[i]'로 각각 실현된다(崔明玉 1980: 157~158).38)

그리고 경주 양동의 반촌어에서는 /ㅟ/가 선행 자음의 유무에 관계

수도 있을 것이다.
  [예] ㄱ. <u>현븨라(賢婦)</u> 이룰 거시오 〈001, 1765년, 김광찬(남편)[김주국 역] → 진성이씨 D(아내)〉
    ㄴ. <u>됴셕지되(朝夕之道)</u> 경과 오즉디 아니오심 무익히 잇치올 젹 업스오나 亽〃의 졀통〃ᄒ옵 〈152, 1832년, 의성김씨②(딸) → 김진화(아버지)〉
그러나 여기서의 '-이(-)'는 앞서 3.2.1에서 살펴본 바와 같이 접미사 '-이'일 가능성이 있다. 따라서 이러한 예들은 3.2.1에서와 마찬가지로 /ㅟ, ㅚ/가 이중모음임을 입증하는 논거로 활용하지 않는다.
36) 그러나 박종덕(2000a: 41)에는 /ㅟ/가 선행 자음이 없을 때 [wi] 외에도 [u]나 [i]로도 실현된다고 보고되어 있다.
37) 趙信愛(1985: 10~12)에서는 이 점이 명확하게 기술되어 있지 않다. 그러나 중부 방언의 /ü/가 안동 방언에서 /u/와 /i/로 "재구성"되었다고 한 점과(10면), /wi/에 대해서 어두에서 실현된 예만 제시되어 있고 자음이 선행하는 경우의 예는 제시되어 있지 않은 점(11~12면) 등으로 미루어 볼 때, 음절초 자음이 있는 경우에는 'ㅟ'가 [u]나 [i]로 실현된 것으로 판단한 듯하다.
38) 이러한 현상은 노년층에게서 볼 수 있으며(괴시는 50대 후반 이상, 대진은 60대 이상), 괴시의 경우 30대 이하로 내려오면 대진의 50대 이하에서와 같이 자음 뒤에서 이중모음의 발생이 사실상 불가능하다고 한다(崔明玉 1980: 158).

없이 [wi]로만 나타나며, 이는 인동의 민촌어에서 음절초 자음이 있을 때 '[wi]~[i]'의 변이를 보이는 현상과 좋은 대조를 이룬다(이동화 1992: 262). 이상의 연구 성과들을 종합하면, 선행 자음 유무와 관계없이 /ㅟ/가 이중모음으로 발음되는 것은 현대 경북 지역 반촌어의 특징인 반면, 자음이 선행할 때는 단모음으로까지 실현되는 것은 민촌어의 특징이라고 정리해 둘 수 있겠다.

〈鶴峰宗家〉에는 /ㅟ/의 음가를 분명히 알 수 있게 해 주는 구체적인 자료가 없는 실정이다. 다만, 곡용과 활용에서 나타나는 /y/ 첨가 현상은 /ㅟ/가 여전히 하향 이중모음 [uy]의 신분을 유지하고 있었을 가능성을 제기할 수 있게 한다.

(33) 1830·1840년대 [제3~5세대]

가. <u>더위예</u>[暑] 년호와 〈006. 의성김씨A(G₃)〉, <u>더위예</u> 샹호여 〈067. 여강이씨(G₄)〉, <u>더위예</u> 엄〃호시니 〈214. 진성이씨B(G₅)〉 / <u>치위예</u>[寒] 엇지 늬왕호실고 〈014. 전주최씨A(G₃.₅)〉, 그 <u>치위예</u> 밋쳐 가옵시노라 〈054. 여강이씨(G₄)〉, <u>치위예</u> 골몰 엇지 감당호논고 〈162. 의성김씨②(G₅)〉

나. 집 <u>뷔예</u>[空] 민망〃호오이다 〈212. 진성이씨B(G₅)〉

(34) 1870·1880년대 [제6세대?('질부A')]

<u>더위예</u>[暑] 용녀 무궁호오니다 〈256〉

/ㅟ/로 끝나는 체언과 용언 어간 뒤에서의 /y/ 첨가 현상은 (33), (34)와 같이 1830·1840년대 및 1870·1880년대 언간에서만 소수 발견된다. 이들 예에서 부사격 조사와 부사형 어미는 /ㅟ/로 끝나는 체언이나 용언 어간과 뒤에서 각각 /y/가 첨가된 형태로만 나타난다. 하지만 3.2.1에서 논의한 바와 같이, /y/ 첨가 현상은 선행하는 개음절 모음이 하향 이중

모음이라는 사실을 적극적으로 입증해 주지는 못한다.39) 따라서 이와 같은 /y/ 첨가 현상은 /ㅟ/의 음가가 하향 이중모음일 것이라는 추정에 대한 소극적인 근거만 될 수 있을 뿐이다.

/ㅟ/가 [uy]로 실현되었음을 적극적으로 입증해 줄 수 있는 근거는 /y/의 양음절성과 관련된 /y/ 유동 현상이다. 이 현상은 1760년대와 1830·1840년대 언간에서는 찾을 수 없고, 다만 (35)에서와 같이 제4세대 인물로 추정되는 아주신씨B의 1850·1860년대 언간에서만 한 번 나타날 뿐이다.

(35) 1850·1860년대 [제4세대(아주신씨B)]

  [단어 내부] 이죵딜도 그만ᄒ온지 셔신도 굿잡고 지내오니 섭〃ᄒ오며 이곳은 <u>위연(偶然)</u> 다친 파리 일양 스지 못 괴롭습고 법뎐 쓸의 병 반년이 넘도록 그 허리 무샹 약효 업서 지리〃 여지업논 모양 익틱〃 ᄒ오며 〈141〉

  cf. 금계논 차돌이 <u>우연히(偶然)</u> 감긔 훌치고 〈150, 1831년, 의성김씨①(G₅)〉

(35)는 '우연(偶然)'이 '위연'으로 표기된 것다. 비록 하나의 예에 불과하지만 이것은 /ㅟ/가 19세기 중기까지 어두에서 [uy]로 발음되었다는 사실을 증명해 주기에 충분하다.40)

---

39) 3.2.1의 각주 22에서 언급한 바와 같이, 'X+VY → XyVY'에서 'X'가 하향 이중모음일 경우 이 현상은 /y/ 유동 현상에 포함시킬 수 있다. 다만, 본문에서 /y/ 첨가는 용어를 사용하는 것은 3.2.1의 논지 전개 방식과 동일한 구조를 취하기 위함인 동시에, 'X'의 음가를 하향 이중모음으로 단정하지 않기 위한 저자의 중립적인 입장을 반영한 것이다.

40) (35)의 '위연'은 '우연(偶然)'아니라 '위연(喟然: 한숨을 쉬는 모양이 서글픔)'일 가능성도 배제할 수 없다. 그러나 '喟然'은 아래와 같이 주로 '탄(歎/嘆)ᄒ-', '탄식(歎息/嘆息)ᄒ-', '쟝탄(長歎/長嘆)' 등과 주로 공기한다. 언해본에서의 예는 많지 않으나(아래 'ㄱ'류) 고소설에서는 이러한 구성을 흔히 볼 수 있다(아래 'ㄴ'류).

  [예] ㄱ. 顔淵이 喟然히 歎ᄒ야 글오딕 [顔淵ㅣ 喟然歎曰] 〈論語2:42a〉

이를 통하여 우리는 경북 양반 계층 방언에서 /ㅟ/가 적어도 19세기 중기까지는 어두 위치에서 하향 이중모음으로 실현될 수 있었다는 사실을 받아들일 수 있게 된다. 하지만 이와 같은 결론이 /ㅟ/의 변화 시작 시기까지는 알려 주지 못한다. 음변화의 어휘적 점진성을 고려할 때 당시 /ㅟ/는 특정 어사에서, 혹은 특정 자음 뒤에서 [wi]나 [ü]로 발음되었을 가능성도 충분히 상정할 수 있으나, 본서의 자료를 통해서는 이 가능성을 직접적으로 입증할 수 없다.

　　다만, 아래와 같이 /ㅟ/가 나타날 법한 자리를 다른 모음이 대신하고 있는 예가 있어, /ㅟ/의 음가 변화와 관련된 논의를 소략하게나마 시도해 볼 여지는 있다.

(36) 1830·1840년대 [제4세대]

　　가. 싀 갑 열 냥 의복 추 삼십 냥 보내니 부대 고부 의복 ᄒᆞ야 입어라 너에 싀모 **치이**[寒] 의복 ᄒᆞ나 아니ᄒᆞ야 입고 다락 국게 두엇다 〈026, 김진화〉

　　나. **궁구탕**(芎歸湯) 여나무 첩 먹으면 〈096, 여강이씨〉

　　　ㄱ'. 夫子ㅣ 喟然히 嘆ᄒᆞ야 ᄀᆞᆯᄋᆞ샤ᄃᆡ [夫子ㅣ 喟然嘆曰] 〈論語3:16b〉
　　　ㄱ". 齊王의 子ᄅᆞᆯ ᄇᆞ라보시고 喟然히 嘆ᄒᆞ야 ᄀᆞᆯᄋᆞ샤ᄃᆡ [望見齊王之子ᄒᆞ시고 喟然嘆曰] 〈孟子13:29b〉
　　　ㄴ. 마음에 의ᄋᆞᄒᆞ야 위연 쟝탄 왈 〈李鳳彬傳:19〉
　　　ㄴ'. 권 샹세 표미를 듸ᄒᆞ야 위연이 탄식ᄒᆞ고 날ᄒᆞ야 갈오ᄃᆡ 〈權龍仙傳:139〉
　　　ㄴ". 승상부뷔 새로이 두굿겨 우연 탄 왈 〈玄氏兩雄:274〉

(35)와 그 'cf.'에 제시한 예는 모두 부상(負傷)을 당하거나 질병(疾病)을 얻었다는 문맥인데, 이와 같은 상황에서는 쓰이는 부사는 '喟然'이라기보다는 '偶然'이다. 아래와 같이 고소설에서 '우연 득병(得病)ᄒᆞ-', '우연이 병이 들-'과 같은 구성이 많이 나타난다는 점도 참고할 수 있다.

　　　예 ㄱ. 위왕이 우연 득병ᄒᆞ야 셰상을 이별ᄒᆞᄆᆡ 〈郭海龍傳:59〉
　　　　ㄴ. 이 히 팔월에 우연 득병ᄒᆞ야 수일을 신음ᄒᆞ다가 〈李鳳彬傳:72〉
　　　　ㄷ. 그 후로 우연이 병이 드러 죽게 되니 〈金仁香傳:44〉

다. 동관의 <u>소의</u>ᄂᆞᆫ(所爲) 통분ᄒᆞᆫ 일이웁〈034. 여강이씨〉, 츈근이와 부젼의 <u>소의</u> 졀통 쾌심ᄒᆞ오나〈068. 여강이씨〉, 하인의 <u>소의가</u> 경샹도 양반이라고 업수이넉여〈085. 여강이씨〉, 고년의 <u>소의</u> 쾌심 〃
〈104. 여강이씨〉

(37) 1850~1880년대 [제5세대(의성김씨④)]
　가. 요량ᄒᆞ여 되게 ᄒᆞ고 <u>두지기</u>ᄂᆞᆫ(〈되[升]+지기[?]) 언마나 홀고〈194. 1853~1866년〉
　　cf. 말과 <u>되</u>[升] 잇지 마시고 쓰이시웁〈063. 1848년, 여강이씨(G₄)〉
　나. 어린것 졋 쥬려 파려 〃 ᄒᆞ니 앗쳐롭고 졔 아비 왕환(往還)의 부비(浮費)만 지우고 도라오니 <u>젹췌</u>(積聚) 여산(如山) 허다(許多) 심여(心慮) 잔상 〃 (孱傷孱傷) ᄒᆞᆸ〈199. 1868~1882년〉

(36가)는 '치위〉치이'를 반영한 예이다. 이 어사는 〈鶴峰宗家〉에서 총 23회 출현하는데, 그중에서 '치위'의 빈도가 22회를 차지하며 '치이'는 (36가)와 같이 김진화의 언간에서 단 1회 나타날 뿐이다. 최전승(2012: 322)은 이 예를 적극적으로 해석하여 당시 /ㅟ/가 음성 환경에 따라 [wi]로도 실현될 수 있었던 것으로 보았다. 즉, '치이'의 제2음절은 'uy〉wi〉i'와 같은 변화를 거쳤다는 것이다. 그런데 그러한 해석은 한국학중앙연구원(2009a: 483)의 현대어역과 마찬가지로 '치이'를 명사로 보고['추위(에)'] 그 형태가 '치븨(〈칠-+-의)'로 소급하는 것으로 파악하였기 때문이다['치븨〉치뷔〉치위']. 하지만 (36가)의 '치이'는 문맥상 부사로도 볼 수 있다['춥게']. 그렇다면 이 어사는 '치비(〈칠-+-이)'로부터 변화한 것이 되므로['치비〉치이'] 하향 이중모음의 변화와는 아무런 관련이 없게 된다. 본서에서는 이처럼 유일례(唯一例)인데다가 다른 형태 분석의 가능성까지 내포한 예를 적극적인 근거로 삼지 않기로 한다.
(36나)의 '궁구탕'은 '궁귀탕'에서 변화한 한자어로 자음 뒤에서의

하향성 활음 /y/가 탈락할 수 있었음을 보여 준다. (37가)의 '두지기'는 논밭 넓이의 단위를 나타내는 '되지기'의 반사형이다. 이 형태를 설명하기 위해서는 반드시 '되지기[toyʤigi]〉뒤지기[tuyʤigi]〉두지기'와 같은 단계를 상정해야 하는데, 이때의 /ㅟ/가 [uy]이어야만 자음 뒤에서 하향성 활음 탈락을 설명할 수 있다.

(36다)의 '소의'는 학봉 종가 인물들 중 여강이씨의 언간에서만 등장하는 어사로,[41] '소행(所行)'과 같은 의미인 '소위(所爲)'로 분석되는 한자어이다. 한국학중앙연구원(2009a: 107, 151, 250, 356)에서는 이 한자어를 '素意(평소에 늘 지니는 생각)'로 일단 분석해 놓았지만, "그러나 여기서는 '처신(處身)', '행동(行動)'이라는 뜻으로 쓰였다."라는 설명을 덧붙여 둠으로써 이 어사를 '所爲'로 파악하려는 우리의 입장을 사실상 지지해 주고 있다. 실제 문맥을 살펴보아도 '소의'는 모두 특정인['동관(同官)', '부젼(復專: 계집종 이름)', '하인(下人)', '고년']의 행위에 대한 부정적인

---

[41] '소위(所爲)'는 경초관(京哨官) 안영록이 김진화에게 보낸 언간에서도 2회 출현한다. 거기서는 아래와 같이 '소의'와 '소회'로 각각 한 번씩 나타난다.

 예 ㄱ. 원슈의 츈근이놈의 몹슬 <u>소의</u>외다 〈270, 1848년, 안영록(경초관)→김진화(지방관)〉

   ㄴ. 져 죽은 후 부젼[婢女名]의 <u>소회</u>을 듯ᄉ온즉 맛치 셔방과 ᄌ식만 알고 병측은 노샹 도라보지 아니ᄒ고 미음 흔 슐 변〃이 아니 갓다 먹이고 〈271, 1848년, 안영록(경초관) → 김진화(지방관)〉

여기서 '소위〉소의'와 같은 비원순모음화를 겪은 형태가 (ㄱ)이고, '소위〉소외'와 같은 'ㄴ'ㅜ'에 대한 반작용을 겪은 형태가 (ㄴ)이다(이때 /ㅎ/ 첨가 문제는 차치한다). 여기서 (ㄴ)의 '소회'는 '소힝(所行)'의 종성자 'ㅇ'이 누락된 것이거나 한자어 '所懷(마음에 품고 있는 회포)' 혹은 '素懷(평소에 품고 있는 회포나 뜻)'일 가능성도 있다. 그러나 이 '소회'는 결코 ('ㅇ'자가 누락된) '소히'로 판독되지 않으며, 문맥상 '所懷'나 '素懷'의 의미로도 볼 수 없다. (ㄴ)은 (36다)의 '츈근이와 부젼의 <u>소의</u> 졀통 쾌심ᄒ오나'와 관련되는 내용이므로, 여기서의 '소회'는 '소의'와 관련짓는 것이 타당하다. 이종덕 선생은 저자에게 보낸 전자 서신에서 '소의'와 '소회'의 존재에 대하여 "지적 소양이 부족한 사람의 개인적인 어휘 수준으로 치부할 수 있을 듯"하다는 비음운론적 해석을 제안하기도 하였다. 그러면서 "요즈음 젊은이들이나 청소년들이 사용하는 어휘에는 원래의 의미와 아주 달리, 형태의 본뜻도 모르고 어떤 어형을 잘못 사용하는 사례"를 참조할 수 있다고 하였다. 충분히 타당한 견해라고 생각하나, 저자는 사대부가 부인인 여강이씨의 어휘 수준도 이와 동일하게 판단할 수 있을지 다소 조심스러운 입장이다.

시각을 나타내는 상황에 사용된 것을 확인할 수 있다. 따라서 '소의'는 '소위'에서 제2음절 모음 /ㅟ/가 선행 모음 /ㅗ/의 영향으로 핵모음 [u]가 [i]로 이화된 예이다. 이 시기 음절초의 /ㅢ/는 대체로 [iy]로 실현되었으므로(3.2.3 참조), 이러한 비원순모음화는 /ㅟ/의 음가가 [uy]임을 전제로 한다.

(37)은 19세기 중기 의성김씨④의 언간에서 '젹취(〈젹츄)'가 '젹채'로 표기된 예이다. 이 한자어에서 실현된 '취〉채'의 변화는 음운론적으로 설명하기가 쉽지 않다. 가장 합리적인 설명 방안은 'uy〉oy'와 같은, 모음 상승에 대한 과도 교정을 상정하고, 그 과도 교정형이 'ㅚ[oy]'의 변화를 수용하였다고 보는 것이다.

위 (36), (37)을 통해 살펴본 예들 가운데 (36가)는 적극적인 근거로 들 수 없는 것이며, 나머지는 모두 [uy]를 전제해야만 자연스럽게 설명할 수 있는 것들이다. 또한, (36다)를 제외한 나머지 예가 모두 /ㅟ/에 자음이 선행하는 경우인 점을 감안할 때, 하향 이중모음 /ㅟ/의 변화는 자음 뒤에서 시작되었다는 사실도 추가로 알 수 있다. 그런데 (36), (37)은 형태소 내부에서의 변화를 나타낸 것이므로 이들은 모두 통시적 변화의 결과이며, 19세기 당시 공시적으로 /ㅟ/의 음가가 어떠하였는지를 직접적으로 알려 주지는 않는다. 하지만 (36), (37)은 모두 19세기 전기의 제4세대와 19세기 중기의 제5세대 언간에서 관찰되는 예들이라는 점에서, /ㅟ/의 변화('uy〉u' 및 'uy〉iy')가 그 이전 시기로 소급할 것 같지는 않다. 그렇다면 지금까지의 논의 내용을 종합해 볼 때, 19세기 전기 경북 양반 계층의 방언에서 /ㅟ/는 일반적으로 하향 이중모음 [uy]였다고 결론지을 수 있다.

다음으로, /ㅚ/의 음가와 그 변화를 추적해 보기로 한다. 현대 안동의 민촌어에서는 /ㅚ/의 음가도 선행 자음의 유무에 따라 서로 다르다. 선행 자음이 없는 경우에는 /ㅚ/가 [we](/wE/)로 나타나며, 선행 자음이 있는 경우에는 [e](/E/)나 [i]로(徐輔月 1984: 22, 1997a: 488~489), 혹은

[e](/ɛ/)나 [o] 등으로(박종덕 2000a: 42) 실현된다.

반촌어의 /ㅚ/에 대한 조사 결과는 영덕 영해면의 반촌어와 민촌어를 대비한 崔明玉(1980: 157~158)이 유일하다.[42] 그 저서에 보고된 바에 의하면, 괴시1·2동의 반촌어에서는 대진2·3동의 민촌어와 마찬가지로 /ㅚ/가 음절초 위치에서 [wɛ]로 실현된다고 한다. 그러나 자음 뒤에서는 반촌어의 경우 '[wɛ]~[e]~[ɛ]'의 변이가 관찰되는데, 이는 민촌어에서의 '[wɛ]~[ɛ]'와 큰 차이가 없는 모습이다. 이상의 논저들에서 밝혀진 내용을 종합하면, 경북 방언에서의 /ㅚ/는 반촌어와 민촌어의 구분 없이 선행 자음이 없는 경우에는 모두 상향 이중모음으로, 선행 자음이 있는 경우에는 상향 이중모음뿐만 아니라 단모음으로도 실현되지만, 반촌어보다는 민촌어에서 관찰되는 변이가 더 다양하다고 정리할 수 있겠다.

〈鶴峰宗家〉에서의 /ㅚ/는 전술한 /ㅟ/의 경우와 동일한 두 가지 근거를 통해 하향 이중모음으로 실현되고 있었다는 사실을 알 수 있다. 첫째, 소극적 근거로서 곡용과 활용에서 나타나는 /y/ 첨가 현상을 들 수 있다. 이와 관련된 예는 (38)과 같이 1830·1840년대의 제4세대 언간에서만 소수 발견된다.

(38) 1830·1840년대 [제4세대]

가. <u>의외예</u>(意外) 당샹을 ᄒ고 〈029, 김진화〉 / 천만 <u>여외예</u>(慮外) 지죵딜 챵변 샹긔 ″ 블샹ᄒ오니 〈138, 아주신씨B〉

나. 며느리 병드와 술이 못 <u>알외여</u>[告] 죄로와 ᄒᆞᆸᄂᆞ이다 〈129, 고성이씨A〉

둘째, 적극적 근거로서 /y/의 양음절성과 관련된 /y/ 유동 현상을 들

---

[42] 경주 양동의 반촌어를 조사한 이동화(1992)에서도 /ㅚ/에 대해서는 아무런 언급이 없다.

수 있다. 1760년대와 언간에서는 관련 예가 발견되지 않는데, 이는 자료상의 제약에 기인하는 것일 뿐이다. (39)에서와 같이 19세기 전기 다양한 세대의 언간에서는 이 현상을 찾아볼 수 있기 때문이다.

(39) 1830・1840년대 [제3~5세대]
    가. **[단어 내부]** <u>괴약</u>(怪惡) 〈007. 의성김씨A(G_3)〉 / <u>고이흐옵</u>(怪異) 〈036. 여강이씨(G_4)〉 / <u>죠인</u>(罪人) 〈025. 김진화(G_4)〉, <u>죠인</u>이 〈025. 김진화(G_4)〉 ~ <u>죄인</u>은 〈211. 진성이씨B(G_5)〉 / <u>일고육</u>(一塊肉) 업시 〈184. 의성김씨④(G_5)〉

    나. **[활용]** 히 <u>밧고여</u>[易] 〈132. 고성이씨A(G_4)〉, 희가 <u>밧고여</u> 〈135. 아주신씨A(G_4)〉 / <u>도엿소오이다</u>[化] 〈177. 의성김씨④(G_5)〉 ~ <u>되여소오니</u> 〈054. 여강이씨(G_4)〉

(39)를 통해 우리는 19세기 전기의 /ㅚ/가 어두와 비어두 음절 위치에 관계없이, 그리고 자음이 선행하는 경우에도 [oy]로 실현되었다는 사실을 알 수 있다.

이상의 두 가지 근거 외에도 이 시기 /ㅚ/가 하향 이중모음이었다는 사실을 분명히 말해 주는 예가 있다. 그것은 음절 부음 /y/를 별도의 음절 '이'로 나타낸 (40)과 같은 예이다.

(40) 1830・1840년대 [제4・5세대]
    <u>외인쏙으로</u>[左向] 〈094. 여강이씨(G_4)〉, <u>외인쏙</u> 발목의 〈102. 여강이씨(G_4)〉, <u>외인</u>족으로 〈158. 의성김씨②(G_5)〉 / <u>외인팔에</u>[左腕] 〈098. 여강이씨(G_4)〉

현대 경북 방언에서 '왼[左]'은 2모라의 상승조로 실현된다. 그러므로 (40)의 '외인'은 '왼'의 장음이 표기에 반영된 것임이 틀림없다. 이와 같은 표기는 /ㅚ/가 [oy]가 아니라면 결코 나타날 수 없을 것이다.

그런데 이처럼 음장이 간헐적으로 표기에 반영되는 예에 대하여 박경래(1995: 103~104)는 저자와 다른 해석을 시도한 바 있다. 그 논문은 19세기 후기 보은 지역어를 반영하고 있는 ≪女小學≫에 출현하는 '꾀일 유(誘) <3:28b>, 뵈일 현(見) <3:18b>, 외일 풍(諷) <1:6b>' 등에 대하여 다음과 같은 두 가지 이유를 통해 그들의 /ㅚ/가 이중모음일 수 없음을 논증하였다. 하나는, 현대 보은(회인) 지역어에서 '꾀-[誘], 뵈-[見], 외-[諷]'는 모두 장음으로 실현된다는 점에서 어간 뒤에 결합할 '일'은 장음 표시 기능의 '이'와 관형사형 어미 '-ㄹ'이 연결된 것이 분명한데, 그렇게 볼 경우 어간의 모음 /ㅚ/는 장모음이고 그것이 장모음이라면 이중모음이기는 어렵다는 점이다. 다른 하나는, 어간 모음 /ㅚ/가 만일 이중모음이라면 위 세 어사는 각각 [k'oyil], [poyil], [oyil]과 같이 발음되었을 것인데, 그 경우 [+high] 자질을 가지는 [y]와 [i]가 연속해서 발음되기 어렵다는 점이다.

하지만 박경래(1995)의 해석이 타당성을 얻기 위해서는 무엇보다도 먼저 장음 표시의 기능이 왜 하필이면 '이'로 나타나는지가 해명되어야 한다. 장음 표시가 '이'로 나타난다는 사실은 오히려 선행 어간의 모음이 하향 이중모음 [oy]라는 것을 입증하는 좋은 근거가 된다. 왜냐하면 〈鶴峰宗家〉에서 산발적으로나마 출현하는 장음 표시 요소는 (41)과 같이 해당 음절의 중성(中聲)을 구성하는 마지막 소리와 동일한 소리가 음절화하여 그 중성자 뒤에 나타나기 때문이다. 이에 대해서는 이미 1.4.1.2에서 간략하게 언급한 바 있다.

(41) 가. 동곳은 **쇼옥의**[内] 비여 〈024, 1848년, 김진화(G₄)〉, 어린 **쇼옥**이 허다 심여가 만하 〈138, 1848년, 아주신씨B(G₄?)〉, 이 **소옥**을 엇지 다 녹여 닐고 〈177, 1842~1846년, 의성김씨④(G₅)〉 / **싸소옥의**[重陰] 깁히 〃 갈무려 〈076, 1847년, 여강이씨(G₄)〉

cf. **싸속의**[重陰] 깁히 〃 간무리옵고 〈204, 1847년, 진성이씨B (G₅)〉

나. 키고기 **말유운[乾]** 것 〈075, 1847년, 여강이씨(G₄)〉

cf. **말유치[乾]** 아엿다 ᄒᆞᆸ 〈097, 1848년, 여강이씨(G₄)〉

(41가)의 '소옥'(혹은 '쇼옥')과 (41나)의 '말유우-'와 같은 표기는 현대 경북 방언에서 '속[R]'과 '말유-[LF]'로 각각 실현되는 어사의 음장을 표현한 것이다. 따라서 '외인'의 '-이-'는 '왼'의 음절 말음 바로 앞 소리인 하향성 활음 [y]를 [i]로 음절화하여 표기한 것으로 해석하는 것이 타당하다. 그리고 저자는 이 '외인'의 실제 발음이 [oóyin]이었을 것으로는 생각하지 않는다. '외인'은 [oóyn]이라는 음성형을 그저 문자를 통해 불완전하게 나타낸 표기일 뿐인 것이다.

전술한 세 가지 근거를 통해 우리는 19세기 전기 경북 양반 계층의 방언에서 /ㅚ/의 음운론적 신분은 어두나 비어두 음절 위치, 선행 자음 유무와 무관하게 하향 이중모음 [oy]였다는 사실을 확인할 수 있었다. 그러나 이러한 사실이 /ㅚ/의 변화 시작 시기까지는 알려 주지 않는다. /ㅟ/의 경우와 마찬가지로 /ㅚ/도 당시 특정 어사에서는 [we]나 [ö]로 발음되었을 가능성이 있으나, 본서의 자료만으로는 이 문제를 본격적으로 다룰 수 없다.

다만, 아래와 같이 /ㅚ/가 다른 모음과 대응하는 소수의 예가 발견되므로, 혹 이들이 /ㅚ/의 음가 변화를 드러내는 근거가 될 수 있을지 논의해 볼 수는 있다.

(42) 1830・1840년대 [제4・5세대]

가. **뫼**ᄂᆞᆫ(墓) 광등ᄒᆞ여 보니 쟝히 죠하 보인다 〈076, 여강이씨(G₄)〉, 옹쳔과 가쳔을 보려 ᄒᆞᆸ마ᄂᆞᆫ **뫼나**(墓) 슌히 석 나면 나을 듯ᄒᆞᆸ 〈073, 여강이씨(G₄)〉

cf. 구산소 **프묘**ᄂᆞᆫ(破墓) 명년의 년운이 업서 이둘 념구일 **프묘**를 (破墓) ᄒᆞ시려 ᄒᆞ오니 〈084, 여강이씨(G₄)〉

나. <u>가왜</u>[剪] 업던 츠 〈204, 진성이씨B(G₅)〉, <u>가왜</u>도 아죠 아니 드으니 〈208, 진성이씨B(G₅)〉, 쇠 조흔 <u>가왜</u>을 〈208, 진성이씨B(G₅)〉

(42가)의 '뫼(墓)'는 여강이씨 언간에서 2회 출현하는데, '푸묘(破墓)'와 같이 합성어에서는 이 어사가 '묘'로 2회 나타난다. '墓'의 다양한 형태와 그 변화 과정에 대해서는 지금까지 몇 가지 논의가 이루어진 바 있는데,[43] 세부적인 내용에서는 서로 차이가 있으나 그들은 모두 '墓'의 선대형을 중세 국어 한자음과 동일하게 [myo]로 파악하거나 전제하였다는 점에서는 공통점을 지닌다. 그런데 '墓'는 '暮, 慕, 募' 등과 함께 '遇攝 一等 模韻 明母 去聲'으로 동일하게 분류되며, ≪廣韻≫에서의 반절법(半切法)에 의한 표기도 모두 '莫故切'로 나타난다. 하지만 국어에서는 15세기 이래로 유독 '墓'만이 [myo]로 실현될 뿐이다. 이 사실은 '墓'가 '暮, 慕, 募' 등과 마찬가지로 국어에 [mo](혹은 [mu]) 정도의 소리로 전래되었지만, 모종의 이유로 인하여 그 한자음이 [myo] 및 ˚[moy]로 각각 변화하였을 가능성이 높음을 말해 준다.[44] (42가)의 '뫼'는 그중 후자의 직접적인 후대형일 것이다. 다만, 주어진 자료만을 통해서는 당시 여강이씨가 이 어사를 [moy]나 [mö] 혹은 [mwe] 중 어느 것으로 발음하였을지는 밝히기 어렵다.

---

43) 金英培(1984: 298, 각주 12)는 '墓'의 현대 황해도 방언형 'myo~moy~me~mi' 중에서 moy를 '뫼[山]'의 전의(轉義)로 파악하였다. 郭忠求(1982: 48, 각주 19)는 현대 아산 지역어에서 '墓'가 /moy/로 실현된다는 사실을 바탕으로 'yo〉oy' 음운 도치(metathesis) 과정을 상정하였다. 한편, 최전승(1986: 185, 각주 19)은 19세기 후기 서남 방언 자료에 등장하는 '뫼(墓)'의 형태가 'myo〉myoy〉moy〉mö'와 같이 i 모음 첨가와 상향성 활음 y 탈락, 'oy〉ö' 단모음화 과정이 순차적으로 이루어진 것으로 설명하였다.

44) 河野六郎(1968/1979b: 491)[이진호 역(2010: 266)]은 '墓'의 음이 [myo]인 이유가 '廟'에 대한 연상 때문인 것으로 보았다. 伊藤智ゆき(2007a)[이진호 역(2011a: 209)]도 고노 선생의 그러한 유추 변화설을 그대로 받아들였다. 한편, ˚[moy] 역시 한자음의 변화라기보다는 '墓'라고 하는 한자어가 어떤 형태론적 과정을 거친 결과이거나(〈mo+-i〉, 河野六郎(1945: 126)[이진호 역(2012: 187~188)]에서 언급된 바와 같이 '뫼[山][moy]'의 의미론적 변화일지도 모른다.

(42나)의 '가왜'는 진성이씨B 언간에서만 총 5회 출현한다. 주지하다시피 이 단어는 ≪鷄林類事≫의 '割子蓋', 즉 [kʌsigai](河野六郞 1945: 139)[이진호 역(2012: 205)] 혹은 [kʌzgai](李基文 1972/ 1977: 24)로 소급한다. 19세기 후기 경북 방언이 반영되어 있는 ≪正蒙類語≫(1884)에서도 '가왜'가 발견된다(囫 剪 가왜 젼 ⟨18a⟩).45) 현대 중부 방언형 '가위'는 '割子蓋〉ᄀᆞ애〉ᄀᆞ새〉ᄀᆞ애〉가이〉가외〉가위'와 같은 일련의 변화를 겪은 결과이다.46) 河野六郞(1945: 22)[이진호 역(2012: 49~50)]의 방언 조사 결과에 따르면 20세기 전기 경북 지역에서는 [kawɛ]와 [kasɛ], [kasigɛ]라는 세 방언형이 쓰였다.47) 그렇다면 진성이씨B 언간에 등장하는 '가왜'는 문헌 자료의 '가외' 및 방언 자료의 [kawɛ]와 직접적으로 관련된 형태임이 분명하다. 즉, (42나)의 '가왜'는 [kaoy]에서 [kawɛ]로의 발달 과정 사이에 위치한 형태인 것이다. 만일 그 형태를 [kawɛ]로 파악한다면, 이는 /ㅚ/[oy]가 '가왜'와 같은 특정 선구적인 어사에서 [wɛ]로 실현되었다는 해석이 될 것이다. 하지만 구체적인 근거가 없는 상황에서 더 이상의 추측은 삼가기로 한다.

---

45) ≪正蒙類語≫의 저자인 이승희(李承熙, 1847~1916)는 현 경상북도 성주군(星州郡) 월항면(月恒面) 한계(寒溪)이다⟪한국민족문화대백과사전≫, '정몽유어' 항목 참조].
46) '가위'의 변화 과정은 음운사적으로 투명하게 설명하기 어렵다(최전승 2012: 342). 河野六郞(1945: 140)[이진호 역(2012: 206~207)]은 그 변화 과정 중 'ᄀᆞ애〉가이'를 /ㆍ/와 /ㅏ/가 도치(metathesis)된 것으로 보았다. 또한, 중부 방언형 '가위'는 '가이'로부터 직접적으로 변화한 것이 아니라 '가이'의 전신인 "ᄀᆞ싀[kaɜʌi])[kaɜuʌi]'로부터 변화한 것일 가능성과, 'ᄂᆞᄅᆞ〉나루', 'ᄀᆞᄅᆞ〉가루' 등에 유추되어 '가이'가 '가위'(혹은 '가외')로 변화한 것일 가능성을 제기하고 잠정적으로 후자의 견해를 취하였다.
47) 최전승(2012: 342, 각주 73)은 안동 방언에서 '가왜'형은 반촌어에서 사용되는 형태인 반면에 '가시게'는 민촌어의 형태로 추정하였다. 崔明玉(1980: 124~153)의 조사 자료(130번 항목)에 따르면, 영덕 영해면의 반촌어에서는 이 단어가 '가왜~가위'로 나타나는 데 비해, 그 지역의 민촌어에서는 '까시'게'가 사용된다. 이 사실은 최전승 선생의 추정이 타당함을 뒷받침해 준다.

3.2.3. /ㅢ/의 변화

〈金誠一家〉에 나타난 /ㅢ/의 단모음화에 대한 핵심적인 논의는 최전승(2012: 327~330)에서 이루어진 바 있다. /ㅢ/의 변화에 대한 본서의 견해도 그 논문의 요지와 크게 다르지 않다. 다만, 본서에서는 자료를 대대적으로 확충하여 이 방언에서 /ㅢ/가 겪은 변화 과정을 더욱 미시적으로 고찰하고자 한다.

주지하다시피 하향 이중모음 /ㅢ/는 서로 다른 변화 과정인 'ㅢ〉ㅣ'와 'ㅢ〉ㅡ'를 겪었다. 두 변화는 17세기 이래로 문헌상에 지속적으로 나타난다(白斗鉉 1990/1992: 115). 〈鶴峰宗家〉에서도 이 두 변화가 모두 관찰되지만 'ㅢ'가 그대로 표기된 예가 대부분이다. 이렇게 'ㅢ'로 표기된 모음의 실제 발음도 이중모음 [iy]였을 것으로 보인다. 왜냐하면 'ㅢ'가 이중모음이 아니라면 설명하기 힘든 아래와 같은 예들이 발견되기 때문이다.

(43) 1760년대 [제1세대(김주국)]
　　네 안해 엇지 <u>직희여[守]</u> 봉힝치 아니리오 통지 〃 〈002〉

(44) 1830・1840년대 [제3~5세대]
　가. <u>긔엄</u>(氣焰) 〈013. 진성이씨A(G_{3,5})〉 / <u>긔여이</u>(期於-) 〈138. 아주신씨B(G_4?)〉
　나. <u>하긔예</u>(夏期) 〈023. 김진화(G_4)〉 / <u>곤긔예</u>(困氣) 〈037. 여강이씨(G_4)〉 / 건공의 <u>쯰여</u>[浮] 〈024. 김진화(G_4)〉 / 쇄돌은 병 드다 ᄒ더니 그더지 <u>쯰여</u>[焦, 鬱] 〈083. 여강이씨(G_4)〉 / 댱 <u>어긔여</u>[違] 고기 마리도 못 ᄉ 보내니 답 〃 다 〈055. 여강이씨(G_4)〉
　다. ᄆ음 더 <u>당그이니</u>[引] 〈011. 유치명(G_3)〉, 졋쪽지 쨕으로 쓴 〃 ᄒ고 <u>당긔이고</u>[引] 〈021. 김진화(G_4)〉 / 건궁의 <u>쯔이온</u>[浮] 둣ᄒ오며 〈158.

의성김씨②(G₅)〉, 건궁의 **쯔이욘**[浮] 둣 〈156, 의성김씨②(G₅)〉〈207, 진성이씨B(G₅)〉 / **쎡이지나**[焦, 鬱] 아닐동 〈180, 의성김씨④(G₅)〉

(43)과 (44가)는 /y/ 유동 현상을 나타내며, (44나)는 부사격 조사 '-에'와 부사형 어미 '-어'가 /y/ 첨가에 의해 각각 '-예'와 '-여'로 실현되는 현상을 나타낸다. (44다)는 음절 부음 /y/를 독립된 음절로 표기한 예이다. 이 세 부류의 예들을 종합할 때 당시 'ㅢ'가 하향 이중모음이었다는 것은 부정하기 어려워 보인다. 아래와 같이 1850·1860년대 언간에서 발견되는 /y/ 유동 현상을 보면, 하향 이중모음으로서의 /ㅢ/의 신분은 19세기 중기까지 그대로 유지된다는 것을 알 수 있다.

(45) 1850·1860년대 [제4·5세대]

건공의 **쯔여**[浮] 〈141, 아주신씨B(G₄?)〉 / **긔여이**(期於-) 〈192, 의성김씨④(G₅)〉〈195, 의성김씨④(G₅)〉

하지만 이처럼 /ㅢ/의 음가를 [iy]로 확정할 수 있는 상황에서도 /ㅢ/가 /ㅣ/나 /ㅡ/로 변화하는 과정은 문면에 조금씩 노출된다. 1760년대 김주국의 언간에서는 (46)과 같이 'ㅢ'가 본 모습대로 정연하게 표기되어 있으므로, 우리는 'ㅢ〉ㅣ'와 'ㅢ〉ㅡ'를 1830·1840년대 언간에서 찾아야 한다[(47)].

(46) 1760년대 [제1세대(김주국)]

    가. **[어두: 고유어]** 싀여질[泯] 〈004〉

    나. **[어두: 한자어]** 의법(依法) 〈004〉 / 긔특ᄒᆞ야(奇特) 〈004〉

    다. **[비어두: 고유어]** 이긔래(勝) 〈001〉 // {문법 형태} 내 몸의(身) 벅″이 ᄒᆞ염 즉흔 직분을 싱각지 아니ᄒᆞ고 〈003〉, 당초의(當初) 내 무이 굳드려 댱만ᄒᆞ엿더니 〈004〉

라. [비어두: 한자어] 즈긔(自己) 〈001〉

(47) 1830・1840년대 [제3세대]

　　가. 'ㅢ → ㅣ'

　　　　(해당 예 없음)

　　나. 'ㅣ → ㅢ'

　　　　o. [어두: 한자어] 싱각 밧 그 지경을 당호오셔 긔시(其時) 차악 블샹호오미 오죽호오며 〈008. 의성김씨A〉

　　다. 'ㅢ → ㅡ'

　　　　o. [비어두: 고유어] 어린 손즈 놈 총두 여흔[癒〈離〉] 더 삼스 삭이 거의여스오나 〈006. 의성김씨A〉

　　라. 'ㅡ → ㅢ'

　　　　(해당 예 없음)

(48) 1830・1840년대 [제4세대]

　　가. 'ㅢ → ㅣ'

　　　　a. [어두: 고유어] 무릅히 시괴[酸] 알푼 증이 〈026. 김진화〉 / 즈믈쇠룰 비트리괴[擰] 〈057. 여강이씨〉

　　　　b. [비어두: 고유어] 기리가[長] 〈029. 김진화〉 / 직히고[守] 〈042. 여강이씨〉 // {문법 형태} 저의 집이[家] 가셔 〈064. 여강이씨〉, 집이내[家] 도라와 〈072. 여강이씨〉, 집이논[家] 적쇠 업서 졀박호오니 〈077. 여강이씨〉 / 근이가 틱이셔(宅) 수실동 긔별호시라 호오니 〈068. 여강이씨〉 박실 틱이셔(宅) 샨안 논 서 마지기 〈053. 여강이씨〉, 의성틱이셔(義城宅) 이녹이 올녀 보내여 〈023. 김진화〉

　　　　　　cf. 밧긔셔[外主人] 〈056. 여강이씨〉, 모을의셔[里] 〈067. 여강이씨〉, 집의셔[家] 〈043. 여강이씨〉, 아릿집셔 〈083. 여강이씨〉

나. 'ㅣ → ㅓ'

(해당 예 없음)

다. 'ㅓ → ㅡ'

  a. **[어두: 고유어]** 그쳑[消息] 〈033. 여강이씨〉〈064. 여강이씨〉

    cf. 긔쳑[消息] 〈084. 여강이씨〉

  b. **[비어두: 고유어]** {문법 형태} 나믜[他人] 거슬 〈082. 여강이씨〉 /
이명으게(而命) 〈057. 여강이씨〉[48]

라. 'ㅡ → ㅓ'

(해당 예 없음)

(49) 1830·1840년대 [제5세대]

가. 'ㅓ → ㅣ'

  a. **[어두: 고유어]** 집안 빈[空] 듯 〈166. 의성김씨②〉, 집이 빈 듯 〈175. 의성김씨③〉, **비여** 〈211. 진성이씨B〉 / **시여지온긔**[泯] 〈204. 진성이씨B〉 / **시훤호오이다** 〈207. 진성이씨B〉, **시훤호오나** 〈225. 진주강씨A〉 / **힌**[白] 걸노 〈207. 진성이씨B〉, **힌** 분은 다 싯겨습 〈213. 진성이씨B〉

  b. **[어두: 한자어]** 시어미(媤-) 〈218. 진성이씨B〉 / 기리(氣痢) 〈161. 의성김씨②〉

  c. **[비어두: 고유어]** {문법 형태} 집이[家] 두고 와서 〈166. 의성김씨②〉

나. 'ㅣ → ㅓ'

  o. **[어두: 고유어]** 다른 것 석겨[使] 〈212. 진성이씨B〉 / **긔다리딕**[待] 〈184. 의성김씨④〉, **긔드리옴**[待] 츠 〈225. 진주강씨A〉

---

48) '이명(而命)'은 김흥락의 자(字)이다. 1841년에 혼인을 하면서 지었고 1844년 자를 '계맹(繼孟)'으로 고치기 전까지 사용하였다.

다. 'ㅢ → ㅡ'

   a. **[어두: 한자어]** 그이ㅎ고(奇異)〈200, 의성김씨②/③〉 / <u>으</u>셩(義城)〈207, 진성이씨B〉

   b. **[비어두: 고유어]** {문법 형태} 남<u>으</u>게[他시] 졸니오며〈207, 진성이씨B〉 / 나<u>무</u>[他시] 집안의는〈208, 진성이씨B〉, 일싱 나<u>무</u>[他시] 뒤만 거두시며〈218, 진성이씨B〉, 평싱 나<u>무</u>[他시] 부억 담수리로 사라〈212, 진성이씨B〉

라. 'ㅡ → ㅢ'

   (해당 예 없음)

(47)~(49)를 통한 1830・1840년대 현장 시간 조사에서 우리는 다음과 같은 사실을 알 수 있다. 첫째, /ㅢ/의 두 변화는 아래 세대로 내려올수록 확산되고 있다. 특히 제5세대 발신자들은 /ㅢ/ 변화를 겪은 표기와 그 역표기를 가장 확대된 환경에서 보여 준다[(49)].

둘째, /ㅢ/의 변화는 주로 고유어에서 일어나는 경향을 보인다. 비교적 많은 예를 보이는 제4세대도 한자음에서만큼은 'ㅢ' 표기를 확고하게 지키고 있다[(48)].〈鶴峰宗家〉 전체를 통틀어서도 /ㅢ/를 지닌 한자어는 수없이 많이 등장하지만 표기상의 혼란은 거의 나타나지 않는다. 이는 물론 양반들의 방언에 강하게 자리 잡은 한자음의 보수성에 기인하는 것이다.

셋째, 'ㅢ〉ㅣ'가 'ㅢ〉ㅡ'보다 더 활발하게 진행되고 있다. 전자는 다양한 어사에서 관찰되며 그 역표기도 나타나는 데 반해, 후자는 '-의'나 '-의게'와 같은 격조사를 제외하면 '여희-'와 '긔척' 두 어사에서만 보이며 그 역표기도 전혀 출현하지 않는다.

넷째, /ㅢ/의 변화는 해당 음절 내 자음이 선행하는 환경에서 먼저 시작되었다. 우선 'ㅢ〉ㅣ'가 음절초에서 실현된 예는 전혀 발견되지 않는다. 'ㅢ〉ㅡ'는 (48다b)의 '이명<u>으</u>게'와 (49다a)의 '<u>으</u>셩'과 같이 음절의 첫머리에서 실현된 예가 소수 있기는 하지만, 대부분의 예는 실제 발화 상에서 음절초 자음이 있는 경우이다. /ㅢ/의 변화형이 음절초에서 거의 관찰되지 않는 이유는, 바로 이 환경이 [iy]가 이중모음으로 온전히 실현될 수 있는 곳이기 때문이다.

다섯째, 처격 조사 '-의'나 '-의셔'의 /ㅢ/가 /ㅣ/로 변화하는 것은 '집', '딕'과 같은 특정한 체언 뒤로 한정된다[(48가b), (49가c)].[49] 〈鶴峰宗家〉에서는 주로 여강이씨(G₄)가 '-이'와 '-이셔'를 사용하지만, 의성김씨②(G₅)와 김진화(G₄)의 언간에서도 '-이' 혹은 '-이셔'가 한 차례씩 출현한다. 또한, 여강이씨도 '집의셔'와 같이 '집' 뒤에서 '-의셔'를 사용하기도 하고, '아릿집셔'와 같이 /의/나 /이/가 탈락한 '-셔'를 사용하기도 한다. 즉, 처격 조사에 나타나는 'ㅢ〉ㅣ' 변화는 화자에 따른 편차가 심하며, 한 개인어 내에서도 이 변화의 개신형과 보수형이 공존하고 있는 것이다.

지금까지 우리는 /ㅢ/의 음가와 그 변화의 두 방향에 대해 살펴보았다. 우리는 19세기 전기 학봉 종가의 구성원들이 /ㅢ/를 일반적으로 하향 이중모음으로 발음하였으나, /ㅣ/나 /ㅡ/로 발음하는 경향도 점차 증가하고 있음을 확인할 수 있었다. 요컨대 이 시기 /ㅔ/와 /ㅐ/는 각각 새로운 전설 단모음으로 변화하고 있었으며, /ㅟ/와 /ㅚ/는 여전히 하향 이중모음의 신분을 유지하고 있었던 것과는 달리, /ㅢ/는 점진적으로 전설 고모음 /ㅣ/나 후설 고모음 /ㅡ/로 합류해 가는 과정을 밟고 있었던 것이다.

3.3. 모음 상승과 합류

모음 상승(vowel raising)이란, 특정 모음의 서열이 동일 계열 내에서

---

49) 이러한 사실은 최전승(2012: 327~328)에도 언급되어 있다. 〈金誠一家〉와 다른 방언에서 나타나는 '집'의 처격형에 대한 논의는 그 논문을 참조하기 바란다.

한 단계 상승하는 것을 말한다. 국어 음운사에서는 'ㅔ〉ㅣ', 'ㅓ〉ㅡ', 'ㅗ〉ㅜ' 등 세 가지 모음 상승이 존재한다. 모음 합류(vowel merger)란, 서로 대립하던 두 모음이 모든 환경에서 그 대립을 상실하여 제3의 단일한 모음으로 인식되는 과정을 의미한다. 국어의 모음 합류의 대표적인 예로는 동남 방언에서 /ㅔ/와 /ㅐ/가 /E/로, 그리고 /ㅡ/와 /ㅓ/가 /ɘ/로 합류된 것을 들 수 있다.50)

모음 상승과 합류는 선행 연구에서 주로 구조주의 언어학적 관점에서 모음 체계의 변화와 관련지어 설명되었다. 그리하여 모음 상승과 합류는 상호 유기적으로 연관된 변화로 인식되었는데, 대체로 전자의 결과가 후자로 나타난 것으로 여겨졌다.51) 본절(本節)에서도 이와 같은 관점에서 모음 상승과 합류를 함께 다루고자 한다.

---

50) 이처럼 대립하던 두 (혹은 그 이상의) 소리가 모든 환경에서 같아지는 현상은 '무조건 합류(unconditioned merger)' 혹은 '완전 합류(complete merger)'라고 한다(Hoenigswald 1960: 90, Jeffers & Lehiste 1979: 75). 그런데 일반적으로 합류의 결과음은 이전에 대립하던 두 (혹은 그 이상의) 소리 중 어느 하나라는 점에서, /E/와 /ɘ/의 형성은 전통적인 개념으로서의 '합류'와 다르다. /E/와 /ɘ/는 각각 /ㅔ/나 /ㅐ/, 그리고 /ㅡ/나 /ㅓ/ 중 어느 하나라고 말하기 어렵기 때문이다. 그럼에도 본서에서는 '합류'의 개념을 좀 더 넓게 상정하여 /E/와 /ɘ/가 새롭게 형성되는 과정도 '합류'라고 부르기로 한다. 한편, /E/와 /ɘ/가 형성되는 과정에 대하여 '중화(neutralization)'라는 용어가 사용되기도 한다. 만일 이 용어를 사용한다면 두 음소의 형성 과정은 절대 중화(absolute neutralization)에 가까운 것이 된다. 그러나 통시적으로 전개된 완전 합류의 공시적 결과가 곧 중화임을 고려할 때(Hock 1986: 57), '중화'라는 용어의 사용은 어디까지나 공시 음운론에 한정해야 한다는 것이 저자의 생각이다. '중화'와 '합류'의 용어에 대한 이러한 고민은 김주필(1996: 116, 각주 1)과 신승용(2004: 69, 각주 19)에도 피력되어 있다.

51) 세부적인 내용에서는 서로 차이가 있으나, 徐輔月(1982), 白斗鉉(1990/1992: 152~159), 박창원(1997: 56~60), 오종갑(1998: 587), 박종덕(2004), 정영호(2008) 등은 모두 이러한 관점에서 동남 방언의 모음 체계 변화를 논의하였다. 이와는 달리, 김주필(1996)은 동남 방언의 /ㅔ/와 /ㅐ/의 합류가 구조적 압력에 따른 '[ɛ]〉[e]'와 같은 모음 상승에 의해 발생한 것으로 보지 않고, /ㅔ/와 /ㅐ/가 각각 [əy], [ay]일 때 핵모음 간의 동요에 의해 시작된 것으로 보았다.

3.3.1. 전설 모음의 상승과 합류

전설 모음의 상승과 합류에 대한 논의는 'ㅔ〉ㅣ' 상승과 /ㅔ/와 /ㅐ/의 합류로 나뉘는데, 이 두 변화와 관련된 쟁점은 다음과 같은 두 가지로 정리해 볼 수 있다. 첫째, 'ㅔ〉ㅣ' 상승과 /ㅔ, ㅐ/ 합류 간의 선후 문제이다. 李敦柱(1971: 140~141), 徐輔月(1982: 21), 崔明玉(1982: 36), 이기갑(1986: 20), 박창원(1997: 56~60)은 전자가 후자에 앞선다는 견해를, 白斗鉉(1990/1992: 150), 박창원(1992: 68, 73),[52] 정영호(2008: 395)는[53] 그 반대의 견해를 각각 제시한 바 있다.[54]

둘째, /ㅔ, ㅐ/ 단모음화와 /ㅔ, ㅐ/ 합류 간의 선후 문제이다. 이 문제에 대해서는 /ㅔ, ㅐ/ 단모음화가 이들의 합류의 전제가 된다고 보는 견해가 지배적이었다. 이처럼 전자가 후자에 우선한다는 입장은 徐輔月(1982: 21), 崔明玉(1982: 22~23), 김주원(1984: 53), 白斗鉉(1990/1992: 123~124), 박창원(1992: 46~47, 1997: 60~62), 오종갑(1998: 587), 박종덕(2004) 등 여러 논저에서 나타난다. 이에 반해, 김주필(1996)은 /ㅔ/와 /ㅐ/가 하향 이중모음으로 실현되던 단계에서 각 핵모음의 동요로 인해 이들의 합류가 시작되었다고 보는 새로운 주장을 제시한 바 있으며, 이 견해는 정영호(2008: 386~387)에서 수용되었다.

'ㅔ〉ㅣ'와 /ㅔ, ㅐ/ 합류에 대한 이상의 연구 결과를 염두에 두고, 이

---

52) 박창원(1992)의 논의는 19세기 후기 경남 방언을 반영하고 있는 〈수겡옥낭좌전〉 표기에 바탕을 둔 것이다.
53) 정영호(2008: 395)는 경북 방언과 경남 방언에서 이 두 변화가 각기 다른 순서로 진행되었을 가능성도 제기하였다. 즉, 경북 방언에서는 /ㅓ/의 상승에 의해 /ㅗ/와 /ㅔ/의 상승이 일어남과 동시에 /ㅐ/의 상승도 야기하여 /ㅔ, ㅐ/가 합류되었을 가능성이 있는 반면, 경남 방언에서는 /ㅐ/의 상승에 의해 /ㅔ/와 합류가 일어나고 이것이 'ㅔ〉ㅣ'를 이끌었을 수도 있다는 것이다.
54) 이들과는 달리 오종갑(1998)은 ≪韓國方言資料集≫에 수록된 '떼[群]'와 '때[垢]'의 방언형들의 분포를 바탕으로 먼저 폐구조음원칙에 따라 'ɛ〉E'가 발생하였으며, 그 결과 e와 E의 간극이 좁아져 'e〉E' 하강과 'e〉i' 상승이 발생한 것으로 해석하였다.

제 19세기 전기 경북 양반들의 방언에서 이 두 변화가 어떻게 전개되고 있는지를 살펴보기로 하자.

3.3.1.1. /ㅔ/와 /ㅣ/

'ㅔ〉ㅣ' 모음 상승은 현대 경북 방언에서, 그중에서도 특히 경북 북부 지역 방언에서 광범위하게 관찰된다(崔明玉 1982: 36, 徐輔月 1984: 37, 白斗鉉 1990/1992: 144). 현대 안동의 민촌어에서도 이는 마찬가지이다 (서보월 1997a: 499~500).

그런데 오늘날 경북 지역의 반촌어에서 'ㅔ〉ㅣ'가 어떻게 나타나는지 에 대해서는 단편적으로밖에 알 수 없다. 李時霞(1991: 227~228)에 제시 되어 있는 자료를 통해 이를 살펴보면,[55] 형태소 내부에서는 /ㅔ/가 /ㅣ/ 로 실현되는 것이 안동과 월성의 반촌어에서 모두 관찰되는데 대부분 음장이 있는 어두 음절의 예들이다(예 hi:-[數], pi:-[枕], mi:-[擔], pʰi:-[伸]).[56] 반면에, 형태소 경계에서는 두 지역어 간에 차이가 나타난다. 즉, 안동 의 반촌어에서는 일반적으로 이 모음 상승이 관찰되지만(예 masi-[飮]+-ato → másido, kitali-[待]+-ato → kidárido, iki- [勝]+-ato → ígido), 월성의 반촌어에서는 그렇지 않은 것이다(예 másɛdo[飮], kidárɛdo[待], ígɛdo[勝]).

崔明玉(1980: 124~153)에 수록된 영덕의 반촌어와 민촌어의 어휘 자 료를 통해서도 'ㅔ〉ㅣ'의 양상을 어느 정도 기술할 수 있다. 먼저, 어두 음절에서는 음장이 수반된 경우 반촌어와 민촌어 둘 다 대체로 이 변화 에 대한 개신형을 보여 준다(예 <u>기</u>:[蟹], <u>시</u>:(개)[三], <u>니</u>:(개)[四], <u>시</u>:-[强],

---

[55] 1.4.2에서 언급한 바와 같이 李時霞(1991)은 안동과 월성의 반촌어를 대상으로 활음화 현상만을 다룬 논문이다.
[56] 'pʰi:-[伸]'는 중세 국어형 '펴-(H)'로 소급한다는 점에서 이 어사가 과연 음장을 지니고 있는지는 의심스럽다. 李時霞(1991: 227)에 제시된 예는 '-아도/어도'가 결합한 'pʰi:do'뿐 이라 어간의 음장 보유 여부를 확인할 수 없다. 국립국어원(2010a: 146)에서도 'pʰi:-'를 장음 어간으로 볼 수 있는 근거는 전혀 발견되지 않는다. 본문에서 '대부분'이라는 표현 을 사용한 것은 바로 이러한 이유에서이다.

디:-[硬], 밍:경(明鏡)). 그러나 음장이 없는 경우에는 개신형이 반촌어에서는 거의 나타나지 않고 주로 민촌어에서만 발견된다(예 메'주/미'주[政], 혜-/시-[發火], (배추)포'기/피'기, 병'/빙'(瓶)).57) 비어두 음절에서의 'ㅔ〉ㅣ'는 반촌어에서는 잘 나타나지 않고 민촌어에서만 관찰되는 것이 보통이다(예 수제'비/수지'비[麵飽], 구:데기/구:디기[蛆], 젖메'기/젖미'기[孺], 갱변'/갱빈'(江邊)). 그리고 세 경우 모두 본래 다른 모음에서 변화한 /ㅔ/도 /ㅣ/로 상승한 예를 보여 준다.

경주(월성) 반촌어와 민촌어에서의 'ㅔ〉ㅣ'를 대조한 이동화(1992: 267~268)의 조사 결과도 이와 크게 다르지 않다.58) 음장이 있는 어두 음절에서는 반촌어와 민촌어에서 공통적으로 'ㅔ〉ㅣ'가 발생하였으나 (예 mi:ki[鮎], ki:[蟹], pi:kɛ[枕], hiari-/siari-[數, 量]),59) 음장이 없는 어두 음절에서는 민촌어의 일부 어사에서만 그 개신형이 관찰된다(예 mɛʧu/miʧu[政], mɛnɜri/minɜri[婦]). 비어두 음절의 경우도 민촌어만 'ㅔ〉ㅣ'가 발생하였는데, 적어도 그 논문에 제시된 예는 모두 개신형으로만 나타난다(예 kuʧɛ̃ĩ/kuʧĩ[穴], ku:rɛ̃ĩ/ku:rĩ[蛇], kɛŋpyɜn/ kɛŋpin(江邊)).

이상에서 언급한 선행 연구 결과는 다음과 같이 정리할 수 있다. 첫째, 경북 방언의 'ㅔ〉ㅣ'는 지리적으로는 남부 방언보다 북부 방언에, 사회적으로는 반촌어보다 민촌어에 더 확대되어 있다. 둘째, 이 변화는 환경적으로는 음장이 없는 음절보다 음장이 있는 음절에 더 확대되어 있다. 셋째, 반촌어에서는 이 변화가 일반적으로 음장이 있는 음절에까

---

57) 'X/Y'에서 'X'는 반촌어형을, 'Y'는 민촌어형을 각각 가리킨다.
58) 이동화(1992)에 사용된 일부 전사 기호는 본서에서 다음과 같이 변경하여 제시하였다. c→ʧ, l→r, j→y.
59) 'hiari-' 및 'siari-'는 중세 국어형 '헤아리-'의 첫음절이 상성이었던 점을 참고할 때(예 혜아룜과(RLHH) 〈月釋2:53a〉) 본래 음장을 지니고 있던 어사였을 것이다. '헤아리-'와 형태·의미론적으로 깊은 관련을 맺고 있는 '혜[數, 量]'는 15세기 국어에서 고정적 상성(R) 어간이었으나, 16세기를 전후하여 상평 교체(R/L) 어간으로 변화하였다(김한별 2013: 457~458). 'hiari-'와 'siari-'에 음장이 실현되지 않는 것은 '혜-'의 이와 같은 성조 변화에 기인하는 것임이 분명하다.

지만 확대되어 있다.

그중 두 번째와 세 번째 사실은 'ㅔ〉ㅣ'가 음장이 있는 환경에서 먼저 발생하였을 가능성을 시사한다. 그리고 이 가능성은 모음 상승이 주로 음장을 지닌 어사에서 잘 일어난다는, 종래의 각 지역 방언 연구 성과에 잘 부합한다. 영남 문헌어를 대상으로 한 白斗鉉(1990/1992: 147) 역시 'ㅔ〉ㅣ'가 음장을 가진 환경에서 먼저 시작되어 이후에 음장을 갖지 않은 환경으로까지 확대된 것으로 추정한 바 있다.

그렇다면 19세기 경북 지역 양반들의 방언에서는 이 모음 상승 현상이 어떻게 실현되고 있었을까. 그런데 〈鶴峰宗家〉에서는 이 변화가 거의 관찰되지 않는다. (50)은 저자가 찾아낸 유일례를 제시한 것이다.

(50) 1830·1840년대 [제5세대]
　　　신이 부러젓더니 결단이 나고 비울 써 **빈소(便所)** 왕느나 절박 신던 신이나마 마른신 아닌 것슬 다고 〈165. 의성김씨②(G5)〉

'빈소'는 어두 음절에서 'ㅔ〉ㅣ'를 겪은 한자어로, '변소〉*벤소〉 빈소'의 변화 과정을 밟은 예이다. 이 어사를 제외하고는 어종(語種)을 막론하고 'ㅔ〉ㅣ'가 전혀 관찰되지 않는다. 그나마 (50)마저도 제5세대 인물의 언간에서 발견된다는 사실은, 이 모음 상승이 당시 경북 지역의 노년층과 중년층 양반들 사이에서는 전혀, 혹은 거의 실현되지 않았다는 것을 말해 준다.

그런데 '변소'는 현대 경북 방언에서 음장 없이 '빈소[HL]'로 실현되는 어사라는 점에서(≪경북방언사전≫ 참조)[60] 위 예가 과연 'ㅔ〉ㅣ'의 초기 단계를 반영하는 것이 맞는지 의구심이 든다. 모음 상승의 일반적인

---

[60] '便' 자의 중세 국어 한자음은 '변(L), 변(R), 변(H), 편(L), 편(R)' 등 분절음과 초분절음 층위에서 다양하게 실현되었는데, '똥오줌(大小便)'을 의미할 때는 '편(L), 변(L)'과 같이 모두 평성(平聲)으로만 실현되었다[伊藤智ゆき(2007a)/이진호 역(2011a: 108)].

원리와 본서의 자료 간의 괴리감을 해소하는 방안은 둘 중 하나를 의심해 보는 것이다. 그런데 전자보다는 일단 후자를 의심하는 것이 더 합리적일 것이다. 그렇다면 (50)에 쓰인 '빈소'는 한국학중앙연구원(2009a: 849)에서 '변소(便所)'의 후대형로 분석하였으나, 그것이 아니라 그저 '빈소(殯所)'일 가능성을 제기해 볼 수 있다. 실제로 이 언간 자료에서는 (51)과 같이 '빈소(殯所)'가 총 2회 나타나기도 하기 때문이다.

(51) 가. 슌임은 안의사 <u>빈소를</u> 직희고 무스이 잇스오나 갈수록 셜고 슬푸오며 〈259, 1849년, 슌임(아랫사람) → 미상(윗사람)〉
나. 봉쥰의 닉외 놈년이 갈 져긔 <u>빈소의</u> 자리와 아의사 딕를 다 도젹ᄒ여 가지고 갓습ᄂ이다 〈259, 1849년, 슌임(아랫사람) → 미상(윗사람)〉

(51가)의 '빈소'가 '직희-[守]'와 공기하고 있다는 사실과, (51나)가 (51가)와 동일한 편지에서 추출된 예문이라는 사실을 고려할 때 (51)의 '빈소'는 '殯所'임이 분명하다. 그런데 (50)의 '빈소'는 '왕닉(往來)'와 함께 쓰이고 있으므로 '便所'로 해석하는 것이 자연스럽기는 하나, '殯所'로 해석해도 특별히 문제될 것이 없다. 다시 말해서 (50)은 'ㅔ〉ㅣ'를 보여 주는 적극적인 근거가 될 수 없는 것이다.

요컨대, 19세기 전기 경북 양반 계층의 방언에서는 'ㅔ〉ㅣ'가 아직 발생하지 않았다고 결론지을 수 있다. 설령 (50)의 '빈소'를 적극적인 근거로 받아들여 'ㅔ〉ㅣ'를 인정한다 하더라도, 그 세력은 매우 미약한 것이었다고 보지 않을 수 없다. 'ㅔ〉ㅣ'는 /ㅔ/의 음가가 [e]임을 전제로 하는 만큼, 이 변화가 (거의) 나타나지 않는 까닭은 결국 당시 모음 체계 내에서 /e/가 아직 확고하게 자리 잡지 못한 데에 기인하는 것으로 볼 수 있다.

3.3.1.2. /ㅔ/와 /ㅐ/

/ㅔ/와 /ㅐ/의 합류가[61] 언제부터 시작되었는지는 두 모음을 나타내는 표기가 혼란을 보이는 시기를 조사해 보면 알 수 있다. 그런데 이미 ≪重刊杜詩諺解≫(1632)에서부터 '새베 ⟨3:25a⟩ ~ 새배[曉] ⟨3:38b⟩', '그르메[影] ⟨5:6b⟩ ~ 그르매 ⟨15:33b⟩'와 같은 'ㅔ'와 'ㅐ'의 혼기가 나타나므로, 이에 대해서는 통시적인 고려가 있어야 한다(白斗鉉 1990/1992: 122). 두 모음의 합류에서 단모음 e와 ε의 존재를 전제로 삼는 주류 학설에서는(이하에서는 '[학설 1]'로 지칭한다) 위와 같은 예가 적절한 근거가 될 수 없다.[62] 그러나 /ㆍ/의 비음운화로 인한 이중모음 /ㅔ, ㅐ/의 핵모음의 동요를 이 합류의 동기로 설명하는 학설(김주필 1996)에서는(이하에서는 '[학설 2]'로 지칭한다) 다른 입장을 취할 수 있다. 그 관점에서는 비록 e와 ε가 아직 형성되지 않은 시기의 'ㅔ~ㅐ'의 혼기례라고 하더라도 /ㅔ, ㅐ/의 핵모음의 혼동을 유발할 수 있는 다른 변화가 진행 중이라면,[63] 그러한 예도 합류의 근거로 삼을 수 있을 것이다. 본서에서는 일단 /ㅔ/와 /ㅐ/의 합류가 반드시 이 둘의 단모음화를 전제로 하지는 않는다는 입장을 견지하고 자료를 분석할 것이다. 왜냐하면 이 시기는 /ㅔ, ㅐ/의 단모음화가 진행 중이므로, 개별 어사에서 실현된 두 모음의

---

61) 본절에서 다루는 모음 변화들을 체계와 관련지어 일관성 있게 설명하기 위해 저자는 /ㅔ/와 /ㅐ/의 합류를 'ㅐ>ㅔ' 상승의 결과로 보는 견해(徐輔月 1982: 21, 白斗鉉 1990/1992: 150, 155~156, 정영호 2008: 388)를 받아들인다. 그러나 본서에서는 /ㅔ/와 /ㅐ/에 대해서는 '상승' 대신 '합류'라는 용어를 사용하는데, 그 까닭은 현대 동남 방언에서 일반적으로 두 모음이 합류되어 있다는 결과를 중시하기 때문이다. 이러한 용어 사용은 후술할 /ㅓ/와 /ㅡ/에 대해서도 마찬가지이다.
62) 이에 따라, 白斗鉉(1990/1992: 122~123)은 /ㅔ, ㅐ/가 단모음으로 존재한 명백한 증거가 있는 시기 이전의 'ㅔ~ㅐ' 혼기례를 모음 조화의 혼란에 의한 교체로 해석하였다.
63) 김주필(1996: 124~132)은 /ㅔ, ㅐ/를 합류에 이르게 한 변화로 /ㆍ/의 제1단계 변화, 그 변화에 대한 과도 교정, /ㆍ/의 제2단계 변화, /ㅡ/와 /ㅓ/의 합류 등을 꼽았다. 그리하여 동남 방언의 /ㅔ, ㅐ/ 합류가 "'ㆍ'의 제2단계 변화가 일어나는 시기, 또는 그보다 약간 후대이면서 ㅡ가 ㅓ와 동요를 일으키는 시기보다는 후대에 일어나기 시작된 것으로 추정"하였다(132~133면).

음가를 정확히 알 수 없기 때문이다(3.2.1 참조).

현대 경북 반촌어에서는 민촌어와 마찬가지로 /ㅔ/와 /ㅐ/ 대신 이들이 합류된 모음인 /E/만이 관찰될 뿐이다(李時震 1991: 222, 이동화 1992: 261). 그런데 〈鶴峰宗家〉에서는 두 모음의 혼란이 거의 관찰되지 않는다. 소수 발견되는 예는 'ㅔ'와 'ㅐ'의 혼기보다는 'ㅔ'와 'ㆎ'의 혼기가 대부분이다. 우리는 3.1에서 (17), (18)의 'ㅔ'와 'ㆎ' 혼기례가 /ㆍ/의 변화와 관련된 것이 아니라, 실제로는 /ㅔ/와 /ㅐ/의 혼동을 나타내는 것이라고 밝힌 바 있다. 따라서 저자는 표기상의 'ㅔ~ㆎ' 혼동을 /ㅔ/와 /ㅐ/의 혼동 및 그에 따른 합류 과정과 관련지어 논의를 진행하고자 한다. 물론, 여기서 /ㅔ/와 /ㅐ/의 음가는 하향 이중모음([əy], [ay])일 수도, 단모음([e], [ɛ])일 수도 있다.

논의의 편의상 3.1에 제시하였던 (17), (18)을 여기에 다시 가져오기로 한다.

(17) 1830・1840년대 [제4세대]

    가. 'ㆎ→ㅔ'

        (해당 예 없음)

    나. 'ㅔ→ㆎ'

        a. **[비어두]** 츳돌이 **무양긔**(無恙)('-계') 되어 〈036, 여강이씨〉, **답〃긔** 무던이 혼인을 둥듸ᄒ면 〈096, 여강이씨〉 / 자갸는 가고 눌**을긔**[誰] 아기(雅期)를 치일고 〈118, 여강이씨〉 / 너모 **의스긔다**[勞苦] 〈058, 여강이씨〉 / **의직새슈**] 하인의 입으로 말이 나고 〈023, 김진화〉, **의직야** 보니 한심〃ᄒ고 〈023, 김진화〉 / **의싁ᄒ나**(哀惜)(의섹〈의셕〉 〈041, 여강이씨〉

          cf. 가늘**게**[細] ᄉ으라 〈080, 여강이씨〉 / **의져ᄂ**[슈] 〈023, 김진화〉, **의저ᄂ** 〈070, 여강이씨〉, **의자야** 와ᄉ오니 〈054, 여강이씨〉

b. **[어두/비어두]** 아무 듸[處] 흥졍ᄒ야 달나 ᄒ야도 〈023, 김진화〉, 아모 듸도 의실 듸 업스니 〈064, 여강이씨〉 / 슬듸업다고 [兀] 〈098, 여강이씨〉

cf. 아니 쓸 데[處] 써셔 〈026, 김진화〉 ~ 즈즐〃〃ᄒᆞᆫ 대 〈020, 김진화〉 / 셔루 써낫다가 한데로[一處] 모히면 〈016, 김진화〉 / 한데[露天] 안즈니 〈030, 김진화〉 / 네 헌데[瘡] 더ᄒ지 아니ᄒ고 〈021, 김진화〉, 헌데 〈018, 김진화〉 ~ 헌듸 〈017, 김진화〉, 헌듸 〈054, 여강이씨〉

(18) 1830・1840년대 [제5세대]

    가. 'ㆎ→ㅔ'

    (해당 예 없음)

    나. 'ㅔ→ㆎ'

a. **[어두]** 무가내로 원을 못 쩍일[分離] 듯 〈229, 김수락〉

b. **[비어두]** 못 견듸깃습[耐] 〈183, 의성김씨④〉 / 인돌은 병식(病勢) 업ᄂᆞᆫ가 〈177, 의성김씨④〉 / 의지야[今] 긔별을 듯ᄌᆞ오니 〈167, 의성김씨②〉

cf. 의저ᄂᆞᆫ[今] 〈162, 의성김씨②〉, 의쟈야 〈177, 의성김씨④〉

c. **[어두/비어두]** 조흔 듸[處] 〈180, 의성김씨④〉, 괴로오신 듸ᄂᆞᆫ 〈214, 진성이씨B〉 / 헌듸[瘡] 엇더ᄒ오신고 〈157, 의성김씨②〉, 헌듸가 그러ᄒᆞ시니 〈180, 의성김씨④〉 / 쓸듸업습[兀] 〈150, 의성김씨①〉

cf. 불평ᄒ옵신 대[處] 〈152, 의성김씨②〉 / 헌데가[瘡] 슈이 낫지 아니시면 〈180, 의성김씨④〉

白斗鉉(1990/1992: 125)은 자료의 제약으로 인하여 이 시기의 합류가 어떠한 양상으로 진전되었는지 알 수 없는 형편이라고 하였는데, 위 (17),

(18)은 그 공백을 조금이나마 메워 줄 수 있으리라 본다. 'ㅔ~ㆍㅣ' 혼기는 /ㅔ/를 'ㆍㅣ'로 표기하는 방향으로만 나타나며, 1830·1840년대 제4·5세대 언간에서만 보인다. 온전한 어두 음절에서의 혼기는 제5세대 언간에서만 한 번 출현하는 것으로 보아[(18나)], 비어두 음절에서 이 합류가 먼저 일어났을 것이라는 白斗鉉(1990/1992: 124~125)의 추정이 타당함을 알 수 있다.

그러나 (17나a) 및 (18나b)의 '이저는(이져는)'과 '이지야~이자야(이쟈야)'의 존재는 /ㅔ/와 /ㅐ/가 하향 이중모음인 상태에서 서로 혼동될 수 있었음을 알려 줌으로써 [학설 2]를 지지해 준다. 물론 그렇다고 해서 [학설 1]이 전적으로 부정되는 것은 아니다. /ㅔ/와 /ㅐ/의 합류를 설명할 때 /e/와 /ɛ/ 간의 음성적 유사성을 빼놓을 수 없기 때문이다. 특히, (17나)에 제시한 'ᄋᆡ셕(哀惜)'의 제2음절은 '셕〉섹'과 같은 축약을 거친 후 'ᄉᆡㄱ'으로 표기된 예이므로, /e/와 /ɛ/를 전제해야만 설명할 수 있다. 즉, /ㅔ/와 /ㅐ/의 혼란은 두 모음이 하향 이중모음일 때부터 산발적으로 발생하였지만, 그것이 둘의 합류에까지 이를 정도로 대폭적인 발달을 보일 수 있었던 시기는 아무래도 /e/와 /ɛ/가 확립된 이후일 것이다. /ㅔ, ㅐ/가 단모음이었음을 부정할 수 없는 20세기 초의 여러 문헌에서 두 모음자의 혼기가 매우 빈번하게 나타난다는 사실(白斗鉉 1990/1992: 125)과, /ㅔ, ㅐ/가 완전히 단모음화하지 않은 19세기 전기에는 이들의 혼란이 별로 발견되지 않는다는 사실이 이를 잘 뒷받침해 준다.

'ㅔ~ㆍㅣ' 혼기는 18세기 후기 제1세대와 19세기 전기 제3세대 언간에서는 발견되지 않는다. 그 원인은 자료상의 제약에 기인하는 것일 수도 있지만, 저자는 근본적으로 그것이 /ㆍ/에 대한 세대 간 인식의 차이 때문인 것으로 파악한다. 비록 /ㆍ/는 비음운화의 최종 단계에 있기는 하였으나, 제1·3세대의 모음 체계 내에서 /ㆍ/의 지위는 제4·5세대에 비해 상대적으로는 확고하였을 것이다. 따라서 [학설 1]과 [학설 2] 가운데 어느 것을 택하더라도 제1·3세대 언간에서 'ㅔ~ㆍㅣ' 혼기가 나타나기 어려운 이유를 쉽게 설명할 수 있다. [학설 1]의 관점에서는 /ㆍ/의 비음운화에 따른 /ㅓ/의 후설화가 충분히 진행되지 못하였으므로 /e/와 /ɛ/의 형성을 인정하기 힘들 것이고, [학설 2]의 관점에서는 /ㅔ/와 /ㅐ/의 핵모음의 동요 역시 이후 세대보다 적극적으로 일어났다고 설명하기 힘들 것이기 때문이다. 게다가 무엇보다도 제1·3세대 화자들에게 'ㆎ'라는 문자는 /ㅐ/의 음가([ay]나 [ɛ])를 직접적으로 반영해 주지 못하므로, 음운론적 층위에서의 /ㅔ/와 /ㅐ/의 혼동은 표기의 층위에서 'ㅔ~ㆎ' 혼기보다는 'ㅔ~ㅐ' 혼기로 나타나야 할 것이다. 그러나 'ㅔ~ㅐ' 혼기 역시 그들의 언간에서는 단 한 번도 출현하지 않는다.

우리는 3.3.1.1에서 'ㅔ〉ㅣ'가 이 지역 양반들의 방언에서 거의, 혹은 전혀 실현되지 않았다는 사실을 논의한 바 있다. 그렇다면 이제 'ㅔ〉ㅣ' 상승과 /ㅔ, ㅐ/ 합류 간의 선후 문제에 대해서도 답변할 수 있게 되었다. 그것은 'ㅔ〉ㅣ'가 /ㅔ, ㅐ/ 합류보다 결코 선행하지 않는다는 것이다. 'ㅔ〉ㅣ'가 /e/의 존재를 전제로 하는 데 반해, /ㅔ/와 /ㅐ/의 합류의 발생은 그렇지 않다는 점을 상기한다면, 이와 같은 결론은 어찌 보면 당연한 것이라고 할 수 있다.[64]

---

64) 이러한 결론에 대하여, 「만일 'ㅔ〉ㅣ' 상승이 /ㅔ, ㅐ/ 합류보다 먼저 발생하지 않았다고 한다면, 현대 경북 방언에서 본래의 /e/가 /i/로 나타나는 예는 있어도 본래의 /ɛ/는 결코 그렇지 않다는 사실을 어떻게 설명할 것인가」하는 비판이 제기될 수도 있다. 그러나 저자는 'ㅔ〉ㅣ' 상승과 /ㅔ, ㅐ/의 합류 간의 선후 관계를 분리하기보다는, /ㅔ/와 /ㅐ/의 합류가 진행되는 과정 속에서 'ㅔ〉ㅣ'가 발생하였다고 보는 白斗鉉(1990/ 1992: 150)의 견해를 받아들인다. 전술한 대로 저자는 /ㅔ/와 /ㅐ/의 합류가 대폭적으로 발달할 수 있었던 원인을 /ㅔ/와 /ㅐ/가 단모음화한 이후 나타난 '/ɛ/〉/e/' 상승의 결과로 파악한다. 따라서 그 저서의 설명과 같이 /ɛ/의 상승으로 압력을 받게 된 /e/가 /i/로 변화한 것으로 보는 관점을 취하면, 위의 질문에 대해서도 적절히 답할 수 있을 것이다.

3.3.2. 후설 모음의 상승과 합류

3.3.2.1. /ㅗ/와 /ㅜ/

모음 상승의 하나인 /ㅗ〉ㅜ/는 18세기 후기 중앙어의 형태소 내부에서 광범위하게 나타나는 현상이다(郭忠求 1980: 90~91). 그런데 'ㅗ〉ㅜ'의 출현 시기는 16세기로까지 소급하며 그것은 주로 'ㅜ〉ㅗ'와 함께 등장한다. 이에 대하여 白斗鉉(1988: 189~193)은 16・17세기에 빈번하게 나타나는 'ㅗ~ㅜ' 간의 상호 교체를 '・ : ㅡ' 대립 관계의 동요가 'ㅗ : ㅜ' 대립 관계에 비례적으로 파급된 결과로 파악하고, 그것을 18세기 후기에 광범위하게 발생하는 'ㅗ〉ㅜ'와 동일한 성격의 변화로 볼 수 없음을 역설하였다. 실제로 18세기 중엽 이후에는 'ㅗ~ㅜ' 간의 상호 교체보다 'ㅗ〉ㅜ'가 일반적이라는 사실을 고려할 때, 그 주장은 매우 타당한 것이라고 할 수 있다. 따라서 19세기 문헌에서 출현하는 'ㅜ〉ㅗ'는 'ㅗ~ㅜ' 교체라기보다는 'ㅗ〉ㅜ' 모음 상승에 대한 반작용으로 이해하는 것이 옳을 것이다.

19세기 중앙어를 대상으로 한 선행 연구 결과에 의하면, 'ㅗ〉ㅜ'는 19세기에 이르러 더욱 활발하게 진행되는 양상을 보이며, 그 실현 환경이 어두 위치로까지 확대되기도 하였으나 그 위치에서는 이 변화가 그리 생산적으로 나타나지는 않는다고 한다(전미정 1991: 45, 백두현 1997b: 13~15, 김아름 2008: 39). 이러한 경향성은 18세기 후기와 19세기 후기의 영남 문헌어에서도 비슷하게 나타난다[白斗鉉(1990/1992: 136~144) 참조].

그렇다면 19세기 전기 경북 지역의 양반들의 언어에서는 'ㅗ〉ㅜ'가 어떠한 양상으로 전개되고 있었는지 살펴볼 필요가 있다. 이를 구체적으로 살펴보기 위하여 우선 18세기 후기의 김주국(G_1) 언간과 19세기 전기의 김진화(G_4) 언간 사이에서 드러나는 실재 시간 자료를 제시해 보기로 하겠다.

(52) 1760년대 [제1세대(김주국)]

　　가. 'ㅗ→ㅜ'

　　　　ㅇ. **[한자어]** 계귀(計巧+-ㅣ) ⟨001⟩

　　가'. 'ㅗ↛ㅜ'

　　　　ㅇ. **[고유어]** 모도[皆] ⟨003⟩⟨001⟩ / 아모리[雖] ⟨003⟩

　　나. 'ㅜ→ㅗ'

　　　　ㅇ. **[고유어]** 구롬ᄀᆞ치[雲] ⟨001⟩

(53) 1830・1840년대 [제4세대(김진화)]

　　가. 'ㅗ→ㅜ'

　　　　ㅇ. **[고유어]** 더구나[尤] ⟨024⟩ / 바루[正] 심으면 ⟨020⟩ / 벼루ᄒᆞ고[硯] 보낼 거시니 ⟨018⟩ / 셔루[相] ⟨016⟩ / 아무도[某] ⟨025⟩ / 아무리[雖] ⟨021⟩ / 아무려나 ⟨026⟩ / 아무려도 ⟨023⟩ / 이쥬[殊] ⟨023⟩ / 갓츄[具] ⟨022⟩

　　가'. 'ㅗ↛ㅜ'

　　　　ㅇ. **[고유어]** 얼골읜[面] ⟨021⟩ / 모도[皆] ⟨026⟩⟨029⟩

　　나. 'ㅜ→ㅗ'

　　　　ㅇ. **[고유어]** 조리져고리논[襦] ⟨026⟩

(52), (53)은 두 시기에 비어두 위치에서 'ㅗ〉ㅜ'가 존재하였음을 알려 준다. 수량이 적은 김주국의 언간에는 한자어의 예 하나만 등장하지만[(52가)], /ㅜ/를 'ㅗ'로 표기한 고유어가 함께 나타난대(52나)]. 김진화 언간의 경우 고유어에서는 모음 상승[(53가)] 및 과도 교정[(53나)]의 예가 모두 발견되나, 한자어에서는 그러한 예가 관찰되지 않는다. 따라서 (52), (53)에 제시한 자료만을 놓고 볼 때 김주국은 어종(語種)의 구분 없이 이 변화를 수용하였으며, 그러한 변화 양상은 김진화의 언어에서도 유지되었을 것이나, 다만 그의 언간에서는 우연히 (혹은 자료상의

제약으로) 한자어에서의 'ㅗ〉ㅜ'가 관찰되지 않을 뿐이라고 결론 내릴 수 있다. 그러나 두 시기 사이에 이 변화가 어휘적으로 확대되었음은 분명하다. 김주국의 언간 수량이 충분하지 않아 동등한 대조는 어렵지만, (52가)의 '아모리'가 (53가)에서는 '아무리'로 출현하는 것은 이러한 어휘적 확산의 한 단면을 보여 주는 것이다.

1830・1840년대 언간을 대상으로 한 아래의 현장 시간 자료는 이상의 실재 시간 조사 결과를 더욱 정밀하게 보완해 준다.

(54) 1830・1840년대 [제3세대]

    가. 'ㅗ→ㅜ'

        o. **[고유어]** 얼굴[面] 〈011. 유치명〉 / 갈무리ᄒᆞ옵고[殯] 〈008. 의성김씨A〉 / 함부로[亂] 〈013. 진성이씨A〉

    가'. 'ㅗ↛ㅜ'

        o. **[고유어]** 겨요[僅] 지내오나 〈014. 전주최씨A〉 / 서로[相] 〈011. 유치명〉 / 아모[某] 〈013. 진성이씨A〉〈013. 진성이씨A〉 / 갓초[具] 근념 ᄒᆞ여 보닉신 것 〈008. 의성김씨A〉 / 조최[跡] 〈006. 의성김씨A〉

    나. 'ㅜ→ㅗ'

        (해당 예 없음)

(55) 1830・1840년대 [제4세대(김진화 제외)]

    가. 'ㅗ→ㅜ'

        a. **[고유어]** 계유[僅] 〈131. 고성이씨A〉 / 흔 방울[滴] 〈116. 여강이씨〉 / 이눔[此者] 〈132. 고성이씨A〉 / 갈무려[殯] 〈076. 여강이씨〉 / 나무 느[木] 〈050. 여강이씨〉, 나뮈[木] 〈050. 여강이씨〉 / 아무도[某] 〈050. 여강이씨〉, 메쥬[豉] 〈104. 여강이씨〉

        b. **[한자어]** 골물의(汨沒) 〈039. 여강이씨〉

    가'. 'ㅗ↛ㅜ'

190

o. **[고유어]** 더고내[尤]〈037, 여강이씨〉 / 밧고여[易]〈132, 고성이씨A〉 / 모도[皆]〈042, 여강이씨〉〈084, 여강이씨〉 / 아모리[雖]〈036, 여강이씨〉 / 아모려나〈064, 여강이씨〉 / 아모래도〈067, 여강이씨〉 / 아조[殊]〈038, 여강이씨〉 / ㄱ초〃[具]〈136, 아주신씨B〉 / 즈최개[跡]〈076, 여강이씨〉

나. 'ㅜ→ㅗ'

a. **[고유어]** 졋지 아조 긋쳐져 흔 방울 비최도[照] 아니흔다〈116, 여강이씨〉

b. **[한자어]** 희소(咳嗽)〈050, 여강이씨〉〈056, 여강이씨〉

(56) 1830・1840년대 [제5세대]

가. 'ㅗ→ㅜ'

a. **[비어두: 고유어]** 믜워[大, 很]〈208, 진성이씨B〉 / 더구내[尤]〈215, 진성이씨B〉 / 얼굴이[面]〈216, 진성이씨B〉 / 간무리읍고[殮]〈204, 진성이씨B〉 / 아무도[某]〈156, 의성김씨②〉 / 아무리[雖]〈229, 김수락〉 / 아쥬[殊]〈169, 의성김씨②〉, 아쥬[殊]〈206, 진성이씨B〉

b. **[비어두: 한자어]** 골몰(汨沒)〈150, 의성김씨①〉〈179, 의성김씨④〉, 골몰ᄒ시오니(汨沒)〈218, 진성이씨B〉

c. **[어두: 한자어]** 홀연이(忽然)〈211, 진성이씨B〉

가'. 'ㅗ↛ㅜ'

o. **[비어두: 고유어]** 모도[皆]〈165, 의성김씨②〉〈217, 진성이씨B〉

나. 'ㅜ→ㅗ'

a. **[비어두: 고유어]** 자리져고리[襦]〈206, 진성이씨B〉, 져고리ᄀ옴(〈져고리[襦]+ᄀ옴[具, 資])〈180, 의성김씨④〉

b. **[비어두: 한자어]** 희소와(咳嗽)〈158, 의성김씨②〉, 희소로(咳嗽)〈183, 의성김씨④〉, 희소증(咳嗽症)〈203, 진성이씨B〉

(54)~(56)은 19세기 전기 경북 지역 양반들의 방언에서 'ㅗ〉ㅜ'가 어떠한 양상으로 전개되고 있었는지를 잘 보여 준다.

첫째, 'ㅗ〉ㅜ'는 한자어보다는 고유어에서 더 적극적으로 실현되었다. (54가)와 (55가), (56가)에서 알 수 있듯이 'ㅗ〉ㅜ'는 주로 고유어에서 발견된다. 한자어의 비어두 음절에서 이 변화를 겪은 단어는 '골물(汨沒)'뿐이다[(55가b), (56가b)]. '沒'의 한자음은 ≪華東正音通釋韻考≫(1747)나 ≪全韻玉篇≫(1796?)에서도 '몰'로 나타나 있는 것으로 보아, '골물'은 '골몰'에서 변화한 것임이 틀림없다. 이 한자어는 제2음절에서 비원순 모음화를 겪은 형태인 '골믈'로도 나타난다. 필사본 자료에서 폐음절의 중성자 'ㅜ'는 'ㅡ'와 구분하기 매우 어렵다는 문제가 있기는 하지만, 적어도 '골물' 혹은 '골믈'이 '골몰'로는 판독되지 않는다는 점에서 이 어사가 'ㅗ〉ㅜ'를 경험하였다는 것은 분명하다.

한자어 중에서도 본래의 /ㅜ/가 'ㅗ'로 표기된 것과, 그 변화 방향은 알 수 없으나 어찌되었든 'ㅗ~ㅜ' 혼기를 보이는 것이 존재한다. (55나b)와 (56나b)의 '희소(咳嗽)'가 바로 전자에 해당하며, 아래 (57)의 '건공(乾空/乾穹)~건궁'은 후자에 해당한다.

(57) 가. 정신이 **건공**의 씌여 〈024, 1848년, 김진화〉, 정신 지어득 **건공**의 쓴 둣 〈197, 1875~1877년, 의성김씨④〉

　　나. 정신이 **건궁**의 날녀 〈074, 1847년, 여강이씨〉, 심신 **건궁**의 쓰이온 둣ㅎ오며 〈158, 1847년, 의성김씨②〉, 심신이 **건궁**의 쓰이온 둣 〈207, 1848년, 진성이씨B〉

'乾空'이나 '乾穹'으로 여겨지는 이 한자어는[65] 모두 '건공(건궁)의 [쓰-, 씌-,

---

65) '乾空'은 '반공중(半空中)', 즉 '땅으로부터 그리 높지 아니한 허공'을 의미하며, 한국학중앙연구원(2009a)에서는 '건궁'을 '건공'과 함께 주로 '乾空'으로 해석하면서도[181, 473, 859면] 때로는 '건궁'을 '乾穹'으로 파악하기도 하였다[693면]. 반면에, 이종덕 외(2019:

날라·'와 같은 투식적 구성에서만 출현한다는 점에서 동일한 단어가 'ㅗ〉ㅜ' 혹은 그 반작용에 의해 서로 달리 나타난 것임이 분명하다. (57)은 비록 변화의 방향에 대해서는 아무 것도 말해 주는 바가 없으나, 적어도 'ㅗ〉ㅜ'가 한자어에서도 일어났다는 사실만큼을 분명히 알게 해 준다. 그렇다면 'ㅗ〉ㅜ'를 겪은 한자어는 이 언간 자료에서 발견되는 예보다 실제로 더 많았을 것이다. 물론 한자음의 보수성과 (54가), (55가), (56가)를 고려해 볼 때, 이 변화가 한자어보다 고유어에서 훨씬 더 널리 확산된 것임은 자명하다. 앞서 김주국과 김진화 언간의 실재 시간 자료에서 'ㅗ〉ㅜ'가 어종의 구분 없이 이 변화를 수용하였다는 기술은 이러한 관점에서 이해해야 한다.

둘째, 'ㅗ〉ㅜ'는 동일한 환경을 지닌 어사들 가운데 점진적으로 확산되고 있었다. (54가')과 (55가)를, (55가')과 (56가)를 각각 대조해 보면 이전 세대에서 보수형으로만 나타나던 어사가 다음 세대에서 개신형으로도 출현한다는 사실을 확인할 수 있다. '겨요〉계유', '더고나〉더구나', '아모〉아무', '아모리〉아무리', '아조〉아주(아쥬)' 등이 그 예이다. 물론 이러한 개신형은 동일 세대 발신자 간, 그리고 동일 발신자 내에서도 보수형과의 끊임없는 변이를 보인다. 반면에, 세대가 거듭되어도 이 변화에 계속 저항하는 어사도 존재한다. 부사 '모도[皆]'는 제3~5세대는 물론 이후 제6세대 편지에서도 '모두'로 실현된 예를 단 한 차례도 보여 주지 않는 것이다.66) '모도'가 이 변화에 매우 보수적인 이유는 선행 음

110, 263 등)에서는 일관되게 '건공'은 '乾空'으로, '건궁'은 '乾穹'으로 각각 달리 해석하였다. 그 근거에 대하여 이종덕 선생은 〈바이두백과〉에서 '乾穹'이 "天空。晋 葛洪 《抱朴子・嘉遯》: "仪坤德以厚载, 拟乾穹以高盖。""으로 뜻풀이되어 있고, 국어에 '蒼空'과 '蒼穹'이 모두 있다는 점을 참조하였다고 저자에게 전자 서신으로 말해 주었다. 이는 '건공'과 '건궁'의 형태 차이를 서로 다른 기원에서 찾는 입장이다. 그러나 저자는 두 형태 차이를 음운 변화에서 찾는 입장을 취한다.

66) 이 부사는 19세기 전반(全般)을 걸쳐 대부분 '모도'로 나타나며, 19세기 후기 《예수성교젼셔》(1887)에 이르러서야 '모두'가 처음 등장한다. 《예수성교젼셔》에서 이 부사는 총 5회 출현하는데, 그중 '모도'가 1회(〈예수마태22:10〉), '모두'가 4회(〈예수마태12:15〉

절의 모음이, 동일한 /ㅗ/라는 사실에 기인하는 것으로 보인다.[67]

셋째, 'ㅗ〉ㅜ'는 그 실현 환경이 비어두에서 어두 위치로 확대되기도 하였다. 진성이씨B(G₅)의 편지에서 발견된 '훌연이(忽然)'[(56가c)]는 어두 음절에서도 이 변화가 실현될 수 있었음을 보여 주는 예이다. '훌연이'는 ≪易言諺解≫(1883)나 ≪성경직히≫(1892) 등 19세기 후기 문헌에서도 간간이 등장하는 예이므로 단순한 오기로 볼 수 없다. 어두 위치에서의 'ㅗ〉ㅜ'가 일어나는 환경이 순자음이나 /ㅎ/ 뒤라는 사실(백두현 1997b: 14~15)을 고려할 때, 이 예는 1840년대 경북 지역 20대 사대부 부인의 언어에서 'ㅗ〉ㅜ'가 이미 어두 위치로까지 확산되어 있었음을 알려 준다. 진성이씨B는 제5세대 중에서도 'ㅗ〉ㅜ'의 개신율이 가장 높은 발신자인데, '훌연이'의 존재도 이러한 사실과 무관하지 않을 것이다.

한편, 'ㅗ〉ㅜ'에 대한 반작용으로 발생한 'ㅜ→ㅗ' 표기례[(55나), (56나)]는 어떻게 해석해야 할까. 'ㅜ→ㅗ'가 단순히 표기 층위에서 일어난 것인지, 아니면 음운론적 층위에서 일어난 현상을 반영하는 것인지는 〈鶴峰宗家〉의 자료만을 통해서는 파악하기 어렵다. 이 문제에 대한 판단은 전후 시기의 다양한 자료를 검토해 본 후에야 비로소 가능해질 것이다. '져고리'의 선대형은 16세기 〈順天金氏墓〉의 '져구리'로 소급하는데, 아래와 같이 이후 여러 세기에 걸쳐 '져고리'로도 적지 않게 실현된다.

〈예수마태15:19〉〈예수마태20:09〉〈예수마태02:51〉)를 차지한다.
67) 어두 음절 모음이 /ㅗ/인 어사가 비어두 음절에서 'ㅗ〉ㅜ'를 거부한 예는 20세기 초 육진 방언에서도 발견되며, 그 원인은 "'오'가 강한 동화력을 지니고 있기 때문"(郭忠求 1991/1994a: 258)으로 볼 수 있다(아래 전사 기호는 본서에서 사용하는 것에 맞게 변경하였다).

예) nor**o**mi(노름-이)〈辭典112〉, sog**o**m[鹽]〈辭典109〉, odz**o**mk^{h}ɛ[오줌통(-방광)]〈辭典93〉

cf. kad**u**nin(〈가도-[圍]+-는〉〈辭典44〉, pak'**u**gi(〈밧고-[換]+-기〉〈辭典78〉

(58) 【16세기】 동져고리 〈順天金氏墓-061, 1550~1592년, 김훈〉 / 【17세기】 져고리 〈先札9-027, 1698년, 안동김씨〉 / 【18세기】 掛子 긴 져고리 〈譯語補 28a〉 / 【19세기】 져고리눈 〈秋史-01, 1818년, 김정희〉, 갓져고리와 〈秋史-22, 1841년〉, 져고리 毛襦 〈國漢11〉

'히소'는 19세기 말 ≪한불ᄌᆞ뎐≫(1880)에 '히소ᄒ다 咳嗽'로, ≪國漢會語≫ (1895)에 '히소 咳嗽'로 각각 등재되어 있고, 오늘날에도 '해소'로 정착된 것으로 보아 당시 언중들이 실제로 사용하던 형태였을 가능성이 높다. 그렇다면 (55나), (56나)의 과도 교정형은 표기의 층위를 넘어 실제 언어 사실의 반영으로 보아야 할 것이다.

지금까지 우리는 실재 시간과 현장 시간에 각각 입각하여 'ㅗ〉ㅜ' 변화에 대해 살펴보았다. 그런데 우리는 (53)에 제시한 김진화(G_4)의 자료를 실재 시간 연구에서만 이용하였지 현장 시간 연구에서는 참조하지 않았다. 따라서 이제부터는 김진화의 자료[(53)]를 1830·1840년대 현장 시간상의 다른 발신자들의 자료[(54)~(56)]와 대조해 보는 작업을 하고자 한다. 김진화는 동일한 제4세대의 다른 발신자들에 비해 유독 더 많은 개신형을 보이기 때문이다. 이는 (53가)와 (55가)를 대조해 보면 쉽게 드러난다. 즉, 김진화 언간에서 개신형으로 나타나는 어사들은[(53가)] 같은 세대 다른 발신자들의 언간에서 대체로 보수형으로 출현하는 것이다[(55가)]. 또한, (53나)와 같이 김진화가 본래의 /ㅜ/를 'ㅗ'로 실현한 예는 아내 여강이씨(G_4)가 'ㅜ'를 그대로 유지하고 있는데(예 져구리[襦] 〈036〉, 겹져구리[襦] 〈037〉), 부부 간의 이러한 차이도 김진화의 언어가 더 개신적임을 잘 보여 준다.

심지어 김진화는, 2.3.1에서 논의한 바와 같이, 'ㅗ〉ㅜ'의 개신율에서 제5세대보다 더 높은 수치를 보인다. 제4·5세대에 걸쳐 높은 빈도로 출현하는 5개 어사 '더고나~더구나', '아모~아무', '아모리~아무리', '아모려나~아무려나', '아조~아주'(혹은 '아죠~아쥬')의 개신율을 계산해 보면,

발신자 어사	제4세대 (김진화)	제5세대 (전원)
더고나[尤]	1/1	3/4
모도[皆]	0/5	0/12
아모[某]	3/3	1/18
아모리	2/2	2/6
아모려나	2/2	0/9
아조[殊]	3/3	5/16
총계	11/16 (58.8%)	11/65 (16.9%)

[표 3.5] 김진화와 제5세대 발신자의 'ㅗ〉ㅜ' 개신율(6개 고빈도 어사)

아래 [표 3.5](=[표 2.5])와 같이 김진화는 58.5%로 나타나는 데 반해 제5세대 발신자들은 16.9%에 그치는 것이다.

그렇다면 동일한 언어 공동체 내에서도 이처럼 이질적인 모습을 보이는 김진화의 언어를 우리는 어떻게 해석해야 할까. 첫 번째로 생각할 수 있는 가설은 김진화가 중부 방언의 영향을 받았다는 것이다. 그러나 이러한 가능성을 뒷받침해 줄 만한 실체적인 근거는 없다. 비슷한 시기의 중부 방언을 반영한 〈秋史〉와 〈秋史家〉에서는 오히려 'ㅗ〉ㅜ'가 그리 활발하게 관찰되지 않기 때문이다.

(59) 1790년대 [〈秋史〉 및 〈秋史家〉, 제1·3세대]

    가. 'ㅗ→ㅜ'

        ㅇ. **[고유어]** 겨유[僅] 〈秋史家-18, 기계유씨(G₃)〉

            cf. 겨요[僅] 〈秋史家-08, 해평윤씨(G₁)〉〈秋史家-14, 해평윤씨 (G₁)〉

    가'. 'ㅗ↛ㅜ'

        ㅇ. **[고유어]** 더고나[尤] 〈秋史家-27, 김노경(G₃)〉 / 서로[相] 〈秋史家-26, 김노경(G₃)〉 / 호로맨[一日] 〈秋史家-25, 김노경(G₃)〉 / 아모[某] 〈秋史家-26, 김노경(G₃)〉 / 아모리[雖] 〈秋史家-26, 김노경(G₃)〉

/ 아모려도 〈秋史家-07, 해평윤씨(G₁)〉〈秋史家-18, 기계유씨(G₃)〉 / 아죠[殊] 〈秋史家-25, 김노경(G₃)〉

나. 'ㅜ→ㅗ'

(해당 예 없음)

(60) 1830·1840년대 [〈秋史〉 및 〈秋史家〉, 제3~4세대]

가. 'ㅗ→ㅜ'

o. **[고유어]** 얼굴도[面] 〈秋史家-39, 김노경(G₃)〉 / 겨유[僅] 〈秋史家-43, 김상희(G₄)〉〈秋史家-44, 김상희(G₄)〉 / 아무리 〈秋史家-42, 김노경(G₃)〉

cf. 아모리[雖] 〈秋史家-39, 김노경(G₃)〉

가'. 'ㅗ↛ㅜ'

o. **[고유어]** 더고내[尤] 〈秋史家-33, 김노경(G₃)〉〈秋史-26, 김정희(G₃,₅)〉 / 밧고아[易] 〈秋史-21, 김정희(G₃,₅)〉 / 모도[皆] 〈秋史-23, 김정희(G₃,₅)〉 / 셔로[相] 〈秋史-26, 김정희(G₃,₅)〉 / 하로[一日] 〈秋史-20, 김정희(G₃,₅)〉 / 도모지[都統] 〈秋史-21, 김정희(G₃,₅)〉 / 아모[某] 〈秋史-20, 김정희(G₃,₅)〉 / 아모려도 〈秋史-20, 김정희(G₃,₅)〉 / 아죠[殊] 〈秋史家-32, 김노경(G₃)〉〈秋史-25, 김정희(G₃,₅)〉 / 감토[帽] 〈秋史家-37, 김노경(G₃)〉

나. 'ㅜ→ㅗ'

a. **[고유어]** 져고리가[襦] 〈秋史-21, 김정희(G₃,₅)〉

cf. 겹져구리[襦] 〈秋史家-28, 1788~1793년, 김노경(G₃)〉

b. **[한자어]** 히쇼의논(咳嗽) 〈秋史-25, 김정희(G₃,₅)〉

(59가)와 (60가, 나)는 당시 중부 지역 양반들의 방어에서도 'ㅗ〉ㅜ'가 어느 정도 진행 중이었음을 알려 준다. 그러나 (59가'), (60가')과 같이 이 변화를 여전히 거부하고 있는 어사가 더 많은 것으로 미루어 볼 때,

중부 방언에서의 'ㅗ〉ㅜ'는 안동 출신 양반이 적극적으로 흉내 낼 정도로 확산된 상태는 결코 아니다. 즉, 'ㅗ〉ㅜ'가 중부 방언에 대한 사회적 표지(social marker)나 정형화(stereotype)의 단계에는 이르지 못한 것이다.

두 번째 가설은 김진화가 당시 자연스러운 일상어(vernacular)를 수용하였다는 것이다. 이와 같은 가능성을 상정할 수 있는 까닭은, 〈鶴峰宗家〉의 비양반 계층의 편지에서 'ㅗ〉ㅜ'가 제5세대 못지않은 확산 정도를 보여 주고 있기 때문이다.

(61) 1830・1840년대 [비양반 계층]

가. 'ㅗ→ㅜ'

    a. **[비어두: 고유어]** 계유[僅]〈273, 서울집의 언니〉, 겨우[僅]〈267, 안영록〉/ 더구내[尤]〈273, 서울집의 언니〉〈269, 안영록〉/ 맛츄옵고[適合]〈270, 안영록〉

    b. **[어두: 고유어]** 毒氣가 쥴엇거든[縮]〈264, 정 주부〉

가'. 'ㅗ↛ㅜ'

    o. **[비어두: 고유어]** 믹외[大, 很]〈268, 안영록〉/ 누고[某]〈270, 안영록〉/ 호로[一日]〈265, 정 주부〉/ 모도[皆]〈267, 안영록〉/ 도모지[都統]〈273, 서울집의 언니〉/ 아모[某]〈273, 서울집의 언니〉/ 아모리[雖]〈268, 안영록〉/ 아조[殊]〈271, 안영록〉

나. 'ㅜ→ㅗ'

    a. **[비어두: 고유어]** 갓져고리도[襦]〈271, 안영록〉

    b. **[비어두: 한자어]** 연도싁이오나(軟豆色)〈271, 안영록〉/ 분보(分付)〈262, 전중경〉

비록 (61가')과 같이 여전히 보수형을 유지하고 있는 예도 적지 않지만, 어두 음절 에서의 변화를 반영한 '쥴엇거든'이라든가[(61가)] 한자어의 /ㅜ/를 'ㅗ'로 역표기한 '연도싁', '분보'와 같은 예의 존재는[(61나)] 당시 비양반 계층 화자들의 일상어에서 'ㅗ〉ㅜ'가 광범위하게 퍼져 있었음을 시사해 준다. '쥴엇거든'은 백두현(1997: 14~15)이 어두 음절에서 'ㅗ〉ㅜ'가 발생할 수 있는 환경으로 제시한 것(순자음 및 /ㅎ/ 뒤)에서 벗어나는 특이한 예이다. 이 어간 '쥴-[縮]'은 중세 국어의 상평(上平) 교체 어간 '졸-(R/L)'로 소급하는데, 음장이 있는 중위 모음 /ㅔ/와 /ㅓ/가 각각 고모음 /ㅣ/와 /ㅡ/로 상승할 수 있다는 점을 고려할 때, 우리는 어두 음절의 /ㅗ/도 음장을 지니고 있을 경우 /ㅜ/로 상승할 수 있었음을 알 수 있다. 그리고 '연도쇠'과 '분보'가 중요한 의미를 띠는 것은, 두 어사를 각각 사용한 안영록과 전중경이 모두 한자를 읽고 쓸 수 있는 인물들이기 때문이다([부록 2] 참조).

이상에서 살펴본 'ㅜ〉ㅗ'의 예들은, 당시 양반 계층에 비해 일상어를 더 많이 사용하였을 비양반 계층이 그들의 실제 언어생활에서 'ㅗ〉ㅜ'의 개신형들을 적극적으로 사용하였다는 사실을 말해 준다. 따라서 김진화의 언간에서 'ㅗ〉ㅜ'의 개신율이 높게 나타나는 것은 그가 다른 화자에 비해 이 변화에 더 개방적인 태도를 취했기 때문으로 해석할 수 있을 것이다.

3.3.2.2. /ㅓ/와 /ㅡ/

/ㅓ/와 /ㅡ/ 합류의 역사적 발달 과정은 'ㅓ'와 'ㅡ' 간의 혼기를 통해 파악할 수 있다.[68] 영남에서 간행된 문헌에서는 18세기 중·후기 동화사본과 해인사본 ≪念佛普勸文≫에 몇 차례 나타나는 '주검[死]'이 가장 이른 예로 알려져 있다(김주원 1984: 50~51, 白斗鉉 1990/ 1992: 129).[69]

---

[68] 현대 국어에서 두 음소가 변별되지 않는 방언은 남부 방언권에 한정되어 있다. 하지만 /ㅡ/가 'ㅓ'로 표기된 예는 18세기 후기 중앙에서 간행된 문헌에서도 일부 출현한다. 郭忠求(1980: 84)는 그러한 예의 존재가 당시 /ㅓ/의 음성 실현 영역이 매우 넓었다는 것을 암시해 준다고 해석한 바 있다.

[69] 김주원(1984: 51)에는 '주검' 외에도 조사 '-더려~-드려(〈-드려)'와 형식 명사 '덧(〈툿)'의 예도 제시되어 있으나, 白斗鉉(1990/1992: 130)에서 지적된 바와 같이 이 어사들은 '·〉

그 이후의 'ㅓ~ㅡ' 혼기 양상은 白斗鉉(1990/1992: 129~136)에 상세히 기술되어 있다. 그 논의에 의하면 'ㅓ'와 'ㅡ'의 혼기례는 19세기 후기 문헌에서도 등장하며, 20세기 초 문헌에서는 대량으로 나타난다고 한다. 그러나 19세기 초엽과 중엽의 문헌은 찾을 수 없어 그 시기의 양상은 알 수 없음이 유감이라고 하였다[130~131면]. 따라서 〈鶴峰宗家〉에서 나타나는 'ㅓ~ㅡ' 혼기례를 조사해 보는 것은 매우 의미 있는 작업이 될 것이다. 이 언간 자료에는 비록 많은 수는 아니지만 'ㅓ'와 'ㅡ'가 서로 뒤바뀌어 표기된 예가 종종 등장한다. 저자는 이들을 먼저 자료 내적으로 고찰해 본 후, 동시대의 다른 문헌 자료와 현대 방언 자료와의 비교를 통해 /ㅓ/와 /ㅡ/ 혼동의 의미를 고찰해 보고자 한다.

〈鶴峰宗家〉에 나타나는 'ㅓ~ㅡ' 혼기례는 대부분 1830·1840년대 편지에서 발견된다. (62)와 (63)은 그 예를 거의 모두 제시한 것이다.

(62) 1830·1840년대 [제4세대]

　　가. 'ㅓ → ㅡ'

　　　　o. **[비어두: 문법 형태]** □□(보내)엿드니[送] 〈018. 김진화〉 / 아즁의 <u>두엇든</u>[置] 거슬 〈023. 김진화〉, 계셔 지어 보내려 <u>호시든</u>[爲] 약 〈054. 여강이씨〉, 눈 <u>붓든</u>[腫] 증도 업스오니 〈067. 여강이씨〉 / <u>어제부틈</u>[昨日] 한쇽증은 낫스오나 〈094. 여강이씨〉, 두창 처엄 날 쩌<u>부틈</u>[時] 〈098. 여강이씨〉, <u>이튼날부틈</u>[明日] 〈104. 여강이씨〉, <u>병오년부틈</u>[丙午年] 〈104. 여강이씨〉 / 반찬(飯饌) **굿**도 못 보내오니 답〃홉 〈037. 여강이씨〉(cf. 반찬 **것**도 못 곱〃호오이다 〈098. 여강이씨〉)

　　나. 'ㅡ → ㅓ'

　　　　o. **[비어두: 문법 형태]** <u>져럴</u>(져[自己]+-를) 보내고 〈026. 김진화〉

'ㅓ' 혹은 'ㆍ)ㅡ'를 직접 겪은 예로 볼 수도 있다.

/ 큰 숀이나 오거던[來] 〈024, 김진화〉, 숀이 가거던[去] 〈024, 김진화〉, 입을 거시 업거던[無] 〈024, 김진화〉, 남거던[餘] 〈025, 김진화〉, 쾌이 낫거던[瘉] 〈030, 김진화〉, 이진 거시 잇거던[在] 〈018, 김진화〉, 가슴 알커던[痛] 〈018, 김진화〉 / 아모리 ᄒ던지[爲] 봄의 혼인은 지낼 거시니 〈096, 여강이씨〉

(63) 1830·1840년대 [제5세대]

　가. 'ㅓ → ㅡ'

　　a. **[비어두: 문법 형태]** 괴동 못 ᄒ옵드니[爲] 〈182, 의성김씨④〉 / 무섭드라[恐] ᄒ오니 〈207, 진성이씨B〉 / 이 압희 알튼[痛] 즁은 〈180, 의성김씨④〉

　　b. **[비어두: 어휘 형태]** 황공 반갑습기 엇듯타 못 〈182, 의성김씨④〉

　나. 'ㅡ → ㅓ'

　　o. **[비어두: 문법 형태]** 구홀나만 어렵던[難] 아닐 듯ᄒ오니 〈177, 의성김씨④〉 / 부탁 드런[聞] 지 오래오니 〈180, 의성김씨④〉 / 셔모의 죽엄은[死] 둘포 그덧ᄒ다 ᄒ오나 〈161, 의성김씨②〉, 셔모 죽엄[死] 앗갑ᄉ오이다 〈182, 의성김씨④〉

(62)와 (63)을 통해 우리는 세 가지 사실을 알 수 있다.

첫째, 이 혼기는 대부분 문법 형태에서 나타난다. 해당 문법 형태는 선어말 어미 '-더-'가 통합된 어말 어미('-더니', '-더라', '-던', '-던지')와 연결 어미 '-거든'이 주를 이루며,[70] 그 외 대격 조사 '-를', 보조사 '-부텀', 의존 명사 '것',[71] 관형사형 전성 어미 '-은',[72] 명사 파생 접미사 '-음',

---

[70] '-거든'이 '-거던'으로 실현되는 것은 현대 중부 방언에서도 보편적인 현상이다. 〈鶴峰宗家〉에서는 '-거든'과 '-거던'이 모두 쓰이지만 후자는 (62나)에 제시한 바와 같이 김진화 언간에서만 등장할 뿐이다. 이와 같은 사실이 김진화가 중부 방언의 영향을 받았기 때문인지는 분명히 밝히기 어렵다.

그리고 장형 부정에 사용되는 이 지역 방언형 '-든((-돈)'이 있다.73) 어휘 형태의 예는 (63가)에 제시한 의성김씨④(G₅)의 '엇둣타(← 엇덧타 ← 엇더ᄒ다)'가 유일하다. 그러므로 /ㅓ/와 /ㅡ/의 혼란은 비어두 음절에 위치한 문법 형태에서부터 시작된 것으로 볼 수 있다.74)

둘째, 이 혼기는 주로 /ㄷ/과 /ㄹ/ 뒤에서 나타난다. 이 시기 자료 중 저자가 발견한 29개 예들 가운데 '죽엄'의 예 2개와 '(반찬) 굿'의 예 1개를 제외한 나머지 26개 예가 모두 이 환경에 해당하는 것이다. 이 사실은 19세기 중앙어 문헌에 대한 검토를 바탕으로 "'ㅡ'와 'ㅓ'의 중화 현상은 [+coronal, +anterior] 자음 뒤에서 먼저 일어난 것이라고 볼 수 있다."는 백두현(1997a: 20)의 해석에 잘 부합한다. 물론, 이러한 수치상의 결과는 (62), (63)에 제시한 혼기례가 대부분 '-거든'이나 '-더-', '-를'과 같이 해당 환경을 보유한 특정 문법 형태에 한정되어 있기 때문인 것으로 볼 수도 있다. 하지만 백두현(1997a: 19~20)에서 소개한 19세기 중앙어 문헌의 예뿐만 아니라[(64)]75) 白斗鉉(1990/1992: 133~135)에서 다량으로 제시한 20세기 전기 영남 문헌의 예까지[(65)] 살펴보면, 실제로 이 혼기는 주로 치조음 뒤에서 발견되며, 그렇지 않은 환경이라고 하더라도

---

71) 의존 명사는 편의상 문법 형태로 분류하였다.
72) 관형사형 전성 어미 '-은'의 예는 (63가)의 '부탁 드런[聞] 지 오래오니'이다. 그런데 '드런'의 본래 형태인 '드른'은 이른바 'ㄷ' 불규칙 용언의 활용형이므로 공시적으로는 '들/드르 +-은 /ㄴ'으로 분석될 수 있다. 이 경우 '드런'의 제2음절 모음 /ㅡ/가 어간의 것인지 어미의 것인지 판단하는 문제는 쉽지 않다. 본서에서 후자를 택한 것은 편의상의 조치일 뿐이다.
73) '-든'은 현대 국어 여러 지역 방언에서 쓰이는 '-지는', 즉 보조적 연결 어미 '-지'에 보조사 '-는'이 결합한 구성에 대응한다. (63가)의 '구홀나만 어렵던[難] 아닐 둣ᄒ오니'가 바로 이 '-든'이 사용된 예이다. '-든'을 이용한 부정법에 대해서는 이기갑(2003: 537~541), 최전승(2012: 310~312) 참조.
74) 18세기 중기부터 19세기 전기 전남 방언을 반영한 것으로 보이는 시가 작품을 주요 대상 자료로 삼아 모음 상승과 합류를 논의한 조창규(1996: 89)도 'ㅓ~ㅡ' 교체가 문법 형태에서 시작되어 비어두 음절을 거쳐 어두 음절로 확대된 것으로 파악하였다.
75) 백두현(1997a: 19~20)에 제시된 예들 중 상당수는 ≪國漢會語≫에서 나타나는 것이다. 그 논문에서도 언급되어 있듯이 ≪國漢會語≫에는 부분적으로 동남 방언의 요소가 투영되어 있다는 사실(洪允杓 1986b: 651~652, 백두현 1998a)은 유념할 필요가 있다.

대부분 치조음이 후행하고 있다. 각각의 예 일부만 인용하면 아래와 같다.

(64) 가. 'ㅓ → ㅡ'
언듬 아 阿〈國漢乾246〉, 부지른ᄒᆞ고[勤]〈ᄉᆞ쇼졀52a〉

나. 'ㅡ → ㅓ'
이털[二日]〈國漢乾223〉, 지럼길[徑]〈明星經11a〉, 저섬에[冥國] 가다〈國漢坤618〉, 파리 잡넌[殺] 검의〈事類下33a〉

(65) 가. 'ㅓ → ㅡ'
머리틀[髮]〈嶺三6:8b〉, 어지릅게[亂]〈養正11b〉, 죄 잇스도〈女士25b〉, 굴근(屈巾)〈朝漢14a〉, 살피지 못하근대[不]〈朝漢15a〉

나. 'ㅡ → ㅓ'
부더러이[柔]〈女士3b〉, 그럼[器]〈朝漢20b〉, 이섬이니[在]〈女士19a〉, 졍시(症勢)〈嶺三6:26b〉, 얼걸 철 綴〈養正字解1a〉, 찡거리지[顰] 말며〈女士3b〉

따라서 본서의 대상 자료를 통해 'ㅡ~ㅓ' 혼동이 발생한 초기 환경을 '/ㄷ/과 /ㄹ/ 뒤'라는 환경으로 보는 우리의 해석은 타당성을 얻을 수 있다.

셋째, 이 혼기에서는 특별한 방향성이 관찰되지 않는다. 빈도나 환경의 측면에서 볼 때 /ㅓ/를 'ㅡ'로 표기한 것이나 /ㅡ/를 'ㅓ'로 표기한 것 사이에는 별다른 차이가 없기 때문이다. 이 사실은 /ㅓ/와 /ㅡ/의 혼란이 어느 한 모음이 다른 한 모음으로 일방적으로 변화한 것이 아니라는 것을 말해 준다.

'ㅓ'와 'ㅡ' 간의 혼기례는 영남 문헌어에서 18세기 중·후기에 처음 등장하기는 하지만, 19세기 전기 경북 북부 지역 양반들의 방언에서는 두 모음이 서로 잘 변별되었던 것으로 보인다. (62), (63)에 제시한 예의 유형 빈도뿐만 아니라 그 출현 빈도도 매우 낮기 때문이다. 비록 |-거

든)과 {-부텀}은 각각 김진화 언간과 여강이씨 언간에서 '-거든'(7회)과 '-부틈'(9회)으로만 실현되기는 하지만, 나머지 문법 형태에서의 혼기는 각 발신자별로 우발적으로 출현하고 있을 뿐이다. 가령, 김진화가 사용한 대격 조사 '-럴(←-를)'과 연결 어미 '-드니(←-더니)', '-든(←-던)'은 같은 시기 그의 편지에서 각각 1/36, 1/7, 1/6의 비율로 실현된 것일 뿐이다. '-든(←-던)'은 여강이씨 편지에서도 총 33회 중 2회만 나타나는 소수 예에 불과하다.

〈鶴峰宗家〉를 통해서는 19세기 중기 이후에 전개되는 'ㅓ~ㅡ' 혼기 양상을 살펴보기 어렵다. 자료상의 제약으로 인하여 1860・1870년대에 작성된 언간에서는 아래와 같은 세 개 예만이 발견되기 때문이다.

(66) 1860・1870년대 [제4・5세대]

 가. 'ㅓ → ㅡ'

  ㅇ. **[비어두: 고유어 | 문법 형태]** 나는 쇠후 엄〃ᄒ시든듸(奄奄) 아우를 근일 더옥 마련이 업스시고 〈196. 의성김씨④(G₅)〉

 나. 'ㅡ → ㅓ'

  ㅇ. **[비어두: 한자어 | 어휘 형태]** 스험은(士欽)[76] 어제 법홍거지 간다 ᄒ더니 오늘 드러간 돗 〈125. 여강이씨(G₄)〉 / 인동 긔별은 진젹게(趁卽) 드러실 돗 〈228. 진주강씨A(G₅)〉

다만, (66나)와 같이 한자어 어휘 형태에서도 /ㅡ/를 'ㅓ'로 표기한 예가 나타나는 것으로 보아 환경상의 확대는 확인할 수 있다. 그러나 (66)과 같은 산발적인 예를 제외하고는 /ㅓ/와 /ㅡ/의 구분이 여전히 정연하게 지켜지고 있으며, 어두 음절에서의 혼기는 아직까지 단 한 차례도 나타나지 않는다. 그러므로 안동을 중심으로 한 경북 북부 양반 계층의 방

---

[76] '亽흠(士欽)'은 김승락(金承洛, 1835~1899)의 자(字)이다.

언에서는 19세기 중기에 이르기까지 /ㅓ/와 /ㅡ/가 합류되지 않았다고 볼 수 있다.

이상의 논의 내용을 바탕으로 우리는 19세기 경북 북부 양반층의 사회 방언에서 /ㅓ/와 /ㅡ/의 혼동이 어떻게 전개되었는지 정리해 볼 수 있다. 즉, 이 방언에서 /ㅓ/와 /ㅡ/의 혼동은 19세기 전기에 '비어두 위치의 문법 형태 내부'라는 환경과 '/ㄷ/과 /ㄹ/ 뒤'라는 환경에서 산발적으로 발생하였으나, 이러한 혼란은 19세기 중기에도 어두 위치로까지 확대되지 못한 채 여전히 음성적인 현상으로만 머물렀던 것이다.

이와 같은 결론의 타당성 여부는 현대 안동 지역 반촌어에서 두 모음이 어떻게 반사되어 있는지를 살펴보는 것으로써 검증해 볼 수 있다. 주지하다시피 현대 경북 방언의 단모음 체계는 각 하위 방언에서 /ㅓ/와 /ㅡ/의 대립 여부에 따라 7모음 체계와 6모음 체계로 양분된다. 대체로 서북부의 접도 지역(김천 서부, 상주 서부, 문경, 예천의 상리)과 동북부의 접도 지역(울진, 봉화의 소천), 중부 지역의 일부(의성, 군위의 우보, 청송의 청송읍과 부동, 진보, 포항의 죽장)는 7모음 체계 지역이며, 그 외 남부 지역은 6모음 체계 지역이다(김덕호 1997/2001: 136).

그런데 현대 안동 지역어의 '/ㅓ/ : /ㅡ/' 대립 여부에 대해서는 이견이 존재한다. 이 지역 방언을 다룬 대부분의 연구에서는 /ㅓ/와 /ㅡ/의 대립을 인정하고 있지만[徐輔月(1984: 22, 1997a: 487~488), 李時震(1991: 222), 최명옥(1992c: 56~57), 박종덕(2000a: 43~46, 2000c: 194~198, 2011: 164~169) 등], 두 모음이 대립하지 않는다는 조사 결과도 있기 때문이다[李在五(1971: 63~64), 韓國精神文化研究院(1989: 345~346), 서재극 외(1991: 156)].[77] 비록 후자의 논저들에 제시된 자료를 검토해 보면 그러한 견해가 충분한 대립쌍이 확보하지 않은 상태에서 나온 것

---

[77] 안동 풍천면 하회 지역어를 다룬 崔秀貞(1970: 119)에서는 모음 체계나 모음 목록이 제시되어 있지는 않지만, 전사 기호를 소개하는 자리에 /ㅓ/는 빠져 있고 /ㅡ/만 제시되어 있는 것으로 보아, 조사자가 해당 지역어를 6모음 체계로 인식한 듯하다.

이라는 생각이 드는 것은 사실이지만,78) 저자는 일단 이 두 가지 견해를 모두 인정하기로 한다. 즉, 이와 같은 공시적 사실 자체는 결국 이 지역 방언에서 두 모음이 통시적으로 완전히 합류되지 않았음을 시사하는 것으로 이해한다는 말이다.

오늘날 경북 지역의 반촌어에서의 'ㅓ/ : /ㅡ/' 대립 여부도 전술한 내용과 크게 다르지 않은 듯하다. 李時璟(1991: 222)에 의하면 안동의 반촌어에서는 두 모음이 시차적인 데 비해 월성의 반촌어에서는 그렇지 않다고 하며, 후자의 사실은 이동화(1992: 261~262)에서도 다시 한 번 확인되기 때문이다. 그렇다면 현대 안동 지역의 반촌어에서는 /ㅓ/와 /ㅡ/가 대립적 기능을 유지하고 있으며, 이는 곧 이전 시기의 이 지역 양반들의 방언에서도 두 모음이 대립하였다는 사실을 알려 주는 것으로 볼 수 있다.

따라서 학봉 종가 구성원들의 언간에서 나타나는 'ㅓ'와 'ㅡ'의 혼기는 두 모음의 음성적 유사성으로 인해 발생한 우발적인 현상으로 보아야 한다.79) 이 문제와 관련하여 아래의 예는 시사하는 바가 크다.

(67) 1830・1840년대 [안영록]

    가. 'ㅓ → ㅡ'

---

78) 성조 방언을 조사할 때 최소 대립쌍 선정의 중요성과 문제점에 대해서는 林錫圭(2007: 12~13) 참조.
79) /ㅓ/와 /ㅡ/의 혼동의 주요 원인으로 흔히 언급되는 것은 /ㅓ/의 후설화이다. 李秉根(1970b: 379, 388~389)은 /・/의 비음운으로 인한 음성적 공간 때문에 /ㅓ/는 단음인 경우에 저향(底向)하였고 장음인 경우에는 음성적으로 상향(上向)함으로써 /ㅓ/의 변이음역이 상당히 넓어지게 되었다고 하였다. 그러나 이 설명에 따른 /ㅓ/와 /ㅡ/의 혼동은 음장을 지닌 /ㅓ/가 /ㅡ/로 상승하였기 때문에 발생한 것으로(예 어:른(丈) 으:른) 본서에서 논의하는 비어두 음절에서의 혼동과 직접적인 관련은 없다. 실제로 白斗鉉(1990/1992: 153~154)은 18세기 후기에 나타나는 'ㅓ~ㅡ' 간의 혼기와 19세기 후기 중부 방언에서 나타나는 'ə:)ɨ:'의 성격을 서로 달리 규정하였다. 전자는 /ㅓ/의 후설화에 따라 /ㅓ/와 /ㅡ/의 안전 간극이 협소해짐에 따라 일어난 음성적 성격이 강한 것인 반면, 후자는 고저 대립이 갖는 불안정성에 의한 음운론적 성격을 지닌다는 것이다.

o. **[비어두: 고유어 | 문법 형태]** 올나오난이라 <u>ᄒ들래[云]</u> ᄒ오
　　　니 〈268〉, 흥 보듯 변 보듯 <u>ᄒ드래[云]</u> ᄒ오니 〈271〉 / 못 올모
　　　시드라 ᄒ여도[躍] 〈270〉 / <u>은복ᄒ엿든(隱伏)</u> 거시 〈268〉, 마음
　　　을 지명치 못ᄒ든[不爲] 츠 〈268〉, <u>걱졍□□읍든[憂]</u> 츠의 〈266〉

나. 'ㅡ → ㅓ'

　　a. **[비어두: 고유어 | 어휘 형태]** 小人이 그가지 쳔요만악의 년을
　　　<u>몰너다가[不知]</u> 무엇셰 쓸가 보오니가 〈271〉
　　b. **[비어두: 한자어 | 어휘 형태]** 슈다 <u>포혐도(逋欠)</u> 다 업시ᄒ읍
　　　셔 〈269〉

(67)은 서울에서 거주하고 있던 중인(中人) 혹은 서자(庶子) 신분의 안영록이 김진화에게 보낸 언간에서 추출한 'ㅓ~ㅡ' 혼기례이다. 앞의 (62), (63), (66)과 마찬가지로 혼기가 모두 비어두 음절 위치에서 나타나며, 해당 어사의 대부분이 문법 형태이다. 이는 19세기 전기 국어에서 'ㅓ~ㅡ'의 혼동이 비단 경북 양반들의 방언에서만 나타나는 현상이 아니었다는 사실을 보여 준다. 현대 중부 방언에서 /ㅓ/와 /ㅡ/가 아직 합류되지 않았다는 점을 고려할 때, (67)은 두 모음의 혼기를 반드시 합류의 단초로 여길 필요는 없다는 것을 깨닫게 한다. 이와 같은 관점은 (62), (63), (66)과 현대 안동 지역 반촌어 사이에도 그대로 적용할 수 있을 것이다.

3.4. 움라우트

움라우트의 통시적 발달 과정에 대한 논의는 피동화주가 무엇인가에 따라 크게 세 가지로 나누어 정리할 수 있다(여기서는 편의상 피동화주가 /ㅓ, ㅏ/인 경우만을 대표하여 언급하기로 한다). 첫째, 움라우트는

단모음 /e/, /ɛ/가 형성된 이후에야 비로소 발생할 수 있었으며, 그 피동화주는 [e], [ɛ]로 실현되었다고 보는 견해이다. 이 견해는 李基文(1961: 167, 1972/1977: 123), 金完鎭(1963: 490), 李秉根(1970b: 380~383) 등과 같은 비교적 초기의 논저에서 지배적이었다.80)

둘째, 단모음 /e/, /ɛ/가 형성되기 이전에는 피동화주가 하향 이중모음 [əy], [ay]로 실현되다가 두 단모음이 형성되고 난 이후에는 각각 [e], [ɛ]로 실현되었다고 보는 견해이다. 이는 첫 번째 견해를 부정하는 것으로 1980년대 이후 통설로 자리 잡았다. 이 견해는 李崇寧(1954b: 234), 劉昌惇(1964: 155~157), 崔明玉(1980: 183, 각주 18) 韓榮均(1980: 229~230), 安秉禧(1985: 897), 허웅(1985: 427~428), 崔銓承(1986: 165~166), 白斗鉉(1990/1992: 211~225) 등 다양한 논저에서 직·간접적으로 제시된 바 있다.

셋째, 단모음 /e/, /ɛ/의 형성 여부와 관계없이 피동화주가 늘 [e], [ɛ]로 실현되었다고 보는 견해이다. 앞선 두 견해를 모두 반박하는 이 견해는 신승용(2001/2003: 120~131)에서 제시된 것이다. 거기서 제기한 문제점은 '동화'의 결과가 [y] '첨가'로 나타난다는 종래의 주장은 자연스럽지 않으며, 그렇게 도출된 [əy], [ay]가 과연 전설성을 획득하였는지도 의문이라는 점이다. 그리하여 /e/와 /ɛ/의 형성 이전에 움라우트로 인하여 'ㅔ, ㅐ'로 표기된 소리는 음성 층위의 [e], [ɛ]가 일부 어형이나 계층에서 선구적으로 변별적인 소리로 인식되어 표기상에 나타난 것으로 해석하였다[130~131면].

이상에서 언급한 견해들은 국어 음운사에서 중요한 문제임이 분명하

---

80) 첫째 견해 가운데 李秉根(1970b: 380~383)은 후술할 셋째 견해와 상통하는 면이 있다는 점에서 첫째 견해를 주장한 다른 논저들과는 구분된다. 그 논문에서는 19세기 후기 중앙어에서 /ㅜ/와 /ㅗ/의 움라우트가 치찰음 아래에서만 가능하였다는 사실을 근거로, /ㅟ/, ㅚ/가 음운론적으로 단모음화한 단위 음운으로 보는 데에는 주저하지 않을 수 없다고 하였다[381~382면]. 이는 단모음 /ㅟ/, ㅚ/가 형성되기 전에도 음성 층위에서의 움라우트가 가능하였다고 보는 셋째 견해와 근본적으로 같은 입장이라고도 할 수 있다.

나, 본서의 대상 자료를 통해서는 그것을 적극적으로 논의할 수 없는 실정이다. 〈鶴峯宗家〉에는 움라우트형의 출현이 매우 억제되어 있기 때문이다. 〈金誠一家〉에 나타나는 움라우트 현상을 검토한 최전승(2012: 330~336)은, 당시 구어에서 생산적으로 실현되었을 이 음운 현상이 자료상에 적극적으로 반영되어 있지 않다는 사실을 지적하고 그 원인을 당시 사대부 편지글의 격식성에서 찾았다. 산발적으로나마 관찰되는 움라우트의 예가 피동화 모음의 실현 위계나 개재 자음의 제약 위계가 이미 상당히 높은 단계를 보이고 있어, 이 음운 현상의 생산적인 사용을 전제하지 않을 수 없다는 것이다. 이에 따라 본절에서는 이 〈鶴峯宗家〉에서 관찰되는 움라우트 현상을 정밀하게 기술함으로써 최전승(2012: 330~336)의 논의를 보완하는 것에 만족하고자 한다.

그 논문에서 기술한 바와 같이, 〈金誠一家〉를 비롯한 〈鶴峯宗家〉에서는 움라우트형을 찾아보기 쉽지 않다. 그나마 발견되는 것들도 모두 1830·1840년대 제4·5세대 언간의 예들로 한정될 뿐이다. 움라우트형이 동시대의 제3세대 언간과 1760년대의 제1세대 언간에서 발견되지 않는 까닭은 두 세대의 언간 수량이 충분하지 않기 때문일 수도 있다. 비교적 수량이 많은 제4·5세대 언간에서도 움라우트의 실현형이 산발적으로만 나타난다는 점으로 미루어 볼 때, 분량이 적은 발신자의 언간에서는 그 개신형의 출현 가능성이 그만큼 낮을 수밖에 없는 것이다.

〈鶴峯宗家〉에서 나타나는 움라우트형을 제시해 보면 (68)과 같다. 피동화 모음에 따라 일차적으로 '가~바'로 분류한 후, 각 항목을 개재 자음의 [grave] 자질 값에 따라 다시 'a'와 'b'로 하위분류하였다.

(68) 1830·1840년대 [제4·5세대]
    가. /ㅏ/('ㆍ'), /ㅘ/ (유형 빈도: 8회)
        a. **[[+grave] 개재 자음]** 져를 **뫽겨[任]** 두엇다가 〈025. 김진화(G4)〉, 관청의 **뫽겨[任]** 〈030. 김진화(G4)〉 / **칙일[消]** 약이 업슬가

⟨017. 김진화(G₄)⟩ / 지물이 구산것치 **씬이여**[積](⟨쓰히여⟩) 잇셔도 ⟨207. 진성이씨B(G₅)⟩ / 안경이 극품이 **싱기니**[生] ⟨023. 김진화(G₄)⟩ / **쥐미**(滋味) ⟨205. 진성이씨B(G₅)⟩, **쥐미롭스오니**(滋味) ⟨206. 진성이씨B(G₅)⟩, **쥐미롭게**(滋味) ⟨205. 진성이씨B(G₅)⟩ / **괘심ᄒ옵**[可惡] ⟨077. 여강이씨(G₄)⟩, **쾌심ᄒ오나** ⟨068. 여강이씨(G₄)⟩

  cf. **막겨**[任] 두옵고 ⟨056. 여강이씨(G₄)⟩ / **삼긴**[生] ⟨076. 여강이씨(G₅)⟩, **삼기온가** ⟨216. 진성이씨B(G₅)⟩ / **즈미**(滋味) ⟨077. 여강이씨(G₄)⟩, **즈미로아** ⟨236. 한산이씨(G₅)⟩

 b. **[[-grave] 개재 자음]** **닉려오시래**[下向] ⟨217. 진성이씨B(G₅)⟩ / 집의 예수를 **치리나**[備] ⟨212. 진성이씨B(G₅)⟩, 혼수 **치림을**[備] 돈을 더듸 닌다 ⟨216. 진성이씨B(G₅)⟩

  cf. **ᄂ려오신대**[下向] ⟨012. 진성이씨A(G₃,₅)⟩, **나려오며** ⟨017. 김진화(G₄)⟩, **너려와야** ⟨029. 김진화(G₄)⟩, **나려오시려** ⟨169. 의성김씨②(G₅)⟩

나. /ㅓ/ (유형 빈도: 8회)

 a. **[[+grave] 개재 자음]** 약방문 **벡거**[寫] 보내고 ⟨018. 김진화(G₄)⟩ / **메기옵**[食] ⟨016. 김진화(G₄)⟩, **멕이면**[食] ⟨018. 김진화(G₄)⟩, **멕이니**[食] ⟨018. 김진화(G₄)⟩ / 탕약 스물다숫 첩을 **졔겨**[處方] 제 지어 주마고 ⟨040. 여강이씨(G₄)⟩, 약을 **졔여** 쥬시면 좃스올 듯ᄒ와 ⟨207. 진성이씨B(G₅)⟩

  cf. **먹여**[食] ⟨030. 김진화(G₄)⟩, **먹이고** ⟨212. 진성이씨B(G₅)⟩ / 약 이십 첩을 **젹여시니**[處方] ⟨040. 여강이씨(G₄)⟩

 b. **[[-grave] 개재 자음]** **데리고**[帶] ⟨214. 진성이씨B(G₅)⟩, **데려올** ⟨215. 진성이씨B(G₅)⟩ / 이곳도 올여름은 셔증 발죽ᄒ는 일 업시 **계년과**(前年)[81] 아조 다라니 ⟨033. 여강이씨(G₄)⟩ / 그날

---

81) '계년'은 문맥상 '前年, 昨年'의 의미로 쓰인 어사임은 확실하나, 그 형태를 분명하게 분석

졔녁의[夕] 도로 왓거든 ⟨105. 여강이씨(G₄)⟩ / **예쉰이**[六十]⟨⟨여쉰⟩ ⟨115. 여강이씨(G₄)⟩ / 오계는 급〃히 구ㅎ오니 계요 **이러케** 니와 ⟨177. 의성김씨④(G₅)⟩

 cf. **드려다가**[帶] ⟨008. 의성김씨A(G₃)⟩, **드리고** ⟨132. 고성이씨A(G₄)⟩, **다려올** ⟨193. 의성김씨④(G₅)⟩ / 음식 잡亽오시기 는 **져년**(前年) 봄보다가 나으신가 ⟨169. 의성김씨②(G₅)⟩ / **져녁쩌지**[夕] ⟨172. 의성김씨③(G₅)⟩

다. /ㅗ/ (유형 빈도: 0회)

 (해당 예 없음)

 cf. **모히실**[集] ⟨131. 고성이씨A(G₄)⟩ / 념녀 **노힐**[放] ⟨098. 여강이씨(G₄)⟩ / **녹여**[融] ⟨177. 의성김씨④(G₅)⟩ / **속이는**[欺] ⟨072. 여강이씨(G₄)⟩ / **오히려**[猶] ⟨072. 여강이씨(G₄)⟩

라. /ㅜ/ (유형 빈도: 2회)

 a. **[[+grave] 개재 자음]** **뉩혀**[臥] ⟨020. 김진화(G₄)⟩

 b. **[[-grave] 개재 자음]** 팔다리 골절은 **쉬시는**[痛] 듯 ⟨094. 여강이씨(G₄)⟩

 cf. **슈시고**[痛] ⟨022. 김진화(G₄)⟩, **슈쉬고** ⟨017. 김진화(G₄)⟩ / 무명 두 필이나 스려 ᄒ오나 **우션**(于先) 흔 필 바든 것 바지나 흐려 홉 ⟨080. 여강이씨(G₄)⟩ ~ 답〃심신이 요량 업亽오나 **위션**(于先/爲先) 들포 그 이 룰 녹이시다가 병환이 나실 거시오니 ⟨072. 여강이씨(G₄)⟩

마. /ㅡ/ (유형 빈도: 7회)

 a. **[[+grave] 개재 자음]** (해당 예 없음)

 b. **[[-grave] 개재 자음]** **듸딘온**[踏] ⟨084. 여강이씨(G₄)⟩ / 뵈 두

하기는 어렵다. 여기서는 '졔년'이 '져년'의 움라우트형이라는 사실만을 중시하고자 한다.

필을 **듸려**보내니[納] ⟨015, 김진화(G₄)⟩, **듸려**보닌[納] ⟨015, 김진화(G₄)⟩, **듸려**보뇌옵[納] ⟨213, 진성이씨B(G₅)⟩ / 누가 마음 한 그릇 신들 잡숩게 ᄒ여 **듸리올가**[授] ⟨206, 진성이씨B(G₅)⟩, 일품 담빈 아바님긔 **듸리려**[授] ⟨206, 진성이씨B(G₅)⟩ / **겻듸려**[添] ⟨018, 김진화(G₄)⟩ / 쌀 흔 말 두 되**듸리외**[ㅅ] ⟨031, 김진화(G₄)⟩ / 갈**미려**[鬪](⟨`갈미려) 두어도 ⟨024, 김진화(G₄)⟩ / **뉘잇**치며[悔] ⟨026, 김진화(G₄)⟩

  (68)은 이 시기에 나타나는 움라우트형의 모든 유형을 제시한 것이다.[82] 예가 충분하지 않아 일반화를 꾀하기가 쉽지 않지만, 일단 주어진 자료를 충실하게 기술해 보기로 한다. (68)의 특징은 다음과 같은 세 가지로 정리할 수 있다.

  첫째, 움라우트형은 대부분 고유어이며 한자어의 예는 매우 드물다. 한자어로 분명히 여길 수 있는 어사 가운데 움라우트를 겪은 것은 (68가)의 '직미(滋味)'가 유일하다.[83] 이는 물론 한자음의 강한 보수성에 기인한다. (68라b) 'cf.'에 제시한 '위션(于先)'도 '우션'의 움라우트형을 볼 가능성도 없지는 않다. 그러나 동일한 의미를 지닌 한자어 '爲先'이 존재하므로 굳이 이 예를 움라우트와 관련지을 필요는 없을 것이다. '위션'을 '于先'이 아닌 '爲先'으로 해석하는 더욱 적극적인 근거는 곧 이어 피동화 모음에 따른 움라우트 조건 환경의 확대를 다루는 자리에서 제시하기로 한다.

---

82) 최전승(2012: 331)에서 움라우트의 예로 제시된 '긔루시며[思慕](⟨그리우-⟨그리우-)'는 황문환 외(2013b: 644~645)에서 '거두시며'로 재판독되었기 때문에 본서에서도 이 예를 제외하였다.
    ⟦예⟧ 무산 쳬로 일싱 나무 뒤만 **거두시며** 그럴지라도 다 그러신 줄이나 아오면 현마 엇지ᄒ오리만은 ⟨218, 1850년, 진성이씨B(며느리) → 김진화(시아버지)⟩
83) 만일 (68나b)의 '계년'을 '전년(前年)'에서 어중 /ㄴ/ 하나가 탈락한 뒤 움라우트를 겪은 형태로 파악한다면, 이것도 한자어의 예에 포함될 것이다.

둘째, 피동화 모음의 종류에 따라 움라우트 실현 정도에 차이가 난다. 피동화 모음이 /ㅏ/('·')나 /ㅓ/인 경우에는[(68가, 나)] 선행 자음의 종류와 무관하게 움라우트가 실현되지만, /ㅜ/인 경우에는[(68라)] 변자음 뒤에서 움라우트가 실현된 예를 보이지 않는다(cf. 묵혀[陳] 〈079, 여강이씨(G4)〉). 피동화 모음이 /ㅗ/인 경우에는 이 변화가 관찰되지 않는다[(68다)]. 피동화 모음이 /ㅗ/와 /ㅜ/인 어사가 각각 움라우트의 실현을 달리 하는 까닭은 두 모음의 음운론적 차이로 설명할 수도 있을 것이다. 그러나 관련 예의 유형 빈도와 출현 빈도가 충분하게 확보되지 않은 상태에서 성급한 판단은 지양하고, 본서에서는 피동화 모음이 /ㅜ/인 경우에 움라우트의 실현이 제약되는 현상에만 주목하고자 한다.

여기서 우리는 19세기 후기 중앙어에서 /ㅗ/와 /ㅜ/가 치찰음 아래에서만 움라우트를 겪었고(李秉根 1970b: 381~382), 현대 국어에서 /ㅟ/가 단모음으로 발음되는 경우가 '뉘[稻], 뒤[後], 쉬[蛆], 쥐[鼠], 취[蔬]' 등에서라는 사실(李熙昇 1955: 90)이라든가, 20세기 초 육진 방언에서 경구개 자음 아래서 /uy/가 [ü]로 실현되고 /o/가 음성적으로 움라우트를 겪어 [ʷe]로 실현된다는 사실(郭忠求 1991/1994a: 96~97, 260~261) 등을 떠올릴 필요가 있다. 그리고 우리는 앞서 19세기 전기의 경북 양반 방언에서 전설 원순 단모음이 아직 형성되지 않았다는 사실도 기억할 필요가 있다(3.2.2 참조). 왜냐하면 (68라)의 '뉩혀[臥], 쉬시ᄂᆞᆫ[痛]'은 /ㄴ, ㅅ/과 같은 [-grave] 자음 뒤에서 'ㅜ〉ㅟ'를 겪은 예라는 점에서, 이때의 /ㅟ/는 [ü]로 여길 수 있기 때문이다.

그런데 위에서 언급한 '위션(于先)'의 존재는 마치 /ㅜ/의 움라우트가 선행 환경으로 반드시 [-grave] 자음만을 요구하는 것은 아니라는 사실을 반증하는 것처럼 보인다. 하지만 전술한 바와 같이 우리는 '爲先'이라는 한자어가 존재한다는 사실과, /ㅜ/의 움라우트가 [-grave] 자음 뒤에서 먼저 발생하였다는 일반적인 사실을 모두 고려할 필요가 있다. 그렇다면 '위션'은 '于先'이 아닌 '爲先'으로서 움라우트형으로 볼 수 없으며, 따라서 〈鶴峰宗家〉에 반영된 움라우트는 피동화 모음이 /ㅜ/인 경우 [-grave] 자음 뒤에서만 산발적으로 실현되었다고 결론지을 수 있다.

개재 자음	어사	개신율
[+grave]	누피-[臥]	1/1
	즈미(滋味) ('즈미롭-' 포함)	3/5
	져기-[處方]	2/3
	머기-[食]	3/33
	갈므리-[閱]	4/4
	사기-[消]	1/1
	막기-[任](〈맛디-)('맛지-' 제외)	2/7
	벗기-[寫]	1/1
	사히-[積]	1/1
	삼기-[生]	1/9
	소계	19/65 (29.2%)
[-grave]	쓔시-[痛](〈쑤시-[刺])	1/3
	과심ᄒ-[可惡]	11/11
	뉘으치-[悔](〈뉘읓-)	1/1
	드듸-[踏]	4/4
	져년(前年)	1/9
	져녁[夕]	2/3
	느려오-	1/13
	드리-[帶]	2/71
	추리-[備], 추림	2/4
	되드리[勻]	1/1
	드리-[授](보조 용언 포함)	2/15
	겻드리-[添]	1/1
	드리-[入, 納, 染]	3/14
	여쉰[六十]	2/2
	소계	34/152 (22.4%)
	총계	53/217 (24.4%)

[표 3.6] 개재 자음의 자질에 따른 24개 어사의 움라우트 개신율

셋째, 개재 자음의 종류는 움라우트의 실현에 여부에 별다른 제약이 되지 못한다. [표 3.6]에서 볼 수 있듯이 개재 자음의 자질이 [+grave]인 10개 어사와 [-grave]인 12개 어사의 개신율은 각각 29.2%와 22.4%로 서로 별다른 차이를 보여 주지 않기 때문이다. [표 3.6]과 같은 결과는 이 방언에서 움라우트가 매우 깊은 시간 심층(time-depth)을 갖고 있음을 의미한다.[84] 그럼에도 움라우트형이 학봉 종가 인물들의 서간문에 적극적으로 출현하지 않는다는 사실은, 이 변화가 그들에게 교정의 대상으로 강하게 인식되고 있었음을 잘 나타낸다.

3.5. 전설 모음화

전설 모음화, 즉 /ㅅ, ㅈ/ 뒤에서의 'ㅡ〉ㅣ' 변화는 그동안 '구개 모음화', '전설 고모음화', '전부 모음화' 등 다양한 용어로 불렸다.[85] 이처럼 특정 음운 현상에 대하여 여러 가지 명칭이 존재한다는 사실은, 연구자에 따라 이 현상을 바라보는 관점이 일률적이지 않았다는 것을 의미한다. 최근의 쟁점은 이 현상의 본질을 전설성 동화로 보느냐, 아니면 구개성 동화로 보느냐 정도로 좁혀진 듯하대소신애(2004: 273), 홍은영(2012: 14~16) 참조]. 그러나 저자는 전설 모음화의 예가 거의 실현되지 않는 〈鶴峰宗家〉를 가지고 이 문제를 본격적으로 다룰 만한 처지에 있지 않다. 따라서 본절에서는 이 언간 자료에서 제한적이게나마 출현하

---

84) 움라우트의 실현에서 개재 자음에 별다른 제약이 없다는 것은 대개 이 변화가 개재 자음 제약을 극복한 것으로 이해되어 왔다. 그러나 白斗鉉(1990/1992: 223~225)은 이러한 종래의 견해가 움라우트의 그러한 통시성을 고려하지 않은 것이라고 비판하였다. 이미 17·18세기 자료에서 개재 자음이 없거나 [+cor] 자음이 개재하는 환경에서 움라우트가 실현된 예들이 적지 않게 나타난다는 것이다.
85) 이 현상을 가리키는 다양한 용어에 대한 소개와 그에 대한 고민은 白斗鉉(1990/1992: 255)과 소신애(2004: 271)에서 다루어진 바 있다.

는 소수의 예를 바탕으로 19세기 전기 양반들의 방언에서 이 음운 현상이 어떠한 양상으로 전개되고 있었는지에 초점을 맞추고자 한다.

전설 모음화는 남부 방언에서 발생하여 그 개신파가 중부 방언으로 확산된 것으로 보인다[최전승(1986: 311) 참조]. 현대 국어에서의 전설 모음화형의 지리적 분포를 고려할 때 이 추정은 상당한 설득력을 얻게 된다[강희숙(2000: 530), 홍은영(2012: 48~60) 참조]. 게다가 대체로 전라도와 경상도에서 간행된 문헌이 중앙에서 간행된 문헌보다 전설 모음화를 더 이른 시기에 더 적극적으로 보여 준다는 사실도 이러한 추정을 뒷받침해 준다.

그러나 전설 모음화형이 문헌상에 최초로 출현하는 순서는 이러한 확산 순서와 완전히 일치하지는 않는다. 서남 방언을 반영한 문헌으로서는 ≪睡雲亭悲懷遺錄≫(1826)이 형태소 내부와 경계에서 '스〉시' 및 '즈〉지'의 예를 최초로 보이며(백두현 2011: 88), 동남 방언을 반영한 문헌의 경우 영영판(嶺營版) ≪十九史略諺解≫(1832)에서 형태소 내부에서의 '스〉시'의 예가 가장 먼저 출현한다.[86] 중앙어나 서울 인근의 방언을 반영한 문헌 중에서는 필사본 ≪ᄉᆞ쇼졀(士小節)≫(1870)에 이르러서야 '스〉시'가 처음으로 나타난다(백두현 1997b: 34~36). 반면에, '즈〉지'는 최전승(2012: 324)에 언급된 바와 같이 ≪漢淸文鑑≫(1779)에 등장하는 '진흙[粘泥] <1:34a>'을 최초의 예로 인정할 수 있다.[87] 이 예는 '스〉시'의 예보다 약 100년이나 앞서는 것이다. 게다가 '즈〉지'만을 대상으로 할 때, 전설 모음화형은 남부 방언보다 오히려 중앙어에서 더 먼저 나

---

86) 白斗鉉(1990/1992: 256)에서는 ≪十九史略諺解≫의 간년을 1772년으로 보아 '스〉시'가 동남 방언에서 18세기 후기에 발생한 것으로 파악하였으나, 이후 이 책의 간년이 1832년으로 밝혀짐에 따래趙婷化(1986: 37), 백두현(1997b: 3; 1998: 61~62; 2000b), 김주원(1998) 참조] 백두현(2011: 88)에서는 이 변화가 시작된 시기를 19세기 전기로 수정하였다.
87) 홍은영(2012: 39~40)은 ≪太上感應篇圖說諺解≫(1852)에 나오는 '거짓말[嗚] <2:50a>'을 중부 방언에서 실현된 '즈〉지'의 가장 이른 예로 제시하였으나, 최전승(2012: 324)의 견해에 따르면 그 시기는 더 앞당겨질 수 있다.

타난다고 볼 수 있게 해 준다.[88]

하지만 문증례(文證例)들의 출현 시기와 해당 음변화의 확산 순서 간의 이러한 괴리는 서사어의 보수성에 기인하는 것으로 해석해야 한다. 비록 '즈〉지'의 경우 문헌상에서 확인되는 최초의 예가 중앙어 문헌에서 나타나는 것은 사실이나, 동시대나 그 이후의 여러 문헌과 오늘날의 지리적 분포에서 드러나는 전설 모음화의 확산 양상은 이 변화가 남부 지역에서 북진(北進)한 것임을 알게 해 주기 때문이다. 아마도 실제 전설 모음화의 발생 시기는 그 예가 문헌에 등장하기 시작한 시기보다 다소 앞섰을 것이며, ≪漢淸文鑑≫의 '진흙'과 같은 예는 사역원(司譯院)에서 간행된 역학서(譯學書) 계통의 문헌에서 이 변화를 선진적으로 받아들인 어사가 노출된 것으로 보인다.[89]

전설 모음화의 시간 심층이 깊은 남부 방언에서는 '르〉리'도 관찰된다. 崔明玉(1982: 62~63)에 제시된 현대 월성 지역어의 t'árigo[隨], t'áridʒra, t'árɛdo, t'árimo와 같은 활용형의 존재는 이 변화의 대표적인 예이다. 白斗鉉(1990/1992: 263~264)과 김예니·김명주(2014: 113)에 제시된 영남 문헌어의 예들의 거의 전부가 20세기 전기의 것들임을 고려하면, 동남 방언에서는 이 변화가 19·20세기 교체기에 발생하였을 것으로 추정할 수 있다.

---

[88] 중부 방언에서의 전설 모음화 시기가 19세기 중엽 이전 단계로 소급할 수 있을 가능성은 강희숙(2000: 528~529)에서 제기된 바 있다. 그러한 추정은 19세기 중엽 이후의 문헌에서 발견되는 중부 방언의 전설 모음화가 나타나는 환경이 어두 음절은 물론 형태소 경계로까지 확대되어 있다는 사실에 근거한 것이다.

[89] 최전승(2012: 324, 각주 55)은 鄭丞惠(2012)에 소개된, 조선 통사(通事) 현식(玄拭, 1762~?)이 1806년에 일본 통사(通詞=通事) 오다 이쿠고로[小田幾五郞]에게 보낸 언간에서 '스〉시'의 예가 등장한다는 사실도 언급하였다. 저자가 鄭丞惠(2012: 243)에 실려 있는 해당 언간([54-3-3])의 판독문을 살펴본 결과, '스〉시'의 예로 분명하게 볼 수 있는 것으로 '없-[無]+-으니'가 '업시니'로 표기된 예 하나를 발견할 수 있었다. 현식이 당시 어느 지역 방언 화자였는지는 알아내지 못하였으나, 이처럼 이미 형태소 경계에서 '스〉시'가 실현된 예가 19세기 초 언간에서부터 관찰된다는 사실은 저자의 추정이 옳음을 방증해 준다.

그런데 '르〉리'를 전설 모음화에 포함시켜 논의하기에 앞서 이 변화를 일반적인 전설 모음화('스〉시', '즈〉지')와 동일하게 취급할 수 있는지 검토해 볼 필요가 있다. 기존의 연구에서 '르〉리'의 예로 제시된 것들 중 상당수는 '노리[獐], 나리[津], 마리[宗], 미리[龍], 시리[甑], 즈리[袋], ᄒᆞ리[一日]' 등 기원적으로 어말에 /·/나 /ㅡ/를 지녔던 어사들인데, 이들은 접미사나 첨사 '-이'가 결합한 후 단모음화를 겪은 것으로도 설명할 수 있기 때문이다[崔明玉(1982: 62, 각주 34), 소신애(2004: 274, 각주 29; 2015: 200, 각주 35)]. 또한, 白斗鉉(1990/1992: 263)과 김예니·김명주(2014: 113)에 제시된 '일<u>리</u>키는[起] <時文73a>, 가<u>리</u>치고[敎] <嶺三19:14b>, 다<u>리</u>미[異] 업시며 <嶺三10:11a>' 등과 같은 예는 움라우트에 의한 결과로도 해석할 여지가 있다. 그럼에도 저자는 /ㄹ/ 뒤에서의 전설 모음화를 인정하는데, 그 이유는 위 두 가지 대안으로도 설명하기 어려운 예들이 존재하기 때문이다(例) 싸<u>리</u>고[隨] <嶺三9:8b>, 푸<u>리</u>더래[靑] <嶺三1:28b>, 일싸<u>리</u>더래[稱] <嶺三6:4a>).90) 따라서 본절에서는 '르〉리'를 '스〉시' 및 '즈〉지'와 함께 전설 모음화의 범주에 포함시켜 논의하고자 한다.

지금까지 살펴본 내용을 바탕으로 우리는 19세기 전기의 경북 양반들의 방언에서도 '스〉시'와 '즈〉지'는 어느 정도 관찰될 것이라는 추정과 '르〉리'는 그렇지 않을 것이라는 추정을 동시에 해 볼 수 있다. 하지만 〈鶴峯宗家〉에서는 이 두 가지 추정이 모두 빗나간다. 우선 이 언간 자료에서는 전설 모음화가 거의 실현되어 있지 않다. 실재 시간 측면에서 해당 예를 제시하면 (69), (70)과 같다.

---

90) 물론, 이들도 명사형 전성 어미 '-기'나 연결 어미 '-으며' 등과 결합한 환경에서 움라우트를 겪은 후 그 어간이 패러다임 내에서 평준화(paradigmatic leveling)를 거친 결과로 볼 수도 있다. 그러나 해당 예 전부에 대해 이와 같은 음운론적·형태론적 과정을 대입시키는 것은 다소 무리가 따른다.

(69) 1760년대 [제1세대(김주국)]

　가. 'ㅡ → ㅣ'

　　(해당 예 없음)

　가. 'ㅡ ↛ ㅣ'

　　피눈물 **쏫고**[拭] ⟨002⟩ / 병이 골슈의 드러 **즈러**[豫] 명을 뭋츰이 ᄀ장 어얼고 텬싁훈 닐이니 ⟨003⟩ / **실즉**(實卽) 빅 냥은 내 보탠 쟉시어니와 ⟨004⟩ / 집 **이르혀려**[興] ᄒ던 쁫지 ⟨003⟩

　나. 'ㅣ → ㅡ'

　　(해당 예 없음)

(70) 1830・1840년대 [제3~5세대]

　가. 'ㅡ → ㅣ'

　　a. **[형태소 내부: 어두]** **직금**(卽今) ⟨180, 의성김씨④(G₅)⟩ / 죽수리를 **치오니**[苦痛]⁹¹⁾ ⟨070, 여강이씨(G₄)⟩

　　　cf. **즉금**(卽今) ⟨005, 의성김씨A(G₃)⟩, **즉금도** ⟨029, 김진화(G₄)⟩, **즉금은** ⟨079, 여강이씨(G₄)⟩ / **지금은**(只今) ⟨116, 여강이씨(G₄)⟩, **지금꺼지** ⟨167, 의성김씨②(G₅)⟩ / 죽수리 **츠고**[苦痛] ⟨177, 의성김씨④(G₅)⟩

　　b. **[형태소 내부: 비어두]** 익을 스는 일 **알시롭고**[憐] ⟨007, 의성김

---

91) (70가)의 '죽수리를 치오니'와 'cf.'의 '죽수리츠고'에 쓰인 동사 '치다'와 '츠다' 중 저자는 전자를 신형(전설 모음화형)으로, 후자를 구형으로 파악한다. 전설 모음화가 아직 일어나지 않은 육진 방언에서 '무슨 일을 겪어내다'라는 의미의 동사 '츠다'가 존재하기 때문이다[≪두만강 유역의 조선어 방언 사전≫의 '츠다" 항목 참조. 예 대학시험우 츤다. (대학시험을 치다.) / 전에 군일 出 적에 (전에 큰일을 치를 적에)]. 그런데 ≪표준국어대사전≫에서는 '시험을 보다'라는 의미를 중세 국어 '티대[打]'로 소급하는 '치다²'의 하위 의미로 분류해 놓았다(예 입학시험을 치다). 반면에, ≪고려대 한국어대사전≫에서는 '(사람이 어떤 일을) 어렵거나 힘든데 치르거나 겪다'라는 의미를 '치다¹¹'의 유일한 뜻풀이로 두었다(예 시험을 치다). 전술한 육진 방언 자료를 고려할 때, 두 사전의 처리 방식 중 후자의 것이 타당하다고 할 수 있다.

씨A(G₃)〉, 딜부도 셩∥치 아니ᄒᆞ니 **알시로오나** 〈038, 여강이씨(G₄)〉, 계밍도 파려ᄒᆞ오니 **알시롭ᄉᆞᆸ** 〈176, 의성김씨③(G₅)〉 / 용녀 ᄂᆞ**직**지[低] 아니흔다 〈055, 여강이씨(G₄)〉 / 거**짓**불이와[譌] 〈023, 김진화(G₄)〉 / 쥐부르음은 거**칟**즉[無] 노 난다 ᄒᆞ오니 〈050, 여강이씨(G₅)〉 / 다**ᄅᆞᆫ**른[異] 것 〈212, 진성이씨B(G₅)〉

   c. **[형태소 경계]** 혹시 이**진**[盡] 거시 잇거던 〈018, 김진화(G₄)〉 / 만실 우환이 **밋칠**[及]⁹²⁾ 것 ᄀᆞᆮᄒᆞ니 귀츈∥ᄒᆞ다 〈021, 김진화(G₄)〉

나. 'ㅣ → ㅡ'

   ㅇ. **[형태소 내부: 비어두]** 봄의 와 겨**슬**[在] 적도 〈214, 진성이씨B(G₅)〉

1760년대 김주국의 언간에서는 '스〉시'나 '즈〉지', '르〉리', 그리고 각각에 대한 역표기가 전혀 관찰되지 않는대((69)]. 국어에서 전설 모음화가 나타나는 일반적인 시기를 고려할 때, 이 사실이 자료의 제약 때문이라고 말하기는 어려울 듯하다.

1830·1840년대에는 전설 모음화의 예가 나타나기는 하나 그 출현 양상이 매우 산발적이다. 그러나 형태소 내부에서뿐만 아니라 형태소 경계에서도 전설 모음화가 관찰되며[(70가c)], 형태소 내부에서의 전설

---

92) (70가c)의 '밋칠'에서 분석되는 어간은 중세 국어형을 그대로 유지하고 있는 '및-[及]'일 수도, 재어휘화된 '미치-'(혹은 '밋치-')일 수도 있다. 그러나 아래 (ㄱ)의 존재로 인하여 적어도 학봉 종가의 제4세대 화자들의 경우에는 이 활용형의 어간이 여전히 '및-'이었다고 보는 것이 타당하다.

[예] ㄱ. ᄌᆞ랄수록 임견 온갓 지각이 어룬이 밋디 못ᄒᆞ게 흥증증스럽고 크기도 의수이 도령의 모양 관듕ᄒᆞ오나 〈132, 1833년, 고성이씨A(제수) → 김진화(아주버니)〉
   ㄴ. 그 치위예 밋쳐 가읍시노라 분명 더치읍신 듯 〈054, 1841년, 여강이씨(아내) → 김진화(남편)〉

그렇다면 (ㄴ)의 '밋쳐'는 '밋처(←및-+-어)'에서 치찰음 뒤 단모음이 상향 이중모음으로 표기된 형태로 분석될 것이다. 실제로 'ㅈyV~ㅈV' 혼기는 제4세대 언간에서 적지 않게 발견된다(4.1.2 참조).

모음화에 대한 역표기도 1회 출현한다는 점에서[(70나)] 당시 이 변화는 어느 정도의 세력을 지니고 있었음이 분명하다. 전설 모음화가 〈鶴峰宗家〉에 거의 나타나지 않는 것은 양반들의 격식성과 보수성에 기인할 가능성이 큰 것이다.[93]

이러한 추정은 다음과 같은 두 가지 근거를 통해 그 타당성을 입증할 수 있다. 첫째, (70가b)에 제시한 예들 중 진성이씨B(G_5)의 '다륀른 것'에서 드러나는 교정(矯正, correction)의 흔적이다. 이 예는 진성이씨B가 '다르-'의 관형사형을 처음에는 '다린'으로 적었다가 이내 '다른'으로 고쳐 쓴 흔적을 그대로 보여 주고 있기 때문이다. 결국 이 교정형은 전설 모음화가 당시 이 지역 양반들에게 비규범적인 낙인형(stigmatized form)으로 인식되고 있었음을 여실히 보여 줄 뿐만 아니라, /ㄹ/ 뒤에서도 전설 모음화가 일어났다는 사실까지 아울러 보여 주는 소중한 예라 하겠다.

둘째, 현대 경북 반촌어와 민촌어 간에 나타나는 전설 모음화 실현 양상의 차이이다. 이동화(1992: 265)에 제시된 예를 살펴보면 경주 양동의 반촌어에서는 전설 모음화가 나타나지 않는 데 비해, 경주 인동의 민촌어에서는 그것이 활발하게 실현되고 있음을 알 수 있다. 현대 국어의 이러한 공시적인 사실은 1830·1840년대의 공시태로도 그대로 소급할 수 있을 것이다.

그런데 (70가b)에 제시한 '알시롭-[憐]'에 대해서는 약간의 부연 설명이 필요하다. ≪경북방언사전≫에서 그 뜻풀이가 '안타깝고 불쌍하다. 아연하다'로 제시되어 있는 이 형용사에 대하여 최전승(2012: 325~326)은 그것을 오늘날의 '안쓰럽-'에 대응하는 것으로 보고 '-스룹-)-시롭-'의 변화를 반영하는 형태로 분석한 바 있다. '알시롭-'은 제3~5세대에 걸친 다양한 발신자들의 언간에서 총 41회나 출현하는 고빈도어인데, 흥미

---

[93] 〈金誠一家〉를 다룬 최전승(2012: 324~326)에서도 이와 동일한 견해가 나타나 있다.

로운 점은 이 단어가 '알스롭-'과 같은 보수형으로는 단 한 번도 실현되지 않는다는 사실이다. 이 언간 자료에 반영되어 있는 전설 모음화의 극히 제한된 실현 양상을 고려할 때, 이 단어에서만 유독 전설 모음화가 100%로 실현된다는 사실은 분명 이례적인 것이다.

이와 같은 사실은 '알시롭-'이 과연 '안쓰럽-'과 어원적인 관련을 맺고 있는지에 대한 근원적인 의문을 품게 한다. 어원론은 현재의 저자가 함부로 다룰 수 있는 영역이 아니지만, 저자는 '안쓰럽-'이 기원적으로 '[않[內]#˙쓰리-[仇]]+-엏-' 정도의 구성이 아니었을까 조심스럽게 추정해 본다. 이 추정은 중세 국어 접미사 '-앟/엏-'이 모음 /ㅣ/로 끝나는 어기와 결합하여 /ㅣ/를 탈락시켰다는 형태론적 사실(安秉禧 1959: 62~63)과, '안쓰럽다'와 '속이 쓰리다'의 뜻이 상호 연관된다는 의미론적 사실을 모두 고려한 것이다. 여기서 '쓰리-'의 서남 방언형 가운데 '씨롭-, 씨럽-' 등이 존재한다는 사실도[94] 저자의 가정을 뒷받침해 준다.

그렇다면 첫 음절 '알 : 안'의 대응 관계는 어떻게 설명할 수 있을까. 저자는 '안쓰럽-'(혹은 '안시럽-')이 그것과 형태·의미적 관련성을 지닌 동사 '앓-[痛]'에 의해 일종의 감염(contamination)된 형태가 '알시롭-'이 아닐까 생각한다. 이러한 가정은 (71)에서 볼 수 있듯이 '앓-'과 거기서 파생된 '알푸-', '알히-' 등이 모두 〈鶴峰宗家〉에서 널리 쓰이고 있다는 사실에 근거한 것이다.

(71)　가.　● 연이 귀졋 일양 <u>알흐니</u> 졀박 〈131, 1832년, 고성이씨A(제수) → 김진화(아주버니)〉

● 어미는 풍두 으실 죽도록 <u>알코</u> 그만ᄒ나 〈049, 1839년, 여강

---

94) 《표준국어대사전》에 '쓰리다'의 전남 방언형으로 '씨롭다'가 등재되어 있으며, 〈2007 한민족 언어 정보화 통합 검색 프로그램〉에서는 '씨ː롭다'와 '씨럽다'가 각각 전남 담양과 고흥 지역의 방언형으로 제시되어 있다.

이씨(어머니) → 김흥락(아들)〉

나. • 너는 오른쨕 무릅히 시고 알푼 증이 쏘 복발ᄒ니 이거슬 엇지ᄒᆞᆫ 듯 말이냐 〈026, 1848년, 김진화(시아버지) → 진성이씨B(며느리)〉

• 두 관ᄌᆞ쎄가 알푸고 들셕〃〃ᄒ고 허리 알푸고 〈022, 1842~1846년, 김진화(아버지) → 미상(딸)〉

• 인돌 무양ᄒ나 긱고 쟌샹 ᄎᆞ마〃 못 이치고 가슴 알파 어렵습고 〈178, 1847년, 의성김씨④(누나) → 김흥락(동생)〉

나'. • 봉쥰이 동안 긔식 업고 만신이 아푸다 ᄒ오니 졀박 〈093, 1848년, 여강이씨(아내) → 김진화(남편)〉

다. • 며느리도 요ᄉᆞ이ᄂᆞᆫ 츙실ᄒ엿ᄂᆞᆫ가 무양 프려타 ᄒ니 졀박 알힌다 〈057, 1844년, 여강이씨(아내) → 김흥락(아들)〉

• 셕문은 가셔 샹업시 날뒤ᄂᆞᆫ 듯 무비 심녀되ᄂᆞᆫ 일 졀박 알히고 〈193, 1864년, 의성김씨④(누나·시누이) → 김흥락(동생)·진성이씨B(올케)〉

게다가 '알시롭-'의 '알'을 '앓-'과 관련지을 경우, '알시롭-'에서 /ㄹ/ 탈락이 일어나지 않은 문제도 개재 자음 /ㅎ/의 존재로(혹은 그 흔적으로) 자연스럽게 해명할 수 있게 된다는 장점이 있다.

이상에서 '알시롭-'에 대하여 다소 장황하게 설명한 것은, 이 형태가 'ㅅ)시'의 결과로 생겨난 것임을 밝히기 위함이었다. 우리의 이러한 주장이 타당한 것이라면 '알시롭-'은 당시 이 지역에서 쓰이던 전형적인 방언형이 양반들의 서간문에 등장한 것이며, 이는 곧 전설 모음화의 생산성을 보여 주는 것이라고 할 수 있다.[95]

---

[95] 다만 이와 같은 추정에 문제가 되는 것은, 정작 현대 안동 검제 마을의 반촌어에서는 '알시롭다'가 전혀 쓰이지 않고 '안스럽다'만 사용된다는 사실이다(김한별 2017b: 212, 각주 24). 여기서는 이것을 미해결의 문제로 남겨 둔다.

한편, (70)에서 전설 모음화가 일어난 환경은 대부분 비어두 음절이다. (70가a)의 '직금'은 이러한 점에서 다소 예외적이라고 할 수 있다. 그런데 (70가a)의 'cf.'처럼 이 언간 자료에는 '즉금(卽金)'과 함께 '지금(只今)'도 출현한다는 점에서 '직금'은 '즉금'직금과 같은 전설 모음화를 겪은 것이 아니라, '즉금'과 '지금'의 혼효형일 가능성도 배제할 수 없다. 그렇게 본다면 당시 전설 모음화의 실현 환경은 비어두 음절에만 한정되었다고도 볼 수 있다. 하지만 다른 예가 적어 이는 쉽게 단언하기는 어렵다.

(69)와 (70)은 비록 소수의 예에 불과하지만, 19세기 전기 경북 양반 계층의 방언에서 전개된 전설 모음화에 대하여 우리에게 매우 중요한 사실을 알려 준다. 첫째, 우리는 이 시기 전설 모음화는 치찰음 뒤에서 뿐만 아니라 유음 뒤에서도 실현되었으며, 이는 당시 언중들에게 비규범적인 낙인형으로서 분명히 인식되고 있었다는 사실을 알게 되었다. 지금까지 알려진 '르〉리'의 예는 대부분 20세기 전기 문헌에 출현하는 것들이었다. 그러나 본서의 자료를 통해 이 변화의 본격적인 출현 시기를 19세기 전기로까지 앞당길 수 있게 되었다.[96]

둘째, 우리는 경북 방언에서 전설 모음화가 /ㅓ/와 /ㅡ/의 합류보다 먼저 발생하였다는 사실을 분명히 알 수 있게 되었다. 白斗鉉(1990/1992: 259)은 원래의 /ㅓ/가 전설 모음화한 예가 없다는 사실을 근거로

---

[96] 白斗鉉(1990/1992: 264)에 의하면, 16~18세기 문헌에서도 아래와 같이 '르〉리'의 변화를 보이는 어사가 발견되기는 한다.

    [예] 그리메 〈杜重7:9a〉 (cf. 그르메[影] 〈杜詩7:9a〉); 아리다온[嬌] 〈杜重6:12a〉 (cf. 아룻다온 〈杜詩6:12a〉), 嬌 아릿다올 교 〈新類下31a〉; 流 흐릴 류 〈類合영30b〉

백두현 선생은 이들이 "음운론적으로 뚜렷한 일반성과 체계적 성격을 가진 것이 아니라, 르이 가진 전설성이 우발적으로 작용하여 발생한 것"으로 추정하였대264면. 저자가 본서의 예를 통해 '르〉리'의 출현 시기를 19세기 전기로까지 앞당길 수 있다고 한 기술은 그러한 추정에 근거한 것이다. 한편, 최근에 소개된 《학봉김선싱힝장(鶴峯金先生行狀)》 (1770)에는 'ᄇᆞ리게[正] 〈14a〉', '게으리지[慂] 〈96b〉'와 같이 '르〉리'의 더욱 이른 예가 발견된다(김한별 2019: 59).

전설 모음화가 /ㅓ/와 /ㅡ/의 합류보다 먼저 일어났을 것으로 추정한 바 있다. 우리는 3.3.2.2에서 'ㅓ~ㅡ' 혼기가 19세기 전기에 문법 형태에 한해서 산발적으로만 나타나고 있음을 확인하였다. 이에 반해, (70)은 이 시기 전설 모음화가 형태소 경계로까지 확대되어 있으며, 언중들로 하여금 과도 교정을 유발할 정도로 확산되어 있었다는 사실을 추측하게 한다.

3.6. '-아X〉-어X' 변화

'-아X〉-어X' 변화란, 이른바 양성 모음을 지녔던 용언 어간과 결합하던 '-아X'계 어미가 '-어X'계 어미로[97] 대치되는 역사적 변화를 가리킨다. 이 변화는 중세 국어 단계에서 상당히 철저히 지켜졌던 모음 조화 (vowel harmony)가 현대 국어 단계로 오면서 점차 붕괴되어 가는 과정의 일환이다.

'-아X〉-어X' 변화는 오늘날 두 이형태로 실현되는 어미가 애초부터 단일한 '-아X'였을 것이라고 가정할 때 편리하고도 일관된 기술이 가능해진다. 부사형 어미가 이처럼 기원적으로 '-아X'였을 것이라는 가설은 徐在克(1969)에서 최초로 제기된 이후, 李炳銑(1971: 66~67), 李基文(1979: 30~31), 崔明玉(1982: 46~51), 오종갑(1984: 394~395; 2007), 이근규(1985: 16~17), 황선엽(2002: 29), 김아름(2011: 55~58) 등에서 수용된 바 있다. 저자도 기본적으로 이 가설을 받아들이는 입장이지만, 본절의 내용은 어디까지나 중세 국어 이후의 변화에 초점을 둔 것이므로, 이 가설의 수용 여부가 본절의 논의 전개에 직접적인 영향을 미치지는 않는다.

---

[97] '-아X'와 '-어X'계 어미는 각각 선어말 어미 '-앗/엇'(혹은 '-아시/어사'), 연결 어미 '-아/어', '-아야/어야'(혹은 '-아스/어스'), '-아도/어도', '-아셔/어셔', 종결 어미 '-아지라/어지라', '-아라/어라(명령)', '-아라/어라(감탄)' 등을 통칭하는 용어이다.

본절에서는 먼저 〈鶴峰宗家〉를 통해 19세기 전기와 그 전후 시기 경북 지역 양반들의 방언에서 나타나는 '-아X'와 '-어X'의 공시적 분포를 기술하고, 그 결과를 실재 시간상에서 상호 비교함으로써 통시적 해석을 꾀할 것이다. 또한, 15세기 문헌과 18·19세기 교체기의 중부 지역 양반들의 언간인 〈秋史〉 및 〈秋史家〉의 자료와의 비교를 통해서 경북 방언에서 진행된 '-아X)-어X' 변화의 개별성과 보편성도 아울러 살펴보고자 한다. 이때 19세기 후기 국어의 중부·서북·동북·서남 방언 자료를 대상으로 부사형 어미의 교체 양상을 검토한 崔明玉(1992b: 58~74)도 함께 참고할 것이다. 또한, 현대 경북 방언에서 '-아X/어X'가 보이는 공시적인 분포에 대한 고려도 빠트리지 않을 것이다.

본격적인 논의에 앞서, 자료 기술에 대한 저자의 관점을 먼저 밝히기로 한다. 용언의 활용에서와 같이 형태소 경계를 사이에 두고 일어나는 음운 현상은 기존에 공시 음운론에서 특히 더 많은 관심을 보인 대상이었다. 그리하여 '-아X'와 '-어X'의 교체를 다룬 종래의 공시 음운론 연구는, 우선 용언 어간과 어미를 철저하게 분석하고 그 결과에 따라 어미 이형태의 분포 환경을 기술하는 입장을 견지해 왔다. 이와 같은 입장에서 이루어진 연구 결과는 대상 자료에 대한 정밀한 공시적 기술을 바탕으로 한 것임은 분명하다. 하지만 통시적인 관점에서 보면 활용에서 일어나는 음운 변화의 실제 단위는 '활용형'이라고 하는 통합적 구성이지, '어간'이나 '어미'와 같은 그 구성 요소가 아니다. 이러한 관점은 특히 비자동적 교체 어간을 다룰 때 필요하다.[98] 따라서 저자는 19세기 전기의 '-아X/어X' 교체를 공시적으로 기술할 때 비자동적 교체 어간에 한해

---

[98] 저자의 이와 같은 관점은 결국 활용형이 어휘부(lexicon) 내에서 독립된 단위로 존재한다는 관점과 상통한다. 그런데 어휘부의 구조와 등재 단위에 대한 이론적 문제는 형태론의 영역과 관련하여 그 자체만으로도 큰 논의 주제이므로, 본서에서는 이 문제를 더 이상 다루지 않는다. 비자동적 교체 어간의 활용형에서 일어난 음운 현상과 어휘부와의 관련성에 대한 논의는 崔明玉(1985c, 1988a), 한영균(1985), 박창원(1986), 金토奎(1988), 최전승(1998) 참조.

서는 '어간'이 아닌, '활용형'의 음운론적 조건을 기준으로 삼을 것이다.

이상에서 밝힌 관점에 따라, 1760년대와 1830·1840년대 두 시기의 언간에서 나타나는 어미 '-아X/어X'의 실현 양상을 어간이나 활용형의 음운론적 조건에 따라 기술해 보기로 한다. 또한, 논의의 필요에 따라 1830·1840년대 이후 시기의 자료를 함께 제시하기도 할 것이다.

첫째, 어간 말음절 모음이 /ㅏ/(혹은 /·/)나 /ㅗ/일 때는 '-아X'만 실현된다.[99]

(72) 어간 말음절 모음이 /ㅏ/나 /·/일 때(단, 비자동적 교체 어간의 경우 활용형에서 '-아X/어X'의 선행 음절 모음이 /ㅏ/나 /·/일 때)[100]

    가. 1760년대 [제1세대(김주국)]

        a. **[-아X]** <u>삿대</u>[買](〈사아〉〈001〉 // <u>사라</u>[生](〈사라〉〈003〉 / <u>츠자</u>[索](〈츠자〉〈004〉〈004〉

        b. **[-어X]** (해당 예 없음)

    나. 1830·1840년대 [제3~5세대]

        a. **[-아X]** <u>가셔</u>[去](〈가셔〉〈016, 김진화(G4)〉 / <u>스셔</u>[買](〈사셔〉〈229, 김수락(G5)〉 / <u>싸</u>[鹹](〈ᄊᆞ〉〈093, 여강이씨(G4)〉 // <u>다라</u>[懸](〈ᄃᆞ라〉〈204, 진성이씨B(G5)〉 / <u>안자</u>[坐](〈안자〉〈034, 여강이씨(G4)〉 / <u>잡아</u>[執](〈자바〉〈087, 여강이씨(G4)〉 / <u>맛대</u>[任](〈맛다〉〈007, 의성김씨A(G3)〉 / <u>츠주</u>[索](〈츠자〉〈211, 진성이씨B(G5)〉 / 마

---

99) 다만, 'Xᄒᆞ-[爲]'의 활용형은 뒤에서 별도로 다루기로 하고 여기서는 일단 논의 대상에서 제외한다.
100) 제시된 각각의 예 뒤에는 그 활용형의 선대형을 괄호 속에 밝혀 두었다. 선대형은 문증(文證)되는 최초의 예보다는 해당 활용형과 형태상 직접적으로 관련되는 것을 제시한 것이다. 그중 '*'표를 달아 놓은 것은 문증되지 않는 것을 의미하며, 거기에는 해당 용언 어간의 형태는 확인되지만 '-아X/어X'계 어미와 결합한 활용형이 발견되지 않는 것도 포함되어 있다. 중세 국어 선대형 가운데 '-아X~-어X' 변이를 보이는 것은 그 두 가지를 모두 제시한 후 빈도가 높은 것에 권점(°)을 찍어 두었다.

츠[終]((ᄆ차) 〈161. 의성김씨②(G₅)〉 / 알파[痛]((알파) 〈178. 의성김씨④(G₅)〉 // 브래[望]((브라) 〈149. 의성김씨①(G₅)〉 / 나가셔[出]((나가) 〈023. 김진화(G₄)〉 // 셋아ᄉ[奪]((아사) 〈067. 여강이씨(G₄)〉 // 몰내[乾]((몰라) 〈093. 여강이씨(G₄)〉 / 즙ᄉ왜[食]((잡ᄉ와) 〈036. 여강이씨(G₄)〉

b. **[-어X]** (해당 예 없음)

(73) 어간 말음절 모음이 /ㅗ/일 때(단, 비자동적 교체 어간의 경우 활용형에서 '-아X/어X'의 선행 음절 모음이 /ㅗ/일 때)[101]

가. 1760년대 [제1세대(김주국)]

a. **[-아X]** 보아라[見]((보아라) 〈003〉 // 도라가니[還]((도라) 〈001〉 // 몰라도[不知]((몰라도) 〈003〉

b. **[-어X]** (해당 예 없음)

나. 1830·1840년대 [제3~5세대]

a. **[-아X]** 와셔[來]((와셔) 〈083. 여강이씨(G₄)〉 / 보앗시니[見]((보아) 〈028. 김진화(G₄)〉 // 도르와도[還]((도라) 〈086. 여강이씨(G₄)〉 / 노하[放]((노하) 〈076. 여강이씨(G₄)〉 / 올매[還]((올마) 〈005. 의성김씨A(G₃)〉 / 모해[集]((모도아~뫼호아) 〈077. 여강이씨(G₄)〉 // 치왜[充]((치와) 〈068. 여강이씨(G₄)〉 / 틔왜[乘]((틔와) 〈212. 진성이씨B(G₅)〉 / 쌱을 마초아[適合]((마초아) 〈245. 전주유씨(G₅?)〉 / 나소아[癒]((낫-+-오-+-아) 〈051. 여강이씨(G₄)〉 / 밧고왜[易]((밧고와) 〈103. 여강이씨(G₄)〉 / 괴로아라[苦]((고로와) 〈012. 진성이씨A(G₃,₅)〉 / 싀로왜[新]((새로와) 〈099. 여강이씨(G₄)〉 / 죄로와[罪]((죄로와) 〈129. 고성이씨A(G₄)〉 / ᄌ미로아[滋味]((ᄌ미로

---

[101] '치왜[充]', '틔왜[乘]'와 같이 활음화를 상정할 수 있는 예는 활음화를 겪기 이전의 활용형인 "치오아', "틔오아'를 기준으로 삼았다.

와) 〈236, 한산이씨(G₅)〉
　b. **[-어X]** (해당 예 없음)

(72), (73)과 같은 환경에서는 어미가 예외 없이 '-아X'로만 실현된다. 여기에는 어간의 음절 수(단음절/다음절)나 어간 말음절 구조(개음절/폐음절), 혹은 'ㅂ' 불규칙 활용 여부가 전혀 관여하지 않는다. 즉, 이 환경에서는 이전 시기의 모음 조화가 1830・1840년대까지 그대로 유지되어 있는 것이다.

　崔明玉(1992b: 61~65)에 의하면, 19세기 후기의 중부・서북・동북・서남 방언에서도 마지막 음절 모음이 /ㅗ/인 어간 뒤에서는[102] 모두 '-아X'가 실현된다고 한다. 그런데 어간 말음절 모음이 /ㅏ/일 때는[103] 19세기 후기의 중부・서북・동북 방언에서는 그 어미가 대체로 '-아X'로 실현되지만, 서남 방언에서는 '-아X'뿐만 아니라 '-어X'로도 실현된 예가 매우 많다고 한다[59~61면]. 그중 중부・서북 방언 자료에서 예외적으로 '-어X'와 결합하는 어간은 각각 '앉-[坐]'과 '앉-[坐], 찾-(춫-)[索]'이라고 보고하였다. 두 동사 어간은 모두 말음이 /ㅈ/이라는 공통점이 있는데, 이는 최현배(1929: 82)가 당시 중부 방언에서 어간 말자음이 /ㅈ/인 경우 '-어X'가 결합하는 경우가 더 많다고 지적한 사실과 잘 부합한다[김세환(2006: 128)에서 재인용]. 또한, 李秉根(1976: 11)도 19세기 국어의 모음 체계와 모음조화를 다루면서 어간 모음이 /ㅏ/인 경우에는 자

---

[102] 崔明玉(1992b)의 공시적인 어간 분석 기준에 의하면, (73나a)의 '몰라도[不知]'와 '괴로아라(苦), 시로와(新], 즈미로아(滋味), 죄로와(罪)'는 어간 말음절 모음이 /ㅗ/인 범주에서 제외된다. 전자의 어간 말음절 모음은 /ㅡ/이며('몰르-')[68면], 후자의 부류는 실제로는 'ㅗ>ㅜ'를 겪은 것이므로 어간 말음절 모음이 /ㅜ/라는 것이다('괴로우-, 시로우-, 즈미로우-, 죄로우-')[63~64면].
[103] 역시 崔明玉(1992b)의 기준에 의하면, (72나a)의 '물내[乾]'와 '즙수왜[食]'는 공시적으로 어간 말음절 모음이 /ㅏ/인 범주에서 제외된다. 전자의 어간 말음절 모음은 /ㅡ/이며('물르-')[66면], 후자는 /ㅜ/가 될 것이다('즙수우-')[63~64면].

료에 따라 수의적으로 '-아/어'를 택하는 예로 'ᄒᆞ야~ᄒᆞ여'와 함께 'ᄎᆞ져'를 제시하였다는 점이 주목된다.

그런데 〈鶴峰宗家〉 중 서울에 거주하고 있는 비양반 계층의 안영록이 1841년 김진화에게 보낸 언간(<267>)에서는 'ᄎᆞ져와셔'와 같이 'ᄎᆞᆺ-'에 '-어'가 결합한 예가 한 개 발견된다. 이것은 〈鶴峰宗家〉 전체를 통틀어 어간 말음절 모음이 /ㅏ/일 때 '-어X'가 결합한 유일한 예인데, 어간 말음이 /ㅈ/이라는 점이 흥미롭다. 그렇다면 중부 방언의 일상어(vernacular)에서 말음절 모음이 /ㅏ/인 어간 뒤에서 '-어X'가 실현되는 현상은 이미 19세기 전기부터 존재하였다고 할 수 있다. 그러나 〈鶴峰양반 계층의 언간에서는 이러한 예외가 전혀 나타나지 않으므로, 이 환경에서의 '-아X)-어X' 변화가 당시 경북 양반들의 방언에까지는 확산되지 않았던 것으로 보인다.

둘째, 어간 말음절 모음이 /ㅓ/일 때는 '-어X'만 실현된다.

(74) 어간 말음절 모음이 /ㅓ/일 때(단, 비자동적 교체 어간의 경우 활용형에서 '-아X/어X'의 선행 음절 모음이 /ㅓ/일 때)

    가. 1760년대 [제1세대(김주국)]

        a. **[-아X]** (해당 예 없음)

        b. **[-어X]** 업서[無](〈업사~업서〉 〈001〉 // 어려워도[難](〈어려버〉 〈003〉

    나. 1830・1840년대 [제3~5세대]

        a. **[-아X]** (해당 예 없음)

        b. **[-어X]** 셧대[立](〈셔아~셔어~셔〉 〈167. 의성김씨②(G_5)〉 // 적어[書](〈뎌거〉 〈013. 진성이씨A($G_{3.5}$)〉 / 머러[遠](〈머러〉 〈180. 의성김씨④(G_5)〉 / 넘어[過](〈너머〉 〈162. 의성김씨②(G_5)〉 / 셔러[哀](〈셜버〉 〈029. 김진화(G_4)〉 / 업셔[無](〈업사~업서〉 〈166. 의성김씨②(G_5)〉 / 여허도[入](〈녀허도〉 〈037. 여강이씨(G_4)〉 // 어셜퍼[未熟]

((ᅌ어을퍼) ⟨212. 진성이씨B(G₅)⟩ // **거러가오니**[步]((⟨거러⟩ ⟨087.
여강이씨(G₄)⟩ / **더워**[暑]((⟨더버⟩ ⟨059. 여강이씨(G₄)⟩ / **무거워**[重]
((⟨므거버⟩ ⟨065. 여강이씨(G₄)⟩ / **무셔워**[恐]((⟨무셔워⟩ ⟨067. 여강
이씨(G₄)⟩ / 말ᄒ고 **져워도**[謂]((⟨져워⟩ ⟨211. 진성이씨B(G₅)⟩

(74)는 이 환경에서도 이전 시기의 모음 조화 질서가 그대로 유지되어 있음을 잘 보여 준다. 崔明玉(1992b: 68~69)은 19세기 후기 국어에서 어간 말음절 모음이 /ㅓ/인 경우, 앞서 언급한 네 방언(중부·서북·동북·서남 방언)에서도 부사형 어미가 주로 '-어X'로 실현되지만, 동북 방언에서는 郭忠求(1991/1994a: 118~119)의 기술 내용을 인용하여 'muʃəba (무셥-아)[恐]⟨敎科書22⟩, mugəbadini(무겁-아지니)[重]⟨敎科書39⟩, tsoʃimsirəba (조심스럽-아)(操心)⟨敎科書40⟩'[104] 등과 같이 2음절 이상의 /ㅂ/ 말음 어간은 '-아X'로 나타난다고 하였다. 현대 국어에서는 동북 방언뿐만 아니라 중부나 서남 방언에서도 이들 어간에 '-아X'가 결합한 예들이 발견된다. 그러나 적어도 19세기 자료에 입각해서 본다면, (74)는 19세기 후기 동북 방언을 제외한 다른 지역 방언형들과의 비교를 통해서도 지극히 보편적인 예들이라고 할 수 있다.

셋째, 어간 말음절 모음이 /ㅜ/일 때는 주로 '-어X'가 실현되지만, 특정 환경에서는 '-아X'도 실현된다.

(75) 어간 말음절 모음이 /ㅜ/일 때(단, 비자동적 교체 어간의 경우 활용형에서 '-아X/어X'의 선행 음절 모음이 /ㅜ/일 때)
    가. 1760년대 [제1세대(김주국)]
        a. **[-아X]** (해당 예 없음)
        b. **[-어X]** 죽어도[死]((⟨주거도⟩ ⟨001⟩ // 어두어[暗]((⟨어드버⟩ ⟨003⟩

---

104) 원문의 음성 기호는 저자가 본서에서 사용하는 것으로 맞추어 조정하였다.

나. 1830・1840년대 [제3~5세대]

a. **[-아X]** 맛추앗더니[適合](〈마초아〉 〈103. 여강이씨(G₄)〉, cf. 싹을 마초아[適合] 〈245. 전주유씨(G₅?)〉 // <u>아수아</u>[遺憾] 〈096. 여강이씨(G₄)〉 / <u>잡슈와</u>[食](〈잡亽와〉 〈214. 진성이씨B (G₅)〉

b. **[-어X]** <u>두어</u>[置](〈두어〉 〈077. 여강이씨(G₄)〉 / <u>주어</u>[授] (〈주어〉 〈132. 고성이씨A(G₄)〉 // <u>주어</u>[死](〈주거〉 〈072. 여강이씨(G₄)〉 / <u>굴머</u>[飢](〈굴머〉 〈093. 여강이씨(G₄)〉 / <u>브러</u>[風] (〈부러〉 〈005. 의성김씨A(G₃)〉¹⁰⁵⁾ // <u>거두어</u>[收](〈거두어〉 〈016. 김진화(G₄)〉 / <u>맛츄와 츄여</u>[適合](〈마초아〉¹⁰⁶⁾ 〈208. 진성이씨B(G₅)〉 // <u>머무러</u>〈오니[留](〈머므러〉 〈214. 진성이씨B (G₅)〉 / <u>져무러</u>[暮](〈져므러〉 〈138. 아주신씨B(G₄?)〉 // <u>둘녀</u>[周旋]〈周〉(〈둘어〉 〈023. 김진화(G₄)〉 / 다리와 볼이 <u>부어</u>[腫](〈브어〉 〈102. 여강이씨(G₄)〉 / <u>누어</u>[臥](〈누벼〉 〈158. 의성김씨②(G₅)〉

(75나a), 즉 여강이씨(G₄) 언간에 등장하는 '맛추앗더니, 아수아'와 진성이씨B(G₅) 언간에 등장하는 '잡슈와'를 제외하면, (75)에 제시한 모든 예는 '-어X' 결합형들로 모음 조화를 지키고 있다. 다음절 어간의 활용형인 '맛추앗더니, 아수아, 잡슈와'는 어간의 첫음절이 양성 모음이라는 특징을 지니고 있다. '맛추앗더니'는 중세 국어의 '마초아'로 소급하는 활용형으로, 제5세대 인물로 추정되는 전주유씨 언간에서는 이 선대형 '마초아'가 1회 발견된다.¹⁰⁷⁾ '아수아'는 〈郭氏〉에 등장하는 '아쇠오믄'을

---

105) '브러'의 첫음절은 원순 모음화에 대한 의고적 표기에 불과한 것이다. 당시 형태소 내부에서의 순행적 원순 모음화는 이미 완료된 상태였기 때문이다.
106) '맛츄와'라고 쓴 것을 '맛츄여'로 고쳐 쓴 예이다.
107) 중세 국어에서 '마초아'는 활음화를 겪어 '마촤'로도 실현될 수 있었다(예) 그 功을 어루 마촤 봉디래[其功을 可驗이래 〈牧牛子45a〉). 그러나 '마촤'는 '마초아'에 비해 문헌상에 적극적으로 드러나지 않는다. 정우영 선생에 따르면 15세기 말까지의 자료에서 '마초아'는 90여 회 출현하는 데 비해, '마촤'는 앞에서 언급한 예가 유일하다고 한다(세종대왕기념사업회 2009: 169).

참조하건대(例) 항거싀 <u>아쇠오문</u> 니르도 아니 ᄒ려니와 〈郭氏-20/晉州河氏墓-143, 17세기 전기, 곽주(남편)→진주하씨(아내)〉) 그 어간의 모음은 본래 양성 모음으로만 이루어져 있었음이 분명하다. '잡슈와'는 〈鶴峰宗家〉에서 대부분 '잡(즙)ᄉ와'로 출현하는데, '잡ᄉ와〉'잡소와〉잡슈와'의 과정을 거친 어형으로 보인다. 이들 세 활용형이 공시적으로 모음 조화를 어기고 있는 것은, 비어두 위치에서 발생한 'ㅗ〉ㅜ' 변화로 인해 어간이 재어휘화되었음에도 불구하고 어미는 옛 형태를 그대로 간직하고 있기 때문이다(최전승 1998: 137~142).

그 외 나머지 예들은 1음절 어간이거나, 첫음절이 음성 모음인 2음절 어간의 활용형들이다. 崔明玉(1992b: 69~70)에 의하면, 19세기 후기 중부·서북·동북·서남 방언에서도 1음절 어간 뒤에서는 네 방언에서 모두 항상 '-어X'로 실현되지만, 2음절 이상인 어간 뒤에서는 선어간 말음절(先語幹末音節: 어간의 끝에서 두 번째 음절) 모음의 종류에 따라 '-아X/어X'의 교체 양상이 달라진다고 한다. 즉, 선어간 말음절의 모음이 '가물-[旱], 가추-[備], 살구-[使生], 솟구-[使湧], 모두-[聚], 모우-[聚]' 등과 같이 /ㅏ/나 /ㅗ/이면 '-아X'로, '거두-[收], 기울-[傾], 베풀-[施], 세우-[使立], 두려우-[恐], 가리우-[遮]' 등과 같이 그 이외의 모음이면 '-어X'로 각각 실현된다는 것이다. 결국 (75)는 19세기 후기 여러 방언에서 관찰되는 예들과 일치하는 보편성을 보이는 것이다.

그런데 전주유씨와 여강이씨가 각각 사용한 '마초아', '맛추앗더니'와 관련하여 흥미로운 현상이 (75나b)의 '맛촤츄여'에서 관찰된다. 이 예는 여강이씨(G_4)의 맏며느리인 진성이씨B(G_5)가 시아버지인 김진화에게 쓴 언간에서 출현하는 것으로, 본래 '맛츠와'라고 적은 것을 '맛츄여'라고 고쳐 쓴 흔적이 그대로 드러나 있다. 교정 전후의 표기에 각각 약간의 문제가 있기는 하지만,[108] 이 예는 발신자가 의도적으로 부사형

---

[108] 우선 해당 문맥을 제시하면 아래와 같다.

어미를 '-아X'에서 '-어X'로 교정한 것만큼은 분명하게 보여 준다. 즉, '마초아(❶)〉맛추아(❷)〉맛추어(❸)'와 같은 변화 과정에서 전주유씨(G₅?), 여강이씨(G₄), 진성이씨B(G₅)는 각각 ❶, ❷, ❸ 단계를 보여 주고 있는 것이다.109)

여기서 흥미로운 점은 '여강이씨-진성이씨B' 고부(姑婦) 간에 보이는 ❷와 ❸의 차이점을 어떻게 설명할 것인가이다(전주유씨의 ❶은 가장 보수적인 형식을 사용한 결과로서 특기할 만한 사항이 아니다). 이 차이는 당시 진행 중인 '-아X〉-어X'가 세대 간의 변이로 나타난 것이거나, 경주(여강이씨)와 안동(진성이씨B) 간의 지역적 변이가 반영된 것으로 설명할 수 있다. 그런데 이 두 가지 해석에는 모두 문제가 따른다. 이 환경(제1음절 모음이 양성 모음이고 제2음절 모음이 /ㅜ/인 2음절 어간 뒤)에서 실현되는 '-아X/어X' 어미는 현대 경주 지역어에서든[민촌어: 崔明玉(1982: 47~48), 반촌어: 이동화(1992: 269)] 안동 지역어에서든(《韓國方言資料集》, 徐輔月 1984: 25, 趙信愛 1985: 22~23, 박종덕 2000a: 96) 모두 '-아X'이기 때문이다.

[예] 집안의 가왜 드는 것 업셔 못 견듸올 듯 명월의 보내신 것 병영 가 맛츄어 온 가왜도 아죠 아니 드오니 민망 〈208, 1848년, 진성이씨B(며느리) → 김진화(시아버지)〉

이 예는 교정 전 표기와 교정 후 표기에서 모두 문제가 있다. 교정 전 표기에서는 '맛초와'가 아니라 '맛츠와'로 되어 있다는 것이, 교정 후 표기에서는 '맛츄어'가 아니라 '맛츄여'로 되어 있다는 것이 각각 문제가 되는 것이다. 후자의 경우는 /ㅊ/의 구개성에 의해 후행하는 어미 '-어'에 /y/가 첨가된 것으로 해석할 가능성도 있다. 그러나 이와 같은 /y/ 첨가 표기는 〈鶴峰宗家〉는 물론 근대 국어 표기법에서 매우 유표적인 것이다. 이른바 이중 사동형 '마초이-'의 존재를 통해([예] 木匠의 집의 흔 槓를 마초이되 [木匠家裏旋做一箇槓子] 〈朴通中2b〉) '맛추아-'와 같은 어간을 상정해 볼 수도 있으나, 현대 경북 방언에서는 이 어간의 후대형을 찾아 볼 수 없다. 따라서 본서에서는 일단 '맛츠와'와 '맛츄여'를 모두 오기로 처리한다. 특히, 후자는 이 예가 '맛츠와'와 '츄여'를 경계로 행이 구분되어 있다는 점에서 오기일 가능성이 더 높다. 본서에서는 해당 어미가 양성 모음에서 음성 모음으로 교정되었다는 사실만을 중시하기로 한다.

109) 이러한 세 단계의 구분은 기본적으로 최전승(1998: 140~142)에서 이루어진 것을 저자가 기호만 바꾼 채 그대로 가져온 것이다.

그런데 崔明玉(1992a: 144~145)에 의하면 오늘날 안동 지역어에서도 pak'wəədo[換], kamurədo[투] 등과 같이 '-어X'가 실현된다고 한다. 비록 대다수의 보고와 차이가 나기는 하지만, 崔明玉(1992a)의 조사 결과도 함께 중시한다면 이 환경에서의 '-아X)-어X' 변화가 안동 지역어에서도 일부 진행되고 있다는 해석이 가능해진다.[110] 그렇다면 진성이씨B 언간에 출현한 '맛초와 츄여'는 그가 당시 진행 중이던 '-아X)-어X'의 영향으로 인하여 '-어X' 결합형이 올바른 어형이라고 믿고 이와 같이 표기한 것이라고 보아야 한다.[111] 곧 후술하게 될, 학봉 종가 구성원들이 보이 '-아X)-어X'의 일반적인 경향까지 고려한다면, 저자의 이러한 해석은 타당성을 얻을 수 있으리라 믿는다.

넷째, 어간 말음절 모음이 /ㅡ/일 때도 주로 '-어X'가 실현되지만, 특정 환경에서는 '-아X'도 실현된다.

(76) 어간 말음절 모음이 /ㅡ/일 때(단, 비자동적 교체 어간의 경우 활용형에서 '-아X/어X'의 선행 음절 모음이 /ㅡ/일 때)

    가. 1760년대 [제1세대(김주국)]

        a. **[-아X]** (해당 예 없음)

        b. **[-어X]** 써[書](〈써〉 〈002〉 // 굿처[絶](〈그처〉[112]) 〈003〉 // 드럿고[聞](〈드러〉 〈004〉

---

110) 실제로 안동 검제 마을의 반촌어에서도 이 환경에서 '-어X'를 취하는 '아수웠도(~아수 았도)', '갸무러'와 같은 예가 관찰되기도 한다(김한별 2017b: 216).
111) 우리는 앞선 3.5의 (70가)에서 진성이씨B가 전설 모음화와 관련해서도 '다련른 것'과 같은 교정 흔적을 노출시켰다는 것을 살펴본 바 있다. 그런데 거기서의 교정 방향은 '개신형 → 보수형'이었던 데 반해, 여기서의 방향은 '보수형 → 개신형'이다. 동일한 발신자가 동일한 수신자(김진화)에게 보낸 편지에서 교정의 방향이 음은 현상에 따라 서로 달리 나타난다는 점은 흥미롭다. 이는 각 음운 현상에 대한 발신자의 언어 태도가 상이하였기 때문일 것이다.
112) 김주국의 언간에서는 'ㅈyV~ㅈV' 혼기가 전혀 나타나지 않으므로(4.1.2 참조), 이 활용형의 어간은 '그치-'가 아니라 중세 국어형과 동일한 '궂-'으로 분석할 수 있다.

나. 1830・1840년대 [제3~5세대]

    a. **[-아X]** 스으래[剉](〈싸ᄒᆞ라〉〈080. 여강이씨(G₄)〉 / 밍그래[作](〈밍ᄀᆞ라〉〈050. 여강이씨(G₄)〉 / 믄드래[作](〈믄ᄃᆞ라〉〈024. 김진화(G₄)〉〈208. 진성이씨B(G₅)〉 / 다듬아[研, 修](〈다듬ᄋᆞ〉〈090. 여강이씨(G₄)〉

    b. **[-어X]** 쩌셔[織](〈ᄧᆞ셔〉〈029. 김진화(G₄)〉 / 셧습[用](〈ᄡᅥ〉〈177. 의성김씨④(G₅)〉 / 써[書](〈ᄡᅥ〉〈218. 진성이씨B(G₅)〉 // 홍역이 드러[病, 入](〈드라~드러〉〈113. 여강이씨(G₄)〉 / 스러[掃](〈ᄡᅳ러〉〈072. 여강이씨(G₄)〉 / 느저지옵[晩](〈느저〉〈117. 여강이씨(G₄)〉 // 밧드러[奉](〈받드러〉〈218. 진성이씨B (G₅)〉

(76)에 제시한 예는 대체로 '-어X' 결합형들이지만, (76나a)와 같이 자음으로 끝나는 2음절 어간 뒤에서는 '-아X'가 나타난다. 이들은 모두 /ㆍ/의 제1단계 변화에 의해 비어두 음절에서의 'ㆍ〉ㅡ'를 경험하였다는 공통점이 있다. 즉, (76나a)는 'ㆍ〉ㅡ' 변화에 따른 어간 재어휘화에 관계없이 '-아X'와의 결합을 그대로 유지하고 있는 까닭에 (76나b)와 공시적인 차이를 보이는 것이다. 현대 안동 지역어에서 이들이 mɛndirəra[作], t'adimərə[研, 修] 등과 같이 실현된다는 사실(趙信愛 1985: 20)은 (76나a)도 종국에는 '-아X〉-어X'의 변화를 겪게 될 것임을 암시해 준다.

다섯째, 어간 말음절 모음이 /ㅣ/일 때는 '-어X'만 실현된다.

(77) 어간 말음절 모음이 /ㅣ/일 때(단, 비자동적 교체 어간의 경우 활용형에서 '-아X/어X'의 선행 음절 모음이 /ㅣ/일 때)

    가. 1760년대 [제1세대(김주국)]

        a. **[-아X]** (해당 예 없음)

        b. **[-어X]** 니어[連](〈니서〉〈003〉 / 길녀[育](〈길어〉〈003〉 // 공드려[努力](〈드려〉〈004〉 / 부르지져[叫](〈브르지져〉〈001〉

나. 1830·1840년대 [제3~5세대]

  a. **[-아X]** (해당 예 없음)

  b. **[-어X]** 간을 **쳐시니**[添](〈쳐〉) 〈093. 여강이씨(G₄)〉 / **비여**[空] (〈븨여〉) 〈211. 진성이씨B(G₅)〉 / **비러**[借](〈비러〉) 〈016. 김진화(G₄)〉 / **이져**[忘](〈니저〉) 〈029. 김진화(G₄)〉 / **밋쳐**[及](〈미처〉)113) 〈054. 여강이씨(G₄)〉 **깁허**[深](〈기퍼〉) 〈104. 여강이씨(G₄)〉 // **보려**[集] (〈 보려〉) 〈076. 여강이씨(G₄)〉 / **모혀**[集](〈모혀〉) 〈011. 유치명(G₃)〉 / **넉여**[思](〈너겨〉) 〈205. 진성이씨B(G₅)〉 / **붓쳐**[寄](〈브텨〉) 〈029. 김진화(G₄)〉 / **즐겨**[樂](〈즐겨〉) 〈211. 진성이씨B(G₅)〉 / **씨겨**[使] (〈시겨〉) 〈132. 고성이씨A(G₄)〉 / **기드려습더니**[待](〈기드려〉) 〈014. 전주최씨A(G₃,₅)〉 / **간무려습고**[殮] 〈207. 진성이씨B(G₅)〉 // **니어** [連](〈니서〉) 〈137. 아주신씨B(G₄?)〉 / **지어**[作](〈지ᅀᅡ~지서〉) 〈086. 여강이씨(G₄)〉 / **기워**[補](〈기워〉) 〈033. 여강이씨(G₄)〉

(77)을 통해 우리는 활용형에서 어미의 선행 음절이 /ㅣ/인 경우 예외 없이 '-어X'가 결합하여 있다는 사실을 알 수 있다. 어간이 다음절인 경우에도 첫음절의 모음 종류와 관계없이 항상 '-어X'만 출현한다. 중세국어에서도 이 환경에서는 주로 '-어X'가 결합하였지만, '지ᅀᅡ~지서'와 같이 '-어X' 결합형이 소수 출현하기도 하였다. 하지만 〈鶴峰宗家〉에서는 오로지 '-어X'만 나타날 뿐이다. 이는 중세 국어보다 19세기 전기 경북 양반들의 방언에서 '-아X)-어X'가 한 단계 더 발달되어 있음을 의미한다.

여섯째, 어간 말음절 모음이 /ㅔ, ㅟ, ㅢ/일 때는 '-어X'만 실현된다.

---

113) 학봉 종가의 제4세대 발신자들의 언간에 나타나는 '밋쳐'는 '미치-+-어'가 아닌 '및+-어'로 분석하는 것이 타당하다. 이 문제에 대해서는 본장의 각주 92의 내용 참조.

(78) 어간 말음절 모음이 /ㅔ, ㅟ, ㅢ/일 때

　가. 1760년대 [제1세대(김주국)]

　　a. **[-아X]** (해당 예 없음)

　　b. **[-어X]** <u>써여</u>[離](〈떼여〉) 〈001〉 / <u>싀여</u>질[泯](〈싀여〉) 〈004〉

　나. 1830・1840년대 [제3~5세대]

　　a. **[-아X]** (해당 예 없음)

　　b. **[-어X]** <u>쪠여</u>[離](〈떼여〉) 〈057, 여강이씨(G4)〉 / <u>뷔여</u>[空](〈뷔여〉) 〈212, 진성이씨B(G5)〉 / <u>싀여</u>지ᄂ[泯](〈싀여〉) 〈166, 의성김씨②(G5)〉 // <u>어긔여</u>[違](〈어긔여〉) 〈083, 여강이씨(G4)〉

/ㅔ, ㅟ, ㅢ/는 음성 모음을 핵모음으로 가진 하향 이중모음이거나 그로부터 발달한 단모음일 텐데, 어떠한 경우를 상정하든 전통적인 모음 조화의 질서에 따르면 '-어X'와 결합할 것으로 기대할 수 있다.114) 실제로 (78)은 모두 '-어X' 결합형이므로, 결국 모음 조화 현상에서 아무런 특이성을 보이지 않는 예들이라 하겠다. 다음절 어간의 경우 선어간 말음절 모음이 양성 모음인 경우도 조사해 볼 필요가 있으나, 해당 예가 없어 확인이 불가능하다.

　마지막으로, 어간 말음절 모음이 /ㅐ, ㅚ, ㆍl/일 때는 주로 '-어X'가 실현되지만, 특정 발신자의 언간에서는 '-아X'도 실현된다. 여기서는 1860・1870년대 자료도 함께 살펴보기로 한다.

(79) 어간 말음절 모음이 /ㅐ, ㅚ, ㆍl/일 때

　가. 1760년대 [제1세대(김주국)]

　　a. **[-아X]** (해당 예 없음)

　　b. **[-어X]** <u>내여</u>[出](〈내야~내여〉) 〈002〉

---

114) 우리는 3.2에서 이 시기에는 하향 이중모음의 단모음화가 아직 완료되지 않은 상태라는 사실을 확인한 바 있다.

나. 1830・1840년대 [제3~5세대]

    a. **[-아X]** 내야[出](〈내야~내여〉 〈024. 김진화(G₄)〉〈030. 김진화(G₄)〉 / 되야[化](〈두외야~두외여〉 〈029. 김진화(G₄)〉, <u>취평되얏</u>ᄂᆞᆫ가(就平) 〈021. 김진화(G₄)〉 // 지내야[經](〈디내야~디내여〉 〈026. 김진화(G₄)〉

    b. **[-어X]** 내여[出](〈내야~내여〉 〈019. 김진화(G₄)〉, 내여ᄉᆞ오나 〈074. 여강이씨(G₄)〉, ᄂᆡ여 〈207. 진성이씨B(G₅)〉 / 되여[化](〈두외야~두외여〉 〈026. 김진화(G₄)〉, 되여ᄉᆞ오니 〈054. 여강이씨(G₄)〉, 도엿ᄉᆞ오이다 〈177. 의성김씨④(G₅)〉 // 보내여시니[送](〈보내야~보내여〉 〈013. 진성이씨A(G₃,₅)〉, 보내여[送] 〈023. 김진화(G₄)〉 / 지내여ᇰ[經](〈디내야~디내여〉 〈077. 여강이씨(G₄)〉, 지ᄂᆡ엿ᄉᆞᆸᄂᆞ이다[經] 〈172. 의성김씨③(G₅)〉 / 견듸여[耐](〈견듸여〉 〈104. 여강이씨(G₄)〉 / 밧고여[易](〈밧고여〉 〈132. 고성이씨A(G₄)〉

다. 1860・1870년대 [제5세대]

    a. **[-아X]** ᄆᆡ자[結](〈ᄆᆡ자〉 〈227. 진주강씨A〉

    b. **[-어X]** ᄂᆡ여[出](〈내야~내여〉 〈195. 의성김씨④〉, ᄂᆡ여도(〈내야도〉 〈196. 의성김씨④〉 / 되여[化](〈두외야~두외여〉 〈228. 진주강씨A〉

(79)는 당시 이 환경에서 실현되는 '-아X/어X' 어미가 '-어X'인 것이 일반적임을 말해 준다. 예외적으로 '-아X'가 실현된 예는 1830・40년대 김진화(G₄)의 언간에서만[(79나a)] 소수로, 그리고 1860・1870년대의 진주강씨A(G₅) 언간에서[(79다a)] 1회만 출현할 뿐이다. 후자는 (79)에 제시한 것들 중 유일하게 폐음절 어간의 예라는 점에서 전자와 차이가 있는데, 진주강씨A가 상주(尙州) 출신이라는 점에서 주목할 필요가 있다. 崔明玉(1992a: 142)에 의하면 오늘날 경북 지역 중 동해안에 접한 지역(영덕・영일)과 강원도에 접한 지역(봉화), 충북에 접한 지역(영풍・예천・문경・상주・금릉)에서는 양성 모음(/E/ 포함)을 지니면서 자음으로 끝

나는 1음절 어간은 '-아X'를 취하기 때문이다.

두 발신자 가운데 '-아X~-어X'의 변이를 적극적으로 드러내는 인물은 단연 김진화이다. 그는 개음절 어간 '내-, Y되-'에 대하여 '-어X'와 함께 '-아X' 결합형도 사용하고 있으며[내야(4회), 내여(2회); Y되야(2회), Y되여(4회)], 다른 발신자들과는 달리 '지내-(1회)' 뒤에서도 '-아X'를 결합시키고 있기 때문이다. 이는 다른 발신자들의 언어와 비교해 볼 때 상당히 이질적인 특징이다.

이러한 '내다'류 어간, 즉 어간 말음절 모음이 /ㅐ, ㅚ, ㆍㅣ/인 개음절 어간은 중세 국어에서도 그 핵모음이 양성 모음임에도 '-아X~-어X'의 변이를 보이던 부류이다(金完鎭 1985: 14, 門脇誠一 1986: 7~9). 그런데 중세 국어에서는 이들 어간 뒤에서 '-아X'가 수적으로 우세하였다. 따라서 (79)에서 '-어X'의 출현이 일반적이라는 사실은, '-아X)-어X' 변화가 15세기 중앙어에 비해 19세기 전기 경북 양반들의 방언에서 훨씬 더 발달된 단계에 있었음을 의미하는 것이다. 그러므로 김진화와 같이 '-아X'도 함께 사용하는 발신자는 비교적 보수적인 형태를 유지하고 있는 화자라고 결론지을 수 있다.

그런데 '내다'류 어간에 대하여 김진화가 보이는 '-아X~-어X' 변이에 대해서는 좀 더 자세한 논의가 필요하다. 그의 언간을 기준으로 전후 시기나 전후 세대의 언간에서 '-아X'가 한 차례도 출현하지 않기 때문이다. 만일 (79나a)가 '-아X)-어X'에 대한 비개신형이 노출된 것이라고 한다면, 실재 시간이나 현장 시간상에서 그 변화의 흐름이 어떻게든 표출되어야 할 것이다. 그러나 (79)에서는 그것이 전혀 드러나지 않는다.

그렇다면 김진화 개인어의 이와 같은 특이성은 어떻게 설명할 수 있을까. 첫 번째로 생각해 볼 수 있는 방안은 그가 사회적 위신(social prestige)이 있는 중부 방언의 영향을 받았다고 설명하는 것이다. 실제로 그는 'ㅗ)ㅜ' 모음 상승이나 치찰음 뒤 상향 이중모음의 표기와 같은 특정 음운 현상이나 표기에서 당시 중부 방언의 특징을 수용한 흔적이 포착되기 때문이다(각각 3.3.2.1과 4.1.2 참조). 이 설명 방안의 타당성을 입증하는 한 가지 좋은 방법은, 18세기 후기에서 19세기 전기 사이의 중부 지역 양반 계층의 방언을 구사하였을 추사(秋史)와 그 집안사람들의 언간(⟨秋史⟩, ⟨秋史家⟩)에서 김진화가 보이는 특성이 나타나는지를 조사해 보는 것이다.

⟨秋史⟩ 및 ⟨秋史家⟩에서 '내다'류 어간과 결합하는 '-아X/어X' 어미의 예는 아래와 같다.

(80) 어간 말음절 모음이 /ㅐ, ㅚ, ·ㅣ/일 때(⟨秋史⟩ 및 ⟨秋史家⟩)

　가. 1770년대 [제1세대(해평윤씨)]

　　a. **[-아X]** 되야시니[化] ⟨秋史家-02⟩

　　b. **[-어X]** (해당 예 없음)

　나. 1790년대 [제1세대, 제3세대]

　　a. **[-아X]** (해당 예 없음)

　　b. **[-어X]** 내여[出]보내고 ⟨秋史家-06, 해평윤씨(G₁)⟩, 내여보내랴 딕 ⟨秋史家-18, 기계유씨(G₃)⟩, 내여 ⟨秋史家-25, 김노경(G₃)⟩ / 보내여래[送] ⟨秋史家-05, 해평윤씨(G₁)⟩, 보내엿더니 ⟨秋史家-10, 해평윤씨(G₁)⟩, 보내여숩기 ⟨秋史家-17, 기계유씨(G₃)⟩, 보내여숩 ⟨秋史家-23, 김노경(G₃)⟩, 보내여도 ⟨秋史家-25, 김노경(G₃)⟩, 보내여 ⟨秋史家-26, 김노경(G₃)⟩

　다. 1810・1820년대 [제3세대]

　　a. **[-아X]** 되야[化] ⟨秋史-05, 김정희(G₃,₅)⟩ / 보내야[送] ⟨秋史-13, 김정희(G₃,₅)⟩ / 지내야다[經]115) ⟨秋史-06, 1818년, 김정희(G₃,₅)⟩

---

115) 이 예는 '지내얏다' 혹은 '지내야짜' 정도로 표기되어야 할 것인데 'ㅅ'이 탈락된 표기로 나타나 있는 것이다. 김정희 언간에서는 이러한 표기가 일부 발견된다.

　[예] ㄱ. 냥픽을 호야다 호오시니 ⟨秋史-11, 1818년, 김정희(남편)→예안이씨(아내)⟩
　　　ㄴ. 나는 졔수 후 써나쟈 호야더니 마지못홀 연고 이셔 못 가오니 ⟨秋史-07, 1818년, 김정희(남편) → 예안이씨(아내)⟩

b. **[-어X]** 내여[出]오지 〈秋史-03, 김정희(G₃,₅)〉, 내여왓다 〈秋史-03, 김정희(G₃,₅)〉 / 보내엿습더니[送] 〈秋史-18, 김정희(G₃,₅)〉, 보내엿다 〈秋史-19, 김정희(G₃,₅)〉, 보내여랴[116] 〈秋史家-35, 김노경(G₃)〉, 보내여 〈秋史-13, 김정희(G₃,₅)〉

라. 1830·1840년대 [제3세대]

a. **[-아X]** 닉야[出] 〈秋史家-38, 김노경(G₃)〉 / 보내야[送] 〈秋史-25, 김정희(G₃,₅)〉 / 지내야[經] 〈秋史-26, 김정희(G₃,₅)〉

b. **[-어X]** 내여[出] 〈秋史-40, 김정희(G₃,₅)〉 / 되엿내[化] 〈秋史家-32, 김노경(G₃)〉, 되엿더니 〈秋史家-33, 김노경(G₃)〉, 되여 〈秋史-23, 김정희(G₃,₅)〉, 되여습ᄂ지 〈秋史-24, 김정희(G₃,₅)〉, 되엿ᄉ오니 〈秋史-29, 김정희(G₃,₅)〉, 되여습ᄂ가 〈秋史-30, 김정희(G₃,₅)〉 / 보내여습[送] 〈秋史-24, 김정희(G₃,₅)〉, 보내여라 〈秋史家-40, 김노경(G₃)〉, 보내여야 〈秋史-23, 김정희(G₃,₅)〉, 보내여 〈秋史家-35, 김노경(G₃)〉 / 지내여[經] 〈秋史-29, 김정희(G₃,₅)〉

(80) 역시 이 환경에서 '-아X/어X' 어미가 대체로 '-어X'로 실현됨을 보여 준다. '-아X'의 예는 두 언간 자료에서 출현하는 것 전부를 제시하였음에도 불구하고 그 세력이 '-어X'에 한참 미치지 못한다. 그런데 〈鶴峯宗家〉와 마찬가지로 〈秋史〉와 〈秋史家〉에서도 '-아X)-어X'의 방향성은 뚜렷하게 드러나지 않는다. 우선 실재 시간에서는 '-아X'의 쓰임이 1770년대[(80가)]에 보였다가 1790년대[(80나)]에 사라지고 1810·1820년대[(80다)]부터 다시 되살아나는 양상을 보인다. 그리고 1790년대[(80나)]의 현

ㄷ. 보낸신 찬믈은 즉시 밧ᄌ와ᄉ오나 즈연이 변미야 엇지 아니ᄒ야개슙 〈秋史-23, 1841년, 김정희(남편) → 예안이씨(아내)〉

116) 이 예는 명령형 어미 '-어라'가 결합된 것이다. 김노경 언간에서는 'ㄹ' 뒤에서 'y'가 탈락되거나 첨가된 예가 종종 등장하는데(김한별 2014: 352), '보내여랴'는 'y'가 첨가된 예이다.

장 시간에서는 해평윤씨(G₁)와 김노경(G₃) 모자(母子) 모두 '-어X'만 사용하며, 1810·1820년대[(80다)]와 1830·1840년대[(80라)]의 현장 시간에서는 '-아X'의 쓰임이 김노경(G₃)의 언간보다 오히려 그의 아들 김정희(G₃,₅)의 언간에서 더 많이 발견된다. 그 대신 '-아X'와 '-어X' 간의 선택은 시기나 세대에 관계없이 그저 발신자 개인의 선호도에 따라 결정되는 양상을 보인다. (80다a, 라a)를 통해 잘 알 수 있듯이 '-아X'는 주로 김정희 언간에서 등장하기 때문이다. 그러므로 〈鶴峰宗家〉의 김진화가 선호하는 '-아X' 어미는 당시 중부 방언의 사회적 표지(social marker)로 볼 근거는 희박하다.

'내다'류 어간과 결합하는 '-아X/어X' 어미의 실현과 관련하여 우리는 'ᄒ야X[爲]~ᄒ여X'의 변이를 참고할 필요가 있다. 비록 'ᄒ-'는[117] '내다'류 어간과는 달리 불규칙적인 활용 양상을 보이지만, 적어도 '-아X/어X' 어미 결합형의 구조는 이들과 동일할 뿐만 아니라, '-아X/어X' 어미의 변이 양상도 비슷하기 때문이다. 게다가 'ᄒ-'의 어간은 '*히-/hʌy/'로 재구되는 만큼(李賢熙 1984: 7~8) 형태상으로는 이들 어간과 기원적인 관련성도 맺고 있다고 할 수 있다.

그렇다면 먼저 'ᄒ야X~ᄒ여X'가 〈鶴峰宗家〉에서 어떻게 나타나는지 살펴보도록 하자. 이번에는 다소 번잡해 보이더라도 각 세대별로 실현되는 예를 다양하게 제시해 보기로 한다.

(81) 어간이 'ᄒ-'일 때

    가. 1760년대 [제1세대(김주국)]

        a. **[-아X]** 녕위ᄒ야(營爲) 〈001〉, 의지ᄒ야(依支) 〈003〉, 싱각ᄒ야[思] 〈003〉 / ᄒ야시니 〈003〉

        b. **[-어X]** 당만ᄒ엿더니[準備] 〈004〉, 당ᄒ여시니(當) 〈003〉 / ᄒ

---

117) 여기서 말하는 'ᄒ-'는 어근 Y에 결합한 'Yᄒ-'도 포함한다.

　　　　　엳 즉흔 〈003〉 / ᄒᆞ여도 〈003〉 / ᄒᆞ여라 〈003〉

나. 1830·1840년대 [제3세대]
　　a. **[-아X]** (해당 예 없음)
　　b. **[-어X]** 의지되온다 ᄒᆞ엿고슙다개云] 〈008, 의성김씨A〉, 마ᄅᆞ쇼셔 ᄒᆞ엿대云] 〈013, 진성이씨A〉 / ᄒᆞ여라 〈013, 진성이씨A〉 / 억제ᄒᆞ여(抑制) 〈007, 의성김씨A〉, 근념ᄒᆞ여(勤念) 〈008, 의성김씨A〉, 귀듕ᄒᆞ여(貴重) 〈014, 전주최씨A〉, 마지못ᄒᆞ여 〈014, 전주최씨A〉, 구ᄒᆞ여(求) 〈013, 진성이씨A〉

나'. 1830·1840년대 [제4세대]
　　a. **[-아X]** 무어시라고 ᄒᆞ얏ᄂᆞ지[云] 〈023, 김진화〉, ᄒᆞ얏스니 〈025, 김진화〉 / ᄒᆞ야도 〈021, 김진화〉 / 이직을 ᄒᆞ야스 〈025, 김진화〉 / 시쟉ᄒᆞ야(始作) 〈021, 김진화〉, 못ᄒᆞ야 〈028, 김진화〉, 통ᄒᆞ야(通) 〈065, 여강이씨〉, 지향ᄒᆞ야(指向) 〈106, 여강이씨〉
　　b. **[-어X]** ᄒᆞ엿더니 〈017, 김진화〉, ᄒᆞ엿ᄂᆞ냐 〈029, 김진화〉, 오라 ᄒᆞ엿더니[云] 〈054, 여강이씨〉, ᄒᆞ엿스오니 〈134, 아주신씨A〉, ᄒᆞ엿습쩌니 〈139, 아주신씨B〉 / ᄒᆞ여스 〈026, 김진화〉, 쟉만ᄒᆞ여스[準備] 〈029, 김진화〉, 긔별ᄒᆞ여스(寄別) 〈115, 여강이씨〉, ᄒᆞ여야 〈066, 여강이씨〉 / ᄒᆞ여도 〈026, 김진화〉, 그만ᄒᆞ여도 〈076, 여강이씨〉 / ᄒᆞ여라 〈023, 김진화〉, 그리ᄒᆞ여라 〈024, 김진화〉, 긔별ᄒᆞ여라(寄別) 〈026, 김진화〉, ᄒᆞ여라 〈049, 여강이씨〉 / 쥰비ᄒᆞ여(準備) 〈018, 김진화〉, 샹ᄒᆞ여(傷) 〈034, 여강이씨〉, 향ᄒᆞ여(向) 〈132, 고성이씨A〉, 미류ᄒᆞ여(彌留) 〈135, 아주신씨A〉, 과ᄒᆞ여(過) 〈138, 아주신씨B〉

나". 1830·1840년대 [제5세대]
　　a. **[-아X]** 구ᄒᆞ야(求) 〈177, 의성김씨④〉〈177, 의성김씨④〉
　　b. **[-어X]** ᄒᆞ엿습더니 〈234, 진주강씨B〉, 아니ᄒᆞ엿다마ᄂᆞ 〈165, 의성김씨②〉, ᄒᆞ엿습 〈213, 진성이씨B〉 / 그러ᄒᆞ여도 〈165, 의성김씨

②)〉, ᄒᆞ여도 〈209, 진성이씨B〉 / 시힝ᄒᆞ여라(施行) 〈165, 의성김씨
②〉 / 환관ᄒᆞ여(還官) 〈224, 진주강씨A〉, 당ᄒᆞ여(當) 〈154, 의성김
씨②〉, ᄒᆞ여 〈174, 의성김씨③〉, 시죽ᄒᆞ여(始作) 〈177, 의성김씨④〉,
구ᄒᆞ여(求) 〈177, 의성김씨④〉, 긔별ᄒᆞ여(寄別) 〈214, 진성이씨B〉

다. 1860・1870년대 [제4~5세대]
  a. **[-아X]** 샹경ᄒᆞ야시며(上京) 〈196, 의성김씨④(G₅)〉
  b. **[-어X]** 긔별ᄒᆞ엿다(寄別) 〈195, 의성김씨④(G₅)〉, 신힝ᄒᆞ여시며
  (新行) 〈197, 의성김씨④(G₅)〉 / 싱각ᄒᆞ여도[思] 〈192, 의성김씨④
  (G₅)〉 / ᄒᆞ여라 〈193, 의성김씨④(G₅)〉 / 절박ᄒᆞ여들이옵(切迫)
  〈146, 아주신씨B(G₄?)〉, 향망ᄒᆞ여(向望) 〈227, 진주강씨A(G₅)〉, 시
  작ᄒᆞ여(始作) 〈246, 선성김씨A(G₅)〉, 평안ᄒᆞ여(平安) 〈195, 의성김
  씨④(G₅)〉

(81)은 다시 [표 3.7]과 같이 일목요연하게 정리할 수 있다. [표 3.7]은 '-아X/어X' 어미를 종류별로 구분한 후 각 어미별 출현 빈도를 시기와 세대에 따른 발신자별로 집계한 것으로, 편의상 각 어미를 아래와 같이 로마 숫자로 간략히 표기하여 나타내었다.[118]

Ⅰ: '-앗/엇-'(혹은 '-아시/어시-')
Ⅱ: '-아야/어야'(혹은 '-아ᄉᆞ/어ᄉᆞ')
Ⅲ: '-아도/어도'

---

[118] 출현 빈도가 '0'인 경우는 별도로 표기하지 않고 해당 칸을 비워 두었다. 상이한 시기의 동일한 발신자는 각각 같은 농도의 음영으로 표시하여 알아보기 쉽게 하였다. 한편, 명령형 종결 어미 '-아라/어라'(Ⅴ)의 쓰임은 '수신자와의 관계' 변인에 직접적인 지배를 받는다. 이 변인에 따라 '-아라/어라'가 원천적으로 쓰일 수 없는 경우(가령, 수신자가 상위자로만 구성된 발신자의 경우)에는 해당 칸에 빗금(/)을 쳐 두었다. 참고로, 'ᄒᆞ-'의 명령형이 피인용문에 사용된 경우에는 'ᄒᆞ야라/ᄒᆞ여라' 대신 'ᄒᆞ라'로만 나타난다(예] 며 느리 이 말 ᄒᆞ라 ᄒᆞ오니 긔별ᄒᆞ옵 〈077, 1847년, 여강이씨(아내) → 김진화(남편)〉).

Ⅳ: '-아셔/어셔'

Ⅴ: '-아라/어래[명령]'

Ⅵ: 기타('-아지라/어지라', '-아라/어래[감탄]')

Ⅶ: '-아/어'

'-아X/어X' 어미 시기별·세대별 발신자			'-아X'							'-어X'						
			Ⅰ	Ⅱ	Ⅲ	Ⅳ	Ⅴ	Ⅵ	Ⅶ	Ⅰ	Ⅱ	Ⅲ	Ⅳ	Ⅴ	Ⅵ	Ⅶ
1760s	G₁	김주국	1						11	2		1		1		
1830s ~1840s	G₃(,5)	의성김씨A								1						2
		진성이씨A								1				1		7
		전주최씨														2
	G₄	여강이씨							3	70	5	26	1	15	1	228
		김진화	4	1	2				34	12	3	3		15		3
		고성이씨A														3
		아주신씨A								1						1
		아주신씨B								1						3
	G₅	진주강씨B								1						
		진주강씨A													1	1
		의성김씨②								6		2				8
		의성김씨③														3
		김수락								3						
		의성김씨④							2					1	4	14
		진성이씨B								4		1	1			13
1860s ~1870s	G₄	아주신씨B														1
	G₅	진주강씨A														15
		선성김씨A														1
		의성김씨④	1							4	1			1	1	19

[표 3.7] 'ᄒᆞ-[爲]'에 결합하는 각 '-아X/어X' 어미의 출현 빈도(〈鶴峰宗家〉)

[표 3.7]을 통해 가장 먼저 알 수 있는 것은, 어간이 'ᄒᆞ-'일 때 '-아X'를 실현시키는 발신자는 김주국(G₁)과 김진화(G₄)가 주류를 이룬다는 사실이다. 그 외 여강이씨(G₄)와 의성김씨④(G₅)도 간간이 '-아X'를 사용하기도 하지만, 그것은 이들 모녀의 '-어X' 사용에 비해 이례적인 것이다.

그런데 [표 3.7]은 일견하여 두 가지 일반화가 가능한 것처럼 여기게 한다. 하나는 'ᄒ야X'가 남성 발신자 언간에서 주로 나타난다는 것이며, 다른 하나는 'ᄒ야X'와 'ᄒ여X'의 출현이 '-아X/어X' 어미의 종류에 따라 일종의 배타적 분포를 보인다는 것이다. 그중 전자는 물론 'ᄒ야X'를 비교적 많이 사용하는 김주국과 김진화가 모두 남성 발신자라는 사실에 기인한다. 후자는 김주국과 김진화 언간에서 해당 어미가 '-아/어'(Ⅶ)일 때 '-아X'가 사용되는 반면, 그 외 다른 어미일 때는 '-어X'가 사용되는 경향이 높다는 사실에 근거를 둔다.[119]

'-아X/어X' 어미 시기별·세대별 발신자			'-아X'							'-어X'						
			Ⅰ	Ⅱ	Ⅲ	Ⅳ	Ⅴ	Ⅵ	Ⅶ	Ⅰ	Ⅱ	Ⅲ	Ⅳ	Ⅴ	Ⅵ	Ⅶ
1770s	G₁	해평윤씨							2	5						11
1790s	G₁	해평윤씨	15				12	1	7	2		1		2		7
	G₃	기계유씨								5						15
		김노경								4		1				9
1810s~1820s	G₃(.5)	김노경													2	2
		김정희	18	1					40	2						1
1830s~1840s	G₃(.5)	김노경								6	1	3		5		21
		김정희	16	1	1		1		100	2	1					4
	G₄	김상희	2						6							

[표 3.8] 'ᄒ-[爲]'에 결합하는 각 '-아X/어X' 어미의 출현 빈도(〈秋史〉 및 〈秋史家〉)

---

119) '-아X/어X' 어미의 종류에 따라 'ᄒ야X'와 'ᄒ여X'가 서로 달리 실현된다는 기술은 선행 연구에서도 찾아 볼 수 있다. 그러나 그 실현 양상에 대한 기술이 모두 동일한 것은 아니다. 가령, 劉昌惇(1973: 345~346)은 15세기 국어에서 'ᄒ-'의 과거형이 대부분 '-어X'로 실현된다고 언급한 바 있으며, 최전승(1997: 411~412)도 19세기 후기 완판본 계열의 고소설 부류에서 'ᄒ야X~ᄒ여X'의 변이가 비슷한 출현 빈도로 부단히 나타나는 가운데도 'ᄒ-'의 과거형은 대부분 'ᄒ엿-'형으로만 단일화되어 실현된다는 점이 주목된다고 하였다. 반면에, 김세환(2006)은 20세기 초 중부 방언이 반영된 일어 학습서 ≪精選 日語通編≫(1911)에서 나타나는 '-아X/어X' 교체를 정밀하게 검토하면서, 이 어미가 'ᄒ-'와 결합할 때 연결형 '-아/어', 선어말 어미 '-앗/엇-'에서는 '-아X'가, 종결형 '-아/어'에서는 '-여X'가 각각 선택되어 나타난다고 밝힌 바 있다.

하지만 자료의 범위를 〈秋史〉와 〈秋史家〉로까지 확대해 보면([표 3.8]), 이와 같은 두 가지 일반화는 성립하기 어려운 것임을 알게 된다. [표 3.8]은 앞에서와 동일한 방법으로 두 언간 자료에 출현하는 'ᄒ야X'와 'ᄒ여X'의 실현 양상을 나타낸 것이다. 여기서 우리는 해평윤씨(G_1)와 김정희($G_{3,5}$), 김상희(G_4)가 'ᄒ야X'를 주로 사용하고, 김노경(G_3)과 기계유씨(G_3) 부부는 'ᄒ여X'만 사용한다는 사실을 알 수 있다. 또한, 해평윤씨와 김정희 언간에서는 'ᄒ야X'와 'ᄒ여X'가 '-아X/어X' 어미의 종류와 관계없이 출현한다는 사실도 함께 알 수 있다. 이러한 사실은 우리가 앞서 [표 3.7]을 통해 세웠던 일반화에 정면으로 반대되는 것이다.

그 대신 우리는 [표 3.7]과 [표 3.8]을 모두 아우르는 새로운 일반화를 도출해 낼 수 있다. 그것은 'ᄒ-'와 결합하는 '-아X/어X'의 선택 문제가 언간의 작성 시기나 발신자의 세대·성별, 어미의 종류 등과는 직접적인 관련 없이 그저 철저히 발신자 개인의 소관이라는 사실이다.[120] 이는 결국 앞서 (80)과 관련하여 '내다'류 어간과 결합하는 '-아X/어X'의 선택 문제에 대해 우리가 내렸던 결론과 동일한 것이다.

이제 (79)로 돌아와서 '내다'류 어간이 김진화 언간에서만 '-아X'와 결합하여 나타나는 현상을 다시 주목해 보자. 이 현상을 설명할 수 있는 두 번째 방안은, 이 환경에서 '-아X/어X'는 스타일상의 변이를 보이며 그중 김진화는 더욱 격식적인 형태인 '-아X'의 사용을[121] 다른 발신자들에 비해 중시하였다고 보는 것이다. 이미 잘 알려진 바와 같이, '내다'류 어간과 'ᄒ-'에 결합하는 '-아X/어X' 어미는 중세 국어 이래로 '-어X'가

---

[120] 물론 그렇다고 해서 이러한 언어 내적·외적 요인들이 'ᄒ야X'와 'ᄒ여X'의 변이에 전혀 관여하지 않았다는 것은 아니다. 다만, 저자는 그러한 요인들보다 발신자 개인의 선호도가 '-아X'와 '-어X'의 선택에 훨씬 더 크게 작용하였다고 주장하는 것이다.
[121] '-아X'와 '-어X' 중 전자를 더욱 격식적인 형태로 볼 수 있는 근거는 '-아X/어X' 어미의 변화 방향이 후자가 전자를 대치해 가는 형국이라는 데 있다.

'-아X'를 대치해 가는 점진적인 과정 속에서 '-아X~-어X' 간의 부단한 변이를 보였다. 이처럼 '-아X'와 '-어X'는 '내다'류 어간 및 'ㅎ-'에 대하여 수 세기 동안이나 공존해 온 결과, 19세기 전후 양반들의 방언에 이르러서는 그 쓰임이 격식성에 대한 화자(혹은 기사자)의 성향에 의해 지배되었던 것으로 보인다.

그러나 '내야X, ㅎ야X'와 '내여X, ㅎ여X'형 간의 스타일상의 차이는 구어보다는 문어 내에서 존재하였다고 보는 것이 온당하다. 왜냐하면 실제 구어형에 가까운 것으로 보이는 '내, ㅎ'의 사용이 아래와 같이 이따금씩 목격되기 때문이다.

(82) 가. <u>내</u>[出]주시고 〈084, 1847년, 여강이씨(G₄)〉

나. <u>보내</u>[送] 보고져 〈038, 1832년, 여강이씨(G₄)〉, <u>보내</u> 두고 〈054, 1841년, 여강이씨(G₄)〉, <u>보늬</u> 쥬쇼 〈196, 1865년, 의성김씨④(G₅)〉, <u>보늬</u> 보도 못ᄒ고 〈190, 1853~1862년, 의성김씨④(G₅)〉

(83) 가. <u>ᄒ</u>[爲] 먹고 〈081, 1847년, 여강이씨(G₄)〉, <u>ᄒ</u> 달나 〈216, 1850년, 진성이씨B(G₅)〉, <u>ᄒ</u> 주어라 〈224, 1848년, 진주강씨A(G₅)〉

나. 셰목 둥목 <u>통ᄒ</u>(通) 열 필을 스게 ᄒ시옵 〈090, 1848년, 여강이씨(G₄)〉, <u>인ᄒ</u>(因) 이러ᄒ오니 〈180, 1847년, 의성김씨④(G₅)〉, <u>당만ᄒ</u>[具] 온 듯ᄒ오이다 〈207, 1848년, 진성이씨B(G₅)〉

다. <u>그리도</u>[然](〈그리ᄒ야도) 〈023, 1847년, 김진화(G₄)〉, cf. <u>그려도</u> 〈033, 1830년, 여강이씨(G₄)〉, <u>그러도</u> 〈008, 1847년, 의성김씨A (G₃)〉

라. <u>아모래도</u>(〈아ᄆ리ᄒ야도) 〈067, 1847년, 여강이씨(G₄)〉, cf. <u>아무려</u><u>도</u> 〈024, 1848년, 김진화(G₄)〉, <u>아모려도</u> 〈205, 1847년, 진성이씨B(G₅)〉

〈鶴峰宗家〉에 사용된 '내, ㅎ'는 (83다)의 '그리도'와 같이 김진화(G₄) 언간에서도 1회 출현하지만, 대부분 여강이씨(G₄)와 의성김씨④(G₅), 진성이씨B(G₅) 언간에서 관찰된다. 여기서 여강이씨와 의성김씨④는 'ᄒ

야X'보다는 'ᄒᆞ여X'를 압도적으로 많이 사용하는 인물이며, 진성이씨B는 아예 'ᄒᆞ여X'만을 사용하는 인물이라는 점이 흥미롭다([표 3.7] 참조). (83가, 나)에 제시한 '히'는 이미 16세기 후기 〈李應台墓 出土 諺簡〉에서 '향히(向)'로 3회 출현하는데(안귀남 1999a: 45~46), 최전승(2020: 595)은 이를 구어형의 반영으로 해석한 바 있다.

그렇다면 '내다'류 어간과 'ᄒᆞ-'의 각 변이형들은 스타일과 실현 매체에 따라 [그림 3.3]과 같은 분포 양상을 보였을 것으로 상정할 수 있다.

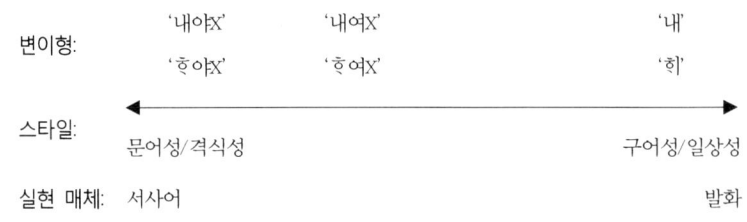

[그림 3.3] 스타일에 따른 '내다'류 어간과 'ᄒᆞ-'의 변이 양상

일반적으로는 '내야X, ᄒᆞ야X'와 '내여X, ᄒᆞ여X'가 서사어에서, '내, 히'가 실제 발화에서 사용되었을 것으로 여겨지나, 이러한 구분이 절대적인(categorical) 것은 아니었을 것이다. 즉, 발화에서도 격식을 중요시하는 경우에는 '내야X, ᄒᆞ야X'나 '내여X, ᄒᆞ여X'가 사용되었을 것이고, 서사어에서도 격식을 크게 차리지 않는 경우에는 '내, 히'가 사용되었을 것이다. 이 가정은 동일 과정설의 원리(the Uniformitarian Principle)에 따라 쉽게 받아들일 수 있다. 오늘날 우리는 발화와 서사어에서 '내여X, 하여X' 및 '내, 해'를 모두 사용하고 있기 때문이다.

지금까지 본절에서 다룬 내용을 15세기 중앙어와 비교하면서[122] 정리하면 [표 3.9]와 같이 나타낼 수 있다.[123] [표 3.9]를 통해 우리는 '-아

---

[122] 15세기 중앙어에서의 '-아X/어X' 실현 양상에 대해서는 한영균(1994: 66~70)을 참조하였다.

[123] '어간 말음절 모음'은 자동적 교체 어간을 기준으로 사용한 용어이다. 비자동적 교체

X)-어X'의 변화를 어간말 모음의 조건에 따라 크게 가지 부류(①~③)로 나누어 살펴볼 수 있다.

구분	어간 말음절 모음	15세기 (중앙어) '-아X/어X'	19세기 전기 (경북 양반 계층 방언)	
			'-아X/어X'	비고('-아X' 결합형)
①	ㅏ ㅗ ·	**-아X**	**-아X**	
②	ㅐ ㅚ ㅣ	**-아X** ~ -어X	-아X ~ **-어X**	① 내야, 지내야, 되야 cf. 흐야
③	ㅣ	-아X ~ **-어X**	**-어X**	
	ㅓ	-아X ~ **-어X**	**-어X**	
	ㅜ		-아X ~ **-어X**	② 맛추앗더니, 아수아, 잡슈와; ③ 맛츠와츄여
	ㅡ			④ 스으라, 빙그라, 민드라, 다듬아
	ㅔ ㅟ	**-어X**	**-어X**	
	ㅢ	-아X ~ **-어X**		

[표 3.9] '-아X)-어X' 변화

첫째, 15세기 중앙어에서 늘 '-아X'와만 결합하던 ①은 19세기 전기 경북 양반들의 방언에서도 여전히 '-아X'만을 취한다. 여기에는 어떠한 예외도 없으므로, ①은 '-아X)-어X' 변화에 가장 보수적이라고 할 수 있다. 결과적으로 당시 이 방언에서는 ①에 한해서만 모음 조화가 철저히 지켜졌다고 할 수 있다.

둘째, 15세기 중앙어에서 주로 '-아X'와 결합하면서 간혹 '-어X'와도 결합하던 ②는 19세기 전기 이 방언에서 그 결합 양상이 뒤바뀌었다.

어간의 경우에는 활용형에서의 '-아X/어X' 선행 음절 모음을 따져야 한다. 그러나 [표 3.9]에서는 편의상 이들을 모두 묶어 '어간 말음절 모음'으로 통칭하였다. 한편, '-아X/어X'란에서 고딕체로 굵게 나타낸 것은 해당 형태만 쓰이거나 해당 형태가 수적으로 우세함을 의미한다.

즉, '-어X' 결합형이 다수형이 되고 '-아X' 결합형(①)은 소수형이 되어 버린 것이다. 이들 '내다'류 어간과 결합하는 어미는 '-아X)-어X'가 점진적으로 진행되어 오는 오랜 시간 동안 '-아X~-어X'의 부단한 변이를 보였고, 결과적으로 화자 개인의 성향에 따라 선택적으로 사용되기에 이르렀다. 언간의 서사어에서는 발신자가 어떠한 스타일을 선호하느냐에 따라 '-아X/어X'의 선택이 결정되었다고 볼 수 있다. 한편, '내다'류 어간에 '-아X/어X'가 각각 결합한 '내야X'과 '내여X' 외에도 구어성·일상성이 가장 높은 '내'도 존재하였다. '내'는 주로 실제 발화에서 쓰이는 형식이었지만, 일정한 스타일상의 조건이 충족되면 서간문에서도 간헐적으로 출현할 수 있었다.

셋째, 15세기 중앙어에서 주로 '-어X'와 결합하면서 간혹 '-아X'와도 결합하던 ③은 19세기 전기 경북 양반들의 방언에서 완전히 '-어X'만을 취하게 되었다. 그런데 ②와 ④의 존재로 인하여 여기서 '완전히'라는 표현이 적절하지 않다는 반론이 제기될 수도 있다. 그러나 ②와 ④는 모두 다음절 어간으로서 각각 비어두 음절에서의 'ㅗ〉ㅜ'와 'ㆍ〉ㅡ'로 인해 어간 재어휘화를 겪은 부류이다. 우리의 일반화는 이들이 본래 ①에 속하던 부류라는 통시적 사실까지 고려한 것이다. 특히, ③은 'ㅗ〉ㅜ'에 따른 어간 재어휘화에 맞추어 부사형 어미도 '-어X'로 재조정된 예이므로 '-아X)-어X'의 공시성을 실감하게 해 준다.

우리의 이와 같은 결론은 동남 방언에서 전개된 '-아X)-어X'에 대한 오종갑(2007)의 결론과 다소 차이가 난다. 그 논문에서는 기본적으로 "모음조화 붕괴 과정"(양성 모음 어간 뒤에서 '-아X'가 '-어X'로 변화하는 과정)의 동인을 어간 말자음과 후행 어미 '아' 사이에서 일어나는 공명도 동화로 파악하고, 그에 따라 폐음절 어간이 개음절 어간보다 '-아X)-어X'를 먼저 겪은 것으로 설명하였다[175면]. 하향 이중모음으로 끝나는 어간을 폐음절 어간으로 본 그 논의에 따르면,[124] 동남 방언에서 ①·②의 모음 조화 붕괴 과정은 'V⁺C→V⁺y→V⁺'(V⁺: 양성 모음)와 같은 순

서로 전개되었어야 한다. 하지만 [표 3.9]는 V⁺y가 V⁺C나 V⁺보다 '-아X)
-어X'를 더 일찍 수용하였다는 것을 말해 준다. 이처럼 오종갑(2007)과
본서의 결론이 상이한 것은 대상 자료의 성격이 서로 다르기 때문일지
도 모른다. 만일 이 두 가지 결론을 모두 수용하고자 한다면, 우리는
동남 방언에서의 '-아X)-어X'가 양반 계층과 비양반 계층 방언에서 각기
달리 전개되었다고 보아야 할 것이다.

3.7. 기타 음운 현상과 모음 체계의 변화

본절에서는 지금까지 다루지 않은 음운 현상 가운데 이 시기 모음
체계를 고찰하는 데 필요한 두 가지를 간략히 언급하고자 한다. 그 첫
번째 현상은 형태소 경계에서 이루어지는 원순 모음화이다. 18세기 후
기와 19세기 전기 자료에서는 (84), (85)와 같이 곡용과 활용에서 일어
나는 순행적 원순 모음화의 예가 발견된다.[125]

(84) 1760년대 [제1세대(김주국)]

  가. **[곡용]** 가히 탄식홈물(歎息/嘆息) 이긔랴 〈001〉, 셔릇물[裛] 츔고
    〈004〉 / 내 죽으무로뻐[死] 흔 말고 능히 내 쯧을 니어 〈001〉

  나. **[활용]** 내 슈쇄 못흔 나문[餘] 업을 니으면 〈001〉 / 내 죽어도 눈
    을 ᄀ무리라[瞑] 〈001〉

(85) 1830·1840년대 [제4·5세대]

  가. **[곡용]** 나문[他人] 거술 더러 추이호여 〈082. 여강이씨(G₄)〉, 일싱
    나문 뒤만 거두시며 〈218. 진성이씨B(G₅)〉

---

124) 이는 "어간 말음절의 y가 모음조화의 생성과 붕괴 과정에서 coda로서의 기능을 수행"
  하였다고 보는 오종갑(2007: 178)의 기술을 통해 알 수 있다.
125) (84), (85)에 제시한 예들은 모두 모음 'ㅜ'가 명확하게 판독되는 것들이다.

나. **[활용]** 거문[黑] 빗흐로 〈029. 김진화(G₄)〉, **졀문**[少] 사람 〈177. 의성 김씨④(G₅)〉 / 아ᄌ바님 **잡부러**[檢擧] 왓다 〈217. 진성이씨B(G₅)〉

(84), (85)는 이미 18세기 후기에 이 지역 양반들의 방언에서 후설 모음 /ㅡ/와 /ㅜ/가 [원순성]에 의한 대립 관계를 확립하였음을 알려 준다.

본절에서 추가적으로 언급하고자 하는 두 번째 현상은 후설 모음 'ㅓ' 와 'ㅗ'의 혼기이다. 1830·1840년대 언간에서는 (86)과 같이 /ㅗ/가 'ㅓ'로 표기되는 예가 산발적으로 출현한다.

(86) 1830·1840년대 [제4·5세대]

가. **먼져**[先] 〈024. 김진화(G₄)〉〈070. 여강이씨(G₄)〉〈210. 진성이씨B (G₅)〉

cf. **보션**[襪] 〈018. 김진화(G₄)〉〈037. 여강이씨(G₄)〉〈209. 진성이씨B(G₅)〉

나. 훌쳐 써나시니 **허우럭**[沮喪] 어설푸온 듕 〈048. 여강이씨(G₄)〉, 도련 님도 어예 보뇌오니 **허우럭** 섭〃 못 잇치옵고 〈205. 진성이씨 B(G₅)〉, 봉뒤 형님도 가시니 섭〃 **허우럭**ᄒ오이다 〈237. 한산이씨 (G₅)〉

cf. 섭〃 **허우록**ᄒ오며 〈223. 진주강씨A(G₅)〉, 집안 **허우록**ᄒ오 며126) 〈234. 진주강씨B(G₅)〉

(86가)는 양순음 뒤에서 'ㅗ〉ㅓ'가 일어난 것으로 비원순 모음화의 전형적인 예이다. 하지만 (86가)의 'cf.'와 같이 이 시기 '보션'은 '버션'으로 단 한 차례도 실현되지 않는다. (86나)는 16세기 문헌에서부터 발견되는 형용사 '허우록ᄒ-'가[例] 爾然【추러흔 톄라】 히 그치텨 **허우록**ᄒ야 오슬 이긔디 몯홀 ᄃᆞ시 ᄒᆞ과댜 홈이니라 [爾然沮喪ᄒ야 若不勝衣也ㅣ니라] 〈小

---

126) 〈234〉의 '허우록ᄒ오며'는 '허우룩ᄒ오며'로 판독할 여지도 있다. 하지만 설령 그렇다고 하더라도 그것은 'ㅗ〉ㅜ' 변화와 관련지어 설명할 수 있다. 여기서 중요한 것은 '허우럭'이 아니라는 사실이다.

謠5:107a))'ㅗ〉ㅓ'를 겪어 '허우럭ᄒ-'로도 출현하는 예이다. 이러한 현상들은 체계 내에서 /ㅓ/와 /ㅗ/가 대립 관계를 전제로 할 때 합리적으로 설명할 수 있다(李秉根 1970a: 166~167). 그러나 (86)은 아직 산발적으로 일어나고 있을 뿐이라는 점에서 19세기 전기는 'ㅓ:ㅗ'의 대립 관계가 아직 온전하게 정립되지는 못한 단계였다고 할 수 있겠다.

이상의 내용을 종합하여 19세기 전기 경북 지역 양반 계층의 방언에서 전개된 모음 체계의 변화를 나타내면 [그림 3.4]와 같다.

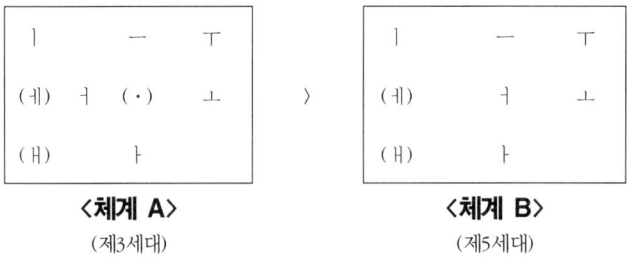

[그림 3.4] 19세기 전기 경북 양반 계층 방언의 모음 체계 변화

학봉 종가 구성원들의 3대에 걸쳐 진행된, 〈체계 A〉에서 〈체계 B〉로의 변화는 기본적으로 /·/의 비음운화에 따른 /ㅓ/의 후설화 과정으로 요약할 수 있다. 제3세대의 〈체계 A〉에서는 /·/가 완전히 비음운화하지 않았던 까닭에 /ㅓ/의 후설화는 본격적으로 이루어지지 못하였다. 그러나 제5세대에 이르러서는 /·/가 대립적 기능을 완전히 잃어버림에 따라 /ㅓ/는 후설 모음으로 자리 잡게 되었다. 하지만 여전히 'ㅓ:ㅗ'의 대립 관계는 불안정하여 'ㅓ~ㅗ' 혼동은 본격적으로 나타나지 않는다. 이에 반해, 'ㅣ:ㅡ', 'ㅡ:ㅜ', 'ㅗ:ㅜ'는 서로 확고한 대립 관계를 형성하고 있어 각각 전설 모음화와 원순 모음화, 'ㅗ〉ㅜ' 상승과 같은 변화를 야기하게 되었다. 한편, 19세기 전기에는 /ㅔ/와 /ㅐ/의 음운화가 완료되지 않은 상태였던 까닭에 'ㅔ〉ㅣ' 상승이나 /ㅔ/와 /ㅐ/의 합류 등은 제3~5세대에 걸쳐 거의 발생하지 않았다.

제4장 자음의 변이와 변화

본장에서는 〈鶴峰宗家〉를 대상으로 19세기 전기 경북 지역 양반 계층의 방언에서 나타나는 자음의 변이와 변화 양상을 살펴본다. 제3장에서 다룬 이 시기 국어의 모음 체계 변화와는 달리, 자음 체계는 그리 역동적인 변화를 보이지 않는다. 또한, 당시 국어의 모음 체계는 각 하위 방언별로 서로 상당한 차이를 드러내었던 데 반해, 자음 체계의 지역적 변이는 비교적 크지 않은 편이다. 하지만 19세기 국어에서는 파찰음의 대립 관계 변화가 완료되며, 이와 관련하여 마찰음의 대립 관계 문제도 함께 검토해 볼 필요가 있다. 게다가 동남 방언권에서는 여전히 /ㅅ/과 /ㅆ/의 대립 여부가 상이한 지역이 있다는 사실도 자음 체계 연구의 중요성을 다시금 환기해 준다. 물론, 후기 근대 국어의 자음사(子音史)에서도 계열상의(paradigmatic) 변화 외에 흥미로운 통합상의(syntagmatic) 변화가 많이 나타난다. 따라서 본장에서 19세기 자음의 변이와 변화를 살펴보는 것은 음운사적으로 매우 의미 있는 작업이 될 것이다.

4.1. 구개음화 및 그와 관련된 변화

4.1.1. 구개음화

구개음화는 남부 방언의 대표적인 표지(marker)로서 남부 지방에서 간행된 문헌에서는 구개음화형이나 그 과도 교정형이 타 방언에 비해 비교적 이른 시기부터 출현한다(安秉禧 1957; 1972: 97~99). 동남 방언의 경우 'ㄷ' 구개음화와 'ㄱ' 구개음화는 16세기 후기에, 'ㅎ' 구개음화는 17세기 전기에 각각 존재하였다고 볼 수 있으며, 'ㄷ' 구개음화는 적어도 17세기 내의 어느 시점에 완성되었고 'ㄱ' 및 'ㅎ' 구개음화는 18세기에 상당한 생산성을 가지고 전개되었다(白斗鉉 1990/1992: 333~347). 따라서 시기적으로 19세기 전기에 위치하는 〈鶴峰宗家〉에 나타나는 구개음화의 예는 더 이상 진행 중인 변화가 반영된 것으로 보기 어렵다.[1]

그럼에도 본서에서 구개음화를 다루는 까닭은, 19세기 전기 이 지역 방언에서 매우 확산되어 있거나 이미 완료된 상태에 이르렀을 이 변화가 〈鶴峰宗家〉에서 적극적으로 드러나지 않기 때문이다. 'ㄷ' 구개음화는 실현형과 비실현형 간의 변이가 상당하며, 'ㄱ' 구개음화형은 거의, 'ㅎ' 구개음화형은 아예 나타나지 않는 것이다. 이는 양반 계층의 서사어의 격식성으로 인하여 구개음화가 표기상에 반영되지 않았기 때문일 수도 있고, 당시 양반들의 발화에서 실제로 구개음화가 억제되었기 때문일 수도 있다. 본서에서는 〈鶴峰宗家〉에 나타나는 구체적인 자료를 토대로 현대 방언 자료의 도움을 얻어 이 문제를 논의해 보기로 하겠다.

먼저, 본서의 대상 자료에 출현하는 예가 적은 'ㄱ' 구개음화와 'ㅎ' 구개음화 관련 어사부터 살펴보기로 한다.

(1) 1830·1840년대 [제4~5세대]

 가. 'ㄱ→ㅈ'

   반(半)**져름신**[油鞋] 다 써러젓숩고 〈202, 진성이씨B(G_5)〉, **반져름신** 어마님도 업숩고 〈202, 진성이씨B(G_5)〉

---

[1] 白斗鉉(1990/1992: 339~340)은 특히 19·20세기 문헌의 'ㄷ' 구개음화에 대해서는 "더 이상 새로운 사실이 나타나지 않으므로 논의할 필요가 없다."고까지 기술하였다.

가. 'ㄱ↛ㅈ'

아마 **겨**을에[冬] 먹던 약효온 듯 〈033, 여강이씨(G₄)〉 / **곗**헤[傍] 아무도 업스니 〈025, 김진화(G₄)〉 / **기**름[油] 두 되 〈018, 김진화(G₄)〉

나. 'ㅈ→ㄱ'

길샴[紡] ᄌᆞ이나 ᄒᆞ니 〈067, 여강이씨(G₄)〉, **길**삼도[紡] 못 ᄒᆞ올 듯 〈205, 진성이씨B(G₅)〉

나'. 'ㄷ→ㅈ→ㄱ'

김치(<沈菜) ᄒᆞᆫ 항 가옵 〈079, 여강이씨(G₄)〉, **김**치 담을 쩌 〈104, 여강이씨(G₄)〉

(2) 1830·1840년대 [제3~5세대]

가. 'ㅎ→ㅅ'

(해당 예 없음)

가'. 'ㅎ↛ㅅ'

기름 엇미나 ᄒᆞ다 ᄒᆞ던지 죠곰만흔 병의 반병은 ᄒᆞ더니 ᄒᆞ마 다 **혀**고[點燈] 업스오니 〈054, 여강이씨(G₄)〉 / **현**마 엇지ᄒᆞ옵 〈008, 의성김씨A(G₃)〉, **현**마 엇지ᄒᆞ오리만은 〈218, 진성이씨B(G₅)〉 / **혀**미[數, 量] 드는 터의 〈108, 여강이씨(G₄)〉 / 보리밥 고기 업시 먹기오니 가셔 **흉**을[兇] 홀 듯ᄒᆞ옵 〈041, 여강이씨(G₄)〉 / **형**님긔셔와(兄-) 〈129, 고성이씨A(G₄)〉 / **흉**년(凶年) 〈132, 고성이씨A(G₄)〉

나. 'ㅅ→ㅎ'

헷가리[橡] 〈067, 여강이씨(G₄)〉

(1)과 (2)는 각각 'ㄱ'과 'ㅎ' 구개음화와 관련된 예를 제시한 것이다. 'ㄱ' 구개음화형으로는 '반져름신'이 2회 출현한 것이 전부이며[(1가)], 'ㅎ' 구개음화형은 단 일례(一例)도 보이지 않는대(2가)].[2] 따라서 우리는

일반적으로 비구개음화형만을 관찰할 수 있을 뿐이다[(1가'), (2가')]. 하지만 그 대신 당시 양반 계층 화자들이 두 음운 현상을 분명히 인식하고 있었음을 알려 주는 예는 소수 발견된다. (1나)는 '질삼'이 '길삼'으로 과도 교정된 예이며, (1다)는 '딤치〉짐치〉김치'와 같이 'ㄷ'과 'ㄱ' 구개음화가 순차적으로 관여한 이른바 과도 오교정의 예이다.3) (2나)의 '헷가리'는 '셰[樑]+-ㅅ#가래'로 소급하는 단어로 'ㅎ' 구개음화에 대한 과도 교정의 대표적인 예이다.

'ㄱ' 구개음화와 'ㅎ' 구개음화의 실현 환경을 갖춘 어사가 적지 않음에도 두 변화의 개신형이 (거의) 출현하지 않는 이유는 무엇일까. 이 문제를 해결하기 위해서는 현대 방언 자료의 도움이 필요하다. 먼저 학봉의 14세손이자 현 종손의 부친인 고(故) 김시인(金時寅) 선생이 'ㄱ' 구개음화형에 대하여 강한 거부감을 보였다는 박종덕(2000a: 2, 각주 3)

---

2) 다만, 'ㅎ' 구개음화형으로 의심되는 한자어 '슈지' 혹은 '수지'가 발견되기는 한다.
   [예] ㄱ. 노흐니 슈지라 섭〃 굿부오며 ᄌ시 아오니 츈화의 년호와 긱듕 외로오신 괴톄후 만안ᄒᆞᆸ시고 〈149, 1829년, 의성김씨①(딸) → 김진화(아버지)〉
      ㄴ. 이어 만〃 슈찰 밧ᄌ와 탐〃 반갑ᄉᆞᆸ기 그리ᄋᆞᆸ던 안면을 다시 만나온 닷 그 지업ᄉᆞ오나 수지 헛부오이다 〈008, 1847년, 의성김씨A(장모) → 김진화(사위)〉
      ㄴ'. 일념의 미쳣다가 일셕 오니 그시 놀겹고 이어 수셔을 디ᄒᆞ니 엇디 수지로 ᄒᆞ오리오 〈227, 1877년, 진주강씨A(숙모)→김흥락(조카)〉
한국학중앙연구원(2009a: 576, 650)에서는 이 '슈지'(혹은 '수지')를 '종이'를 의미하는 한자어 '休紙'로 파악하였다. 그러나 언간에서 흔히 쓰이는 '슈찰(手札), 슈셔(手書), 슈적(手迹)' 등의 용어를 고려하건대 '슈지' 역시 '手紙'일 가능성을 배제할 수 없다. 그렇다면 이 단어는 'ㅎ' 구개음화의 예가 될 수 없을 것이다. 참고로, 문증례(文證例)의 출현 시기는 16세기 〈順天金氏墓〉에 최초로 출현하는 '슈지'가 ≪捷解新語≫(1676)나 ≪譯語類解≫(1690) 등 17세기 문헌에 처음 등장하는 '휴지'보다 약 한 세기 정도 앞선다.
   [예] ㄱ. 눔도 붓그러워ᄒᆞ노라 너ᄃᆞ려 니ᄅᆞ다 쇽져리랴 슈지로다 〈順天金氏墓-083, 1550~1592년, 김훈(아버지) → 순천김씨(딸)〉
      ㄴ. 우리 숩ᄂᆞᆫ 일은 다 슈지 사므시고 〈捷解4:19b〉
   [예] ㄱ. 이리 슬오믈 휴지 삼다 마읍소 〈捷解9:15b〉
      ㄴ. 故紙 휴지 〈譯語上12a〉
      ㄷ. 회셔 말고 이런 휴지ᄂᆞᆫ 즉시 쇼화ᄒᆞ소 〈純元封書-11, 1842~1850년, 순원왕후(재종누나) → 김흥근(재종동생)〉
3) '교정(바로 돌이킴)' 및 '과도 교정(너무 돌이킴)'과 관련하여 사용되는 '과도 오교정(잘못 돌이킴)'이라는 개념에 대해서는 김주원(1997: 42~47) 참조.

의 기술을 우리는 참고할 수 있다. 거기에 따르면 그 제보자는 조사자가 '콩기름'을 '콩지름'으로 발음하면 "쌍놈처럼 어떻게 글케 말하노?"라고 하면서 언짢아하였다고 한다. 이 기술은 비록 단편적인 관찰에 대한 것이지만 위 (1)과 관련하여 우리에게 시사하는 바가 크다고 할 수 있다.

한편, 반촌어의 'ㄱ' 구개음화와 'ㅎ' 구개음화가 현대 경북 반촌어에서 여전히 거부되고 있다는 사실을 구체적인 자료로써 증명한 연구 결과도 있다. (3)은 崔明玉(1980: 124~153)에 수록된 영덕 영해면 괴시1·2동의 반촌어와 대진2·3동의 민촌어 어휘 자료를 제시한 것이고, (4)는 이동화(1992: 266~267)에 보고되어 있는 경주 강동면 양동(良洞)의 반촌어와 그와 인접한 인동(仁洞)의 민촌어 조사 자료를 제시한 것이다.4)

(3) 가. 곁/젙[傍], 기둥~기동/지둥~지동[柱], 기지'개~기기'개/지지'개[伸], 기'침/기'침[咳], 감:/짐:[海苔], 밀끼'울/밀찌'불[大皮]; 길삼/질삼[紡]; 갑'치/짐'치(<沈菜)

나. 헤/세[舌], 헤'기'/세갸리[蟣], 헤-/시-[發火], 힘/심[力], 현반~헨반/선반(<懸盤)[架], 효:자/소:자(孝子), 흉년'/슝년'(凶年); 헤까리~헤까래/세까리~서까리[椽],

(4) 가. kyɜtʰ/ʧatʰ[傍], kyɜl/ʧɜl[紋], kituŋ/ʧituŋ[柱], kirɜm/ʧirɜm[油], kiʧikɛ/ʧiʧikɛ[伸], kilmɛ/ʧilmɛ[鞍], kyɜŋki/ʧɜŋki[驚氣], kyɜltan/ʧɜltan[決斷]

나. hiari-/siari-[數], him/sim[力], hyuɲyɜn/suɲyɜn[凶年]; hyɜkʼari/sɛkʼari[椽]

(3), (4)는 'ㄱ' 및 'ㅎ' 구개음화형이 민촌어에서만 활발하게 나타나고,

---

4) 'X/Y'에서 'X'는 반촌어형을, 'Y'는 민촌어형을 각각 가리킨다. 이동화(1992)에 사용된 일부 전사 기호는 본서에서 다음과 같이 변경하여 제시하였다. c→ʧ, l→r, j→y.

반촌어에서는 각각의 과도 교정형(및 과도 오교정형)만 관찰된다는 사실을 분명하게 보여 준다. 특히 경주 강동면의 양동 마을은, 1.4.2에서 언급한 바와 같이, 〈鶴峰宗家〉의 최대 발신자인 여강이씨(G_4)의 친정이기도 하다는 점에서([부록 2] 참조) (4)는 (2나)의 과도 교정형을 해석하는 데 큰 도움이 된다.

이상에서 언급한 방언 조사 결과를 (1), (2)와 관련지어 해석하면, 'ㄱ'과 'ㅎ' 구개음화는 19세기 전기 경북 양반들의 실제 발화에서도 적극적으로 거부되었다고 결론지을 수 있다. 'ㄱ' 구개음화형과 'ㅎ' 구개음화형은 당시 남부 방언의 대표적인 표지였지만, 양반 계층의 방언에서는 사회적 낙인형(stigmatized form)으로 인식되어 그들의 편지글에서도 거의 등장하지 않았던 것이다. 특히 'ㅎ' 구개음화형의 경우, 1848년에 경초관(京哨官) 안영록이 김진화에게 쓴 언간에서 (5)와 같은 한자어의 예를 발견할 수 있는데, 이는 학봉 종가 인물들이 'ㅎ' 구개음화에 대해 보수적인 태도를 취하고 있었다는 사실을 간접적으로 드러낸다.

(5) **슝**칙ᄒ온(凶測) 제 아비놈이 〈271. 안영록〉, **슝**칙혼 제 아비놈이 〈271. 안영록〉 / **슝**악을(凶惡) 블이고 〈271. 안영록〉

　　cf. **흉**(凶) 보둣 변 보둣 ᄒ드라 ᄒ오니 〈271. 안영록〉 // 그 **홍악**(凶惡) 요악혼 년놈으로 〈269. 안영록〉, **홍악** 요악ᄒ니 〈269. 안영록〉

문면에 거의 노출되지 않는 'ㄱ'과 'ㅎ' 구개음화형과는 달리 'ㄷ' 구개음화형은 〈鶴峰宗家〉에서 활발하게 나타난다. 본서에서는 'ㄷ' 구개음화에 대하여 특정 고빈도 어사와 과도 교정형을 중심으로 논의하기로 한다. 먼저, 〈鶴峰宗家〉에서 출현 빈도가 높으면서 'ㄷ' 구개음화의 각 환경을 대표할 수 있는 어사 9개를 선정하여 1830・1840년대 언간에서의 개신율을 조사해 보면 그 결과가 [표 4.1]과 같으며, 이를 그래프로 나타내면 [그림 4.1]과 같다.

세대 어사		제3세대	제4세대	제5세대
고유어	덕-[書]	6/7	17/54	6/7
	동-[好]	1/1	70/74	22/24
	디내-[經]	4/6	64/64	34/38
	엇디(ᄒ-)[何]	4/10	24/153	77/82
	-디[연결 어미]	9/14	178/189	94/113
	소계	24/38 (63.2%)	353/534 (66.1%)	233/264 (88.3%)
한자어	딜부(姪婦)	-	0/1	0/24
	X형뎨(兄弟)	0/3	2/18	1/9
	역딜(疫疾)	0/1	0/10	1/1
	듕(中)[의존 명사]	0/4	2/16	2/27
	소계	0/8 (0.0%)	4/45 (8.9%)	4/61 (6.6%)
총계		24/46 (52.2%)	357/579 (61.7%)	237/325 (72.9%)

[표 4.1] 9개 고빈도 어사의 'ㄷ' 구개음화 개신율

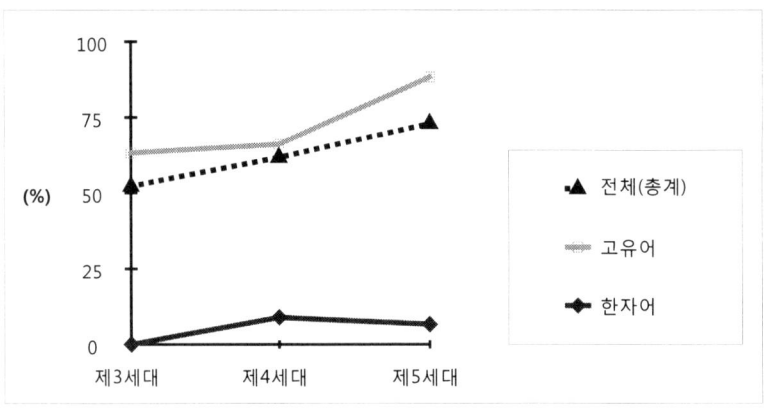

[그림 4.1] 9개 고빈도 어사의 'ㄷ' 구개음화 개신율

[표 4.1]에서 잘 드러나듯이, 이 시기 'ㄷ' 구개음화는 모든 세대에서 적어도 50% 이상 실현되고 있다. 지금까지 우리가 제3장을 통틀어 살펴본 각 음운 현상이 표기에 반영되는 비율을 떠올려 볼 때, 이와 같은 비율은 매우 높은 수치라고 할 수 있다. 음운 변화에 대한 표기의 보수

성까지 감안한다면, [표 4.1]의 결과는 당시 'ㄷ' 구개음화가 이 지역 양반들의 구어에서 이미 완료된 상태였다는 것을 쉽게 추측하게 해 준다. 다만, 그들의 서사어에서는 고유어와 한자어 간의 차이를 보이는데, 고유어에서는 어휘 형태와 문법 형태를 가리지 않고 대체로 높은 개신율을 보이는 반면에, 한자어에서는 그 개신율이 매우 저조하게 나타난다.

'ㄷ' 구개음화에 대한 과도 교정도 이미 18세기 후기 김주국의 언간에서부터 나타난다.

(6) 1760년대 [제1세대(김주국)]

　가. **[고유어]** 댱만ㅎ엿더니[具] 〈004〉 / 됴곰도[少] 〈002〉

　나. **[한자어]** 듀인(主人) 〈003〉, 듀인이 〈003〉 // 임동(臨終) 〈004〉 / 유듀(有主) 무듀(無主) 〈003〉 / 무듀공당에(無主空堂) 〈003〉

김주국의 언간은 수량이 많지 않지만, (6)에서와 같이 고유어와 한자어를 막론하고 'ㄷ' 구개음화에 대한 과도 교정형이 그의 편지에 적지 않게 등장한다. 이는 선행 연구에서 밝혀진 바와 같이 이 변화가 동남 방언에서 17세기에 완료되었다는 사실과 잘 부합한다. 이와 같은 과도 교정형은 19세기 전기 각 세대별 언간에서도 활발하게 나타난다.

(7) 1830·1840년대 [제3세대]

　가. **[고유어]** 의젹디[此時] 쾌치 못 〈005, 의성김씨A〉, 삼상은 꿈ㄱ치 맛고 담스ㄱ디(禫祀) 맛츠오니 〈006, 의성김씨A〉 / 혼가디래[同] 〈007, 의성김씨A〉 / 젼근딥 〈006, 의성김씨A〉

　나. **[한자어]** 댱근(將近) 〈005, 의성김씨A〉 / 동긔논(腫氣) 〈007, 의성김씨A〉 / 디리(支離) 댱마 더위예 〈006, 의성김씨A〉 / 디원이옵(至願) 〈007, 의성김씨A〉 / 튱실티(充實) 못ㅎ오니 〈008, 의성김씨A〉 // 아

뎡흔(雅正) 얼굴 〈011, 유치명〉 / 소됴(所遭) 〈008, 의성김씨A〉 / 완합디경은(完合之境) 〈007, 의성김씨A〉 / 공디(空紙) 〈005, 의성김씨A〉 / 싀딘(漸盡) 〈005, 의성김씨A〉

(8) 1830・1840년대 [제4세대]

    가. **[고유어]** 댱만치[具] 못 〈076, 여강이씨〉, 댱만ᄒ면 〈080, 여강이씨〉 / 둉들[僕] 씨겨 〈132, 고성이씨A〉 / 뎍삼(-衫) 〈036, 여강이씨〉 // 의복가디나[衣](의복+가지[種]) 〈043, 여강이씨〉

    나. **[한자어]** 댱히(壯) 죠흘다 ᄒ니 〈040, 여강이씨〉 / 동동(種種) 〈131, 고성이씨A〉, 동 〃 〈137, 아주신씨B〉 / 동긔(腫氣) 〈137, 아주신씨B〉 / 디망이옵(至望) 〈137, 아주신씨B〉 // 고초댱도(〈苦椒+醬) 〈038, 여강이씨〉 / 된댱(-醬) 〈068, 여강이씨〉 / 두부댱(豆腐醬) 〈068, 여강이씨〉 / 육댱이나(肉醬) 〈079, 여강이씨〉 / 도뎍을(盜賊) 〈043, 여강이씨〉 / 의면(以前) 〈041, 여강이씨〉 / 신구디통이(新舊之痛) 〈137, 아주신씨B〉 / 편디(便紙/片紙) 〈037, 여강이씨〉 / 고딜이(痼疾) 될 듯ᄒ옵 〈037, 여강이씨〉 / 역딜(疫疾) 〈037, 여강이씨〉

(9) 1830・1840년대 [제5세대]

    가. **[고유어]** 댱만ᄒ여[具] 〈205, 진성이씨B〉 / 둉들[僕] 〈173, 의성김씨③〉, 둉을 〈205, 진성이씨B〉 / 뎌근덕의도(--宅) 〈214, 진성이씨B〉 / 듁은[死] 사람의 〈204, 진성이씨B〉 / 되는 둘 알앗더니 〈177, 의성김씨④〉 // 어뎨[昨日] 〈205, 진성이씨B〉 / 언뎨[何時] 〈210, 진성이씨B〉 / 진디도[食] 더 못 즙ᄉ오시더라 ᄒ오니 〈153, 의성김씨②〉

    나. **[한자어]** 댱ᄉᄒ면(葬事) 〈180, 의성김씨④〉, 댱ᄉ도 〈204, 진성이씨B〉 / 뎐쥬의(全州) 가 〈208, 진성이씨B〉 / 옴기 뎐의(前) 〈209, 진성이씨B〉 / 명월(正月) 〈180, 의성김씨④〉, 명월의논 〈206, 진성이씨B〉 / 뎨ᄉ(祭祀) 〈214, 진성이씨B〉 / 동 〃 (種種) 〈236, 한산이씨〉 / 듀착(主着)

〈215, 진성이씨B〉 // **된댱**(-醬) 〈215, 진성이씨B〉 / **즙댱은**(汁醬) 〈212, 진성이씨B〉 / **스뎡**(私情) 〈211, 진성이씨B〉 / **복특ᄒᆞᇸᄂᆞ이다**(伏祝) 〈174, 의성김씨③〉, **복특ᄒᆞᇸᄂᆞ이다** 〈205, 진성이씨B〉

(7)~(9)는 'ㄷ' 구개음화의 과도 교정이 고유어보다는 한자어에서 더 많이 이루어졌다는 사실을 알려 준다. 이는 앞서 [표 4.1]에서 한자어 두 어사가 고유어에 비해 'ㄷ' 구개음화의 실현율을 낮게 보인 사실과 관련지어 설명할 수 있다. 즉, 한자어가 고유어에 비해 'ㄷ' 구개음화에 보수적인 면을 보이는 것은 양반들이 개별 한자음에 대한 인식이 강했기 때문인 것이다.

또한, 이 과도 교정형의 출현 비율은 동일 세대 내에서도 발신자에 따라 큰 차이가 난다. 비교적 다양한 발신자가 존재하는 제4세대와 제5세대의 언간 중에서도 유독 여강이씨(G_4)와 그의 맏며느리 진성이씨B(G_5)의 언간에서 과도 교정형이 많이 출현하는 것이다. 이러한 현상은 'ㄷ' 구개음화가 이미 학봉 종가 구성원들에게 완료된 상태였으며, /ㅣ/ 나 /y/ 앞의 /ㅈ/을 'ㄷ'으로 역표기하는 비율은 발신자 개개인의 언어 태도에 따라 제각기 달랐음을 의미한다.

〈鶴峰宗家〉에서 (7)~(9)와 같은 과도 교정형이 적지 않게 출현한다는 사실은 'ㄷ' 구개음화 역시 이 지역 양반들에게 비규범형으로 분명하게 인식되고 있었다는 것을 말해 준다. 그런데 지금까지 살펴본 'ㄱ'·'ㅎ'·'ㄷ' 구개음화형이 모두 '교정의 대상'이라는 점에서는 동일함에도 불구하고 그중 'ㄱ'과 'ㅎ' 구개음화형은 양반들의 서사어에서 극도로 기피되는 데 반해, 'ㄷ' 구개음화형은 매우 높은 비율로 실현된다. 이 사실은 'ㄱ'·'ㅎ' 구개음화와 'ㄷ' 구개음화에 대한 경북 양반들의 사회적 인식과 그 수용 정도가 서로 달랐다는 것을 의미한다. 다시 말해서, 'ㄱ'과 'ㅎ' 구개음화는 그들의 구어에서도 강력하게 거부되었지만, 'ㄷ' 구개음화는 그들에게 비교적 용인 가능한 변화로서 상당히 일반화되어 있었다는 것이다.

이들 세 구개음화에 대한 경북 양반들의 사회적 인식과 수용 정도가 동일하지 않았던 까닭은, 사회적 위신이 있는 중부 방언과 관련지어 해석할 수 있다. 즉, 'ㄱ'이나 'ㅎ' 구개음화와는 달리 'ㄷ' 구개음화는 이미 당시 중부 지역 양반들의 구어에서도 널리 받아들여진 변화였던 것이다. 실제로 〈秋史〉와 〈秋史家〉에서도 'ㄱ'과 'ㅎ' 구개음화의 예는 전혀, 혹은 거의 찾을 수 없는 데 비해,5) 'ㄷ' 구개음화의 예는 그와 비교할 수 없을 정도로 빈번하게 출현한다[김주필(2011a: 246~247), 이병기(2013: 202~205) 참조].6) 따라서 격식과 체통을 중시하는 경북 사대부 집안의 사람들이라고 하더라도, 당시 중부 지역 양반들의 방언에서 상당한 세력을 구축해 나가던 'ㄷ' 구개음화에 대해서는 비교적 '관대한' 태도를 가지고 자신들의 서사어에서도 그 개신형을 적지 않게 노출하였던 것이다. 〈鶴峰宗家〉에 등장하는 세 유형의 구개음화의 예들은 모두 이러한 관점에서 이해하여야 할 것이다.

---

5) 두 언간 자료에서 'ㄱ' 구개음화형이나 그 과도 교정형은 출현하지 않는다. 'ㅎ' 구개음화형은 아래와 같은 일례(一例)가 발견된다.
   [예] 하동 가는 며조 덩이 쏙 // 이 <u>셰고[數, 量]</u> 소음 훈 셤 댱무드려 닐너 브듸 보내게 흐야라 〈秋史家-11, 1793년, 해평윤씨(시조모) → 평산신씨(손부)〉
   cf. 비로 가는 것 며조 덩이 <u>혜고[數, 量]</u> 소금 훈 셤과 볼긔 즉시 뎍어 션쥬 맛뎌 보내게 ᄒ고 〈秋史家-12, 1793년, 해평윤씨(시조모) → 평산신씨(손부)〉
6) 반면에, 이승희(2000: 130~131)에 의하면 19세기 전·중기 중부 방언을 반영하는 순원왕후(純元王后, 1789~1857) 언간에서는 'ㄷ' 구개음화가 적극적으로 반영되어 있지 않다고 한다. 이승희 선생은 그 까닭이 표기의 보수성 때문인 것으로 해석하였다[131면]. 김주필(2011a: 249~250)은 이러한 견해를 비판하고 "당시의 구어에서 구개음화가 느리게 확산된 현실의 상태가 반영되었을 가능성을 배제할 수 없다."고 하였다. 그러나 저자는 이승희(2000)의 관점이 더 타당하다고 본다. 비슷한 시기에 공존하는 비슷한 성격의 두 문헌 중 하나는 특정 음운 현상을 적극적으로 반영하고 있고 다른 하나는 그렇지 않다고 할 때, 후자는 표기의 강한 보수성에 기인한다는 것이 저자가 취하는 기본적인 입장이기 때문이다.

4.1.2. 치찰음 뒤 /y/ 탈락

치찰음 뒤 /y/ 탈락이란, /ㅅ, ㅈ/과[7] /y/계 상향 이중모음의 연쇄에서 상향성 활음(on-glide) /y/가 탈락하는 현상을 말한다. 그 결과 치찰음과 상향 이중모음의 연쇄는 치찰음과 단모음의 연쇄로 변화하게 된다. 치찰음 뒤 /y/ 탈락 현상은 문헌 자료에서 'ㅅyV~ㅅV' 혼기와 'ㅈyV~ㅈV' 혼기를 통해 알 수 있는데, 이들 혼기가 광범위하게 나타나기 시작하는 것은 19세기 문헌에서부터이다(허웅 1965: 443).

'ㅈyV~ㅈV' 혼기의 원인이 /ㅈ/의 재음운화(Rephonologisierung)에 기인한다는 것에 대해서는 이견이 없다.[8] 따라서 본항(本項)에서 저자는 'ㅈyV~ㅈV' 혼기의 음운론적 동인이 /ㅈ/의 재음운화라는 사실을 별다른 논증 절차 없이 논의 전개를 위한 전제로 삼을 것이다. 이에 반해, 'ㅅyV~ㅅV' 혼기의 원인에 대해서는 다양한 견해가 존재한다. 그러므로 본항에서는 주로 'ㅅyV~ㅅV' 혼기례를 설명하는 데 치중할 것이다.

저자가 김한별(2014: 326~331)에서 정리한 바와 같이, 'ㅅyV'와 'ㅅV'의 대립이 무너진 현상에 대한 종래의 견해는 비록 세부적인 내용에서는 조금씩 차이가 있으나, 결국 공히 /ㅅ/과 /ㅈ/ 간의 공통점에 착안하여 'ㅅyV~ㅅV' 역시 'ㅈyV~ㅈV'와 동일한 원인에 의해 발생한 현상임을 논리적으로 전제하고 있다. 그러나 저자는 그 논문에서 이와 같은 기존의 입장들을 비판적으로 검토하고 새로운 견해를 제시한 바 있는데, 그 핵심은 중부 방언의 경우 'ㅅyV~ㅅV' 혼기가 단순한 'syV⟩sV', 즉 치조음 /s/ 뒤 /y/ 탈락과 그에 대한 과도 교정의 결과일 뿐이라는 것이다.[9] 저자의 그

---

7) 여기서 /ㅅ/과 /ㅈ/은 각각 모든 마찰음 계열(/ㅅ, ㅆ/)과 파찰음 계열(/ㅈ, ㅊ, ㅉ/)을 포괄한다.
8) 이에 대해서는 許雄(1964; 1965: 351~354, 442~443), 李基文(1972/1977: 67), 姜信沆(1983: 28~31), 金周弼(1985: 25~45), 고광모(1992: 3~4), 신승용(2006: 124~140), 안대현(2007: 318~320) 등을 참조.
9) 자세한 내용은 김한별(2014) 참조.

주장은 18세기 후기~19세기 전기의 중부 방언을 반영한 〈추사 언간〉과 〈추사가 언간〉에서 나타나는 현상에 근거한 것이었다.

그런데 본서에서 다루는 〈鶴峯宗家〉는 경북 방언 자료라는 점에서 중부 방언의 경우와는 또 다른 설명이 필요할지도 모른다. 국어의 하위 지역 방언들은 각각 독자적인 음운 체계를 지니고 있으며, 그에 따라 상이한 음운 변화를 겪기도 하기 때문이다. 이 문제를 밝혀내는 작업은 자료에 대한 엄밀한 검토를 통해서만 가능할 것이다. 'ㅅyV~ㅅV'와 'ㅈyV~ㅈV'는 선행 연구에서 주로 함께 논의되었던 만큼, 본항에서도 이 둘을 서로 대비하며 함께 다루기로 한다.

먼저, 실재 시간에서 'ㅅyV~ㅅV'와 'ㅈyV~ㅈV'가 어떠한 양상으로 전개되는지 간략히 살펴보자. 우리는 이미 2.3.3에서 1760년대의 김주국(G_1) 언간과 1830·1840년대를 포함한 19세기 전기의[10] 김진화(G_4) 언간 사이에서 나타나는 'ㅅyV~ㅅV' 혼기 양상의 차이를 간략히 대조해 본 바 있다. 여기서는 그 양상을 좀 더 자세히 고찰하고, 동일한 방법으로 'ㅈyV~ㅈV' 혼기도 살펴보도록 하겠다. 그중 아래는 'ㅅyV~ㅅV' 혼기례를 제시한 것이다.

(10) 1760년대 [제1세대(김주국)]

    가. 'ㅅyV→ㅅV'

    (해당 예 없음)

    가'. 'ㅅyV↛ㅅV'

        a. **[어두: 고유어]** 그리 **셜게**[哀] 길너내든 아닐 거시오 〈003〉 / **셔흔**[三十] 냥 〈004〉 / **쇽졀업신**[不得已] 〈003〉

        b. **[어두: 한자어]** **셔ᄒ노라**(書) 〈003〉 / **셩댱을**(成長) 〈003〉 / **셰**

---

10) 지금까지와는 달리 대조 범위를 '1830·1840년대'로 한정하지 않고 "1830·1840년대를 포함한 19세기 전기"라고 한 까닭은, 김진화 언간 중 〈031〉은 그 발신 시기를 정확히 알 수 없기 때문이다.

샹(世上) 닐 〈003〉 / **쇽신**(贖身) 〈004〉 / **슈요댱단이**(壽夭長短) 〈003〉

c. **[비어두: 고유어]** 블셔[既] 〈003〉 / 불샹흔[恤] 닐 〈003〉

d. **[비어두: 한자어]** 셰샹(世上) 닐 〈003〉 / 긔셔(寄書) 〈003〉 / 형셰(形勢) 〈003〉 / 골슈의(骨髓) 〈003〉

나. 'ㅅV→ㅅyV'

(해당 예 없음)

나. 'ㅅV↮ㅅyV'

a. **[어두: 고유어]** 내 **사려다가**[買] 못 **샀더니**[買] 〈004〉 / 우리 언마 **살며**[生] **사대**[生] 셰샹 닐 열 히밧 더 알냐 〈003〉 / **서넛**[三四] 〈003〉 // {형태소 경계}11) 이를 **써**[書] 준다 〈002〉

b. **[어두: 한자어]** 스싱이(死生) 〈003〉 / **삼월**(三月) 초뉵일 〈002〉 / 소위(所謂) 〈004〉 / 정흔 쉬(數+-ㅣ) 이시니 〈003〉

c. **[비어두: 고유어]** 백쉰[百五十] 냥 〈004〉 // {형태소 경계} 브랄 거시 업셔[無] 〈001〉

d. **[비어두: 한자어]** 빅만ㅅ(百萬事+-ㅣ) 〈003〉 / **삼상**(三喪) 〈004〉 / 종즈종손이(宗子宗孫) 〈001〉

(11) 19세기 전기(주로 1830·1840년대) [제4세대(김진화)]

가. 'ㅅyV→ㅅV'

a. **[어두: 한자어]** 소쥬를(燒酒) 〈031〉 / **송슌**(松筍) 〈031〉, **송슌쥬**(松筍酒) 〈031〉

cf. 쇼쥬(燒酒) 〈031〉, 쇼쥬를 〈031〉 / **숑편**(松-) 〈030〉

b. **[비어두: 한자어]** 이송쳔셔(二松川)12) 〈028〉

---

11) '써[書]'는 공시적으로 '쓰-+-어'로 분석되는데, 형태소 경계에 선행하는 어간말 모음 /ㅡ/가 탈락함으로써 해당 'ㅅV' 연쇄가 어두 음절에 놓이게 된 것이다.
12) '이송천(二松川)'은 현 '경상북도 안동시 서후면 이송천리'를 가리키는 지명이다(한국학

나. 'ㅅV→ㅅyV'

　　a. **[어두: 고유어]** 송슌을 **샬**마[烹] 〈031〉 / **샤셔**[買] 보내마 〈026〉 / **셔**[三] 말 〈027〉 / 모도 **쑉**으니[誚] **쑉**눈닷[誚] 말을 ᄒᆞ면 〈026〉 / **슈**이[易] 가면 〈026〉 / **슐**이나[酒] 〈030〉 // {형태소 경계} 아니 쓸 데 **쎠셔**[用] 〈026〉

　　b. **[어두: 한자어]** **샤**명일(四名日) 〈016〉 / **샤**싱(死生) 〈029〉 / **쇼문**(所聞) 〈024〉 / **쇼**셩이나(蘇醒) 〈021〉 / **슈**란 〃 ᄒᆞ다(愁亂愁亂) 〈029〉 / **슈**삼일(數三日) 〈021〉

　　c. **[비어두: 고유어]** 다**셧**[五] 쟌만 〈030〉 // {형태소 경계} 인편 업**셔**[無] 〈016〉, 쓸 길 업**셔**[無] 〈024〉 / ᄒᆞᆫ 피 낫 치는 정셩오**셰**[衣](옷+-에) 쓰고 〈018〉 // {문법 형태} 의진**샤**[今] 하인의 입으로 말이 나고 〈023〉, 무익ᄒᆞᆫ 염녀싼일**쇠**(念慮) 〈029〉

　　d. **[비어두: 한자어]** 치**샤**흔(恥事) 일이 〈023〉 / 션운**샤**의(禪雲寺) 〈026〉 / **죠쇽**ᄒᆞ야(操束) 〈023〉 / 집안 **쇼솔**이(所率) 〈029〉 / 무**슈**이(無數) 〈018〉

위 예를 통해 18세기 후기 김주국의 언간에서는 'ㅅyV~ㅅV' 혼기가 전혀 보이지 않다가[(10)],[13] 19세기 전기 김진화의 언간에 이르러서는 다양한 환경에서 그 혼기가 광범위하게 나타남을 확인할 수 있다[(11)]. 후자에서는 'ㅅyV~ㅅV' 혼기가 어두 및 비어두 음절 위치를 불문하고 나타나며, 형태소 내부를 넘어 형태소 경계에서까지 출현한다[(11나a, c)]. 게다가 김진화는 문법 형태마저도 /ㅅ/ 뒤에 /y/를 첨가한 표기를 보여 준다[(11나c)]. 다만, 김진화는 고유어에서 /ㅅ/ 뒤 /y/ 탈락 표기를 보여 주지

중앙연구원 2009a: 485).
13) 저자는 김한별(2014: 348)에서 김주국의 언간에서도 예외적으로 'ㅅyV~ㅅV' 혼기례가 하나 등장한다고 기술해 놓았으나 이는 잘못이다. 이 문제에 대해서는 제2장의 각주 65 참조.

는 않는대[(11가)].

'ㅈyV~ㅈV' 혼기의 예도 이와 다르지 않다.

(12) 1760년대 [김주국(제1세대)]

    가. 'ㅈyV→ㅈV'

        (해당 예 없음)

    가'. 'ㅈyV↛ㅈV'

        a. **[어두: 고유어]** 빅 낭은 내 보탠 **쟈**시어니와 〈004〉

        b. **[어두: 한자어]** **젹**년(積年) 〈004〉 / **젼**홀(傳) 거시오 〈004〉 / **쳐**가(妻家) 〈001〉

        c. **[비어두: 고유어]** 속졀업슨[不得已] 〈003〉 // {형태소 경계} 초 **쟈**[索] 보고 〈004〉 / 부르지**져**[叫] 〈001〉

        d. **[비어두: 한자어]** 보**젼**ᄒ야뻐(保全) 〈001〉 / 싱**젼**은(生前) 〈001〉 / 임**죵**(臨終) 〈003〉 / 셩**취**홀(成就) 〈003〉

    나. 'ㅈV→ㅈyV'

        (해당 예 없음)

    나'. 'ㅈV↛ㅈyV'

        a. **[어두: 고유어]** 춤고[忍] 〈004〉 / 추자[索] 보고 〈004〉 / 제[自己] 것 〈004〉 / 주노라[授] 〈004〉 / 죽어도[死] 〈001〉 / 싀여질 줄 모르매 〈004〉

        b. **[어두: 한자어]** 즈긔(自己) 〈001〉 / 잠간(暫間) 〈004〉 / 존망(存亡) 〈003〉 / 초상(初喪) 〈004〉

        c. **[비어두: 고유어]** ᄀ장[最] 〈003〉 // {형태소 경계} 명을 긋처[絶] 〈003〉

        d. **[비어두: 한자어]** 댱즈부(長子婦) 〈003〉 / 종즈종손이(宗子宗孫) 〈001〉 / 당초의(當初) 〈004〉

(13) 19세기 전기(주로 1830・1840년대) [제4세대(김진화)]

　가. 'ㅈyV→ㅈV'

　　o. **[어두: 한자어]** <u>츨몰</u>ᄒᆞ야(出沒) 〈029〉 / <u>취평되얏</u>ᄂᆞ가(就平) 〈021〉

　나. 'ㅈV→ㅈyV'

　　a. **[어두: 고유어]** 부대 <u>쟐</u> 거두어 〈016〉 / <u>져를</u>[自己] 보낸 후 〈026〉 / <u>졔가</u>[自己] 업슨 후 〈023〉 / 못 <u>쥬게</u>[授] ᄒᆞ면 〈023〉 / <u>쥭을</u>[死] 밧 업다 〈030〉 / 언졔 홀 <u>쥴</u> 모르고 〈026〉

　　b. **[어두: 한자어]** <u>쟈쥬빗</u>(紫朱-) 〈029〉 / 집의 이실 <u>젹의</u>ᄂᆞ[時] 〈024〉 / <u>죠속</u>ᄒᆞ야(操束) 〈023〉 / <u>쵸샹</u>(初喪) 〈016〉 / 이만 <u>쵸</u>〃(草草) 젹슴 〈016〉

　　　cf. <u>조쥬빗</u>(紫朱-) 동근씌를 〈029〉, <u>조쥬빗</u> 씌와 〈029〉 / <u>초</u>〃(草草) 젹으며 〈023〉

　　c. **[비어두: 고유어]** 그<u>져</u>[空然] 두고 아직 아니 보앗시니 〈028〉 / 이<u>져</u>ᄂᆞ[今] 〈023〉 / 언졔[何時] 〈026〉 / 입마시 아<u>쥬</u>[殊] 업스니 〈030〉 / 이런 증졍이 갓<u>츄</u>[具] 잇ᄂᆞ가 〈022〉 // {형태소 경계} 송슌밥을 되게 비<u>져</u>[醸](빗-+-어) 〈031〉

　　d. **[비어두: 한자어]** 시<u>쟉</u>ᄒᆞ야(始作) 〈021〉 / 두<u>챵</u>은(頭瘡) 〈024〉 / 도<u>젹</u>이(盜賊) 〈026〉 / 병<u>죠</u>의셔(兵曹) 〈029〉

'ㅈyV~ㅈV' 혼기 역시 1760년대 김주국의 언간에서는 하나도 발견되지 않는 데 비해[(12)], 19세기 전기 김진화의 언간에서는 매우 확산된 양상을 보인다[(13)]. '어두/비어두 음절', '형태소 내부/경계'의 구분 없이 혼기가 모두 나타나는 것과, /ㅈ/ 뒤 /y/ 탈락 표기가 고유어에서 나타나지 않는 것도 'ㅅyV~ㅅV'의 경우와 동일하다.

　(10)~(13)을 통한 실재 시간 조사는 'ㅅyV~ㅅV'와 'ㅈyV~ㅈV' 혼기에 대하여 우리에게 의미 있는 해석을 가능하게 해 준다. 그것은 18세기 후기와 19세기 전기 사이에 이들 혼기와 관련된 모종의 음운 변화가 발

생하였을 것이라는 해석이다. 두 사람의 표기가 극명한 대조를 보인다는 사실이 이를 뒷받침한다. 이러한 해석의 타당성은 두 혼기에 대한 현장 시간 조사를 통해서도 입증할 수 있다.

1830・1840년대 제3세대부터 제5세대 발신자들의 'ㅅyV~ㅅV' 혼기례를 환경별로 제시해 보면 아래와 같다. 단, 제4세대 발신자 중 김진화의 예는 이미 위 (11)에서 제시하였으므로 아래 (15)에서는 생략하기로 한다.

(14) 1830・1840년대 [제3세대]

    가. 'ㅅyV→ㅅV'

        a. **[어두: 고유어]** <u>속절업시</u>[不得已] 〈008, 의성김씨A〉

            cf. <u>쇽졀업시</u>[不得已] 〈006, 의성김씨A〉

        b. **[어두: 한자어]** <u>수지</u>(休紙/手紙) 〈008, 의성김씨A〉 / <u>슌포</u>(巡-)

          〈008, 의성김씨A〉

    나. 'ㅅV→ㅅyV'

        o. **[어두: 한자어]** <u>슈쳑ㅎ온</u>(瘦瘠) 〈007, 의성김씨A〉

            cf. <u>수쳑</u>〃(瘦瘠瘦瘠) 〈008, 의성김씨A〉

(15) 1830・1840년대 [제4세대(김진화 제외)]

    가. 'ㅅyV→ㅅV'

        a. **[어두: 고유어]** <u>쇠롤</u>[牛] 잡혀 〈080, 여강이씨〉, <u>쇠고기로</u>[牛肉]

          〈067, 여강이씨〉 / <u>셜흔셕</u>[三十三] 즛이나 〈040, 여강이씨〉

        b. **[어두: 한자어]** <u>소향을</u>(麝香) 〈037, 여강이씨〉 / <u>상치</u>(傷) 아니

          ㅎ올지 〈080, 여강이씨〉 / <u>소식</u>(消息) 〈137, 아주신씨B〉 / <u>수습</u>이

          (收拾) 〈070, 여강이씨〉

        c. **[비어두: 한자어]** <u>여상</u>(如常) 〈136, 아주신씨B〉 / <u>쳠상은</u>(添傷)

          〈039, 여강이씨〉 / <u>권속으로</u>(眷屬) 〈067, 여강이씨〉 / <u>년속ㅎ오나</u>

          (連續) 〈139, 아주신씨B〉

나. 'ㅅV→ㅅyV'

    a. **[어두: 고유어]** 셔[三] 돈 오 푼 〈047. 여강이씨〉 / **쎼우기**[拗] 과ᄒ여 〈138. 아주신씨B〉 / **쇼옥이**[內] 〈138. 아주신씨B〉 / **쇽디**[誑] 마시옵 〈043. 여강이씨〉 / **슈져**[匙箸] 〈068. 여강이씨〉 // {형태소 경계} 다른 거슨 사셔 ″(셔)도[用] 〈054. 여강이씨〉

    b. **[어두: 한자어]** **샤안**(思案)14) 〈053. 여강이씨〉 / **샹긔** ″(喪氣喪氣) 블샹ᄒ오니 〈138. 아주신씨B〉 / **샹쥬**(喪主) 〈076. 여강이씨〉

    c. **[비어두: 고유어]** **두셋**[二三] 〈132. 고성이씨A〉 // {형태소 경계} 씻긋지 **시셔**[洗] 〈080. 여강이씨〉 / **부졀업셔** 〈139. 아주신씨B〉

    d. **[비어두: 한자어]** **경샹들은**(景狀) 〈034. 여강이씨〉 / **군쇽들**(窘束) 〈133. 아주신씨A〉 / **지쇽이**(遲速) 〈038. 여강이씨〉 / **하숑ᄒ옵신**(下送) 〈134. 아주신씨A〉

(16) 1830・1840년대 [제5세대]

    가. 'ㅅyV→ㅅV'

    a. **[어두: 고유어]** **속졀업시**[不得已] 〈204. 진성이씨B〉, **속졀업슨** 〈204. 진성이씨B〉

    b. **[어두: 한자어]** **사랑**(舍廊) 〈184. 의성김씨④〉 / 아바님 젼 **샹슬의**(〈上+솗-[白]+-이〉 〈200. 의성김씨②/③〉 / **서모도**(庶母) 〈174. 의성김씨③〉 / **소긔**(小朞) 〈210. 진성이씨B〉 / **순과**(巡) 희소로 〈183. 의성김씨④〉

    c. **[비어두: 고유어]** 불샹ᄒ들[恤] 〈154. 의성김씨②〉 / **무셥소오이다**[怵] 〈217. 진성이씨B〉 // {문법 형태} 그만두시옵소셔[止] 〈206. 진성이씨B〉, **보ᄂ시옵소셔**[送] 〈215. 진성이씨B〉, **그리ᄒ시옵소셔** 〈209. 진성이씨B〉

---

14) '샤안(思案)'은 '경상북도 안동시 남후면 무릉리 사안'을 가리키는 지명이다(한국학중앙연구원 2009a: 793).

d. **[비어두: 한자어]** 셜스(泄瀉) 〈206, 진성이씨B〉 / 신샹(身上)
      〈183, 의성김씨④〉 / 감세(減勢) 〈173, 의성김씨③〉 / 권속이(眷屬)
      〈214, 진성이씨B〉 / 빅수쇠안이(白首衰顔) 〈179, 의성김씨④〉

나. 'ㅅV→ㅅyV'

   a. **[어두: 고유어]** 셔너[三四] 가지식 〈213, 진성이씨B〉 / 일긔 의법
      션〃ᄒ오니[爽] 〈177, 의성김씨④〉 / **셥**〃ᄒ오이다[悵然] 〈177, 의성
      김씨④〉, **셥**〃ᄒ와 〈226, 진주강씨A〉 / **숀의**[手] 맛겨 두고 〈173,
      의성김씨③〉 / **슈이**[易] 오시기 극원이올소이다 〈149, 의성김씨①〉
      / **슐안쥬**(-按酒) 〈180, 의성김씨④〉 // {형태소 경계} **쎠**[書] 두고
      가시며 〈218, 진성이씨B〉 / 즉시 **셧습**[用] 〈177, 의성김씨④〉, 자갈
      도 그리 몹시 **셧스오면**[用] 〈216, 진성이씨B〉

   b. **[어두: 한자어]** 샤십(四十) 냥 〈181, 의성김씨④〉 / **샴샹**이(三喪)
      〈215, 진성이씨B〉 / **쇼쳐**(所處) 〈167, 의성김씨②〉 / **슈안**ᄒ오니(愁
      亂) 〈204, 진성이씨B〉 / **슈쳑**ᄒ(瘦瘠) 〈223, 진주강씨A〉

   c. **[비어두: 고유어]** 낫셜고[生疏] 〈212, 진성이씨B〉 / 잡슈와[食]
      〈214, 진성이씨B〉 // {형태소 경계} 쓸 길 업셔[無] 〈149, 의성김씨
      ①〉, 슬 길 업셔 〈183, 의성김씨④〉 // {문법 형태} ᄒ올쇼이다[爲]
      〈174, 의성김씨③〉

   d. **[비어두: 한자어]** 슌샨ᄒ엿스오나(順産) 〈152, 의성김씨②〉 / **샴
      샹**이(三喪) 〈215, 진성이씨B〉 / 권솔(眷率) 〈170, 의성김씨②〉 / **뎨슈**
      도(弟嫂) 〈223, 진주강씨A〉

(14)~(16)은 이 시기 'ㅅyV~ㅅV' 혼기가 노년층(제3세대)에서 청년층(제5세대)으로 내려올수록 환경상의 확대를 보인다는 사실을 알려 준다. 비록 제3세대의 언간 수량이 상대적으로 적어 완전히 균등한 비교가 될 수는 없겠지만, 주어진 자료상에서 발견되는 소수의 예는 모두 어두 음절 위치에서의 혼기를 보이는 것들뿐이다(14)]. 제4세대에서는 그 환경

이 비어두 음절 위치는 물론[(15가c, 나c, 나d)] 형태소 경계로까지 확대 되어 있으나[(15나a, 나c)], /y/ 탈락 표기는 고유어의 비어두 위치에서는 나타나지 않는다[(15가)]. 제5세대는 /y/ 탈락이 고유어 비어두 음절에서도 출현할 뿐만 아니라, 어휘 형태를 넘어 문법 형태에까지 그 세력을 확장하였다[(16가c)]. 현장 시간에서 관찰되는 'ㅅyV~ㅅV' 혼기의 이와 같은 환경상의 확대는 앞서 실재 시간 조사를 바탕으로 한 우리의 해석을 지지해 준다.

그렇다면 이제 현장 시간에서 나타나는 'ㅈyV~ㅈV' 혼기의 예를 제시해 보도록 하겠다.

(17) 1830・1840년대 [제3세대]

　　가. 'ㅈyV→ㅈV'

　　　　a. **[어두: 한자어]** 쵹ᄉ의(觸事) 〈008. 의성김씨A〉

　　　　b. **[비어두: 한자어]** 억제ᄒ여(抑制) 〈007. 의성김씨A〉

　　나. 'ㅈV→ㅈyV'

　　　　o. **[비어두: 고유어]** 이젹디[此時] 〈005. 의성김씨A〉

(18) 1830・1840년대 [제4세대(김진화 제외)]

　　가. 'ㅈyV→ㅈV'

　　　　a. **[어두: 고유어]** 조랑을[秒] ᄒ오니 〈036. 여강이씨〉 / **족**만ᄒ여[具] 〈075. 여강이씨〉 / **젓**[乳] 못 먹고 〈033. 여강이씨〉 / **조**희[紙] 〈037. 여강이씨〉

　　　　b. **[어두: 한자어]** 창풍(昌豊)[15] 〈044. 여강이씨〉 / **초**이나(燭) 〈054. 여강이씨〉 / **족**하들(足下) 〈132. 고성이씨A〉 / **촉**쳐(觸處)

---

15) '창풍(昌豊)'은 현 '경상북도 안동시 서후면 자품리 창풍'을 가리키는 지명이다(한국학중앙연구원 2009a: 112).

〈132, 고성이씨A〉 / **죽을**(粥) 먹일 〈040, 여강이씨〉

　c. **[비어두: 고유어]** {문법 형태} 그만이 **두쟈**[置] ᄒ여도 야희가 말을 아니 듯고 〈083, 여강이씨〉, cf. 져근덧 **보내쟈**[送] ᄒ고 〈076, 여강이씨〉

　d. **[비어두: 한자어]** 풍츠나(風遮) 〈079, 여강이씨〉 / **고초댱도**(〈苦椒+醬〉 〈038, 여강이씨〉

나. 'ㅈV→ㅈyV'

　a. **[어두: 고유어]** **쳐엄인**[初] 〈139, 아주신씨B〉 / **죠르온**[煮] 것 〈075, 여강이씨〉 / **쥐**[鼠] 〈050, 여강이씨〉

　b. **[어두: 한자어]** **쟝ᄉ**(葬事) 〈034, 여강이씨〉 / **쟝히**(壯) 죠하 보인다 〈076, 여강이씨〉 / 관청 음식 **쳠만**(站) 마치고 〈077, 여강이씨〉 / **츙**〃(恩恩) 〈038, 여강이씨〉

　c. **[비어두: 고유어]** **그져**[空然] 괴롭숩고 〈138, 아주신씨B〉 / **의젹지**[此時] 쇼식이 업ᄉ오니 〈045, 여강이씨〉

　d. **[비어두: 한자어]** **도젹이**(盜賊) 〈057, 여강이씨〉 / **직쵹**ᄒ오니 (〈催促) 〈080, 여강이씨〉

(19) 1830・1840년대 [제5세대]

가. 'ㅈyV→ㅈV'

　a. **[어두: 고유어]** **자그만ᄒ게**[小] 〈206, 진성이씨B〉 / **젹디**[小, 少] 아니ᄒ시다니 〈178, 의성김씨④〉 / **졋의**[乳] 헌듸 〈156, 의성김씨②〉 / **조곰**[小, 少] 〈205, 진성이씨B〉 / **조희나**[紙] 〈181, 의성김씨④〉

　b. **[어두: 한자어]** **절박습**(切迫) 〈174, 의성김씨③〉 / **졈**〃(漸漸) 〈180, 의성김씨④〉 / **초창**(悄愴) 〈206, 진성이씨B〉 / 병 **종시**(終是) 낫지 아니흘 줄 〈178, 의성김씨④〉 / **축슈**ᄒᆞᆸᄂᆞ이다(祝手祝手) 〈223, 진주강씨A〉 / **취한이나**(取汗) 〈180, 의성김씨④〉

　c. **[비어두: 고유어]** {문법 형태} 너를 **보치**ᄌ[惱] ᄒ엿더니 〈165,

　　　　의성김씨②〉

　　d. **[비어두: 한자어]** 범저리(凡節) 엇더ㅎ옵시며 〈225, 진주강씨A〉 / **마천**틱(麻川宅) 〈180, 의성김씨④〉 / **부족**ㅎ여(不足) 〈174, 의성김씨③〉 / **싀진**종조(媤再從祖) 〈180, 의성김씨④〉

나. 'ㅈV→ㅈyV'

　　a. **[어두: 고유어]** **져**[自己] 어루신너 〈215, 진성이씨B〉 / **쳐음**으로[初] 〈170, 의성김씨②〉 / 써날 **젹**[時] 〈206, 진성이씨B〉 / **제**[自己] 시어미 〈217, 진성이씨B〉 / 조금 **쥬시**옵[授] 〈184, 의성김씨④〉 / **쥭은**[死] 사람만 〈206, 진성이씨B〉 / 십년되실 **쥴** 알며셔도 〈181, 의성김씨④〉 / **쥼치**[囊] 〈209, 진성이씨B〉

　　b. **[어두: 한자어]** **쟌샹**(孱傷) 〈178, 의성김씨④〉 / **쟝ᄉ도**(葬事) 〈180, 의성김씨④〉 / **죵가**은(宗家) 다 평안들 ᄒ신가 〈184, 의성김씨④〉

　　c. **[비어두: 고유어]** 그**져**[空然] 곱ヶᄒ오이다 〈163, 의성김씨②〉 / 이**젹**[此時] 못 견듸올 듯 〈157, 의성김씨②〉 / 어**졔**[昨日] 〈149, 의성김씨①〉 / 구미는 아**쥬**[殊] 업습고 〈206, 진성이씨B〉 // {형태소 경계} 잇**져**부시고[忘] 〈211, 진성이씨B〉

　　d. **[비어두: 한자어]** 샹**쟝**(上狀) 〈211, 진성이씨B〉 / 원**쵼**(遠村)[16] 〈149, 의성김씨①〉 / 반**쵼**(泮村) 〈150, 의성김씨①〉

　　　　cf. 모**챡**(謀策) 〈235, 진주강씨B〉, 모**칙**이(謀策) 〈208, 진성이씨B〉

(17)~(19)에서 드러나는 'ㅈyV~ㅈV' 혼기 역시 앞서 살펴본 'ㅅyV~ㅅV' 혼기와 유사한 전개를 보인다. 즉, 세대를 거듭할수록 혼기가 나타나는 환경이 점차 확대되는 양상을 보이는 것이다. 제3세대의 언간 수량이 비교적 적은 것은 마찬가지이나, 제3세대와 제4세대 간의 차이가 워낙

---

16) '원쵼(遠村)'은 '현 경상북도 안동시 도산면 원천리'를 가리키는 지명이다(한국학중앙연구원 2009a: 651).

극명하여 'ㅈyV~ㅈV' 혼기가 제4세대 언간에서부터 대폭적으로 늘어났다는 것은 부정할 수 없는 사실이다. 특히, 문법 형태에서의 /y/ 탈락은 제4세대에서 등장하고[(18가c)], 형태소 경계에서의 /y/ 첨가는 제5세대에서 나타난다[(19나c)]. 이와 같은 전개 양상은 'ㅅyV~ㅅV'의 경우와 사실상 같다고 보아도 무방하다.

그런데 현장 시간 조사에서 드러나는 한 가지 흥미로운 점은, 제4세대인 김진화가 보여 주는 혼기례의 출현 환경이 제5세대의 그것에 비견될 만큼 확대되어 있다는 사실이다. 그는 심지어 '정성오세(옷[衣]+-에)'와 같은 곡용 환경에서도 'ㅅV→ㅅyV' 표기를 보여 주는데[(11나c)], 이는 제5세대에서도 발견되지 않는 환경이다. 김진화의 언어에 노출되는 이러한 특이성은 아래 [표 4.2]와 같이 각 세대별로 혼기가 발생하는 비율을 대비해 볼 때 더욱 선명하게 드러난다.17) [그림 4.2]~[그림 4.5]는 [표 4.2]의 내용을 각 혼기 유형별로 차례대로 그래프로 나타낸 것이다.

세대\혼기 유형	제3세대	제4세대			제5세대
		김진화	그 외	전체	
ㅅyV→ㅅV	3/84 (3.6%)	6/124 (4.8%)	41/1,168 (3.5%)	47/1,292 (3.6%)	43/607 (7.1%)
ㅅV→ㅅyV	1/48 (2.1%)	80/150 **(53.3%)**	43/1,292 (3.3%)	123/1,442 (8.5%)	118/839 **(14.1%)**
ㅈyV→ㅈV	2/91 (2.2%)	2/96 (2.1%)	44/918 (4.8%)	46/1,014 (4.5%)	43/555 (7.7%)
ㅈV→ㅈyV	1/94 (1.1%)	79/134 **(59.0%)**	56/1,303 (4.3%)	135/1,437 (9.4%)	130/695 **(18.7%)**

[표 4.2] 세대별 /ㅅ, ㅈ/ 뒤 'yV~V' 혼기율

---

17) [표 4.2]의 혼기율은 해당 환경을 지니고 있는 모든 어사의 출현 빈도(token frequency)를 통해 계산한 것이다. 이때 어두/비어두 음절, 고유어/한자어, 형태소 내부/경계, 어휘/문법 형태 등의 구분은 고려하지 않았다. 다만, 판독 결과를 신뢰할 수 없거나 정확한 어원을 파악하기 어려운 어사는 빈도 산정에서 제외하였다. 또한, 'ㅅyV~ㅅV' 혼기의 경우에는 'ㅎ' 구개음화를 겪은 어사를, 'ㅈyV~ㅈV' 혼기의 경우에는 'ㄷ' 구개음화를 겪은 어사도 각각 조사 대상에서 제외하였다. 그리고 선어말 어미 '-습/스오-, -잡/즈오-'와 종결 어미 '-습, -잡'은 단 한 차례의 혼기로 보이지 않으므로, 이 문법 형태들의 빈도도 고려하지 않았다.

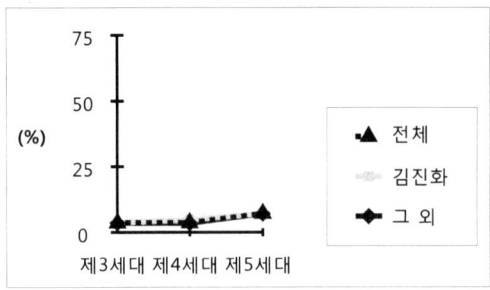

[그림 4.2] 세대별 'ㅅyV→ㅅV' 표기율

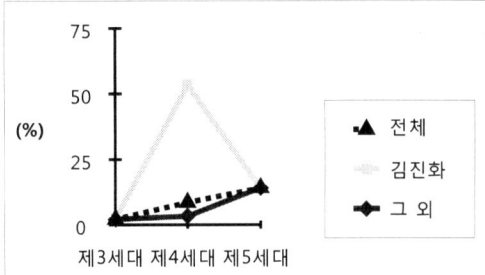

[그림 4.3] 세대별 'ㅅV→ㅅyV' 표기율

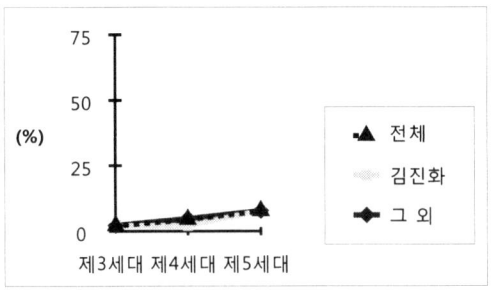

[그림 4.4] 세대별 'ㅈyV→ㅈV' 표기율

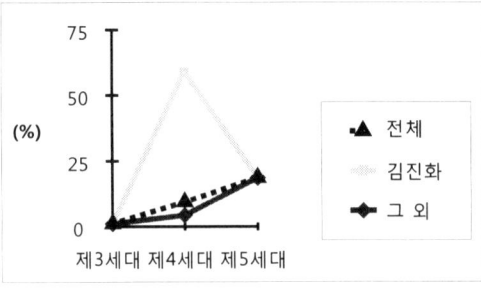

[그림 4.5] 세대별 'ㅈV→ㅈyV' 표기율

[표 4.2]에서 제4세대 혼기율은 김진화와 그 외 나머지 발신자들의 것으로 나누어 제시하였다. 여기서 우리는 치찰음 뒤 'yV~V' 혼기율이 모두 현장 시간 선상에서 점차 증가하고 있음을 알 수 있다. 그리고 제3세대와 제4세대('그 외')와는 달리 제5세대부터는 /ㅅ/과 /ㅈ/ 뒤에서 모두 /y/가 탈락하는 경우보다 첨가되는 경우가 두 배 이상 많아진다는 것은 주목할 만하다.

문제는 김진화의 언간에서 나타나는 혼기율이다. [표 4.2]를 통해서 잘 알 수 있듯이 그는 /ㅅ/과 /ㅈ/ 뒤에서 공통적으로 /y/를 첨가하는 표기를 상당히 선호하였는데, 그 비율은 같은 세대의 다른 발신자들은 물론 그 다음 세대에서 나타나는 비율보다도 압도적으로 높은 것이다. 이러한 사실은 김진화 언간에 등장하는 두 혼기의 환경이 상당히 확대되어 있다는 사실과도 잘 부합한다. 따라서 우리는 비록 동일한 제4세대의 발신자들이 작성한 편지라고 하더라도 김진화와 그 외 나머지 인물들에 의해 작성된 것을 서로 동일하게 해석해서는 안 될 것이다.

그렇다면 'ㅅyV~ㅅV' 및 'ㅈyV~ㅈV' 혼기에 대하여 김진화가 보이는 특이성은 어떻게 해석해야 할까. 저자는 이를 사회적 위신(social prestige)이 있는 중부 방언이나 중앙어 문헌에서의 표기법을 의식한 김진화 개인의 표기 특성으로 파악한다.[18] 그 첫 번째 근거로 〈秋史〉와 〈秋史家〉에서 드러나는 유사한 표기 경향을 들 수 있다. 두 언간 자료 중 1830·1840년대에 작성된 언간에서 나타나는 /ㅅ, ㅈ/ 뒤 'yV~V' 혼기 유형별 비율을 조사해 보면 아래 [표 4.3]과 같다.[19]

---

[18] 사회적 관점에서 표기법상의 변이 문제를 다룬 논의로는 Sebba(2007: 26~57)가 있다. 세바 선생의 논의는 기본적으로 어떤 대상에 대하여 선택 가능한 복수의 표현이 있다면 거기에는 항상 사회적 의미(social meaning)가 반영되어 있다는 전제에서 출발한다32면. 'ㅅV'를 'ㅅyV'로, 'ㅈV'를 'ㅈyV'로 각각 표기하는 김진화의 태도는 매우 의식적인 것이므로(후술), 이러한 표기법상의 변이에도 사회적 의미가 들어 있다고 볼 수 있을 것이다.

[19] 혼기율 조사 방법은 전술한 [표 4.2]의 경우와 동일하다.

발신자 혼기 유형	김노경(G₃)	김정희(G₃,₅)	총계
ㅅyV→ㅅV	1/63 (1.6%)	1/145 (0.7%)	2/208 (1.0%)
ㅅV→ㅅyV	2/36 (5.6%)	34/112 **(30.4%)**	36/148 **(24.3%)**
ㅈyV→ㅈV	3/52 (5.8%)	10/158 (6.3%)	13/210 (6.2%)
ㅈV→ㅈyV	3/49 (6.1%)	50/116 **(43.1%)**	53/165 **(31.1%)**

[표 4.3] /ㅅ, ㅈ/ 뒤 'yV~V' 혼기율
(1830・1840년대 〈秋史〉 및 〈秋史家〉)

[표 4.3]에서 주목할 점은 김정희가 그의 생부(生父) 김노경에 비해 'ㅅV'를 'ㅅyV'로, 'ㅈV'를 'ㅈyV'로 각각 표기하는 경향을 매우 강하게 드러낸다는 것이다. 김정희의 이와 같은 표기 경향은 비단 김노경뿐만 아니라 〈秋史家〉의 발신자 중 김정희 이전 세대 인물들의 표기법과 대조할 때도 동일하게 드러나는 특징이다.[20]

또한, 허웅(1965: 443)이 'ㅅyV~ㅅV' 및 'ㅈyV~ㅈV' 혼기가 심하게 나타나기 시작하는 최초의 문헌으로 보고한 ≪諭中外大小民人等斥邪綸音≫ (1839)에서도 아래 (20), (21)과 같이 김정희 언간과 동일한 표기 경향이 나타난다(각 항목별 수치는 해당 환경을 지니고 있는 어사의 출현 빈도와 그에 따른 혼기율을 가리킨다).[21]

(20) 가. 'ㅅyV→ㅅV' [2/115회**(1.7%)**]

죠슐(祖述) 〈1b〉, 풍쇽은(風俗) 〈8a〉

---

20) 구체적인 예는 김한별(2014: 343~344) 참조.
21) 혼기율 조사 방법은 전술한 [표 4.2]의 경우와 동일하다. 단, 이번에는 '잇/이시-[在]'의 활용형도 빈도 산정에서 제외하였다. 이들은 재어휘화된 어간 '잇-() 있-)'의 활용형으로도 분석할 가능성이 있기 때문이다(宋喆儀(2000/2008: 427~437) 참조]. 실제로 이 문헌에서 '잇/이시-[在]'의 활용형은 '잇는〈6a〉, 잇거늘〈8a〉, 이스면〈6a〉, 이스니〈5a〉, 이슬고〈6a〉, 이셔〈2b〉, 잇셔〈2a〉, 이셔도〈8b〉, 잇셔도〈2a〉' 등과 같이 나타난다.

나. 'ㅅV→ㅅyV' [8/115회**(7.0%)**]

셔로[相] ⟨2b⟩⟨7b⟩⟨8a⟩⟨8a⟩, 셰[三] 번의 ⟨4a⟩, 여슈라(耶穌) ⟨4b⟩, 여슈는(耶穌) ⟨7a⟩, ᄉ목의 권병을 아샤(앗-+-아) [欲攘司牧之權] ⟨6a⟩

(21) 가. 'ㅈyV→ㅈV' [2/97회**(2.1%)**]

챵긔ᄒ고(倡) ⟨3a⟩, 져주의(詛呪) ⟨6b⟩

나. 'ㅈV→ㅈyV' [24/85회**(28.2%)**]

쳐음에[始] ⟨5a⟩, 죠ᄎ며[遵] ⟨2b⟩, 좃지[遵] 아닛는 ⟨8b⟩, 쥬리고[飢] ⟨9b⟩, 쥭은[死] ⟨5b⟩, 쥬여[殺] ⟨8b⟩, 쥬시단[畀賦] ⟨1a⟩, 이졔까지[今] ⟨2b⟩, 이졔[今] ⟨3b⟩⟨8b⟩⟨9a⟩⟨9b⟩, 가쟝 챰혹히(慘酷) ᄒ 재라[取酷者] ⟨7a⟩, 챤연히(粲然) ⟨2b⟩, 죠슐(祖述) ⟨1b⟩, 츄샹방죵홈으로뼈(趨尙放縱) ⟨9a⟩, 혼잡지(混雜) 못ᄒ 거시여늘 ⟨5a⟩, 흉젹(凶賊) ⟨2b⟩, 역젹놈은(逆賊) ⟨3b⟩, 도젹의(盜賊, 도죽) ⟨6a⟩, 셩죠계오샤(聖祖) ⟨2a⟩, 황죠의(皇祖) ⟨4a⟩, 지죠(⟨才操) ⟨3a⟩

(20)과 (21)은 이 윤음에 출현하는 혼기례를 모두 제시한 것으로, (20)과 (21)의 '가'에 비해 '나'의 비율이 더 높음을 확인할 수 있다.

따라서 [표 4.3]에서 드러나는 김노경과 김정희 부자간의 표기 차이가 어떠한 원인에서 비롯된 것인지는 현재로서 밝히기 어려우나,[22] (20)과 (21)을 고려할 때 19세기 30년대와 40년대 중부 방언과 중앙어를 반영한 문헌에서 치찰음 뒤 /y/ 탈락보다 /y/ 첨가 표기가 우세하였다는 것

---

22) 두 사람 간에는 세대 차이가 나므로 이를 '세대'라는 사회적 변인이 관여한 것으로 해석할 가능성도 있다. ⟨鶴峰宗家⟩의 경우 유치명(G_3)은 김진화(G_4)와 마찬가지로 중앙에서 관직 생활을 하였음에도 불구하고([부록 2] 참조) 'ㅅyV~ㅅV'와 'ㅈyV~ㅈV' 혼기를 전혀 보이지 않는다는 사실도 주목할 만하다. 그러나 이 현상에 '세대' 변인이 분명하게 개입하였다는 가정을 증명하기 위해서는 더 많은 근거가 필요하다.

은 분명한 사실이라고 말할 수 있다. 이러한 사실에 기초하여 동일한 학봉 종가 구성원 중에서 유독 김진화만 독특한 표기를 보인다는 사실과, 경북 방언 화자인 김진화가 중부 방언 화자인 김정희와 동시대 동일한 표기 경향을 보인다는 사실까지 고려한다면, 우리는 김진화가 이 현상에 관해서는 권위 있는 중부 방언이나 중앙어의 서사 전통에 강한 영향을 받았다고 결론지을 수 있다.

두 번째 근거는 이 현상에 대하여 김진화가 지나치게 기계적인 표기 경향을 보인다는 점이다. [표 4.2]에서 잘 드러나듯이 그는 치찰음 뒤에서 /y/ 첨가 표기를 과도하게 보인다. 하지만 그러한 가운데서도 (22)와 같이 /y/를 첨가시키지 않은 일군의 어사가 존재하는데, 거기에는 일정한 규칙성이 발견된다.

(22) 가. 스름이내시 〈022〉 / 술[買] 슈 업다 〈023〉 / 스십(四十) 〈025〉 / 무스히(無事) 〈016〉 / 시롭고[新] 〈029〉 / 싱각의[思] 〈030〉 / 삼월의스 도라올다 〈023〉

가'. 산(山) 〈020〉, 산기슬과[山脚] 〈020〉 / 삼십(三十) 〈026〉, 초삼일(初三日) 〈016〉 / 소동남글(蘇桐) 〈020〉, 소호집의게(蘇湖-)[23] 〈024〉

가". 쉬웜[易] 〈023〉 / 손이[客] 가거던 〈024〉 / 손이[手] 부긔 셩〃ᄒ야 〈017〉

나. 소쥬를(燒酒) 〈031〉 / 송슌(松荀) 〈031〉, 송슌을(松荀) 〈031〉, 송슌밥을(松荀-) 〈031〉, 송슌쥬(松荀酒) 〈031〉 / 이송쳔셔(二松川) 〈028〉 cf. 숑편(松-) 〈030〉

(23) 가. 잠을[眠] 못 즈고[眠] 〈025〉 / 츨[寒] 쎠시오 〈026〉 / 혼즈[獨] 〈026〉 / 즈쥬빗(紫朱-) 〈029〉 / 관즈는(貫子) 〈029〉 / 이직얘슥] 〈023〉 /

---

23) '소호'는 '현 경상북도 안동시 일직면 망호리 소호(蘇湖)'를 가리키는 지명이다(한국학중앙연구원 2009a: 475). '소호집'은 소호에서 시집온 여인을 가리키는데, 김세락의 초취 한산이씨를 가리키는 것으로 보인다(부록 2) 참조).

두 번쩨[次] 〈026〉

가. **잡**들이가(雜--) 〈030〉 / **초**삼일(初三日) 〈016〉, **초**구일(初九日) 〈019〉 / **초** 〃 (草草) 〈023〉 / **총** 〃 (恩恩) 〈026〉

cf. **쵸**상(初喪) 〈016〉 / **쵸** 〃 (草草) 〈016〉

가'. **잡**아먹인[捕食] 〈024〉 / **쥐**괴[握] 〈024〉

나. **출**몰ᄒ야[出沒] 〈029〉 / **취**평되얏ᄂ가(就平) 〈021〉

(22)와 (23)은 각각 /ㅅ/과 /ㅈ/의 경우를 나타낸다. 그중 (22가), (23가)는 기원적으로 /·/를 가지고 있었거나 당시 '·'로 표기된 어사이다. (22가'), (23가')은 '山, 三, 蘇, 雜, 初, 草, 恩' 등 특정 한자로 이루어져 있거나 그것을 구성 요소로 하는 한자어이다. (22가"), (23가")은 이상의 일반화에서 벗어나는 소수의 예들이다. 한편 (22나), (23나)는 /y/가 탈락된 극소수의 예를 모두 제시한 것이다.24) 결국 이상의 예들을 제외하면 김진화는 'ㅅV'와 'ㅈV' 연쇄를 표기상으로 절대 허용하지 않은 셈이 된다. 이는 표기법에 대한 기사자의 확고한 태도가 반영된 것으로 볼 수밖에 없을 것이다.

그렇다면 치찰음 뒤에서 이와 같은 혼기가 발생하게 된 음운론적 동인은 무엇일까. 그런데 이 물음에 대해서는 쉽게 답하기 어렵다. 왜냐하면 아래에 제시한 세 가지 사실에 모두 부합하는 음운론적 설명을 찾을 수 없기 때문이다.

① ≪訓民正音≫ 초성 체계에서는 /ㅅ, ㅈ/이 함께 치음(齒音)으로 분류되었으며, 이 방언(경북 양반 계층 방언)에서는 이전 시기(18세기 후기)에 /ㅅ, ㅈ/ 뒤 'yV : V' 대립이 존재하였다.

---

24) (22나)에 제시한 'ㅅyV→ㅅV' 표기례가 특정 편지(〈031〉)의 특정 한자음('松')에서 주로 나타난다는 점은 특기할 만한 사실이다.

② 이 방언에서는 이 시기(19세기 전기)에 /ㅅ, ㅈ/ 뒤에서 'yV~V' 혼기가 나타난다.

③ 이 방언에서는 오늘날 /ㅅ/은 전설 모음 앞에서, /ㅈ/은 모든 모음 앞에서 치조 경구개음으로 실현된다.[25]

우선 앞에서 언급한 바와 같이, 'ㅈyV~ㅈV'가 /ㅈ/의 재음운화(/ʦ/)/ʧ/)에 의한 결과라는 사실은 부정하기 힘들다. 하지만 'ㅅyV~ㅅV' 역시 /ㅅ/의 재음운화(/s/)/ʃ/)의 결과로 설명한다면, 그것은 ③에 부합하지 않게 된다. 그리고 만일 'ㅅyV~ㅅV'와 'ㅈyV~ㅈV'가 서로 다른 동인에 의한 현상이라고 한다면, ②와 관련된 사실이 문제가 된다. 적어도 학봉 종가 인물들의 언간에서는 /ㅅ/과 /ㅈ/ 뒤에서의 'yV~V' 혼기가 상호 유의미한 차이를 보이지 않기 때문이다. 또 다른 설명 방식은 /ㅅ/이 전설 모음 앞에서 실현되는 치조 경구개 변이음 [ʃ]의 영향에 의해 음성적으로 구개음화된 것이 'ㅅyV~ㅅV'와 같이 표기상에 노출된 것으로 보는 것이다. 그러나 위에서 살펴본 바와 같이 이 혼기가 나타나는 환경은 전설 모음 앞으로만 한정되지 않는다.

저자가 김한별(2014: 340~346)에서 중부 방언의 'ㅅyV~ㅅV'와 'ㅈyV~ㅈV'를 상이한 동인에 의해 나타난 결과로 해석한 까닭은, 두 현상이 ②와 ③에서 서로 차이가 나기 때문이었다. 즉, 〈秋史〉의 김정희는 의식적으로 'ㅅyV', 'ㅈyV' 표기를 지향하는 가운데 동일한 어사에 대하여 'ㅅyV~ㅅV' 혼기는 단 한 차례도 보여 주지 않으면서 'ㅈyV~ㅈV' 혼기는 많이 나타낸다는 사실과(②), 현대 중부 방언에서 /ㅅ/과 /ㅈ/은 각각 치

---

[25] 현대 동남 방언에서 /ㅅ/은 전설 고모음 /ㅣ/ 앞에서뿐만 아니라 전설 비고모음 앞에서도 [ʃ]로 실현된다(예 [ʃedá] '세대[强]', [ʃɛrida] '때리다[打]', [tonʃɛŋ] '동생[第]'). 한편, 林錫圭(2007: 23)는 오늘날 경북 북부(문경・영주・울진) 지역어에서 실현되는 /ㅅ/과 /ㄹ/이, 조음 위치만을 놓고 볼 때 후치조음(postalveolar)으로 분류되어야 한다는 견해를 밝힌 바 있다. 그러나 그 환경이 '모든 모음 앞에서'인지는 명시적으로 언급하지 않았다.

조음과 치조 경구개음으로 분류된다는 사실이[③] 바로 그것이었다. 이에 따라 저자는, 〈秋史〉에서 보이는 'ㅅV→ㅅyV' 표기는 'syV)sV'에 대한 의식적인 과도 교정인 '위로부터의 변화(change from above)'를 반영하는 것인 반면에, 'ㅈyV~ㅈV' 혼기는 /ㅈ/의 재음운화에 따른 '아래로부터의 변화(change from below)'를 반영하는 것으로 해석하였던 것이다 [345~346면].[26]

하지만 〈鶴峰宗家〉에 대해서는 이와 같은 설명이 허용되지 않는다. 따라서 현재로서는 이 문제에 대한 명쾌한 해석을 내놓을 수 없는 실정이다. 이는 어쩌면 문헌 자료를 통한 음운사 연구의 한계일지도 모른다. 그 대신 본서에서는 주어진 자료를 통해 분명하게 밝힐 수 있는 다른 사실들을 정밀하게 기술하고 설명하고자 한다. 그중 하나는 'ㅅyV~ㅅV' 및 'ㅈyV~ㅈV' 혼기와 관련된 변화가 기본적으로 음성적 층위에서 점진적으로 확산되고 있었다는 사실이다. 이는 다음과 같은 두 가지 근거를 통해 입증할 수 있다. 첫째, [그림 4.2]~[그림 4.5]에 나타나는 세대별 혼기율의 변화 양상에서 김진화를 제외하였을 경우('그 외' 항목) 그 비율이 점차 증가하는 모습을 띤다. 둘째, 김진화 제외한 다른 발신자들의 언간에서는 (22), (23)과 같은 의식적인 표기 경향이 드러나지 않는다.

본서에서 밝힐 수 있는 또 다른 사실은, 이 변화가 개인에 따라, 그리고 어휘에 따라 순차적으로 확산되었을 것이라는 점이다. 개별 화자에 따른 점진성은 김진화와 그 외 나머지 인물 간의 차이에서 잘 드러난다. 김진화의 이질적인 표기법은 중부 방언이나 중앙어의 서사 전통의 영향에 기인하는 바가 크다고는 하나, 그와 같은 높은 혼기율이 나타날 수 있었던 것도 어디까지나 그가 다른 화자에 비해 'ㅅyV : ㅅV'와 관련된 모종의 변화와 /ㅈ/의 재음운화를 일찍 경험하였기 때문에 가능한

---

[26] 여기서 말하는 '아래로부터의 변화'는 어디까지나 '의식의 층위 아래에서 일어나는 변화'를 가리키는 개념으로, '사회적 하류 계층에서 일어나는 변화'라는 의미까지 함의하지는 않는다. 이 용어의 개념 문제에 대해서는 Chambers & Trudgill(1980: 88) 참조.

일이었을 것이다.

이 변화의 어휘적 점진성은 동일한 환경에 출현하는 상호 경쟁적 변화(competing changes)의 존재를 통해 알 수 있다[Wang(1969) 참조]. 이 언간 자료에서는 'Cya〉Ca', 'Cyə〉Cə'와 같은 /y/ 탈락만 발생한 것이 아니다. 비록 소수이기는 하나, (24가)와 같은 'Cya〉Cɛ' 축약이나 (24나) 및 (25)와 같은 'Cya〉Cɛ', 'Cyə〉Ce'에 대한 과도 교정의 예도 출현하는 것이다. 이러한 축약은 C가 구개성을 띤 자음이라면 결코 일어날 수 없었을 것이다.

(24) 가. <u>여샹</u>흔(如常) 〈056, 1844년, 여강이씨(G₄)〉, <u>여상</u> 〈136, 1845년, 아주신씨B(G₄?)〉 ~ <u>여싱</u>호오시리잇가마는 〈005, 1833년, 의성김씨A(G₃)〉 / <u>의싁</u>호나(哀惜) 〈041, 1833년, 여강이씨(G₄)〉, <u>의싁</u>호옵 〈114, 1850년, 여강이씨(G₄)〉

나. <u>동싱</u>을(同生)[弟] 〈104, 1848년, 여강이씨(G₄)〉 ~ <u>웃동셩</u>이 〈113, 1849년, 여강이씨(G₄)〉

(25) <u>모칙</u>이(謀策) 〈208, 1848년, 진성이씨B(G₅)〉 ~ <u>모챡</u> 〈235, 1850년, 진주강씨B(G₅)〉, <u>모착</u>지 못 〈192, 1864년, 의성김씨④(G₅)〉, <u>모착</u>홀 〈195, 1864~1865년, 의성김씨④(G₅)〉

특히, (24나)에서 우리는 '모칙(謀策)'을 '모챡' 혹은 '모착'으로 잘못 교정한 예가 1860년대 언간에까지 나타난다는 사실을 확인할 수 있다. 이는 19세기 중기에도 일부 어사에서는 /ㅈ/이 여전히 치조음으로 조음되었다는 사실을 말해 준다.

한편, /ㅅ/과 /ㅈ/의 음가 변화로 인하여 이에 후행하는 /y/가 탈락하게 되었다면, 왜 이들 자음 뒤에서 /y/ 탈락보다 /y/ 첨가가 더 일반적인 표기가 되었는지 설명할 필요가 있다. 그러나 이 문제에 대해서도 명쾌한 답변을 제시할 수는 없다. 다만, 근대 국어 표기법의 변화에서 음절말 /ㄷ/이 'ㅅ'으로 표기되었다는 사실이라든가, 유음화가 발생한 이후 'ㄹㄴ' 연쇄와 같은 표기법이 일반화되었다는 사실 등을 고려할 때, 표기법이 반드시 그와 관련된 음운 현상을 투명하게 반영하지는 않는다는 점만을 언급해 두는 것으로 만족하고자 한다.

그 대신 우리는 본서의 자료를 통해 치찰음 뒤 'V→yV' 표기가 확산되는 시기와 그 과정의 일면에 대해서는 논의할 수 있다. 1830・1840년대 언간에서 치찰음 뒤 /y/ 첨가보다 /y/ 탈락 표기가 급격하게 증가하는 것은, 중부 방언을 반영한 〈秋史〉 및 〈秋史家〉에서는 김노경(G_3)과 김정희($G_{3,5}$) 부자를 경계로([표 4.3] 참조), 경북 방언을 반영한 〈鶴峰宗家〉에서는 제4세대(김진화 제외)와 제5세대를 경계로([표 4.2] 참조) 이루어진다. 표기법의 이러한 새 경향은 저자가 19세기의 몇몇 중앙어 문헌을 대상으로 두 혼기례의 유형 빈도(type frequency)를 조사한 결과(김한별 2014: 348~349)와도 일치하며, 19세기 후기 서남 방언을 반영하고 있는 완판본(完版本) 고소설과 신재효(申在孝)의 《판소리 사설집》에서도 일반화되어 있다(최전승 1986: 189, 각주 23). 그렇다면 /ㅅ, ㅈ/ 뒤 'V→yV' 표기는 19세기 전기 이후 현대 정서법이 마련되기 전까지 언중들에게 관습적인 서사 전통으로 정착하였다고 볼 수 있다.

끝으로, 다음과 같은 흥미로운 사실을 하나 소개하면서 본항의 논의를 마치고자 한다. 그것은 〈鶴峰宗家〉의 비양반 계층의 언간에서 치찰음 뒤 /y/ 탈락과 첨가 표기가 양반 계층의 그것과 조금 다른 양상을 보인다는 사실이다. [표 4.4]가 그것을 잘 보여 준다.[27]

---

[27] 혼기율 조사 방법은 전술한 [표 4.2]의 경우와 동일하다.

발신자 혼기 유형	안영록	서울집의 언니	정 주부	전중경	구원	순임
ㅅyV→ㅅV	50/210 (23.8%)	3/28 (10.7%)	11/35 (31.4%)	0/10 (0.0%)	4/6 (66.7%)	0/14 (0.0%)
ㅅV→ㅅyV	23/139 (16.5%)	3/25 (12.0%)	8/34 (23.5%)	0/12 (0.0%)	1/8 (16.8%)	0/5 (0.0%)
ㅈyV→ㅈV	16/69 (23.2%)	0/11 (0.0%)	3/25 (12.0%)	0/12 (0.0%)	0/2 (0.0%)	0/4 (0.0%)
ㅈV→ㅈyV	79/173 (45.7%)	22/29 (75.9%)	9/41 (22.0%)	3/6 (50.0%)	3/9 (33.3%)	5/13 (38.5%)

[표 4.4] /ㅅ, ㅈ/ 뒤 'yV~V' 혼기율(비양반 계층)

[표 4.4]는 /ㅈ/ 뒤에서는 /y/ 첨가 표기 비율이 더 높은 데 비해 /ㅅ/ 뒤에서는 그러한 경향이 보이지 않고 오히려 /y/ 탈락 표기 비율이 더 높게 나타는 경우가 많음을 보여 준다. 이러한 경향성은 선행 자음의 종류와 관계없이 /y/ 첨가 표기가 훨씬 우세하였던 양반 계층의 자료([표 4.2], [표 4.3])와 좋은 대조를 이룬다. 특히, 비양반 계층 발신자들이 작성한 언간은 그 수량이 매우 적은데도 거기서 /ㅈ/ 뒤 'V→yV' 표기 경향이 예외 없이 출현한다는 사실은 특기할 만하다. 이는 어쩌면 사회 하류 계층 화자들이 더욱 적극적으로 사용하였을 일상어(vernacular)에서는 'ㅅyV~ㅅV'와 'ㅈyV~ㅈV' 혼기가 실제로 서로 다른 음운론적 동인에 의한 결과일 가능성을 시사해 주는 것일지도 모른다.

4.1.3. 어두 및 비어두 /ㄴ/ 탈락

/ㄴ/ 탈락은 /ㅣ/나 /y/ 앞에서 /ㄴ/이 탈락하는 현상을 말한다. /ㄴ/ 탈락은 기존의 음운사 연구에서 구개음화와 관련지어 논의하였고 許雄(1957: 247, 1965: 457), 金完鎭(1965: 154),[28] 田光鉉(1971: 11~12), 李基文

---

28) 金完鎭(1965: 154)에서는 어두 /ㄴ/ 탈락을 구개음화와 직접적으로 관련짓지는 않았으나, 어두 /ㄴ/ 탈락 현상에 이어서 곧 바로 'ㄷ' 구개음화를 논의하고 있는 것으로 보아,

(1972/1977: 68), 李明奎(1974: 74~78, 1982: 62~65), 郭忠求(1980: 36~37), 김주원(1984: 43), 金周弼(1985: 66~70, 1994: 89~119), 전미정(1991: 116~119), 白斗鉉(1990/1992: 347), 蘇信愛(2014: 110) 등], 동일한 환경에서 일어나는 /ㄴ/ 첨가는 /ㄴ/ 탈락에 대한 반작용 현상으로 파악하였다[郭忠求(1980: 36), 김주원(1984: 43), 金周弼(1985: 68~70, 1994: 90~105), 전미정(1991: 119), 白斗鉉(1990/1992: 351~353) 등].

/ㄴ/ 탈락의 발생 및 확산 시기에 대해서도 그동안 많은 논의가 있었다. 종래의 연구 결과를 종합하면,[29] 어두 /ㄴ/ 탈락의 예가 16세기로까지 소급되기는 하나 이 변화가 대폭적으로 확산되는 시기는 18세기인 것으로 정리할 수 있다.[30] 그리고 비어두 음절에서의 /ㄴ/ 탈락은[31] 18세기 동남 방언을 반영한 문헌에서 나타나기 시작하는데, 白斗鉉(1990/1992: 348)은 이를 어두 /ㄴ/ 탈락의 "환경상의 확대"로 파악하였다. 이러한 사실은 같은 시기 중앙어나 서남 방언, 동북 방언을 반영한 문헌에서는 비어두 /ㄴ/ 탈락이 관찰되지 않는다는 사실(金周弼 1994: 90~98)과 대조된다. 중앙어 문헌에서는 19세기에 이르러서야 비어두 /ㄴ/ 탈락의 예가 나타난다(전미정 1991: 119).

비어두 /ㄴ/ 탈락이 동남 방언에서 제일 먼저 발생하였다는 사실은 이 지역 방언에서 /ㄴ/ 탈락 현상이 가장 활발하게 전개되었음을 의미한다. 현대 동남 방언에서 이른바 비모음화(鼻母音化) 및 비음 탈락 현상이 매우 생산적이라는 사실도 이를 뒷받침해 준다.[32] 白斗鉉(1990/

양자 간의 관련성을 간접적으로 드러내고 있는 것으로 볼 수 있다.
29) 이상에서 언급한 논저 외에도 南廣祐(1962: 281), 劉昌惇(1964: 89)을 더 추가할 수 있다.
30) 그러나 田光鉉(1971: 12)은 "사실상 18世紀 中葉엔 現實的인 發音에 있어 [n]의 要素는 전혀 나타나지 않았으리라 본다."고 하여 /ㄴ/ 탈락이 18세기 중엽에 '완성'된 것으로 파악하기도 하였다.
31) 이하에서는 '비어두 음절에서의 /ㄴ/ 탈락'을 편의상 '비어두 /ㄴ/ 탈락'으로 줄여 부르기로 한다.
32) 본서에서 다루는 문헌 자료 중 고유어의 비어두 /ㄴ/ 탈락은 사실 비모음화를 동반한 과정이었을 것이다. 그러나 표기상으로는 비모음화의 실현 여부를 알 수 없으므로, '비

1992: 350~351)은 이 방언에서 비어두 /ㄴ/ 탈락이 형태소 내부에서는 18세기 초에 완성된 것으로 판단하였으며, 이 변화가 체언 어간말 자음 /ㄴ/과 주격 조사 '-이'가 결합하는 형태소 경계로까지 확대되는 시기는 19세기 이후로 추정하였다. 그리고 이 방언에서의 /ㄴ/ 첨가는 18세기 초 문헌에서 활발하게 나타나는데, 이 시기 이러한 과도 교정형이 광범위하게 출현한다는 사실이 당시에 (형태소 내부에서의) /ㄴ/ 탈락이 완성되었다고 볼 수 있는 근거가 된다고 주장하였다[351~352면].

그렇다면 이제 이상의 선행 연구 결과를 염두에 두고, 19세기 전기를 전후한 경북 양반들의 방언에서는 /ㄴ/ 탈락과 첨가 현상이 어떠한 전개 양상을 보이고 있는지 자세히 살펴보기로 하겠다.[33] 먼저, 실재 시간에서 진행된 어두 /ㄴ/ 탈락과 첨가 현상을 알아보기 위해 1760년대 김주국의 언간과 1830·1840년대 김진화의 언간을 대비해 보기로 한다.

(26) 1760년대 [제1세대(김주국)]

    가. 어두 'ㄴ→ø'

        o. **[고유어]** **이로딕**[謂] 〈002〉, **이르니** 〈002〉, **이르지** 〈003〉, **이룰** 〈001〉 / **일곱[ㄷ]** 〈004〉

    나. 어두 'ø→ㄴ'

        o. **[한자어]** **녕위ᄒᆞ야**(營爲) 〈001〉 / **뉴언이**(遺言) 〈003〉

(27) 1830·1840년대 [제4세대(김진화)]

    가. 어두 'ㄴ→ø'

어두 /ㄴ/ 탈락'이라는 용어를 그대로 사용한다.

33) 2.1.2에서 밝힌 바와 같이, 한글 필사본 자료에서 초성 'ㄴ'자와 'ㅇ'자를 구분하는 문제는 쉬운 작업이 아니다. 그러나 〈鶴峰宗家〉의 경우 이 둘의 판별이 비교적 용이하여 논의의 대상으로 삼을 수 있었다. 물론 명확하게 판독되지 않는 예들도 적지는 않았는데, 그것들은 일절 논거로 삼지 않았다.

    a. **[고유어]** <u>여름에</u>[夏] 〈015〉 / <u>옛닐이</u>[古事] 〈029〉 / <u>일곱</u>[七] 〈027〉 / <u>입어래</u>[着] 〈026〉

    b. **[한자어]** <u>염녀되옵</u>(念慮) 〈016〉 / <u>염젼으로</u>(念前) 〈016〉 / <u>영감</u>(令監) 〈021〉

  나. 'ㄴy→ㄴ'

    o. **[고유어]** <u>녀허</u>[人] 〈018〉, <u>녀흘</u>[人] 〈018〉

  다. 어두 'ø→ㄴ'

    (해당 예 없음)

(26가)와 (27가)를 표면적으로만 대비해 보면, 1760년대에는 어두 /ㄴ/ 탈락이 고유어에서만 일어나다가 1830·1840년대에는 그 환경이 한자어로까지 확대되어 있는 상태라고 이해하기 쉽다. 그러나 (26나)와 같이 한자어 어두 위치에서 'ㄴ'이 첨가되는 예가 1760년대에 출현하므로, 어두 /ㄴ/ 탈락은 이미 18세기 후기에 고유어와 한자어를 가리지 않고 실현되었다고 해석하는 것이 타당하다. 김주국의 언간에서 어두 /ㄴ/ 탈락이 고유어에만 국한되어 나타나는 것은 단지 규범과 격식을 중요시하는 양반들의 서사어적 특징 때문일 것이다.

(27나)의 예, 즉 '넣-[人]〉넣-'을³⁴⁾ 통해 알 수 있듯이 김진화는 /ㄴ/과 /yV/ 연쇄에서 /ㄴ/ 대신 /y/가 탈락한 형태를 사용하기도 한다. '녛-'은 현대 동남 방언에서 '옇-'으로 실현되는데, 뒤에서 살펴볼 여강이씨(G_4)와 김진화의 딸들(G_5)은 이 방언형과 동일한 '옇-'을 사용한다. 이 사실

---

34) '넣-'과 '녛-'는 15세기 문헌에서부터 쌍형어로 공존하였지만, '넣-'이 원간본에서도 나타나는 것과 달리(예 그 比丘를 자바 기름 브슨 가마애 <u>너코</u> [執彼比丘著鐵鑊油中] 〈釋詳 24:16a〉). '녛-'은 ≪救急方諺解≫(1466)와 같은 중간본에서만 발견된다(예 生薑 세 片 <u>녀허</u> [人生薑三片] 〈救方上13a〉). 또한, 이 어사의 후대형인 '넣-'과 '옇-'을 모두 설명할 수 있는 선대형으로는 '녛-'을 상정하는 것이 편리하다. 이러한 이유로 본서에서는 '녛-'이 '넣-'으로부터 변화한 것으로 본다. '녛-〉넣-'과 같은 변화 과정은 郭忠求(1980: 109~110)와 蘇信愛(2014: 108)도 상정한 바 있다.

은 국어에서 'nyV〉yV'와 'nyV〉nV'가 상호 경쟁 관계에 있는 변화였으며(蘇信愛 2014: 111~112), 두 변화가 화자와 어휘에 따라 점진적으로 확산되었다는 것을 말해 준다. 그러나 김진화 언간에 출현하는 (27나)는 그가 당시 중부 방언형을 차용한 결과일 가능성이 높다. 그는 '넣-'을 제외한 다른 어사에서는 'nyV〉nV'를 전혀 보이지 않을뿐더러, 〈秋史〉와 〈秋史家〉에서는 '넣-'만이 쓰이고 있기 때문이다(예 혼 속의 너허 보내오니 〈秋史家-20, 1774~1787년, 김노경〉, 너흘 약지을 어더 흔듸 너허 고오개 호웁 〈秋史-38, 1841년, 김정희〉).

비어두 /ㄴ/ 탈락의 예는 1760년대 김주국의 언간에서 발견되지 않지만[(28가, 가')], 그 과도 교정형은 일례(一例)가 나타난다[(28나)].

(28) 1760년대 [제1세대(김주국)]

    가. 비어두 'ㄴ→ø'

        (해당 예 없음)[35]

    가'. 비어두 'ㄴ↛ø'

        ㅇ. **[고유어]** {형태소 경계} 일만 가지 일이 모도 <u>마니</u>[多] 녕위호야 〈001〉

    나. 비어두 'ø→ㄴ'

        ㅇ. **[고유어]** 소출이 우리집 두어 둘 <u>냥식니나</u>(糧食+-이나) 될 거 신즉 〈001〉

그런데 (28나)의 '냥식니나'는 비어두 /ㄴ/ 탈락의 환경인 'V_i'를 벗어난 예라는 점에서 실제 발화형이라기보다는 표기상의 'ㄴ' 첨가에 불과한 것으로 보인다. 'ㄴ'이 첨가된 예가 표기 층위와 음운론적 층위 중 어디에

---

35) 제3장의 각주 2에서 밝힌 바와 같이, 김주국 언간에 1회 출현하는 '만이'는 '만히[多]'의 후대형뿐만 아니라 '만비[大]'의 후대형으로도 해석할 수 있으므로, 비어두 /ㄴ/ 탈락의 적극적인 근거로 삼지 않는다.

속하는지를 판단하는 것은 쉬운 문제가 아닌데, 이 문제에 대해서는 후술하기로 하고 일단 표기상으로 'ㄴ'이 첨가된 예는 이하에서 모두 제시하기로 한다. 한편, 1830·1840년대 김진화 언간에서도 비어두 /ㄴ/ 탈락·첨가의 예는 나타나지 않는다. 그러나 같은 시기 다른 발신자들의 언간에서는 이 현상이 일부 관찰되는데, 이에 대해서는 뒤에서 현장 시간 연구 방법으로 살펴볼 것이다. 여기서는 일단 18세기 후기 이 지역 양반 계층 방언에서도 비어두 /ㄴ/ 탈락이 존재하였을 가능성만 언급해 둔다.

실재 시간에서 관찰할 수 있는 /ㄴ/ 탈락 및 첨가의 또 다른 예를 들어 보기로 한다. 이번에는 동일 인물이 약 30년의 간격을 두고 작성한 편지들을 서로 대조해 보는 것이다. 2.3.3에서 간략히 살펴본 바와 같이, 진주강씨A(G_5)의 친필 언간은 1840년대와 1870년대에 작성한 것이 각각 5건(630어절)과 2건(500어절)이 있는데, 시기를 달리하는 이 두 부류의 편지에서 비어두 /ㄴ/ 탈락·첨가의 전개 양상이 잘 드러나기 때문이다.

(29) 1840년대 [진주강씨A(G_5)]

    가. 비어두 'ㄴ→∅'

        (해당 예 없음)

    가'. 비어두 'ㄴ↛∅'

        a. **[고유어]** 단녀오"니[行] 〈221〉, 그만ᄒ니[無頉] 〈223〉, 각 딕 일양 이시니(一樣) 다힝ᄒᆞᆸ고 〈226〉, 그만ᄒᆞ온가 시부오니 〈226〉, 아득 ᄒᆞ오니[漠] 〈226〉 / 심녀 젹지 아니ᄒᆞ며[不] 〈224〉

        b. **[한자어]** 심녀(心慮) 〈224〉, 심녀되ᄋᆞᆸ시며 〈223〉 / 념녀(念慮) 〈228〉

    나. 비어두 '∅→ㄴ'

        o. **[고유어]** 예는 아즉 흔 모양니고(模樣) 형님 일양ᄒ시니 즐겁다 〈224〉

(30) 1870년대 [진주강씨A(G₅)]

　가. 비어두 'ㄴ→ø'

　　a. **[고유어]** 제는 불안타 ᄒ고 낙〃히 막고 지ᄂ이[經] 슉마의 념녀 잇칠 젹니 업슬 ᄎ 〈228〉, 아히 오며 구젼 듸강 드르이[聞] 그리 괴로이 지ᄂ난 쥴 쳡〃흔 심여도 부죡지 아니ᄒ지 며ᄂ리거지 보ᄂ고 늬외 엇디〃 견딀고 〈228〉, 안부는 드르이[聞] ᄆ음이 노으나 〈227〉 / 긱외 심여 졀박고 뇌롭지 아인[不] 박셰 지격ᄒ니 감구지회 금치 못ᄒ외 〈227〉, 오즉 수쳑 구미 여승치 아일[不] 듯 〈228〉, 촉쳐는 감수 희미치 아여[不] ᄒᄂ 〈228〉

　　b. **[한자어]** 심여도(心慮) 〈228〉 / 념여는(念慮) 〈227〉

　나. 비어두 'ø→ㄴ'

　　a. **[고유어]** 수니[易] ᄎ복ᄒ오면 졔나 수이[易] 올 듯 〈228〉 / 졔는 불안타 ᄒ고 낙〃히 막고 지ᄂ이 슉마의 념녀 잇칠 젹니[時] 업슬 ᄎ 〈228〉, 통악 심쟝니(心腸) 슷칠 듯ᄒᄂ 〈228〉

　　b. **[한자어]** ᄉ년(辭緣) 〈225〉

(29)와 (30)을 서로 대조해 보면 1840년대에 비어두 /ㄴ/ 탈락을 보이지 않던 어사개(29가)] 1870년대에 이르러서는 그것을 수용하고 있다는 사실을[(30가)] 알 수 있다. 그중에서도 특히 연결 어미 '-으니'와 형용사 어간 '아니-[不]'의 활용형은 주목할 필요가 있다. 김주원(1984: 46)과 白斗鉉(1990/1992: 349~350)에 의하면, '-으니'와 '아니-'는 ≪念佛普勸文≫의 이본 중 예천 용문사본(龍門寺本, 1704)과 대구 수도사본(修道寺本, 1741)의 〈臨終正念訣〉·〈父母孝養文〉, 합천 해인사본(海印寺本, 1776)의 〈玄氏發願文〉 등에서 이미 /ㄴ/ 탈락형으로 출현하기 때문이다[(예) 왕낭의 젼녀 송씨러외 〈念龍22a〉, 주검은 큰 니리의 〈臨終5b〉, 그을 보의 슬프다 〈念海(일사)47a〉 / 붓톄의 뎨지 아이고 〈念龍13a〉). 따라서 이처럼 비어두 /ㄴ/ 탈락의 선구적인 어사가 진주강씨A의 1840년대 편지에서는 보수형으

로 나타나다가 30년 후에는 개신형으로 등장한다는 사실은, 19세기 후기로 갈수록 경북 지역 양반들의 구어에서도 /ㄴ/ 탈락 현상이 매우 일반화되어 갔음을 의미한다. 그리하여 동일한 발신자가 작성한 19세기 후기 편지에서 이와 같은 개신형들이 좀 더 빈번하게 노출될 수 있었던 것으로 보인다.

1870년대 편지에서는 부사 파생 접미사 '-이'와 주격 조사 '-이'에 대한 과도 교정형까지 등장하는데[(30나)], 이와 같은 사실도 당시 사대부 방언의 비격식적인 발화에서는 비어두 /ㄴ/ 탈락이 거의 완성된 단계에 있었음을 시사한다. 다만, 1840년대 편지에서도 계사 '-이-'에 대한 과도 교정형이 1회 출현하므로[(29나)], 19세기 전기에 이미 그들의 구어에서 이 변화가 상당히 확산되어 있는 상태였다고 볼 수 있다.

이상에서 살펴본 두 유형의 실재 시간 연구, 즉 추이 연구(trend study)와 패널 연구(panel study)의 결과는 1830·1840년대 현장 시간 연구 결과와도 잘 합치된다. 먼저 어두 /ㄴ/ 탈락이 이 시기에 각 세대별로 어떠한 변이를 보이는지 비교해 보기로 하겠다.

(31) 1830·1840년대 [제3세대]

    가. 어두 'ㄴ→ø'

        o. **[한자어]** 여ᄉᆡ(例事+-ㅣ) 〈013. 진성이씨A〉

    나. 어두 'ø→ㄴ'

      (해당 예 없음)

(32) 1830·1840년대 [제4세대(김진화 제외)]

    가. 어두 'ㄴ→ø'

        a. **[고유어]** 여름내[夏] 〈067. 여강이씨〉 / **여허도**[ᄉᆞ] 〈037. 여강이씨〉 / **이어**[連] 〈036. 여강이씨〉 / **이ᄂᆞᆫ**[齒] 그걸스 다 흔덕인다 ᄒᆞ오니 〈104. 여강이씨〉 / **이불도**[衾] 〈082. 여강이씨〉 / **이르지**[讀] 못

ᄒ고 〈131. 고성이씨A〉 / **일곱**[七] 〈105. 여강이씨〉 / **입혀**[着] 〈104.
여강이씨〉 / 슌 〃 **잇지**[忘] 아니시고 〈139. 아주신씨B〉

　　cf. **니어**[連] 〈137. 아주신씨B〉

b. **[한자어] 이흔**(利) 〈038. 여강이씨〉 / 초산 **영감**(令監) 〈067. 여강
이씨〉 / **염녀**(念慮) 〈133. 아주신씨A〉

　　cf. **념녀**(念慮) 〈131. 고성이씨A〉〈033. 여강이씨〉 / **념젼이라도**
　　　(念前) 〈056. 여강이씨〉 / **념이일**(念二日) 〈131. 고성이씨A〉

나. 어두 'ø→ㄴ'

a. **[고유어]** 봉듸는 제 무ᄉ히 **넛대**[在] ᄒ오니 〈131. 고성이씨A〉,
감셰 **넛대**[在] ᄒ오니 〈132. 고성이씨A〉, 인편 **넛거든**[在] 동들 씨
겨 ᄉ 보니라 〈132. 고성이씨A〉

b. **[한자어] 냥모**(羊毛) 〈079. 여강이씨〉 / **념**ᄒ더니(厭) 〈040. 여강
이씨〉 / **닙셩**ᄒ오시고(入城) 〈133. 아주신씨A〉

(33) 1830・1840년대 [제5세대]

가. 어두 'ㄴ→ø'

a. **[고유어] 이어**[連] 〈225. 진주강씨A〉 / **여름늬**[夏] 〈161. 의성김씨
②〉 / **이르니**[謂] 〈165. 의성김씨②〉 / **이마**[額] 〈216. 진성이씨B〉 /
언제 **일어**[起] 닷닐동 〈174. 의성김씨③〉 / **임즉는**[主] 〈206. 진성이
씨B〉 / **입으실**[着] 〈208. 진성이씨B〉 / 먹이고 **입히시ᄂ**[着] 〈218.
진성이씨B〉 / 무익히 **잇치옴**[忘] 적 〈152. 의성김씨②〉

　　cf. **니를**[謂] 〈163. 의성김씨②〉

b. **[한자어] 여식**(女息) 〈200. 의성김씨②/③〉 / **임각은**(臨閣)[36]

---

36) '님각(臨閣)'은 현 '경상북도 안동시 법흥동 임청각(臨靑閣)'을 가리킨다. 임청각은 법흥동 20번지에 있는 정자(보물 제182호)로 안동의 고성이씨 종택의 세거지 가운데 하나이다. 편지의 본문에서는 발신자 의성김씨③의 둘째 언니(의성김씨②)가 고성인(固城人) 이종태(李鍾泰, 1820~1894)에게 시집가서 살던 곳을 의미한다(한국학중앙연구원 2009a: 725).

⟨176, 의성김씨③⟩ / **임힝의**(臨幸) ⟨150, 의성김씨①⟩

cf. **녀식**(女息) ⟨149, 의성김씨①⟩ / **닙각과**(臨閣) ⟨177, 의성김씨④⟩

나. 어두 'ø→ㄴ'

a. **[고유어]** 아모나 뉘 뫼시고 **넛**ᄂ**니**[在] **니실개**[在] ⟨163, 의성김씨②⟩, 인편 **니시니**[在] 아니 보닌다 ⟨165, 의성김씨②⟩ / **녜도**[此處] 어마님 일양 훈 모양이오시고 ⟨211, 진성이씨B⟩

b. **[한자어]** **녁딜**(疫疾) ⟨218, 진성이씨B⟩ / **년고**(緣故) ⟨214, 진성이씨B⟩ / **념증을**(厭症) ⟨174, 의성김씨③⟩ / **뉵초**(肉燭) ⟨169, 의성김씨②⟩

(31가)에서 고유어 어두 위치의 /ㄴ/ 탈락 예를 볼 수 없는 것은 순전히 자료상의 제약에 의한 것일 뿐이다. 고유어 어두 /ㄴ/ 탈락은 1760년대 김주국의 언간에부터 등장하기 때문이다. (31나)에서 'ㄴ' 첨가의 예가 발견되지 않는 것도 동일한 이유로 설명할 수 있다. 같은 시기 제4·5세대 발신자들에게서는 어두 /ㄴ/ 탈락을 겪은 어사를 쉽게 찾아볼 수 있다. 그중에서도 한자어보다는 고유어에서 이 현상이 더 일반화되어 있어, 동일한 어사에 대하여 한자어의 경우에는 개신형과 보수형이 공존하는 양상을 보이는 반면에, 고유어는 개신형이나 보수형 중 주로 어느 하나만으로 나타나는 경향을 보인다. (32나), (33나)와 같이 어두 /ㄴ/ 탈락에 대한 과도 교정의 예도 적지 않게 출현한다.

같은 시기의 비어두 /ㄴ/ 탈락에 대한 현장 시간 자료는 아래와 같다.

(34) 1830·1840년대 [제3세대]

가. 비어두 'ㄴ→ø'

o. **[한자어]** 층양업습(測量) ⟨006, 의성김씨A⟩ / **심여**(心慮) ⟨007, 의성김씨A⟩

cf. 측냥업다(測量) 〈013. 진성이씨A〉 / 심녀(心慮) 〈006. 의성김씨A〉

나. 비어두 'ø→ㄴ'
(해당 예 없음)

(35) 1830・1840년대 [제4세대]

가. 비어두 'ㄴ→ø'

a. **[고유어]** 포젼이 업스이[無] 졀박ᄒ오니 〈068. 여강이씨〉, 동들 씨겨 ᄉ 보닉라 와시이[來] 이눔 주어 ᄉ 오라 ᄒ오려 ᄒ다가 〈132. 고성이씨A〉, 우리도 ᄒᆞᆫ 모양이〃(模樣) 다힝〃ᄒ다 〈071. 여강이씨〉, 날셰 노샹 비 올 샹이〃(相) 게나 아니 그런가 념녀 무궁〃ᄒ다 〈105. 여강이씨〉 / 말유치 아엿대[不] ᄒᆞᆸ 〈097. 여강이씨〉

b. **[한자어]** 심여(心慮) 〈138. 아주신씨B〉 / 념여(念慮) 〈139. 아주신씨B〉 / 용여(用慮) 〈033. 여강이씨〉

cf. 심녀(心慮) 〈083. 여강이씨〉 / 념녀(念慮) 〈040. 여강이씨〉 / 용녀(用慮) 〈033. 여강이씨〉

나. 비어두 'ø→ㄴ'

a. **[고유어]** 빅즈 말이내[秋] 밤 말니내[秋] 보내시면 〈054. 여강이씨〉

b. **[한자어]** 노념이(老炎) 〈034. 여강이씨〉 / 어눆이(魚肉) 〈054. 여강이씨〉

(36) 1830・1840년대 [제5세대]

가. 비어두 'ㄴ→ø'

o. **[한자어]** 심여(心慮) 〈209. 진성이씨B〉 / 당연ᄒ신(當年) 〈179. 의성김씨④〉 / 안영들(安寧) 〈236. 한산이씨〉

cf. 심녀(心慮) 〈218. 진성이씨B〉 / 강녕ᄒ와(康寧) 〈206. 진성

이씨|B〉

나. 비어두 'ø→ㄴ'
   a. **[고유어]** 예는 아즉 흔 모양니고(模樣) 형님 일양ㅎ시니 즐겁
      다 〈224, 진주강씨A〉, 불초 무샹ㅎ심니오나(無狀) 울 복모 부리
      옵지 못ㅎ옵ㄴ이다 〈220, 진성이씨C〉
   b. **[한자어]** 스년(辭緣) 〈225, 진주강씨A〉

(34)~(36)을 통해 알 수 있는 가장 중요한 사실은, 연결 어미 '-으니'와 형용사 어간 '아니-[不]'의 활용형에서의 /ㄴ/ 탈락이 이미 이 시기 제4세대 화자들의 언어에서 실현되고 있다는 것이다[(35가a)]. 그중에서도 특히 (35가a)의 '흔 모양이〃', '비 올 샹이〃'와 같이 '-으니'의 '니'가 계사 '-이-' 뒤에서 반복 부호(反復符號)로 표기된 예는 '-으니〉-으이'의 변화를 가장 분명하게 알려 주는 존재이다. 그러나 제5세대의 편지에서는 '-으니'와 '아니-'가 /ㄴ/ 유지형으로만 실현된다. 우리는 앞서 이 두 어사의 /ㄴ/ 탈락형이 진주강씨A(G₅)의 1840년대 편지에서는 발견되지 않다가 [(29가, 가)] 1870년대 편지에서는 나타난다는 사실을[(30가)] 확인한 바 있다. 이처럼 1830·1840년대 각 세대별 언간에서 고유어의 비어두 /ㄴ/ 탈락이 중년층(제4세대) 언간에서만 산발적으로 등장하는 것은, 그 개신형이 이 지역 양반들에게 비규범적인 낙인형(stigmatized form)으로 인식되어 강하게 거부되었기 때문으로 볼 수 있다. (35나a)와 (36나a)의 과도 교정형들의 존재가 이러한 설명을 지지해 준다. 이처럼 진주강씨A 개인이 보여 주는 실재 시간상의 변화와 (34)~(36)과 같은 현장 시간상의 변이를 함께 해석할 때, 비로소 우리는 비어두 /ㄴ/ 탈락의 확산 시기와 과정에 대한 이해의 범위를 넓힐 수 있게 된다.

  (34)~(36)이 알려 주는 또 하나의 사실은, 비어두 /ㄴ/ 탈락이 일어나는 환경이 어종(語種)에 따라 다르다는 것이다. 이 현상은 고유어의 경우 모음 /ㅣ/ 앞에서만 실현되는 데 반해,[37] 한자어의 경우에는 모음

/ㅣ/뿐만 아니라 활음 /y/ 앞에서도 실현되기 때문이다. 그런데 다음절 한자어를 구성하는 개별 한자는 각각 개별 형태소로도 인식될 수 있다는 점에서, 한자어에서의 비어두 음절은 고유어의 경우와 동일하게 취급할 수 없다. 따라서 엄밀한 의미에서 비어두 /ㄴ/ 탈락의 환경은 모음 /ㅣ/ 앞으로만 한정된다고 하겠다.

한편, 이 시기에는 (37)과 같이 음운론적 단어 내부에서 /ㄴ/이 탈락한 예가 각 세대별로 적지 않게 출현한다.

(37) 1830・1840년대, 어두 혹은 비어두 'ㄴ→ø'

　가. 제3세대

　　a. **[고유어]** 온 여름[夏] 〈006. 의성김씨A〉 / 못 잇치오며[忘] 〈005. 의성김씨A〉, 못 잇치옵 〈006. 의성김씨A〉

　　　cf. 못 닛치기[忘] 〈011. 유치명〉, 못 니쳐라 〈013. 진성이씨A〉

　　b. **[한자어]** (해당 예 없음)

　　　cf. 돈 흔 냥(兩) 〈013. 진성이씨A〉

　나. 제4세대(김진화 제외)

　　a. **[고유어]** 못 잇치옵고[忘] 〈067. 여강이씨〉, 못 잇치고 〈098. 여강이씨〉

　　b. **[한자어]** 일빅뉵십 양을(兩) 〈068. 여강이씨〉, 뉵 양이고 〈053. 여강이씨〉, 돈 두 양식 〈054. 여강이씨〉

　　　cf. 닷 냥을(兩) 〈036. 여강이씨〉, 두석 냥 〈090. 여강이씨〉

　다. 제5세대

---

37) (35가a)의 '아엿대[不](〈아니ᄒᆞ엿다〉'는 이 일반화에 대한 예외인 것처럼 보인다. 그러나 여기서의 /ㄴ/ 탈락은 '아니'의 /ㅣ/ 앞에서 먼저 탈락한 것이고, 'ᄒᆞ-' 탈락으로 인하여 '아이엿다'가 '아엿다'로 축약된 것으로 설명할 수 있다. 이 환경에서 'ᄒᆞ-'가 탈락할 수 있다는 사실은 (30가a)의 '희미치 아여[不] ᄒᆞ닉'라든가 '봉쥰 성 ∥ 치 아녀[不] 의원 보고 약 열다섯 쳡 지어 먹스오나 〈080. 여강이씨〉'와 같은 예를 통하여 입증할 수 있다.

a. **[고유어]** 온 여름[夏] 〈223, 진주강씨A〉 / 못 잇치옵고[忘] 〈180, 의성김씨④〉, 못 잇치옵ᄂᆞ이다 〈206, 진성이씨B〉 / 못 잇즙고[忘] 〈182, 의성김씨④〉

cf. 못 니치옵ᄂᆞ이대[忘] 〈162, 의성김씨②〉

b. **[한자어]** (해당 예 없음)

cf. 열석 <u>냥</u>이나(兩) 〈207, 진성이씨B〉, 두 <u>냥</u>만 〈165, 의성김씨②〉

(34가)를 통해 알 수 있듯이, 제3세대는 고유어에서의 비어두 /ㄴ/ 탈락의 예를 보이지 않지만, 그 대신 (37가a)와 같이 고유어로 구성된 음운론적 단어 내부에서 /ㄴ/을 탈락시키기도 한다. '온 녀름[夏]'과 '못 니치-[不忘]'는 본래 ① [온#녀름]과 [몯#니치-]로 각각 발음되었을 통사적 구성이며, 각 휴지(pause)의 개재 여부가 분명히 인식될 때에는 어두 /ㄴ/ 탈락에 의해 ② [온#여름]과 [몯#이치-]로 실현될 수도 있었을 것이다. 하지만 이들이 음운론적으로 하나의 단어처럼 실현될 때는 ③ [온녀름]과 [몬니치-]로 각각 발음되었을 것이다.

저자는 ②와 ③의 공존이 결과적으로 고유어에서의 /ㄴ/ 탈락의 실현 환경이 '어두'에서 '비어두'로 확대되는 계기가 된 것으로 해석한다. 즉, '어두→비어두'와 같은 환경상의 확대의 중간 단계로서 '음운론적 단어 내부'와 같은 '어두 혹은 비어두' 환경을 거쳤을 것이라는 가정이다. 이는 제3세대 발신자들이 고유어의 비어두 /ㄴ/ 탈락은 보이지 않으면서도 음운론적 단어 내부에서의 /ㄴ/ 탈락은 실현시킨다는 사실과, 비어두 /ㄴ/ 탈락을 보이는 제4세대 발신자들도 음운론적 단어 내부에서 /ㄴ/을 탈락시킨다는 사실에서 드러나는 함축 척도(implicational scale)에 근거한 것이다.

끝으로, /ㄴ/ 탈락에 대한 과도 교정이 표기와 음운 중 어느 층위에서 실현된 것인지를 판단해 보기로 하겠다. 이 문제에 대해서는 'ㄴ' 첨가형이 실제 발음을 반영한 것이라는 견해(金周弼 1985: 68~70)와 그렇지 않다는 견해(白斗鉉 1990/1992: 352~353),[38] 그리고 그 절충적 견해(金周弼 1994: 106-114)가 있다.[39] 우선 앞에서 제시하였던 고유어 비어두 'ㄴ' 첨가례를 아래에 다시 제기해 보기로 한다.

(38) 가. 소츌이 우리집 두어 둘 냥식니나(糧食+-이나) 될 거신즉 〈001, 1765년, 김광챈[김주국(G1) 역]〉 / 제는 블안타 ᄒ고 낙〃히 막고 지ᄂᆞ이 슉마의 념녀 잇칠 적니[時] 업슬 츠 〈228, 1878년, 진주강씨A(G5)〉
　　　나. 예논 아즉 흔 모양니고(模樣) 형님 일양ᄒ시니 즐겁다 〈224, 1848년, 진주강씨A(G5)〉 / 통악 심쟝니(心腸) 긋칠 듯ᄒ닉 〈228, 1878년, 진주강씨A(G5)〉
　　　다. 빅ᄌ 말이내[斗] 밤 말니내[斗] 보내시면 〈054, 1841년, 여강이씨(G4)〉

표면적으로 볼 때 (38가)는 /ㄱ/ 뒤에서, (38나)는 /ㅇ/ 뒤에서, (38다)는 /ㄹ/ 뒤에서 각각 'ㄴ'이 첨가된 예이다. 그중 金周弼(1994: 106~107)은 (38나)와 같이 비자음(鼻子音) 뒤에서 'ㄴ'이 첨가된 예를 비모음화를 다양하게 표기한 것으로 해석한 바 있다. 그러나 (38나)와 같은 부류만을 대상으로 할 때는 그 견해가 타당하다고 할 수 있으나, 이를 (38가, 다)

---

38) 白斗鉉(1990/1992: 353)은 'ㄴ' 첨가형이 "과도교정에 의한 표기상의 오류일 것"으로 보고, "설령 현실 발음은 반영한 예가 있다 하더라도 그것은 개인적 혹은 일시적인 것이지 일반성이나 지속성을 가진 것은 아니었을 것"이라는 입장을 밝혔다.
39) 金周弼(1994: 106-107)은 'ᄉᄂᆡ예[間] 〈念龍7a〉, 만만ᄒ냐도 〈念龍9a〉, 되닌대[爲] 〈念龍12b〉'와 같은 예는 "비모음화와의 관련성도 포착하기 어렵고 ㄴ탈락을 보이는 예들과 형태소의 성격에 있어서도 차이가 나는 것으로 보아 발음에서 과도교정이 일어났을 가능성은 희박한 것으로 간주"하였다. 그러나 그 논문에서는 'ᄒᄂᆞ니 〈念龍12b〉, 중니나 〈念龍7a〉, 사름니 〈念龍30a〉'와 같이 비자음(鼻子音) 뒤에서 'ㄴ'이 첨가된 예들은 비모음화를 다양하게 표기한 것으로 추정하였다.

와의 관련성 속에서 해석하면 다른 해석이 가능해진다. (38가)는 /ㄴ/이 탈락하는 환경이 아니며, (38다)는 /ㄴ/이 분포할 수 있는 환경이 아니기 때문이다. 따라서 이들을 모두 일관되게 해석하는 방법은, 자음 뒤에서의 'ㄴ' 첨가는 순전히 표기 층위의 현상이라고 보는 것이다. 본서의 대상 자료에서 (고유어의 경우) 모음 뒤에서 'ㄴ'이 첨가된 예가 없다는 사실도 이를 뒷받침해 준다.

한자어 비어두 환경의 경우도 표기 차원의 현상으로 보아야 한다. 이를 논의하기 위해 앞에서 제시한 예를 다시 가져오기로 한다.

(39) 노념이(老炎) 〈034, 1830년, 여강이씨(G₄)〉 / 어뉵이(魚肉) 〈054, 1841년, 여강이씨(G₄)〉 / 스년(辭緣) 〈225, 1848년, 진주강씨A(G₅)〉

(39)는 모두 비어두 /ㄴ/ 탈락 환경에서 벗어나는 예들이다. 앞서 우리는 한자어의 제2음절 이하 위치는 진정한 의미에서의 비어두 음절 위치로 볼 수 없다고 밝힌 바 있는데, 그렇다면 (39)의 어중 'ㄴ'도 실제로 발음되었을 것으로 보기는 어려울 것이다.

문제는 (40)과 같이 고유어와 한자어의 어두에 'ㄴ'이 첨가된 예이다.

(40) 가. 봉되는 제 무수히 닛다[在] ᄒ오니 〈131, 1832년, 고성이씨A(G₄)〉 / 녜되[此處] 어마님 일양 흔 모양이오시고 〈211, 1848년, 진성이씨B(G₅)〉
      나. 냥모(羊毛) 〈079, 1847년, 여강이씨(G₄)〉 / 념ᄒ더니(厭) 〈040, 1831~1833년, 여강이씨(G₄)〉 / 뉵초(肉燭) 〈169, 1850년, 의성김씨②(G₅)〉

이들은 어두 /ㄴ/ 탈락과 동일한 환경을 갖추고 있다는 점에서 음운론적 층위에서의 현상을 표기상에 반영한 것일 수도 있다. 白斗鉉(1990/1992: 353)은, /ㅣ/나 /y/ 앞에서 /ㄴ/이 발음될 수 있는 서북 방언과는 달리, 동남 방언에서는 동일한 환경에서 /ㄴ/이 발음될 수 없다는 제약이 있으므로 과도 교정에 의해 첨가된 'ㄴ'이 실제로 발음되었다고 보기 어렵다고 하였다. 그러나 저자는, 동남 방언에서 그와 같은 제약이 애초부터 존재하였던 것이 아니라고 한다면, /ni/나 /nyV/ 연쇄를 회피하는 제약이 형성되는 과도기적 단계에서는 실제 발화에서 /ㄴ/이 첨가되는 과도 교정이 불가능하지는 않았을 것으로 여긴다. 다만, 이 문제는 더 이상 논증하기 어려우므로 여기서는 이와 같은 가능성만을 열어 두는 것에 만족하고자 한다.

4.2. [ㅆ]의 음운화와 'ㅅ~ㅆ' 변이

[ㅆ]의 음운화(Phonologisierung)란, 자음 체계 내에서 마찰음의 평음과 경음 간 존재하지 않던 대립 관계가 새롭게 형성되는 것을 말한다. 고대 국어의 자음 체계에 경음이 존재하지 않았다는 통설(李基文 1961: 51~52, 1972/1977: 91)과, 현대 동남 방언권에서 어두 /ㅅ/과 /ㅆ/이 대립되지 않는 지역이 있다는 주지의 사실을 함께 고려할 때, [ㅆ]의 음운화는 고대 국어에서 현대 국어로 이행되는 오랜 기간 동안 점진적으로 수행되어 온 것으로 이해할 수 있다.

〈鶴峰宗家〉 발신자들은 대부분 안동을 중심으로 한 경북 북부 지역 출신이다. 따라서 어두 위치에서의 'ㅅ'과 'ㅆ'에 대한 그들의 표기 양상을 검토해 보면 경북 방언사에서 [ㅆ]의 음운화 과정의 한 단면을 관찰할 수 있으며, 그것을 통해 '/ㅅ/ : /ㅆ/'의 대립 여부를 간접적으로 확인할 수 있을 것으로 기대된다. 만일 어두 'ㅄ'이나 'ㅆ'을 지닌 형태로 소급하는 어사(예 쓰-[用], 쓰-[書])에 대하여 특정 발신자가 'ㅅ' 표기만을 고수한다면, 우리는 그의 자음 체계 내에 /ㅆ/이 존재하지 않았다고 판단할 수 있을 것이다. 반대로 이와 같은 어사에 대하여 'ㅆ' 표기만을 사용하는 발신자가 있다면, 그의 언어에서는 /ㅆ/이 대립적 기능을 수행하고 있었던 것으로 여길 수 있을 것이다. 또한, 만일 어두 'ㅅ'을 지닌 형태로 소급하는 어사(⑩ 시기-[史])가 'ㅆ'으로 표기된 예가 있다면,[40] 그것은 곧 '/ㅅ/ : /ㅆ/'의 대립 관계를 인정할 수 있거나, 혹은 그 대립 관계가 형성되어 가고 있는 중이라는 근거가 될 수도 있을 것이다(후술).[41]

동남 방언의 '/ㅅ/ : /ㅆ/' 대립 여부에 대한 연구는 지금까지 다양한 관점에서 이루어졌는데, 그것은 크게 세 가지 유형으로 분류해 볼 수 있다.[42] 그 첫 번째는 지리 언어학적 관점에서 수행된 연구이다. 千時權(1965: 2~4), 韓國方言學會(1974: 325), 金永泰(1975: 257~258) 등은 방언 구획을 위한 목적으로 두 음소의 대립 여부를 부분적으로 다룬 바 있다. 그러나 지리 언어학적 관점에서 이 문제를 본격적으로 다룬 연구는 김덕호(1993)에서 시작한다. 그 논문에서는 /ㅅ/과 /ㅆ/의 시차성 유무를 확인할 수 있는 다양한 어휘를 대상으로 그 공시적 분포를 정밀하게 나타내고, 그 분포에 대한 역사적 해석을 덧붙였다. 김덕호 선생이 그린 등어선속(bundle of isoglosses)에 의하면, 봉화·영주·예천·문경·안동·상주 등 경북 서북부 지역은 /ㅅ/과 /ㅆ/이 명확히 변별되는 데 반해, 포항·경주·청도·경산 등 동남부 지역은 그 대립이 존재하지 않는다. 그리고 그 중간 지역에 동북-서남으로 길게 가로놓인 울진·영양·영덕·청송·의성·군위·구미·칠곡·성주·대구·고령 등지는 전이 지역(transition area)으로 나타난다[74~77면].

두 번째 부류는 음운사적 관점에 입각한 연구이다. 이 지역 문헌어에 나타나는 'ㅅ'과 'ㅆ'의 표기 양상을 바탕으로 음소 /ㅆ/의 형성 과

---

40) 이하에서는 어두 위치에서 'ㅄ', 'ㅆ', 'ㅅ'을 지닌 형태를 각각 「ㅄ'형」, 「ㅆ'형」, 「ㅅ'형」으로 지칭하기로 한다.
41) 그러나 반대로 어두 /ㅅ/의 경음화가 일어나지 않는다고 해서 우리는 '/ㅅ/ : /ㅆ/'의 대립이 존재하지 않았다고 말할 수는 없을 것이다. /ㅅ/과 /ㅆ/의 대립 여부는 체계상의 문제인 데 반해, 어두 /ㅅ/의 경음화는 개별 어사의 문제이기 때문이다.
42) 이하에서 언급할 연구사에서는 동남 방원권의 각 하위 지역어를 대상으로 해당 지역어의 자음 체계를 규명하기 위해 '/ㅅ/ : /ㅆ/'이 대립 여부를 살펴본 논저는 제외하였다.

정을 음운사적으로 살펴본 업적이 이 부류에 해당한다. 김주원(1984: 46~47)은 18세기에 간행된 ≪念佛普勸文≫의 여러 이본을 검토한 결과, 'ㅅ'과 'ㅆ' 두 표기가 지속적으로 병용되어 있는 가운데 일반적으로 'ㅅ'이 더 많이 나타난다는 사실을 밝혀내었으나, 그러한 병용이 당시 경음화가 진행되고 있음을 보이는 것인지는 알 수 없다고 하였다. 영남에서 간행된 문헌을 통시적으로 살펴본 白斗鉉(1990/1992: 292~299)은, 늦어도 17세기에는 /ㅆ/이 성립되었다고 확정할 수 있다고 하였다. 그러나 20세기 전기에 이르기까지 동일 형태소 표기에 'ㅅ'과 'ㅆ'이 꾸준히 함께 사용되는 현상은, 개별 문헌의 성격과 중앙어의 영향 정도, 각 문헌이 배경으로 하고 있는 하위 방언에서의 [ㅆ]의 음운론적 지위 여부가 서로 달랐기 때문인 것으로 파악하였다. 또한, 백두현 선생은 한 지역 방언 내에서도 사회적·계층적 변수에 따라 /ㅆ/의 존재 여부가 동일하지 않았을 것으로 짐작하였다.

마지막 부류는 역사 사회 언어학적 관점에서 이루어진 연구이다. 최전승(2012: 323~324)은 〈金誠一家〉를 대상으로 'ㅆ'이 'ㅅ'으로 부단히 대치되어 나타나는 현상을 발·수신자 관계를 중심으로 간략히 고찰해 보았다. 최전승 선생은 그 현상이 마찰음의 평음과 경음의 대립이 중화되어 있는 경북 방언의 하위 지역어의 음운론적 특질을 반영하고 있는 것으로 해석하였다. 하지만 'ㅅ→ㅆ'으로의 대치는 동일 발신자라고 하더라도 편지글이 쓰이는 상황과 수신자에 따라 예측하기 어렵다고 결론지었다.

지금까지 살펴본 바와 같이, 동남 방언의 /ㅅ/과 /ㅆ/의 대립 여부에 대한 기존의 논의는 이상의 세 가지 관점에서 서로 개별적으로 이루어졌다. 그런데 본서에서 다루는 〈鶴峰宗家〉는 '출신지'를 비롯한, 발신자와 관련된 다양한 사회적 변인이 추출된다는 점에서 이 세 가지 관점을 종합한 연구를 가능하게 해 준다. 그런데 이 언간 자료에서는 발·수신자 간의 관계는 물론 실재 시간이나 현장 시간에 따른 'ㅅ~ㅆ' 혼기 양상이 전혀 드러나지 않는다. 그 대신 두 표기는 발신자의 출신 지역에 따라, 그리고 동일 지역 출신이라고 하더라도 발신자 개개인에 따라 상당히 규칙적인 변이를 보인다. 그러므로 본절에서는 이 문제에 대한 역사 사회 언어학적 고찰이 일단 유의미하지 않다고 판단하고, 지리 언어학적 관점과 음운사적 관점에 입각한 논의를 병행하고자 한다. 그리고 음운사적 고찰에서도 편지 작성 시기나('실재 시간') 세대 차이('현장 시간')에 제한을 두지 않고 [부록 2]에 밝혀 놓은 각 발신자의 출신지만을 기준으로 'ㅅ~ㅆ'의 혼기 양상을 살펴본 후, 그것으로부터 통시적 해석을 시도할 것이다.43)

〈鶴峯宗家〉에서 이 문제와 관련된 예를 보여 주는 발신자는 총 14명이며, 그들의 출신지는 경주(1명), 의성(1명), 영주(1명), 상주(1명), 안동(10명) 등 5개 지역으로 압축된다. 그중 경주는 위에서 언급한 대로 현대 경북 방언권에서 /ㅆ/이 자음 체계 내에 여전히 존재하지 않는 지역이다. 의성은 군내(郡內) 대부분 지역에서 /ㅅ/과 /ㅆ/이 대립되나 동남부 일부 지역(사곡면 남부, 금성면 동부, 가음면, 춘산면)에서는 그렇지 않다(신승원 2000: 54~57).44) 마지막으로 영주·상주·안동은 두 음소가 대립하는 지역이다. 그렇다면 19세기 전기 이 지역 양반들의 방언에서도 과연 현대 방언에서와 동일한 지리적 분포가 나타날지 검토해 볼 필요가 있다.

경주 출신 발신자는 바로 〈鶴峯宗家〉의 최대 발신자인 여강이씨이다. 그의 편지에서는 그 방대한 수량에 걸맞게 'ㅄ'형·'ㅆ'형·'ㅅ'형으

---

43) 그렇다면 본절에서 다루는 자료의 시기적 범위는 〈鶴峯宗家〉의 전체적인 작성 시기인 '18세기 후기~19세기 후기'로 넓어지게 된다. 하지만 18세기 후기 자료는 김주국 언간의 예뿐이고, 19세기 중기나 후기 자료도 일부 발신자들의 소수 예에 불과하다. 게다가 실재 시간이나 현장 시간상에서의 변화도 관찰되지 않는다. 따라서 본절에서 다루는 자료의 시기는 편의상 종전대로 '19세기 전기'로 상정해 두기로 한다.
44) 의성 지역어 조사 자료는 신승원(1991, 1992, 1995, 1996, 1998)을 참조하고, /ㅅ/과 /ㅆ/의 대립 여부에 대한 등어선은 뒤에 제시할 〈그림 4.6〉을 참조하기 바란다.

로 각각 소급하는 어사가 가장 많이, 그리고 가장 다양하게 나타난다. 하지만 그 기원과는 관계없이 'ㅆ' 표기는 거의 관찰되지 않는다.

(41) 여강이씨[G₄, 경주(강동면)/안동(서후면)]⁴⁵⁾

  가. 'ㅅ'형(←MK: 'ㅄ'형/'ㅆ'형)

   a. [MK: 'ㅄ'형] 그 브람을 <u>소여</u>[熏] 〈128〉 / 쇼〃히 <u>스이는</u>[用] 딕 만스오니 〈067〉 / 뒤뭉쳐 훌 <u>스러</u>[掃] 보내시고 〈072〉 / 보리도 면흉될다 ᄒ나 마달 밧츤 <u>시도</u>[種](시+-도) 업슬다 ᄒ읍마는 〈113〉 / 낫츨 <u>싯기</u>읍는[洗] 〈116〉 / 고기 <u>손</u>[包] 죠희는 〈041〉

   b. [MK: 'ㅆ'형] 글시 <u>스노래</u>[書] ᄒ오니 〈046〉

  가′. 'ㅅ'형~'ㅆ'형(←MK: 'ㅄ'형/'ㅆ'형)

   a. [MK: 'ㅄ'형] 제 약을 <u>스면</u>[用] 〈064〉 ~ 쓸이 업스니 무간너라 <u>쓰나</u> 〈041〉 / <u>읻스읍심</u>[勞苦] 〈033〉 ~ 읻<u>쓰고</u> 〈062〉 / 양식 <u>술</u>[米] 흔 말 가중 몃 복기 간다 〈127〉 ~ <u>쑬</u>이 업스니 〈041〉, <u>쑬</u>을 푸라 〈119〉 / 대칼 <u>쓰워</u>[冠] 옥의 느리오라 ᄒ여 어스 오기 젼에 칼을 <u>스고</u>[冠] 〈117〉

   b. [MK: 'ㅆ'형] (해당 예 없음)

  나. 'ㅅ'형(←MK: 'ㅅ'형)

   우리 집은 돈이 <u>석고</u>[腐] 〈118〉 / 잘게 <u>스으래</u>[剉]⁴⁶⁾ ᄒ라 ᄒ시

---

45) 발신자명과 세대 뒤에 'X/Y'의 형식으로 나타낸 것은 여성 발신자의 본가('X')와 시가('Y')를 의미한다. 남성 발신자의 경우 출신지('X')만을 제시하였다.

46) 李基文(1998: 139)과 白斗鉉(1990/1992: 294)에서는 '싸흐-[剉]'을 '사흐-'에 대한 어두 경음화의 예로 제시하였다. 그러나 둘 중 어느 것이 더 기원적인 형태인지를 판단하는 것은 그리 간단한 문제가 아니다. 이 단어는 각자병서가 전폐(全廢)된 ≪圓覺經諺解≫ (1465) 이전 문헌에서부터 '사흐-'과 '싸흐-' 두 가지 형태로 모두 나타나기 때문이다. 그 중 '싸흐-'은 원간본으로 추정되는 ≪月印釋譜≫(1459) 권23에 출현하는 데 반해, '사흐-'은 중간본인 ≪月印釋譜≫ 권21에 출현하며 원간본 중에서는 ≪法華經諺解≫(1463)에서만 1회 등장한다.

  예) ㄱ. 흔 <u>싸흐라</u> 딛는 地獄을 보니 [見—<u>剉碓地獄</u>] 〈月釋23:78b〉
   ㄴ. 모물 즈믄 무저긔 <u>싸흐라</u> 피와 고기왜 너르듣더니 [<u>斬</u>身千段 血肉狼籍] 〈月

읍 〈080〉 / 돈인들 어듸셔 **소다지읍[寫]** 〈118〉 / **쇽디[誷]** 마시읍 〈043〉 / 집을 지으라 **시기오내[使]** 〈067〉 / 낫츨 **싯기읍는[洗]** 〈116〉

나. 'ㅅ'형~'ㅆ'형(←MK: 'ㅅ'형)

씨긋지 **시셔[洗]** 〈080〉 ~ **씻고** 〈098〉

여강이씨는 어두 위치에서 'ㅆ' 표기로만 일관된 어사를 단 하나도 보여주지 않는다.47) 그 대신 그의 언간에서 출현하는 어두 'ㅆ' 표기는 모두 'ㅅ' 표기와 공존하는 것들로('ㅅ'형~'ㅆ'형),48) 'ㅆ'으로 표기된 예는 극소수에 불과하다. 그 외 나머지 어사는 (41가, 나)에서 볼 수 있듯이 모조리 'ㅅ' 표기로만 나타난다. 다시 말해서 (41가')은 여강이씨의 언어에서 매우 예외적인 존재들인 것이다.

여강이씨 언간에서 어두 'ㅆ' 표기가 나타나는 것이 얼마나 이례적인 일인가는 [표 4.5]에서 선명하게 드러난다.49) [표 4.5]는 여강이씨의 어두

釋23:78b〉

[예] ㄱ. 비슬홀 쌔혀며 **사홀며** 버히며 [拖拽罪人] 〈月釋21:43b〉
ㄴ. 뙤눈 ᄆᆞ누리 **사홀씨라** 〈月釋21:76a〉
ㄷ. 贈는 고기 ᄆᆞ누리 **사홀씨라** 〈法華5:27a〉

그런데 '싸호-[鬪]'의 경우에는 ≪圓覺經諺解≫ 이전 문헌인 ≪楞嚴經諺解≫(1462)와 ≪法華經諺解≫에서부터 이미 '사호-'로 등장한다(황은영 2010: 315~316). 그렇다면 '사홀-~싸홀-'의 공존도 본래 15세기 국어에서 '싸홀-'이었던 것이 ≪法華經諺解≫에서부터 '사홀-'로 표기되었기 때문일 가능성도 배제할 수 없을 것이다. 하지만 본서에서는 일단 위 중간본의 예를 존중하여 '스을-'의 MK형을 'ㅅ'형으로 상정하여 (41나)에 포함시키기로 한다.

47) 그러나 여강이씨도 합성어 내부에서는 'ㅆ' 표기를 보이기도 한다([예] 입쑬이[精米](〈니+쑬〉 업스니 〈041〉 / 싀쑬은[脈](〈새[新]+ㅅ#숣[肌]〉 별노 나온 줄 모르오니 급〃ᄒ옵 〈066〉).

48) (41가'a)의 '스-[冠](칼을~)'와 '쓰우-(〈씌우-)'는 후자가 전자를 어기로 한 파생 어간이라는 점에서 엄밀하게 말하면 동일한 어사의 'ㅅ'형과 'ㅆ'형의 공존이라고 할 수 없다. 그러나 두 어사가 동일한 문장에서 사실상 동일한 목적어를 취하고 있다는 점에서 편의상 (41가'a)에 포함시켰다.

49) 'cf.' 표시를 달고 괄호 속에 제시해 놓은 '이쁘-[勞苦]', '이쁘아-[勞苦]', 'X시기-' 등 세 항목의 수치는 '소계'와 '총계'에 반영하지 않았다. 이들 어사는 '이#쁘-', '이#쁘아-', 'X#

'ㅆ' 실현율을 김진화와 진성이씨B의 실현율과 대조한 것이다. 어두 'ㅅ~ㅆ' 혼기가 나타난다는 사실 자체만 따진다면 이들 셋은 동일한 혼기 양상을 본인다고 할 수 있다. 그러나 김진화와 진성이씨B가 각각 94.1%와 82.6%라는 높은 비율로 'ㅆ'을 사용하고 있는 것과는 달리, 여강이씨는 7.5%에 불과한 저조한 비율로 'ㅆ'을 실현시키고 있는 것이다.

발신자 / 어사		여강이씨		김진화		진성이씨B	
'ㅄ'형	뿄시-[刺]	-	〈소계〉 6/57 (10.5%)	1/2	〈소계〉 6/7 (85.7%)	-	〈소계〉 12/13 (92.3%)
	쁘-[用]	4/41		5/5		12/13	
	(cf. 이쁘-[勞苦])	(2/16)		(-)		(1/1)	
	쁘이-[用]	0/4		-		-	
	(cf. 이쁘이-[勞苦])	(0/1)		(-)		(-)	
	쁠-[掃]	0/5		-		-	
	삐[種]	0/1		-		-	
	뿟-[包]	0/3		-		-	
	뿔[米]	2/3		-		-	
'ㅆ'형	싸히-[積]	-	〈소계〉 1/11 (9.1%)	-	〈소계〉 4/4 (100%)	1/1	〈소계〉 4/4 (100%)
	싸홀-[剉]	0/2		-		-	
	쐬-[熏]	0/1		-		-	
	쓰-[冠]	0/1		2/2		-	
	씌우-[冠]	1/1		-		-	
	쓰-[書]	0/6		2/2		3/3	
'ㅅ'형	석-[腐]	0/1	〈소계〉 1/38 (2.6%)	-	〈소계〉 6/6 (100%)	-	〈소계〉 3/6 (50.0%)
	셩[怒]	-		1/1		-	
	소다디-[寫]	0/3		-		-	
	속-[詛]	0/2		3/3		-	
	시기-[使]	0/29		2/2		3/6	
	(cf. X시기-)	(0/5)		(1/1)		(-)	
	싯-[洗]	1/2		-		-	
	싯기-[洗]	0/1		-		-	
총계		8/106 (7.5%)		16/17 (94.1%)		19/23 (82.6%)	

[표 4.5] 여강이씨 · 김진화 · 진성이씨B의 어두 'ㅆ' 실현율

요컨대 여강이씨는 /ㅅ/과 /ㅆ/을 사실상 구분하지 못하였음이 분명

시기-'와 같은 통사적 구성에서 기원하였지만, 당시 한 단어로 굳어진 것으로 볼 수도 있기 때문이다. 'X시기-'의 'X'는 '걱정[憂], 작부(作夫)' 등을 포함한다.

하다. 그리하여 그의 언어에서는 'ᄉ-[包](〈ᄡ-〉)'와 'ᄉ-[買](〈사-〉)'가 최소 대립쌍(minimal pair)을 형성하지 못한다(예 고기 ᄉ[包] 죠희ᄂ 〈041〉 / 고기 마리도 못 ᄉ[買] 보내니 〈055〉). 위에서 언급한 예외적인 'ᄊ' 표기례들은 그가 1807년 16세의 나이에 안동으로 시집온 후 그곳에서 30・40년 동안 접촉한 경북 서북부 방언의 요소로 설명할 수 있다. 그렇다면 적어도 '/ᄉ/ : /ᄊ/'의 대립에 관해서는 당시와 오늘날의 경주 방언은 아무런 차이가 없었다고 하겠다.

다음은 의성 출신인 아주신씨B의 경우이다. 관련된 예를 모두 나타내면 아래와 같다.

(42) 아주신씨B[G₄?, 의성(봉양면)/안동(도산면)]

  가. 'ᄉ'형(←MK: 'ᄡ'형/'ᄊ'형)

    a. **[MK: 'ᄡ'형]** (해당 예 없음)

    b. **[MK: 'ᄊ'형]** <u>슫[書]</u> 셰 업스와 이만이오며 〈145〉, 그러타 몰ᄂ기 요리 소〃ᄒ나 한 번 **슨다** 이만 내〃 그만〃 회보 부란다 〈148〉

  가′. 'ᄉ'형~'ᄊ'형(←MK: 'ᄡ'형/'ᄊ'형)

    a. **[MK: 'ᄡ'형]** 다친 파리 일양 <u>스지[用]</u> 못 괴롭습고 〈141〉 ~ 두 명듀 다 **써** 다 당찬을 닷ᄒ다 〈148〉 / 무한 <u>의슡[勞苦]</u> 듯 〈139〉

    b. **[MK: 'ᄊ'형]** (해당 예 없음)

  나. 'ᄊ'형(←EMK: 'ᄉ'형)

    거번 그 무셔온 믈겁의 긔여이 **쎄워[拗]** 써나니 〈138〉, 회마 오기만 감〃 기다려 무스이 편은 와스니 싀훤 다힝ᄒ나 **쎄우기** 과ᄒ여 어룬긔 심여 기칠 듯ᄒ옵 〈138〉

(42가)는 MK의 'ᄊ'형 어사가 아주신씨B의 언간에서 'ᄉ'형에 대응하고 있음을, (42가′)은 MK의 'ᄡ'형 어사가 그의 언간에서 'ᄉ'형과 'ᄊ'

형 간의 변이를 보이고 있음을 각각 나타낸다. 반면에 (42나)는 EMK에서 'ㅅ'형인 '세오-[强, 拗]'가50) 그의 편지글에서 '쎼우-'와 같은 'ㅆ'형으로 출현함을 보여 준다.51) 이 동사는 현대 경북 방언에서 '우기다, 고집하다'라는 의미를 지닌 '쎄우-'라는 형태로 실현되는 것으로[《경북방언사전》 참조], 어두 /ㅅ/의 경음화에 대한 좋은 예가 된다. (42가, 가')과 (42나)는 각각 '/ㅅ/ : /ㅆ/' 대립을 부정하는 근거와 긍정하는 근거가 된다.

비록 많은 수는 아니지만 제시된 예만을 통해 판단할 때, 아주신씨B의 언어에서 [ㅆ]은 음운화의 과정을 밟고 있었던 것으로 추측해 볼 수 있다. 아주신씨B의 친정은 현 의성군 봉양면으로 추정되는데([부록 2] 참조), 위 [그림 4.6]에서 확인할 수 있듯이 봉양면은 오늘날 '/ㅅ/ : /ㅆ/' 대립 여부를 구분하는 등어선이 지나가는 전이 지역(transition area)인 금성면에 인접해 있다[신승원(2000: 56) 참조]. 이 등어선이 역사적으로 동남진(東南進)해 왔다는 점(김덕호 1993: 82)을 고려한다면, 약 한 세기 반 전에는 봉양면도 그 전이 지역이었거나 비대립 지역이었을 가능성이 높다. 따라서 아주신씨B가 [ㅆ]의 음운화를 겪고 있었을 것이라는 우리의 가정은 설득력을 지닌다고 하겠다.

마지막으로, 상주와 영주, 안동 등 경북 서북부 출신 인물들의 언어

---

50) '세오-[强, 拗]'는 17세기 후기 문헌에서부터 등장한다.
　　[예] ㄱ. 네 세오디 말고 가디 말라 [你休强不要去] 〈朴通下45b〉
　　　　ㄴ. 休强 세오디 말라 〈譯語下49a〉
　　　　ㄷ. 내 모친이 셰위 누의를 劉備의게 주니 〈三譯10:3b~4a〉
51) (42)에 제시한 것 외에도 아주신씨B의 〈148〉에는 정확한 의미 파악이 어려운 '씨기-'가 1회 등장한다[예] 져도 아니 가려 흔ᄉ(限死)홀 본 씨겨 보려든 거시 졈 〃 임월ᄒ여 오니 심녀 측냥 못 홀다). 이종덕 외(2019: 512, 각주 15)에서는 이 단어를 '속이-(欺)'의 경북 방언인 '시가-'에 대응하는 것으로 추정하였다. 이 예를 (〈鶴峰宗家〉에 총 7회 출현하는) '씨기나(使)'로 파악하면 문맥이 부자연스러워진다는 이유에서이다. 그러나 이 예를 [欺]의 의미로 파악하면 '쏘겨〉쐬겨〉쎄겨〉씨겨'와 같은 변화 과정을 상정해야 한다는 문제가 생긴다. 3.3.1.1에서 살펴본 바와 같이, 〈鶴峰宗家〉에는 'ㅔ〉ㅣ'의 적극적인 근거나 나타나지 않기 때문이다.

[그림 4.6] '/ㅅ/ : /ㅆ/'의 대립 여부에 의한 등어선
(현대 의성 지역어)[신승원(2000: 56)]

를 살펴보겠다. 우선 상주와 영주에서 안동으로 각각 시집온 진주강씨 A와 선성김씨A는 어두 'ㅆ' 표기례만 보여 준다.

(43) 진주강씨A[G₅, 상주(신봉동)/안동(서후면)]

    가. 'ㅅ'형(←MK: 'ㅄ'형/'ㅆ'형)

        (해당 예 없음)

    나. 'ㅆ'형(←MK: 'ㅄ'형/'ㅆ'형)

        a. **[MK: 'ㅄ'형]** (해당 예 없음)

        b. **[MK: 'ㅆ'형]** 서리고 <u>쓰인</u>[積] 소획 듯 ⟨227⟩

    다. 'ㅆ'형(←MK: 'ㅅ'형)

        (해당 예 없음)

(44) 선성김씨A[G₅, 영주(이산면)/안동]

    가. 'ㅅ'형(←MK: 'ㅄ'형/'ㅆ'형)

        (해당 예 없음)

    나. 'ㅆ'형(←MK: 'ㅄ'형/'ㅆ'형)

a. [**MK**: 'ᄡ'**형**] (해당 예 없음)

b. [**MK**: 'ㅆ'**형**] 말리 남으나 안혼 **씀[書]** 길 업서 그치오니 ⟨246⟩

다. 'ㅆ'형(←MK: 'ㅅ'형)

큰 챵오슨 말가터니마는 **씨스니[洗濯]** 이리 고약ᄒ니 ⟨246⟩

(43), (44)의 예 역시 충분한 수는 아니지만, 적어도 두 사람의 언어 상태가 현대 방언 자료와 합치한다는 점에서 두 사람의 자음 체계 내에서는 /ㅅ/과 /ㅆ/이 변별되었다고 인정할 수 있을 것이다.

그런데 가장 많은 수를 이루는 안동 출신 발신자들은 어두 'ㅅ'과 'ㅆ'의 표기에서 다양한 변이를 보인다. 그 표기 양상은 'ㅅ' 표기만 보이는 경우, 'ㅅ'과 'ㅆ' 표기를 모두 보이는 경우, 'ㅆ' 표기만 보이는 경우 등 크게 세 부류로 나뉜다. 각각의 예를 순서대로 제시해 보도록 하겠다.

첫째, 'ㅅ' 표기만 보이는 경우이다.

(45) 김수락[G₅, 안동(서후면)/경주(강동면)]

가. 'ㅅ'형(←MK: 'ᄡ'형/'ㅆ'형)

a. [**MK**: 'ᄡ'**형**] 돈 달나 말은 아니ᄒ엿더니 와시니 **스기ㅅ[用] 스졔마낟[用]** ⟨229⟩

b. [**MK**: 'ㅆ'**형**] (해당 예 없음)

나. 'ㅅ'형(←MK: 'ㅅ'형)

(해당 예 없음)

(46) 의셩김씨④[G₅, 안동(서후면)/구미(인동동)]

가. 'ㅅ'형(←MK: 'ᄡ'형/'ㅆ'형)

a. [**MK**: 'ᄡ'**형**] 일곱 돈이라 ᄒ니 내 **슬[用]** 데 이셔 그러니 ⟨191⟩, 돈은 계요 모흔 걸 본집의 **스고** 언제 바들지 모르고 이것 니십

냥이니 모도아 두고 급히 슬 데 잇거든 아모거시라도 츄이ᄒ여 **셔라** ⟨195⟩ / **읻스시지믈**[勞苦] 마르시읍 ⟨177⟩

b. **[MK: 'ㅆ'형]** 싀로온 비회 **사흘**[積] 곳 업습고 ⟨180⟩ / **사힌**[積] 셔름을 ⟨186⟩ / 즉시 두어 줄 **셔**〃[書] ⟨193⟩

나. 'ㅅ'형(←MK: 'ㅅ'형)

아모나 **싀여**[使] 쌰라 두엇다가 ⟨193⟩ / 어ᄂ 셰월의 다시 한 을 **시슬고**[洗] ⟨179⟩ / cf. 목쳔 **계 시의**(季氏) 싀칠촌 우산딕 ⟨180⟩

이 범주에 속하는 예들의 어두 'ㅅ'은 (45가), (46가)와 같이 대부분 중세 국어형의 어두 'ㅄ'이나 'ㅆ'에 대응한다. 이에 반해, (46나)의 어두 'ㅅ'은 중세 국어의 'ㅅ'에 그대로 대응하며, 오늘날 안동 지역어에서 실현되는 /ㅆ/과 대응하지 않는다. (46나)는 안동 지역어에서 '/ㅅ/ : /ㅆ/'의 대립 이 존재하지 않았으며, 이에 따라 어두 /ㅅ/의 경음화 역시 아직 일어나 지 않았을 것이라는 가정을 할 수 있게 해 준다.

둘째, 'ㅅ'과 'ㅆ' 표기를 모두 보이는 경우이다.

(47) 의성김씨A[G₃, 안동(예안면)/경주(강동면)]

가. 'ㅅ'형(←MK: 'ㅄ'형/'ㅆ'형)

a. **[MK: 'ㅄ'형]** 익을 **스는**[用] 일 ⟨007⟩
b. **[MK: 'ㅆ'형]** 젹수옴 쳡〃ᄒ오나 감〃 졍신 **슬**[書] 길 업수와 이만 긋치읍ᄂ이다 ⟨006⟩, 젹수옴 쳡〃ᄒ오나 혼모 졍신 **슬** 길 업수와 이만 긋치읍[52] ⟨007⟩

나. 'ㅆ'형(←MK: 'ㅅ'형)

---

52) 두 예문의 '졍신 슬 길'에 사용된 '스'는 [用]의 의미가 아니라 [書]의 의미로 사용된 것이 다. 즉, 현재 자신의 정신 상태를 편지에 글로 쓸 수 없다는 의미인 것이다.

썩은[腐] 심회를 〈007〉

(48) 김진화[G₄, 안동(서후면)]

  가. 'ㅅ'형~'ㅆ'형(←MK: 'ᄡ'/'ㅆ')

   a. **[MK: 'ᄡ'형]** 져리고 <u>슈쉬고[痛]</u> 〈017〉 ~ 알푸고 <u>슈시고</u> 〈022〉

   b. **[MK: 'ㅆ'형]** (해당 예 없음)

  가'. 'ㅆ'형(←MK: 'ᄡ'형/'ㅆ'형)

   a. **[MK: 'ᄡ'형]** 반은 일코 반은 아니 <u>쓸[用]</u> 데 <u>써셔[用]</u> 〈026〉

   b. **[MK: 'ㅆ'형]** 샤모쑬이 겹으로 훈 거시라야 당샹관이 <u>쓰는[冠]</u> 거시니 〈029〉, 샤모는 셩ᄒ니 그만 두어도 <u>쓰게</u> ᄒ엿다 〈029〉 / 편지 훈 쟝을 <u>쓰고[書]</u> 나면 〈028〉, 봉대집 소호집의게 <u>쓸</u> 길 업셔 답쟝 못 ᄒ니 〈024〉

  나. 'ㅆ'형(←MK: 'ㅅ'형)

   <u>썽을[怒]</u> 내니 〈022〉 / 모도 <u>쏙으니[誣]</u> <u>쏙는닷[誣]</u> 말을 ᄒ면 〈026〉 / 샤름을 <u>씨겨[使]</u> 〈026〉, cf. <u>걱졍씨기지[憂]</u> 말고 〈022〉

(49) 진성이씨B[G₅, 안동(도산면)/안동(서후면)]

  가. 'ㅅ'형~'ㅆ'형(←MK: 'ᄡ'형/'ㅆ'형)

   a. **[MK: 'ᄡ'형]** <u>슬[用]</u> 것 업시ᄒ고 가와 〈207〉 ~ 그ᄉ이 쒀 <u>쓴</u> 것과 〈207〉, 엇지 명약을 <u>쎠</u> 곳쳐 늬올지 답 〃 〈207〉

   b. **[MK: 'ㅆ'형]** (해당 예 없음)

  가'. 'ㅆ'형(←MK: 'ᄡ'형/'ㅆ'형)

   a. **[MK: 'ᄡ'형]** 돈은 물것치 <u>쓰이여[用]</u> 〈208〉 / <u>의쓰이와[勞苦]</u> 〈207〉

   b. **[MK: 'ㅆ'형]** 직물이 구산것치 <u>썬이여[積]</u> 잇셔도 〈207〉 / 미 슈은 언마가 된지 모르게 더 댱만ᄒ여 <u>쎠[書]</u> 두고 가시며[53] 〈218〉, 편지지 어더 <u>쓰읍기</u> 극는ᄒ올 ᄎ 밧ᄌ와 <u>쓰읍고</u> 황송ᄒ

오며 〈206〉

나. 'ㅅ'형~'ㅆ'형(←MK: 'ㅅ'형)

안밧 샹쥬 편습고 감게 **시기오니**[使] 〈205〉, 눆임은 온 후 다른 것 **싀겨** 쳠념 음식 거두어 먹이고 〈212〉 ~ 모도 남을 **씨기오니** 〈207〉, 별양 괴롭게 **씨긴** 일도 업수오나 〈212〉

(47)은 중세 국어 문헌의 'ㅄ'형과 'ㅆ'형이 의성김씨A의 언간에 'ㅅ'형으로 반사되어 있지만, 오히려 중세 국어의 'ㅅ'형은 어두 경음화를 겪은 'ㅆ'형으로 나타남을 보여 준다. 반면에, (48가, 가')과 (49가, 가')은 중세 국어에서 어두음으로 'ㅄ'이나 'ㅆ'을 가졌던 어사가 김진화와 진성이씨 B의 편지에서 'ㅅ~ㅆ' 혼기를 보이거나 'ㅆ'으로 표기되어 있음을 보인 것이다. 두 사람 모두 (48나), (49나)에서와 같이 어두 /ㅅ/의 경음화를 보인다. (47)~(49)는 첫 번째 경우와는 달리, 당시 안동 지역어에서 [ㅆ]의 음운화가 진행 중인 단계에 있었을 것이라는 가정을 가능하게 한다. 따라서 어두 /ㅅ/의 경음화도 부분적으로 가능해졌을 것이다(이 문제에 대해서는 후술한다).

셋째, 'ㅆ' 표기만 보이는 경우이다.

(50) 고성이씨A[G₄, 안동(법흥동)/안동(서후면)]

가. 'ㅆ'형(←MK: 'ㅄ'형/'ㅆ'형)

(해당 예 없음)

나. 'ㅆ'형(←MK: 'ㅅ'형)

동들 **씨겨**[使] ㅅ 보닉라 <132>, 근이 **씨겨** 비단 바늘 흔 삼 스고 〈132〉

---

53) '아직 셈하지 않은 것은 얼마가 되는지 모르게 더 장만하여 (글로) 써서 두고 가시며'라는 의미이다(이종덕 외 2019: 733).

(51) 전주유씨[G₅?, 안동(예안면)/안동(도산면)]

가. 'ᄡ'형(←MK: 'ᄡ'형/'ᄊ'형)

 a. [MK: 'ᄡ'형] (해당 예 없음)

 b. [MK: 'ᄊ'형] 편지나 ᄒ라 ᄒ시던 거시나 춍〃히 <u>쓰오니[書]</u> ⟨245⟩

나. 'ᄊ'형(←MK: 'ㅅ'형)

(해당 예 없음)

(52) 의성김씨①[G₅, 안동(서후면)/안동(도산면)]

가. 'ᄊ'형(←MK: 'ᄡ'형/'ᄊ'형)

 a. [MK: 'ᄡ'형] <u>쓸디업ᄉᆸ[冗]</u> ⟨150⟩

 b. [MK: 'ᄊ'형] 알외올 말ᄉᆷ 쳡〃 남ᄉ오나 급〃 <u>쓸[書]</u> 길 업셔 그치ᄋᆸ ⟨149⟩

나. 'ᄊ'형(←MK: 'ㅅ'형)

(해당 예 없음)

(53) 의성김씨②[G₅, 안동(서후면)/안동(법흥동)]

가. 'ᄊ'형(←MK: 'ᄡ'형/'ᄊ'형)

 a. [MK: 'ᄡ'형] 계셔 온 약은 아니 <u>쓰ᄋᆸ고[用]</u>⁵⁴⁾ 인삼은 다려 잡ᄉ오시고 ⟨164⟩, 계슈는 <u>쓰ᄋᆸ지[用]</u> 못ᄒ오니 익들ᄒ오나 ⟨168⟩, 이만 <u>쓰ᄋᆸ시는[用]</u> 일 민망〃 ⟨153⟩

 b. [MK: 'ᄊ'형] (해당 예 없음)

나. 'ᄊ'형(←MK: 'ㅅ'형)

(해당 예 없음)

---

54) 해당 예는 '쑴'의 의미를 나타내는 것으로 해석할 수도 있다. 그러나 '用'이나 '쑴'를 나타내는 중세 국어 용언 어간 '쓰-'였음은 동일하다.

(54) 김주국[G₁, 안동(서후면)]

　가. 'ㅆ'형(←MK: 'ㅄ'형/'ㅆ'형)

　　a. [MK: 'ㅄ'형] 당초의 내 ᄆᆞ이 공드려 댱만ᄒᆞ엿더니 제 것 <u>쓰고</u>[用] 준 거시러니 〈004〉

　　b. [MK: 'ㅆ'형] 광찬아 네 어ᄂᆞ 날 이룰 <u>쎼</u>[書] 준다 〈002〉, 정히 삼월 열나흔날 미스 부ᄂᆞ 두 번 <u>쓰노라</u> 〈004〉, 죽지 못흔 아비ᄂᆞ 피눈물 쏫고 긋히 <u>쓰노라</u> 〈002〉

　나. 'ㅆ'형(←MK: 'ㅅ'형)

　　죽지 못흔 아비ᄂᆞ 피눈물 <u>쏫고</u>[拭] 긋히 쓰노라⁵⁵⁾ 〈002〉

(50)은 어두 /ㅅ/의 경음화 예만 발견되는 경우이고, (51)~(53)은 반대로 그것이 발견되지 않는 경우이다. (54)는 MK의 'ㅄ'형/'ㅆ'형의 반사형과 함께 어두 경음화의 예도 함께 발견되는 경우이다. 해당 발신자들의 언간 수량이 좀 더 많았다면 반례가 발견되었을 가능성도 배제할 수는 없지만, 일단 주어진 자료만을 놓고 본다면 (50)~(54)는 어찌되었든 어두

---

55) '쏫-[拭]' 역시 'ㅅ'형과 'ㅆ'형 중 어느 것으로 소급하는지 판단하기 쉽지 않다.
　　예 ㄱ. 고홀 싀여 ᄒᆞ며 눉므를 <u>슷디</u> 아니ᄒᆞ리 업스며 [莫不爲酸鼻揮涕ᄒᆞ며] 〈內訓 3:38b〉,
　　　ᄀᆞ장 시르메 ᄒᆞᆫ번 눉므를 <u>슷고</u> [窮愁一揮淚] 〈杜詩16:4a〉
　　ㄱ'. 그 ᄢᅴ 仙人이 그 ᄯᆞ니ᄅᆞᆯ 어엿비 너겨 草衣로 <u>슷봇고</u> 뫼ᅀᆞ바다가 [爾時仙人 見此女兒 … 心生憐愍 卽以草衣<u>拭</u>將還] 〈釋詳11:25b〉
　　ㄴ. 搵 쓰슬 온 揩 쓰슬 기 〈訓蒙(예산)下10b〉
　　cf. 搵 스슬 온 揩 스슬 기 〈訓蒙(동중)下23b〉
　　'슷'은 위 (ㄱ)과 같이 15세기 문헌 중 중간본에서, 혹은 원간본이더라도 ≪圓覺經諺解≫ (1465) 이후의 문헌에서만 발견된다. (ㄱ')의 '슷봇'은 '슷'을 구성 요소로 하는 합성어인데, 이 예 역시 중간본인 ≪釋譜詳節≫ 권11에만 출현한다. 반면에, '쏫'은 중세 국어 문헌 중에서는 (ㄴ)과 같이 16세기 문헌인 ≪訓蒙字會≫ 예산본(叡山本, 1527)에서만 2회 출현할 뿐이다. 본서에서는 (ㄴ)을 제외하고는 중세 국어 문헌에서 그 예를 찾을 수 없는 '쏫-'과는 달리, '슷'이 비록 중간본이나 ≪圓覺經諺解≫ 이후 문헌의 예이더라도 당시 비교적 높은 빈도로 출현한다는 사실을 중시하여, '슷'이 기원적인 형태인 것으로 판단한다.

'ㅅ' 표기를 보여 주지 않는다는 점에서 공통점을 갖는다. 따라서 위 예들은 전술한 첫째와 둘째 경우와는 달리, 안동 지역어에서 [씨]의 음운화가 완료되었을 것이라는 가정을 뒷받침해 주는 근거가 될 수 있다.

지금까지 본절에서 기술한 내용을 정리하여 나타내면 [표 4.6]과 같다.[56] 이제 [표 4.6]을 바탕으로 지리 언어학적 및 음운사적 관점에서 어두 'ㅅ~ㅆ' 표기 양상에 대하여 종합적인 검토를 시도해 보겠다.

/ㅅ/ : /ㅆ/ 대립 여부 (현대)	출신지 (본가)		거주지 (시가)	발신자	세대	어두 'ㅅ~ㅆ' 표기 양상		/ㅅ/ : /ㅆ/ 대립 여부 (19C 전기)
						① 'ㅄ'형/'ㅆ'형	② 'ㅅ'형	
비대립	경주	강동면	안동(서후면)	여강이씨	G₄	ㅅ(~ㅆ)	ㅅ(~ㅆ)	비대립
전이	의성	봉양면	안동(도산면)	아주신씨B	G₄?	ㅅ~ㅆ	ㅆ	
대립	안동	서후면	경주(강동면)	김수락	G₅	ㅅ		?
		서후면	구미(인동동)	의성김씨④	G₅	ㅅ	ㅅ	
		예안면	경주(강동면)	의성김씨A	G₃	ㅅ	ㅆ	
		서후면		김진화	G₄	ㅅ~ㅆ	ㅆ	
		도산면	안동(서후면)	진성이씨B	G₅	ㅅ~ㅆ	ㅅ~ㅆ	
		법흥동	안동(서후면)	고성이씨A	G₄			
		예안면	안동(도산면)	전주유씨	G₅?	ㅆ		
		서후면	안동(도산면)	의성김씨①	G₅	ㅆ		
		서후면	안동(법흥동)	의성김씨②	G₅	ㅆ		
		서후면		김주국	G₁	ㅆ	ㅆ	
	상주	신봉동	안동(서후면)	진주강씨A	G₅			대립
	영주	이산면	안동	선성김씨A	G₅	ㅆ	ㅆ	

[표 4.6] 발신자의 출신지에 따른 어두 'ㅅ~ㅆ' 표기 양상

먼저, 어두 'ㅅ~ㅆ' 표기 양상은 일차적으로 발신자 출신지에 따라, 이차적으로는 발신자 개개인에 따라 규칙적인 변이를 보인다는 사실을 지적할 수 있다. 또한, 여성 발신자의 경우 시가(媤家)의 방언이 'ㅅ~ㅆ'

---

[56] '비대립'·'전이'·'대립' 지역 간의 구분은 면(面) 단위가 아닌, 군(郡) 단위를 기준으로 한 것이다. '/ㅅ/ : /ㅆ/ 대립 여부(현대)' 항목에서 '의성'을 현대 국어에서 '전이' 지역으로 나타낸 것도 이 때문이다. 여강이씨의 ①과 ②를 'ㅅ~ㅆ'이 아닌 'ㅅ(~ㅆ)'으로 나타낸 것은, 전술한 대로 그의 언간에 극소수로 출현하는 'ㅆ'형의 존재를 방언 접촉에 기인하는 것으로 해석하기 때문이다. 한편, 명암으로 표시해 둔 공란은 해당 예가 발견되지 않음을 의미한다.

표기 양상에 영향을 주기도 한다. 가령, 여강이씨 언간에서 보이는 소수의 어두 'ㅆ' 표기(①·②)는 안동 지역어의 영향으로 해석하는 것이 가장 합리적이다(전술). 한편, 세대에 따른 변이는 어떤 뚜렷한 규칙성을 나타내지 않는데, 이는 특히 안동 출신의 발신자들 언간에서 잘 드러난다.

다음으로, 현대 경북 방언권에서 '/ㅅ/ : /ㅆ/' 비대립 지역인 경주 출신의 발신자는 ①·②에 대하여 (주로) 어두 'ㅅ' 표기만을 사용하는 데 반해, 오늘날 두 음소의 대립 지역인 상주와 영주 출신의 발신자는 어두 'ㅆ' 표기를 사용한다는 사실이 주목할 만하다. 이 사실은 '/ㅅ/ : /ㅆ/'의 대립 여부와 어두 'ㅅ' 및 'ㅆ' 표기의 사용 양상이 서로 밀접한 관련을 맺고 있음을 의미한다. 그렇다면 19세기 전기의 경북 방언권에서 '경주'와 '상주·영주'는 현대 국어와 마찬가지로 각각 '/ㅅ/ : /ㅆ/' 비대립 지역과 대립 지역이었다고 볼 수 있을 것이다.

그런데 현대 경북 방언권에서 /ㅅ/과 /ㅆ/의 대립이 존재하는 안동 출신의 발신자는 어두 'ㅅ'과 'ㅆ' 표기에서 어떤 일관된 양상을 보이지 보인다. 특히, 의성김씨①·②·④는 친자매 관계인데도 그중 장녀(①)와 차녀(②)는 어두 'ㅆ' 표기만을, 막내(④)는 어두 'ㅅ' 표기만을 사용하는 차이점을 보인다. 또한, 우리는 (49)에서 비교적 다양한 예들을 보이는 진성이씨B가 '스-[用]~쓰', '시기-(싀기-)[使]~씨기-'와 같이 동일한 어사에 대하여 'ㅅ~ㅆ' 혼기를 나타낸다는 사실도 살펴본 바 있다.

이 사실은 두 가지 해석을 가능하게 한다. 하나는 당시 동일한 안동 출신 화자들 내에서도 /ㅅ/과 /ㅆ/의 대립 여부가 일정하지 않았다고 이해하는 것이다. 이를 지리 언어학적 관점에서 해석하면 19세기 전기 안동은 /ㅅ/과 /ㅆ/의 대립 여부에 대한 전이 지역이었다는 것이 되며, 음운사적 관점에서 해석하면 당시 안동 지역 방언에서는 [ㅆ]의 음운화가 진행되고 있는 상태였다는 것이 된다. 다른 하나는 이 시기 안동 출신 화자들의 자음 체계에는 /ㅅ/과 /ㅆ/의 대립이 확립되어는 있었으나, 여전히 상당수의 어사는 어두 /ㅅ/을 유지하고 있었다고 보는 것이다. 이 해석에 따르면 19세기 전기 안동은 오늘날과 마찬가지로 /ㅅ/ : /ㅆ/의 대립 지역이 되며, 당시 이 방언에서 [ㅆ]의 음운화는 이미 완료된 이후라고 보아야 한다.

이 문제를 해결하기 위해서는 먼저 음운화 과정의 본질을 이해하고, 사적 문헌 자료와 현대 방언 자료를 종합적으로 검토할 필요가 있다. 음운화란 결국 체계 내에서 대립을 이루지 못하는 소리가 대립을 이루는 소리로 변화하는 것을 말한다. 언중들이 특정 비변별적인 소리를 지속적으로 산출하고 청취하게 되면 그것을 점차 변별적인 소리로 인식하게 되고, 종국에는 그 소리가 대립 가능한 소리가 되는 것이다(蘇信愛 2009: 177, 각주 17).[57)] 이는 곧 [ㅆ]의 분포가 환경적・어휘적・지리적・사회적으로 확대되는 것을 전제로 한다.

그런데 오늘날 일반적으로 /ㅆ/의 대립적 기능이 인정되는 경북 서북부 지역 방언에서도 여전히 어두 위치에서 [sʼ] 대신 [s]가 실현되는 어사가 적지 않다. ≪韓國方言資料集≫에 수록된 자료를 일부 제시하면 아래와 같다.

(55) 'ㅅ'형(←MK: 'ㅄ'형/'ㅆ'형/'ㅅ'형)

　가. MK: 'ㅄ'형

　　a. '쌀벌레': salpʼɛ̈lgi[영풍]

　　b. '쑤시다(굴뚝을~)': súʃinda[문경, 예천, 안동]

　나. MK: 'ㅆ'형

　　a. '싸다(물건이~)': sʼada, san[안동]

　　b. '쌓이다(먼지가~)': sɛii[안동]

---

57) 역사 언어학에서는 변이음이 음소가 되는 원인을 해당 변이음들의 음성적 차이를 유발한 조건 인자 간의 합류에서 찾는다(Bynon 1977: 77). 즉, 해당 변이음이 분포하는 조건 환경이 소실됨으로써 그 소리가 비로소 대립적인 소리로 인식될 수 있게 된다는 것이다.

c. '쏘다(활을~)': soːdʑi/sóosɛ/sʰóotʼa[문경]
   d. '쑤다(죽을~)': sudʑi/sóosɛ/soːtʼa[영풍]; sudʑi/sʷɛːsɛ/sʷɛːtʼa [봉화], sugo/soːsɛ/soːtʼa[문경]; sʼugo/sʼɛːsɛ/sʷɛːtʼa[안동]; sugo/soːɛ/soːtʼa [상쥐]
   e. '씌우다(글을~)': ʃiɛɛra[영풍, 상주, 예천]; ʃiɛɛra, sɛkʰɛɛ ra[봉화], ʃikʰɛɛra[문경, 안동]
   f. '씌우다(올가미를~)': ʃiunda[봉화, 문경, 예천, 안동, 상쥐]

 다. MK: 'ㅅ'형
   a. '썩다(음식이~)': sɛkkʼo/sɛgɛtʼa[영풍]; sɛkkʼo/sʼɛgɛtʼa[문경, 예천]; sɛkʼo/sʼɛgɛtʼa[상쥐]; sɛgɛtʼa[봉화]
   b. '썩히다(음식을~)': sɛkkʰuːgo/sɛkkʰáasɛ[영풍]; sɛkkʰúkkʰo /sɛkkʰáasɛ[봉화]
   c. '쏟다(물을~)': sotʃʼi/sotkʼɛtʼa[영풍]; sotʃʼi/sokʼɛtʼa[문경]; sʼotʃʼi/sokʼɛtʼa[예천]; sʼotʃʼi/sotkʼɛtʼa[안동]; sʼotʃʼi/ sokʼɛtʼa[상쥐]

(55)를 통해 우리는 현대 경북 서북부 방언에서도 [sʼ]의 분포가 모든 어사의 어두 위치로까지 완전히 확대되지는 않았음은 물론, 동일한 어사가 '[s]~[sʼ]' 변이를 보이기도 한다는 사실을 확인할 수 있다. 이 사실은 [sʼ]의 분포상의 확대가 진행되는 과정의 어느 단계에서 그 소리가 대립적 기능을 획득하였음을 말해 준다. 바꾸어 말하면, 어두 '[s]~[sʼ]' 변이가 보인다고 해서 그것이 [sʼ]의 음운화가 진행되고 있다는 사실까지 함의해 주는 것은 아니라고 하겠다. 이 사실을 [표 4.6]에 그대로 대입한다면 우리의 첫 번째 해석은 설득력이 약화될 것이다.

게다가 17세기 후기 경북 북부 방언이 반영된 ≪음식디미방≫(=≪閨壼是議方≫)에서의[58] 어두 경음화 비율도 19세기 전기 안동 방언에서

---

58) ≪음식디미방≫은 경북 안동・영양・예천 지역에 살았던 정부인(貞夫人) 안동장씨(安東

[씨]의 음운화가 여전히 진행 중인 것으로 보기 어렵게 한다. ≪음식디미방≫에 출현하는 어사들의 어두 경음화 전체 비율은 41.0% (158/385회)이며, 어두 경음화 비율을 각 음소별로 세부적으로 나타내면 (56)과 같다(백두현 2005b: 58~61).

(56) 'ㄱ': 41.1% (23/56회)   'ㅈ': 48.4% (15/31회)
      'ㄷ': 22.7% (5/22회)   'ㅅ': 43.0% (111/258회)
      'ㅂ': 22.2% (4/18회)

이 수치는 각 장애음들의 경음이 당시 자음 체계 내에 이미 형성되어 있음을 전제로 해야만 비로소 자연스럽게 설명할 수 있다.[59] 만일 이 전제를 받아들이지 않는다면 이는 곧 경음의 음운화와 어두 경음화가 동시에 진행되고 있었다고 해야 할 것이다.[60] 비록 통시 음운론에서 음

張氏, 1598~1680)가 말년에 저술한 음식 조리서로서 당시 경북 북부 방언의 음운·문법·어휘론적 사실을 알려 주는 자료이다. 이 문헌의 서지와 내용 및 구성에 대해서는 백두현(2001)을, 표기법과 음운론적 특징에 대해서는 백두현(2004a, 2005b)을 각각 참조하기 바란다.

[59] 李基文(1998: 139)은 '그스-[牽]) 스스-', '딩-[擣, 搗]) 찧-', '빙-[撒]) 뿌-', '십-[嚙]) 씹-' 등과 같이 격렬성을 띤 동작에 표현적 가치를 더하고자 어두음을 경음화하는 현상이 후기 중세국어에 나타나는 사실을 지적하고, 이 변화가 일어나기 위해서는 이미 경음이 어두에서 확고한 지반을 가지고 있어야 한다고 보았다. 그리하여 어두 경음이 15세기 후반보다 앞서 나타났다고 보는 것이 온당하다고 주장하였다.

[60] 이는 엄격한 구조주의식 관점에서 벗어난 견해이다. 이와 유사한 관점에서 논의된 것이 바로 'ㄷ' 구개음화에 대한 해석 방법이다. 許雄(1964: 53~54)은 'ㄷ' 구개음화를 '/t/)/ts/'(치조 파열음의 파찰음화) 이후에 '/ts/)/tʃ/'(치조 파찰음의 구개음화, 즉 /ㅈ/의 재음운화)가 발생한 것으로 해석하였는데, 이는 /ㅈ/이 체계상에서 경구개음이어야만 비로소 'ㄷ' 구개음화가 일어날 수 있다는 구조주의식 사고에 기인한 것이다. 그러나 李基文(1972: 65~70, 1972/1977: 198)은 i나 y 앞에서 '[ts])[tʃ]'(경구개 변이음화)에 뒤이어 '/t/)[tʃ]'('ㄷ' 구개음화)가 일어났으며 그 이후에 '/ts/)/tʃ/'(/ㅈ/의 재음운화)가 이루어진 것으로 보았다. 郭忠求(2001: 240~242)와 蘇信愛(2002: 24~28)도 함북 육진 방언에서 진행되고 있는 'ㄷ' 구개음화가 /ㅈ/이 음운론적으로는 치조음 /ts/이지만 경구개 변이음 [tʃ]가 존재하는 상황에서 발생하였음을 실제 음성 자료를 통해 논증하였다.

소와 변이음에 대한 구조주의식 이분법이 여러 가지 문제를 야기하는 것은 사실이나[신승용(2001/2003: 39~97), 蘇信愛(2009) 참조], 적어도 (56)은 19세기 전기 안동 지역어에서 /ㅆ/이 존재하였을 가능성이 농후함을 말해 준다. 어떤 소리의 음운화가 200년 가까이나 지속된다고 보는 것은 부자연스럽기 때문이다.

이상에서 전개한 논의를 종합하면, 19세기 전기 안동 지역의 양반 계층 방언에서는 /ㅅ/과 /ㅆ/이 대립 관계를 이루고 있었으며, 그러한 가운데 'ㅅ'형과 'ㅆ'형이 부단한 변이를 보이고 있었다고 결론지을 수 있다. 결국 당시 안동 지역어에서 /ㅆ/이 체계 내에 존재한다고 해서 MK의 'ㅄ'형이나 'ㅆ'형으로 소급하는 모든 어사가 이 방언에서 'ㅆ'형으로 즉각적으로 변화하지는 않는 것이다. (55가, 나)는 이 사실을 실증해 주는 방언 자료이며, 이러한 실체적 증거는 [표 4.6]에 나타나는 어두 'ㅅ~ㅆ'의 혼기도 동일하게 해석할 수 있게 해 준다.

4.3. 어중 /ㅎ/ 탈락

어중 /ㅎ/ 탈락이란, 형태소 내부의, 혹은 형태소 경계를 사이에 둔 유성적 환경에서 /ㅎ/이 떨어져 나가는 현상을 말한다. 어중 /ㅎ/ 탈락은 보편적이고도 자연스러운 음운 현상이다. [h]가 약화되어 종국에는 탈락되고 마는 것은 범언어적으로도 관찰되는 과정인데(Lass 1984: 179, Trask 1996: 58~59), 그 과정은 특히 유성적 환경에서 잘 이루어지기 때문이다. 이러한 보편성과 자연성에 걸맞게 어중 /ㅎ/ 탈락은 이미 15세기 문헌에서부터 관찰되며, 18세기 이후에는 보다 확대된 환경에서 더욱 다양한 어사에서 이 변화가 전개되었다(劉昌惇 1964: 81~84).[61] 어중

---

61) 劉昌惇(1964: 81~84)은 18세기를 기준으로 /ㅎ/ 탈락의 단계를 그 환경에 따라 둘로 나

/ㅎ/ 탈락에 대한 통시적 고찰은 주로 /ㅎ/ 말음 체언의 변화를 중심으로 이루어졌다. 지금까지 수행된 연구 결과를 종합하면, 체언 말음 /ㅎ/은 중세 국어에서부터 일부 동요를 보이다가 후기 근대 국어에 이르러 완전히 탈락된 것으로 정리할 수 있다[鄭然粲(1981: 23~32), 홍윤표(1994: 233~240), 李基文(1998: 164, 218), 배영환(2005/2011: 87~173) 참조].62)63)

그런데 어중 /ㅎ/ 탈락과 정반대의 현상, 즉 형태소 내부나 경계의 유성적 환경에서 /ㅎ/이 첨가되는 현상도 존재한다. 이처럼 /ㅎ/ 탈락과 동일한 환경에서 /ㅎ/이 오히려 첨가되는 것은 매우 유표적일 뿐만 아니라 음운론적 동기도 찾기 어려운 현상이다. 어중 'ㅎ' 첨가는 문헌상에서도 적지 않게 출현하는데, 그것들에 대해서는 두 가지 입장이 존재한다. 하나는 첨가된 'ㅎ'이 단순히 표기상의 과도 교정에 불과하다는 입장이고, 다른 하나는 그것이 실제 발화에서 사용되어 언어적 기능을 수행한다는 입장이다. 전자의 견해는 홍윤표(1994: 239~240)에서 찾아볼 수 있다. 홍윤표 선생은 유성적 환경에서 /ㅎ/이 탈락해 가는 국어의 현상을 고려할 때 동일한 환경에서 /ㅎ/이 첨가되는 것을 음운사적으로 설명하기 어렵다는 점과, 특히 /ㅎ/ 말음 체언의 /ㅎ/이 사라져 가는 때에 'ㅎ' 첨가례가 보인다는 사실도 설명하기 어렵다는 점을 근거로

누어 고찰하였다. 유창돈 선생에 따르면 제1단계에서의 환경은 'V_i'와 'C[+voiced]_V'였으나, 제2단계에 들어서 그 환경이 'V_V'와 'C[+voiced]_V'로 확대되었다.
62) 鄭然粲(1981: 23~32)은 /ㅎ/ 말음 체언의 변화가 ≪小學諺解≫(1588)에서부터 일부 일어난 것으로 보고, /ㅎ/ 말음 체언 중 독립형 말음이 /ㄹ/인 부류(예 깊[道], 돓[二], 하놓[天])가 먼저 변화를 겪어 18세기 말 ≪綸音諺解≫에 이르러서는 /ㅎ/을 거의 잃어버리게 되었으며(제1단계 소실), 독립형 말음이 모음인 부류(예 쌓[地], 나랗[國], 바닿[海])는 ≪綸音諺解≫ 이후 그리 멀지 않은 시기에 /ㅎ/을 소실하였을 것으로 추정하였다(제2단계 소실). 李基文(1998: 164, 218)도 /ㅎ/ 말음 체언이 15세기에 일부 동요되고 있었으며, 말음 /ㅎ/의 소실은 근대 후기에 이루어진 것으로 보았다.
63) 이와는 달리, 정영호(2006: 55~56)는 향찰 표기를 근거로 체언의 /ㅎ/ 말음은 고대 국어 단계에서부터 모음 조사와 결합할 때 점진적으로 탈락한 것이라는 견해를 제시하기도 하였다.

들었다.

후자의 견해는 崔銓承(1978: 371, 379~380)에서 부분적으로 제시되었고, 이후 최전승(2011)에서 적극적으로 표명되었다. 崔銓承(1978)은 '고ᄫᆞ[麗]'에 대한 '고ᄒᆞ <七大10b>', '나ᅀᅵ[薺]'에 대한 '나히 〈譯語下11b〉〈同文下4a〉', 'ᄉᆡᇰ이[酸辛] ᄒᆞ-'에 대한 'ᄉᆡᆨ히 ᄒᆞ노라 〈杜重16:20a〉' 등과 같은 예들에서 관찰되는 /ㅎ/ 첨가는, 음변화에 대항하여 "形態素 식별을 유지하고자 하는 辨別性의 條件에서 말미암은 것"으로 해석하였다[380면]. 최전승(2011)에서는 여기서 더 나아가 고유어와 한자어 내부 및 굴절에서 첨가되는 /ㅎ/의 다양한 예를 제시하고, 첨가된 /ㅎ/을 음변화 이후에 발생하는 모음 충돌을 회피하고 의사소통을 원활하게 하기 위한 치유적, 혹은 보상적 수단으로 파악하였다. 그리고 다음과 같은 두 가지 근거를 들어 /ㅎ/이 단순한 표기 형태만은 아니었을 것이라고 주장하였다. 첫째는 '어버히[親](〈어버이〈어버ᅀᅵ)'가 16세기부터 19세기에 이르기까지 반복적으로 출현하고 있다는 사실이고, 둘째는 완판본 ≪화룡도≫에 등장하는 인명 '쟝요(張遼)'가 '쟝효~쟝회'로도 나타나는데, '쟝회'의 존재는 '쟝요〉쟝효'와 같은 /ㅎ/ 첨가를 전제로 해야 한다는 것이다.

어중 /ㅎ/ 탈락이 후기 근대 국어에서 활발하게 전개되었다는 상기의 내용과 같이, 그 변화는 19세기 전기 학봉 종가 구성원들이 주고받은 서간문에서도 적극적으로 반영되어 있다. 그리고 비록 /ㅎ/ 탈락만큼은 활발하게 나타나지는 않지만, 이 언간 자료에서는 /ㅎ/ 첨가의 예도 함께 출현하고 있다. 본절에서는 이상에서 개략적으로 검토한 내용을 염두에 두고 〈鶴峰宗家〉에서 관찰되는 어중 /ㅎ/ 탈락과 첨가 현상에 대한 기술과 설명을 시도해 보기로 하겠다. 이를 위하여 본절에서는 고유어를 중심으로 우선 형태소 내부와 형태소 경계에서의 현상을 구분하고, 후자는 다시 굴절과 단어 형성에서의 현상으로 세분하여 논의를 전개해 나갈 것이다. 한자어의 /ㅎ/은 거의 철저하게 유지되고 있으므로, 특기할 만한 소수 예를 제외하고는 본절의 논의 대상에서 제외한다.

먼저, 형태소 내부에서의 /ㅎ/ 탈락부터 살펴보기로 한다. 18세기 후기 제1세대의 자료에서 발견되는 해당 예를 모두 제시하면 아래와 같다.

(57) 1760년대 [제1세대(김주국)]
    가. 'ㅎ→ø'
        (해당 예 없음)
    가'. 'ㅎ↛ø'
        찬견의 쇽신 돈 셔흔[三十] 냥 김싱개 밧군 도 셔흔[三十] 냥 〈004〉
    나. 'ø→ㅎ'
        스물사흘나흘[卄三四日] 〈002〉, 스믈사흔날[卄三日] 〈002〉, 열나흔날[十四日] 〈004〉

김주국 언간의 많지 않은 분량에서는 /ㅎ/ 탈락의 예가 나타나지 않고, /ㅎ/ 탈락 환경을 갖춘 '셔흔'은 2회 모두 그 어중음을 유지하고 있다 [(57가, 가')]. 그 대신 (57나)와 같이 수사(數詞)에서 /ㅎ/이 첨가된 예가 출현한다.

19세기 전기 제3~5세대의 자료에서는 이보다 훨씬 풍부한 예를 보여 준다.

(58) 1830·1840년대 [제3세대]
    가. 'ㅎ→ø'
        셋직[三] 손부 〈006, 의성김씨A〉
    가'. 'ㅎ↛ø'
        우다히[上方] 길 나간 지 〈008, 의성김씨A〉 / 싀훤섭 〃 호읍 〈014, 전주최씨A〉 / 어린 손즈 놈 총두 여흰[癒〈離]] 디 삼스 삭이 거의여스 오나 〈006, 의성김씨A〉
    나. 'ø→ㅎ'

(해당 예 없음)

(59) 1830·1840년대 [제4세대]

가. 'ㅎ→∅'

키[犬] 〈024, 김진화〉, 키게 물닌 ㄱ거치 〈026, 김진화〉, 키고기[狗肉] 〈075, 여강이씨〉 / 나무 베리[劑] 〈051, 여강이씨〉 / 쑤리가[根] 〈106, 여강이씨〉 / 가놀게 스으라[剉] ᄒ여스 마시 나으니 잘게 스으라 ᄒ라 ᄒ시옵 〈080, 여강이씨〉 / 두 번쩌[二次] 〈026, 김진화〉, 석 달직[三個月次] 〈074, 여강이씨〉

가. 'ㅎ↛∅'

갈히여[選] 〈056, 여강이씨〉 / 글 빈호고[學] 〈046, 여강이씨〉 / 모흔[集](〈뫼호-) 것 〈054, 여강이씨〉 / 빈혀[簪] 〈133, 아주신씨A〉 / 사회 계오셔도[壻] 〈136, 아주신씨B〉 / 싀훤ᄒ오나 〈039, 여강이씨〉 / 아흐 릿날[九日] 〈018, 김진화〉 / 아홉[九] 〈043, 여강이씨〉 / 열흘[十日] 〈050, 여강이씨〉 / 조희[紙] 〈037, 여강이씨〉

나. '∅→ㅎ'

열스흗날[十三日] 〈018, 김진화〉 / 스흘이내[三日] 〈041, 여강이씨〉 / 너도 념치를 출혀[備] 〈112, 여강이씨〉

cf. 져리 야단으로 츠리논[備] 거시 〈121, 여강이씨〉

(60) 1830·1840년대 [제5세대]

가. 'ㅎ→∅'

원을 못 씌일[分離] 듯 〈229, 김수락〉 / 키논[犬] 〈174, 의성김씨③〉 / 수일직논(數日) 〈174, 의성김씨③〉

가. 'ㅎ↛∅'

글 빈호고[學] 〈175, 의성김씨③〉 / 싀훤ᄒ옵고 〈229, 김수락〉 / 아희들[兒] 〈231, 진주강씨B〉 / 여희오니[離] 〈179, 의성김씨④〉 / 오히려

제4장 자음의 변이와 변화 331

[猶] ⟨214, 진성이씨B⟩ / <u>조희나</u>[紙] ⟨181, 의성김씨④⟩

나. 'ø→ㅎ'

<u>열ㅅ흔</u>날[十三日] ⟨201, 의성김씨②/③⟩ / <u>스나흘</u>식[三四日] ⟨170, 의성김씨②⟩ / <u>아흐라</u>이[漢] 그립습고 ⟨176, 의성김씨③⟩, <u>아흐라</u> 그립스온 회포 ⟨176, 의성김씨③⟩

cf. <u>아으래</u>[漢] 그리워 ⟨179, 의성김씨④⟩, <u>아으라</u> 그립고 ⟨182, 의성김씨④⟩

19세기 전기 언간의 현장 시간 조사를 통해서도 형태소 내부의 /ㅎ/은 대체로 유지되어 있음이 드러난다[(58가'), (59가'), (60가')]. 다만, (58가'), (59가'), (60가')를 살펴보면 /ㅎ/ 탈락을 경험한 어사는 '가히[犬]〉개', '즉자히[卽](~즉재)〉즉직', '바히-[刮]~버히-〉베-', '뻐히-[離] 쩨-~썩-', '-자히[次]-직' 등과 같이 두 음절이 한 음절로 축약됨으로써 하향 이중모음을 형성할 수 있는 것들이 대부분이다. 이는 특기할 만한 사실이다. 왜냐하면 이들 어사는 /ㅎ/이 탈락하더라도 음절 축약으로 인하여 모음 충돌(Hiatus)을 회피할 수 있는 조건을 갖추고 있기 때문이다.[64] 물론, /ㅎ/ 탈락을 아직 겪지 않은 (58가')의 '-다히[方]'와 (60가')의 '오히려[猶]'는 이러한 일반화에 대한 예외가 된다. 하지만 ≪隣語大方≫(1790)에 출현하는 '-다이'의 존재와([예] 아마 中風인가 시보오매 <u>東萊다이</u> 醫術 용흔 사롬이 잇숩거든 請ㅎ여 주옵쇼셔 ⟨4:6b⟩), '오히려'에 대한 각 지역 방언형 '외려, 외레, 왜래, 에레' 등의 존재는[65] 이 두 어사가 진정한 예외가 아

---

64) 鄭然粲(1981: 32)은 /ㅎ/ 말음 체언 중 '길[道], 돌[二], 하늘[天]' 등과 같이 독립형의 말음이 /ㄹ/인 부류가 '짜[地], 나랗[國], 바닿[海]' 등 같이 독립형의 말음이 모음인 부류보다 /ㅎ/ 탈락을 먼저 경험한 이유가, 전자는 후자와는 달리 /ㅎ/이 탈락해도 모음 충돌이 일어나지 않기 때문이라고 해석하였다. 본문에서 행한 우리의 해석은 기본적으로 정연찬 선생의 해석과 일맥상통하는 것이다.
65) 이들 방언형은 ⟨2007 한민족 언어 정보화 통합 검색 프로그램⟩의 '한국 방언' 항목에서 검색된 것들이다.

님을 밝혀 준다.

고유어 형태소 내부에서 /ㅎ/이 첨가된 어사는 주로 수사(數詞)의 범주를 이루거나 본래 /△/을 가지고 있던 어사이다. 전자는 '사올〉스홀'과 '(사)나올〉(스)나흘'을 가리키는데[(59나), (60나)], 이 현상은 이미 李崇寧(1961: 72)에서 '이틀[二日]'과 '열흘[十日]'을 기준형으로 한 유추 변화로 파악된 바 있으며,[66] Winter(1969: 34~35)에도 여러 언어의 수사 체계 내에서 발생한 이와 유사한 유추 변화의 예가 소개되어 있다.[67] 후자는 '아ᅀ라히' 혹은 '아ᅀ라이'가 '△〉ø'을 겪은 후 /ㅎ/이 그 자리를 채운 '아흐라(이)'를 가리킨다[(60나)]. '아흐라(이)'와 공존하는 '아으라'의 존재가 이 변화의 과정을 투명하게 보여주고 있다. 이 예는 음변화가 발생한 이후 어형을 강화하거나 일종의 보상적 작용으로 /ㅎ/이 개입한다는 崔銓承(1978: 371, 379~380; 2011: 359~364)의 해석에 부합하는 것이다.

한자어 내부에서의 /ㅎ/ 탈락과 첨가례는 매우 드물며 저자가 찾아낸 예는 (61)과 (62)가 전부이다.

(61) 1830・1840년대 [제4~5세대]

　　가. 'ㅎ→ø'

　　　　아오님 죵졈 실노 고이 ∥ 심녀된다 <u>현어</u>로(<u>懸虛</u>) 열이 난가 〈165. 의성김씨②(G₅)〉

　　나. 'ø→ㅎ'

---

66) 수사 체계 내에서 이루어지는 유추 변화에 대한 예는 劉昌惇(1973: 67)에서도 언급되어 있다. 거기서는 '마은[四十](〈마순)'이 '마흔'으로 변화한 이유가 '셜흔[三十]'에 유추되었기 때문으로 파악하였다.

67) 가령, 라틴어의 수사 중 어말 -n을 취할 것으로 기대되는 novem('nine')이 -m으로 실현된 것은 decem('ten')에 유추된 결과이며, 그리스어의 수사에서 oktō('eight')와 함께 출현하는 방언형 hoktō와 optō는 heptá('seven')에 유추된 결과이다[Bynon (1977: 42)에서 재인용].

가역(家役)은 ᄒᆞ려 ᄒᆞ다가 보리 볼 것 업셔 무간ᄒᆡ이(無可奈)라 **번화나**(翻瓦) ᄒᆞ려 ᄒᆞ오나 … **번화도** 아니ᄒᆞ여셔는 사름도 비를 맛고 못 사려니와 〈151. 의성김씨①(G₅)[인천채씨(G₄?)]〉

(62) 1850・1860년대 [제5세대]
    가. 'ㅎ→∅'
        혼ᄉᆞᄂᆞᆫ 입 쎼기 어렵고 ᄌᆞ일으 삼촌은 죽어 나오니 **초목**ᄒᆞ더라
        (慘酷) 〈190. 의성김씨④(G₅)〉
    나. '∅→ㅎ'
        (해당 예 없음)

그중 (61나)의 '번화(翻瓦)'는 동일한 유성적 환경에서 /ㅎ/이 탈락하는 현상에 대한 단순한 과도 교정형으로 보는 것이 합리적이다. 이 단어에 대해서는 유사한 어휘 체계 내에서 수행되는 유추 변화를 상정하기도 어렵고, 모음 충돌이 일어나거나 음변화에 의해 어형이 유지되지 못하는 경우도 발생하지 않기 때문이다. 이처럼 한자어 내부에서도 /ㅎ/이 탈락하거나 첨가된 예가 출현한다는 사실은 당시 어중 /ㅎ/ 탈락과 첨가가 높은 생산성을 지닌 음운 현상이었다는 것을 말해 준다.

  다음으로, 곡용과 활용에서는 어중 /ㅎ/ 탈락이 어떠한 양상을 보이는지 알아보기로 한다. 우선 1760년대 언간에서는 (63)에서 보듯이 해당 예가 나타나지 않는데, 이는 자료상의 제약에 기인하는 것일 수도 있다. 해당 환경을 지닌 어사의 수 자체가 매우 적기 때문이다.

(63) 1760년대 [제1세대(김주국)]
    가. 'ㅎ→∅'
        (해당 예 없음)
    가. 'ㅎ↛∅'

a. **[곡용]** 네 안해[妻] 엇지 직흐여 봉힝치 아니리오 ⟨002⟩, 안흘
　　　　[妻] 주는 글 ⟨001⟩
　　　b. **[활용]** 올흐니래[可] ⟨004⟩
　나. 'ø→ㅎ'
　　(해당 예 없음)

이와는 달리, 1830·1840년대 언간은 (64)~(66)과 같이 이 현상이 굴절 환경에서 실현된 예를 다양하게 보여 준다.

(64) 1830·1840년대 [제3세대]
　가. 'ㅎ→ø'
　　　o. **[곡용]** 공쥐 길을[路] ⟨014. 전주최씨A⟩
　가'. 'ㅎ↛ø'
　　　o. **[활용]** 됴흔[好] ⟨005. 의성김씨A⟩, 죠흔 ⟨005. 의성김씨A⟩
　나. 'ø→ㅎ'
　　(해당 예 없음)

(65) 1830·1840년대 [제4세대]
　가. 'ㅎ→ø'
　　　a. **[곡용]** 술이[肌] 지니 ⟨040. 여강이씨⟩ / 구홀 길이[方法] 업스니
　　　　⟨018. 김진화⟩, 매츨 길이나[路] 되는고 ⟨043. 여강이씨⟩, 이곳 길
　　　　을 ⟨050. 여강이씨⟩ / 칼을[枷] 스고 ⟨117. 여강이씨⟩ / 호나읜[一]
　　　　⟨090. 여강이씨⟩ / 올에[今年] 과거를 호면 ⟨115. 여강이씨⟩
　　　　cf. 경쥬 김흔[路] ⟨050. 여강이씨⟩, 길희 ⟨070. 여강이씨⟩; 영
　　　　　문 길도 ⟨016. 김진화⟩ / 칼흔[枷] 버섯다 호오나 ⟨117.
　　　　　여강이씨⟩ / 호나흔[一] ⟨016. 김진화⟩ ⟨016. 김진화⟩, 호나
　　　　　흔 ⟨037. 여강이씨⟩, 호나히 ⟨037. 여강이씨⟩; 호나도

⟨054, 여강이씨⟩ / <u>올흔</u>[今年] 무명 풍년이 〃 ⟨104, 여강이씨⟩, <u>올흔</u> ⟨131, 고성이씨A⟩

b. **[활용]** 힝담에 <u>너어</u>[시] ⟨070, 여강이씨⟩ / <u>죠을다</u>[好] ⟨026, 김진화⟩ / 빈 알코 <u>셩찬으니</u>[不全] ⟨033, 여강이씨⟩ / <u>씀즉잔은</u>[尋常] 고을이라도 ⟨043, 여강이씨⟩

   cf. 농에 <u>너허</u>[시] ⟨018, 김진화⟩, 믈드명의 <u>여허</u> 두고 ⟨081, 여강이씨⟩ / <u>죠흘다</u>[好] ⟨026, 김진화⟩ / <u>됴흔</u> ⟨132, 고성이씨A⟩, <u>죠하</u> ⟨034, 여강이씨⟩

가. 'ㅎ↛∅'

   a. **[곡용]** <u>안헤셔논</u>[妻][68] ⟨026, 김진화⟩ / <u>올흔</u>[今年] ⟨131, 고성이씨A⟩

   b. **[활용]** 념녀 <u>노흘</u>[放] ⟨067, 여강이씨⟩ / <u>만흘스록</u>[多] ⟨134, 아주신씨A⟩, <u>만하</u> ⟨138, 아주신씨B⟩ / <u>알흐니</u>[痛] ⟨131, 고성이씨A⟩, <u>알흔다</u> ⟨019, 김진화⟩ / <u>일흔개</u>[失] ⟨037, 여강이씨⟩

나. '∅→ㅎ'

   a. **[곡용]** <u>보흔</u>(褓) 믈을 죵시 아니 드려 못 ᄒ고 언제 드릴동 몰라 ᄒ 답 〃 ᄒ여 그듸로 보내오니 ⟨035, 여강이씨⟩

   cf. 그 <u>보은</u>(褓) ᄀᄋᆯ거지 직히 가실 듯 ᄒ오나 이번의 <u>보이</u> 아니 와시니 ⟨086, 여강이씨⟩

   b. **[활용]** 들도 <u>고하</u>[爛] 먹이고 양도 죠곰식 맛다 여러 번 <u>고하</u> 먹이고 ⟨091, 여강이씨⟩

   cf. 그져 <u>고아</u>[爛] 둔 슐이나 ⟨030, 김진화⟩

(66) 1830·1840년대 [제5세대]

가. 'ㅎ→∅'

---

[68] '안헤[妻](←않+-에)'는 단일어화(lexicalization)를 겪어 더 이상 분석이 안 되는 어사일 가능성도 있으나, 여기서는 (63가'a)의 '안흘[妻]'을 고려하여 곡용형으로 취급하였다.

a. **[곡용]** 경쥬 길은[路] 〈160, 의성김씨②〉, 길은 〈205, 진성이씨B〉 〈220, 진성이씨C〉, 먼 길의 〈224, 진주강씨A〉 / 나이[年齡] 만후여 〈154, 의성김씨②〉 / 둘인[二] 〈208, 진성이씨B〉

  cf. 길히[路] 〈211, 진성이씨B〉, 먼 길히 〈225, 진주강씨A〉 / 나히[年齡] 만亽와 〈204, 진성이씨B〉

b. **[활용]** 츳돌이 둉두(種痘) 여어[入] 슌후고 곱고 〈200, 의성김씨②/③〉 / 디단히 아르시고[痛] 〈229, 김수락〉, 알아[痛] 눕고 〈205, 진성이씨B〉

  cf. 녀허[入] 〈207, 진성이씨B〉 / 누어 알흐시니[痛] 〈158, 의성김씨②〉

가. 'ㅎ↛ø'

  a. **[곡용]** ᄒ나흔[一] 샹답의 쥬고 ᄒ나흔 법홍 형님 ᄀ져ᄀ고 〈208, 진성이씨B〉 / 올흔[今年] 〈161, 의성김씨②〉〈204, 진성이씨B〉

  b. **[활용]** 노흐니[放] 〈149, 의성김씨①〉 / 죠흘[好] 듯ᄒ오며 〈164, 의성김씨②〉, 조흔 〈183, 의성김씨④〉 / 졈잔흔[儼] 〈182, 의성김씨④〉 / 만흔[多] 〈167, 의성김씨②〉, 만흘스록 〈182, 의성김씨④〉 / 비회 사흘[積] 곳 업고 〈180, 의성김씨④〉 / 구미을 일흐시면[失] 〈215, 진성이씨B〉

나. 'ø→ㅎ'

  o. **[활용]** 감긔 훌치고 즉금은 나하[癒] 〈150, 의성김씨①〉 / 모도 모히혀[集] 〈215, 진성이씨B〉

  cf. 어제부터 나아[癒] 오날은 거의 다 나아 가오나 〈164, 의성김씨②〉

특히, /ㅎ/ 탈락의 경우 (64)~(66)은 곡용과 활용에서 모두 /ㅎ/ 탈락형과 유지형이 공존하고 있는 양상을 드러낸다는 점에서 당시 이 음운 현상의 공시성을 대변해 준다. 그중에서도 (65가a)의 '긿[道]'과 'ᄒ낳[一]'의 곡용형에 대한 발신자 내 변이와 발신자 간 변이는 당시 /ㅎ/ 말음 체언의 역동적인 변화 과정을 잘 보여 준다. '긿'의 경우 김진화는 '길이, 길도'를 사용함으로써 '긿〉길'과 같은 어간 재어휘화가 완료된 상태를 보여 주지만, 여강이씨는 '길흔, 길희' 외에도 '길이나, 길을'과 같은 개신형을 사용함으로써 공시적인 /ㅎ/ 탈락을 실현하고 있는 것이다. 반면에, 'ᄒᆞ낳'의 경우 김진화는 'ᄒᆞ나흔'만 2회 사용하는 것으로 보아 주어진 자료에서는 /ㅎ/ 탈락을 상정할 수 없으나, 여강이씨는 'ᄒᆞ나히, ᄒᆞ나흔' 외에도 'ᄒᆞ나은, ᄒᆞ나도'를 쓰고 있어 공시적인 /ㅎ/ 탈락과 'ᄒᆞ낳〉ᄒᆞ나' 재어휘화의 중간 단계를 동시에 보여 주고 있다.[69]

굴절에서의 /ㅎ/ 첨가는 (65나), (66나)와 같이 제4·5세대 언간에서 산발적으로 출현한다. (65나)의 '보흔(褓)', '고하[煬]'와 (66나)의 '나하[癒]'는 '보은, 고아, 나아' 등의 존재를 고려할 때 모음 충돌을 회피하기 위하여 /ㅎ/이 첨가된 것으로 볼 수 있다. (66나)의 '모히혀[集]'는 제2음절의 /ㅎ/이 탈락하지 않은 상태에서 오히려 그 뒤 음절의 활음 앞에 /ㅎ/이 첨가되었다는 점에서 특이한 예이다. 이 언간 자료에서 자동사 어간 '모히-'가 부사형 어미와 결합한 활용형은 '모혀(2회), 모허(1회), 모히혀(1회)'로 나타난다.[70] 그중 '모허'는 '모혀'에서 /ㅎ/ 대신 /y/ 탈락을 겪은 것으로 거기에는 CGV 연쇄를 회피하고자 하는 언중들의 심리가 잘 반영되어 있다. 따라서 'ㅎ'을 첨가시킨 '모히혀'는 'ㅎ'이 두 음절

---

69) 공시적인 관점에서는 여강이씨의 어휘부에 'ᄒᆞ낳'과 'ᄒᆞ나'가 쌍형 어간으로 등재되어 있다고 상정해야 할 것이다.
70) '모혀'와 '모허'가 실현된 예문을 제시하면 아래와 같다.
　[예] ㄱ. 우리는 무ᄉᆞ히 도라오고 일실 무ᄉᆞᄒᆞ고 <u>모혀</u> 서로 경ᄉᆞ 그지업ᄉᆞ나 〈011, 1838년, 유치명(시아버지) → 의성김씨③(며느리)〉
　　　ㄴ. 그 븨가 동희예 쏘 잔득 왓다 인심 소동 홍ㆍㆍᄒᆞ오니 젼슈이 <u>모혀</u> 안자시면 아모리 ᄒᆞ여도 겁 업ᄉᆞ오나 그져ㆍㆍ의탁ㆍㆍ믈나지올 듯ᄒᆞ옵 〈093, 1848년, 여강이씨(아내) → 김진화(남편)〉
　[예] 남 여ᄉᆞ 외ᄉᆞ촌의 굿김 ᄀᆞᆺ지 아니ᄒᆞ와 가ᄌᆞᆨ히 <u>모허</u> 죠케ㆍㆍ상죵ᄒᆞ여 지ᄂᆡ올가 넉이온 거시 허ᄉᆞ 되오니 싱각ᄒᆞ올수록 통분ㆍㆍᄒᆞ옵고 〈231, 1831년, 진주강씨B (질부) → 여강이씨(시백모)〉

338

에 연달아 출현할 뿐만 아니라, CGV 연쇄까지 형성한다는 점에서 매우 부자연스러운 형태라고 할 수 있다. 즉, '모히혀'는 실제 발음과는 무관하게 표기상으로만 'ㅎ'이 첨가된 예인 것이다.

마지막으로, 파생어 내부에서 일어난 /ㅎ/ 탈락을 살펴보기로 한다. 논의 대상은 비교적 다양한 예가 발견되는, 사·피동 접미사 '-이-'와 부사 파생 접미사 '-이'가 결합한 파생어로 한정한다. 그중에서 먼저 /ㅎ/ 말음 용언 어간과 결합한 사·피동 접미사 '-이-'의 경우부터 다루어 보겠다. (67)~(69)는 1830·1840년대 제3~5세대 자료이며, (70)은 1860·1870년대 제5세대 자료이다.

(67) 1830·1840년대 [제3세대]

 가. 'ㅎ→ø'

  (해당 예 없음)

 가. 'ㅎ↛ø'

  원념 <u>노히디</u>[放] 아니옵고 〈008. 의성김씨A〉

 나. 'ø→ㅎ'

  (해당 예 없음)

(68) 1830·1840년대 [제4세대]

 가. 'ㅎ→ø'

  믈을 <u>쓰리고</u>[湯] 〈080. 여강이씨〉 / 스물탕을 <u>싸려</u>[煎] 〈040. 여강이씨〉

 가. 'ㅎ↛ø'

  염녀 <u>노히지</u>[放] 아니ᄒᆞ다 〈021. 김진화〉, <u>노힐</u> 시 〈098. 여강이씨〉, <u>노힐</u> 적 〈138. 아주신씨B〉 / 가슴 <u>알히읍</u>[痛] 〈038. 여강이씨〉, 절박 <u>알힌</u>다 〈057. 여강이씨〉

 나. 'ø→ㅎ'

(해당 예 없음)

(69) 1830・1840년대 [제5세대]

　가. 'ㅎ→ø'

　　ᄆᆞᆷ 일시도 노이올[放] 젹 업ᄉᆞ고 〈226, 진주강씨A〉 / 직물이 구산것치 씌이여[積] 〈207, 진성이씨B〉

　　cf. 노히올[放] 〈163, 의성김씨②〉〈205, 진성이씨B〉 / 사힌[積] 〈186, 1853년, 의성김씨④〉

　가'. 'ㅎ↛ø'

　　(해당 예 없음)

　나. 'ø→ㅎ'

　　(해당 예 없음)

(70) 1860・1870년대 [제5세대]

　가. 'ㅎ→ø'

　　서리고 쓰인[積] 소흰 ᄃᆞᆺ 〈227, 진주강씨A〉

　가'. 'ㅎ↛ø'

　　알히더래[痛] 〈195, 의성김씨④〉, 알히고 〈193, 의성김씨④〉

　나. 'ø→ㅎ'

　　졀박ᄒᆞ여 보힌다[示] 〈195, 의성김씨④〉, 엇더ᄒᆞ여 보히ᄂᆞᆫ고 〈196, 의성김씨④〉

(67)~(70)을 통해 어떤 /ㅎ/ 탈락에 대한 어떤 일반화를 꾀하는 것은 어렵지만, 주어진 자료만을 대상으로는 다음과 같이 기술할 수 있다. '노히-[放]'는 19세기 30・40년대에 노년층(제3세대)과 중년층(제4세대)에서는 /ㅎ/ 유지형으로만 출현하는 데 반해, 청년층(제5세대)에서는 /ㅎ/ 탈락형도 출현한다. '싸히-[積]'의 두 예는[(69가), (70가)] 30・40년대와

60・70년대 제5세대 언간에서 모두 /ㅎ/ 탈락형으로만 나타나지만, 그 사이에 위치한 50년대의 동일 세대 언간에서는 /ㅎ/ 유지형으로도 1회 출현한대((69가)의 'cf.'). '알히-[痛]'는 이 언간 자료에서 항상 /ㅎ/ 유지형으로만 실현된다. 이상의 사실을 통해 우리는 당시 /ㅎ/ 탈락이 파생어 내부에서도 어사에 따라, 그리고 화자에 따라 점진적으로 확산되고 있었다고 해석할 수 있을 것이다. 또한, (70나)의 '보히-'는 19세기 중기의 이 지역 양반들이 파생어 내부에서의 /ㅎ/ 탈락 현상을 분명히 인식하고 있었다는 사실도 추가적으로 말해 준다.

부사 파생 접미사 '-이'가 결합한 단어란, 어간 'Xㅎ-'를 어기로 하여 파생된 부사를 가리킨다(예 대단히, 무스히). 어기가 되는 어간이 'ㅎ-'로 끝나는 까닭에 이 파생 부사의 말음절은 '히'가 되는데, 선행 어근의 말음이 유성음인 경우 'ㅎ' 탈락에 의해 '이'로 실현될 수 있다(예 대단이, 무스이).

그런데 논의 전개에 앞서 한 가지 언급해야 할 사실은, 이 부사 파생 접미사를 '-히'로도 상정할 가능성이 있다는 것이다. 실제로 중세 국어 문법을 기술하는 자리에서 李崇寧(1961: 318~321)은 '-이'와 '-히'를 별도의 접미사로 구분하여 '-히'는 주로 한자어에 결합한다고 하였고, 이후 李崇寧(1986: 126)은 후대로 갈수록 이 원칙에 혼란이 노정되어 대체로 '-이' 결합형이 우세해져 간다는 사실을 밝힌 바 있다. 반면에, 구본관 (1996/1998: 317; 2004: 107, 각주 6)은 동일한 기능을 지니며 동일한 어기에 수의적으로 결합하는 '-이'와 '-히'를 별개의 접미사로 보는 입장에 반대하였다.

본절에서는 이 유형의 파생 부사에 결합한 접미사가 '-이'인지 '-히'인지의 여부를 크게 중시하지 않은 채, '대단히~대단이', '무스히~무스이'와 같은 변이의 'X이'형을 /ㅎ/ 탈락의 예로 간주할 것이다. 아래에 제시할 우리의 자료에서는 이 접미사의 어기가 대부분 한자어이면서 동시에 'Xㅎ-' 어간을 상정할 수 있는 것들이므로, 이 변이는 'X히〉X이'와 같은 역사적 변화의 중간 과정으로 해석할 수 있기 때문이다.

우선 18세기 60년대 언간에서는 (71)과 같은 예가 발견된다.

(71) 1760년대 [김주국(G_1)]

　　가. 'X이'

　　　마니[多] 〈001〉

　　나. 'X히'

　　　가히(可) 써여 내지 못홀 거시오 〈001〉, 가히 탄식홈물 이긔
　　　랴 〈001〉

김주국은 '많이'에서는 /ㅎ/을 탈락시켰으나 '가히'에서는 /ㅎ/을 유지하고 있다. 관련 예가 적어 무어라 말하기는 어려우나, (71)을 통해 당시 고유어를 어기로 한 파생어가 한자어를 어기로 한 것보다 /ㅎ/을 탈락을 먼저 경험하였다는 정도의 기술은 가능할 것이다.

19세기 30·40년대 언간에서는 풍부한 예가 나타난다.

(72) 1830·1840년대 [제3세대]

　　가. 'X이'

　　　근절이(懇切) 〈014. 전주최씨A〉〈014. 전주최씨A〉 / 곤〃이(困困)
　　　〈006. 의성김씨A〉

　　나. 'X히'

　　　시쇽 상담은 받히 모르는 돗ᄒᆞ니 〈011. 유치명〉, 받히 답도 업
　　　시 빈슝 흥심 업ᄉᆞ이다 〈008. 의성김씨A〉 // 무ᄉᆞ히(無事) 〈011.
　　　유치명〉〈014. 전주최씨A〉 / 듕히(重) 〈006. 의성김씨A〉

(73) 1830·1840년대 [제4세대]

　　가. 'X이'

마니[多] 〈080. 여강이씨〉 / 대단이 〈097. 여강이씨〉 / 무던이 〈096. 여강이씨〉 / 변〃이 〈090. 여강이씨〉 // 무스이(無事) 〈019. 김진화〉〈138. 아주신씨B〉 / 과이(過) 〈067. 여강이씨〉 / 평안〃이(平安平安) 〈087. 여강이씨〉 / 츔셩이(忠誠) 〈081. 여강이씨〉 / 무수이(無數) 〈018. 김진화〉 / 의수이(依數) 〈132. 고성이씨A〉, 으수이 〈084. 여강이씨〉 / 젼슈이(全數) 〈093. 여강이씨〉 / 무한이(無限) 〈134. 아주신씨A〉 / 시죵이(始終) 〈076. 여강이씨〉 / 왕〃이(往往) 〈083. 여강이씨〉

cf. 만히[多] 〈051. 여강이씨〉 // 무스히(無事) 〈131. 고성이씨A〉 〈016. 김진화〉〈033. 여강이씨〉 / 과히(過) 〈040. 여강이씨〉 / 평안히(平安) 〈087. 여강이씨〉〈139. 아주신씨B〉

나. 'X히'

바히 〈039. 여강이씨〉 // 긴〃히(箇箇) 〈096. 여강이씨〉 / 쇼〃히(小小) 〈067. 여강이씨〉 / 망조히(罔措) 〈093. 여강이씨〉 / 모호히(模糊) 〈100. 여강이씨〉 / 쾌히(快) 〈094. 여강이씨〉 / 의구히(依舊) 〈066. 여강이씨〉 / 요원히(遙遠) 〈100. 여강이씨〉 / 슌히(順) 〈084. 여강이씨〉 / 한심히(寒心) 〈067. 여강이씨〉 / 댱히(壯) 〈040. 여강이씨〉 / 안녕히(安寧) 〈133. 아주신씨A〉

(74) 1830・1840년대 [제5세대]

가. 'X이'

대단이 〈165. 의성김씨②〉, 듸단이 〈183. 의성김씨④〉 / 만이[多] 〈182. 의성김씨④〉 // 무소이(無事) 〈217. 진성이씨B〉〈224. 진주강씨A〉 / 즈셰이(仔細/子細) 〈214. 진성이씨B〉 / 댱구이(長久) 〈212. 진성이씨B〉 / 평안이(平安) 〈180. 의성김씨④〉〈211. 진성이씨B〉 / 무한이(無限) 〈167. 의성김씨②〉 / 완년이(宛然) 〈206. 진성이씨B〉 / 슌뎐이(純全) 〈215. 진성이씨B〉 / 면〃이(面面) 〈183. 의성김씨④〉 / 편이(便) 〈211. 진성이씨B〉 / 간졀이(懇切) 〈167. 의성김씨②〉 / 무양이(無恙) 〈223. 진주강씨A〉

/ 괴샹이(怪常) ⟨152. 의성김씨②⟩ / 안녕이(安寧) ⟨206. 진성이씨B⟩ ⟨221. 진주강씨A⟩ / 츙〃이(恩恩) ⟨167. 의성김씨②⟩

cf. 대단히 ⟨158. 의성김씨②⟩, 딕단히 ⟨229. 김수락⟩⟨182. 의성김씨④⟩ / 만히[多] ⟨208. 진성이씨B⟩ // 무스히(無事) ⟨175. 의성김씨③⟩ / 평안히(平安) ⟨155. 의성김씨②⟩⟨172. 의성김씨③⟩ / 츙〃히(恩恩) ⟨245. 전주유씨⟩

나. 'X히'

바히 ⟨182. 의성김씨④⟩, 바히〃 ⟨214. 진성이씨B⟩⟨238. 한산이씨⟩ / 홀〃히 ⟨238. 한산이씨⟩ // 망조히(罔措) ⟨238. 한산이씨⟩ / 쾌히(快) ⟨158. 의성김씨②⟩ / 의슈히(依數) ⟨181. 의성김씨④⟩ / 우연히(偶然) ⟨150. 의성김씨①⟩ / 결연히(缺然) ⟨156. 의성김씨②⟩ / 황연히(晃然) ⟨214. 진성이씨B⟩ / 심히(甚) ⟨232. 진주강씨B⟩ / 한심〃히(寒心寒心) ⟨169. 의성김씨②⟩ / 민망히(憫惘) ⟨163. 의성김씨②⟩⟨214. 진성이씨B⟩

(72가)를 통해 우리는 이미 이 시기 제3세대 화자들에게는 어기의 어종(語種)과 상관없이 /ㅎ/ 탈락이 이루어지고 있다는 것을 알 수 있다. (73가)와 (74가)는 어기의 어종이 /ㅎ/ 탈락의 실현 여부에 아무런 제약이 되지 못함을 보여 준다.

이 시기 현장 시간 자료에서 'X히'형에 대한 'X이'형의 개신율 조사해 보면, [표 4.7]과 같이 제3·4세대 사이에 약간의 감소세를 보이다가 제4·5세대 사이에서 증가세가 나타남을 알게 된다. [그림 4.7]은 이를 그래프로 나타낸 것이다.

제3세대	제4세대	제5세대	합계
3/8	37/110	32/62	72/180
(37.5%)	(33.6%)	(51.6%)	(40.0%)

[표 4.7] 파생 부사 'X히'형에 대한 'X이'형의 세대별 개신율

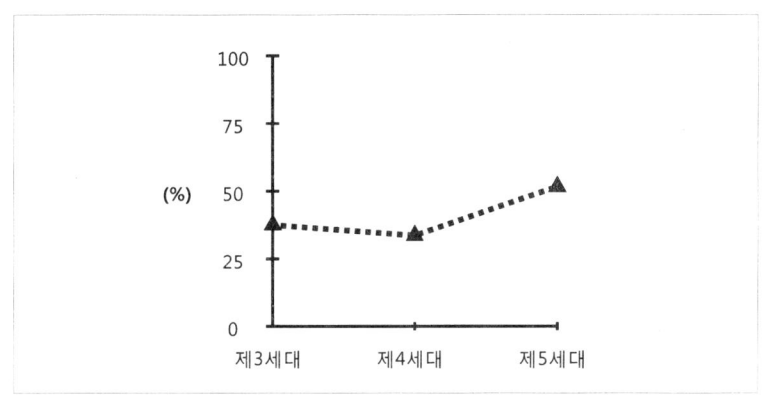

[그림 4.7] 파생 부사 'X히'형에 대한 'X이'형의 세대별 개신율

    수치상으로 보이는 제3·4세대 간의 보이는 감소세는 다른 현상에서와 마찬가지로 제3세대 자료가 상대적으로 적은 데 기인하는 것일 가능성이 높으며, 사실상 두 세대 간의 차이는 유의미하지 않다. 그렇다면 [그림 4.7]은 대체로 서서히 증가하고 있는 곡선을 나타내는 것으로 보아도 무방할 것이다. [표 4.7]에 나타난 '합계' 수치(40.0%)와 [그림 4.7]의 완만한 상승 곡선은, 이 환경에서 실현된 어중 /ㅎ/ 탈락이 이전 시기부터 시작되어 점진적으로 확산되고 있었음을 시사한다. 유성적 환경에서 /ㅎ/이 탈락하는 현상의 보편성과 자연성을 고려한다면, 이와 같은 개신율과 확산 속도는 매우 자연스러운 결과라 할 수 있다. 즉, 어중 /ㅎ/ 탈락은 후기 근대 국어 단계에서 급진적으로 이루어진 것이 아니라, 중세 국어 단계에서부터 오랜 시간에 걸쳐 서서히 전개되어 왔다는 것이다. 앞에서 살펴본, 형태소 내부와 굴절 환경에서의 /ㅎ/ 탈락 역시 이러한 맥락에서 이해할 수 있을 것이다.

4.4. 어간말 자음군 단순화

체언과 용언 어간말 자음군의 단순화는 〈鶴峰宗家〉에서 실재 시간이나 현장 시간상에서 뚜렷한 변화를 보이지 않는다. 따라서 본서에서는 1830·40년대에만 한정하여 자음군 단순화의 양상을 알아보고자 한다. 이 시기 경북 양반 방언에서 전개된 어간말 자음군 단순화를 정확히 파악하기 위해서는, 먼저 이 언간 자료에서 발견되는 어간말 자음군 목록을 중세 국어 및 현대 경북 방언의 자음군 목록을 서로 대비하고 단순화의 양상을 조사해야 한다. 그런데 중세 국어에서는 본래 어간말 자음군을 지니고 있었으나 〈鶴峰宗家〉에서는 더 이상 자음군을 유지하고 있지 않은 어간, 즉 재어휘화된 어간도 존재한다. 따라서 자음군 단순화를 본격적으로 논의하기 전에 우선 어간 재어휘화를 겪은 어사들부터 살펴보기로 한다.

(75) 가. sk〉tk〉k'

이런 말을 입 **박긔**[外] 내지 마르라 〈029. 김진화(G₄)〉, 옥의셔 나가셔 **박긔셔**[外] 〈023. 김진화(G₄)〉

나. rpʰ〉pʰ

압히[前] 어두어라 〈013. 진성이씨A(G₃,₅)〉, **압흘**[前] 〈177. 의성김씨④(G₅)〉, **압희**[前] 〈180. 의성김씨④(G₅)〉

(76) 가. sk-〉tk-〉k'-

겪그시고[歷] 〈014. 전주최씨A(G₃,₅)〉 / **깍글**[削] 〈068. 여강이씨(G₄)〉

나. rβ-〉ɾ/ɾɾ-

셔러[薄] 그지 마르라 〈029. 김진화(G₄)〉, cf. 그리 **셜게** 길너내든 아닐 거시오 〈003. 1765년. 김주국(G₁)〉 / 이블 **열러**[薄] 어려올 듯 보낸다 〈059. 여강이씨(G₄)〉, 주리져고리는 지엇스나 **얄 게**〃 ᄒ나 이시면 죠을다 〈026. 김진화(G₄)〉, 바히 **얄든** 아니홀

돗ᄒ나 〈035. 여강이씨(G₄)〉

(75)와 (76)은 각각 체언과 용언 어간에서 일어난 재어휘화의 결과를 나타낸다. (75가)와 (76가)는 'ᄭ(/tk/〈/sk/)' 맡음 어간이 'ᄁ(/k'/)' 맡음 어간으로 변화한 예이다. 체언의 경우 '밨〉밖'의 통시적 결과가 관찰되는데 이는 김진화(G₄)의 언간에서만 나타나는 현상이다. 아래에서 곧 살펴보겠지만 학봉 종가의 다른 구성원들은 여전히 'ᄭ(/tk/)' 자음군을 유지하고 있다. 이는 재어휘화 과정이 동일한 언어 공동체 내에서도 화자에 따라 서로 다른 속도로 전개되고 있었음을 잘 보여 주는 예이다.
 (75나)의 '앒〉앞'은 국어의 모든 방언에서 공통적으로 일어난 변화로 이 시기 경북 양반들의 방언에서도 이 변화가 완료되었음을 알려 준다.
 (76나)의 '셔러'는 중세 국어형 '셟-'이 '셜-'로 재어휘화되었을 가능성을 보여 준다. 비록 1760년대 김주국(G₁) 언간의 예이기는 하지만 'cf.'에 제시한 '셜게'를 참고할 때 그 가능성은 높아 보인다. 그런데 1830년대 여강이씨(G₄)의 언간에서 '셔롭고(〈셔럽고)'도 1회 등장하는 것으로 보아(예) **셔롭고** 블샹 〃 ᄀ련 〃 련ᄒ 거ᄉ 어듸로 간고 〈036〉), 단일 어간 '셟-'과 파생 어간 '셔럽/셔러우-'의 각 후대형들이 모두 이 방언에서 사용되었음을 알 수 있다. 한편, '열러'와 '얄게, 얄든' 등의 활용형은 (모음 간의 차이를 고려하지 않는다면) '엹-[薄]〉열/엳-'과 같은 변화를 상정할 수 있게 해 준다.
 한편, 어간 재어휘화를 겪은 것처럼 보이나 실제로는 그렇지 않은 어간에 대해서도 언급할 필요가 있다.

(77) 글ᄌ도 **이르지[讀]** 못ᄒ고 〈131. 고성이씨A(G₄)〉, 글 줄 **이르고[讀]** 〈038. 여강이씨(G₄)〉, **이롤[讀]** 칙 보내라 〈065. 여강이씨(G₄)〉

(77)은 최전승(2012: 343)이 〈金誠一家〉에서 동사 '읽-(〈닑-)'에 연결 어미

'-고'와 관형사형 어미 '-을'이 결합하는 경우 어간이 '이르-'로 재어휘화 된 것으로 파악한 예이다. 최전승 선생은 〈金誠一家〉에서 이러한 재어 휘화가 이와 동일한 음성 조건을 갖춘 다른 용언 어간에까지는 확대되지 않은 것 같다고 하였다. 그러나 이와 같은 견해는 재고의 여지가 있다. 왜냐하면 15세기 국어형 '닑-'으로부터 '이르-'로의 변화 과정과 동인을 설명하기 어렵기 때문이다.

여기서 우리는 현대 함북 방언(중국 조선족의 방언)에서 이 동사 어간이(이하에서는 '{讀}'으로 지칭한다) '니르/닑-(LL/L)' 혹은 '이르/읽-(LL/L)'과 같은 비자동적 교체 어간으로 실현된다는 사실(郭忠求 1994b: 580, 2000: 1155)을 떠올릴 필요가 있다. 그리고 이 사실로부터 우리는 19세기 경북 방언에서도 {讀}이 이와 같은 비자동적 교체를 보이고 있었을 가능성을 제기해 볼 수 있다. 그런데 〈鶴峰宗家〉에서는 {讀}이 '-아X/어X' 어미와 결합한 예가 발견되지 않아 이를 직접적으로 증명할 수 없다. 하지만 16세기 동남 방언이 반영되어 있는 옥산서원본(玉山書院本) ≪二倫行實圖≫(1518)의 (78가, 나)와 같은 예는 이 문제에 대한 해결을 실마리를 제공한다. 대조를 위해 학봉 내사본(鶴峰內賜本, 1579)[교서관(校書館) 개간본]과 규장각본(奎章閣本, 1730)[경상감영(慶尙監營) 중간본]의 예도 함께 제시한다.

(78) 가. 주으려셔 ᄂᆞ믈 먹고 글 <u>니르더니(LLHL)</u> [忍飢食齏<u>讀書</u>] 〈二倫(옥산)48a〉

가'. 주려셔 ᄂᆞ믈 먹고 글 <u>닑더니</u> 〈二倫(학봉)48a〉

가". 주려셔 ᄂᆞ믈 먹고 글 <u>닑더라</u> 〈二倫(규장)48a〉

나. 댱시 제 아ᄃᆞᆯ 글 <u>닐기라(LHL)</u> 보낼 제 [張遣其子<u>讀書</u>] 〈二倫(옥산)17a〉

나'. 댱시 제 아ᄃᆞᆯ 글 <u>닐그라</u> 보낼 제 〈二倫(학봉)17a〉

나". 댱시 제 아ᄃᆞᆯ 글 <u>닐그라</u> 보낼 제 〈二倫(규장)17a〉

(78가)는 자음 어미 앞에서 '니르-(LL)'라는 어간 형태를 확보하게 해 주며, (78나)는 비록 파생의 범주이기는 하지만 모음으로 시작하는 사동 접미사 '-이-' 앞에서 '닑-(L)'이라는 어간 형태를 확보하게 해 준다. 이 두 가지 사실은 [讀]의 16세기 동남 방언형이 '니르/닑-(LL/L)'이었을 가능성이 농후함을 말해 준다. 그렇다면 (77)의 '이르-'는 '닑-'로부터 재어휘화된 형태가 아니라, 자음 어미와 '-으X' 어미 앞에서 전통적인 동남 방언형이 19세기 경북 양반들의 방언에까지 그대로 남아 있는 것이라고 해석할 수 있다.71)

이제 본격적으로 19세기 경북 양반 계층 방언에서 일어난 어간말 자음군에 대해 논의해 보기로 한다. 〈鶴峰宗家〉에서 분명하게 확인되는 어간말 자음군의 존재는 'ㄵ, ㄶ, ㄺ, ㄻ, ㄽ, ㅺ(/tk/), ㅼ(/tt/), ㅄ' 등이다. 이 언간 자료에는 출현하나 이 목록에서 제외된 'ㄳ'과 'ㄼ'은 모음으로 시작하는 조사나 어미와 결합된 예가 나타나지 않아 그 자음군의 존재 여부를 직접적으로 알 수는 없다. 본서에서는 이상의 자음군이 이전 시기 이 지역 방언에 모두 존재하였다고 가정하고, 이들 중 단순화의 실현 양상이 현대 경북 방언 자료와 차이를 보이는 'ㅺ, ㅼ'과, 각 지역 방언별로 차이를 보이는 /ㄺ, ㄻ, ㄼ/에만 한정하여 논의를 전개해 나가고자 한다.

먼저 'ㅺ, ㅼ'의 단순화 예를 제시해 본다.

---

71) 이러한 해석은 중세 중앙어형인 '닑-'이 오히려 동북·동남 방언형 '니르/닑-'으로부터 단일화를 거쳐 재어휘화된 것이라는 설명을 함의하고 있다. 그리고 이는 '닑-'에 대하여 매우 특이한(idiosyncratic) 변화 과정을 상정하게 한다. 왜냐하면 중세 중앙어의 비자동적 교체 어간 중 이른바 'ㄹㄱ'형으로 소급하는 부류는 일반적으로 'ㄹㅇ'형([예] 다ᄅᆞ/ᄃᆞᆯㅇ-[異]: 다ᄅᆞ고, 다ᄅᆞ니, 달아)을 거쳐 'ㄹㄹ'형([예] 다르/달ㄹ[異]: 다르고, 다르니, 달라)으로 변화하였지, '닑-'과 같은 단일 어간으로 변화하지는 않았기 때문이다. 郭忠求(1994b: 580)는 [讀]이 중앙어에서 매우 이른 시기에 '니르/닑-'로 실현되다가 '니르/닐ㅇ-'으로 변화하기 전에 '닑-'으로 단일화한 것으로 보고, 그 원인이 '니르-'가 [讀] 이외에 [謂]의 의미도 지녔다는 사실과 무관하지 않을 것으로 추정한 바 있다.

(79) 'ㅺ(/tk/〈/sk/)→ㅅ(/t/)'

　가. 곡용

　　a. 그 밧[其外] 가닉 별우는 업ㅅ오오니 〈006. 의성김씨A(G₃)〉, 그 밧 그만들 ᄒ시고 〈057. 여강이씨(G₄)〉, 쳔 〃 몽민 밧 싀조의 샹ᄉ ᄅᆞᆯ 당ᄉ오니 〈179. 의성김씨④(G₅)〉 / 쳔 니 밧긔[外] 부ᄌᆞ분 샹봉ᄒ와 〈211. 진성이씨B(G₅)〉

　　b. ᄌᆞ식의 낫츨 볼 밧 업ᄉ오니 〈050. 여강이씨(G₄)〉 / 써날 밧긔 수가 업스니 〈151. 의성김씨①(G₅)[인천채씨(G₄?)]〉 /

　　c. 일솔도 안밧[內外] 대틀은 업ᄉ오나 〈138. 아주신씨B(G₄?)〉 / 밧긔셔[外主시] 공줘 길을 마지못ᄒ여 가시니 〈014. 전주최씨A (G₃,₅)〉

　나. 합성/파생

　　a. 밧사돈ᄯᅴ셔(-査頓) 〈036. 여강이씨(G₄)〉 / 밧어루신닉[外主시] 〈150. 의성김씨①(G₅)〉 / 밧어버의[父] 〈232. 진주강씨B (G₅)〉

　　b. 섯박지니[交沈菜](〈셧-[混]+ᆞ박[?]+디히[菹])⁷²⁾ 츳돌 죠하 먹ᄉ오니 공싱ᄒᆞᆸ 〈085. 여강이씨(G₄)〉

(80) 'ㅼ(/tt/〈/st/)→ㅅ(/t/)'

　가. 곡용

　　(해당 예 없음)

　나. 활용

　　o. 편지를 맛다개[任] 보내옵 〈098. 여강이씨(G₄)〉 / 듕임을 맛다 익을 스는 일 〈007. 의성김씨A(G₃)〉, 편지를 못 맛다 보내오니 〈037. 여강이씨(G₄)〉

---

72) '섯박지니'는 '섯박지이'의 말음절에 /ㄴ/이 첨가된, 혹은 표기상에 반영된 단어이다. 이 단어는 한국학중앙연구원(2009a: 251)에서 '물고기 이름'으로 풀이되어 있지만, 이종덕 외(2019: 305, 각주 7)에서 새로 해석한 바와 같이 표준어의 '섞박지'에 대응하는 단어로 보는 것이 온당하다. ≪閨閤叢書≫(1869)에 나오는 다음 예를 참고할 수 있다.

[예] 가지는 집물 바튼 직에 켸켸 무더 돈돈이 봉ᄒ야 ᄯᅦ 무더두면 갓 짠 ᄃᆞᆺᄒ니 <u>섯박지</u> 담그는 날 ᄂᆡ야 믈에 담그고 〈8a〉

(79가)는 'ㅺ(/tk/)' 말음 어간인 '밝'이 휴지나 자음 앞에서 'ㅅ(/t/)'으로 단순화함을 보여 준다. 이는 공시적으로 공존하고 있는 재어휘화된 '밖'의 존재[(75가)]와 좋은 대조를 이룬다. (79나a)의 '밧사돈, 밧어루신, 밧어버의' 등은 '밝'이 단어 형성 과정에서도 /ㄱ/이 탈락함을 보여준다.[73)] (79나b)에 제시한 '섯박지니'의 구성 요소인 동사 '섞-[混]' 역시 복합어(complex word)를 형성할 때 /ㄱ/이 탈락하였다. (80나)의 '맛다가'는 '맞-+-다가'로 분석된다. 동일한 발신자인 여강이씨(G_4)가 1850·1860년대에 쓴 것으로 추정되는 편지에서도 'ㅼ(/tt/)→ㅅ(/t/)'의 단순화가 발견된다(예 편지 맛지[任] 말고 ⟨127⟩). '밝'과 '맞-'은 현대 경북 방언에서 각각 '밖'과 '맡-'으로 재어휘화되어 더 이상 어간말 자음군을 유지하고 있지 않다.

어간말 /ㄻ/은 대부분의 지역 방언에서 /ㅁ/으로 단순화되며, 이는 19세기 후기 서남·중부·서북·동북 방언을 고찰한 崔明玉(1994b: 371)에서도 그대로 입증된다. 다만, 白斗鉉(1990/1992: 359)은 ≪重刊杜詩諺解≫에 출현하는 '옰ᄃ록 ⟨9:26a⟩'이 '옮-'에서 /ㅁ/이 탈락한 것으로 보았는데, 그 근거로 현대 동남 방언에서 쓰이는 '옻 올랐다', '병이 오린다' 등과 같은 '오르/옰-' 혹은 '오리-'의 존재를 제시하였다.[74)] 그러나 ⟨鶴峰宗家⟩에서는 (81)과 같이 '오르/옰-'이나 '오리-'와 같은 어간 형태는 발견되지 않고 /ㄻ/이 /ㅁ/으로 단순화된 일반적인 예만 등장한다.

---

73) 현행 한글 맞춤법에서는 '밭사돈'을 '바깥사돈'의 준말로 처리하되, '어제저녁→엊저녁', '가지고→갖고', '디디고→딛고' 등 "줄어드는 음절의 첫소리 자음이 받침으로 남는 것과는 달리 줄어드는 음절의 받침소리가 받침으로 남는 경우"로 규정해 놓고 있다(제4장 제32항 해설). 그러나 宋喆儀(1993: 36~37)는 '밧잿外城], 밧집[民家]' 등을 근거로 들며 현재 우리가 '밭사돈'으로 표기하는 단어는 '바깥사돈'이 '밭사돈'으로 줄어든 것이 아니라, '밧(밝)+사돈'과 같은 자음군 단순화의 결과일 가능성을 제기한 바 있다. (79나a)의 '밧사돈, 밧어루신' 등의 존재는 그러한 견해를 직접적으로 뒷받침해 준다.
74) 하지만 '옻 올랐다'나 '병이 오린다'에 쓰인 동사는 '오르/옰-[登](⟨오르/올ㅇ-)'일 가능성도 있다. 그렇다면 이들 예는 '옰ᄃ록'이 '옮-'에서 /ㅁ/이 탈락한 것이라는 주장에 대한 적절한 근거가 되지 못한다.

(81) 'ㄹㅁ→ㅁ'

가. 활용

　a. 마니 **삼지**[烹] 말고 〈080, 여강이씨(G₄)〉, cf. 송순을 **살마** 〈031, 19세기 전반, 김진화(G₄)〉

　b. 간 곳마다 **곰ᄂᆞ**[膿] 드시 아푸고 〈040, 여강이씨(G₄)〉 / 당마의 모도 **골마**[腐] 〈109, 여강이씨(G₄)〉

　c. 올봄은 더 **굼ᄂᆞ**[飢] 듯 〈091, 여강이씨(G₄)〉 / **굴무며** 익스ᄂᆞᆫ 일 〈092, 여강이씨(G₄)〉 / **굴머** 죽게ᄂᆞᆫ 못 ᄒᆞ고 〈093, 여강이씨(G₄)〉

　d. **옴지**[遷] 못ᄒᆞ시거든 〈121, 여강이씨(G₄)〉, **옴기** 뎐의 〈209, 진성이씨B(G₅)〉 / 경샹도로 **올무시면** 〈119, 여강이씨(G₄)〉 / 됴흔 벼슬을 **올마**[遷] 〈005, 의성김씨A(G₃)〉

나. 파생

　o. **옴기오신**[遷] 〈131, 고성이씨A(G₄)〉, **옴겨** 가고 〈077, 여강이씨(G₄)〉

동남 방언에서는 어간말 /ㄹㄱ/과 /ㄹㄱ/의 단순화가 타 지역 방언과 다른 양상으로 실현된다는 것은 주지의 사실이다. 특히 현대 안동 지역어에서는 /ㄹㄱ, ㄺ/이 모두 /ㄹ/로 단순화된다(서보월 1997a: 491~492, 박종덕 2000a: 79). 〈鶴峰宗家〉에서도 대체로 이와 동일한 양상이 포착된다.

(82) 'ㄹㄱ→ㄹ'

가. 곡용

　a. 산기**슭과**[山脚] 밧 가희 두들게[麓] 시무대 〈020, 김진화(G₄)〉

　b. **돌도**[鷄] 고하 먹이고 〈091, 여강이씨(G₄)〉 / **달근** 십여 기나 되ᄂᆞᆫ 둘 알앗더니 〈177, 의성김씨④(G₅)〉

나. 활용

　o. 안정 눈물도 나고도 **불더니**[赤] 지금도 눈가이 **불**[赤] 노샹 눈물을 늬오니 〈167, 의성김씨②(G₅)〉 / **불근** 편딕와 **불근** 동근쪽

와 〈029, 김진화(G₄)〉

다. 합성

ㅇ. **달실**[酉谷](닭+실)[75] 〈218, 진성이씨B(G₅)〉

(83) '래→ㄹ'

가. 곡용

ㅇ. **여덟**[八] 양 돈이 들고 〈067, 여강이씨(G₄)〉, **여덟**[八] 냥 갑손 〈104, 1848년, 여강이씨(G₄)〉

나. 활용

(해당 예 없음)

(82가a)는 '기슭'과 '두듥'로 소급되는 두 어사가 나란히 출현한 예인데, 그중 전자는 자음으로 시작하는 조사와 결합되어 '(산)기슬'로 실현되었다.

(82가b)에 제시한 '둘도'와 '달근'은 각각 여강이씨와 그의 넷째 딸이 사용한 곡용형이다. 이때 '출신지' 변인을 '경상북도'로 넓게 상정한다면 '둘도'는 자음군 단순화의 예가 될 것이나, '출신지' 변인을 군(郡) 단위로 좁게 상정하면(각각 '경주'와 '안동') 다른 해석이 가능해진다. ≪韓國方言資料集≫(I.465.A~B)과 최명옥(1992c: 71~73)에 제시되어 있는 '닭'에 대한 현대 동남 방언형의 분포를 살펴보면, 경주를 비롯한 동부 지역 방언에서는 이 단어가 '달'로 재어휘화되었기 때문이다. 여기서는 일단 '출신지' 변인을 좀 더 넓은 단위로 상정하여 '둘도'를 공시적 자음군 단순화의 예로 취급하고자 한다. (82다)의 '달실'도 비록 지명(地名)이기는 하지만, 이러한 자음군 단순화의 통시적 산물로 이해할 수 있을 것이다.

(82나)는 '붉-'에서 /ㄱ/이 탈락한 것으로 두 번째 예인 '불'은 후행하는 어미가 편지글에서 누락된 것이 분명하다. 제시된 예문의 후행절에

---

[75] '달실'은 현 '경상북도 봉화군 봉화읍 유곡리'를 가리키는 지명이다(한국학중앙연구원 2009a: 645).

서 의문사 '엇디'가 '엇'으로만 실현된 예가 나타나기 때문이다(예 지금 은 물의 싸진 둣ᄒᆞ게 노상 그러ᄒᆞ오니 엇 그러ᄒᆞ온지 그져 답〃 겁나ᄋᆞᆸᄂᆞ이 다). 이 누락된 어미가 자음 어미인지는 확신할 수 없으나, 문맥을 고려 하건대 첫 번째 예인 '불더니'는 '붉-+-더니'임이 확실하다.76)

(83)은 /ㄺ/ 자음군이 /ㄹ/로 단순화된 예이다. 이는 현대 안동 및 경 주 지역어형과 차이나지 않는 모습이다.

그런데 〈鶴峰宗家〉에는 /ㄺ/이 /ㄹ/과 /ㅂ/으로 서로 다른 방향으로 단순화된 어사도 아래와 같이 존재한다.

(84) 'ㄺ→ㄹ~ㅂ'

    가. 곡용

   (해당 예 없음)

    나. 활용

      a. 외오 계오셔 힝포 보시디 못ᄒᆞ오니 읻들고[慨] 답〃ᄒᆞᆸ 〈132. 고셩이씨A(G4)〉, 아니 날 ᄆᆞᄋᆞᆷ이 다 나고 쥬야 읻돌ᄂᆞᆫ 둣ᄒᆞᄋᆞᆸ더 니 〈034. 여강이씨(G4)〉, 쵹쳐의 원통 애들ᄉᆞ와 보이ᄋᆞᆸᄂᆞ이다 〈236. 한산이씨(G5)〉

      cf. 자식 업시 쥭은 ᄉᆞ름이 양ᄌᆞ 자식이 그런 도젹놈 이라 보젼 못ᄒᆞ니 읻들ᄒᆞ오나[慨] 〈168. 의성김씨② (G5)〉

---

76) 의미상으로는 이 예문의 '불더니'와 '불'의 동사 어간을 '붉-[赤]'이 아닌 '불-[脹, 潤](〈분/ 부르-)'로 분석할 수도 있을 것이다. 그러나 〈鶴峰宗家〉에서는 아래 예와 같이 활용 시 /ㄹ/ 탈락이 일반적으로 실현된다는 사실을 감안하면, '불더니'의 어간을 '붉-'로 파악하 는 것이 타당하다.

   예 ㄱ. ᄎᆞ믹는 내가 그젼의 드ᄅᆞ니 궁구탕 여나무 첩 먹으면 아힉 산이 나오고 스 더래[生] ᄒᆞ더니 〈096. 1848년. 여강이씨(아내) → 김진화(남편)〉

     ㄴ. 그듕의 봄의 양식을 파노래[買穀] 남의 집의와 상놈의 집의 가 곡셕을 파라 오니 〈151. 1831년. 의셩김씨①(딸)[인천채씨] → 김진화(아버지)〉

     ㄷ. 네 동곳은 은쟝이가 잘ᄒᆞᄂᆞᆫ 거시 업셔 민드지[作] 못ᄒᆞ얏스니 〈024. 1848년. 김진화(시아버지) → 진셩이씨B(며느리)〉

b. 츠마 〃 졀통 읻답고[慨] 남부럽수오이다 〈182, 의셩김씨④(G₅)〉

(84나a)의 '읻돏-'(혹은 '읻들-')과 (84나b)의 '읻답-'은77) 중세 국어의 형용사 '애돏/애들오-[慨](〈 ᅁᆡ돏-)'로 소급하는데, 이 형용사는 자동사 어간 'ᅁᆡ돌-[慨]'에 형용사 파생 접미사 '-ㅂ-'이 결합한 것으로 분석할 수 있다.78) (84나a)에서 '읻돏-'이 사용된 문장은 모두 주어가 1인칭이고 형용사 '답답(ᄒ-), 원통(ᄒ-), 졀통(ᄒ-)' 등과 함께 쓰인 것으로 보아, '읻돏-' 역시 형용사로 보는 것이 타당하다. 그렇다면 (84나)는 'ᅁᆡ돏-'의 어간말 자음군 /ㄼ/이 이 방언에서 각각 /ㄹ/과 /ㅂ/으로 서로 다른 방향으로 단순화하였으며, 그 예가 공존하고 있음을 보여 주는 것이라고 할 수 있다.

---

77) 그 외 '읻돏-'도 1880년대 언간에 1회 출현하는데(⑩ 이리 읻돏수오이다[慨] 〈230, 1882년, 의셩김씨B(사촌 동생) → 김흥락(사촌 오빠)〉), 문법 의식이 관여한 표기로 보이며 실제 형태가 무엇이었는지는 확언하기 어렵다.

78) 이유기 선생은 세종대왕기념사업회(2006: 198)에서 'ᅁᆡ돏/ᅁᆡ들오-'를 'ᅁᆡ+돏/들오-[穿]'와 같은 구성, 즉 '창자가 구멍이 뚫리다(=마음이 아프다)'의 뜻으로 이루어진 합성어일 가능성을 제기하였다. 그러나 'ᅁᆡ돌-'과 'ᅁᆡ돏/ᅁᆡ들오-'의 형태·의미론적 관련성을 고려한다면 이 둘의 관계를 파생 관계로 처리하는 것이 문법 기술상 더 편리해 보인다. 동사 '블-[羨]'과 형용사 '븗-' 간의 관계도 여기에 참고할 수 있다.

⑩ ㄱ. 楊雄이 오래 사로ᄆᆞᆯ 브디 아니ᄒᆞ며 [若楊雄不羨久生] 〈月釋18:32a〉
ㄴ. 羨 블울 션 〈新類下26b〉, 목젼 유복을 눔븗디 아니ᄒᆞ되 〈閑中372〉

제5장 결론

　본서는 〈鶴峰宗家〉를 주요 대상 자료로 삼아 언간 자료에 적합한 음운사 연구 방법론을 정립하고, 그것을 바탕으로 19세기 전기 경북 지역 양반 계층의 방언에서 전개된 음운 변화를 정밀하게 기술하고 설명하는 데 목적을 두었다. 이를 위하여 본서에서는 본론의 내용을 총 3개 장(章)으로 구성하여 논의를 전개하였다. 이제 각 장의 핵심 내용을 요약하고, 거기서 미처 다루지 못한 문제를 제시하면서 본서를 마무리하고자 한다.

5.1. 요약

제2장 언간 자료를 통한 음운사 연구 방법론

　제2장의 내용은 언간 자료를 이용하여 체계적인 음운사 연구를 하는 데 필요한 방법론을 모색해 보는 것이었다.
　먼저 2.1에서는 언간 자료를 통한 음운사 연구의 의의와 한계에 대해 알아보았다. ① 오각(誤刻)이나 오식(誤植), 탈획(脫劃) 등의 발생 가능성이 없다는 점, ② 반영된 언어에 대한 시기 추정의 범위가 다른 자료에 비해 좁다는 점, ③ 표기법의 혼란에서 발생하는 해석상의 문제점을 극복하기 유리하다는 점, ④ 진행 중인 음운 변화의 중간 단계를 더욱 미시적으로 살펴볼 수 있다는 점 등 네 가지 장점은 그 연구가 갖는 의

의라고 할 수 있다.

 반면에, ① 언간 특유의 투식성(套式性)이 서간문과 구어 간의 괴리를 증대시킨다는 점, ② 해당 지역 방언형이 적극적으로 반영되어 있지 않다는 점, ③ 상황적 정보가 항상 분명하게 밝혀져 있지는 않다는 점, ④ 주로 친족 간에 교신된 탓에 관찰 가능한 어휘의 종류가 제한적이라는 점, ⑤ 판독이 난해하여 실제 언어 사실을 왜곡할 위험이 크다는 점 등 다섯 가지 단점은 음운사 연구자가 극복해야 할 한계점으로 꼽힌다. 따라서 언간 자료만을 통한 음운사 연구는 바람직하지 않으며, 다른 문헌 자료 및 방언 자료와의 비교 연구가 반드시 병행되어야 한다.

 2.2에서는 이상의 다섯 가지 한계점 중에서 특히 서간문의 투식성(①)과 방언(②)과 관련된 문제를 집중적으로 다루며 연구를 위한 논리적 전제를 수립하였다. 이 두 가지 문제는 연구자가 취하는 입장의 변화만으로도 상당 부분 극복할 수 있기 때문이다. 우선 서간문의 투식은 그 형성 요인에 따라 '서간문의 규식화에 의한 투식'과 '기타 요인에 의한 투식'으로, 사용 주체에 따라 '개인적 투식'과 '집단적 투식'으로 각각 분류된다. 이처럼 다양한 종류의 투식이 존재하는 언간 자료를 대상으로 음운사를 연구하기 위해서는 다음과 같은 [전제 1]을 수용해야 한다.

 [전제 1] 언간의 언어(서간문)에 부분적으로 반영되어 있는 투식적 스타일은 구어형이나 개신형의 출현을 저지하지는 않으나, 투식성이 낮아질수록 관찰 가능한 음운 변화의 범위는 넓어진다.

 다음으로, 해당 언간 자료의 방언적 성격을 규명하기 위해서는 거기에 '어떤' 방언이 '얼마나' 반영되어 있는지를 밝혀내어야 한다. 전자는 각 발신자의 출신지와 생활 근거지를 정밀하게 추적하는 작업을 통하여 알아낼 수 있다. 그러나 후자에 대해서는 다음과 같은 [전제 2]가 필요하다.

[전제 2] 언간의 언어(서간문)는 일정한 지역에 세거하는 양반 계층의 방언을 반영한 것이며, 거기에는 중앙어형을 비롯한 타 지역 방언형과 해당 지역 방언형이 공존할 수 있다.

2.3은 언간 자료를 통하여 음운사를 연구하는 절차를 '자료 선정'과 '자료 분류', '자료 분석' 등 세 단계로 나누어 살펴본 부분이다. 자료 선정 방법은 세 가지 기준에 의해 이루어진다. 첫째는 대상 언간 자료의 수량이 충분해야 한다는 것이고, 둘째는 각 세대별 발신자가 다양해야 한다는 것이며, 셋째는 다양한 사회적 변인이 적절히 통제되어야 한다는 것이다. 그중에서 마지막 기준은 독립 변인과 통제 변인이 각각 제 역할을 충실히 수행하는 것을 말한다. 독립 변인으로 설정해야 하는 것은 발신자의 '연령'과 '세대'이며, 통제 변인이 되어야 하는 것은 '계층', '성별', '수신자와의 관계', '출신지' 등이다. 여기서 문제가 되는 것은 가변성이 큰 '성별'과 '수신자와의 관계'이나, 다음과 같은 [전제 3]을 수용한다면 그 가변성을 크게 문제 삼지 않아도 된다.

[전제 3] 언간 자료의 음운 현상에 관여하는 변인 중 '성별'과 '수신자와의 관계'는 '세대'에 비해 그 위계가 더 낮다.

실제로 이 두 변인은 언간 자료에서 음운 변화와의 상관관계가 뚜렷하게 포착되지 않는다. '출신지' 또한 동일한 대방언권 출신의 발신자들 간에서는 고정적인 것으로 취급해도 대체로 무방하다.

자료 분류는 선정된 언간 자료를 상황적 정보량에 따라 음운사 연구에 더 적합한 언간을 가려내는 작업이다. 이는 다시 1차 분류와 2차 분류로 나뉜다. 1차 분류는 '발신자'와 '작성 시기' 정보 유무 순으로 개별 언간의 우선순위를 매기는 작업이다. 음운사 연구 대상 자료는 기본적으로 '발신자'와 '작성 시기'가 모두 명확하게 밝혀진 언간을 중심으로 이루어져야 하되, '발신자' 정보만이라도 알 수 있는 것도 연구 대상 자료로 삼을 수 있다. 2차 분류는 '발신자'가 분명하지 않은 언간이라도 연구 대상에 포함하거나, 그것이 분명하더라도 연구 대상에서 제외하는 작업이다. 전자는 발신자 후보가 특정 세대 인물들로 한정되는 경우를 말한다. 후자는 발신자와 필사자가 일치하지 않는 경우를 말하는데, 이는 다시 한문 간찰을 국역한 경우와, 타인의 편지를 대필한 경우로 양분된다. 먼저 한문을 번역한 언간은 필사자가 분명히 밝혀져 있다면 음운사 연구 자료로 이용하는 데 별다른 문제가 없다. 반면에, 대필 언간은 음운사 연구 자료로 적합하지 않으며, 다만 대필자가 누구인지 확실히 밝혀져 있는 경우라면 보조 자료로서는 이용할 수 있다.

자료 분석 방법으로는 실재 시간 연구와 현장 시간 연구를 모두 동원할 수 있다. 실재 시간과 현장 시간 연구는 언간 자료의 특성을 최대한 활용한 것으로, 이 두 조사 방법을 조합할 때 우리는 더욱 정밀한 음운사 연구 결과를 얻을 수 있게 된다.

제3장 모음의 변이와 변화

제3장은 19세기 전기 경북 양반 계층 방언에서 관찰되는 모음의 변이와 변화를 기술하고 설명한 장이다.

3.1에서는 /·/의 비음운화와 그 반사체에 대하여 논의하였다. 실재 시간상에서 '·~ㅏ' 혼기와 '·ㅣ~ㅐ' 혼기는 1760년대 언간에서는 전혀 관찰되지 않다가 1830·1840년대 언간에서 집중적으로 나타난다. 1830·1840년대 현장 시간 자료에서는 '·〉ㅏ' 개신율과 'ㅐ→·ㅣ' 표기율이 제4세대와 제5세대를 경계로 급격히 증가함을 확인할 수 있다. 그리고 '·〉ㅓ' 변화는 제4세대 언간에서부터 나타나는데, 그 과도 교정은 제4세대 언간에서만 등장하고 제5세대 언간에서는 발견되지 않는다. 이러한 사실들은 당시 /·/가 비음운화의 최종 단계에 있었으며, 체계 내에서 대

립 관계를 완전히 잃어버린 시기를 제4세대와 제5세대의 언어 습득기의 경계가 되는 1800년대 전후로 상정할 수 있게 해 준다.

　3.2는 하향 이중모음의 변화를 '/ㅔ/와 /ㅐ/의 변화', '/ㅟ/와 /ㅚ/의 변화', '/ㅢ/의 변화' 등 세 가지로 나누어 살펴본 절(節)로, 거기서 우리는 이들의 음가와 그 변화 방향을 밝히는 데에 주안점을 두었다. 이들이 하향 이중모음임을 입증하는 근거는 소극적인 것과 적극적인 것으로 나뉘는데, 전자는 곡용과 활용에서 이루어지는 /y/ 첨가 현상이며, 후자는 이른바 /y/ 유동 현상이다. 단모음화의 근거도 두 가지를 들 수 있는데, 하나는 자음 뒤에서의 'ㅓ~ㅔ' 혼기이고, 다른 하나는 자음 뒤에서의 'ㅔ~ㅖ' 혼기이다. 이상에서 언급한 근거를 본서의 자료에 적용해 보면, /ㅔ/와 /ㅐ/는 단모음화가 한창 진행 중인 반면, /ㅟ/와 /ㅚ/는 여전히 하향 이중모음의 신분을 유지하고 있음을 알게 된다. /ㅢ/는 일반적으로 하향 이중모음으로 실현되었으나, 특정 어사나 환경에서 /ㅣ/나 /ㅡ/로 변화하는 양상이 아랫세대로 내려올수록 증가하고 있음이 드러난다.

　모음 상승과 합류는 3.3에서 다루었는데, 전설 모음에 대해서는 'ㅔ〉ㅣ' 상승과 /ㅔ/와 /ㅐ/의 합류를, 후설 모음에 대해서는 'ㅗ〉ㅜ' 상승과 /ㅓ/와 /ㅡ/의 합류를 각각 살펴보았다. 19세기 전기 경북 양반 계층의 방언에서는 'ㅔ〉ㅣ'에 대한 적극적인 증거가 발견되지 않으므로, 이 변화가 아직 발생하지 않았거나 그 세력이 매우 미약했던 것으로 볼 수 있다. 이는 모음 체계 내에서 /e/가 확고하게 자리 잡지 못한 데에 기인한다. /ㅔ/와 /ㅐ/의 합류의 증거는 비어두 음절 위치를 중심으로 소수 발견될 뿐이다. '이저는(이겨는)[슉]'과 '이직야~이자야(이쟈야)'의 존재는 /ㅔ/와 /ㅐ/가 하향 이중모음인 상태에서 서로 혼동될 수 있었음을 알려 주지만, 본격적인 합류는 /e/와 /ɛ/가 확립된 이후에야 가능하였을 것이다. 반면에, 'ㅗ〉ㅜ'는 당시 환경별·어휘별·세대별로 점차 확산되고 있는 모습을 보인다. 특히, 김진화(G_4)는 동일 세대나 제5세대 발신자들에 비해 더 높은 개신율을 보이는데, 이는 그가 당시 자연스러운 일상어(vernacular)의 영향을 받았기 때문으로 해석할 수 있다. /ㅓ/와 /ㅡ/의 혼기는 '비어두 위치의 문법 형태소 내부'와 '/ㄷ/과 /ㄹ/ 뒤'라는 환경에서 산발적으로만 나타난다. 오늘날 안동 지역어에서 두 모음이 여전히 대립되고 있다는 점에서 'ㅓ~ㅡ' 혼기는 두 모음의 음성적 유사성으로 인한 우발적 현상으로 보는 것이 타당하다.

 3.4에서 논의한 움라우트 현상은 〈鶴峰宗家〉에서 적극적으로 나타나지 않는다. 그나마 관찰되는 소수의 예를 중심으로 살펴보면 피동화 모음의 종류에 따라 움라우트의 실현 정도가 차이 남을 알 수 있다. 피동화 모음이 /ㅏ/('ㆍ')나 /ㅓ/인 경우에는 이 현상이 선행 자음의 종류와 무관하게 나타나지만, /ㅜ/인 경우에는 중자음 뒤에서만 움라우트형이 발견된다. 피동화 모음이 /ㅗ/인 경우에는 개신형이 발견되지 않으나, 이는 자료상의 제약으로 보인다. 한편, 개재 자음의 종류는 움라우트의 실현에 여부에 별다른 제약이 되지 못한다. 요컨대 이 방언에서 움라우트는 매우 깊은 시간 심층(time-depth)을 갖고 있으나, 양반들에게 교정의 대상으로 여겨져 그들의 서간문에서는 강력하게 거부되었던 것으로 해석할 수 있다.

 3.5에서 살펴본 전설 모음화 역시 이 언간 자료에서 거의 나타나지 않는다. 거기서 발견되는 소수의 예는 이 변화가 형태소 내부를 넘어 형태소 경계로까지 확산되어 있었다는 사실과, 치찰음 외 /ㄹ/ 뒤에서도 실현될 수 있었다는 사실을 알려 준다. 다만, 이 변화의 개신형이 사회적 낙인형으로 분명히 인식되었던 까닭에 양반들의 언간에 적극적으로 나타나지 않았을 뿐인 것이다. 이 언간 자료에서 발견되는 전설 모음화의 예는 '르〉리'의 출현 시기를 19세기 전기로까지 끌어올릴 수 있게 하며, 경북 방언에서 전설 모음화가 /ㅓ/와 /ㅡ/의 합류보다 먼저 발생하였다는 사실을 분명히 알게 해 준다.

 마지막으로 3.6에서는 '-아X〉-어X' 변화 과정을 파악하기 위하여 어미

'-아X/어X'의 실현 양상을 어간이나 활용형의 음운론적 조건에 따라 기술하고, '-아X~어X' 변이의 의미를 해석하였다. '-아X)-어X'는 이전 시기부터 오랫동안 부단히 진행되어 왔으며, 그 결과 19세기 전기 경북 양반 방언에서는 부사형 어미가 다음과 같은 세 가지 유형의 교체 양상을 보이기에 이르렀다. 첫째, 15세기 중앙어에서 항상 '-아X'와만 결합하던 어간은 여전히 '-아X'만을 취한다. 둘째, 15세기 중앙어에서 주로 '-아X'와 결합하면서 간혹 '-어X'와도 결합하던 어간은 그 결합 양상이 서로 뒤바뀌었다. 그 과정에서 '내다'류 어간의 부사형 어미의 결합 양상은 화자의 개인적 성향에 따라 선택적으로 사용되는 단계에 이르렀다. 셋째, 15세기 중앙어에서 주로 '-어X'와 결합하면서 간혹 '-아X'와도 결합하던 어간은 완전히 '-어X'만을 취하게 되었다. 그 결과 음운 변화로 인한 어간 재어휘화에 맞추어 어미도 '-아X'에서 '-어X'로 재조정되기도 하였다.

제3장의 논의 결과를 바탕으로 우리는 19세기 전기 안동 지역 양반 계층 방언의 모음 체계를 재구하고 그 변화를 살펴볼 수 있다. 형태소 경계에서 이루어지는 원순모음화 및 /ㅓ/와 /ㅗ/의 혼기 현상까지 함께 고려하여 당시 모음 체계의 변화를 나타내면 아래와 같다.

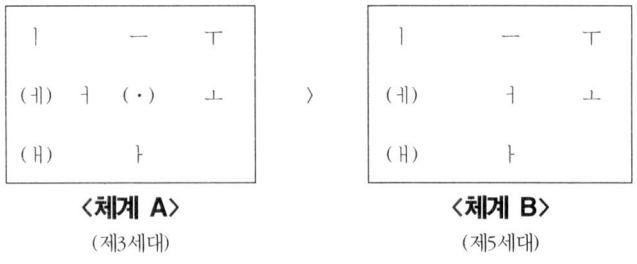

〈체계 A〉 (제3세대)   〈체계 B〉 (제5세대)

제4장 자음의 변이와 변화

제4장은 19세기 전기 경북 양반 계층 방언에서 관찰되는 자음의 변

이와 변화를 기술하고 설명한 장이다.

4.1에서는 구개음화 및 그와 관련된 변화를 논의하였다. 먼저, 구개음화는 남부 방언의 대표적인 표지로서 당시 경북 지역 양반들에게도 분명히 인식되고 있었다. 그런데 〈鶴峰宗家〉에 'ㄱ' 구개음화는 거의, 'ㅎ' 구개음화는 전혀 나타나지 않고 각각의 과도 교정(및 과도 오교정)의 예만 소수 출현하는 반면에, 'ㄷ' 구개음화와 그 과도 교정은 매우 높은 비율로 실현된다. 다시 말해서, 구개음화형은 기본적으로 이 지역 양반들에게 사회적 낙인형으로 인식되었지만, 'ㄱ'이나 'ㅎ' 구개음화와는 달리 'ㄷ' 구개음화는 학봉 종가 구성원들에게 비교적 적극적으로 받아들여진 것이다. 이는 'ㄷ' 구개음화가 당시 중부 지역 양반들의 구어에서도 이미 널리 받아들여진 변화였기 때문이다.

치찰음 뒤 /y/ 탈락은 'ㅅyV~ㅅV' 혼기와 'ㅈyV~ㅈV' 혼기로 드러난다. 이 혼기는 제4세대와 제5세대를 경계로 급격하게 증가하는데, 그 혼기의 양상에서는 일정한 방향성을 발견할 수 있다. 즉, /ㅅ, ㅈ/ 뒤에서 /y/를 탈락시키는 것보다 첨가하는 표기의 비율이 훨씬 높은 것이다. 그리고 이러한 혼기의 실현율은 특히 제4세대의 김진화 언간에서 압도적으로 높게 나타난다. 우리는 김진화가 보이는 이러한 특이한 표기 경향을 중앙어나 중부 방언의 표기법의 영향 때문인 것으로 해석하였다. 그런데 'ㅈyV~ㅈV' 혼기의 동인이 /ㅈ/의 재음운화임이 분명한 것과는 달리 'ㅅyV~ㅅV'의 음운론적 동인은 명확히 밝히기 어렵다. 또한, 이 변화에 대하여 /y/ 탈락보다 /y/ 첨가 표기가 더 일반화된 이유도 알기 어려우나, 그것이 19세기 전기 이후 현대 정서법이 마련되기 전까지 언중들에게 관습적인 서사 전통으로 정착하였다는 것은 분명해 보인다.

어두 및 비어두 /ㄴ/ 탈락은 당시 점진적으로 확산되고 있던 변화였다. 이 변화에 대한 실재 시간과 현장 시간 자료는 19세기 후기로 갈수록 경북 지역 양반들의 구어에서 /ㄴ/ 탈락이 매우 일반화되어 갔지만, 그 개신형은 그들에게 비규범적인 낙인형으로 인식되었다는 사실을 알려 준다. 각 세대별 실현 환경의 함축 척도를 고려할 때, /ㄴ/ 탈락은 '어두 → 어두/비어두(음운론적 단어 내부) → 비어두'와 같은 순서로 그 환경을 확대시켜 나간 것으로 볼 수 있다. 〈鶴峰宗家〉에서는 /ㄴ/ 탈락에 대한 과도 교정으로서 'ㄴ' 첨가도 등장한다. 우리는 비어두 'ㄴ' 첨가의 예를 단순히 표기 층위의 현상으로 해석하였지만, 어두 'ㄴ' 첨가의 예에 대해서는 그것이 음운론적 층위의 현상이었을 가능성도 열어 두었다.

4.2를 통해서는 [씨]의 음운화와 'ㅅ~ㅆ' 변이 문제를 다루었다. 현대 경북 방언권에서 '/ㅅ/ : /ㅆ/' 비대립 지역인 경주 출신의 발신자는 (주로) 어두 'ㅅ' 표기만을 사용하는 데 반해, 오늘날 두 음소의 대립 지역인 상주와 영주 출신의 발신자는 어두 'ㅆ' 표기를 사용한다. 이 사실은 '/ㅅ/ : /ㅆ/'의 대립 여부와 어두 'ㅅ' 및 'ㅆ' 표기의 사용 양상이 서로 밀접한 관련을 맺고 있음을 의미한다. 그런데 오늘날 /ㅅ/과 /ㅆ/의 대립이 존재하는 안동 출신의 발신자는 어두 'ㅅ'과 'ㅆ' 표기에서 어떤 일관된 양상을 보이지 보인다. 현대 방언 자료와 ≪음식디미방≫과 같은 타 문헌 자료를 참조할 때, 이 현상은 19세기 전기 이 지역의 양반 계층 방언에서 /ㅅ/과 /ㅆ/이 대립 관계를 이루고 있었으며, 그러한 가운데 'ㅅ'형과 'ㅆ'형이 부단한 변이를 보였던 사실을 반영하는 것으로 해석할 수 있다.

4.3에서 살펴본 어중 /ㅎ/ 탈락은 당시 형태소 내부뿐만 아니라 형태소 경계에서도 관찰되는 공시적인 음운 현상이었다. 이에 따라, 어중 /ㅎ/ 탈락에 대한 반작용으로 /ㅎ/ 첨가 현상도 산발적으로 나타난다. 어중 /ㅎ/ 탈락의 동인은 음성학적 보편성에 기인하는 데 반해, /ㅎ/ 첨가는 특정 어휘 체계 내 유추에 의해서, 혹은 음운 변화 이후 어형을 강화하려는 보상적 작용으로 발생하는 것으로 볼 수 있다. 파생 부사에서 전개된 /ㅎ/ 탈락의 실현율을 현장 시간에서 살펴보면, 이 변화가 이미 이전 시기부터 시작되어 오랜 시간에 걸쳐 점진적으로 확산되고 있었음을 알게 해 준다. 유성적 환경에서 /ㅎ/이 탈락하는 현상의 보편성과 자연성을 고려한다면, 이와 같은 개신율과 확산 속도는 매우 자연

스러운 결과라 하겠다.

마지막으로, 4.4에서는 어간말 자음군 단순화에 대하여 논의하였다. 이 현상을 논의하기 위해서는 먼저 더 본래 어간말 자음군을 지니고 있었으나 그것을 더 이상 유지하고 있지 않은 어간부터 조사할 필요가 있다. 〈鶴峰宗家〉에서는 일부 화자에 한해 '볛[外]'이 '밖'으로 재어휘화되었으며, 그 외 '겨-[歷] 겪-', '자-[削] 깎-', '앒[前] 앞', '셟-[哀] 설-', '엷-[薄] 열/엷-'과 같은 예도 발견된다. 중세 국어형 '닑-[讀]'로 소급하는 어간은 자음 어미와 '-으X' 어미 앞에서 '이르-'가 나타나는데, 이는 전통적인 동남 방언형 '니르/닑-'이 그대로 남아 있는 것일 뿐 '닑-'으로부터 재어휘화한 것이 아니다. 한편, 〈鶴峰宗家〉에서 분명하게 확인되는 어간말 자음군은 'ㄵ, ㄶ, ㄺ, ㄻ, ㅀ, ㅺ(/tk/), ㅼ(/tt/), ㅄ' 등 8개이다. 그중 'ㅺ(/tk/〈/sk/)'은 'ㅅ(/t/)'으로, 'ㅼ(/tt/ 〈/st/)'은 'ㅅ(/t/)'으로 각각 단순화된다. /ㄻ/의 경우 다른 지역 방언형과 동일하게 /ㅁ/으로 단순화된 예만 발견된다. /ㄺ, ㅀ/은 현대 안동 방언에서와 마찬가지로 일반적으로 /ㄹ/로 간소화된다. 다만, '애듧-[憐]'이 '이들-'과 '이듭-으로 서로 다르게 단순화된 경우도 존재한다. 이는 어간말 자음군 /ㅃ/이 이 방언에서 각각 /ㄹ/과 /ㅂ/으로 서로 다른 방향으로 단순화되었으며, 그 예가 공존하고 있음을 보여 주는 것이다.

5.2. 남은 문제

본서는 새로운 연구 방법론을 수립하여 주어진 대상 자료를 최대한 정밀하게 기술하고 해석하였다는 점에서 의의가 있다. 비록 음운사 연구에서 문헌 자료가 갖는 문제점을 완전히 극복하지는 못하였으나, 이는 문헌 자료를 통한 국어사 연구가 안고 있는 근원적인 한계라고 할 수 있다. 그러나 단순히 저자의 능력 부족으로 인하여 본서에서 본격적으로 다루지 못한 문제들도 있다. 그것은 일반성(generality)과 관련된 것으로 다음과 같이 두 가지로 나누어 제시할 수 있다.

첫째, 본서의 논의는 기본적으로 〈鶴峰宗家〉라고 하는 특정 언간 자료에 한정될 뿐 그것을 다른 언간 자료로까지 확대시키지 못하였다. 저자가 〈鶴峰宗家〉만을 주요 연구 대상 자료로 삼은 가장 큰 이유는 자료의 균질성을 보장받기 위함이었다. 그 외 이 언간 자료가 양적으로도 충분히 방대하다는 것도 부차적인 이유가 되었다. 하지만 제2장에서 제안한 연구 방법론과 제3·4장에서 밝힌 언어학적 사실이 일반성을 획득하기 위해서는 다른 언간 자료까지 두루 살펴볼 필요가 있다. 현재 다양한 언간 자료가 지속적으로 발굴되고 있으므로, 이러한 작업은 반드시 필요하고 가치 있는 일이라고 생각한다.

둘째, 본서에서 밝힌 음운사적 사실을 언간 이외의 다른 문헌 자료에서 밝혀진 사실과 적극적으로 비교해 보지 못하였다. 연구 대상이 되는 문헌의 종류에 따라 거기에 반영된 표기와 언어적 사실이 상당한 차이를 보일 수 있다는 것은 주지의 사실이다. 그리하여 저자도 본서의 자료와 시간적·공간적으로 동일 선상에 놓은 다른 문헌 자료를 비교 대상으로 삼기는 하였으나, 본서의 음운사 기술이 여전히 언간 자료를 중심으로 이루어졌다는 것은 분명한 사실이다. 정확한 언어학적 기술은 다양한 자료를 섭렵할 때 비로소 가능하다는 점에서, 앞으로 언간 자료를 대상으로 밝혀낸 언어학적 사실은 간본 자료뿐만 아니라 다른 필사본 자료와의 비교를 통해 반드시 재검증해 볼 필요가 있을 것이다.

참고 문헌

1. 논저

姜信沆(1983), 〈齒音과 한글表記〉, ≪國語學≫ 12, 國語學會, 13~34.

강희숙(2000), 〈전설모음화의 발달과 방언 분화: 전남방언을 중심으로〉, ≪韓國言語文學≫ 44, 韓國言語文學會, 521~542.

강희숙(2010), 〈나주임씨 언간의 구개음화 교정 현상 연구〉, ≪한글≫ 289, 한글학회, 1~28.

慶尙北道史編纂委員會(1983), 〈第2章 村落生活〉, ≪慶尙北道史 下卷≫, 慶尙北道史編纂委員會, 692~755.

慶州文化院(1990), ≪國譯 東京通誌≫, 慶州文化院.

고광모(1992), 〈국어의 음운 변화 syV〉sV에 대하여〉, ≪論文集≫ 13-2, 목포대학, 1~17.

郭忠求(1980), 〈十八世紀 國語의 音韻論的 硏究〉, 서울大學校 碩士學位論文.

郭忠求(1982), 〈牙山地域語의 二重母音 變化와 二重母音化: y系 二重母音과 ə〉wə變化를 中心으로〉, ≪方言≫ 6, 韓國精神文化硏究院, 27~55 [재수록: 정승철·정인호(2010), 93~123].

郭忠求(1989), 〈≪로한ᄌ뎐≫의 韓國語와 그 轉寫에 대하여〉, ≪梨花語文論集≫ 10, 梨花語文學會, 125~155.

郭忠求(1992), 〈近代國語 시기의 方言特徵과 方言分化〉, ≪東洋學≫ 22, 檀國大學校 東洋學硏究所, 297~311.

郭忠求(1991/1994a), ≪咸北 六鎭方言의 音韻論: 20世紀 初 러시아의 Kazan에서 刊行된 文獻資料에 依한≫(國語學叢書 20), 太學社.

郭忠求(1994b), 〈系合 內에서의 單一化에 의한 語幹 再構造化〉, ≪국어학 연구≫(박갑수 선생화갑 기념 논문집), 태학사, 549~586.

곽충구(2000), 〈함북방언의 비자동적 교체 어간과 그 단일화 방향〉, ≪21세기 국어학의 과제≫, 月印, 1123~1166.

郭忠求(2001), 〈口蓋音化 規則의 發生과 그 擴散〉, ≪震檀學報≫ 92, 震檀學會, 237~268.

곽충구(2011), 〈구개음화 규칙의 전파와 어휘 확산: 조선족 육진방언의 경우〉, ≪國語學≫ 61, 國語學會, 3~40.

구본관(1996/1998), ≪15세기 국어 파생법에 대한 연구≫(國語學叢書 30), 太學社.

구본관(2004), 〈중세국어 'Xㅎ-+-이' 부사 형성〉, ≪국어국문학≫ 136, 국어국문학회, 105~134.

權寧徹(1971), 〈閨房歌詞 硏究 (一)〉, ≪硏究論文集≫ 8, 曉星女子大學校, 9~68.

김경순(2013), 〈추사 김정희의 한글 편지 해독과 의미〉, ≪語文硏究≫ 75, 어문연구학회, 5~31.

김덕호(1993), 〈어두 ㅅ 비경음 실현 지역의 지리언어학적 고찰〉, ≪語文論叢≫ 27, 경북어문학회, 69~95.

김덕호(2001), ≪경북방언의 지리언어학≫, 월인.

金敏洙·河東鎬·高永根(1977), ≪歷代韓國文法大系 第1部 第17冊≫, 塔出版社.

金鳳國(2001), 〈江陵·三陟 地域語 '-어/-아'系 어미의 交替와 音韻現象〉, ≪語文硏究≫ 29-2, 韓國語文敎育硏究會, 71~92.

김봉국(2006), 〈개화기 이후 국어의 '위, 외' 음가와 그 변화, ≪李秉根先生退任紀念 國語學論叢≫, 태학사, 155~191[재수록: 정승철·정인호(2010), 329~363].

김봉국(2010), 〈하향이중모음의 연구사〉, ≪이중모음≫(국어연구 집담회 총서 1), 태학사, 33~52.

金奉佐(2004), 〈朝鮮時代 坊刻本 諺簡牘 硏究〉, 韓國精神文化硏究院 韓國學大學院 碩士學位論文(古文獻管理學 專攻).

金星奎(1988), 〈非自動的 交替의 共時的 記述〉, ≪冠嶽語文硏究≫ 13, 서울大學校 國語國文學科, 25~44.

김세환(2006), 〈『精選 日語通編』에 보이는 어미 '-아/어(X)'의 교체에 대하여〉, ≪韓民族語文學≫ 49, 韓民族語文學會, 119~150.

김아름(2008), 〈국어 고모음화 현상 연구〉, 아주대학교 석사학위논문.

김아름(2011), 〈모음조화의 변화 양상 연구: 활용·곡용을 중심으로〉, 서울대학교 석사학위논문.

김영배(1983), 〈Corean Primer의 음운현상〉, ≪한글≫ 179, 한글학회, 29~52.

金英培(1984), ≪平安方言硏究≫, 東國大學校 出版部.

金永泰(1975), ≪慶尙南道方言硏究(Ⅰ)≫, 進明文化社.

김예니·김명주(2014), 〈19세기 후기~20세기 전기 경상 방언을 반영한 문헌어의 음운 현상 연구〉, ≪國語學≫ 71, 國語學會, 93~123.

金完鎭(1963), 〈國語 母音體系의 新考察〉, ≪震檀學報≫ 24, 震檀學會, 475~507[재수록: 金完鎭(1977), 2~44].

金完鎭(1965), 〈韓國語發達史 上: 音韻史〉, ≪韓國文化史大系 Ⅷ≫, 高麗大學校 民族文化研究所, 113~164.

金完鎭(1977), ≪國語音韻體系의 研究≫, 一潮閣.

金完鎭(1978), 〈母音體系와 母音調和에 대한 反省〉, ≪語學研究≫ 14-2, 서울大學校 語學研究所, 127~139[재수록: 김완진(1996), 81~98].

金完鎭(1985), 〈母音調和의 例外에 대한 研究〉, ≪韓國文化≫ 6, 서울大學校 韓國文化研究所, 1~22[재수록: 김완진(1996), 108~134].

김완진(1996), ≪음운과 문자≫, 신구문화사.

김유범(2007), ≪중세국어 문법형태소의 형태론과 음운론≫, 월인.

金一根(1969), 〈'孝宗大王 在瀋陽 諺簡'의 問題點: 主格助詞〈가〉의 最初記錄〉, ≪겨레어문학≫ 5, 겨레어문학회, 19~27.

金一根(1982a), 〈秋史家의 한글 편지들(上)〉, ≪文學思想≫ 114, 文學思想社, 396~416.

金一根(1982b), 〈秋史家의 한글 편지들(下)〉, ≪文學思想≫ 115, 文學思想社, 363~382.

金一根(1998), ≪三訂版 諺簡의 研究: 한글書簡의 研究와 資料集成≫, 건국대학교출판부.

金正和(1994), 〈女子初學과 誡女歌의 比較 研究〉, 慶北大學校 敎育大學院 碩士學位論文.

김주원(1984), 〈18세기 경상도 방언의 음운현상: 몇몇 佛書를 중심으로〉, ≪人文研究≫ 6, 嶺南大學校 人文科學研究所, 31~56.

김주원(1997), 〈구개음화와 과도교정〉, ≪國語學≫ 29, 國語學會, 33~49.

김주원(1998), 〈『十九史略諺解』(嶺營版)의 간행 연대〉, ≪國語學≫ 32, 國語學會, 247~263.

金周弼(1985), 〈口蓋音化에 대한 通時論的 研究〉, 서울대학교 석사학위논문.

金周弼(1993), 〈晉州河氏 墓 出土 한글 筆寫 資料의 表記와 音韻現象〉, ≪震檀學報≫ 75, 震檀學會, 129~148.

金周弼(1994), 〈17・8世紀 國語의 口蓋音化와 關聯 音韻現象에 대한 通時論的 硏究〉, 서울大學校 博士學位論文.

김주필(1996), 〈경상도 방언의 ㅔ와 ㅐ의 合流 過程에 대하여〉, 《李基文敎授 停年退任紀念論叢》, 신구문화사, 116~137[재수록: 김주필(2011c), 262~281].

김주필(1998), 〈음운변화와 표기의 대응관계〉, 《國語學》 32, 國語學會, 49~76 [재수록: 김주필(2011c), 185~212].

김주필(2011a), 〈조선시대 한글 편지의 문어성과 구어성〉, 《한국학논총》 35, 국민대학교 한국학연구소, 223~257.

김주필(2011b), 〈송준길 가 한글편지에 나타나는 구개음화의 양상과 특징: 발신자의 '세대', '성', '수신자와의 관계'를 중심으로〉, 《國語學》 61, 國語學會, 61~92.

김주필(2011c), 《국어의 음운현상과 음운변화 연구》, 역락.

金宅圭(1964), 《同族部落의 生活構造硏究: 班村文化 調査報告》, 靑丘大學出版部.

김한별(2012), 〈순경음 'ㅸ'에 대한 통시적 연구: 'ㅂ' 약화 규칙의 어휘 확산을 중심으로〉, 서강대학교 석사학위논문.

김한별(2013), 〈중세 국어 고정적 상성 어간의 성조 변화: 'ㅣ'(y) 말음 1음절 용언 어간을 중심으로〉, 《國語學》 68, 國語學會, 445~474.

김한별(2014), 〈국어의 음운 변화 'syV>⋯>sV'에 대한 재고찰〉, 《國語學》 72, 國語學會, 323~365.

김한별(2015), 〈언간 자료를 통한 음운사 연구 방법에 대한 시론: 『의성김씨 학봉종가 언간』을 대상으로〉, 《국어사 연구》 21, 국어사학회, 195~238.

김한별(2017a), 〈국어사 자료로서의 『녀즈초혹(女子初學)』 연구〉, 《우리말글》 73, 우리말글학회, 1~73.

김한별(2017b), 〈안동 지역 반촌어의 음운 변화: 후기근대 문헌자료와 현대 음성자료 간의 실재시간 연구〉, 《國語學》 84, 國語學會, 185~238.

김한별(2019), 〈《학봉김션싱힝장(鶴峯金先生行狀)》의 서지와 언어〉, 《언어와 정보사회》 36, 서강대학교 언어정보연구소, 37~81.

南廣祐(1962), 《國語學論文集》, 一宇社.

박경래(1995), 〈19세기 후기 충북 보은 방언의 모음 '외, 위'에 대한 음운론적 신분에 대하여〉, ≪開新語文硏究≫ 12, 開新語文學會, 89~108 [재수록: 정승철·정인호(2010), 175~194].

박부자(2014), 〈언간에 나타난 친족 내에서의 택호 사용에 대한 연구〉, ≪국어사연구≫ 19, 국어사학회, 203~232.

박부자(2018), 〈사회방언자료로서의 언간 연구: 세대 간 언어 차를 중심으로〉, ≪Journal of Korean Culture≫ 43, 한국어문학국제학술포럼, 37~67.

박종덕(2000a), 〈안동 서후 지역어 음운 연구〉, 건국대학교 석사학위논문.

박종덕(2000b), 〈안동지역어의 특이한 음운 변동 현상 연구: 현대 국어 표준어의 음운 변동 현상과의 차이를 중심으로〉, ≪겨레어문학≫ 25, 겨레어문학회, 89~123.

박종덕(2000c), 〈안동 지역어의 홑홀소리 체계에 대한 사회언어학적 연구〉, ≪한말연구≫ 7, 한말연구학회, 173~200.

박종덕(2004), 〈/ㅐ/, /ㅔ/ 생성의 동기적 관련성: 경상도 방언을 대상으로〉, ≪한글≫ 264, 한글학회, 25~65.

박종덕(2011), 〈안동 지역어의 단모음 체계 변화와 언어 외적 변인의 상관성 연구〉, ≪국제어문≫ 52, 국제어문학회, 141~173.

박진호·황선엽·이승희(2001), 〈어말 'C+·ㅣ/ㅢ'에서의 'C+·/ㅡ' 탈락 현상에 대하여〉, ≪형태론≫ 3-2, 형태론, 231~239.

박창원(1986), 〈음운교체와 재어휘화〉, ≪語文論集≫ 2, 慶南大學校 國語敎育學科, 1~31.

박창원(1992), 〈경남방언의 모음변화와 상대적 연대순: 필사본 〈수겡옥낭좌전〉을 중심으로〉, ≪加羅文化≫ 9, 慶南大學校 加羅文化硏究所, 43~76.

박창원(1997), 〈동남 방언의 모음체계(Ⅰ): 모음사에서의 상대적 위치를 중심으로〉, ≪애산학보≫ 20, 애산학회, 37~65.

배영환(2011), ≪'ㅎ'-말음 어간의 재구조화≫, 지식산업사.

배영환(2015), 〈언간 자료에 나타난 'ㅿ, ㅸ'의 변화형 연구〉, ≪방언학≫ 22, 한국방언학회, 171~201.

배영환(2017), 〈조선시대 언간 자료의 어휘적 특징: 언간 자료에 나타나는 특징적인 어휘를 중심으로〉, ≪영주어문≫ 35, 영주어문학회, 65~96.

白斗鉉(1988), 〈'ㆍ 오 으 우'의 대립관계와 圓脣母音化〉, ≪國語學≫ 17, 國語學

會, 177~202.

白斗鉉(1990/1992), ≪嶺南 文獻語의 音韻史 硏究≫(國語學叢書 19), 太學社.

백두현(1997a), 〈晋州 河氏墓 出土〈玄風 郭氏 諺簡〉判讀文〉, ≪語文論叢≫ 31, 경북어문학회, 19~88.

백두현(1997b), 〈19세기 국어의 音韻史的 고찰: 母音論〉, ≪韓國文化≫ 20, 서울 大學校 韓國文化硏究所, 1~47.

백두현(1998a), 〈『國漢會語』의 음운 현상과 慶尙方言〉, ≪방언학과 국어학: 청암 김영태 박사 화갑기념논문집≫, 태학사, 693~712.

백두현(1998b), 〈19세기 한글 문헌에 대한 고찰〉, ≪睡蓮語文論集≫ 24, 釜山女子大學 國語敎育科 睡蓮語文學會, 59~84.

백두현(2000a), 〈〈현풍 곽씨 인간〉의 音韻史的 연구〉, ≪국어사 연구≫ 1, 국어사학회, 97~130.

백두현(2000b), 〈≪十九史略諺解≫ 諸 版本의 계통 연구〉, ≪國語學≫ 36, 國語學會, 3~38.

백두현(2001), 〈『음식디미방』[閨壺是議方]의 내용과 구성에 대한 연구〉, ≪嶺南學≫ 1, 경북대학교 영남문화연구원, 249~280.

백두현(2002a), 〈『현풍 곽씨 언간』의 종합적 고찰〉, ≪語文論叢≫ 36, 경북어문학회, 1~29.

백두현(2002b), 〈新資料『十九史略諺解』第二之二 연구〉, ≪국어사 자료 연구≫ 3, 국어사학회, 87~123.

백두현(2003), ≪현풍곽씨언간 주해: 아이들에게 한글을 가르쳐 주십시오≫, 태학사.

백두현(2004a), 〈『음식디미방』의 표기법과 자음변화 고찰〉, ≪국어사 연구≫ 4, 국어사학회, 95~121.

백두현(2004b), 〈조선 시대 여성의 문자 생활 연구: 조선왕조실록 및 한글 필사본을 중심으로〉, ≪震檀學報≫ 97, 震檀學會, 139~187.

백두현(2005a), 〈조선시대 여성의 문자생활 연구: 한글 편지와 한글 고문서를 중심으로〉, ≪어문론총≫ 42, 한국문학언어학회, 39~85.

백두현(2005b), 〈진행 중인 음운변화의 출현 빈도와 음운사적 의미: 17세기 후기 자료『음식디미방』의 자음변화를 중심으로〉, ≪語文學≫ 90, 韓國語文學會, 45~72.

백두현(2011), 〈19세기 초기 전라 방언 자료『수운정비회유록』(睡雲亭悲懷遺錄) 연구〉, ≪한국문화≫ 53, 서울대학교 규장각한국학연구원, 65~96.
백두현・송지혜(2012), 〈19세기 초기 安東府의『陞付吏案 酒方文』연구, ≪嶺南學≫ 22, 경북대학교 영남문화연구원, 211~242.
백두현・이미향(2010), 〈필사본 한글 음식조리서에 나타난 오기(誤記)의 유형과 발생 원인〉, ≪語文學≫ 107, 韓國語文學會, 25~63.
徐輔月(1982), 〈동남방언의 모음체계에 대하여〉, ≪文學과 言語≫ 3, 文學과 言語研究會, 3~24.
徐輔月(1984), 〈安東地域語의 音韻論的 研究: 母音現象을 中心으로〉, ≪安東文化≫ 5, 安東大學 安東文化研究所, 21~43.
서보월(1997a), 〈안동방언의 음운과 문법〉, ≪솔뫼어문논총≫ 9, 안동대학교 어학연구소, 485~517.
서보월(1997b), 〈안동방언의 특징은 어디에 있는가〉, ≪안동문화의 수수께끼≫, 지식산업사, 211~248.
서보월(2003), 〈안동지역의 친족어 연구〉, ≪안동학연구≫ 2, 안동대학교 안동문화연구소, 141~179.
徐在克(1962), 〈慶北 方言 研究: 文獻上에 나타난 資料를 中心하여〉, ≪語文學≫ 8, 韓國語文學會, 70~90.
徐在克(1969), 〈慶州方言의 副詞形 -a와 鄕札 "-良"〉, ≪語文學≫ 2, 韓國語文學會, 87~99.
서재극 외(1991), 〈옹천(瓮泉) 지역어의 연구〉, ≪韓國學論集≫ 18, 啓明大學校 韓國學研究所, 83~175.
成百仁(1970), 〈三田渡碑 滿洲文〉, ≪東亞文化≫ 9, 서울大學校 東亞文化研究所, 117~148.
成炳禧(1986), 〈內簡文學研究〉, 曉星女子大學校 博士學位論文.
세종대왕기념사업회(2006), ≪역주 금강경삼가해 제3≫, 세종대왕기념사업회.
세종대왕기념사업회(2009), ≪역주 목우자수심결언해・사법어언해≫, 세종대왕기념사업회.
蘇信愛(2002), 〈延邊 琿春地域 朝鮮語의 進行中인 音變化 研究: ㅁ蓋音化 현상을 중심으로〉, ≪韓國語研究≫ 39, 서강대학교 석사학위논문.
소신애(2004), 〈/ㅅ, ㅈ, ㅊ/의 음가(音價)와 구개모음화(ㅁ蓋母音化): 연변(延邊) 훈춘(琿春) 지역(地域) 조선어를 중심으로〉, ≪국어국문학≫ 137,

국어국문학회, 269~299.
소신애(2006/2009), ≪음운론적 변이와 변화의 상관성: 함북 육진 방언을 중심으로≫(國語學叢書 64), 太學社.
蘇信愛(2009), 〈音聲的 요인에 기반한 通時的 音韻 變化의 發生 層位: 鼻母音化 및 鼻音性 消去를 중심으로〉, ≪語文研究≫ 37-3, 韓國語文敎育研究會, 169~193.
蘇信愛(2014), 〈語頭 nV의 yV로의 變化에 대하여〉, ≪語文研究≫ 42-1, 韓國語文敎育研究會, 93~120.
소신애(2015), 〈체언 어간말 'ᄋ〉오' 변화에 대하여: 중부 방언을 중심으로〉, ≪國語學≫ 74, 國語學會, 175~206.
宋基中(1993), 〈蒙學書〉, ≪國語史 資料와 國語學의 研究≫, 文學과知性社, 271~296.
宋敏(1975), 〈十八世紀前期 韓國語의 母音體系〉, ≪論文集≫ 6, 聖心女子大學校, 3~24.
宋敏(1985/1986), ≪前期近代國語 音韻論 研究: 특히 口蓋音化와 ·音을 中心으로≫(國語學叢書 8), 塔出版社.
宋志香(1983), ≪安東鄕土誌 下≫, 戴星文化社.
宋喆儀(1993), 〈준말에 대한 形態·音韻論的 考察〉, ≪東洋學≫ 23, 檀國大學校 東洋學研究所, 25~49.
宋喆儀(2000), 〈用言 '있다'의 通時的 發達에 대하여〉, ≪朝鮮語研究≫ 1, 朝鮮語研究會, 207~237[재수록: 송철의(2008), 407~447].
송철의(2008), ≪한국어 형태음운론적 연구≫, 태학사.
신성철(2010a), 〈『東國新續三綱行實圖』의 국어사적 고찰〉, ≪語文學≫ 107, 韓國語文學會, 65~90.
신성철(2010b), 〈『東國新續三綱行實圖』와 방언〉, ≪새국어교육≫ 85, 한국국어교육학회, 495~517.
신성철(2013), 〈『東國新續三綱行實圖』의 표기와 음운〉, ≪국어사 연구≫ 17, 국어사학회, 39~67.
신성철(2014), 〈발신자의 사회적 성격에 따른 19세기 한글 편지의 표기와 음운〉, ≪語文論集≫ 57, 중앙어문학회, 107~135.
신성철(2017), 〈조선시대 언간 자료의 음운론적 특징〉, ≪영주어문≫ 35, 영주어문학회, 5~35.
신승용(2001/2003), ≪음운 변화의 원인과 과정≫(國語學叢書 43), 태학사.
신승용(2004), 〈'ㅓ'[ㅖ] 원순모음화 현상 연구: 경북방언을 대상으로〉, ≪國語學≫ 44, 國語學會, 63~88.
신승용(2006), 〈치음 /ㅅ/, /ㅈ/의 조음위치 이동 원인과 변화 과정〉, ≪국제어문≫ 36, 국제어문학회, 117~144.
신승용(2013), 〈신성철, "〈東國新續三綱行實圖〉의 표기와 음운"에 대한 토론〉, ≪2013년 국어사학회·국립국어원 공동학술대회: 〈동국신속삼강행실도〉의 현대적 이해와 국어음운사≫ 발표자료집, 국어사학회·국립국어원, 83~85.
신승원(2000), ≪의성지역어의 음운론적 분화 연구≫, 홍익출판사.
심경호(2006), ≪간찰, 선비의 마음을 읽다≫, 한얼미디어.
安貴男(1996), 〈諺簡의 敬語法 硏究: 16-20세기 諺簡 資料를 對象으로〉, 慶北大學校 博士學位論文.
안귀남(1999a), 〈固城李氏 李應台墓 出土 편지〉, ≪문헌과 해석≫ 6, 문헌과해석사, 40~46.
안귀남(1999b), 〈이응태 부인이 쓴 언간의 국어학적 의의〉, ≪인문과학연구≫ 1, 안동대학교 인문과학연구소, 213~239.
안대현(2007), 〈한국어 ㅈ구개음화의 발생 시기와 발생 지역: 15세기와 16세기의 한글 문헌을 중심으로〉, ≪口訣硏究≫ 18, 口訣學會, 317~357.
安東市史編纂委員會(1999a), ≪安東市史 三(安東의 民俗과 文化)≫, 安東市史編纂委員會.
安東市史編纂委員會(1999b), ≪安東市史 五(安東의 人物)≫, 安東市史編纂委員會.
安秉禧(1957), 〈重刊杜詩諺解에 나타난 tㅁ蓋音化에 對하여〉, ≪一石 李熙昇 先生 頌壽 紀念 論叢≫, 一潮閣, 329~341.
安秉禧(1959), 〈十五世紀國語의 活用語幹에 對한 形態論的 硏究〉, 서울대학교 석사학위논문.
安秉禧(1972), 〈壬辰亂直前 國語史資料에 관한 二三 問題에 대하여〉, ≪震檀學報≫ 33, 震檀學會, 81~102.
安秉禧(1984), 〈解題〉, ≪新增類合≫(東洋學叢書 2), 再版, 檀國大學校附設 東洋學硏究所, 215~236.

安秉禧(1985), 〈別行錄節要諺解에 대하여〉, ≪覓南金一根博士華甲紀念 語文學論叢≫, 信興印刷株式會社, 887~901.

안주현(2018), 〈언간을 활용한 'ㆍ' 비음운화의 계량적 연구 방법론〉, ≪국어사 연구≫ 27, 국어사학회, 109~144.

語文學研究會(1965), ≪國語學槪論(講座)≫, 首都出版社.

오종갑(1998), 〈'ㅔ, ㅐ'의 변화와 관련된 영남방언의 특성과 그 전개〉, ≪방언학과 국어학: 청암 김영태 박사 화갑기념논문집≫, 태학사, 563~591.

오종갑(1984), 〈모음조화의 재검토: 어간과 접미사의 조화를 중심으로〉, ≪牧泉俞昌均博士 還甲紀念論文集≫, 啓明大學校出版部, 393~427.

오종갑(2007), 〈부사형어미 '아X'의 음운론적 변화와 영남방언의 위상〉, ≪語文學≫ 95, 韓國語文學會, 133~202.

유경민(2013), 〈『東國新續三綱行實圖』의 언해문의 방언 반사론에 대한 재검토〉, ≪語文學≫ 121, 韓國語文學會, 27~52.

유소연(2018), 〈'어→으' 고모음화의 발생에 대하여: ≪송병필가 언간≫과 ≪여소학언해≫를 중심으로〉, ≪國語學≫ 85, 國語學會, 333~367.

유소연(2020), 〈'어→으' 고모음화 현상과 '오→우' 고모음화 현상의 차이에 대하여: 중부 방언을 반영한 자료를 중심으로〉, ≪국어사 연구≫ 30, 국어사학회, 41~69.

劉昌惇(1964), ≪李朝 國語史 研究≫, 宣明文化史.

劉昌惇(1973), ≪語彙史 研究≫, 宣明文化社.

윤희선(2017), 〈19세기 전기 언간의 구개음화 연구: 발신자의 세대, 연령, 성, 수신자와의 관계를 중심으로〉, 국민대학교 박사학위논문.

윤희선(2018), 〈19세기 언간에서의 구개음화 확산 양상과 구개음화 확산에 영향을 미치는 요인〉, ≪語文學論叢≫ 37, 국민대학교 어문학연구소, 41~66.

義城文化院(1994), ≪義城誌集錄≫(鄕土史料 3), 義城文化院.

이근규(1985), 〈국어 모음조화의 규칙 설정〉, ≪인문학연구≫ 12-2, 충남대학교 인문과학연구소, 51~86.

이기갑(1986), ≪전라남도의 언어지리≫(國語學叢書 11), 塔出版社.

이기갑(2003), ≪국어 방언 문법≫, 태학사.

李基文(1961), ≪國語史槪說≫, 民衆書館.

李基文(1963), ≪國語表記法의 歷史的 研究≫(韓國研究叢書 18), 社團法人 韓國研究員.
李基文(1972), ≪國語史概說≫, 改訂版, 塔出版社.
李基文(1972/1977), ≪國語音韻史研究≫(國語學叢書 3), 塔出版社.
李基文(1979), 〈中世國語 母音論의 現象과 課題〉, ≪東洋學≫ 9, 檀國大學校 東洋學研究所, 23~36.
李基文(1998), ≪新訂版 國語史概說≫, 태학사.
李敦柱(1971), 〈全南方言에 대한 考察: 特히 島嶼地方의 方言研究를 위하여〉, ≪語文學論集≫ 5, 全南大學校 國語國文學會, 133~184.
이동석(2005), ≪국어 음운 현상의 공시성과 통시성≫, 한국문화사.
李東華(1984), 〈安東地域語의 音韻同化와 削除〉, 嶺南大學校 碩士學位論文.
이동화(1992), 〈경북 반촌어의 음운론적 특징: 경주군 강동면 양동을 중심으로〉, ≪語文學≫ 53, 韓國語文學會, 257~275.
이래호(2015), 〈조선시대 언간 자료의 현황 및 특성과 가치〉, ≪국어사 연구≫ 20, 국어사학회, 65~126.
이래호(2017), 〈조선시대 언간 자료의 문법적 특징〉, ≪영주어문≫ 35, 영주어문학회, 37~64.
이래호(2019), 〈〈송규렴가 언간〉에 나타나는 남녀 간 언어 차이〉, ≪語文論集≫ 79, 中央語文學會, 7~37.
李明奎(1974), 〈口蓋音化에 對한 文獻的 考察〉, 서울大學校 博士學位論文.
李明奎(1982), 〈近代國語의 音韻現象에 관한 研究〉, ≪人文論叢≫ 3, 漢陽大學校 人文科學大學, 51~77.
李秉根(1970a), 〈京畿地域語의 母音體系와 非圓脣母音化〉, ≪東亞文化≫ 9, 서울大學校 東亞文化研究所, 151~167.
李秉根(1970b), 〈19世紀 後期 國語의 母音體系〉, ≪學術院論文集: 人文・社會科學篇≫ 9, 大韓民國 學術院, 375~390.
李秉根(1973), 〈東海岸方言의 二重母音에 대하여〉, ≪震檀學報≫ 36, 震檀學會, 133~147.
李秉根(1976), 〈19세기 國語의 母音體系와 母音調和〉, ≪국어국문학≫ 72・73, 국어국문학회, 1~14.
李秉根(1996), 〈16・17세기 諺簡의 表記에 대한 音韻論的 理解〉, ≪정신문화연

구≫ 19-3, 한국정신문화연구원, 3~27.
李秉根・朴昌遠(1998), ≪音韻(Ⅱ)≫(國語學講座 5), 太學社.
李秉根・田光鉉・崔明玉・洪允杓(1988), ≪李崇寧國語學選集 1: 音韻篇 Ⅰ≫, 民音社.
이병기(2013), 〈추사가 한글 편지의 국어학적 고찰〉, ≪國語學≫ 66, 國語學會, 197~231.
李炳銑(1971), 〈慶南方言에서의 母音調和 現象〉, ≪국어국문학≫ 54, 국어국문학회, 57~80.
이상규(1989), 〈서북경북 방언의 통시음운 연구〉, 경북대학교 박사학위논문.
이상규(2004), ≪국어방언학≫, 학연사.
이상규(2011), ≪한글 고문서 연구≫, 경진.
이상신(1998), 〈VyV 연쇄에 대한 통시론적 연구〉, 서울대학교 석사학위논문.
李崇寧(1940), 〈'ㆍ'音攷〉, ≪震檀學報≫ 12, 震檀學會, 395~500[재수록: 李秉根 외(1988), 43~123].
李崇寧(1954a), 〈15世紀의 母音體系와 二重母音의 Kontraktion的 發達에 대하여〉, ≪東方學志≫ 1, 延世大學校 東方學硏究所, 331~432[재수록: 李秉根 외(1988), 275~362].
李崇寧(1954b), ≪國語音韻論硏究 第一集「ㆍ」音攷≫(韓國文化叢書 7), 修正補修版, 乙酉文化社[재수록: 李秉根 외(1988), 363~564].
李崇寧(1961), ≪中世國語文法: 15世紀語를 主로 하여≫, 乙酉文化社.
李崇寧(1986), ≪中世國語文法: 15世紀語를 主로 하여(改訂增補版)≫(大學叢書 Ⅰ), 7版, 乙酉文化社.
이승희(2000), 〈奎章閣 所藏本 '純元王后 한글 편지'의 고찰〉, ≪奎章閣≫ 23, 서울대학교 규장각한국학연구원, 113~140.
이승희(2005), 〈조선시대 한글편지에 나타난 친족 간의 청자높임법 사용 양상〉, ≪국어국문학≫ 140, 국어국문학회, 253~276.
이승희(2008), 〈'純元王后 한글 편지'의 資料的 性格에 대한 一考察〉, ≪한국문화≫ 44, 서울대학교 규장각한국학연구원, 31~47.
이승희(2018), 〈19세기『학봉종가 한글편지』에 나타난 질병 관련 어휘에 관한 고찰〉, ≪한국문화≫ 82, 서울대학교 규장각 한국학연구원, 113~140.
李時䨿(1991), 〈활음화 현상에 대하여: 경북 안동, 월성 지역어의 비교〉, ≪嶺南

語文學≫ 19, 嶺南語文學會, 217~237.
이은주(1995), 〈〈淸州 北一面 順天 金氏墓 出土 簡札〉의 연구〉, 숙명여자대학교 석사학위논문.
이익섭(2006), ≪방언학≫, 개정증보판, 민음사.
이재림(2016), 〈〈김성일 종가 한글편지〉의 표기와 음운현상 연구: 발신자별 특성을 중심으로〉, 국민대학교 석사학위논문.
李在五(1971), 〈慶北安東 方言의 音韻體系: 特히 韻素體系를 중심으로〉, 高麗大學校 碩士學位論文.
이종덕(2005), 〈17세기 왕실언간의 국어학적 연구〉, 서울시립대학교 박사학위논문.
이종덕·이승희·이병기·김한별(2019), ≪역주 의성김씨 학봉 종가 언간≫, 한국학중앙연구원 출판부.
이준환(2007a), 〈舌音系 漢字音의 口蓋音化: 諺簡 漢字音을 중심으로〉, ≪한국어학≫ 34, 한국어학회, 301~335.
이준환(2007b), 〈고유어와 한자어 구개음화의 상관성〉, ≪國語學≫ 49, 國語學會, 33~68.
이진호(1997), 〈국어 어간말 자음군과 관련 현상에 대한 통시음운론〉, 서울대학교 석사학위논문.
이진호(2008), ≪통시적 음운 변화의 공시적 기술≫, 삼경문화사.
이진호 역(2009), ≪한국어 방언 연구≫, 전남대학교출판부.
이진호 역(2010), ≪한국 한자음의 연구≫, 역락.
이진호 역(2011a), ≪한국 한자음 연구: 본문편≫, 역락.
이진호 역(2011b), ≪한국 한자음 연구: 자료편≫, 역락.
이진호 역(2012), ≪한국어 방언학 시론: 'ᄀ시개(鋏)' 고찰≫, 전남대학교출판부.
李賢熙(1984), 〈'ᄒᆞ다' 動詞의 性格에 대하여: 누러ᄒᆞ다類와 엇더ᄒᆞ다類를 중심으로〉, ≪한신논문집≫ 2, 한신대학출판부, 221~245.
李賢熙(1991), 〈中世國語 合成語와 音韻論的인 情報〉, ≪石靜 李承旭先生 回甲紀念論叢≫, 元一社, 315~333.
李賢熙(1994), 〈19세기 국어의 문법사적 고찰〉, ≪韓國文化≫ 15, 서울大學校 韓國文化硏究所, 57~81.
李賢熙(2007), 〈19세기 초기부터 20세기 초기까지의 한국어는 어떤 모습이었나:

주로 문법사적 기술을 중심으로〉, ≪우리말글≫ 41, 우리말글학회, 1~40.
李熙昇(1955), ≪國語學槪說≫, 民衆書館.
林錫圭(2007), 〈慶北北部地域語의 音韻論的 硏究〉, 서울大學校 博士學位論文.
任洪彬(1996), 〈필사본 한글 간찰의 해독과 문장 분절: 순천 김씨와 창원 황씨 간찰을 중심으로〉, ≪정신문화연구≫ 19-3, 한국정신문화연구원, 29~56.
장영길(1999), 〈'이응태공 부인의 언간'에 대한 음운사적 고찰〉, ≪東岳語文論集≫ 35, 東岳語文學會, 51~68.
장향실(2000), 〈近代 國語 母音에 관한 硏究: 司譯院 譯學書를 중심으로〉, 고려대학교 박사학위논문.
전경목(2013), 〈조선 후기 지방 명문 출신의 관리와 경아전의 관계망〉, ≪藏書閣≫ 30, 한국학중앙연구원, 342~373.
田光鉉(1967), 〈十七世紀國語의 硏究: 特히 表記, 音韻, 形態의 問題点에 對하여〉, 서울대학교 석사학위논문.
田光鉉(1971), 〈18世紀 後期 國語의 一考察: 綸音諺解를 中心으로〉, ≪論文集≫ 13, 全北大學校, 39~70.
田光鉉(1978), 〈18世紀 前期 國語의 一考察:「五倫全備諺解」를 中心으로〉, ≪어학≫ 5, 全北大學校 語學硏究所, 15~24.
전미정(1991), 〈19세기 國語의 音韻論的 硏究〉, ≪한국어연구≫ 48(경북대학교 석사학위논문).
정선용 역(2010), ≪향산집 1≫, 한국고전번역원
정승철(2011), 〈'方言'의 개념사〉, ≪방언학≫ 12, 한국방언학회, 61~84.
정승철·정인호(2010), ≪이중모음≫(국어연구 집담회 총서 1), 태학사.
鄭丞惠(2012), 〈朝鮮通事가 남긴 對馬島의 한글편지에 대하여〉, ≪어문논집≫ 65, 민족어문학회, 219~250.
鄭然粲(1981), 〈近代國語 音韻論의 몇 가지 問題〉, ≪東洋學≫ 11, 檀國大學校 東洋學硏究所, 1~34.
정영호(2006), 〈ㅎ말음의 변화와 어간 재구조화〉, ≪韓民族語文學≫ 49, 韓民族語文學會, 35~64.
정영호(2008), 〈19세기 경상방언의 모음상승 현상 고찰〉, ≪한국어학≫ 38, 한국어학회, 371~399.

鄭寅承(1937), 〈"ㅣ"의 逆行同化 問題: 그 原理와 處理方法〉, ≪한글≫ 5-1, 한글학회, 1~7.

鄭海恩(1994), 〈朝鮮後期 武科硏究〉, 韓國精神文化硏究院 韓國學大學院 碩士學位論文(歷史 專攻).

鄭海恩(2002), 〈朝鮮後期 武科及第者 硏究〉, 韓國精神文化硏究院 韓國學大學院 博士學位論文(歷史 專攻).

趙信愛(1985), 〈安東地域語의 音韻論的 硏究〉, 啓明大學校 碩士學位論文.

조용림・백낙천(2013), 〈언간의 연구사적 검토〉, ≪국제언어문학≫ 28, 국제언어문학회, 155~175.

조정아(2014), 〈≪의성김씨 학봉 김성일가 언간≫에 나타난 복식명 연구〉, ≪藏書閣≫ 32, 한국학중앙연구원, 136~166.

曺禎我(2016), 〈언간 자료에 나타나는 생활 물명의 어휘사적 연구〉, 韓國學中央硏究院 韓國學大學院 博士學位論文.

趙婷化(1986), 〈朝鮮朝의 嶺南觀察營本에 관한 書誌的 硏究〉, 成均館大學校 碩士學位論文(圖書館學科).

조창규(1996), 〈18세기 중엽 이후 전남 방언의 모음 상승과 모음 중화〉, ≪국어국문학≫ 116, 국어국문학회, 81~108.

조항범(1998), ≪註解 순천김씨묘출토간찰≫, 태학사.

千時權(1965), 〈慶北地方의 方言區劃〉, ≪語文學≫ 13, 韓國語文學會, 1~12.

崔明玉(1980), ≪慶北東海岸 方言硏究≫(民族文化叢書 4), 嶺南大學校 民族文化硏究所.

崔明玉(1982), ≪月城地域語의 音韻論≫, 嶺南大學校 出版部.

崔明玉(1985a), 〈존 로스의 Corean Primer「한국어초보」와 평북 의주 지역어〉, ≪素堂 千時權博士 華甲紀念 國語學論叢≫, 螢雪出版社, 703~724.

崔明玉(1985b), 〈19世紀 後期 西北方言의 音韻論: 平北 義州地域語를 중심으로〉, ≪人文硏究≫ 7-4, 嶺南大學校 人文科學硏究所, 713~746.

崔明玉(1985c), 〈變則動詞의 音韻現象에 대하여: p-, s-, t-變則動詞를 中心으로〉, ≪國語學≫ 14, 國語學會, 149~188.

崔明玉(1986), 〈19世紀 後期 西北 方言의 母音 體系: 平北 義州地域語를 중심으로〉, ≪國語學新硏究: 若泉金敏洙敎授華甲紀念≫, 塔出版社, 749~

763.

崔明玉(1987), 〈平北 義州地域語의 通時音韻論: 母音體系의 再構와 變化를 중심으로〉, ≪語學硏究≫ 23-1, 서울大學校 語學硏究所, 65~90.

崔明玉(1988a), 〈變則動詞의 音韻現象에 대하여: li-, lə-, ɛ(jə)-, h-變則動詞를 중심으로〉, ≪語學硏究≫ 24-1, 서울大學校 語學硏究所, 41~68.

崔明玉(1988b), 〈國語 UMLAUT의 硏究史的 檢討: 共時性과 通時性의 問題를 中心으로〉, ≪震檀學報≫ 65, 震檀學會, 63~80.

崔明玉(1989), 〈國語 움라우트의 硏究史的 考察〉, ≪周時經學報≫ 3, 周時經硏究所, 7~39[재수록: 李秉根・朴昌遠(1998), 81~123].

崔明玉(1992a), 〈慶尙北道의 方言地理學: 副詞形語尾 '-어X'의 母音調和를 중심으로〉, ≪震檀學報≫ 73, 震檀學會, 139~163[재수록: 崔明玉(1998), 335~372].

崔明玉(1992b), 〈19世紀 後期國語의 硏究: 〈母音音韻論〉을 중심으로〉, ≪韓國文化≫ 13, 서울大學校 韓國文化硏究所, 55~90.

최명옥(1992c), 〈慶尙南北道間의 方言分化 硏究〉, ≪애산학보≫ 13, 애산학회, 53~103.

崔明玉(1994a), 〈慶尙道의 方言區劃試論〉, ≪우리말의 연구: 외골 권재선박사화갑기념≫, 861~892[재수록: 崔明玉(1998), 373~417].

崔明玉(1994b), 〈19世紀 後期 國語의 子音音韻論〉, ≪震檀學報≫ 78, 震檀學會, 343~375.

崔明玉(1995), 〈'X ㅣIV_{st} 어Y'의 音韻論〉, ≪震檀學報≫ 79, 震檀學會, 167~190.

崔明玉(1998), ≪한국어 方言硏究의 실제≫, 태학사.

崔秀貞(1970), 〈慶北 安東 地域語에 나타난 音韻配合: 特히 子音 配合을 中心으로〉, ≪韓國語文學硏究≫ 10, 梨花女子大學校 國語國文學會, 118~152.

최원진 역(2013), ≪금역당집 2≫(한국고전번역원 한국문집번역총서 62), 한국국학진흥원.

崔林植(1984), 〈19世紀 後期 西北方言의 母音体系〉, 계명대학교 석사학위논문.

崔銓承(1978), 〈形態論的으로 制約된 音聲變化에 대하여〉, ≪也泉金敎善先生停年紀念論叢≫, 螢雪出版社, 367~386.

崔銓承(1982), 〈비어두음절 모음의 方言的 分化(u~i)와 接尾辭 i의 기능〉, ≪백영

정병욱선생 환갑기념논총≫, 신구문화사, 154~175[재수록: 최전승(1995), 295~321].

崔銓承(1985), 〈19세기 후기 全羅方言의 母音體系: 完板本古小說계열과 申在孝의 「판소리사설」을 중심으로〉, ≪國語文學≫ 25, 전북대학교 국어국문학회, 655~680.

崔銓承(1986), ≪19세기 후기 全羅方言의 음운현상과 그 역사성≫, 한신문화사.

최전승(1989), 〈국어 i-umlaut 현상의 기원과 전파의 방향〉, ≪韓國言語文學≫ 27, 韓國言語文學會, 27~61[재수록: 최전승(1995), 203~243].

최전승(1995), ≪한국어方言史연구≫, 태학사.

최전승(1997), 〈『춘향전』 異本들의 地域性과 방언적 특질: 김병옥의 『츈향뎐』(1898)을 중심으로〉, ≪梧堂趙恒瑾先生 華甲紀念論叢≫, 보고사, 381~434[재수록: 최전승(2004), 567~621].

최전승(1998), 〈용언 활용의 비생성적 성격과 부사형어미: '-아/어'의 교체 현상〉, ≪國語文學≫ 33, 국어문학회, 115~162[재수록: 최전승(2004), 195~242].

최전승(2002), 〈19세기 후기 전라방언의 특질 몇 가지에 대한 대조적 고찰: 중간본 ≪여사서 언해≫를 중심으로〉, ≪韓民族語文學≫ 41, 韓民族語文學會, 27~81[재수록: 최전승(2004), 511~565].

최전승(2004), ≪한국어 방언의 공시적 구조와 통시적 변화≫, 역락.

최전승(2007), 〈19세기 후기 국어에서 의존명사로의 문법화 과정과 역사적 연속성〉, ≪國語文學≫ 43, 全北大學校 國語國文學會, 55~115[재수록: 최전승(2009b), 67~124].

최전승(2009a), 〈19세기 후기 국어방언에서 진행 중인 음성변화와 과도교정(hypercorrection)의 개입에 대한 일 고찰〉, ≪國語文學≫ 46, 全北大學校 國語國文學會, 323~385[재수록: 최전승(2009b), 125~193].

최전승(2009b), ≪국어사와 국어방언사의 만남≫(전북대학교 교과교육연구총서 1), 역락.

최전승(2011), 〈국어 방언사에서 성문 마찰음 'ㅎ'의 개입과 언어변화의 보상적 기능에 대한 일 고찰〉, ≪교과 교육 연구≫ 5, 전북대학교 교과 교육 연구소, 327~407[재수록: 최전승(2014), 311~393].

최전승(2012), 〈19세기 전기 경북 사회방언 발달 과정에서 개별성과 보편성에 대한 일고찰: 『의성김씨 김성일파 종택 한글간찰』을 중심으로〉, ≪교과 교육 연구≫ 6, 전북대학교 교과 교육 연구소, 277~375[재수록: 최전승(2014), 19~121].

최전승(2014), ≪한국어 방언사 탐색≫(전북대학교 교과교육연구총서 8), 역락.

최전승(2020), 〈국어사 한글 자료에 반영된 언어 현상과 언어 변화의 해석에 대한 몇 가지 대안적 고찰: 주로 음운사의 측면에서〉, ≪근대국어 방언사 탐구≫, 역락, 557~644.

최현배(1929), ≪우리말본 첫재매≫, 延禧專門大學校出版部[영인: 金敏洙·河東鎬·高永根(1977)].

최현배(1940), ≪한글갈(正音學)≫, 정음사.

韓國方言學會(1974), ≪國語方言學≫, 螢雪出版社.

韓國精神文化硏究院(1994), ≪古文書集成 十五: 河回 豊山柳氏篇(Ⅰ)≫, 韓國精神文化硏究院.

한국학중앙연구원(2009a), ≪의성김씨 김성일파 종택 한글 간찰≫(조선 후기 한글 간찰(언간)의 역주 연구 6), 태학사.

한국학중앙연구원(2009b), ≪의성김씨 천전파·초계정씨 한글 간찰≫(조선 후기 한글 간찰(언간)의 역주 연구 10), 태학사.

한국학중앙연구원(2009c), ≪의성김씨 김성일파 종택·전주이씨 덕천군파 종택 한글 간찰≫(조선 후기 한글 간찰(언간) 영인본 3), 태학사.

韓相祐(2009), 〈朝鮮後期 義城金氏 川前派의 通婚圈: 屛虎是非와 關聯하여〉, 成均館大學校 碩士學位論文(동아시아학과).

韓榮均(1980), 〈完州地域語의 움라우트 現象〉, ≪冠嶽語文硏究≫ 5, 서울大學校 國語國文學科, 211~232.

한영균(1985), 〈음운변화와 어휘부의 재구조화: 순경음 'ㅸ'의 경우〉, ≪冠嶽語文硏究≫ 10, 서울大學校 國語國文學科, 375~402.

한영균(1994), 〈후기 중세 국어의 모음조화 연구〉, 서울大學校 博士學位論文.

허벽·장성덕 역(2013), ≪향산집 5≫, 한국고전번역원.

許雄(1952), 〈「에 애 외 이」의 音價〉, ≪國語國文學≫ 1, 國語國文學會, 5~8.

許雄(1957), ≪國語音韻論≫, 正音社.

許雄(1964), 齒音攷, ≪국어국문학≫ 27, 국어국문학회, 45~54.

허웅(1965), ≪國語音韻學≫, 改正新版, 正音社.

허웅(1985), ≪국어 음운학: 우리말 소리의 오늘·어제≫, 샘문화사.

허재영(2005a), 〈한글 편지에 쓰인 어휘 변천에 대한 연구〉, ≪한글≫ 268, 한글학회, 87~121.

허재영(2005b), 〈한글 간찰[언간(諺簡)]에 대한 기초 연구: 연구의 흐름과 간찰 양식의 변화를 중심으로〉, ≪사회언어학≫ 13-2, 한국사회언어학회, 257~277.

허재영(2006), 〈조선 시대 여자 교육서와 문자 생활〉, ≪한글≫ 272, 한글학회, 197~219.

洪允杓(1986a), 〈近代國語의 表記法 研究〉, ≪民族文化研究≫ 19, 高麗大學校 民族文化研究所, 113~140.

洪允杓(1986b), 〈最初의 國語辭典 「國漢會語」에 대하여〉, ≪白旻全在昊博士華甲紀念 國語學論叢≫, 형설출판사, 633~656.

洪允杓(1987), 〈近代國語의 語幹末子音群 表記에 대하여〉, ≪國語學≫ 16, 國語學會, 91~123.

홍윤표(1994), ≪근대국어연구(Ⅰ)≫, 태학사.

홍은영(2012), 〈한국어 전설고모음화 현상 연구〉, 서울대학교 석사학위논문.

홍은진(1999), 〈근대 언간 규범서 '징보언간독'에 대하여〉, ≪淑明語文論集≫ 2, 淑明女子大學校 淑明語文學會, 133~158.

黃文煥(1997/2002), ≪16, 17세기 諺簡의 相對敬語法≫(國語學叢書 35), 太學社

황문환(2002), 〈조선 시대 언간과 국어 생활〉, ≪새국어생활≫ 12-2, 국립국어연구원, 133~145.

黃文煥(2004a), 〈조선 시대 諺簡 資料의 연구 현황과 전망〉, ≪語文研究≫ 32-2, 韓國語文教育研究會, 69~94.

황문환(2004b), 〈추사(秋史) 한글 편지의 국어학적 특징에 대한 일고찰〉, ≪한국어의 역사≫, 보고사, 363~382.

황문환(2010), 〈조선시대 언간 자료의 현황과 특성〉, ≪국어사 연구≫ 10, 국어사학회, 73~131.

황문환(2013), 〈조선시대 언간 자료의 종합화와 활용 방안〉, ≪한국어학≫ 59, 한국어학회, 39~74.

황문환(2015), ≪조선시대의 한글 편지, 언간(諺簡)≫, 역락.

황문환·임치균·전경목·조정아·황은영(2013a), ≪조선시대 한글편지 판독자료집 1≫, 역락.
황문환·임치균·전경목·조정아·황은영(2013b), ≪조선시대 한글편지 판독자료집 2≫, 역락.
황문환·임치균·전경목·조정아·황은영(2013c), ≪조선시대 한글편지 판독자료집 3≫, 역락.
황선엽(2002), 〈국어 연결어미의 통시적 연구: 한글 창제 이전 차자표기 자료를 중심으로〉, 서울대학교 박사학위논문.
황은영(2010), 〈한글 편지의 ㅆ 표기 변화 고찰〉, ≪언어학연구≫ 17, 한국중원언어학회, 313~332.
門脇誠一(1986), 〈再び中期朝鮮語における母音調和の乱れについて: 特に第Ⅲ語基母音a/əを中心に〉, ≪朝鮮学報≫ 119·120, 朝鮮学会, 1~11.
小倉進平(1944a), ≪朝鮮語方言の研究(上)≫, 東京: 岩波書店.
小倉進平(1944b), ≪朝鮮語方言の研究(下)≫, 東京: 岩波書店[국역: 이진호 역(2009)].
伊藤智ゆき(2007a), ≪朝鮮漢字音研究: 本文篇≫, 東京: 汲古書院[국역: 이진호 역(2011a)].
伊藤智ゆき(2007b), ≪朝鮮漢字音研究: 資料篇≫, 東京: 汲古書院[국역: 이진호 역(2011b)].
河野六郎(1945), ≪朝鮮方言學試攷: '鋏' 語考≫, 京城: 東都書籍[재수록: 河野六郎(1979a), 101~373. 국역: 이진호 역(2012)].
河野六郎(1968), ≪朝鮮漢字音の研究≫, 天理: 天理時報社[재수록: 河野六郎(1979b), 295~512].
河野六郎(1979a), ≪河野六郎著作集 1≫, 東京: 平凡社.
河野六郎(1979b), ≪河野六郎著作集 2≫, 東京: 平凡社.
Biber, Douglas (1988), *Variation across Speech and Writing*. Cambridge: Cambridge University Press.
Bybee, Joan (2007), *Frequency of Use and the Organization of Language*. Oxford: Oxford University Press.
Bynon, Theodora (1977), *Historical Linguistics*. Cambridge: Cambridge University Press.

Chambers, J. K. and Peter Trudgill (1980), *Dialectology*. Cambridge: Cambridge University Press.

Chen, Matthew and H. Hsieh (1971), "The Time Variable in Phonological Change," *Journal of Linguistics* 7-1. Cambridge University Press. 1~13.

Downes, William (1998), *Language and Society*. 2nd edition. Cambridge, UK: Cambridge University Press.

Elspass, Stephan (2012), "The Use of Private Letters and Diaries in Sociolinguistic Investigation" in Juan Manuel Hernández-Campoy and Juan Camilo Conde-silvestre eds., *The Handbook of Historical Sociolinguistics*. Chichester, West Sussex, UK: Blackwell Publishing Ltd. 156~169.

Fidelholtz, James, L. (1975), "Word Frequency and Vowel Reduction in English" in Robin E. Grossman, L. James San, and Timothy J. Varee eds., *Papers from the Eleventh Regional Meeting Chicago Linguistic Society*. Chicago: Chicago Linguistic Society. 200~213.

Halle, Morris (1962), "Phonology in Generative Grammar," *Word* 18. Linguistic Circle of New York. 54~72.

Hoenigswald, Henry M. (1960), *Language Change and Linguistic Reconstruction*. Chicago: The University of Chicago Press.

Hock, Hans Henrich (1986), *Principles of Historical Linguistics*. Berlin, New York and Amsterdam: Mouton de Gruyter.

Hooper, Joan Bybee (1976), "Word Frequency in Lexical Diffusion and the Source of Morphophonological Change" in William M. Christie Jr. ed., *Current Progress in Historical Linguistics*. Amsterdam: North-Holland. 95~105 [Reprinted in Joan Bybee (2007: 23~34)].

Hudson, R. A. (1980), *Sociolinguistics*. Cambridge: Cambridge University Press.

Jakobson, Roman (1931), "Prinzipien der historischen Phonologie," *Travaux du Cercle Linguistique du Prague* 4. 227~287 [In English translation in Allan R. Keiler ed. (1972), 121~138].

Jeffers, Robert J. and Ilse Lehiste (1979), *Principles and Methods for Historical Linguistics*. Cambridge: MIT Press.

Keiler, Allan R. ed. (1972), "Principles of Historical Phonology," *A Reader in Historical and Comparative Linguistics*. New York: Holt. 121~138.

King, Robert Desmond (1969), *Historical Linguistics and Generative Grammar*. Englewood Cliffs: Prentice-Hall.

Koch, Peter and Wulf Oesterreicher (1985), "Sprache der Nähe — Sprache der Distanz: Mündlichkeit und Schriftlichkeit im Spannungsfeld von Sprachtheorie und Sprachgeschlichte," *Romanistisches Jahrbuch* 36. Walter de Gruyter. 15~43.

Koch, Peter and Wulf Oesterreicher (1994), "Funktionale Aspekte der Schriftkultur (Functional Aspects of Literacy)" in Hartmut Günther and Otto Ludwig eds., *Schrift und Schriftlichkeit (Writing and Its Use)*, Vol.1. Berlin and New York: Walter de Gruyter. 587~604.

Labov, William (1966), *The Social Stratification of English in New York City*. Washington D.C.: Center for Applied Linguistics.

Lobov, William (2001), *Principles of Linguistic Change (Volume 1): Internal Factors*. Oxford: Blackwell.

Lass, Roger (1984), *Phonology: An Introduction to Basic Concepts*. Cambridge: Cambridge University Press.

Leslau, Wolf (1969), "Frequency as Determinant of Linguistic Changes in the Ethiopian Languages," *Word* 25. Journal of the International Linguistics Association 25. 180~189.

Mair, Christian (2013), "Using 'Small' Corpora to Document Ongoing Grammatical Change" in Manfred Krug and Julia Schlüter eds., *Research Methods in Language Variation and Change*. Cambridge: Cambridge University Press. 181~194.

Milroy, James (1992), *Linguistic Variation and Change: On the Historical Sociolinguistics of English*. Oxford, UK and Cambridge, USA:

Blackwell.

Montgomery, Michael (1995), "The Linguistic Value of Ulster Emigrant Letters," *Ulster Folklife* 41. Ulster Folk and Transport Museum. 26~41.

Montgomery, Michael (1999), "Eighteenth-Century Sierra Leone English: Another Exported Variety of African American English," *English World-Wide* 20-1. John Benjamins Publishing. 1~34.

Nevalainen, Terttu and Helena Raumolin-Brunberg (2003), *Historical Sociolinguistics: Language Change in Tudor and Stuart England*. London, UK: Longman.

Oesterreicher, Wulf (1997), "Types of Orality in Text" in Egbert Bakker and Ahuvia Kahane eds. *Written Voices, Spoken Signs: Tradition, Performance, and the Epic Text*. Cambridge, MA and London, UK: Harvard University Press. 190~214.

Phillips, Betty S. (1984), "Word Frequency and the Actuation of Sound Change," *Language* 60-2. Linguistic Society of America. 320~342.

Schneider, Edgar W. (2002), "Investigating Variation and Change in Written Documents" in J. K. Chambers, Peter Trudgill, and Natalie Schilling-Estes eds., *The Handbook of Language Variation and Change*. Malden, MA and Oxford, UK: Blackwell Publishers. 67~96.

Schuchardt, Hugo (1885), *Über die Lautgesetze: Gegen die Junggrammatiker*. Berlin: Robert Oppenheim [In English translation in Vennemann & Wilbur eds. (1972), 49~72)].

Sebba, Mark (2007), *Spelling and Society: The Culture and Politics of Orthography around the World*. New York: Cambridge University Press.

Trask, Robert Lawrence (1996), *Historical Linguistics*. London: Arnord.

Vennemann, Theo and Terence Wilbur eds. (1972), *Schuchardt, the Neogrammarians, and the Transformational Theory of Phonological Change*. Frankfurt: Athenäum.

Wang, William S-Y. (1969), "Competing Changes as a Cause of Residue," *Language* 45-1. Linguistic Society of America. 9~25.

Wang, William S-Y. (1979), "Language Change: A Lexical Perspective," *Annual Review of Anthropology* 8. Annual Reviews Inc. 353~371.

Wang, William S-Y. and Chinfa Lien (1993), "Bidirectional Diffusion in Sound Change" in Charles Jones ed., *Historical Linguistics: Problems and Perspectives*. New York: Longman Publishing. 345~400.

Winter, Werner (1969), "Analogischer Sprachwandel und Semantische Struktur," *Folia Linguistica* 3-1/2. de Gruyter. 29~45.

Zipf, George K. (1929), "Relative Frequency as a Determinant of Phonetic Change," *Harvard Studies in Classical Philology* 40. Department of the Classics, Harvard University. 1~95.

2. 사전

고려대학교민족문화연구원, ≪고려대 한국어대사전≫, 인터넷판, 고려대학교민족문화연구원.
곽충구(2019), ≪두만강 유역의 조선어 방언 사전≫, 태학사.
국립국어원, ≪표준국어대사전≫, 인터넷판, 국립국어원.
국토지리정보원, ≪한국지명유래집(경상편)≫, 인터넷판, 국토지리정보원.
南廣祐(1997), ≪敎學 古語辭典≫, 敎學社.
박병천·정복동·황문환(2012a), ≪조선시대 한글편지 서체자전≫ 제1권(음절별·자모별), 다운샘.
박병천·정복동·황문환(2012b), ≪조선시대 한글편지 서체자전≫ 제2권(어절별·행별), 다운샘.
방언연구회(2001), ≪方言學 事典≫, 태학사.
서울특별시사편찬위원회, ≪서울지명사전≫, 인터넷판, 서울특별시사편찬위원회.
세종대왕기념사업회(2001), ≪한국고전용어사전≫, 세종대왕기념사업회.
한국정신문화연구원, ≪한국민족문화대백과사전≫, 인터넷판, 한국정신문화연구원.
한글학회(1992), ≪우리말 큰사전 4: 옛말과 이두≫, 어문각.

3. 방언 자료집

국립국어원(2010a), ≪2010년 경북 지역어 조사 보고서(어휘·음운·문법)≫, 국립국어원
국립국어원(2010b), ≪2010년 경남 지역어 조사 보고서(어휘·음운·문법)≫, 국립국어원
신승원(1991), 〈의성 지역어의 조사자료(Ⅰ)〉, ≪嶺南語文學≫ 20, 嶺南語文學會, 233~296.
신승원(1992), 〈의성 지역어의 조사자료(Ⅱ)〉, ≪嶺南語文學≫ 22, 嶺南語文學會, 115~177.
신승원(1995), 〈의성 지역어의 조사자료(Ⅲ)〉, ≪嶺南語文學≫ 28, 嶺南語文學會, 71~134.
신승원(1996), 〈의성 지역어의 조사자료(Ⅳ): 지리언어학적 연구를 위한 기초 작업〉, ≪嶺南語文學≫ 29, 嶺南語文學會, 5~49.
신승원(1997), 〈의성 지역어의 조사자료(Ⅴ): 초분절음소 표기를 중심으로〉, ≪嶺南語文學≫ 32, 嶺南語文學會, 109~131.
신승원(1998), 〈의성 지역어의 조사자료(Ⅵ): 지리언어학적 연구를 위한 기초 작업〉, ≪한민족어문학≫ 33, 한민족어문학회, 135~185.
韓國精神文化硏究院(1987), ≪韓國方言資料集 Ⅴ(全羅北道編)≫, 韓國精神文化硏究院
韓國精神文化硏究院(1987), ≪韓國方言資料集 Ⅲ(忠淸南道編)≫, 韓國精神文化硏究院
韓國精神文化硏究院(1989), ≪韓國方言資料集 Ⅶ(慶尙北道編)≫, 韓國精神文化硏究院
韓國精神文化硏究院(1990a), ≪韓國方言資料集 Ⅳ(忠淸南道編)≫, 韓國精神文化硏究院
韓國精神文化硏究院(1990b), ≪韓國方言資料集 Ⅱ(江原道編)≫, 韓國精神文化硏究院
韓國精神文化硏究院(1991), ≪韓國方言資料集 Ⅵ(全羅南道編)≫, 韓國精神文化硏究院
韓國精神文化硏究院(1993), ≪韓國方言資料集 Ⅷ(慶尙南道編)≫, 韓國精神文化硏究院
韓國精神文化硏究院(1995a), ≪韓國方言資料集 Ⅸ(濟州道編)≫, 韓國精神文化硏究院
韓國精神文化硏究院(1995b), ≪韓國方言資料集 Ⅰ(京畿道編)≫, 韓國精神文化硏究院

4. 족보

고성이씨(固城李氏)

≪固城李氏族譜≫ 卷1. [한국학중앙연구원 한국학도서관 소장 고서(청구기호: 고 B10B 1)].

≪固城李氏族譜≫ 卷11上. [한국학중앙연구원 한국학도서관 소장 고서(청구기호: 고 B10B 11-1)].

≪固城李氏族譜≫ 卷11下. [한국학중앙연구원 한국학도서관 소장 고서(청구기호: 고 B10B 11-2)].

아주신씨(鵝洲申氏)

鵝洲申氏大宗會(2012), ≪鵝洲申氏大同譜≫ 卷2, 鵝洲申氏大宗會.

안동권씨(安東權氏)

權五焄(2004), ≪安東權氏大同世譜≫ 20, 해돋이.

안동김씨(安東金氏)

安東金氏書雲觀正公派宗中會(1990), ≪安東金氏書雲觀正公派譜≫ 全, 安東金氏書雲觀正公派宗中會.

여강이씨(驪江李氏)

文元公晦齊先生崇慕事業會(1984a), ≪驪州(驪江)李氏族譜≫ 卷1, 文元公晦齊先生崇慕事業會.

文元公晦齊先生崇慕事業會(1984b), ≪驪州(驪江)李氏族譜≫ 卷2, 文元公晦齊先生崇慕事業會.

연안이씨(延安李氏)

延安李氏三陟公派譜刊行委員會(1997), ≪延安李氏三陟公派譜≫, 和信文庫.

의성김씨(義城金氏)

義城金氏大同譜編纂委員會(1992a), ≪義城金氏大同譜≫ 卷1, 義城金氏大同譜

편찬위원회.

義城金氏大同譜編纂委員會(1992b), ≪義城金氏大同譜≫ 卷2, 義城金氏大同譜 編纂委員會.

義城金氏大同譜編纂委員會(1992c), ≪義城金氏大同譜≫ 卷3, 義城金氏大同譜 編纂委員會.

인동장씨(仁同張氏)

仁同張氏大同譜編纂委員會(1998a), ≪仁同張氏大同譜≫ 卷3, 回想社.

仁同張氏大同譜編纂委員會(1998b), ≪仁同張氏大同譜≫ 卷14, 回想社.

전주유씨(全州柳氏)

全州柳氏大同譜編纂委員會(2004), ≪全州柳氏大同譜≫ 卷2, 全州柳氏大宗中.

전주최씨(全州崔氏)

崔昌坤(1931), ≪全州崔氏族譜≫, 鐵山: 全州崔氏族譜出板事務所. [국립중앙도서관 소장 고서(청구기호: 한고朝58-가13-84)].

진성이씨(眞城李氏)

眞城李氏大宗會(1981), ≪眞城李氏世譜≫ 庚子譜(1600年刊)·壬子譜(1912 年刊) 合本影印本 上卷, 眞城李氏大宗會.

眞城李氏松堂派門中(2014), ≪眞城李氏松堂派譜≫ 券2, 眞城李氏松堂派門中.

진주강씨(晉州姜氏)

晉州姜氏大同譜編纂委員會(1994), ≪晉州姜氏大同譜≫ 卷20, 晉州姜氏大同譜 編纂委員會.

晉州姜氏通溪公派譜所(1961), ≪晉州姜氏通溪公派譜≫, 晉州姜氏通溪公派譜所.

풍산유씨(豊山柳氏)

豊山柳氏世譜編纂委員會(1985), ≪豊山柳氏世譜≫ 卷3, 豊山柳氏世譜編纂委員會.

한산이씨(韓山李氏)

    韓山李氏文襄公宗會(1995), ≪韓山李氏文襄公派世譜≫ 卷2, 韓山李氏文襄公宗會.

한양조씨(漢陽趙氏)

    漢陽趙氏大同世譜編纂委員會(2003), ≪漢陽趙氏大同世譜≫ 卷5, 漢陽趙氏大同世譜編纂委員會.

5. 웹사이트

〈서울역사편찬원〉:	history.seoul.go.kr
〈신흥동 행정복지센터〉:	www.sangju.go.kr/dong/page/3671/2372.tc?protocol=http
〈안동시청〉:	www.andong.go.kr
〈조선시대 한글편지〉:	archive.aks.ac.kr/letter/letterList.aspx
〈한국고문서자료관〉:	archive.aks.ac.kr
〈한국고전번역원〉:	www.itkc.or.kr
〈한국학자료센터〉:	kostma.aks.ac.kr

6. 호구단자·준호구[1]

1729년 김주국(金柱國) 준호구(準戶口)
    안동 금계 의성김씨 학봉 종가 소장본
    (G002+AKS+KSM-XD.1729.4717-20101008.B005q_005_00893_XXX):
    〈한국고문서자료관〉 원문 사진.

---

[1] 원문 사진을 가장 손쉽게 찾을 수 있는 경로는 다음과 같다. '〈한국고문서자료관〉 웹사이트→[디렉토리분류]→[소창처분류]→[문중]→[경상북도]→[안동 금계 의성김씨 학봉 종가]'.

1757년 김주국(金柱國) 호구단자(戶口單子)
　　안동 금계 의성김씨 학봉 종가 소장본
　　(G002+AKS+KSM-XD.1757.4717-20101008.B005q_005_00896_XXX):
　　〈한국고문서자료관〉 원문 사진.

1759년 김주국(金柱國) 준호구(準戶口)
　　안동 금계 의성김씨 학봉 종가 소장본
　　(G002+AKS+KSM-XD.1759.4717-20101008.B005q_005_00898_XXX):
　　〈한국고문서자료관〉 원문 사진.

1762년 김주국(金柱國) 준호구(準戶口)
　　안동 금계 의성김씨 학봉 종가 소장본
　　(G002+AKS+KSM-XD.1762.4717-20101008.B005q_005_00899_XXX):
　　〈한국고문서자료관〉 원문 사진.

1765년 김주국(金柱國) 준호구(準戶口)
　　안동 금계 의성김씨 학봉 종가 소장본
　　(G002+AKS+KSM-XD.1765.4717-20101008.B005q_005_00900_XXX):
　　〈한국고문서자료관〉 원문 사진.

1768년 김주국(金柱國) 준호구(準戶口)
　　안동 금계 의성김씨 학봉 종가 소장본
　　(G002+AKS+KSM-XD.1768.4717-20101008.B005q_005_00901_XXX):
　　〈한국고문서자료관〉 원문 사진.

1804년 김종수(金宗壽) 준호구(準戶口)
　　안동 금계 의성김씨 학봉 종가 소장본
　　(G002+AKS+KSM-XD.1804.4717-20101008.B005q_005_00905_XXX):
　　〈한국고문서자료관〉 원문 사진.

1807년 김종수(金宗壽) 준호구(準戶口)
안동 금계 의성김씨 학봉 종가 소장본
(G002+AKS+KSM-XD.1807.4717-20101008.B005q_005_00906_XXX):
〈한국고문서자료관〉 원문 사진.

1810년 김종수(金宗壽) 준호구(準戶口)
안동 금계 의성김씨 학봉 종가 소장본
(G002+AKS+KSM-XD.1810.4717-20101008.B005q_005_00907_XXX):
〈한국고문서자료관〉 원문 사진.

1813년 김진화(金鎭華) 준호구(準戶口)
안동 금계 의성김씨 학봉 종가 소장본
(G002+AKS+KSM-XD.1813.4717-20101008.B005q_005_00908_XXX):
〈한국고문서자료관〉 원문 사진.

1819년 김진화(金鎭華) 준호구(準戶口)
안동 금계 의성김씨 학봉 종가 소장본
(G002+AKS+KSM-XD.1819.4717-20101008.B005q_005_00909_XXX):
〈한국고문서자료관〉 원문 사진.

1822년 김진화(金鎭華) 준호구(準戶口)
안동 금계 의성김씨 학봉 종가 소장본
(G002+AKS+KSM-XD.1822.4717-20101008.B005q_005_00910_XXX):
〈한국고문서자료관〉 원문 사진.

1828년 김진화(金鎭華) 준호구(準戶口)
안동 금계 의성김씨 학봉 종가 소장본
(G002+AKS+KSM-XD.1828.4717-20101008.B005q_005_00911_XXX):
〈한국고문서자료관〉 원문 사진.

1837년 김진화(金鎭華) 호구단자(戶口單子)
　　안동 금계 의성김씨 학봉 종가 소장본
　　(G002+AKS+KSM-XD.1837.4717-20101008.B005q_005_00912_XXX):
　　〈한국고문서자료관〉 원문 사진.

1852년 김흥락(金興洛) 호구단자(戶口單子)
　　안동 금계 의성김씨 학봉 종가 소장본
　　(G002+AKS+KSM-XD.1852.4717-20101008.B005q_005_00913_XXX):
　　〈한국고문서자료관〉 원문 사진.

1855년 김흥락(金興洛) 호구단자(戶口單子)
　　안동 금계 의성김씨 학봉 종가 소장본
　　(G002+AKS+KSM-XD.1855.4717-20101008.B005q_005_00914_XXX):
　　〈한국고문서자료관〉 원문 사진.

1858년 김흥락(金興洛) 호구단자(戶口單子)
　　안동 금계 의성김씨 학봉 종가 소장본
　　(G002+AKS+KSM-XD.1858.4717-20101008.B005q_005_00915_XXX):
　　〈한국고문서자료관〉 원문 사진.

1861년 김흥락(金興洛) 호구단자(戶口單子)
　　안동 금계 의성김씨 학봉 종가 소장본
　　(G002+AKS+KSM-XD.1861.4717-20101008.B005q_005_00916_XXX):
　　〈한국고문서자료관〉 원문 사진.

1864년 김흥락(金興洛) 호구단자(戶口單子)
　　안동 금계 의성김씨 학봉 종가 소장본
　　(G002+AKS+KSM-XD.1864.4717-20101008.B005q_005_00917_XXX):
　　〈한국고문서자료관〉 원문 사진.

1867년 김흥락(金興洛) 호구단자(戶口單子)
안동 금계 의성김씨 학봉 종가 소장본
(G002+AKS+KSM-XD.1867.4717-20101008.B005q_005_00918_XXX):
〈한국고문서자료관〉 원문 사진.

1870년 김흥락(金興洛) 호구단자(戶口單子)
안동 금계 의성김씨 학봉 종가 소장본
(G002+AKS+KSM-XD.1870.4717-20101008.B005q_005_00919_XXX):
〈한국고문서자료관〉 원문 사진.

1873년 김흥락(金興洛) 호구단자(戶口單子)
안동 금계 의성김씨 학봉 종가 소장본
(G002+AKS+KSM-XD.1872.4717-20101008.B005q_005_00920_XXX):
〈한국고문서자료관〉 원문 사진.

1876년 김흥락(金興洛) 호구단자(戶口單子)
안동 금계 의성김씨 학봉 종가 소장본
(G002+AKS+KSM-XD.1876.4717-20101008.B005q_005_00921_XXX):
〈한국고문서자료관〉 원문 사진.

1879년 김흥락(金興洛) 호구단자(戶口單子)
안동 금계 의성김씨 학봉 종가 소장본
(G002+AKS+KSM-XD.1879.4717-20101008.B005q_005_00922_XXX):
〈한국고문서자료관〉 원문 사진.

1882년 김흥락(金興洛) 호구단자(戶口單子)
안동 금계 의성김씨 학봉 종가 소장본
(G002+AKS+KSM-XD.1882.4717-20101008.B005q_005_00923_XXX):
〈한국고문서자료관〉 원문 사진.

1885년 김흥락(金興洛) 호구단자(戶口單子)
  안동 금계 의성김씨 학봉 종가 소장본
  (G002+AKS+KSM-XD.1885.4717-20101008.B005q_005_00924_XXX):
  〈한국고문서자료관〉 원문 사진.

1888년 김흥락(金興洛) 호구단자(戶口單子)
  안동 금계 의성김씨 학봉 종가 소장본
  (G002+AKS+KSM-XD.1888.4717-20101008.B005q_005_00925_XXX):
  〈한국고문서자료관〉 원문 사진.

1891년 김흥락(金興洛) 호구단자(戶口單子)
  안동 금계 의성김씨 학봉 종가 소장본
  (G002+AKS+KSM-XD.1891.4717-20101008.B005q_005_00926_XXX):
  〈한국고문서자료관〉 원문 사진.

1894년 김흥락(金興洛) 호구단자(戶口單子)
  안동 금계 의성김씨 학봉 종가 소장본
  (G002+AKS+KSM-XD.1894.4717-20101008.B005q_005_00927_XXX):
  〈한국고문서자료관〉 원문 사진.

1897년 김흥락(金興洛) 호구단자(戶口單子)
  안동 금계 의성김씨 학봉 종가 소장본
  (G002+AKS+KSM-XD.1897.4717-20101008.B005q_005_00928_XXX):
  〈한국고문서자료관〉 원문 사진.

1898년 김흥락(金興洛) 호구단자(戶口單子)
  안동 금계 의성김씨 학봉 종가 소장본
  (G002+AKS+KSM-XD.1898.4717-20101008.B005q_005_00929_XXX):
  〈한국고문서자료관〉 원문 사진.

1899년 김흥락(金興洛) 호구단자(戶口單子)
안동 금계 의성김씨 학봉 종가 소장본
(G002+AKS+KSM-XD.1899.4717-20101008.B005q_005_00930_XXX):
〈한국고문서자료관〉 원문 사진.

1852년 이찬(李瓚) 준호구(準戶口)
한국학중앙연구원 장서각 소장본
(G002+AKS+KSM-XD.1852.4717-20101008.B032a_049_00101_XXX):
〈한국고문서자료관〉 원문 사진.

[부록 1]

〈의성김씨 학봉 종가 언간〉의 등장인물 가계도

❖ 일러두기 ❖

○ 여기에 제시하는 가계도는 독자로 하여금 〈鶴峰宗家〉의 등장인물 간의 관계를 정확히 파악하여 이 언간 자료의 내용을 잘 이해할 수 있게 하기 위하여 그린 것이다.
○ 이러한 목적에 따라 필수적이지 않다고 판단되는 정보는 시각적인 측면을 고려하여 가계도 상에서 과감하게 생략하였다.
○ 각 본관/성씨의 족보를 주요 자료로 삼고, 각종 문집의 해제와 내용을 보조 자료로 삼았다. 본서에서 참고한 모든 족보의 서지 사항은 〈참고 문헌〉에 제시해 두었다.
○ 이하에서 사용하는 기호 및 글꼴을 제시하고 그 용도를 밝히면 아래와 같다(단, '配, 女, 壻'는 각 가계도에서 해당 가문을 기준으로 부여하였다).

의성김씨	해당 가문의 인물.
의성김씨	해당 가문의 인물. 〈鶴峰宗家〉의 발신자.
의성김씨	해당 가문의 인물이 아님.
의성김씨	해당 가문의 인물이 아님. 〈鶴峰宗家〉의 발신자.
配	배위(配位).
女	딸.
壻	사위.
★	해당 가계도의 중심인물(인명 혹은 본관/성씨 뒤에 표시).
s	(10년 단위의) 년대(年代). 예 1820s
———	'홑실선': 기본 선.
═══	'겹실선': 기본 선과 겹치는 또 다른 기본 선. 두 가문의 가계도가 서로 중복될 때 사용함.
………	'점선': 생략된 '홑실선'이나 '겹실선'. 가계도상에 생략된 인물(주로 여성)이 있을 때 사용함.

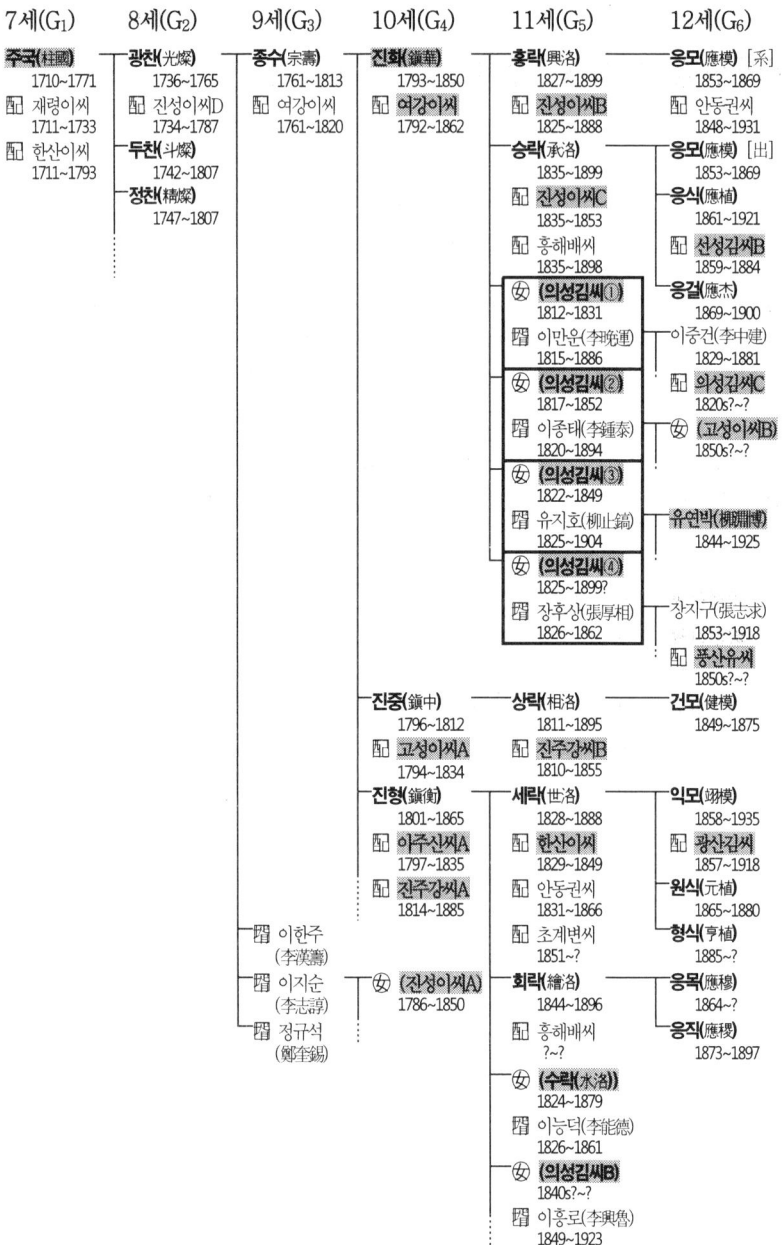

【가계도 1】 학봉 종가 가계도(=[그림 1.1])

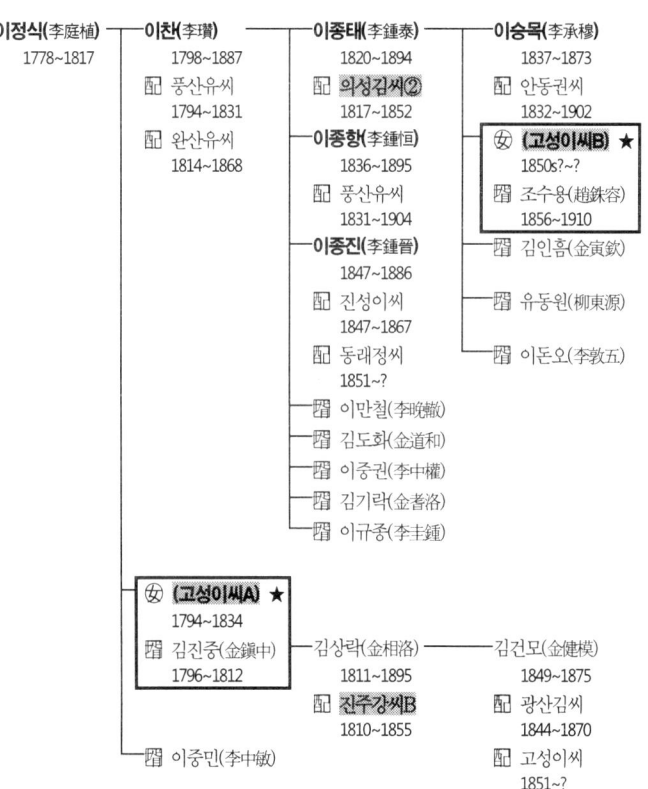

【가계도 2】 '고성이씨A · B'를 중심으로 한 가계도

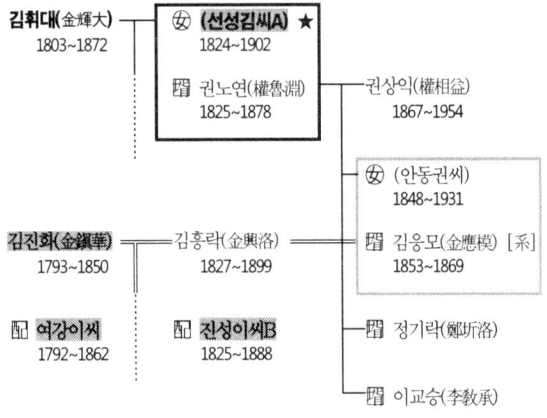

【가계도 3】 '선성김씨A'를 중심으로 한 가계도

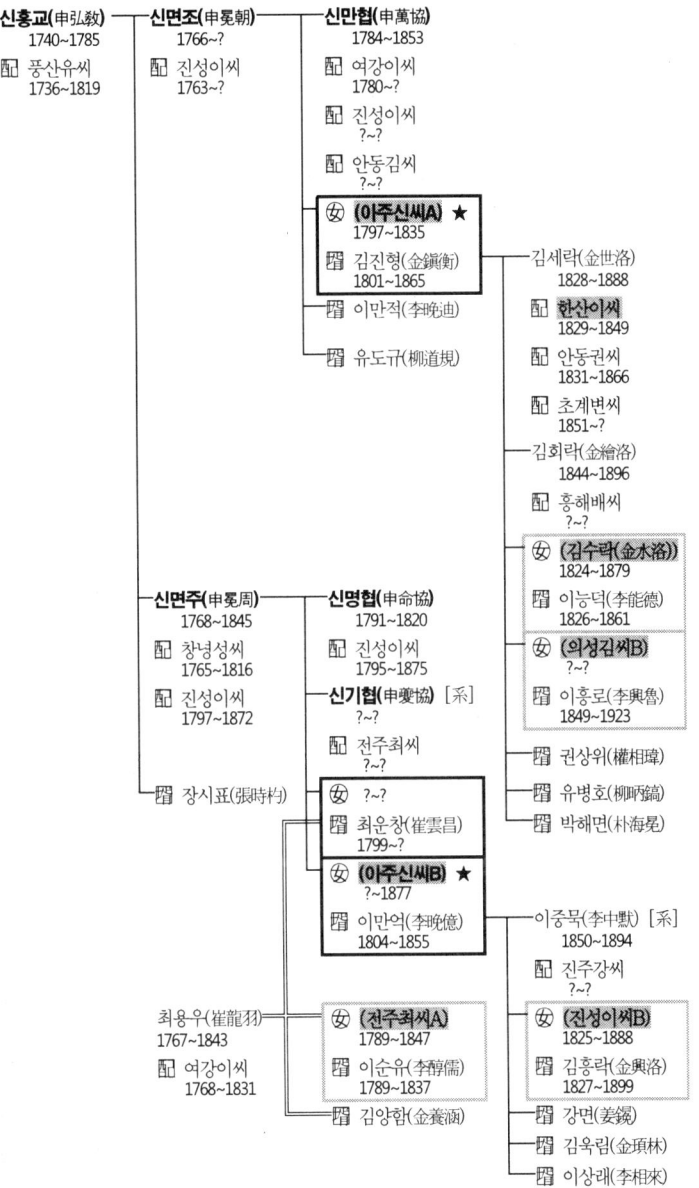

【가계도 4】 '아주신씨A · B'를 중심으로 한 가계도

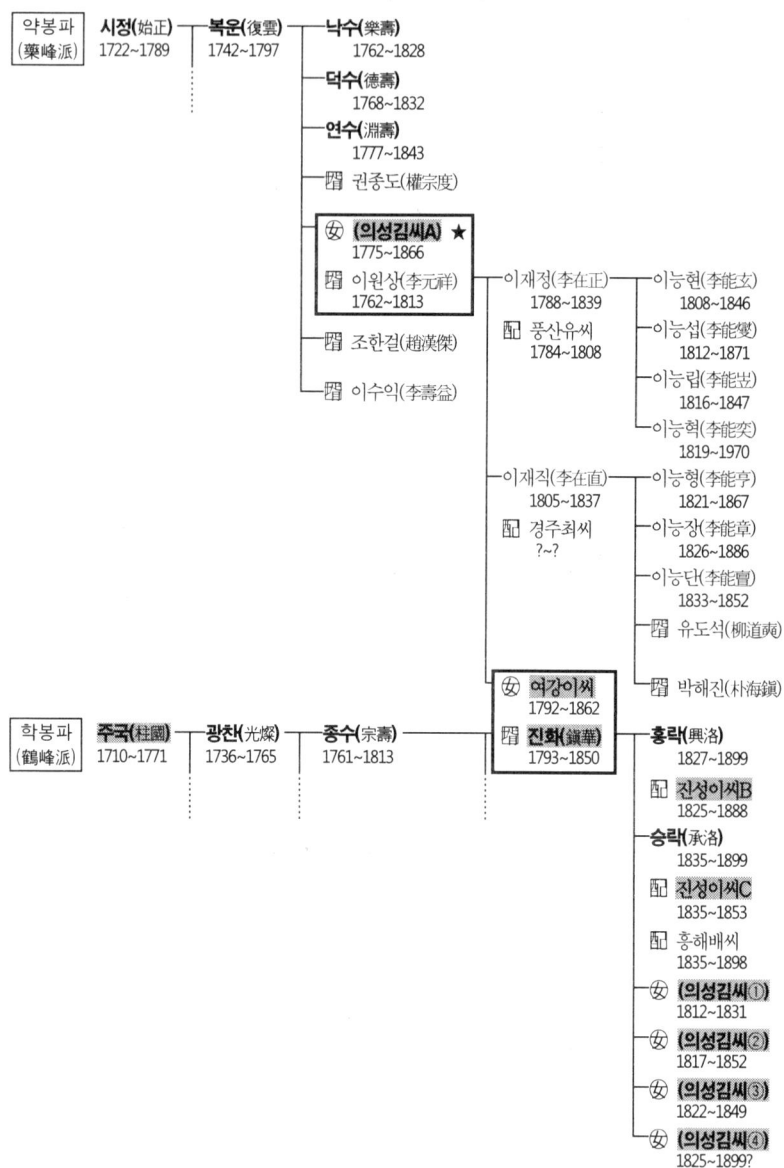

【가계도 5】 '의성김씨A'를 중심으로 한 가계도

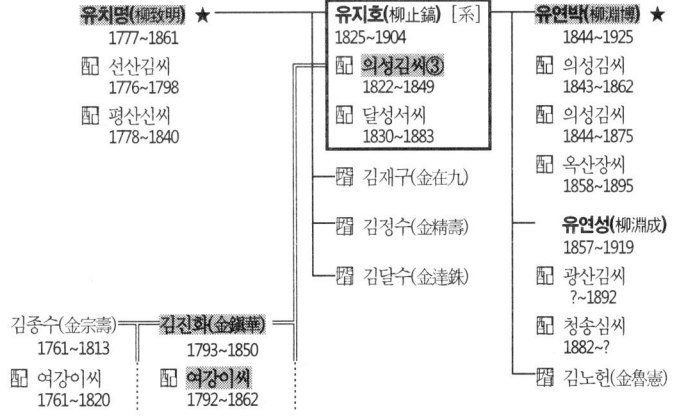

【가계도 6】 '유치명·유연박'을 중심으로 한 가계도

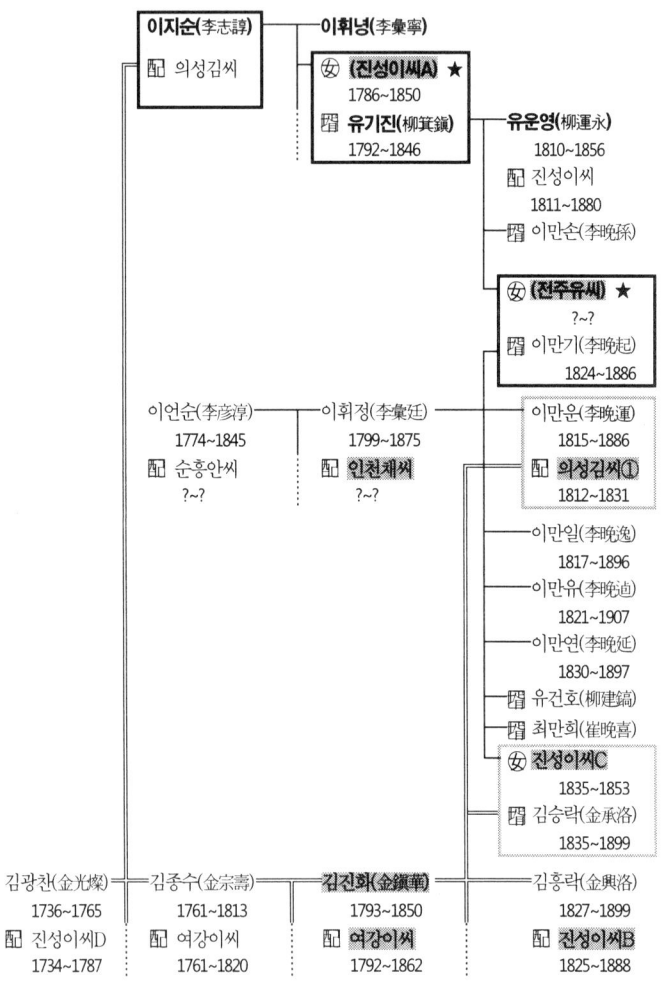

【가계도 7】 '진성이씨A · 전주유씨'를 중심으로 한 가계도

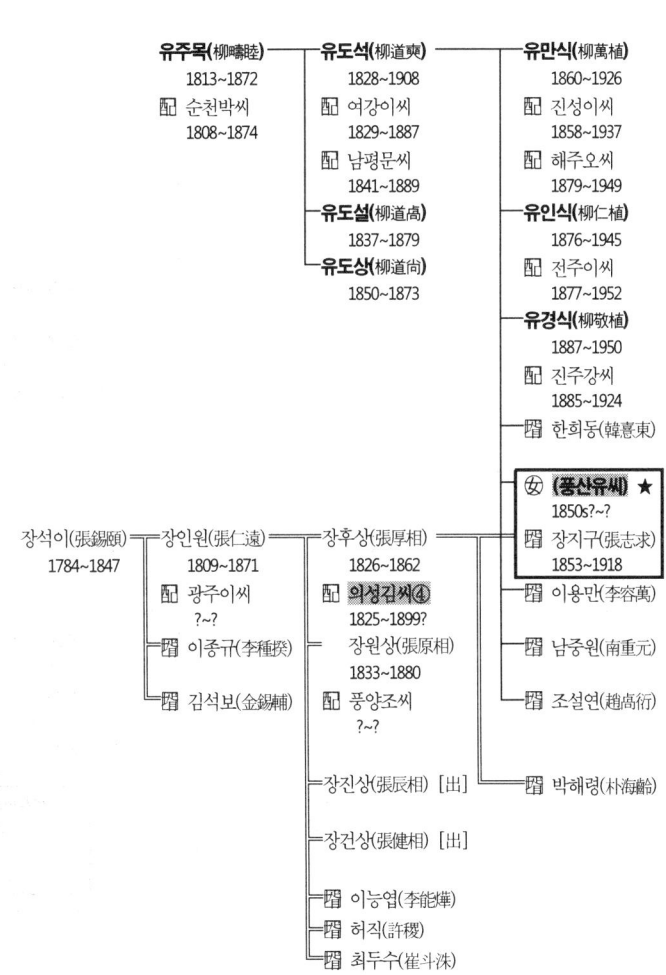

【가계도 8】'풍산유씨'를 중심으로 한 가계도

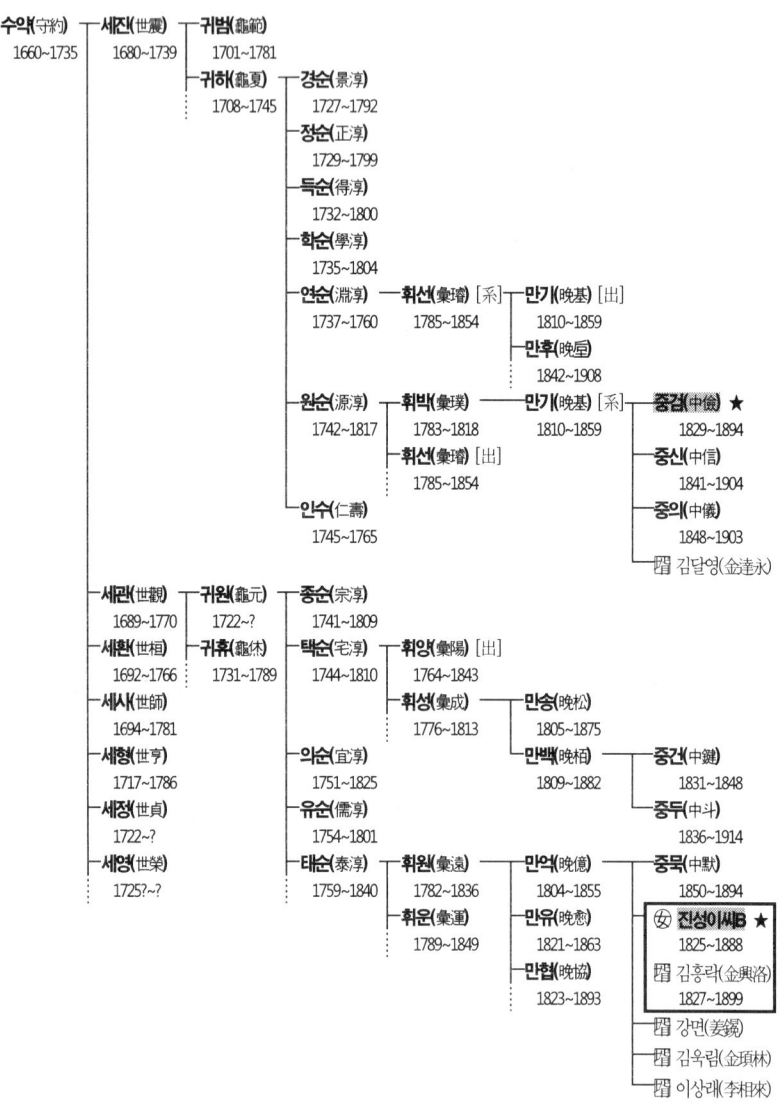

【가계도 9】 '이중검 · 진성이씨B'를 중심으로 한 가계도

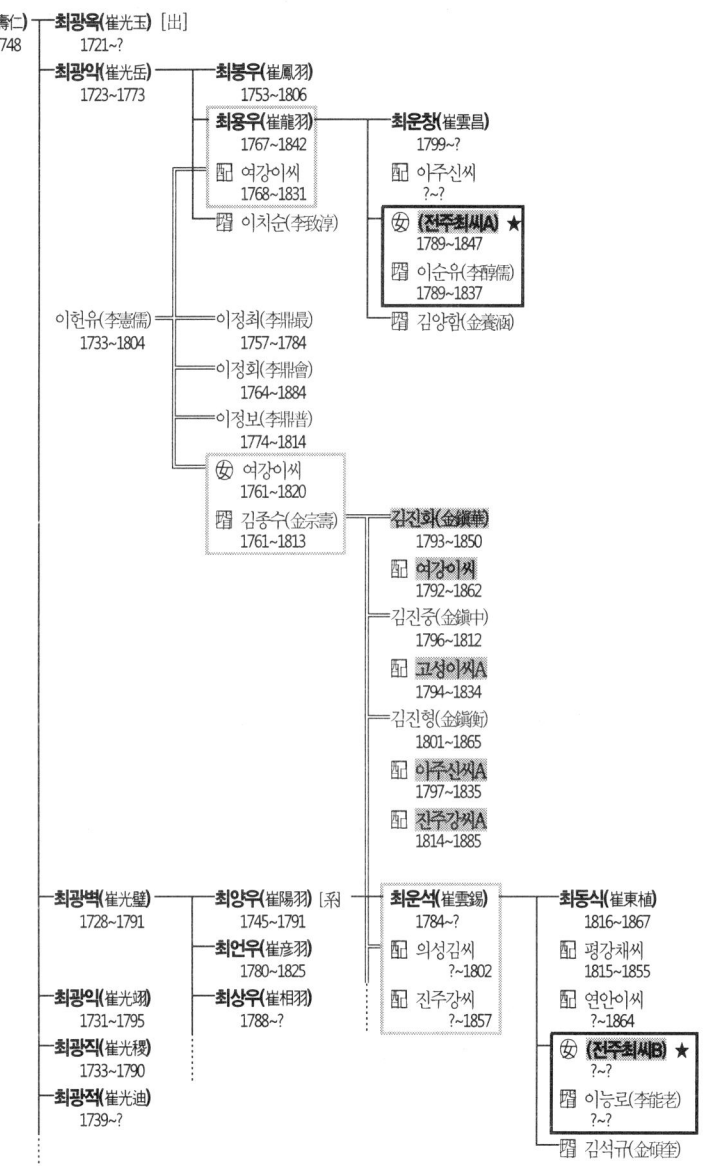

【가계도 10】 '전주최씨A·B'를 중심으로 한 가계도

[부록 1] 〈의성김씨 학봉 종가 언간〉의 등장인물 가계도 411

[부록 2]

〈의성김씨 학봉 종가 언간〉의 발신자별 방언적 배경

❖ 일러두기 ❖

○ 이 글은 〈鶴峰宗家〉를 더욱 정밀하게 연구하는 데 필요한, 발신자별 방언적 배경을 밝혀 놓은 것이다. 여기서 말하는 '방언'이란 지역 방언과 사회 방언을 아우르는 개념이며, '방언적 배경'이라 함은 각 발신자가 지역적·사회적 차원에서 자신만의 개인어를 형성하게 된 언어 외적 환경을 의미한다.
○ 지역 방언과 사회 방언은 모두 대상 언어 자료를 정확하게 이해하는 데 필수적이다. 그러나 이 글은 주로 발신자의 지역 방언적 배경을('출신지 및 생활 근거지') 알아내는 데 초점을 두고, 사회 방언적 배경에 대해서는 '생몰년'과 '세대' '성별', '계층'에 대한 정보를 제공하는 수준에만 그쳤다. 다만, 비(非)양반 계층 발신자의 언어적 특징에 대한 내용은 본문에서 거의 다루지 않았으므로, 이 글에서 양반 계층의 언어적 특징과 대조를 하며 비교적 상세히 다루었다.
○ '발신자'는 '가나다' 순으로 제시하였다.
○ '출신지 및 생활 근거지' 정보는 면(面) 단위로까지 밝힌 후(【지도】참조) 그 판단 근거를 제시하였다. 여성 발신자는 '본가(친정)'와 '시가'의 위치를 모두 밝혀 두었으며, 남성 발신자는 외지 생활 경험이 분명이 있었을 것으로 추정되는 경우 그것에 대해 간략히 언급하였다.
○ '세대'의 구분 기준은 본문(1.4.1.1)의 [표 1.2]에 의거하였다.
○ '계층'은 '양반'과 '비양반'으로만 양분하였다. 비양반 계층을 더 이상 세분하지 않은 까닭은 그것과 관련된 언어 내·외적 정보가 충분하지 않기 때문이다.
○ '가계도' 번호는 [부록 1]에 제시한 것을 의미한다. 해당 발신자가 나와 있는 모든 가계도를 열거하되, 그중 그 발신자에게 주요한 것은 볼드체로 밑줄을 그어 나타내었다.
○ 이상의 배경 정보를 간략하게 제시하는 방법을 예시하면 아래와 같다.

　　　　　　　　　　　　　•발신자　　　　•생몰년

```
□ 여강이씨(驪江李氏, 1792~1862)
│G₄│여│양반│경주(강동면)/안동(서후면)│가계도 1·3·5·6·7·10
```

　•세대　•성별　•계층　　　•출신지 및 생활 근거지　　•가계도
　　　　　　　　　　　　　(여성의 경우: '본가/시가')

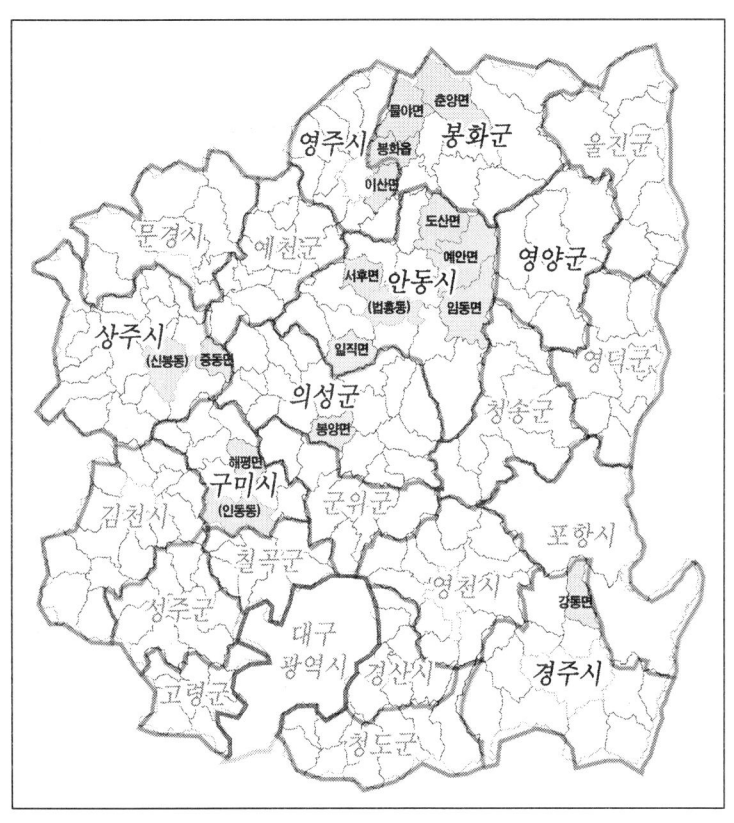

【지도】〈鶴峰宗家〉 발신자의 출신지 및 생활 근거지
(지명은 현재의 행정 구역명)

❑ 고성이씨A(固城李氏, 1794~1834)
┃G₄┃여┃양반┃안동(법흥동)/안동(서후면)┃가계도 <u>1 · 2</u>

　　김진화의 아우 김진중(金鎭中, 1796~1812)의 아내. 이정식(李庭植, 1778~1817)의 장녀. 이정식은 1남 2녀를 두었는데 이찬(李瓚, 1798~1887)이 그의 아들이다. 이찬의 장남 이종태(李鍾泰, 1820~1894)는 김진화의 둘째 딸(=의성김씨②)과 혼인하였으므로, 김진중의 처 고성이씨A는 의성김씨②에게 숙모이자 시고모가 된다. 그러므로 고성이씨A의 친정은 의성김씨②의 시집일 가능성이 높다.

　　1852년 안동부에서 발급한 이찬의 준호구에는 아들 이종태(33세)와 자부(子婦) 의성김씨②(36세)가 기록되어 있다. 그 거주지를 나타내는 부분이 일부 손상되어("□內 第一□□里 第一統〃首自統 第一戶") 정확한 위치는 알 수 없으나, 의성김씨②의 시집이 안동 내에 있었음은 분명하다. 그런데 〈鶴峰宗家〉에서 의성김씨②는 주로 "법흥"이라는 택호로 지칭된다. 현 안동시 법흥동(法興洞)은 바로 고성이씨의 세거지이므로, 의성김씨②의 시집은 그곳으로 한정할 수 있다.[1] 게다가 김진중의 처 고성이씨A가 쓴 편지에는 "법흥 동싱"이 언급되어 있는데[예 법흥 동싱 편흔가 시부오나 이번 사름 가는 줄 몰나 편지 업슨 돗ᄒᆞ옵 〈129, 1829년, 고성이씨A(제수) → 김진화(아주버니)〉], 만일 그 대상이 발신자의 남동생 이찬을 가리키는 것이라고 한다면[이종덕 외(2019: 459, 각주 16)], 법흥은 의성김씨②의 시집인 동시에 고성이씨A의 친정이 될 것이다.

　　남편 김진중은 요절하였는데, 생전 그는 부친 김종수(金宗壽, 1761~1813)의 준호구(1804년[9세], 1807년[12세], 1810년[15세])에만 올라와 있다가, 형 김진화의 1813년 준호구에는 망자(亡者)로 기록되어 있다. 즉, 김진중은 짧은 일생 동안 서후면(西後面) 금계리(金溪里) 종가에서만

---

[1] 언간 자료에서 지명이 택호로 사용되는 양상에 대해서는 이래호(2012)와 박부자(2014) 참조.

거주해 온 것이다. 남편의 사후 고성이씨A는 자신의 아주버니 김진화의 준호구(1813년[20세], 1819년[26세], 1822년[29세], 1828년[35세])에 계속 등장하는 것으로 보아, 그 역시 시집온 이후부터 김진화의 종가에서만 살았음이 분명하다.

□ 고성이씨B(固城李氏, 1850년대?~?)
┃G_6?┃여┃양반┃안동(법흥동)/영양┃가계도 1·2

김진화의 둘째 딸(의성김씨②)과 이종태의 장녀. 부친 이종태의 거주지 정보를 통해('고성이씨A' 항목 참조) 친정이 안동 법흥임을 알 수 있다. 남편은 한양인(漢陽人) 조수용(趙銖容, 1856~1910)이다. 애국지사 건국훈장 애족장을 수훈한 독립운동가 조만기(趙萬基, 1881~1912)가 바로 이들의 아들이다. 조만기는 경북 영양(英陽) 출신이므로 고성이씨B의 시가도 이곳으로 확정할 수 있다. 실제로 영양에는 한양조씨의 집성촌이 있다.

□ 구원(九原/九元, 1780 전후~1851 전후)
┃$G_{3(.5)}$┃남┃비양반┃안동(서후면)┃

학봉의 9대 종손 김종수부터 11대 종손 김흥락(金興洛, 1827~1899)까지 총 3대에 걸쳐 학봉 종택의 주인을 섬겨 온 노복(奴僕)이다. 1842년에 상전인 김진화에게 쓴 단 1건의 고목(告目, ⟨258⟩)만이 있을 뿐이고 그 분량도 75어절밖에 되지 않지만, 거기에 반영되어 있는 언어적 특징은 학봉 종가 양반들의 그것과 흥미로운 차이점을 보여 준다(후술).

김종수·김진화·김흥락의 호구단자 및 준호구에 "九原" 혹은 "九元"으로 기록되어 있는데, 1795년 김종수의 준호구에 10대 후반의 나이로 맨 처음 등장하여 1852년 김흥락의 호구단자에 70세의 나이로 사망한 것으로 되어 있다.[2] 생년에 대한 기록은 각 문서별로 조금씩 차이를 보이기는 하나, 그 기록이 1778년생·1779년생·1781년생·1783년생 등 네 가지로 한정되는 것으로 보아 1780년을 전후하여 태어난 것으로 볼 수 있다.3) 따라서 제3세대 중 G₃이나 G₃.₅에 해당하는 인물이 된다.

구원은 안동 토박이로서 그 지역 천민들의 전통적인 방언을 구사하였을 것이다. 그가 일생 동안 학봉 종가의 노복으로 호적에 등록되어 있었다는 사실과, 그의 부모인 한바회(汗岩回/漢岩回/汗岩/汗崙)와 윤점(允占) 역시 이 가문에 배속되어 호적에 나타난다는 사실, 그리고 특히 1795년 김종수의 준호구에서 그가 외거노비(外居奴婢)로서 이송천(二松川, 현 안동시 서후면 이송천리)에 거주하고 있었다는 기록4) 등이 이를 증명해 준다. 실제로 그의 짧은 언간에서는 학봉 종가 인물들의 언간에서는 발견되지 않는 형태나 표기가 등장한다. 편의상 1830·1840년대 자료만 아래에 제시하기로 한다.5)

---

2) 호적은 3년 단위로 작성되어 있어 "故"라고 기록된 인물의 몰년은 해당 연도로부터 최대 2년 전까지로 상정할 수 있다. 실제로 1812년에 사망한 김진중은 1813년 김진화의 준호구에, 1835년에 사망한 아주신씨A는 1837년 김진화의 호구단자에 각각 망자로 기록되어 있다.

3) 의성김씨 학봉 종가의 호구단자·준호구에 나와 있는, 인물들의 생년 혹은 나이에 대한 기록은 간혹 잘못된 것들도 있다. 이러한 오류는 특히 비복들에 관한 부분에서 많이 발견되는데, 저자가 살펴본 바에 의하면 개별 문서에 따른 비복들의 나이 편차는 대체로 2·3세 정도가 된다. 사실 이는 오류라기보다는 어쩌면 당시 양반 집안의 주인들도 자신들이 거느리고 있는 노비들의 나이를 정확히 알지 못한 결과일 수도 있다.

4) 그 기록은 다음과 같대인명은 고딕체로 굵게 표시하고, 판독이 명확하지 않은 글자 뒤에는 '(?)'를 추가해 두었다. "… 外居婢允占年五十二乙丑 父私奴驗上 母班婢件(?)里德同婢 三所生奴守元年二十二甲午 四所生卽奴有元年丙申 五所生奴九原年戊戌 等居二松川 …".

5) (1)~(5)에서 발·수신자 관계가 아래와 같이 일정한 것은 일일이 그것을 명시하지 않고 발신자 정보만을 나타내었다.
 ㄱ. 구원(노복) → 김진화(상전)
 ㄴ. 김진화(남편) → 여강이씨(아내)
 ㄷ. 서울집의 언니(측실의 언니) → 김진화(동생의 남편)
 ㄹ. 안영록(경초관) → 김진화(지방관)
 ㅁ. 의성김씨A(장모) → 김진화(사위)
 ㅂ. 의성김씨②(딸) → 김진화(아버지)
 ㅅ. 전중경(하인) → 김진화(상전)

(1) [존칭]의 접미사 '-님'

   가. <u>셔방님(書房)</u> 대병 지내고 ⟨120, 여강이씨(상전) → 순임(하임)⟩ / <u>상쥬님(喪主)</u> 비위 샹호여 ⟨084, 여강이씨(아내) → 김진화(남편)⟩ / 옥관ᄌ를 다오시고 <u>녕감님이(令監)</u> 되오신 일 ⟨216, 진성이씨B⟩

   나. <u>나아리임[主시]</u> 견비호인 대틱 ⟨258, 구원⟩ / <u>나아리임</u> 긔쳬후 일양호옵시며 <u>마님임계옵셔[婦시]</u> 긔후 일양호옵신니잇가 ⟨258, 구원⟩ / <u>나라임[王]</u> 갈실 졔 돈양 고렴호시져 호옵더니 싱각호옵소셔 ⟨258, 구원⟩

   나'. 딕촌 <u>셔방임외(書房)</u> 근이와 잇곳즈로 죄 젼의 넌겨 보닉옵시면 ⟨262, 전중경⟩

   cf. 스로딕 구문셔짠은 엇호올 것 <u>나을림[主시]</u> 쳐분호와 아롭난이다 ⟨262, 전중경⟩ / 갑슨 五百五十兩 둘 아오딕 <u>스은임(司議)</u> 직겨[6] 등경 쵹슈(觸手)외다 ⟨262, 전중경⟩ / <u>셔방님의게(書房)</u> 긔별호옵셔 ⟨267, 안영록⟩

양반 계층 인물들은 (1가)와 같이 [존칭]의 접미사 '-님'을 /ㄴ/ 유지형으로만 사용한다. 반면에, 구원은 (1나)에서 볼 수 있듯이 이 접미사를 /ㄴ/ 탈락형인 '-임'으로만 3회 사용한다. 그런데 비양반 계층 발신자인 전중경이[7] 김진화에게 쓴 고목에서도 (1나')과 같이 '-임'이 1회 발견된다는 사실은, '-임'이 '-님'에 대하여 사회적 하층민의 방언을 대변하는 형태였음을 알게 해 준다(물론, 비양반 계층의 언간에서도 'cf.'와 같이 '-님'이 출현하기도 한다).

ㅇ. 정 주부(의원) → 김진화(환자)
ㅈ. 진성이씨B(며느리) → 김진화(시아버지)

[6] '직겨'는 '제기대소장(訴狀)이나 원서(願書)에 제사(題辭)를 적대'의 활용형이며, '등경'은 발신자 전중경이 스스로를 3인칭으로 지칭한 것이다.
[7] 천민(賤民)임이 분명한 구원과는 달리, 전중경은 적어도 학봉 종가의 노복은 아니었던 듯하다. 이에 대해서는 후술할 '전중경' 항목 참조.

(2) 'ᄒᆞᆸX'

가. 아ᄌᆞ바님 긔운 일양ᄒᆞᆸ시니(一樣) 〈152, 의성김씨②〉 / 긔운 범졀이 엇더ᄒᆞᆸ시니잇가(何) 〈206, 진성이씨B〉

나. 나아리임 긔체후 일양ᄒᆞᆸ시며(一樣) 마ᄅᆡ임계ᄋᆞᆸ셔 긔후 일양ᄒᆞᆸ신니잇가(一樣) 〈258, 구원〉

'ᄒᆞᆸX'는 양반 계층 언간을 포함한[(2가)] 〈鶴峰宗家〉 전체를 통틀어 좀처럼 축약되지 않는다. 그러나 구원의 고목에서는 4회 출현하는 'ᄒᆞᆸX'와 더불어 'ᄒᆞᆸX'가 1회 출현한다[(2나)]. 이 축약형은 유일례(唯一例)인데, 구원의 실제 일상적인 구어형이 편지글에 노출된 것으로 보인다.

(3) 의존 명사 'ᄃᆞᆺ'과 보조 형용사 어간 'ᄃᆞᆺᄒᆞ-'

가. 병환이 나실 ᄃᆞᆺ 졀박 ″ 두립ᄉᆞ오이다 〈039, 여강이씨(아내) → 김진화(남편)〉 / 못 견듸올 ᄃᆞᆺ 〈208, 진성이씨B〉 / 됴흘 ᄃᆞᆺᄒᆞᆸ 〈016, 김진화〉

나. 참흉 될 듯ᄒᆞ오니 〈258, 구원〉

나'. 갈수록 실혼(失魂)을 할 듯 〈273, 서울집의 언니〉 / 만일 닙병이 ᄯᅩ 날 듯ᄒᆞ시거든 〈263, 정 주부〉 / 진뎡 죽을 듯ᄒᆞ외다 〈270, 안영록〉

의존 명사 'ᄃᆞᆺ'과 그것을 구성 요소로 하는 보조 형용사 어간 'ᄃᆞᆺᄒᆞ-'는 양반 계층 언간에서 (3가)처럼 'ㆍ'로 표기된 'ᄃᆞᆺ'과 'ᄃᆞᆺᄒᆞ-'로 정연하게 실현된다.[8] 이에 반해, (3나)와 같이 구원의 언간에서는 '듯ᄒᆞ-'가 1회

---

[8] 양반 계층 언간에서도 '듯'과 '듯ᄒᆞ-'가 출현하기는 하나, 이는 매우 이례적인 것이며 그 분포도 대체로 제5세대 이하의 발신자가 쓴 것에 한정되어 있다.

예 ㄱ. 편지ᄅᆞᆯ 그릇 본 듯 이리 웃습 〈229, 1841~1848년, 김수락(시사촌 누이) → 진성이씨B(사촌 올케)〉

ㄴ. 니 셔방 이젹 나지 못ᄒᆞ니 념녀 녹녹고 즈즐 듯ᄒᆞᆸ고 〈184, 1837~1850년, 의성김씨④(동생) → 의성김씨②(언니)〉

등장한다. 그 외 비양반 계층 언간에서도 '듯'과 '듯ᄒ-'는 각각 '듯'과 '듯ᄒ-'로만 일관된다(3나')].

(4) 평서형 종결 어미(동사 어간+{-ᄉᆞᆸ-}+-ᄂᆞ이다)

  가. 이만 긋치옵ᄂᆞ이다[絶] 〈006, 의성김씨A〉 / 이만 알외옵ᄂᆞ이다[告] 〈164, 의성김씨②〉 / 아옵고져[知] ᄒᆞ옵ᄂᆞ이다 〈217, 진성이씨B〉

  나. 니만 긋치옵논이다[絶] 〈258, 구원〉

  나'. 쵹슈을(觸手) ᄒᆞ옵난이다 〈262, 전중경〉 / 아롭난이다[告] 〈262, 전중경〉 / 되엿습논이다[化] 〈273, 서울집의 언니〉 / 믹히옵논이다[滯] 〈273, 서울집의 언니〉

  cf. 그만 아롭나이다[告] 〈262, 전중경〉 / 알외옵뇌이다[告] 〈268, 안영록〉 / 바라옵뇌이다[望] 〈272, 안영록〉

(5) 평서형 종결 어미(형용사 어간+{-ᄉᆞᆸ-}+-이다)

  가. 둛〃ᄒᆞ오이다 〈152, 의성김씨②〉 / 민망ᄒᆞ오이다(憫惘) 〈160, 의성김씨②〉 / 졀통ᄒᆞ오이다(切痛) 〈218, 진성이씨B〉

  나. 민망스와니다(憫惘) 〈258, 구원〉 / 업스와니다[無] 〈258, 구원〉 / 황공ᄒᆞ와니다(惶恐) 〈258, 구원〉

  나'. 황숑ᄒᆞ오니다(惶悚) 〈273, 서울집의 언니〉 / 그만인가 보오니다 〈273, 서울집의 언니〉

  cf. 깃부외다[喜] 〈270, 안영록〉 / 업스외다[無] 〈269, 안영록〉 / 답〃ᄒᆞ외다 〈265, 정 주부〉

  ㄷ. 딕쇼가 무고ᄒᆞ 둣 다힝 〈194, 1853~1866년, 의성김씨④(누나)→김흥락(동생)〉
  ㄹ. 더옥 못 견딜 둣ᄒᆞ오나 〈215, 1849년, 진성이씨B(며느리) → 김진화(시아버지)〉
  ㅁ. 츈효당도 무고ᄒᆞ 둣 딜겁스오니다 〈255, 1883년, '질부A'(질부/당질부) → 김흥락(시백부/시당백부)〉

'ᄒᆞ쇼셔'체 평서형 종결 어미의 형태 혹은 표기에서도 구원은 양반 계층과는 다른 면모를 보인다. (4)와 (5)는 각각 동사와 형용사 어간에 결합한 종결 어미를 나타낸 것인데, 둘은 '-ᄂᆞ-'의 개재 유무에서 차이를 보인다.9) 여기서 우리는 양반 계층 언간에서는 (4가), (5가)와 같이 'V$_{st.}$ 옵ᄂᆞ이다'와 'ADJ$_{st.}$ 오이다'로 나타나는 종결 어미가 구원의 언간에서는 (4나), (5나)와 같이 각각 'V$_{st.}$ 옵ᄂᆞ니다'와10) 'ADJ$_{st.}$ 와니다'로 실현된다는 사실을 발견할 수 있다. 구원이 사용하는 이러한 종결 어미 형태 혹은 표기는, (4나')과 (5나')처럼 다른 비양반 계층 발신자들의 언간에서도 'V$_{st.}$ 옵ᄂᆞ이다'와 'ADJ$_{st.}$ 오니다'와 같이 'ㄴ'이 첨가된 채 나타난다(단, 'cf.'와 같이 'ㄴ'이 첨가되지 않은 형태도 존재한다). 그런데 (4나')의 'V$_{st.}$ 옵ᄂᆞ의다'의 'ᄂᆞ이'가 분철 표기되어 있다는 점에서 여기서의 'ㄴ'은 실제로 발음되는 존재였을 가능성이 크다. 따라서 구원을 비롯한 비양반 계층이 사용한 'ㄴ' 첨가형은 단순히 표기상의 문제라기보다는 실제 그들이 사용한 평서형 종결 어미 형태로 여기는 것이 합리적이다.

□ 김수락(金水洛, 1824~1879)
|G$_5$|여|양반|안동(서후면)/경주(강동면)|가계도 1·4

---

9) 다만, 형용사 어간 뒤에서도 '-ᄂᆞ-'가 결합하는 경우가 있으며, 이 현상은 특히 '없-[無]' 뒤에서 흔히 발견된다.

[예] ㄱ. 원통ᄒᆞ옵ᄂᆞ이다(寃痛) 〈006, 의성김씨A〉 / 섭"ᄒᆞ옵ᄂᆞ이다(悢然) 〈161, 1847년, 의성김씨②(딸) → 김진화(아버지)〉 ~ 섭"ᄒᆞ오이다 〈157, 1842~1846년, 의성김씨②(딸) → 김진화(아버지)〉

ㄴ. 업솝ᄂᆞ이다[無] 〈158, 1847년, 의성김씨②(딸) → 김진화(아버지)〉 ~ 업소오이다 〈204, 1847년, 진성이씨B(며느리) → 김진화(시아버지)〉

ㄴ'. ᄀᆞ이업솝ᄂᆞ이다[無疆] 〈237, 1848년, 한산이씨(질부) → 김진화(시백부)〉 ~ ᄀᆞ이업소오이다 〈217, 1850년, 진성이씨B(며느리) → 김진화(시아버지)〉

ㄴ". 측양업솝ᄂᆞ이다(測量) 〈006, 1839년, 의성김씨A(장모) → 김진화(사위)〉 ~ 측냥업소오이다 〈204, 1847년, 진성이씨B(며느리) → 김진화(시아버지)〉

10) (4나)의 'V$_{st.}$ 옵ᄂᆞ니다'는 (4나)을 고려할 때 일반적으로는 'V$_{st.}$ 옵ᄂᆞ니다'로 실현되었을 것으로 보인다.

김진화의 아우 겸와(謙窩) 김진형(金鎭衡, 1801~1865)의 장녀. 안동 서후면 금계리 종가에서 자랐다('아주신씨A' 항목 참조). 여강인(驪江人) 이능덕(李能德, 1826~1861)에게 시집가 현 경주시 강동면(江東面) 양동리(良洞里) 광암(廣岩)에서 살았다(이종덕 외 2019: 430, 각주 19).[11] 실제로 〈鶴峰宗家〉에서 김수락은 "광암집"으로 지칭되고 남편 이능덕은 "광암 니 셔방"으로 불린다.

(6) 가. 광암집 ᄌᆞ식 남미를 다 죽여 ᄇᆞ리고 실셩을 ᄒᆞ여 다려가랴 ᄒᆞ여시니 닉월 초칠일 발졍ᄒᆞ여 보내엿다 ᄒᆞᆸ 〈119, 1850년, 여강이씨(아내)→ 김진화(남편)〉

나. 각 곳 쇼식 아득 모라오니 답〃ᄒᆞ오나 광암 니 셔방 초시 즐겁습고 경셩 긔별은 듯ᄌᆞ오니 과ᄒᆞ을 ᄒᆞ오려 ᄒᆞ복 보닉라 ᄒᆞ오나 〈221, 1848년, 진주강씨A(제수) → 김진화(아주버니)〉

여성 발신자 중에서는 유일하게 본명이 알려져 있는데, 이는 ≪驪州(驪江)李氏族譜≫에서 이능덕의 배위를 "義城金水洛"으로 밝혀 놓은 덕분이다(이종덕 외 2019: 765).

❑ 김주국(金柱國, 1710~1771)
 |G₁|남|양반|안동(서후면)|가계도 1·5

자(字)는 원석(元石), 호(號)는 철토재(撤土齋)이며, 학봉의 7대 종손이자 김진화의 증조부이다. 종손으로서 안동에서 나고 자랐을 것으로 보인다. 어릴 적부터 학문에 힘써 학식이 높고 글을 잘 지었으며, 집에 거처하면서 좋은 벗들과 어울리는 것을 즐겼다고 하는 행적이 이를 뒷

---

[11] 한국학중앙연구원(2009c: 435)에서는 '광암'을 '경상북도 예천군 예천면 석정리 광암'으로 파악하였으나 이는 잘못이다.

받침해 준다. 대표적인 교우로는 안동의 대학자인 대산(大山) 이상정(李象靖, 1711~1781)을 들 수 있는데, 대산은 훗날 김주국의 묘갈명(墓碣銘)을 지은 인물이다.

안동은 김주국의 출신지일 뿐만 아니라 일생 동안의 생활 근거지였을 것이다. 김주국의 호구단자(戶口單子)와 준호구(準戶口)에는 그가 1729년(20세), 1757년(48세), 1759년(50세), 1762년(53세), 1765년(56세)에 안동 서후(西後) 금계하리(金溪下里) 학봉 종택의 호주로 기록되어 있다. 물론, 호구단자에 호주로 기록되어 있다는 사실이 해당 호주가 자택에 거주하고 있다는 사실까지 함의하지는 않는다.[12] 그러나 김주국이 여러 차례 향시에 올랐으나 성시(省試)에 들지 못하였다는 사실(景泗流芳編纂委員會 1974: 359)을 고려한다면, 그는 외지 생활을 하지 않았을 가능성이 높다. 요컨대, 김주국은 안동 사대부들의 방언을 사용하였을 것으로 추정할 수 있다.

〈鶴峰宗家〉에서는 김주국의 언간이 [아들 김광찬(金光燦, 1736~1765)의 한문 간찰을 언해한 것을 포함하여) 총 4건(648어절)이 전하는데 모두 1760년대에 작성된 것들이다. 그의 편지는 비록 수량은 그리 많지 않지만, 〈鶴峰宗家〉 중 유일하게 18세기 언간이라는 점에서 그 자료적 가치가 높다. 이 4건의 언간이 현전하는 덕분에 우리는 연구 대상 범위의 시대적 상한선을 18세기 후기로까지 끌어올릴 수 있게 된 것이다. 게다가 유일한 제1세대 화자답게 그의 언어는 다양한 음운 현상에서 제3~5세대 화자들의 언어와의 차이점을 잘 드러낸다. 이에 대해서는 제3·4장에서 상술한 바 있다.

---

12) 그 대표적인 예로 김진화의 경우를 들 수 있다. 김진화는 1828년에 창릉 참봉(昌陵參奉)으로 부임하였고 1837년에는 진산 군수(珍山郡守)에서 청송 부사(靑松府使)로 전임하였지만, 그 두 해에 각각 작성된 안동부(安東府)의 준호구와 호구단자에서는 김진화가 여전히 호주로 기록되어 있는 것이다.

❑ 김진화(金鎭華, 1793~1850)
| G₄ | 남 | 양반 | 안동(서후면) | 가계도 1·3·<u>5</u>·6·7

    자는 성관(聖觀), 호는 탄와(坦窩)이며 학봉의 10대 종손이다. 〈鶴峰宗家〉의 남성 발신자 중에서 가장 많은 수량의 언간을 남긴 인물로, 〈鶴峰宗家〉 전체의 최다(最多) 발신자인 부인 여강이씨와 함께 제4세대를 구성하는 핵심 인물이기도 하다. 따라서 김진화의 언어적 특징을 파악하는 일은 곧 제4세대의 언어적 특징을 정확히 이해하는 데 필수적인 과정이 된다. 김진화의 언간은 대부분 단정한 필체로 또박또박 적혀 있어 판독상의 난점이 거의 없다는 장점도 있다.

    김진화의 개인어를 올바르게 이해하기 위해서는 그가 일생 동안 부단히 겪었을 방언 접촉 과정을 배제해서는 안 된다. 일단 학봉의 종손인 그가 안동 출신이라는 사실에 대해서는 의심할 여지가 없다. 그런데 13세에 부친 김종수 임소인 연풍(延豊, 현 충북 괴산군)에 가 있기도 한 사실과, 혼례를 올린 15세에는 부친이 있는 단양(丹陽) 적소(謫所)에서 부친을 봉양하였다는 사실 등을 고려할 때, 김진화는 10대 시절부터 중부 방언과의 접촉을 어느 정도 경험하였을 것으로 짐작된다.

    그러나 김진화가 경험한 방언 접촉 중 가장 큰 비중을 차지하는 것은 단연 그의 20여 년간의 관직 생활이었을 것이다. 그는 창릉 참봉(昌陵參奉)[1828.12.27., 36세], 선공감 봉사(繕工監奉事)[1830.12.22., 38세], 사재감 직장(司宰監直長)·장악원 주부(掌樂院主簿)[1832.06.25., 40세], 한성부 주부(漢城府主簿)[1832.09.05., 40세], 한성부 판관(漢城府判官) [1832.12.20., 40세], 아산 현감(牙山縣監)[1833.06.14., 41세], 진산 군수(珍山郡守)[1835.06.25., 43세], 청송 도호부사(靑松都護府使)[1837.12.11., 45세], 원주목 판관(原州牧判官)[1841.05.20., 49세], 무장 현감(茂長縣監) [1846.04.02., 54세], 능주 목사(綾州牧使)[1848.12.22., 56세] 등 여러 관직을 역임하였기 때문이다.[13] 그의 임소를 현재의 지명에 따라 순차적으로 나

열해 보면 '경기 고양→서울→충남 아산→충남 금산→경북 청송→강원 원주→전북 고창→전남 화순'과 같은데, 이는 김진화가 반평생을 전국 각지에서 근무하였다는 것을 의미한다. 실제로 〈鶴峰宗家〉에 반영되어 있는 김진화의 언어는 'ㅅyV~ㅅV'와 'ㅈyV~ㅈV' 혼기나 (4.1.2 참조), 'ㅗ/ㅜ' 모음 상승(3.3.2.1 참조), 어미 '-아X~-어X'의 교체 (3.6 참조) 등에서 같은 세대나 이후 세대의 다른 발신자들과 많은 차이를 보인다. 이와 같은 사실은 그의 언어가 중앙어와 타 방언으로부터 끊임없는 간섭을 받았을 것임을 의심할 수 없게 해 준다.

> ❏ 서울집의 언니(?~?)
> ┃G₂┃여┃비양반┃ ? /서울(종로구)?┃

김진화의 측실(側室)인 "셔울집"의 언니쯤으로 여겨지는 미상(未詳)의 인물. 이러한 추정은 그가 김진화에게 보낸 언간(〈273〉)에서 "초관 안영록(安永祿, ?~?)의 동생인 경록이 서울집의 장사에 갔다가 온 일이나 안영록과 관련된 일을 언급"하고 있어 "발신자는 안영록의 동기(同氣)"로 볼 수 있다는 점에 근거한 것이다(이종덕 외 2019: 925). 후술할 '안영록' 항목의 내용과 같이 서울집은 안영록의 누이로 추정되므로, 결국 두 사람과 이 미상의 발신자는 모두 남매간이 된다.

안영록이 현 서울 종로구에 거주하고 있었으므로('안영록' 항목 참조), '서울집의 언니'도 서울에서 거주하고 있었을 가능성이 높으나 분명하게 말하기는 어렵다. 그러나 적어도 안영록과 '서울집의 언니'의 방언적 배경이 계층적인 차원에서 동일하였을 것임은 확실하다. 일단 '구원' 항목의 (3나)에 제시한 '듯'과 '듯ᄒ-'가 두 사람의 언간에서 모두 '듯'

---

13) 김진화의 관직 생활이 그 기간 내내 계속 이어진 것은 아니다. 그는 1842년 8월에 어사(御史) 이우(李㘾, 1807~?)의 서계(書啓)로 인해 원주목 판관에서 면직되어 귀향하였는데, 1844년 봄 증광향시(增廣鄉試)에 합격하여 1846년 4월 무장 현감으로 부임하기 전까지 약 3년 반 동안은 고향에서 치가(治家)에 힘썼다.

과 '듯ᄒ-'로 각각 실현된다는 사실은, 그들이 표기법 차원에서 공통점을 지니고 있었음을 말해 준다. 그 외 아래 (7), (8)과 같이 'ᄒ쇼셔'체 의문형 종결 어미 형태에서도 이들 남매의 공통점이 포착되며, 그것은 곧 양반 계층 방언과의 차이점이 된다.14)

(7) 의문형 종결 어미([+未定])

  가. 버스며 <u>굴무리잇가</u>[飢]〈042, 여강이씨〉 / 어듸 <u>비ᄒ오리잇가</u>[比]〈154, 의성김씨②〉 / 통박 심회 <u>오작ᄒ오시리잇가</u>〈132, 고성이씨A〉 / 무슨 걱정이 <u>잇스오리잇가</u>[在]〈066, 여강이씨〉

  나. 져 업시 뉘가 자반 비날리나 싱각을 <u>ᄒ계습ᄂ뇟가</u>〈273, 서울집의 언니〉

  나. 오작 조아ᄒ고 <u>깃버ᄒ기슴낭이가</u>[喜]〈269, 안영록〉 / 눌과 <u>의논ᄒ 기슴나이가</u>[議論]〈269, 안영록〉

(8) 의문형 종결 어미([-未定])

  가. 죠곰 <u>나으시니잇가</u>[瘳]〈114, 여강이씨〉 / <u>안녕ᄒ옵시니잇가</u>[安寧] 〈225, 진주강씨A〉 / 졈〃 감셰 <u>겨오시니잇가</u>[在]〈214, 진성이씨B〉

---

14) (7)~(8)에서 작성 시기가 별도로 제시되어 있지 않은 것은 모두 1830·1840년대의 것들이다. 또한, 발·수신자 관계가 아래와 같이 일정한 것은 일일이 그것을 명시하지 않고 발신자 정보만을 나타내었다.
 ㄱ. 고성이씨A(제수) → 김진화(아주버니)
 ㄴ. 구원(노복) → 김진화(상전)
 ㄷ. 서울집의 언니(측실의 언니) → 김진화(동생의 남편)
 ㄹ. 선성김씨B → 김흥락(시백부)
 ㅁ. 안영록(경초관) → 김진화(지방관)
 ㅂ. 여강이씨(아내) → 김진화(남편)
 ㅅ. 의성김씨②(딸) → 김진화(아버지)
 ㅇ. 의성김씨②/③(딸) → 김진화(아버지)
 ㅈ. 전중경(하인) → 김진화(상전)
 ㅊ. 진성이씨B(며느리) → 김진화(시아버지)
 ㅋ. 진주강씨A(제수) → 김진화(아주버니)

가. 짠 심녀ᄂᆞᆫ 업스시이잇가(無) 〈250, 1878년, 선성김씨B〉 / 안녕ᄒᆞᆸ시잇가(安寧) 아옵고져 ᄒᆞ와 〈223, 진주강씨A〉 / 안녕ᄒᆞᆸ시잇가(安寧) 〈200, 의성김씨②/③〉

나. 엇지ᄒᆞ오식가 보온닛가 〈273, 서울집의 언니〉 / 나으리 은혜을 모르고 불학무식히 구오잇가만은 〈273, 서울집의 언니〉

나'. 엇지 견듸여 지팅할가 보오니가 〈269, 안영록〉 / 무안 일향ᄒᆞᆸ신잇가(一向)15) 〈262, 전중경〉

나". 긔후 일양ᄒᆞ신니잇가(一樣) 〈258, 구원〉

  (7)과 (8)은 각각 [+未定]과 [-未定]의 상황에서 사용된 'ᄒᆞ쇼셔'체 의문형 종결 어미를 제시한 것이다. (7가)는 [+未定]의 경우 양반 계층의 언간에서 '-으리잇가'만이 쓰이는 것을 나타낸다. 그런데 흥미롭게도 '서울집의 언니'는 (7나)와 같이 선어말 어미 '-으리-' 대신 '-겟-'이 통합한 '-게습ᄂᆞ닛가'를 사용한다. 그리고 이는 (7나')의 안영록 언간에서도 동일하다(여기서 표기나 형태상의 차이는 차치한다).

  (8가)는 [-未定]의 경우 양반 계층의 언간에서 '-으니잇가'가 일반적으로 사용된다는 것을 나타내며, (8가)은 '-으니잇가에서 'ㄴ'이 탈락한 '-(으)이잇가'나 '니'가 탈락한 '-(으)잇가'가 지극히 산발적으로 출현하는 것을 보여 준다. 이와는 대조적으로 '서울집의 언니'는 (8나)와 같이 '-닛가'를 사용하며, 이 형태는 (8나')의 안영록과 전중경 언간에 나타나는 것과 기본적으로 동일하다. 다만, (8나")에서 볼 수 있듯이 양반들이 사용하는 '-으니잇가'가 천민의 언간에서도 등장한다는 사실을 간과해서는 안

---

15) 여기서의 '일향'은 '一向'이라기보다는 '일양(一樣)'에 /ㅎ/이 첨가된 예일 가능성도 있다. 그러나 이종덕 선생은, 한문 편지틀 ≪尺牘大方≫에서는 오히려 '一樣'이 안 쓰이고 '一向'만 쓰였고, ≪諺簡牘≫에서는 책에 따라 '일양'과 '일향'이 모두 나타난다는 사실을 저자에게 알려 주었다. 전중경은 한자를 읽고 쓸 줄 아는 인물이었으므로('전중경' 항목 참조), '一向'과 '一樣'을 구분할 수 있었을 것이다.

될 것이다.

> ❑ 선성김씨A(宣城金氏, 1824~1902)
> ▎G₅▎여▎양반▎영주(이산면)/안동▎가계도 3

학봉의 11대 종손 김흥락의 안사돈이자, 12대 종손 김응모(金應模, 1853~1869)의 처모. 추사(秋槎) 김휘대(金輝大, 1803~1872)의 딸이다. 정선용 역(2010: 98)에 따르면, 김휘대는 현 경북 영주시(榮州市) 이산면(伊山面) 석포리(石浦里)에 살았다고 한다.16) 남편 안동인(安東人) 권노연(權魯淵, 1825~?)은 ≪國朝榜目≫에서 거주지가 "安東"으로 나타난다. 따라서 선성김씨A의 본가와 시가는 각각 영주와 안동으로 상정할 수 있다.

> ❑ 선성김씨B(宣城金氏, 1859~1944?)
> ▎G₆▎여▎양반▎봉화(물야면)/안동(서후면)▎가계도 1

김응식(金應植, 1861~1921)의 아내. 김승락(金承洛, 1835~1899)의 맏며느리. 문헌 자료를 통해서는 선성김씨B의 부친 김휘수(金輝洙)의 거주지를 알아내지 못하였다. 그러나 학봉의 현 종손의 아우 김종성 선생은 선성김씨B가 사간(司諫)을 지냈던 노주(蘆洲) 김태일(金兌一, 1637~1702)의 후손으로 친정이 봉화군 물야면(物野面) 사골(절곡, 사곡)이라고 알려 주었다. 시부 김승락이 일생 동안 금계의 종가에서 살았으므로 ('진성이씨C' 항목 참조), 선성김씨B 역시 남편 김응식과 함께 그곳에서 시부모를 봉양하며 살았을 것이다.

> ❑ 순임(順任, 1822 전후~?)
> ▎G₅▎여▎비양반▎안동(서후면)/안동(서후면)▎

---

16) 정선용 역(2010: 98)에서는 김휘대의 거주지에 대한 정보가 안동 지역의 향토 사학자로 보학(譜學)에 특히 밝은 유일곤 씨가 알려 준 것이라고 밝히고 있다.

학봉의 10대 종손 김진화부터 11대 종손 김흥락까지 총 2대에 걸쳐 학봉 종택의 주인을 섬겨 온 비녀(婢女)이다. 호적에는 1821년생 혹은 1823년생으로 기록되어 있는 것으로 보아 1822년 전후에 태어난 것으로 볼 수 있다. 그렇다면 학봉 종가의 세대 수로 따지면 제5세대에 해당하는 인물이 된다. 1837년 김진화의 호구단자에 처음 등장하여(15~17세) 1858년 김흥락의 호구단자에 도망한 노비로 기록되어 있는데(36~38세), 이로 미루어 안동 출신인 것으로 짐작할 수 있다. 부친 개득(介得)이 학봉의 9대 종손 김종수대부터 종택의 주인을 모셔 왔다는 사실도 이러한 짐작을 뒷받침해 준다.

1849년에 미상의 인물에게 쓴 편지 1건(〈259〉, 127어절)이 있으며, 여강이씨에게 받은 편지도 2건이 전하는 것으로 보아 한글을 읽고 쓰는 데 능했던 여종인 듯하다. 그런데 순임이 발신한 언간의 유려한 필체는 사대부 여성의 것을 방불케 한다. 이종덕 선생은 사대부가의 여종이 이처럼 숙달된 필체를 지녔다는 것을 믿기 어렵다는 이유로 그 편지가 다른 사람에 의해 대필된 것으로 보았다. 실제로 앞서 우리가 '구원'과 '서울집의 언니' 항목에서 제시하였던, 비양반 계층의 몇 가지 언어적 특징은 아래 (9)에서 볼 수 있듯이 순임의 언간에서는 발견할 수 없다.

(9) 가. 여러 셔방님닉와(書房)
    나. 지닉옵ᄂᆞ이대[經] / 그만ᄒᆞ시다 ᄒᆞ옵ᄂᆞ이대[云] / 갓숩ᄂᆞ이대[去] / 평안ᄒᆞ시기 ᄇᆞᄅᆞ옵ᄂᆞ이대[望] / 굿부옵ᄂᆞ이대[願]
    다. 편ᄒᆞ오니잇가(便) / 잘 잇ᄉᆞᆸᄂᆞ니잇가[在]

(9가)는 접미사 '-님'을, (9나)는 '-ᄂᆞ-'가 개재하는 'ᄒᆞ쇼셔'체 평서형 종결 어미를, (9다)는 'ᄒᆞ쇼셔'체 의문형 종결 어미를 각각 제시한 것이다. 이들은 전술한 바와 같이 일반적으로 양반 계층의 언간에서 쓰이는 형태들이다.

그런데 순임의 언간에서 양반 계층 방언의 특징만 나타나는 것은 아니다. 가령, (주로 형용사 어간과 결합하여) '-ᄂ-'가 개재하지 않는 'ᄒᆞ쇼셔'체 평서형 종결 어미의 경우, 순임의 언간에서는 비양반 계층의 형태 혹은 표기가 발견되기 때문이다. 아래 (10)은 (5)에서 제시하였던 예를 일부 수정·보충하여 다시 나타낸 것이다.

(10) 평서형 종결 어미(형용사 어간+{-ᄉᆞᆸ-}+-이다)

    가. 둅〃ᄒᆞ오이다 〈152, 의성김씨②〉 / 민망ᄒᆞ오이다(憫惘) 〈160, 의성김씨②〉 / 결통ᄒᆞ오이다(切痛) 〈218, 진성이씨B〉

    나. 답〃ᄒᆞ외다 〈259, 순임〉 / 졀통〃 분ᄒᆞ외다(忿) 〈259, 순임〉

    나. 깃부외다[喜] 〈270, 안영록〉 / 업스외다[無] 〈269, 안영록〉 / 답〃ᄒᆞ외다 〈265, 정 주부〉 / 굼〃ᄒᆞ외다 〈265, 정 주부〉 / 갑슨 五百五十兩 듈 아오디 ᄉᆞ은임(司議-) 직겨 둥경 쵹슈외다(觸手) 〈262, 전중경〉

    cf. 민망ᄉᆞ와니다(憫惘) 〈258, 구원〉 / 업스와니다[無] 〈258, 구원〉 / 황공ᄒᆞ와니다(惶恐) 〈258, 구원〉 / 황숑ᄒᆞ오니다(惶悚) 〈273, 서울집의 언니〉 / 그만인가 보오니다 〈273, 서울집의 언니〉

(10가)와 같이 양반 계층의 언간에서는 '-오이다'만 사용되지만, (10나)처럼 순임의 언간에서는 '-외다'가 2회 등장한다. 이 '-외다'는 (10나')과 같이 여러 비양반 계층 발신자들의 언간에서만 공통적으로 발견되는 것이다. '-오이다'와 '-외다'가 형태상의 차이인지 단순한 표기상의 차이인지는 알 수 없으나, 이들이 양반 계층과 비양반 계층을 구분 짓는 일종의 사회적 표지(social marker)가 되는 것임은 틀림없는 사실이다. 이 사실은 순임의 편지가 친필 언간일 가능성도 배제할 수 없음을 말해 준다. 하지만 친필과 대필 여부는 쉽게 가려낼 수 있는 문제가 아니므로, 그 판단은 여기서 유보하기로 한다.

❑ 아주신씨A(鵝洲申氏, 1797~1835)
▎G₄ ▎여 ▎양반 ▎의성(봉양면)/안동(서후면) ▎가계도 <u>1</u> · <u>4</u> · 10

　김진화의 아우 겸와(謙窩) 김진형(金鎭衡, 1801~1865)의 초취(初娶). 〈鶴峰宗家〉에서 "의성딕"으로 불린다는 점과, 친정아버지 신면조(申冕朝, 1766~?)가 ≪司馬榜目≫에서 "義城" 출신으로 기록되어 있다는 점에서 아주신씨A의 친정은 의성임이 분명하다. 현 학봉 종손(김종길 선생)의 아우 김종성 선생에 의하면, 아주신씨A의 본가는 현 의성군 봉양면(鳳陽面) 구미리(龜尾里)라고 한다. 구미리는 아주신씨의 집성촌이 있는 곳이다.

　남편 김진형은 부친 김종수의 준호구(1807년[7세], 1810년[10세])와, 형 김진화의 준호구·호구단자(1813년[13세], 1819년[19세], 1822년[22세], 1828년[28세], 1837년[37세])에 계속 나타나므로, 결혼한 이후에도 서후면 금계리에서 살았다는 것을 알 수 있다. 1837년 김진화의 호구단자에는 아주신씨A가 망자로 기록되어 있다. 요컨대 아주신씨A의 시가는 금계리 종가였다고 하겠다.

❑ 아주신씨B(鵝洲申氏, 1800년대?~1877)
▎G₄? ▎여 ▎양반 ▎의성(봉양면)/안동(도산면) ▎가계도 <u>4</u>

　학봉의 12대 종손 서산(西山) 김흥락의 처모. 이조 좌랑(吏曹佐郞), 사헌부 지평(司憲府持平), 함경도 도사(咸鏡道都事) 등을 지낸 신면주(申冕周, 1768~1845)의 딸이다. 신면주는 전술한 아주신씨A의 부친 신면조의 아우이므로, 아주신씨B와 아주신씨A는 사촌 간이 된다. 따라서 아주신씨B의 친정도 의성일 것이다. 실제로 신면주 역시 ≪國朝榜目≫에서의 거주지가 의성으로 되어 있으며, 이병연(李秉延, 1894~1977)의 지리서 ≪朝鮮寶輿勝覽≫(1922~1937) 중 의성편(1934)의 '名宦' 항목에도 그 이름을 올리고 있다. 현 학봉 종손의 아우 김종성 선생도 아주신씨B

의 본가가 아주신씨A와 마찬가지로 의성군 봉양면 구미리라고 증언해 주었다.

아주신씨B는 퇴계(退溪) 이황(李滉, 1501~1570)의 후손인 이만억(李晩億, 1804~1855)에게 시집가서 예안(禮安)의 하계(下溪)에 살았다. 이 지역은 현재의 행정 구역상으로는 안동시 도산면(陶山面) 토계리(土溪里)에 포함된다. '하계'는 진성이씨의 세거지로 〈鶴峰宗家〉에서 두 사람의 딸(=진성이씨B)이 시가에서 불리는 택호이기도 하다.

□ 안영록(安永祿, ?~?)
┃G?┃남┃비양반┃서울(종로구)?┃

도성(都城)에서 초관(哨官)의 직(職)을 맡고 있는 무관이다. 김진화에게 보낸 7건의 언간이 무려 2,026어절이나 되어, 〈鶴峰宗家〉 발신자 중에서는 여섯 번째로 많은 분량의 편지를 쓴 인물이다. 그러므로 비록 학봉 종가의 인물은 아니지만, 그가 쓴 언간은 당시 중인(中人) 혹은 서자(庶子) 신분의 화자가 구사하는 언어의 일면을 파악하는 데 큰 역할을 한다.[17]

안영록과 관련된 기록은 다른 사료에서 전혀 찾아볼 수가 없다. 특히, 현전하는 ≪武科榜目≫이나 ≪武譜≫에서도 안영록의 이름이 나타나지 않아, 그가 무과 급제자인지의 여부도 알 수 없는 실정이다. 무과 급제를 하지 않아도 초관에는 임명될 수 있었기 때문이다.[18] 따라서 그

---

[17] 이종덕 선생은 안영록이 무관이면서도 오랫동안 초관으로 불린다는 점과, 거주지가 중인들이 모여 사는 사온동(司醞洞)이는 점에서 그의 신분이 중인이거나 서자일 가능성이 높을 것으로 추정하였다. 한국학중앙연구원의 정해은 선생은 안영록의 누이가 김진화의 측실로 갔다는 사실(후술)을 근거로 안영록이 서자일 가능성을 조심스럽게 제기하였다. 서녀들이 측실로 가는 경우가 많기 때문이라는 것이다(이상의 내용은 모두 저자가 두 분과 주고받은 전자 서신에서 인용한 것이다).

[18] 이러한 사실은 정해은 선생이 저자에게 알려 준 것이다. 한편 鄭海恩(2002: 8)에 의하면, 조선 시대 무과 시험은 총 800회 실시되었는데 그 가운데 현전하는 ≪武科榜目≫은 모두 137개로, 이는 무과 시험 실시 횟수의 17.1%에 불과한 수치라고 한다.

에 대한 정보는 〈鶴峰宗家〉 내에서 찾을 수밖에 없다. 우선 그의 거주지는 분명히 알 수 있다. 그가 쓴 몇몇 별봉(別封)에서는 "司醞洞 安書房 上書" 혹은 "宗橋 安哨官 上書"라고 적힌 내용을 발견할 수 있는데, 여기서 "司醞洞"과 "宗橋"는 바로 그의 거주지를 나타내는 것이다. '사온동'은 오늘날의 서울 종로구 도렴동·적선동·세종로동에 걸쳐 있던 마을로서 사온서(司醞署)가 있던 데서 유래한 이름이고, '종교'는 현 종로구 내자동 71번지 부근에 놓여 있던 다리이다(≪서울지명사전≫ '사온동'·'종교' 항목 참조]. 그러나 이 기록이 안영록의 출신지가 서울임을 함의하지는 않는다. 그가 다른 지역에서 상경하여 서울에서 거주하고 있는 것일 수도 있기 때문이다.[19]

안영록은 김진화가 서울에서 근무할 때 사귄 무관으로 보이며, 김진화가 1833년 6월 아산 현감으로 임명되어 서울을 떠난 후에도 두 사람은 꾸준히 연락을 하고 지낸 듯하다. 그가 김진화에게 쓴 언간 7건 외에도 김진화가 그에게 쓴 언간 3건과 한문 간찰 1건이 추가로 전하는데, 그 작성 연도가 모두 1841~50년 사이에 분포해 있기 때문이다.

흥미로운 점은 안영록과 김진화가 서로 도움을 주고받는 사이였다는 것이다. 김진화는 안영록으로 하여금 필요한 약을 의원에게 지어 보내 달라고 하거나, 군복(軍服)을 짓는 데 드는 재료를 서울에서 마련하여 보내 달라는 등의 개인적인 잔심부름을 시켰으며, 자녀의 혼구(婚具) 흥정을 여러 차례 부탁하였다. 안영록은 이를 흔쾌히 도맡아 처리하였을 뿐만 아니라, 김진화가 지방관으로 부임한 뒤에도 계속 서울의 정보를 제공해 주기도 하였다. 그 대가로 김진화는 안영록에게 경제적인 도움을 주었다. 여러 정황으로 볼 때 안영록의 누이가 김진화의 측실이었

---

19) 정해은 선생은 무과 응시자가 서울에 적을 두고 시험을 보면 ≪武科榜目≫에서 그 거주지가 "京"으로 표기된다고 하였다. 즉, 지방인이 서울 군영에 소속되었다가 시험을 보아도 "京"으로 표기된다는 것이다. 이러한 사실은 설령 안영록에 대한 ≪武科榜目≫의 기록을 발견한다 하더라도 그의 출신 지역까지는 밝혀내기 어려울 것임을 시사한다.

던 것으로 추정되는데(김진화의 정실 여강이씨는 이 측실을 가리켜 "셔울집"으로 지칭한다), 그렇다면 안영록과 김진화는 서로 매우 긴밀한 관계에 있었다고 볼 수 있다.[20]

☐ 여강이씨(驪江李氏, 1792~1862)
┃G₄ ┃여 ┃양반 ┃경주(강동면)/안동(서후면) ┃가계도 1·3·5·6·7·10

김진화의 아내. 경주 출신의 대학자 회재(晦齋) 이언적(李彦迪, 1491~1553)의 후손인 이원상(李元祥, 1762~1813)의 딸이다. 이원상 역시 경주 출신이라는 사실은 ≪司馬榜目≫과 ≪國朝榜目≫에 나와 있는 그의 거주지 정보와, 경주 출신의 과거 급제자 명단이 수록되어 있는 ≪東京通誌≫(1933) 권13의 내용(慶州文化院 1990: 460)을 통해서도 쉽게 알 수 있다. 현 학봉 종손의 아우 김종성 선생도 여강이씨의 본가가 경주 강동면(江東面) 양동(良洞)이라고 밝혀 주었다. 양동 마을은 경주손씨와 여강이씨 문중이 500여 년간 모여 살아온 유서 깊은 반촌(班村)이다.

여강이씨는 안동 서후면 금계리로 시집왔다. 그는 1810년 19세의 나이로 시부 김종수의 준호구에 처음 등장하여 남편 김진화의 준호구·호구단자를 거쳐, 1861년 67세에 이르기까지 장남 김흥락의 호구단자에 꾸준히 올라와 있다.

여강이씨의 언간은 〈鶴峰宗家〉에서 가장 많은 수량을 차지한다. 따라서 그의 편지는 당시의 언어 변이를 살펴보기에 양적으로 충분한 자료가 된다. 그런데 여강이씨는 경주 출신인 만큼 그의 방대한 편지 분량에는 경주 지역어적 요소가 반영되어 있을 것으로 기대할 수 있다. 실제로 그는 어두 'ㅆ' 표기를 거의 사용하지 않는다(4.2 참조). 현대 경

---

[20] 이종덕 선생은 안영록이 김진화 집안의 단골리(丹骨吏)가 아니면서도 그와 같은 역할을 한다는 점이 주목할 만하다고 하였다. 조선 후기 '단골리'로 불렸던 경아전과 지방 명문 출신 관리 간의 관계망에 대해서는 전경목(2013)을 참조할 수 있다.

주 지역어에서는 /ㅅ/과 /ㅆ/이 서로 대립하지 않는다는 사실을 고려할 때, 이러한 표기 양상은 경주 지역어적 요소임이 분명하다.

☐ 유연박(柳淵博, 1844~1925)
│G₆│남│양반│안동(임동면)│가계도 1·6

본관은 전주(全州). 자는 경심(景深), 호는 수촌(水村). 정재(定齋) 유치명(柳致明, 1777~1861)의 손자이자 세산(洗山) 유지호(柳止鎬, 1825~1904)의 장남이며, 김흥락의 문인이다. 안동 유림의 의병 지도자인 아버지를 따라 을미의병(乙未義兵) 때 안동의진(安東義陣)에 가입하여 활동하였다. 1919년 파리장서(巴里長書)에 유림의 일원으로 서명하였다. 그의 언간은 비록 단 1건(88어절)만이 전하지만, 조부 유치명의 언간과 대비하여 살펴볼 수 있다는 점에서 자료적 가치가 적지 않다.

☐ 유치명(柳致明, 1777~1861)
│G₃│남│양반│안동(임동면)│가계도 6

본관은 전주(全州). 자는 성백(誠伯), 호는 정재(定齋). 안동 출신의 학자이자 문신으로 김성일(金誠一)-장흥효(張興孝)-이현일(李玄逸)-이재(李栽)-이상정(李象靖)을 이어 퇴계의 학통을 계승하였으며, 이는 그의 제자 김흥락에게로 전승된다. 며느리는 김진화의 셋째 딸(=의성김씨③)인데, 〈鶴峰宗家〉에서는 "한들" 혹은 "한들집"이라는 택호로 주로 지칭되는 인물이다. 그 지명은 현 안동시 임동면(臨東面) 수곡리(水谷里) 한들[大坪]을 가리킨다(한국학중앙연구원 2009c: 123).[21]

---

21) 정재 종택에는 현재 유치명의 종손 유성호(柳成昊) 선생이 살고 있다. 정재 종택은 본래 수곡리 한들에 있었으나, 임하댐 건설로 인하여 수곡리 구수동으로 이건되었다〈안동시청〉 홈페이지, '안동 소개→안동 역사→지명 유래' 참조.

유치명의 언간은 1838년에 작성된 1건(73어절)만이 알려져 있어[22] 그의 언어적 특징을 자세히 살펴보기는 어렵다. 하지만 〈鶴峰宗家〉에서 제3세대 인물이 그리 많지 않다는 점을 감안한다면 그의 언간이 갖는 가치는 결코 적다고 할 수 없다. 유치명은 1838년 이전까지 승문원 부정자(承文院副正字)와 성균관 전적(成均館典籍), 사간원 정언(司諫院正言), 사헌부 지평(司憲府持平), 세자시강원 문학(世子侍講院文學), 전라도 장시도사(全羅道掌試都事), 홍문관 교리(弘文館校理), 우부승지(右副承旨) 등을 지낸 경험이 있다. 따라서 그의 언어에도 중앙어나 타 방언적 요소가 많이 섞여 있었을 것으로 추정되나, 주어진 자료만을 통해서는 그것을 밝혀내기 어렵다.

□ 의성김씨①(義城金氏, 1812~1831)
| G₅ | 여 | 양반 | 안동(서후면)/안동(도산면) | 가계도 1・5・7

김진화의 첫째 딸. 남편은 유치명의 문인인 진성인(眞城人) 쌍취(雙翠) 이만운(李晩運, 1815~1886)이다. 시가는 현 안동시 도산면 토계리 계남(溪南)으로, 〈鶴峰宗家〉에서 "계남" 혹은 "계남집"이라는 택호로 지칭된다. 의성김씨①이 발신한 언간은 총 3건(598어절)이나, 그중 1건(263어절)은 시어머니인 인천채씨(仁川蔡氏)가 대필한 것으로 추정된다(이종덕 외 2019: 525).

---

[22] 그 1건의 언간은 〈011〉을 가리킨다. 그것은 종래에 김진화가 맏며느리 진성이씨B에게 보낸 편지로 알려져 있었다(한국학중앙연구원 2009c: 471, 황문환 외 2013b: 590). 그러나 이종덕 선생은, 그 편지의 필체와 내용이 김진화의 다른 편지와 다르다는 점, 작성 연도가 김진화의 셋째 딸이 혼인한 1838년이라는 점, 필체가 유치명의 한문 간찰과 인상적으로 비슷하다는 점, 발신자 수결이 "一明"으로 보인다는 점, 발신자를 "싀부"라고 한 점 등을 근거로 그 편지를 유치명이 맏며느리 의성김씨③에게 보낸 편지로 추정하였다(이종덕 외(2019)에는 이 사실이 반영되어 있다. 저자가 조사한 바에 따르면, 〈011〉에는 'ㅅyV~ㅅV'의 혼기가 전혀 나타나지 않는데, 이는 김진화의 일반적인 표기법에 크게 벗어나는 현상이다. 이러한 사실도 이종덕 선생의 추정을 뒷받침해 준다.

❑ 의성김씨②(義城金氏, 1817～1852)
┃G₅┃여┃양반┃안동(서후면)/안동(법흥동)┃가계도 <u>1 · **2** · 5</u>

　　김진화의 둘째 딸. 고성인(固城人) 이종태에게 시집가서 현 안동시 법흥동(法興洞)에서 살아 택호가 "법흥"이다('고성이씨A' 항목 참조). 김진화의 네 딸이 쓴 언간 중 둘째의 것은 넷째(=의성김씨④)의 것 다음으로 많은 수량을 차지한다.

❑ 의성김씨③(義城金氏, 1822～1849)
┃G₅┃여┃양반┃안동(서후면)/안동(임동면)┃가계도 <u>1 · 5 · **6**</u>

　　김진화의 셋째 딸. 유치명의 아들 세산(洗山) 유지호(柳止鎬, 1825~1904)와 혼인하여 현 안동시 임동면 수곡리 한들에서 살았다. 〈鶴峰宗家〉에서 "한들" 혹은 "한들집"으로 불린다('유치명' 항목 참조).

❑ 의성김씨④(義城金氏, 1825～1899?)
┃G₅┃여┃양반┃안동(서후면)/구미(인동동)┃가계도 <u>1 · 5 · **8**</u>

　　김진화의 넷째 딸. 인동인(仁同人) 장후상(張厚相, 1826~1862)과 결혼하였으며, 시가의 위치는 현 구미시 인동동(仁洞洞)인 까닭에[23] "인동" 또는 "인동집"이라는 택호를 갖는다. 김진화의 네 딸의 언간 중 가장 많은 수량을 차지하며, 그 작성 시기도 19세기 후기에까지 이른다.

❑ 의성김씨A(義城金氏, 1775～1866)
┃G₃┃여┃양반┃안동(예안면)/경주(강동면)┃가계도 <u>**5**</u>

---

23) 한국학중앙연구원(2009c: 453)에서는 '인동'이 현 '경상북도 칠곡군 인동면'인 것으로 되어 있는데, 이는 행정 구역이 재편되기 이전의 지명을 사용한 데서 오는 차이일 뿐이다. 현재의 인동동은, 1978년 구미읍과 칠곡군 인동면이 통합되어 구미시로 승격됨으로써 구미시에 편입되어 있다≪한국지명유래집(경상편)≫ '인동동' 참조).

김진화의 처모. 부친 김복운(金復運, 1742~1797)이 의성김씨 천전파의 제1파라고 할 수 있는 약봉파(藥峰派)의 후예라는 점을 고려할 때, 친정은 현 안동시 예안면(禮安面)일 가능성이 높다. 남편은 경주 출신의 여강인(驪江人) 이원상이다('여강이씨' 항목 참조). 그러므로 의성김씨A는 안동에서 경주로 시집간 것이 된다.

〈鶴峰宗家〉 내에서도 의성김씨A의 시가 위치를 알려 주는 정보는 많이 등장한다. 가령, 1833년 정월에 그가 서울에 있는 사위 김진화에게 보낸 편지(〈005〉)에서 "검뎨 긔별도 경쥬로 드르니"라고 하며 사위의 본가인 검제(黔堤)[=금계(金溪)] 소식이 자신이 있는 경주에 당도하였음을 알리고 있는 것이다. 그 외에도 딸 여강이씨가 〈鶴峰宗家〉에서 여러 차례 자신의 친정을 "경쥬"로 언급하고 있는 사실도 참고할 수 있다.

언간 수량[총 6건(1,149어절)]의 측면에서 〈鶴峰宗家〉의 제3세대를 대표하는 인물이다. 제3세대 언간 수량이 제4·5세대의 것에 한참 못 미친다는 점을 고려할 때, 의성김씨A의 언간이 갖는 가치는 매우 높다.

❑ 의성김씨B(義城金氏, 1840년대?~?)
  ▮G_6? ▮여 ▮양반 ▮안동(서후면)/봉화(춘양면) ▮가계도 1·4

김진화의 아우 김진형의 차녀. 언니 김수락과 마찬가지로 안동 서후면 금계리 종가에서 자랐다('아주신씨A' 항목 참조). 남편은 진성인(眞城人) 이흥로(李興魯, 1849~1923)이다. 이흥로의 조부 이한응(李漢膺, 1778~1864)은 안동 화산(華山) 아래 녹동리(鹿洞里)에서 태어났는데[〈한국고전종합DB〉 ≪敬菴集≫ 해제의 〈행력〉 참조], 부친 이도상(李道相, 1801~1868)과 이흥로는 모두 장손으로서 역시 이 지역에 거주하였을 것이다. 이 지역은 오늘날의 봉화군 춘양면(春陽面)에 해당한다.

생년을 알 수 없으나 남편 이흥로의 생년으로 미루어 1840년대생일 가능성이 높다. 그렇다면 제6세대 발신자라고 할 수 있다. 비록 언니 김수락(1824~1879)과는 자매 관계이지만, 나이 차이가 많이 나서 둘은 서로 다른 세대에 속한다. 김수락과 의성김씨B의 언간은 1건씩(115·117어절)밖에 전하지 않는데다가, 전자는 1840년대에, 후자는 1880년대에 각각 쓴 것이라, 그들의 편지만으로는 둘 사이의 언어 변이나 변화를 살펴보기에 역부족하다.

▢ 의성김씨C(義城金氏, 1820년대?~?)
┃G_5? ┃여 ┃양반 ┃봉화(봉화읍)/안동(도산면) ┃가계도 1

김진화의 첫째 딸(의성김씨①)의 맏며느리이자 이중건(李中建, 1829~1881)의 초취. 따라서 시가는 안동시 도산면의 계남이다('의성김씨①' 항목 참조). 현 학봉 종손의 아우 김종성 선생에 따르면, 친정아버지 김창수(金昌銖, 1809~?)는 봉화 해저(海底) 사람이라고 한다. 그곳은 지금의 봉화군 봉화읍 해저리(海底里)에 대응한다. 남편 이중건의 생년을 참고하면, 제5세대에 해당하는 1820년대생일 것으로 추정된다.

▢ 이중검(李中儉, 1829~1894)
┃G_5 ┃남 ┃양반 ┃안동(도산면) ┃가계도 9

김진화의 맏며느리 진성이씨B(眞城李氏, 1825~1888)의 십이촌 동생. 조부는 이휘박(李彙璞, 1783~1818), 부친은 이만기(李晩基, 1810~1859)이다. 진성이씨의 세거지인 도산면 하계(下溪)에 살았다. 자신을 "독뎨(族弟)"로 칭하며 진성이씨B에게 쓴 언간 1건(122어절)이 있다.

▢ 인천채씨(仁川蔡氏, 1790s?~?)
┃G_4? ┃여 ┃양반 ┃상주/안동(도산면) ┃가계도 7

의성김씨①의 시모. 이만운(李晩運, 1815~1886)의 모친. 의성김씨①이 작성한 언간 중 1건을 대필한 것으로 짐작되므로(이종덕 외 2019: 525), 그의 방언적 배경도 조사해 둘 필요가 있다. 향산(響山) 이만도(李晩燾,

1842~1910)의 ≪響山文集≫(1933) 권16의 〈가선대부 행 이조참판 이 공의 행장[嘉善大夫行吏曹參判李公行狀]〉에는 이만운의 모친 인천채씨가 "순조 을해년(1815, 순조 15) 7월 10일에 상주(尙州)의 친정집에서 공을 낳았다[純祖乙亥七月十日生公于尙州之親第前]."라는 기록이 있다(허벽·장성덕 역 2013: 68)[밑줄은 저자가 추가함]. 이 기록에 따라 우리는 인천채씨가 경북 상주 출신임을 알 수 있다.

남편인 이휘정(李彙廷, 1799~1875)은 하계의 계남(系南) 출신이므로(宋志香 1983: 768~769), 시가는 현 안동시 도산면으로 상정할 수 있다.

☐ 전주유씨(全州柳氏, 1820년대?~?)
｜G_5?｜여｜양반｜안동(예안면)/안동(도산면)｜가계도 7

김진화의 고종사촌 누나 진성이씨A와 유기진(柳箕鎭, 1792~1846)의 딸. 즉, 김진화에게는 내종질녀(內從姪女)가 된다. 유기진은 예안(禮安) 출신의 문신 삼산(三山) 유정원(柳正源, 1703~1761) 후손이다. 삼산 종택과 유기진의 부친 유치익(柳致翊, 1775~1826)의 묘소가 안동시 예안면 주진리(舟津里)에 있다는 점과, 진성이씨A와 유기진 부부의 묘소가 예안 동달리(東達里)[현 예안면 구룡리(九龍里)]에 있다는 점을 고려할 때, 그들의 딸 전주유씨의 예안면 출신임을 쉽게 추정할 수 있다. 혼인은 진성인(眞城人) 이휘정의 4남인 이만기(李晩起, 1824~1886)와 하였으므로, 시가는 계남(안동시 도산면)으로 확정할 수 있다('인천채씨' 항목 참조).

☐ 전주최씨A(全州崔氏, 1789~1847)
｜$G_{3.5}$｜여｜양반｜구미(해평면)/충주(앙성면)｜가계도 4·10

김진화의 이종사촌 누나. 친정은 선산(善山)이다. 선산의 해평(海平)은 전주최씨의 세거지로 유명한 곳일 뿐만 아니라, ≪司馬榜目≫에 의하면 부친 최용우(崔龍羽, 1767~1842)와 조부 최광악(崔光岳, 1723~1773), 증조부 최수인(崔壽仁, 1696~1748) 등 3대 이상이 모두 선산에 거주해 왔기 때문이다. 해평은 오늘날의 행정 구역상으로 구미시(龜尾市) 해평면(海平面)에 해당한다.

남편인 연안인(延安人) 이순유(李醇儒, 1789~1837)는 화음(華陰) 이창정(李昌庭, 1573~1625)의 후손으로, 홍문관 교리(弘文館校理)를 지낸 이지담(李之聃, 1741~1812)의 손자이다. 이창정의 4남인 이회(李禬, 1607~1666)의 자손들은 대대로 충북 충주(忠州)에서 살아 왔으므로 이순유의 출생지와 거주지 역시 모두 충주일 것으로 추정된다.[24] ≪延安李氏三陟公派譜≫에서도 이순유의 묘소가 현 충주시 앙성면(仰城面) 샘개[泉浦]·모정말[茅亭村] 일대로 나와 있으며, 아내 전주최씨A의 묘소가 "忠州北邊麗水洞"으로 기록되어 있다. 이상의 사실을 종합해 볼 때 전주최씨A의 시가는 충주였음이 분명하다.[25]

□ 전주최씨B(全州崔氏, ?~?)
┃G₅/₆? ┃여 ┃양반 ┃구미(해평면)/경주(강동면) ┃가계도 <u>10</u>

---

[24] 이러한 내용은 연안이씨 삼척공파 후손으로 보학에 밝은 이구영 선생이 알려 준 것이다. 이구영 선생은 화음의 후손들에 대한 이야기를 상세하게 알려 주었을 뿐만 아니라, 삼척공파 족보의 해당 부분을 직접 스캔하여 저자에게 전자 서신으로 보내 주기까지 하였다. 이 자리를 통해 감사의 말씀을 드린다.

[25] 〈鶴峰宗家〉에 등장하는 인물들의 통혼권이 대체로 경북(특히 경북 서북부) 지역으로 한정된다는 사실을 고려할 때, 전주최씨A가 선산(현 구미)에서 충주로 시집간 사실은 다소 특이하다. 하지만 이구영 선생에 의하면, 연안이씨 삼척공파는 화음 이창정 대 이후로 경북 문경·상주·안동 등지에도 세거하게 되었으며, 상주의 대학자 중 한 사람인 연안인(延安人) 식산(息山) 이만부(李萬敷, 1664~1732)의 학통이 성호(星湖) 이익(李瀷, 1681~1763)에게로 이어짐으로써 근기 남인(近畿南人)이었던 지봉(芝峯) 이수광(李睟光, 1563~1628, 식산의 외고조부)의 실학 풍조가 경상도로 전해지는 토대를 마련하는 데 삼척공파가 일조하였다고 한다. 즉, 삼척공파의 영남 정착이 근기 남인과 영남 남인(嶺南南人) 간의 가교 역할을 수행하게 된 셈이라는 것이다. 이구영 선생은 충주의 근기 남인과 선산의 영남 사림 간의 혼인도 이러한 측면에서 이해할 필요가 있다고 하였다.

김종수의 맏사위 최운석(崔雲錫, 1784~?)의 장녀. 김진화의 생질녀. 부친 최운석과 조부 최양우(崔陽羽, 1745~1791), 증조부 최광벽(崔光璧, 1728~1791)은 모두 ≪司馬榜目≫에서 거주지가 선산, 즉 지금의 구미(龜尾)로 나온다. 구미의 해평면에 전주최씨가 세거하였다는 사실을 고려할 때('전주최씨A' 항목 참조), 전주최씨B도 이곳 출신으로 짐작할 수 있다. 한편 남편 여강인(驪江人) 이능로(李能老, ?~?)가 회재 이언적의 후손이라는 점에서,26) 시집가서는 경주 강동면의 양동 마을에서 살았을 것으로 추정된다.

□ 전중경(全--, ?~?)
|G? |남 |비양반 |안동(서후면)? |

신원을 분명하게 밝히기 어려운 비양반 계층 인물. 〈鶴峰宗家〉에는 김진화에게 발신한 고목(告目, 〈262〉) 1건이 전한다. 그 고목의 내용을 통해서는 김진화 가문의 전장(田莊) 매매(賣買)와 관련된 업무를 맡고 있었다는 것만을 알 수 있을 뿐, 그 외 다른 신상 정보는 드러나지 않는다. 다만, 학봉 종가의 호구단자나 준호구에도 이름이 올라와 있지 않다는 점, 일반적인 노복들과는 달리 '전(全)'씨라는 성(姓)을 가지고 있다는 점, (11)과 같이 그의 고목에 한자가 일부 사용된 것으로 보아 한자를 해득한 사람으로 볼 수 있다는 점 등을 종합적으로 고려할 때, 그가 학봉 종가의 노복(奴僕)은 아니었음이 분명하다.

(11)   가. 都監 고목
　　　　　원듀 宅 고틱

---

26) '이능로'라는 이름은 ≪全州崔氏族譜≫(권1)에는 등장하나, 어찌된 일인지 여강이씨의 족보에는 나타나지 않았다. 저자는 회재의 무첨당파뿐만 아니라 다른 파의 '能' 자 항렬의 인물들도 모두 조사해 보았으나 그 이름을 찾을 수 없었다. 그 결과 이능로의 생년을 알 수 없게 되어 전주최씨B도 몇 년대에 태어났는지를 추정하기가 불가능하였다.

나. 乙巳 十月 初八日 全듕경 고목
　　　다. 갑슨 五百五十兩 둘 아오듸 슨은임 직겨 듕경 촉슈외다

(11가)는 자봉(自封)에 쓰인 한자이며, (11나)와 (11다)는 각각 내지(內紙) 후문(後文)의 월일(月日)과 추신(追伸)에 쓰인 한자이다. 이처럼 전중경은 그가 작성한 고목에 부분적으로 한자를 노출하고 있다.[27]

⟨262⟩는 그 짧은 분량(113어절)에 비해 적지 않은 오기(誤記)가 발견된다. 이는 ⟨鶴峰宗家⟩의 여느 비양반 계층 언간에서 흔히 관찰되는 현상이다.

(12)　가. 스로듸 구문셔짠(舊文書段)은 엇호올 것 나올림 쳐분(處分)호와 아롭난이다
　　　나. 듕경이 너머가 연유(緣由) 스뢰白] 터이오듸 … 스뢰白] 말삼 무궁(無窮)하오나 그만 아롭나이다
(13)　가. 황공(惶恐) 복지(伏地) 무안(問安) 스로듸 무안(問安) 일향(一向) 호옵신잇가
　　　나. 亽(事)은 임지가 나온이 문셔(文書)호고 돈 구쳐(區處)홀 도려(道理)을 호오리다

(12)와 (13)은 각각 고유어와 한자어의 오기를 보인 것이다. (12가)는 '엇지호올' 정도의 구성에서 '지'가 누락된 것이고, (12나)는 '스로[白]'의 관형사형 '亽롤'에서 'ㄹ'이 두 번이나 빠진 것을 나타낸다. (13가)는 '문안(問安)'이 '무안'으로 2회 표기된 것을, (13나)는 '도리(道理)'가 '도려'로 표기된 것을 각각 나타낸다. 이와 같은 오기는 비양반 계층의 기사자가 양반 계층에 비해 한글 표기법 이해 수준이 다소 떨어졌음을 잘 보여 준다.

---

[27] (11가)의 "都監"이라는 명칭이 그의 신분을 알려 줄 수 있는 단서가 될 수 있을지도 모른다.

□ 정주부(鄭主簿, ?~?)
|G? |남 |비양반 |서울? |

　김진화의 질병에 대한 처방을 담당했던 의원. 김진화가 보낸 증녹(症錄)에 대한 답신 형식의 언간이 3건(651어절)이나 있다. 그 언간에는 김진화를 위한 약의 효능과 사용법, 주의 사항 등이 상세히 적혀 있다. 이 사실로 보아 김진화에게 일종의 주치의(主治醫) 같은 역할을 맡았던 인물로 보인다. 언간 분량은 비양반 계층 발신자 중에서 안영록 언간(2,026어절)의 뒤를 잇는다. 따라서 정 주부의 언어는 19세기 전기 중인(中人) 계층의 방언을 파악하는 데 귀중한 자료가 된다.

　하지만 그가 어느 지역 방언을 구사하였는지는 알 수 없다. 〈鶴峰宗家〉 내에서는 그것과 관련된 직접적인 정보가 전혀 드러나지 않기 때문이다. 그런데 1848년 7월 안영록이 김진화에게 보낸 편지(〈268〉)에는 "젹으신 스연 보오니 놀납스와 그시로 뎡 쥬부을 가셔 보옵고 말숨ᄒᆞ온 즉"이라는 내용이 있다. 이 내용에 따르면 정 주부의 약방은 안영록이 마음만 먹으면 바로 가 볼 수 있는 거리에 있었던 것으로 볼 수 있다. 그 편지 봉투에 안영록의 거주지가 "宗橋"로 되어 있으므로('안영록' 항목 참조), 정 주부의 약방도 도성 어딘가에 있었을 것이라는 추정은 가능하다.

　정 주부의 언어적 특징 중 양반 계층과 구별되는 것은 이미 '구원'이나 '서울집의 언니', '순임' 항목에서 살펴본 바 있다. 여기서는 그의 언간에서 한자가 많이 등장한다는 사실만을 특기하고자 한다.

(14)　　가. 음식 금긔
　　　　鷄猪 冷麪 冷水 土醬 苦椒醬 豆腐 藜豆 蚡鱓 生蛤 油密果 甘物 生冷物 以上 諸味 一禁ᄒᆞ옵셔야 藥效 슈이 나옵ᄂᆡ다 〈263, 1848년, 정주부(의원) → 김진화(환자)〉

나. 大抵 腫處의 毒이 딕단ᄒᆞ여 미오 얼여오실 듯ᄒᆞ거든 젼인ᄒᆞ여 긔
별ᄒᆞ옵소셔 〈264, 1849년, 졍 쥬부(의원) → 김진화(환자)〉

(14)에서 볼 수 있듯이 졍 쥬부는 일종의 전문용어인 약명(藥名)에 대해서는 한자를 사용하였다. 그런데 "以上", "一禁", "大抵" 등은 약명이 아닌 비전문용어임에도 한자로 표기된 단어이다. 이는 남성 간에 주고받는 간찰의 특징이기도 하겠지만,[28] 기본적으로 졍 쥬부의 언어 태도가 반영된 것으로 해석함이 옳다. 안영록과 전중경도 한자를 해득한 인물지만, 그들은 인명이나 날짜, 주소 등과 같이 극히 제한적인 범위 내에서만 한자를 사용하고 있기 때문이다.

□ 진성이씨A(眞城李氏, 1786~1850)
| G$_{3.5}$ | 여 | 양반 | 안동(도산면)/안동(예안면) | 가계도 1·7

김진화의 고종사촌 누나. 퇴계의 봉사손(奉祀孫) 이지순(李志淳, 1762~1807)의 딸이므로 친정은 예안(禮安)의 상계(上溪), 즉 현 안동시 도산면 토계리이다. 〈鶴峰宗家〉에서도 자신의 친정이 진성이씨의 세거지인 예안이라는 것을 직접적으로 언급하고 있다(예 녜안이 내 친졍일다마는 〈013, 1839년, 진성이씨A(고종사촌 누나) → 김진화(외사촌 동생)〉). 남편 유기진의 거주지는 안동시 예안면이다('전주유씨' 항목 참조).

□ 진성이씨B(眞城李氏, 1825~1888)
| G$_5$ | 여 | 양반 | 안동(도산면)/안동(서후면) | 가계도 1·3·4·5·7·9

김흥락의 아내. 김진화의 맏며느리. 퇴계의 후손인 이만억의 딸로 친정은 현 안동시 도산면 토계리 하계이다('아주신씨B' 항목 참조). 남아

---

28) 〈鶴峰宗家〉에서는 발·수신자가 모두 남성인 언간에서만 한자가 등장한다.

있는 18건의 언간이 총 3,741어절에 달하는데, 이는 제5세대 언간 중에서 의성김씨④ 언간[총 23건(4,274어절)]에 이어 두 번째로 방대한 분량이다. 따라서 진성이씨B는 제5세대의 언어를 파악하는 데 핵심적인 인물이라고 할 수 있다.

▫ **진성이씨C(眞城李氏, 1835~1853)**
  ┃$G_{5.5}$ ┃여 ┃양반 ┃안동(도산면)/안동(서후면) ┃가계도 1・5・7

　김흥락의 아우 병서(屛西) 김승락의 초취. 김승락의 첫째 자형(=의성김씨①의 남편)인 이만운(李晩運, 1815~1886)의 누이동생이므로, 동시에 이만운의 처남댁이 되기도 하다. 이만운과 마찬가지로 안동 계남 출신이다('의성김씨①' 항목 참조). 김승락의 이름은 형 김흥락의 호적에 1852년(18세)부터 1894년(60세)까지 꾸준히 올라와 있는 것으로 보아 김승락 부부는 학봉 종가에서 거주하였음이 확실하다. 진성이씨C도 김흥락의 1852년 호구단자에 18세의 나이로 한 차례 올라와 있다.

▫ **진주강씨A(晉州姜氏, 1814~1885)**
  ┃G_5 ┃여 ┃양반 ┃상주(신봉동)/안동(서후면) ┃가계도 1・10

　김진화의 아우 겸와(謙窩) 김진형(金鎭衡, 1801~1865)의 재취(再娶). 부친은 강충영(姜忠永, 1794~1835)이고 증조부는 사간원(司諫院)을 지낸 강세응(姜世鷹, 1746~1821)이다. 진주강씨A의 친정이 어디인지를 직접적으로 알려 주는 증거는 찾지 못했지만, 증조부 강세응이 상주(尙州) 출신의 문신이라는 사실을 감안한다면 진주강씨A의 친정도 상주였을 가능성이 높다. 실제로 학봉의 현 종손의 아우인 김종성 선생도 김진형의 계실(繼室)이 상주 봉대(鳳垈) 출신이라고 증언해 주었다. 현 상주시 신봉동(新鳳洞) 봉대리(鳳垈里)는[29] 진주강씨의 세거지이다. 남편 김진

---

29) '봉대(鳳垈)'는 한자로 '鳳臺' 혹은 '鳳大'로도 표기한다〈신흥동 행정복지센터〉홈페이지,

형과 관련된 여러 가지 기록을 볼 때 서후면 금계리에서 함께 살았음이 분명하다('아주신씨A' 항목 참조). 진주강씨A가 김진화의 1837년 호구단자에 24세의 나이로 등록되어 있다는 사실도 이를 입증해 준다.

❏ 진주강씨B(晉州姜氏, 1810~1855)
┃G₅ ┃여 ┃양반 ┃상주(신봉동)/안동(서후면) ┃가계도 1·2

김진중의 아들 김상락(金相洛, 1811~1835)의 아내. 〈鶴峰宗家〉에서는 "봉덕" 혹은 "봉덕집"으로 지칭되는 인물이다. "봉덕"는 현재의 상주시 신봉동에 있는 곳이다('진주강씨A' 항목 참조). 남편 김상락은 김진중의 외아들로서 부모를 봉양하였을 것이다. 시부 김진중과 시모 고성이씨A는 학봉 종가의 호구로 잡혀 있는데('고성이씨A' 항목 참조), 실제로 진주강씨B 역시 김진화의 호구단자(1837년[28세])와 김흥락의 호구단자(1852년[43세], 1855년[46세])에 올라와 있다.

❏ '질부A'[광산김씨(光山金氏, 1857~1918)?]
┃G₆? ┃여 ┃양반 ┃봉화(봉화읍)/안동(서후면) ┃가계도 1

"딜부(姪婦)"가 "맛아바님" 김흥락에게 쓴 언간 3건(298어절)의 미상의 발신자를 본서에서는 편의상 '질부A'로 지칭하였다. 그는 김세락(金世洛, 1828~1888)의 장남 김익모(金翊模, 1858~1935)의 아내인 광산김씨(光山金氏, 1857~1918)일 가능성이 있다(이종덕 외 2019: 851). 이하에서는 그러한 가정하에 광산김씨의 출신지와 거주지에 대해 서술한다.

남편 김익모가 김진형의 맏손자이므로 거주지는 금계임이 분명하다('아주신씨A' 및 '한산이씨' 항목 참조). 그리고 친정아버지가 쌍벽당(雙

'우리마을소개' → '마을유래' 참조. 한국학중앙연구원(2009c: 107)에서는 '봉덕'가 현 '경상북도 의성군 금성면 명덕리 봉대'인 것으로 밝혀 놓았지만, 여러 정황으로 볼 때 이는 잘못된 기술로 보인다.

碧堂) 김언구(金彦球, ?~1507)의 후손인 김성수(金聖洙)라는 점에서, 출신지는 쌍벽당 종택이 있는 봉화군 봉화읍 거촌리(巨村里)로 여길 수 있다. 현 학봉 종손의 아우 김종성 선생은 김익모의 택호가 '거촌할배'라는 사실을 알려 주었는데, 이는 우리의 추정이 타당함을 말해 준다. 참고로 김종성 선생에 의하면, 학봉 종가에서는 남성의 경우 관직이 있으면 그 관직명으로, 관직이 없으면 처가 동네 이름으로 택호를 붙인다고 한다.

☐ 풍산유씨(豊山柳氏, 1850년대?~?)
▎G_6? ▎여 ▎양반 ▎상주(중동면)/구미(인동동) ▎가계도 1 · 8

김흥락의 생질부. 김흥락의 넷째 누나(=의성김씨④)와 그 남편 장후상(張厚相, 1826~1862)의 며느리를 가리킨다. 자인 현감(慈仁縣監)을 지냈던 유도석(柳道奭, 1828~1908)의 딸이다. 저자는 유도석의 거주지를 파악할 만한 기록을 사료에서 찾지 못하였다. 그런데 유도석의 부친 유주목(柳疇睦, 1813~1872)은 상주 우천리(愚川里)[현 중동면 우물리(于勿里)]에서 태어났으며, 1845년 33세에 과거(科擧)의 폐단을 보고 과거 공부를 그만둔 후 상주 시리(柴里)의 동쪽에 계당(溪堂)을 짓고 거처하는 곳을 거연재(居然齋)라 하였다고 한다.30) 그러므로 유주목의 장남 유도석도 상주 출신일 것임을 쉽게 짐작할 수 있다. 그렇다면 풍산유씨의 친정도 현 상주 중동면이 될 것이다.

시부 장후상이 인동(현 구미시 인동동)에 살았으므로('의성김씨④' 항목 참조), 그 맏며느리인 풍산유씨도 남편 장지구(張志求, 1853~1918)와 함께 인동에서 살았을 것이다.

---

30) 이 사실은 〈한국고전번역원〉의 '한국고전종합DB'에서 제공하는 ≪溪堂集≫ 해제[필자: 김은정(金恩庭)] 내용에서 발췌한 것이다.

☐ 한산이씨(韓山李氏, 1821~1855)
▮G₅▮여▮양반▮안동(일직면)/안동(서후면)▮가계도 1·4

　김진형의 장남 김세락(金世洛, 1828~1888)의 초취. 〈鶴峰宗家〉에서 "소호" 혹은 "소호집"으로 불리는 인물이다. 그 지명은 현 안동시 일직면(一直面) 망호리(望湖里) 소호(蘇湖)를 말하는데(한국학중앙연구원 2009c: 262), 이종덕 외(2019)에서는 소호가 한산이씨의 세거지라는 점을 근거로 "소호집"이 김세락의 초취 한산이씨를 가리키는 것으로 추정하였다. 김세락은 김진형의 장자이므로 김진형과 함께 금계에서 살았다('아주신씨A' 항목 참조).

색인

[ㄱ]

각자병서 28, 310
감염 222
개인어 18, 55, 72, 87, 94, 99, 176, 240, 412, 423
공시태 18, 103, 110, 221
과도 교정 78, 101, 107, 138, 139, 141, 153, 164, 183, 189, 225, 259, 263, 265, 267, 287, 288, 299, 303, 304, 306, 328, 359, 363, 364
과도 교정형 14, 106, 138, 164, 195, 257, 261, 263, 265, 266, 292, 294, 297, 301, 334
과도 오교정 259, 363
과도 오교정형 261
교정 139, 149, 215, 221, 233~235, 259, 265, 288, 361
교정형 221
규칙성 가설 48

[ㄴ]

낙인형 221, 224, 261, 301, 361, 363

[ㄷ]

단일어화 336
동일 과정설의 원리 250
등어선 309, 314
등어선속 307

[ㅁ]

모음 체계 109, 110, 119, 139, 142, 177, 182, 186, 205, 229, 253, 255, 256, 360, 362
민촌어 36~38, 158, 159, 164, 165, 170, 179, 180, 184, 221, 234, 260
민촌어형 180, 260

[ㅂ]

반촌어 36~39, 158, 159, 165, 170, 179, 180, 184, 205~207, 221, 223, 234, 235, 260, 261
반촌어형 180, 260
방언사 11, 16, 36, 49, 109, 306
별봉(別封) 23, 27, 432
복합어 149, 351
분철 31, 32, 420
비음운화 12, 44, 85, 108~110, 116, 117, 119, 120, 123, 127, 133, 138, 139, 183, 186, 187, 255, 359

[ㅅ]

사회 언어학 18, 52, 69, 147, 308
사회적 변인 14, 16, 83, 103, 283, 308, 358
사회적 위신 48, 72, 240, 266, 281
상대적 연대기 155
상승조 30, 166
생성 역사 언어학 18
서체 50
시간 심층 215, 217, 361
실재 시간 38, 103~105, 116, 126, 188, 190, 193, 195, 218, 226, 240, 242, 268, 272, 276, 292, 295, 297, 301, 308, 309, 346, 359, 363

[ㅇ]

양음절성 150, 160, 165
어휘(적) 확산 18, 19, 48, 86, 88, 190
언어 공동체 11, 18, 87, 94, 103, 196, 347
언어 전승 17, 117
언해문 22, 29, 97
역사 사회 언어학 14, 16, 308, 309
역사 음운론 16
연철 31, 32
오기(誤記) 29, 46, 59, 69, 194, 234, 442
유추 169, 170, 333, 334, 364
음변화 18, 19, 48, 161, 217, 329, 333, 334
음운 변화 13, 14, 16, 18, 19, 36, 46, 47, 65~67, 69, 70, 83, 84, 87, 94, 105, 155, 193, 226, 262, 268, 272, 356~358, 362, 364
음운화 12, 44, 255, 306, 314, 319, 322~327, 364
음장 167, 168, 179~181, 199, 206
음절화 30, 167, 168
일상어(vernacular) 198, 199, 230, 290, 361

[ㅈ]

자봉(自封) 442
자음 체계 109, 256, 306, 307, 309, 316, 323, 326
장음 30, 166, 167, 179, 206
재어휘화 151, 220, 233, 236, 252, 282, 338, 346~349, 351, 353, 362, 365
재음운화 12, 70, 267, 286, 287, 326, 363
전망적 방법 36, 37
전이 지역 307, 314, 322, 323
정형화(stereotype) 198
중철 32~34

[ㅊ]

차용 48, 294
최소 대립쌍 206, 313
추이 연구 105, 297

[ㅌ]

통시태 18
통혼권 73~75, 440

[ㅍ]

파생어 339, 341, 342
패널 연구 106, 107, 297
평준화 151, 218
표지(marker) 125, 198, 243, 256, 261, 363, 429
필체 97, 98, 423, 428, 435

[ㅎ]

하강조 30
한문 간찰 28, 30, 34, 54, 57, 96, 97, 359, 422, 432, 435
합성어 153, 169, 311, 321, 355
합용병서 28, 29, 69
현장 시간 103, 104, 107, 108, 116, 117, 122, 128, 135, 175, 190, 195, 240, 242, 243, 273, 276, 279, 281, 295, 297, 299, 301, 308, 309, 332, 344, 346, 359, 363, 364
혼효형 224
회고적 방법 36, 37
휴지(休止) 303, 351

김한별

경남 창원 출생.
서강대학교 문학부 국어국문학 전공 졸업(2010).
서강대학교 대학원 국어국문학과 문학석사(2012).
서강대학교 대학원 국어국문학과 문학박사(2016).
신안산대학교, 서울교육대학교 독학사칼리지, 서강대학교 강사.
서강대학교 대우교수.
현재 서강대학교 국제인문학부 국어국문학 전공 조교수.

주요 논문

〈중세 국어 고정적 상성 어간의 성조 변화〉(2013).
〈국어의 음운 변화 'syV'…〉sV'에 대한 재고찰〉(2014).
〈국어 음운사에서의 '/ㄱ/ 복귀' 현상에 대한 해석〉(2016).
〈경남 방언의 /ㅈ/ 약화 과정에 대하여〉(2016).
〈국어 형태·음운사에서의 하향성 활음 /y/ 첨가에 대한 음운론적 해석〉(2018).
〈≪학봉김션싱힝장(鶴峯金先生行狀)≫의 서지와 언어〉(2019).

國語學叢書 79

19세기 전기 국어의 음운사 연구

초판 1쇄 발행 2020년 9월 18일
초판 2쇄 발행 2021년 12월 20일

지은이 김한별
펴낸곳 (주)태학사
등록 제406-2020-000008호
주소 경기도 파주시 광인사길 217
전화 031-955-7580
전송 031-955-0910
전자우편 thspub@daum.net **홈페이지** www.thaehaksa.com

ⓒ 김한별, 2020

값 25,000원

ISBN 979-11-90727-20-4 94710
ISBN 979-11-90727-23-5 (세트)

國語學 叢書 目錄

① 李崇寧　　　　　(근간)
② 姜信沆　　　　　한국의 운서
③ 李基文　　　　　國語音韻史硏究
④ 金完鎭　　　　　中世國語聲調의 硏究
⑤ 鄭然粲　　　　　慶尙道方言聲調硏究
⑥ 安秉禧　　　　　崔世珍硏究
⑦ 남기심　　　　　국어완형보문법 연구
⑧ 宋 敏　　　　　　前期近代國語 音韻論硏究
⑨ Ramsey, S. R.　Accent and Morphology in Korean Dialects
⑩ 蔡 琬　　　　　　國語 語順의 硏究
⑪ 이기갑　　　　　전라남도의 언어지리
⑫ 李玹熙　　　　　國語 格助詞 '을/를'의 硏究
⑬ 徐泰龍　　　　　國語活用語尾의 形態와 意味
⑭ 李南淳　　　　　國語의 不定格과 格標識 省略
⑮ 金興洙　　　　　현대국어 심리동사 구문 연구
⑯ 金光海　　　　　고유어와 한자어의 대응 현상
⑰ 李丞宰　　　　　高麗時代의 吏讀
⑱ 宋喆儀　　　　　國語의 派生語形成 硏究
⑲ 白斗鉉　　　　　嶺南 文獻語의 音韻史 硏究
⑳ 郭忠求　　　　　咸北 六鎭方言의 音韻論
㉑ 김창섭　　　　　국어의 단어형성과 단어구조 연구
㉒ 이지양　　　　　국어의 융합현상
㉓ 鄭在永　　　　　依存名詞 'ᄃ'의 文法化
㉔ 韓東完　　　　　國語의 時制 硏究
㉕ 鄭承喆　　　　　濟州道方言의 通時音韻論
㉖ 김주필　　　　　구개음화의 통시성과 역동성
㉗ 최동주　　　　　국어 시상체계의 통시적 변화
㉘ 신지연　　　　　국어 지시용언 연구
㉙ 權仁瀚　　　　　조선관역어의 음운론적 연구
㉚ 구본관　　　　　15세기 국어 파생법에 대한 연구
㉛ 이은경　　　　　국어의 연결어미 연구
㉜ 배주채　　　　　고흥방언 음운론
㉝ 양명희　　　　　현대국어 대용어에 대한 연구
㉞ 문금현　　　　　국어의 관용 표현 연구
㉟ 황문환　　　　　16, 17세기 언간의 상대경어법

國語學 叢書 目錄

㊱ 남윤진　　현대국어의 조사에 대한 계량언어학적 연구
㊲ 임동훈　　한국어 어미 '-시-'의 문법
㊳ 김경아　　국어의 음운표시와 음운과정
㊴ 李浩權　　석보상절의 서지와 언어
㊵ 이정복　　국어 경어법 사용의 전략적 특성
㊶ 장윤희　　중세국어 종결어미 연구
㊷ 신선경　　'있다'의 어휘 의미와 통사
㊸ 신승용　　음운 변화의 원인과 과정
㊹ 양정호　　동명사 구성의 '-오-' 연구
㊺ 최형용　　국어 단어의 형태와 통사
㊻ 채현식　　유추에 의한 복합명사 형성 연구
㊼ 석주연　　노걸대와 박통사의 언어
㊽ 박소영　　한국어 동사구 수식 부사와 사건 구조
㊾ 노명희　　현대국어 한자어 연구
㊿ 송원용　　국어 어휘부와 단어 형성
㊿+1 이은섭　　현대 국어 의문사의 문법과 의미
㊿+2 鄭仁浩　　平北方言과 全南方言의 音韻論的 對比 硏究
㊿+3 이선영　　국어 어간복합어 연구
㊿+4 김　현　　활용의 형태음운론적 변화
㊿+5 김의수　　한국어의 격과 의미역
㊿+6 박재연　　한국어 양태 어미 연구
㊿+7 이영경　　중세국어 형용사 구문 연구
㊿+8 장경준　　『瑜伽師地論』 點吐釋讀口訣의 解讀 方法 硏究
㊿+9 이승희　　국어 청자높임법의 역사적 변화
㊿+10 신중진　　개화기국어의 명사 어휘 연구
㊿+11 이지영　　한국어 용언부정문의 역사적 변화
㊿+12 박용찬　　중세국어 연결어미와 보조사의 통합형
㊿+13 남경완　　국어 용언의 의미 분석
㊿+14 소신애　　음운론적 변이와 변화의 상관성
㊿+15 이광호　　국어 파생 접사의 생산성과 저지에 대한 계량적 연구
㊿+16 문숙영　　한국어의 시제 범주
㊿+17 장요한　　15세기 국어 접속문의 통사와 의미
㊿+18 채숙희　　현대 한국어 인용구문 연구
㊿+19 안소진　　심리어휘부에 기반한 한자어 연구
㊿+20 유효홍　　訓民正音의 文字 轉換 方式에 대한 硏究

國語學 叢書 目錄

- ㉑ 정한데로   한국어 등재소의 형성과 변화
- ㉒ 이영제   한국어 기능명사 연구
- ㉓ 신서인   한국어 문형 연구
- ㉔ **魏國峰**   고대 한국어 음운 체계 연구
- ㉕ 정연주   구문의 자리채우미 '하다' 연구
- ㉖ 송정근   현대국어 감각형용사의 형태론
- ㉗ 정경재   한국어 용언 활용 체계의 형태음운론적 변화
- ㉘ 최윤지   한국어 정보구조 연구